Friedhelm Krummacher
Geschichte des Streichquartetts

Friedhelm Krummacher

Geschichte des Streichquartetts

Band 3: Neue Musik und Avantgarde

Mit einem Beitrag von Joachim Brügge

Mit 137 Notenbeispielen

Laaber

Bibliographische Information der Deutschen Bibliothek

Die Deutsche Bibliothek verzeichnet diese Publikation
in der Deutschen Nationalbibliographie;
detaillierte bibliographische Daten sind im Internet über
<http://dnb.ddb.de/> abrufbar.

© 2005 by Laaber-Verlag GmbH, Laaber
Alle Rechte vorbehalten
Printed in Germany / Imprimé en Allemagne
ISBN 3–89007–587–8
Layout: Emmerig DTP, Lappersdorf
Druck und buchbinderische Verarbeitung: druckhaus köthen GmbH
Umschlagbild: Das Streichquartett, anonyme Darstellung des 18. Jahrhunderts

Inhaltsverzeichnis

Teil VI
Von der Moderne zur Neuen Musik –
Repräsentanten der Gattung im frühen 20. Jahrhundert 1

1. Im Zeichen der Moderne: Regers Streichquartette 1
2. Tradition in der Krise: Schönbergs Frühwerk in seinem Kreis ... 20
3. Schönbergs Konsequenzen: Reaktionen der Schüler 57
4. Folklore und Tonalität: Alternativen bei Bartók und Kodály 83
5. Dissonante Stimmigkeit: Hindemiths Streichquartette 122

Teil VII
Pluralität der Positionen –
Internationale Diskurse der Neuen Musik 149

1. Gespaltene Wege: Verschiebungen im östlichen Mitteleuropa ... 152
    Strawinsky versus Prokofjew 153
    Schostakowitsch in der Sowjetunion 159
    Martinů und Hába in der Tschechoslowakei 174
    Zerbrochenes Œuvre: Jüdische Musiker in Prag 182
    Quartette aus Ungarn, Polen und dem Balkan 188
2. Distanz im Neoklassizismus: Tendenzen in der Romania 196
    Milhaud, Honegger und ›Les Six‹ 197
    Eigene Töne Pariser Autoren 206
    Respighi und Malipiero im italienischen Bestand 210
    Beiträge aus Lateinamerika 217
3. Bewahrung und Abkehr: Divergenzen in England
   und den USA 225
    Bridge und Britten in England 225
    Zum Repertoire bis Tippett 235
    Ives und Cowell in den USA 242
    Amerikanische Entwicklungen seit Bloch 250
4. Auf mittlerer Linie: Positionen in skandinavischen Ländern .. 260
    Rosenberg und sein Kreis 260
    Aus Schwedens ›Montagsgruppe‹ 269
    Nielsens Schatten in Dänemark 273
    Valen und die Erben in Norwegen 281

5. Verschobener Aufbruch: Konflikte
   im deutschsprachigen Bereich 289
       Brüche der Tradition 290
       Neue Musik in Österreich und der Schweiz 300
       Deutsche Konflikte im Streichquartett 310
       Seitenwege in der vormaligen DDR 328

Teil VIII
Aporien und Lösungen –
Alternativen im späten 20. Jahrhundert 335

1. Serialität und Aleatorik: Probleme der Determination 335
       Ende der Gattung oder Zäsur der Geschichte? 335
       Exemplarische Werke zwischen Boulez und Nono 338
       Carters Quartette im internationalen Diskurs 357
       Tradition und Avantgarde in Deutschland 363
2. Neue Musik und Avantgarde: Konsequenzen in Skandinavien ... 368
       Nordheim und Werle in Norwegen und Schweden 368
       Holmboe und Nørgård in Dänemark 372
       Zum finnischen Repertoire seit Kokkonen 379
3. Am Ende des Jahrhunderts:
   Tendenzen der Entwicklung seit 1975 387
   Von Joachim Brügge
       Postmoderne und ›Boom‹ im Streichquartett 387
       Probleme im Gattungsdiskurs 391
       Minimal music und Neue Komplexität 392
       Musik an der Wahrnehmungsgrenze 395
       Offene Form, Polystilistik und Neue Innerlichkeit 397

Literaturhinweise 403
Namenregister 431

Teil VI: Von der Moderne zur Neuen Musik – Repräsentanten der Gattung im frühen 20. Jahrhundert

1. Im Zeichen der Moderne: Regers Streichquartette

Die Kammermusik von Max Reger, die einen entscheidenden Schritt zur Moderne bedeutete, geriet nach dem frühen Tod des Komponisten zunächst in den Schatten seiner Orgel- und Vokalwerke.[1] Während Regers »leeres, gefährliches Können« für Ernst Bloch »ein Quell der beständigen, fruchtlosen Irritierung« blieb[2], hielt ihn Schönberg »für ein Genie«, das Wagners Harmonik »vom Zweck dramatischen Ausdrucks« gelöst und die »absolute Musik« dadurch »reich und neu« erweitert habe.[3] Daß gerade Regers Quartette mit einem etablierten Werkkanon zu konkurrieren haben, löste indessen die Frage nach ihrem Verhältnis zur Gattungstradition aus. Das wissenschaftliche Interesse freilich, das sie neuerdings gefunden haben[4], sollte nicht darüber täuschen, daß ihnen kaum gleiches Gewicht in internationaler Perspektive zugestanden wird.[5] Und so fragt sich, ob diese Werke einer intern ›deutschen‹ Tradition derart verhaftet sind, daß sie außerhalb desto weniger wirksam wurden. Um Einflüsse oder Wirkungen kann es jedoch nicht in einer komplexen Situation gehen, in der jeder Musiker seine Unabhängigkeit um so energischer proklamierte. Dennoch muß man sich des historischen Umfelds erinnern, wenn man ein kompositorisches Profil in der Gattungsgeschichte zu umreißen sucht.

Als Reger zwischen November 1900 und Frühjahr 1901 in Weiden die beiden Quartette op. 54 schrieb, hatte er nach erster Unterweisung durch Adalbert Lindner nicht nur das Studium bei Riemann in Sondershausen und Wiesbaden absolviert. Wiewohl ihm die wachsende Resonanz seiner Musik die ersten Kontakte mit Strauss oder Straube einbrachte, hatte er nach der Militärzeit den ersten Zusammenbruch erfahren, der ihn zum Rückzug in das Elternhaus nötigte. In das Ende einer überaus fruchtbaren Phase, an die sich dann die Münchner Jahre seit 1901 anschlossen, fallen also die beiden Quartette, die 1902 bei Joseph Aibl in Stimmen und Partitur erschienen, wie es mittlerweile üblich geworden war.[6] Zwar konnte 1904 das A-Dur-Quartett Nr. 2 in München aufgeführt werden, daß das g-Moll-Quartett Nr. 1 aber bis 1910 auf seine Uraufführung warten mußte, macht die Schwierigkeiten kenntlich, die der Aufführung und Rezeption solcher Musik entgegenstanden. Denn zu dieser Zeit – sechs Jahre vor dem Tod des Komponisten – waren schon die Quartette d-Moll op. 74 (1903–04) und Es-Dur

---

1 Eine Fülle beredter Belege sammelten O. und I. Schreiber (Hg.), *Max Reger in seinen Konzerten*, Teile 1–3, Bonn 1981, bes. Teil 3.

2 E. Bloch, *Geist der Utopie*, Neuauflage der zweiten Fassung von 1923, Frankfurt 1973, S. 89.

3 *A. Schönberg. Briefe*, ausgewählt und hg. v. E. Stein, Mainz 1958, S. 81; *A. Schönberg. Stil und Gedanke*, hg. v. I. Vojtěch, Frankfurt a. M. 1976, S. 243; A. Schönberg, *Die formbildenden Tendenzen der Harmonie*, aus dem Englischen übertragen v. E. Stein, Mainz 1957, S. 99.

4 Siehe Anmerkung S. 2 oben.

5 Vgl. H. Ulrich, *Chamber Music*, New York und London ²1966, S. 345; unerwähnt bleibt Reger dem Register zufolge bei Donald N. Ferguson, *Image and Structure in Chamber Music*, Minneapolis 1964.

6 Fr. Stein, *Thematisches Verzeichnis der im Druck erschienenen Werke von Max Reger*, Leipzig 1953, S. 79f. (zu op. 54), ferner zu op. 74, 109 und 121 ebenda, S. 139f., 266f. und 291ff.; R. Cadenbach, *Max Reger und seine Zeit*, Laaber 1991, Werkverzeichnis S. 345–365.

op. 109 (1909) komponiert, gedruckt und aufgeführt worden, und der Abstand zum späten fis-Moll-Quartett op. 121 (1911) war weit geringer als der zur Entstehung des frühen g-Moll-Werks.

Ein Blick auf den Beginn der beiden Frühwerke stellt bereits klar, daß die Kopfsätze gleichermaßen umstandslos ihre Themen hinstellen, als habe es nie eine Tradition der schrittweisen Hinführung zu einem Thema gegeben. Was aber so eindeutig thematisch zu sein scheint, findet zwar in den klar abgesetzten Seitenthemen sein Pendant, und das thematische Material dient auch durchweg dazu, formale Nahtstellen zu Beginn der Exposition, der Reprise und der Coda sinnfällig zu machen. Doch schon wenige Takte später können sich für den unvorbereiteten Hörer alle Fäden gründlich verwirren. Exemplarisch formulieren die ersten Takte im g-Moll-Quartett jene Technik, mit der es Reger den Hörern und Interpreten bis heute schwer genug zu machen scheint. Als Kopfmotive entsprechen sich zwei auftaktig fallende Wendungen, die indes schon intervallisch differieren, und wiewohl sich vage Assoziationen bei ähnlich fallenden Linien einstellen, muß man sich bis T. 40 gedulden, um erstmals wieder dem thematischen Incipit zu begegnen. Zuvor wurde bereits ein Seitensatz eingeführt, der auf den Beginn eher zu beziehen wäre als die vorangehende Überleitung, in ihr aber sind thematische und begleitende Linien ebenso schwer zu unterscheiden wie motivische und harmonische Zentren. Um es vorläufig zu formulieren: Im konventionellen Formgehäuse werden Themen zwar anfangs prägnant formuliert, um dann vom dichten Geflecht der Stimmen überwuchert zu werden, das durch gleichmäßige Extension der Rhythmik, Harmonik und Dynamik zu fast undurchdringlicher Vielfalt gesteigert wird. Und eine so allgemeine Charakteristik mag zunächst genügen, um eine Position zu kennzeichnen, die in der Geschichte der Gattung so wenig wie in der Produktion von Regers Zeitgenossen ein Gegenstück finden dürfte.

Daß sich Reger 1907 in einer Replik auf Hugo Riemann höchst ungnädig über konservative Musiker wie Rheinberger oder Herzogenberg äußerte, die auch Quartette geschrieben hatten, müßte im Rahmen einer polemischen Debatte nicht viel besagen.[1] Obwohl sich aus der deutschen Produktion des späteren 19. Jahrhunderts nur die Quartette von Brahms im Repertoire gehalten haben, sind die Leistungen manch anderer Musiker nicht von vornherein zu unterschätzen. Doch ist es den bemerkenswerten Quartetten von Draeseke oder Gernsheim gemeinsam, daß sie nicht nur den klassischen Formenkanon bewahren, sondern dazu die entsprechenden Kategorien der Themenbildung und Verarbeitung voraussetzen. Selbst wo kein so dichtes Netzwerk wie bei Brahms erreicht wird, bleibt das Ziel ein thematischer Prozeß, in den eine partiell recht komplexe Harmonik integriert werden kann. Deutlich wird also der prinzipielle Abstand von den Verfahren, die schon Regers frühe Quartette auszeichnen.[2]

[Anmerkung 4 zu S. 1:] R. Wilke, *Brahms, Reger, Schönberg. Streichquartette. Motivisch-thematische Prozesse und formale Gestalt*, Hamburg 1980; M. Möller, *Untersuchungen zur Satztechnik Max Regers. Studien an den Kopfsätzen der Kammermusikwerke*, Wiesbaden 1984; L. Mattner, *Substanz und Akzidens. Analytische Studien an Streichquartettsätzen Max Regers*, Wiesbaden 1985; S. Popp / S. Shigihara (Hg.), *Reger-Studien 3. Analysen und Quellenstudien*, Wiesbaden 1988; R. Brotbeck, *Zum Spätwerk von Max Reger. Fünf Diskurse*, Wiesbaden 1988; L. Haselböck, *Analytische Untersuchungen zur motivischen Logik bei Max Reger*, Wiesbaden 2000; Fr. Krummacher, »Unentwegt nach links?« Regers Quartette in der Gattungsgeschichte, in: *Musikalische Moderne und Tradition. Internationaler Reger-Kongreß Karlsruhe 1998*, hg. v. A. Becker, G. Gefäller und S. Popp, Wiesbaden 2000, S. 63–92.

1 M. Reger, *Degeneration und Regeneration* (1907), in: ›*Die Konfusion in der Musik*‹. *Felix Draesekes Kampfschrift und ihre Folgen*, hg. v. S. Shigihara, Bonn 1990 (Veröffentlichungen der Internationalen Draeseke-Gesellschaft 4), S. 250–258, bes. S. 254.

2 L. Finscher, Art. *Streichquartett*, in: *MGG²*, Sachteil Bd. 8, Kassel u. a. 1998, Sp. 1924–1977: 1955f., mit vergleichenden Hinweisen auf Hugo Wolff und Hans Pfitzner.

Nicht grundsätzlich anders verhält es sich jedoch, wenn man die Werke von Autoren aus weiteren Ländern zu Rate zieht.[1] Eingreifende Modifikationen der Formverläufe begegnen zwar weit eher als bei Reger, selbst wenn aber harmonische Prozesse weit ausgreifen, bleiben sie noch prinzipiell in die thematische Steuerung eingebunden. Lange zurück lag zu Regers Zeit das g-Moll-Quartett op. 27 von Grieg, das die modalen und chromatischen Implikationen seines Mottomotivs in der zyklischen Strategie mit geradezu orchestralem Impetus austrug, wogegen Musiker wie Nielsen, Stenhammar oder Sibelius erst nach der Jahrhundertwende ihre Beiträge zur Moderne lieferten. In Rußland hatten Borodin und Tschaikowsky ihre Meisterwerke schon bis 1881 vorgelegt, während jüngere Autoren wie Glasunow oder Tanejew bei allen Varianten doch an den Normen thematischer Art und funktionaler Harmonik festhielten. Zwar vollendete Dvořák erst 1895 seine letzten Quartette, ein formal wie harmonisch so avanciertes Werk wie das frühe e-Moll-Quartett Nr. 4 (1870) hielt er jedoch lebenslang zurück. Betonter noch setzten französische Komponisten auf zyklische Konstruktionen, für deren thematische und harmonische Strategie Francks D-Dur-Quartett (1889) als exemplarisch gelten darf. Und sehr eigene Wege ging zumal Debussys g-Moll-Quartett (1893); wo sich hier aber die flimmernden Klangbänder zu Ganztonfeldern weiteten, blieben sie an eine zyklische Disposition gebunden, die von thematischen Relationen getragen war.

Durchaus anders verhält es sich dagegen mit Regers Verfahren, von vornherein Themen nur wie insulare Kennmarken einzusetzen, um aus ihrem Potential erst subkutan ein Satzgeflecht zu beziehen, das kaum noch auf geschlossene Modelle zurückgeführt werden kann. Und dieser neue Ansatz kommt desto provokanter in scheinbar konventionellen Formen zur Geltung, die aber nicht primär thematisch begründet und zudem kaum zyklisch disponiert sind.

So stellt sich die Frage, wieweit die Vorgaben für solche Verfahren in vorangehenden Werken von Reger zu suchen sind. Allerdings kann eine Argumentation, die Differenzen der Gattungen nicht außer Acht läßt, nur auf das dreisätzige Jugendquartett d-Moll zurückgreifen, das 1888–89 aus Lindners Unterricht hervorging. Dieses Werk eines Sechzehnjährigen, der kein Wunderkind wie Mozart oder Mendelssohn war, ist aber noch derart in Konventionen befangen, daß jeder Vergleich schwerfällt. Entgegen Guido Bagier läßt sich indessen feststellen, daß dem jungen Reger alles näher lag als der Anschluß an Brahms.[2] So konventionell nämlich die Themen in Bau und Tonfall sind, so konventionell sind auch Formanlage und Stimmführung (vom Zutritt eines Kontrabasses im Finale abgesehen). Desto mehr fällt es auf, daß gerade die Ecksätze keine konzentrierte Arbeit beweisen. Während die Durchführung im Kopfsatz zum ausgedehnten Modulationsfeld gerät, das nur episodische

---

[1] Vgl. ebenda, Sp. 1957–1964, ferner die Angaben in Teil V »Normen der Gattung jenseits der Grenzen – Nationale Impulse im Streichquartett« in Band 2.

[2] G. Bagier, *Max Reger*, Stuttgart und Berlin 1923, S. 31; vgl. auch A. Forchert, *Moderne Züge in der Kammermusik aus Regers Wiesbadener Zeit*, in: *Reger-Studien 3*, hg. v. S. Popp und S. Shigihara, S. 11–24, bes. S. 12. Eine Partitur des Werks in *Max Reger. Sämtliche Werke*, Bd. 25, Wiesbaden 1951.

Themenzitate kennt, wird sie im Rondofinale von einem Zitat des langsamen Satzes vertreten, das zugleich als zweites Couplet fungiert. Vereinzelt stechen jedoch chromatische Segmente ab, deren Sequenzierung dann fast mechanisch abläuft und gerade damit nur noch mehr herausfällt (wie im Kopfsatz T. 49ff. vor der Schlußgruppe der Exposition). Die tradierten Formen nötigen also kaum zu thematischer Arbeit und lassen doch manche Exkurse der Harmonik zu. Weitere Rückschlüsse auf spätere Werke Regers verbietet jedoch die Energie, mit der die Quartette op. 54 zur Sache gehen.

Wie Brahms in op. 51 setzt auch Reger in op. 54 auf scharfe Kontraste zwischen beiden Werken, und ähnlich wie dort geraten die Überleitungen zwischen den Themengruppen komplexer als selbst die Durchführungen. Im g-Moll-Kopfsatz aus Nr. 1 kommt noch der Sonderfall hinzu, daß wie ein Nachklang der einst wiederholten Exposition beide Themen im ›doppelten Cursus‹ exponiert werden und dann ebenso verdoppelt in der nicht grundsätzlich veränderten Reprise wiederkehren.

M. Reger, op. 54 Nr. 1, erster Satz, T. 1–6 (*GA*, Breitkopf & Härtel).

Als Incipit des Hauptsatzes erscheint im Quartraum mit Leitton ein Terzfall, gleich im zweiten Ansatz wird die Konstellation aber durch Ganzton mit verminderter Oktave ersetzt, dessen Leitton (cis″) richtet sich nun jedoch aufwärts, und weiter strebt die steigende Linie wieder leittönig zur Tonika, um dann mit ähnlichen – aber nicht gleichen – Sprüngen wie anfangs abzufallen. Über dem stützenden Violoncello wird in T. 1 ein auftaktiges Achtelmotiv der Bratsche von der zweiten Violine aufgenommen, während die tonale Richtung in raschem Wechsel von Es-Dur nach f- und g-Moll weist. Gerade die drei auftaktigen

Achtel übernimmt das Violoncello in T. 5, sequenzierend werden sie zu Triolen beschleunigt, die gleich in der Oberstimme ornamentiert und im folgenden Takt frei sequenziert werden. Was in der komplexen Ausspinnung thematisch genannt werden kann, ist statt eines intervallischen oder rhythmischen Substrats das Verhältnis zwischen – allgemein gesagt – fallenden und steigenden Linien im Verbund mit wechselnden Leittönen und rhythmischen Impulsen, die sich stetig beschleunigen und verschieben. Und achtet man auf beide Dimensionen in ihrem Zusammenhang, so erschließt sich wohl in steigernden und beruhigenden Wellen ein Zusammenhang, in dem man fundierende Elemente allenthalben wahrzunehmen meint. Daß aber solche Analogien nicht näher greifbar sind, entspricht einer kompositorischen Technik, die sich die Entscheidungen über den Fortgang beständig offen hält.

Klarer wird ein Konnex erst in den fallenden Zügen der Oberstimme T. 10f., die noch in T. 14 anklingen. Überlagert werden sie zugleich von den zunehmend triolischen Ketten, deren Beschleunigung sich zu Sechzehntelskalen in T. 17 entlädt. Sie werden zwar zu engräumiger Umspielung reduziert, stehen aber zu erneuter Aktivierung ab T. 21 bereit, ohne sich auf eine motivische Fixierung einzulassen. In ihrer Reduktion zieht jedoch – kaum merklich – in T. 26 ein Vorgriff auf den Seitensatz ein, der dann bei seinem Eintritt in T. 29 durch Kanon der Außenstimmen ausgezeichnet wird. Seine fallende Linie wäre leichter auf den Beginn des Hauptsatzes zu beziehen als dessen letzte Varianten, doch tritt die Analogie im weiten Abstand nicht hervor. Deutlich wird dagegen, daß mit T. 40 der Hauptsatz in der Tonika so ansetzt, als sei die Exposition zu wiederholen. Auf 15 Takte gerafft, läuft nun eine entsprechende Entwicklung wie zuvor ab, einseitig wäre es daher, als Schlußgruppe die Klangspreizung ab T. 48 aufzufassen, die sich durch breite Werte der Oberstimme auszeichnet und in fallender Sequenz zum zweiten Eintritt des Seitensatzes T. 55 hinführt, um sich erneut dem Hauptsatz anzunähern.

Solange man sich – wie gewohnt – an festen thematischen Kernen orientiert, mag man sich kaum recht die Schwierigkeiten des Verständnisses eingestehen, will man nicht nach Dahlhaus zu den Verständnislosen mit dem unangenehmen Gefühl gehören, »nichts begriffen zu haben«.[1] Nahe läge der Gedanke an Beethovens Spätwerk, der doch nur wenig erklären würde. Weiter hilft offenbar nur der Versuch, von den impliziten Zellen des Materials auszugehen, um schrittweise die changierenden Beziehungen zu enträtseln. Nicht grundsätzlich anders verfährt nämlich die Durchführung, die vom Zitat des Hauptsatzes ausgeht, einmal auch den Seitensatz einblendet (T. 82), aber erst am Ende wieder auf beide Themen zurückkommt (T. 107 und T. 113), im übrigen jedoch ihr Potential so frei wie schon die Exposition ausnutzt. Desto mehr kann es erstaunen, daß die Reprise – wie oft später bei Reger – trotz

1 C. Dahlhaus, *Warum ist Regers Musik so schwer verständlich?*, in: Neue Zeitschrift für Musik 134 (1973), S. 134. Übrigens entspricht das Incipit im Kopfsatz aus op. 54 Nr. 1 im Quartraum den Mottomotiven der g-Moll-Quartette von Grieg (op. 27) und Debussy (op. 10) – mit dem Unterschied freilich, daß Reger von vornherein den Leitton entschieden präferiert.

teilweiser Transposition und mancher Varianten den Grundriß unangetastet läßt. Nachdem aber die Exposition verwirrend genug verlief, legitimiert sich nach der Durchführung eine genaue Reprise, indem sie jetzt als nachträgliche Stabilisierung wirkt. Ein gleicher Ablauf läßt sich in unterschiedlicher Perspektive verfolgen, doch erschließt sich auch eine solche Übereinstimmung weniger durch das Gehör als aus der Partitur. Die extreme Differenzierung des Details reicht also so weit, daß sie die Schematik des Gehäuses verdeckt, die der Komponist als nachrangig hinnehmen kann. Verfuhren aber Schumann und selbst Schubert gänzlich anders, wenn ihnen die Prolongierung des poetischen Moments wichtiger war als die Begründung der Form aus thematischer Arbeit?

Auffällig knapp ist das Scherzo im 2/4-Takt, zudem kehrt es fast unverändert nach dem Trio wieder, das traditionsgemäß ein Maggiore darstellt. In ihm scheint sich zwar die erste Taktgruppe zu wiederholen, doch wird sie rasch anders fortgeführt, und ihr Kopfmotiv hebt sich nur mit fallenden Halben ab, ohne sich intervallisch festzulegen. Ähnlich bestimmt sich das Thema im Scherzo primär durch auftaktigen Sprung mit steigenden Vierteln, nur zweimal jedoch erscheint es noch derart, und will man den weiteren Verlauf erfassen, so wird man zum Rekurs auf die steigenden und fallenden Bögen genötigt, die dem Themenkopf in Sechzehnteln und Achteln folgen. Klarer ist hier wie im fugierten Finale das rhythmische Profil des Materials, falls aber im Schlußsatz überhaupt von zwei Themen zu reden ist, so ergeben sie gewiß keine strenge Doppelfuge. Denn gegen die Norm werden die Themen nicht getrennt eingeführt, vielmehr erscheint nach einer Durchführung des ersten sogleich das zweite als kurzer Einschub, um dann rasch vom ersten wieder abgelöst zu werden. Nach mehrfacher Verschränkung kommt es erst kurz vor Schluß des überlangen Satzes zur simultanen Themenpaarung, wie in den mehrthemigen Schlußfugen der ›Sonnenquartette‹ Haydns wird aber der kontrapunktische Satz durch eine motivische Entwicklung aufgehoben, die weniger auf intervallische als rhythmische Impulse ausgerichtet ist. Daß Scherzi und Finali weit eher durch rhythmische Kennmarken charakterisiert sind, sollte für Reger bestimmend bleiben, und das Spiel mit solchen Segmenten überwuchert die weitere Arbeit so sehr, daß sich der Schein der strengen Kontrapunktik verflüchtigen kann.

Auf konzentrierteste Weise prägt sich jedoch Regers Verfahren hier wie in späteren Werken im langsamen Satz aus, der sich damit als Fluchtpunkt im Zyklus behauptet. Das Largo mesto, das schon in seiner Bezeichnung auf Beethoven anspielt, widerruft diesen Bezug nur scheinbar im weitreichenden Verzicht auf motivische Arbeit strenger Observanz. Zugleich treibt es nämlich die Arbeit mit den Zellen des Satzes, die Beethovens späte Quartette bestimmen, nur noch weiter voran. In der wie üblich dreiteiligen Anlage wird der erste Teil durch zwei Satzgruppen erweitert, die in der Reprise ausfallen, da sie auch zum B-Teil zu vermitteln haben. So lassen sich an den ersten zehn Takten die Prozeduren Regers verfolgen, ohne auf die weiteren Formteile einzugehen.¹ Nachdrücklich markiert der erste Takt den Wechsel von Es- nach Des-Dur, im nächsten Takt ist noch die Wendung von As- nach C-Dur zu verfolgen, spätestens ab T. 3 überlappen sich aber die leittönigen Tendenzen der Stimmen derart, daß sie eine funktionale Deutung erschweren. So deutlich der Anfang ein Kopfmotiv präsentiert, so vergeblich wäre die Suche nach seiner planvollen Verarbeitung, und da diese ersten Takte ein Muster ›musikalischer Prosa‹ bieten, stellt sich zunächst der bezeichnende Eindruck von amorphen Wogen ein. Er läßt sich nur dann durchdringen, wenn man geduldig die Fäden der Mikrovarianten zu erfassen sucht, die vom steten Wechsel der Parameter ausgehen. Denn dann zeigt sich wieder, daß ähnliche – wiewohl nicht gleiche – Gestalten mit vielfach punktierten Wendungen und auf- oder absteigenden Zügen im Wechsel mit chromatischen Schärfungen und weiteren Sprüngen ein fluoreszierendes Netzwerk ergeben, in dem die steigernden Kurven mit ihrem allmählichen Rückfall begründet sind. Ihre letzte Raffung bilden am Schluß synkopisch verschobene Akkorde, die zum chromatischen Anstieg der Baßstimme in der Oberstimme fast zwei Oktaven umgreifen, bis alle Stimmen im Umbruch der Dynamik zur Kadenz zurückgebogen werden.

Eine minutiöse Analyse melodischer Befunde ist Günter Weiß-Aigner zu danken, der am Mittelsatz aus dem dreisätzigen A-Dur-Quartett Nr. 2 die »variative Gestaltung im melodischen Entwicklungsspektrum« beschrieben hat.² Provokant ist dieser Variationensatz zunächst durch ein scheinbar simples Thema, das derart aber erst am Schluß einmal wiederkehrt. Im übrigen Verlauf sind jedoch nur schwer thematische Spuren zu entdecken, und wie die Tonart in jeder Variation wechselt, so verschiebt sich auch die interne Taktgruppierung. Werden freilich neben der ersten Violine, die im fast durchweg homorhythmischen Thema die Führung hat, ferner die übrigen Stimmen herangezogen, dann erweitern sich unabsehbar die diastematischen Bezugsgrößen für die Variationen, und verfolgt man allein die melodischen Varianten, so verliert sich der Zusammenhang rasch in kleinste Partikel, die oft nur drei oder vier Töne erfassen und dann so ubiquitär begegnen, daß sie den Verdacht der Beliebigkeit eher bestätigen als ausräumen dürften. Nicht belanglos sind neben rhythmischen wieder harmonische Kriterien, sofern sie die Gliederung regulieren, ohne durchweg einer funktionalen Deutung zugänglich zu sein. Geradezu programmatisch ist der Satz aber, weil er nicht weniger proklamiert als das Vorhaben, Variationen seien nicht mehr als Veränderungen eines geschlossenen Themas, sondern als Kette von Varianten der Zellen im thematischen Potential zu begreifen.

---

1 G. Weiß-Aigner, *Der Variationensatz in Regers Streichquartett A-Dur (Op. 54, Nr. 2). Variative Gestaltung im melodischen Entwicklungsspektrum*, in: Augsburger Jahrbuch für Musikwissenschaft 5 (1988), S. 103–123, bes. S. 110f. Vgl. neuerdings auch Chr. Wünsch, *Technik und Form in den Variationsreihen von Max Reger*, Stuttgart 2002 (Schriftenreihe des MRI XVI), S. 60ff. und S. 173ff.

2 G. Weiß-Aigner, *Der Variationensatz in Regers Streichquartett A-Dur (Op. 54, Nr. 2)*, S. 104f., zur ersten Variation auch S. 111ff.

M. Reger, op. 54 Nr. 2, zweiter Satz, T. 1–9 (*GA*, Breitkopf & Härtel).

T. 14–15.

Mit Leitton und Terzausschlag entspricht der Beginn des Themas in d-Moll zugleich seinem um nur zwei Töne erweiterten Kadenzglied, dieselbe Wendung kann also eröffnend oder schließend eingesetzt werden. Frei sequenzierend folgen sich dazwischen rhythmisch analoge Zweitakter, denen die fallende Linie im Sextrahmen gemeinsam ist; sie wird im vorletzten Glied zum Oktavraum erweitert und im letzten zu engräumigen Achteln verschliffen, um dann mit Taktverschränkung und Kadenzierung einen Fünftakter auszufüllen. Mediantisch rückt die erste Variation nach fis-Moll, der Auftakt zum leittönigen Initium wird durch Doppelschlag ornamentiert, der gleich in die Unterstimmen übergeht, und noch im zweiten Takt scheint das Sequenzmodell des Themas mit fallenden Dreiklängen durch, die im nächsten Ansatz noch weiter verändert werden. Auftaktig setzt dann unter betontem Lagenwechsel eine fallende Linie an, in der nur noch Spuren des dritten Themenglieds erkennbar werden. Wenn jedoch in T. 7 seine Kadenz – und zwar wie anfangs in d-Moll – zum Vorschein kommt, so haben die vorangehenden Takte offenbar das Schlußglied zu vertreten, selbst wenn melodische Bezüge erst recht verschwimmen. Wird aber die Schlußwendung bei signifikanter Transposition schon auf halber Strecke erreicht, dann hat diese Verlagerung eine doppelte Konsequenz. Sie bedingt zunächst eine Beschleunigung des Ablaufs, öffnet aber zugleich die übrigen Takte zur weiteren ›Variation in der Variation‹. Beides ist indes in einem Thema angelegt, dessen Kadenzglied zugleich eröffnend fungieren kann. Die zunehmende Distanz von den thematischen Konturen, die sich schon zu Beginn der ersten Variation abzeichnet, bestimmt erst recht ihren Fortgang, der nun seinerseits von den bisher gewonnenen Varianten des

Materials ausgehen kann. Wirksam bleibt nicht nur die Doppelschlagfigur, auch die interne Synkopierung des zweiten Takts dient als Modell, das in die folgenden Takte prolongiert wird; der betonte Lagenwechsel sodann wird im vorletzten Takt noch überboten, und bis in die Kadenz hinein wirkt die leittönige Formation der thematischen Rahmenglieder nach. Wenig aussichtsvoll wäre es dagegen, die melodischen Bildungen durchweg auf die fast unbegrenzte Vielfalt möglicher Varianten zurückzuführen, die sich aus dem Thema mit seinen Gegenstimmen herleiten ließen. Erst als Coda tritt in d-Moll die Grundform des Themas in den Unterstimmen ein, wozu die Oberstimme nur eine ornamentale Umspielung liefert. Gerade das letzte Glied der Kette tendiert also zu jener Figuralvariation, die man sonst von einer ersten Variation erwarten dürfte. Deutlich wird daran nochmals, in welchem Maß die Regeln des Variationensatzes in ihr Gegenteil verkehrt worden sind.

Als Sonatensatz und Sonatenrondo folgen beide Ecksätze den gängigen Formen, daß sich aber ihr Verlauf leichter erschließt, liegt nicht an einer minder avancierten Harmonik, sondern vorab an der hohen Prägnanz der Themen. Wirksam wird freilich wieder primär ihr rhythmisches Profil, auch wenn die intervallischen Konturen flexibel bleiben. Daß beide Sätze im geraden Takt fast burlesken Charakter haben, mag hier den Verzicht auf ein gesondertes Scherzo motivieren. Das auftaktige Hauptthema des Kopfsatzes wird durch aufschnellende Triolen bestimmt, die auf die Septime in vierfach wiederholten Achteln zielen, und es ist besonders diese Tonrepetition, die das Thema erkennbar macht, auch wenn Fortspinnung und Kontext beständig wechseln. Mit zwei fallenden Vierteln hebt sich davon deutlich ein überleitender Gedanke ab (T. 23), der nur der Zerlegung in Achteln bedarf, um sich dann mit Tonrepetitionen dem Hauptsatz anzunähern. Gleich entschieden kontrastiert der Seitensatz (T. 51) im Legato mit punktierten Vierteln, die bei wechselnder Taktgruppierung ein kantables Gegengewicht bleiben. Sowohl in der Exposition wie auch in der Durchführung tritt hinter dieser markanten Rhythmik die graduelle Differenzierung zurück, die durch die Harmonik wie durch die Fortspinnung erreicht wird. Entsprechend verfährt das ausgedehnte Finale, dessen Refrain im Kopfmotiv durch Terzsprünge mit Leittönen in der rhythmischen Folge von zwei Achteln samt Vierteln gekennzeichnet ist. Wieder setzt sich das rhythmische Modell derart durch, daß es bei intervallischen Eingriffen stabil bleibt, wie sie schon vom vierten Takt an auftreten. Und wie im Kopfsatz wird das Couplet im Legato bei dynamischer Reduktion durch kantable Bögen abgehoben, die in punktierten Vierteln einen Quintraum umkreisen. So erstaunt es kaum, daß der zweite Refrain nicht wie gewohnt in der Tonika erscheint, trotz diastematischer Varianten aber durch seine Rhythmik markiert wird (T. 46). Den Ort des zweiten Couplets nimmt ein Mittelteil ein, der neben thematischen Rekursen auch eigene kantable Linien zuläßt, und nach der Reprise, die ähnlich genau wie im Kopfsatz ausfällt, setzt die Coda wie die Durchführung an, um die Ausarbeitung des Refrains zu intensivieren. Die rhythmische Analogie beider Sätze erlaubt es, daß direkt vor den Schlußakkorden das Kopfmotiv des ersten Satzes eingeblendet wird. Aus rhythmischer Affinität resultiert also der Sonderfall, daß sich einmal in Regers Quartettwerk ein zyklischer Rekurs einstellt, wie er sonst für Werke dieser Zeit fast obligatorisch war.

Daß sich diese Sätze mit ihrem rhythmischen Elan eher erschlossen als die zentralen Variationen, mochte ein Grund dafür sein, daß das Werk weit früher als sein Gegenstück aufgeführt wurde. Und umgekehrt wird es verständlich, daß das weit anspruchsvollere g-Moll-Quartett erst so viel später zum Zuge kam. Beide Erstaufführungen standen freilich schon im Schatten der späteren Quartette, die in diesen Jahren bekannt zu werden begannen. So sind bislang zu op. 54 keine Rezensionen belegt, doch hatte Wilhelm Altmann schon 1903 gefragt, ob Reger »die Grenzen der edlen und schönen Musik« überschreite oder ob nur die Zeit dafür »noch nicht reif« sei.[1] Eine rhythmische Prägung wie im Scherzo und Finale des einen und in den Ecksätzen des anderen Werks blieb für Reger noch später bezeichnend, gerade die langsamen Sätze und der g-Moll-Kopfsatz definieren jedoch eigene Positionen um 1900.

Als rund ein Jahrzehnt später die beiden letzten Quartette von Reger entstanden, hatte sich die geschichtliche Konstellation schon merklich verändert. Mittlerweile lag nicht nur Ravels F-Dur-Quartett vor, dessen Oktatonik die funktionale Harmonik relativiert, die dennoch ein Regulativ der zyklischen Strategie blieb. Zu gleicher Zeit erhielt mit Bartóks erstem gültigen Quartett op. 7 die Integration modaler Folklore eine neue Qualität, im Norden hatten Nielsen, Stenhammar und Sibelius ihre Quartette vollendet, die aus nationalromantischer Konvention zu neoklassizistischen Positionen führten, und neben den frühen Werken aus Schönbergs Umkreis wurde sein d-Moll-Quartett op. 7 gerade vom zweiten Quartett op. 10 überflügelt, das mit den Grenzen der Gattung zugleich die Schranken der Tonalität überschritt. Wieder ist es recht unerheblich, was Reger davon im einzelnen zur Kenntnis nahm, denn selbst einem so auf sich bezogenen Autor, der immerhin weit genug herumkam, konnte nicht ganz entgehen, was inzwischen die öffentliche Kritik beschäftigte. Daß er den raschen Takt einer Entwicklung wahrnahm, die ihn einzuholen begann, macht die hektische Arbeit des Komponisten verständlich, der sich gänzlich verausgabte und doch ahnen konnte, daß ihm nicht viel Zeit blieb. Schon die gereizte Reaktion, die durch Riemanns Wortmeldung kaum motiviert war, bekundet den Zwiespalt zwischen Apologetik und Aggressivität. Denn das hochgemute Bewußtsein, er »reite unentwegt nach links«, wurde durch »so manche« getrübt, denen dieser »Ritt« noch »viel zu wenig nach links« gehe.[2]

1 W. Altmann, *Besprechungen*, in: Die Musik II/2 (1903), S. 43; noch neuerdings meinte L. Finscher, in op. 54 »wende sich Hypertrophie nach innen«, vgl. ders., Art. *Streichquartett*, in: *MGG²*, Sachteil Bd. 8, Sp. 1955.

2 M. Reger, *Degeneration und Regeneration*, S. 257f.

Das gab umgekehrt Anlaß dazu, zur »grenzenlosen Verehrung und Bewunderung für alle unsere alten großen Meister« aufzurufen. Doch sah sich Reger als Exponent des Fortschritts so bedroht, daß er sich zu einer höchst ambivalenten Stellungnahme herausgefordert fühlte.

Zwischen den frühen und späten Werken lag 1904–05 das d-Moll-Quartett op. 74, das bald zu den umstrittenen Werken des ›wilden Reger‹ zählte. Trotz beträchtlich gewachsenen Umfangs konnten wieder nicht die Satzformen Anstoß erregen, die schon in op. 54 vorgezeichnet waren.[1] Wie dort in Nr. 2 ist hier das Finale in D-Dur ein Sonatenrondo im 2/4-Takt, der Kopf des immer noch dreiteiligen Refrains hebt sich mit zwei markanten Vierteln vom hüpfenden Binnenglied ab und wird weiter verarbeitet, bevor das beruhigte Couplet in einem Annex ausläuft, der für Regers Verhältnisse fast unbeschwert daher kommt. Daß der zweite Refrain auf fünf Takte gestaucht wird, erklärt sich aus seiner übermäßigen Beanspruchung in der Durchführung, die nach kurzem Zitat des Anhangs aus dem Couplet zu einer Scheinreprise ansetzt, um nun von a-Moll aus die gesteigerte Verarbeitung zu eröffnen. Dagegen setzt die eigentliche Reprise um einen Halbton abwärts versetzt in Des-Dur ein und lenkt erst nach fünf Takten zur Tonika zurück, und in der Coda staut sich die Energie des Refrains in Akkordketten, die an die chromatischen Spannungen des Kopfsatzes erinnern können. Auch der langsame A-Dur-Satz ist wie in op. 54 Nr. 2 eine Kette von 11 Variationen über ein klar gebautes Thema im 6/8-Takt, das erneut die ›Variation in der Variation‹ impliziert.[2] Der eröffnende Viertakter mit dominantischem Schluß wird durch zwei analoge Takte ergänzt, seine abschließende Wiederkehr führt zur Tonika zurück und wird durch zwei Kadenztakte vervollständigt; das fünftaktige Binnenglied jedoch, mit dem sich insgesamt 17 Takte ergeben, setzt mediantisch an und intensiviert die einem Siciliano gleichende Rhythmik. Anders als im früheren Pendant bedienen sich jedoch die ersten vier Variationen der figuralen Umspielung, noch bei wachsender Chromatisierung und rhythmischer Differenzierung der Gegenstimmen bleibt die thematische Melodie in wechselnder Stimmlage deutlich, und ihre Umrisse verändern sich erst von der fünften Variation an, die mit chromatisch verschobenen Bordunklängen dem Seitenthema des Kopfsatzes entspricht. Bei stetem Wechsel von Struktur, Tempo und Charakter kulminiert die rhythmische Komplexität in den letzten Variationen, durchweg verbindlich bleibt aber die Rahmenform des Themas, sofern strukturell analoge Außenglieder einen Binnenteil umschließen, der das variative Verfahren intern vorantreibt. Sichtbar wird also, wie maßgeblich in aller Differenzierung für Reger der formale Halt bleibt. Wie in op. 54 Nr. 1 läßt das Vivace an zweiter Stelle die Abkunft vom dreiteiligen Tanzsatz erkennen, wenn der graziösen Eröffnung ein rustikales Thema in Bordunquinten und sequenzierten Terzparallelen folgt, auf das nach ausgiebi-

---

1 Zum Kopfsatz aus op. 74 vgl. L. Mattner, *Substanz und Akzidens*, S. 28–49.

2 Zum Variationensatz vgl. Chr. Wünsch, *Technik und Form in den Variationsreihen*, S. 191–196 und S. 255–259.

M. Reger, op. 74, erster Satz, T. 1–8 (*GA*, Breitkopf & Härtel).

T. 21–22.

T. 278–280 (Fuge mit Themeneinsatz im Violoncello).

ger Verarbeitung abschließend zurückgegriffen wird. Auf den thematischen Kern beschränkt sich die stark gekürzte Reprise, statt eines Trios steht aber in der Satzmitte ein langsamer Einschub von nur 18 Takten, der thematisch als ungedeckt gelten müßte, wollte man nicht im fallenden E-Dur-Klang mit erhöhter Quint eine Erinnerung an entsprechende Spannungen im Kopfsatz sehen. So ist es der erste Satz aus op. 74, der durch seine thematische Disposition eine weitere Stufe in Regers Strategien markiert. Gleichwohl erschließt er sich nicht aus den Themen al-

[1] Zu op. 74 vgl. auch R. Cadenbach, *Max Reger und seine Zeit*, S. 217ff., 239ff. und 251ff.
[2] Ebenda, S. 265ff.

lein, so kraftvoll auch der Hauptsatz im Unisono auftritt.[1] Zum Charakter des Allegro agitato wandelt sich hier der sonst eher tänzerische oder pastorale 6/8-Takt, und so dominieren zunächst weithin Passagen, die mit den Themen scheinbar wenig gemeinsam haben. Im Hauptsatz wird der tonikale Quintrahmen um den unteren Leitton erweitert, seine auf- und abschwingende Kurve berührt zweimal die leitereigene Unterterz (b), die aber gleich leittönig erhöht wird, bis der Viertakter in rhythmischer und dynamischer Reduktion zur Doppeldominante (E) abfällt. Dem energischen Vordersatz entspricht bei gleichem Umfang ein Nachsatz, dessen wiegende Rhythmik wieder an ein Siciliano gemahnt; während die eintaktigen Ansätze der Oberstimmen von der Tonika und ihrer Parallele ausgehen, lenken gezupfte Töne im Cellopart zur Dominante. In a-Moll wiederholt sich dann der wenig veränderte Vordersatz, der Nachsatz indes treibt rhythmisch akzelerierend rasch in ein chromatisch gleitendes Feld, wie es für Regers Musik kennzeichnend ist. Auch wo noch funktionale Harmonik Tendenzen und Kennmarken der Form bewirkt, reguliert sie doch kaum den Tonsatz im einzelnen, und die Überleitung resultiert aus der im Thema angelegten Spannung, greift aber erst an ihrem Ende auf den Vordersatz zurück, dessen Imitation zugleich akkordische Füllung erfährt (T. 29 ff.). Umgekehrt trägt der Nachsatz eine Phase der Beruhigung, bis er erneut auf den Vordersatz zusteuert; daß zum ersten Höhepunkt Varianten aus Vorder- und Nachsatz mit den gleitenden Bändern der Überleitung zusammentreten (ab T. 55), verdeutlicht auch die zunehmende Verkettung der Gestalten. Nach heftiger Stauung bedarf sie einer weitläufigen Rückleitung, bevor der Seitensatz auf der Tonikaparallele eintreten kann (T. 91). Bei rhythmischer Analogie zum Nachsatz basiert er zwar noch auf Orgelpunkten, chromatisch verschobene Bordunklänge beeinträchtigen jedoch auch seine harmonische Stabilität, und nach seinem Ausklang entlädt sich die nächste Steigerungswelle, deren chromatische Impulse erst am Ende vom Hauptsatz abgefangen werden (T. 130). Im Rekurs auf die Bordunklänge des Seitensatzes scheint mit engräumigen, fast rezitativischen Ansätzen eine Schlußgruppe zu beginnen (T. 140), die aber durch den letzten Rückgriff auf beide Themengruppen abgeriegelt wird.

Wie oft bei Reger muten entwickelnde Passagen zunächst wie Versatzstücke an, die bei Anpassung der Takt- und Tonarten wohl austauschbar wären. Nicht nur in Ausnahmen wäre dann zu konzedieren, daß dem Tonsatz eine thematische Legitimation abgehe.[2] Doch gilt das nur, solange man nicht wahrnimmt, daß noch solche Phasen von latenten Implikationen des Materials ausgehen, selbst wenn sie anfangs fast amorph erscheinen. Das Risiko des in op. 54 erprobten Verfahrens kann Reger nicht entgangen sein, denn weit zielstrebiger richten sich in op. 74 die Steigerungswellen auf die Restitution der Themen, und demgemäß werden zunächst freie Klangbänder an den Knotenpunkten mit den

Themen selbst verknüpft. So macht die Durchführung die weitere Dominanz der Themen zu ihrer Aufgabe, indem sie vom Seitensatz ausgeht und seine latente Chromatik zur Hinführung auf den Hauptsatz nutzt (T. 192ff.). Die nächste Welle verändert jedoch den Kopf des Hauptsatzes derart, daß überleitende Formeln nun als thematisch abgeleitet erkennbar werden (T. 223ff.). Schon vor der nochmaligen Reduktion zum Seitensatz wird damit eine Variante vorbereitet, mit der aus dem Kopf des Hauptsatzes ein Fugatothema gewonnen wird, das den emphatischen Gestus fast zum Scherzoso verkehrt (T. 271). So rasch es sich in motivischer Abspaltung auflöst, so nachdrücklich gerät die letzte Kombination seiner Derivate mit dem Kopf des Seitenthemas (T. 298), und so kann die gekürzte Reprise an Vorder- und Nachsatz des Hauptthemas sogleich die engste Paarung mit den Ketten der Überleitung anschließen (T. 326). Demgemäß kennt der übrige Verlauf keine dynamische Steigerung ohne thematische Legitimation, die Differenz zu früheren Sätzen besteht also darin, daß aus den Schwierigkeiten zugleich die Lösung resultiert: Frei steigernde Formeln speisen sich insgeheim schon aus dem Material, mit dem sie zunehmend verkettet werden. So wird aus dem Verfahren, über das vordem so ungestüm verfügt wurde, ein planvolles Konzept, das den langen Satz bis hin zur Coda regiert. Denn die letzten Takte verschränken Vorder- und Nachsatz des Hauptthemas mit dem Seitensatz und laufen im Unisono mit einer Variante des Fugatothemas aus.

All das mag an die variable Kombinatorik erinnern, mit der einst der von Reger respektierte Mendelssohn in op. 44 auch überleitende Figuren in ein Konzept integrierte, das für seine reifen Werke verbindlich wurde. Näher liegt der Gedanke an die intrikate Technik, mit der Brahms im c-Moll-Kopfsatz aus op. 51 aus dem Hauptthema die Überleitung gewann; obwohl dort auch die Durchführung nicht gar so komplex ausfiel, richtete sich doch die Arbeit von vornherein auf die thematische Ableitung, ohne noch überleitender Formeln zu bedürfen. So sehr dagegen Regers op. 74 »nach links« weist, so unverkennbar ist doch die Herkunft von einer Tradition, deren Grundlagen zugleich vom harmonischen Progressus unterwandert werden. Denn in dem Maß, wie die Harmonik zur Artikulation der Form beiträgt, fungiert sie nicht mehr als Regulativ für das Detail, während der Wechsel tonal stabiler und instabiler Phasen geradezu konstitutiv wird.

Nur zwei Jahre trennen die beiden letzten Quartette voneinander, nicht auf gleiche Weise wie die früheren geben sie also ein Paar ab, und unübersehbar sind die Differenzen, die zugleich weitere Stufen in Regers Verfahren repräsentieren. Am wenigsten lassen das die sehr raschen Binnensätze spüren, die wieder an zweiter Stelle dem geläufigen Tanzsatz entsprechen. In op. 109 basiert das Quasi presto g-Moll auf fallenden Skalen im Staccato, die das 6/8-Metrum in festen Gruppen vorgeben. Im Gegenzug werden sie durch melodischen Anstieg im Legato beantwortet, die Taktgruppen werden jedoch in dem Maß zerlegt, wie die motivische Abspaltung von chromatischer Färbung begleitet wird. Als Trio hebt sich der Mittelteil mit steigenden Linien ab, je weiter sie aber von motivischer Arbeit erfaßt werden, desto mehr verschwimmen die Differenzen der Formteile. Diese Annäherung der Teile wird vermehrt im D-Dur-Satz aus op. 121 intendiert, der den diatonischen Themenkern mit chromatischen Einschlägen und rhythmischen Pointen zerlegt. Wo sich überraschend ein Walzerton vorwagt (T. 74), da handelt es sich doch nur um den Ausklang des A-Teils, dagegen greift der B-Teil (T. 88) mit gesteigerter Arbeit, die auch ein Fugato einschließt, auf das Material so weit zurück, daß er weniger einem Trio als einer Durchführung gleicht. Die substantielle und satztechnische Affinität der Teile hebt also tendenziell die herkömmliche Dreiteiligkeit auf.

Dem fugierten Finale in op. 109 steht – wie in op. 54 – ein Sonatenrondo in op. 121 zur Seite. Entgegen dem ersten Eindruck ergibt sich in op. 109 am Ende eine Doppelfuge, und das erste Thema, dessen Kopf nur eine Kadenz umschreibt, pointiert seine motorische Rhythmik in der Fortspinnung durch veritable Quintschrittsequenzen, deren pochende Tonrepetitionen im Verlauf weit stärker hervortreten als der Themenkopf selbst. Der historischen Aura jedoch, die damit beschworen wird, wirkt desto entschiedener die motivische Arbeit entgegen. Eine reguläre Durchführung durch alle Stimmen kennt nur der Anfang, im weiteren erscheint das Thema oft nur in Stimmpaaren, doch wird nicht mit Kunstgriffen wie Engführung und Umkehrung gespart. Je mehr aber die motivische Arbeit voranschreitet, desto wirksamer wird die latente Chromatik, die in der sequenzierten Themenfortspinnung angelegt ist. Überraschend ist daher im geschäftigen Treiben das Adagio (T. 95), dessen Oberstimme im Legato fast choralhaft klingt. Mit der Kombination beider Themen kulminiert die Fuge in hymnischer Steigerung, die gleichwohl etwas gewaltsam bleibt, weil das Gegenthema so spät und unerwartet eintrat. Das Sonatenrondo aus op. 121 integriert dagegen die kontrapunktische Arbeit von vornherein in den Refrain, denn sein melodisches Modell wird von einer obligaten Gegenstimme begleitet, und vom Wechselspiel beider profitiert der Refrain ebenso wie seine Ausarbeitung. Klar hebt sich daher das Couplet mit schlenkernder Melodik über chromatisch gefärbtem Orgelpunkt ab, nach dem gekürzten Refrain führt der Mittelteil ein weiteres Couplet ein, es verbindet sich aber rasch mit dem Refrain zu einer Durchführung, die einmal eine thematische Engführung aufweist und am Ende noch das transponierte erste Couplet einfügt. Die Annäherung an den Sonatensatz läßt als Rondorelikt nur den zweiten Refrain zu, ihr entspricht indes eine so planvolle Thematisierung, wie sie zuvor bei Reger die Ausnahme war.

Die beiden langsamen Sätze umfassen kaum hundert Takte und haben doch höchstes Gewicht, indem sie die subtile Ausspinnung des

Materials zu inniger Konzentration bringen. Eine Voraussetzung ist das äußerst gedehnte Zeitmaß, das die ständige Fluktuation des Details noch hörbar macht. Die variable Ableitung aus thematischen Zellen, die schon in op. 54 hervortrat, steigert sich nochmals, ohne jedoch den Rahmen der dreiteiligen Form zu tangieren. Das Larghetto in op. 109 beginnt zwar in Des-Dur, lenkt aber gleich entschieden quintaufwärts und schließt auch in As-Dur. In breiten Notenwerten wird der akkordische Satz kaum merklich von chromatischen Zügen gekreuzt, die sich im Nachsatz weiter geltend machen, die Überleitung geht von der Abspaltung enger chromatischer Zellen aus, die erst fast gestaltlos anmuten und doch bei steter Beschleunigung die Steigerungswellen tragen. Nachdrücklich hebt sich davon das Zitat des Seitenthemas aus dem Kopfsatz ab, das hier erst recht an einen Choral gemahnen kann, freilich selbst ohne semantische Deutung als Enklave sinnfällig genug hervortritt.[1] Die Kurven der Entwicklung setzen sich nämlich im Mittelteil fort, während erst nach der Wiederkehr des Zitats der Schlußteil ansetzt. Er begnügt sich nur anfangs mit melodischer Ornamentierung, wird dann aber so gestrafft, daß er im geschlossenen Bogen der Coda verebben kann. Dagegen ist das Adagio B-Dur aus op. 121 nicht auf solche Kontraste angelegt, wiewohl die Variabilität der motivischen Partikel noch weiter greift.[2]

1 Das aus dem Kopfsatz in op. 109 zitierte Thema entspricht dem Beginn des Liedes »O Welt, ich muß dich lassen« bis auf die leittönige Alternative zum vorletzten Ton der ersten Zeile.

2 Zum Adagio aus op. 121 vgl. L. Mattner, *Substanz und Akzidens*, S. 71–93.

M. Reger, op. 121, dritter Satz, T. 1–9 (*GA*, Breitkopf & Härtel).

Wie maßgeblich das chromatische Kopfmotiv ist, das von der Quinte der Tonika her die kleine Septime ergreift und quasi ›neapolitanisch‹ umspielt (as–fis–g), wird erst in der Coda einsichtig, die durchweg auf einer entsprechenden Konfiguration in Baßlage basiert (ges–e–f). Am Ende wird damit die Chromatik ins Lot gebracht, die im Thema angelegt ist und an seiner Fortspinnung ablesbar wird (T. 5–7). Sie bestimmt ebenso das Binnenglied (T. 8–12), dessen pendelnde Diatonik auf das chromatische Baßmodell bezogen ist. Unter solchen Prämissen werden die weit ausgreifenden Bögen im A-Teil faßlich, wogegen der Mittelteil seine dynamischen Kurven aus kleinsten Formeln entwickelt. Wird einmal also ein geschlossenes Modell schrittweise aufgefächert, so treten im Gegenzug die Partikel allmählich zusammen, je mehr sie aber freigelegt werden, desto genauer läßt sich die expressive Kohärenz des Satzes erfassen.

In beiden Kopfsätzen sind nicht nur die Seitenthemen dynamisch wie rhythmisch abgegrenzte Bezirke, auch die Hauptsätze beginnen ähnlich kantabel und verhalten, und beidemal werden sie von heftigen Agitato-Phasen gefolgt, die primär für die weiteren Steigerungen zuständig sind. Dennoch liegt beiden Sätzen eine unterschiedliche Disposition zugrunde, die vom Verhältnis zwischen den Themen und ihrer Entfaltung ausgeht.

Im Es-Dur-Quartett zeichnet den eigentlichen Hauptsatz der klangvoll akkordische Strom gebundener Viertel aus.[1] Dem fallenden Kopfmotiv antwortet eine steigende Melodiekurve, harmonisch entspricht ihr der zweifach subdominantische Fall mit ›phrygischer‹ Auflösung (Es–As–Des/C), womit das chromatische Potential des Satzes angedeutet ist.

[1] Vgl. Fr. Krummacher, *Ambivalenz als Kalkül. Zum Kopfsatz aus Regers Streichquartett op. 109*, in: *Reger-Studien 3*, hg. v. S. Popp und S. Shigihara, S. 53–70, sowie L. Haselböck, *Analytische Untersuchungen*, S. 53–60.

M. Reger, op. 109, erster Satz, T. 1–15 (*GA*, Breitkopf & Härtel).

Dem bis T. 6 verlängerten Vordersatz entspricht ein fünftaktiger Nachsatz, eingeschaltet sind aber zwei echohafte Takte, die mit ›neapolitanischer‹ Wendung die punktierte Formel aufnehmen, die zuerst im melodischen Höhepunkt eintrat und dann zweimal noch im Nachsatz begegnet. Fast beziehungslos wirkt dagegen die Kontrastgruppe ab T. 14, die sich in taktweiser Sequenz aufwärts schraubt und in rhythmischer Diminution eine Variantenkette ausbildet. Mit dem Hauptthema teilt sie freilich die nun offen hervortretende Chromatik und die punktierte Wendung, die sich von der ersten zur zweiten Zählzeit verschiebt; statt motivischer Beziehungen bilden also zwei abstrakte Teilmomente die einzige Rückbindung. So wird im Satz der Wechsel zwischen Phasen im Cantabile und im Agitato konstitutiv, beide werden intern zunehmend umgebildet und in der Durchführung aufeinander bezogen. An die erste Variante des Hauptsatzes etwa (T. 32) schließt gleich eine Agitato-Gruppe an, nach hemiolischer Stauung, die motivisch neutral bleibt, potenziert sich der Umschlag mit Imitation der Agitato-Motivik, sie setzt erneut nach dem choralhaft abgegrenzten Seitensatz ein und schwingt erst in der Schlußgruppe aus. Vom Agitato geht auch die erste Phase der Durchführung aus, um damit die Linie des Hauptsatzes zu paaren (T. 127), wogegen die zweite den Hauptsatz in D-Dur zitiert und sein fugiertes Kopfmotiv dem Agitato annähert (T. 156). Das Ziel markiert ein Fugato (T. 180), das den Themenkopf mit diminuierten Figuren verkettet, die ebenso auf das Agitato zurückgehen. Gedrängt faßt die Reprise den Verlauf zusammen, ohne die Kontraste ebenso zu pointieren, bis sie in der Coda auf engem Raum nochmals verklammert werden. Aber auch die hemiolische Stauung, die anfangs exterritorial blieb, weist einerseits mit ›neapolitanischer‹ Wendung auf den Themenkern zurück und wird andererseits in den Prozeß integriert, wie sich vom Nachsatz des Seitenthemas über die Knotenpunkte der Durchführung bis zum Schluß der Coda verfolgen läßt.

Seine gesteigerte Komplexität verdankt dagegen der Kopfsatz aus op. 121 nicht wie vordem primär der harmonischen oder kontrapunktischen Verarbeitung. Mit scheinbarer Vereinfachung verbindet sich vielmehr eine Technik der motivischen Ableitung, die sich zunächst als Netzwerk intervallischer Beziehungen zum Hauptsatz darstellt.[1] Sie resultieren aber aus leittönigen Wendungen, mit denen thematische Taktgruppen auslaufen, ohne ihr Ziel zu erreichen, und hinzu kommt noch eine Rhythmik, die als Muster musikalischer Prosa das Taktmaß durch Akzentverlagerung und wechselnde Gruppierung unterläuft. Das durchsichtige Notenbild im Hauptsatz läßt kaum vermuten, zu welchen Steigerungen der variative Prozeß befähigt ist. Er klammert den Seitensatz nicht ganz aus, der durch tänzerischen Ton absticht und doch ähnliche Zellen wie der Hauptsatz birgt. Eine gesonderte Sektion bildet demgegenüber erst die Schlußgruppe aus, die mit Terzparallelen und nachschlagenden Bässen auf einen Ländler anspielt, während der Seitensatz anders als sonst in die Entwicklung einbezogen wird. Denn von ihm geht zweimal die Durchführung aus, um sein Material im Gegenzug zur Exposition an den Hauptsatz anzunähern und damit die Affinität der Themen zu demonstrieren. Unberührt bleibt nur die Schlußgruppe, die sich auch am Ende der Durchführung als Alternative be-

[1] Zum Kopfsatz aus op. 121 vgl. L. Mattner, *Substanz und Akzidens*, S. 49–70, sowie L. Haselböck, *Analytische Untersuchungen*, S. 204–215.

hauptet. Wo sie sich freilich in Taktgruppen auflöst, deren Akzentuierung dem Hauptsatz näherkommt, da steigert sich ihr tänzerischer Impuls zur unverkennbaren Walzermelodik, die zudem auf Orgelpunkt ruht und gleichermaßen in der Coda wiederkehrt (T. 231 und T. 376). Eine so »schöne Stelle« muß freilich nicht »als Fremdkörper« verstanden werden[1], denn nicht anders als solche Enklaven in Mahlers Symphonik weist sie sich als Ausblick auf eine kompositorische Alternative aus. In den Zusammenhang des Satzes gehört sie als sein Widerpart, sie müßte sich auflösen, sobald sie vom Strom der Entwicklung erfaßt würde, gerade damit deutet sie aber darauf hin, wie unausweichlich die Komplikationen des Komponierens geworden sind.

Die offenkundigen Differenzen zwischen op. 109 und op. 121 müssen bei so geringem Zeitabstand nicht als Indizien einer kompositorischen Entwicklung verstanden werden, unmißverständlich deuten sie aber auf jene Individualisierung hin, auf die Reger in jedem Werk bedacht war. Ohnehin umfassen seine Quartette wenig mehr als die Spanne eines Jahrzehnts, und nimmt man das frühe Studienwerk aus, so bilden die fünf reifen Werke ein so geschlossenes Corpus, daß sich die Frage einer Entwicklung nicht aufdrängt, bevor man die Quartette zum übrigen Œuvre in Beziehung setzt.

Die Werke der letzten Weidener Jahre verschärfen den Gegensatz zwischen Finali und Scherzi einerseits, deren Verlauf sich dank ihrer profilierten Rhythmik erschließen kann, und eröffnenden und langsamen Sätzen andererseits, deren thematische Verankerung von fast amorphen Entwicklungswellen kleinster Partikel überspült wird. Den Schwierigkeiten indes, die diese Musik dem Verständnis entgegensetzt, entspricht eine kompositorische Problematik, die Reger offenbar nicht unbewußt blieb. Denn je weiter das Verfahren vorangetrieben wurde, desto mehr drohten entwickelnde Phasen ihr unauswechselbares Profil zu verlieren. Gerade darauf reagieren jedoch die drei späteren Werke in doppelter Weise. Zum einen relativiert sich der Sonderstatus von Tanz- und Finalsätzen, deren Entfaltung nun zunehmend an der harmonischen Differenzierung der anderen Sätze partizipiert. Zum anderen läßt sich an den ersten und den langsamen Sätzen konstatieren, daß die thematische Steuerung der internen Prozesse auf unterschiedliche Weise herausgearbeitet wird. Während im Kopfsatz aus op. 74 Vorder- und Nachsatz des Hauptthemas als Kontraste präsentiert und wachsend aufeinander bezogen werden, stehen in op. 109 Hauptsatz und Kontrastgruppe in entsprechendem Verhältnis. Beidemal werden aber thematisch zunächst ungedeckte Phasen planvoll mit dem Thema selbst verkettet, wogegen die Seitensätze aus der integrativen Bewegung ausgenommen werden. Komplizierter ist der Sachverhalt in op. 121, denn Haupt- wie Seitensatz sind gleich vielschichtig angelegt und begegnen sich in der Durchführung, während die Schlußgruppe eigenen Status hat.

1 R. Cadenbach, *Max Reger und seine Zeit*, S. 265f.

Daß op. 121 im Umkreis Schönbergs besondere Aufmerksamkeit fand, geht aus den Hinweisen von Egon Wellesz hervor, und nach dem Bericht Karl Amadeus Hartmanns pflegte Anton von Webern »wie ein Gelehrter« dieses Werk im Unterricht »zu zergliedern«.[1] Doch konnten es nicht nur intervallische Beziehungen sein, die den analytischen Blick auf sich zogen, denn in gleichem Ausmaß wie früher haben zugleich rhythmische und harmonische Implikationen am Geflecht der Beziehungen ihren Anteil. Wenn sich den späteren Entscheidungen Schönbergs entgegenhalten ließ, die Präferenz der intervallischen Strukturierung drohe zu Lasten anderer Parameter zu gehen, dann waren in Regers Komponieren die Schichten des Satzes so gleichmäßig entwickelt, daß dadurch der Zugang belastet werden konnte. Während sich Reger um 1900 »nach links« gerückt fühlte, sah er sich durch die Aporien seines Komponierens zu Konsequenzen genötigt, die in den Streichquartetten hervortreten und sein ambivalentes Verhältnis zu Schönbergs Weg seit op. 11 begreiflich machen. Doch meinte gerade Schönberg, man müsse Regers Musik viel aufführen, weil »man noch immer nicht Klarheit über ihn besitzt«.[2]

Entschieden wie keine anderen Werke dieser Jahre vollziehen Regers frühe Quartette die Wende zur Moderne, sofern sich im kompositorischen Gefüge die Relationen insgesamt und nicht nur einzelne Koordinaten verschieben. Daher wäre es einseitig, die Konsequenzen nur am Progressus der Harmonik zu demonstrieren, so sehr sich das zunächst aufdrängt. Doch ist es nicht das geringste Indiz der Moderne, daß diese Werke dem Verständnis noch immer kaum weniger Schwierigkeiten entgegensetzen als Musik aus Schönbergs Umkreis.[3] Dazu trägt nicht zuletzt bei, daß die harmonischen Scharniere, die in thematischen und kadenzierenden Markierungen wirksam bleiben, desto größeren Spannungen in Phasen der Entwicklung ausgesetzt sind. Ihre Kehrseite ist es, daß sich solche Musik noch hundert Jahre später kaum durchsetzen kann, ohne einer engagierten Förderung zu bedürfen. Auch darin hat Reger Anteil an der Moderne, und so bleibt vorerst offen, wieweit sich seine Quartette im internationalen Repertoire so behaupten können, wie es ihrer Bedeutung für die Moderne entspricht.

[1] H. und R. Moldenhauer, *Anton von Webern. Chronik seines Lebens und Werkes*, Zürich 1980, S. 493; A. D. McCredie, *Karl Amadeus Hartmann. Leben und Werk*, Wilhelmshaven 1980 (Taschenbücher zur Musikwissenschaft 74), S. 144f.

[2] *Arnold Schönberg. Briefe*, S. 81.

[3] Daß die Schwierigkeiten, die Altmann 1903 konstatierte, auch 1998 noch fortbestehen, zeigt Finschers Urteil über das »Mißverhältnis«, das zwischen »überkommener Form und kaum noch zu realisierender Fülle und Feinheit der Nuancen« bestehe; vgl. *MGG²*, Sachteil Bd. 8, Sp. 1955f.

2. Tradition in der Krise:
Schönbergs Frühwerk in seinem Kreis

Wer um 1900 die frühen Werke von Arnold Schönberg und seinem späteren Schwager Alexander von Zemlinsky zur Kenntnis nehmen konnte, wäre kaum auf den Gedanken verfallen, daß diese beiden Musiker einmal als Pioniere einer neuen Musik gelten sollten. Denn zu genau scheint Schönbergs D-Dur-Quartett aus dem Jahr 1897 dem zeitgenössischen Standard zu entsprechen, als daß man in ihm das Werk des künftigen Revolutionärs sehen könnte, zugleich ist es aber auch gediegen genug, um nicht nur als Jugendsünde eines späteren Meisters abgetan zu werden. Harmonisch greift dagegen Zemlinskys drei Jahre früheres A-Dur-Quartett op. 4 weiter aus, das so deutlich Brahms verpflichtet ist, wie Schönbergs Werk auf Dvořák zurückweist. Erinnert man sich zudem der Schritte, die zuvor schon Franck oder Debussy vollzogen hatten, so besteht erst recht kein Anlaß, in den Frühwerken Schönbergs und Zemlinskys die Voraussetzungen der Moderne zu suchen. Eher umgekehrt wird erkennbar, wie vertraut beiden Musikern die Traditionen waren, von denen ihre weiteren Entscheidungen ausgingen.

Während Zemlinskys op. 4 von Simrock 1898 – zwei Jahre nach der Uraufführung – in Partitur erschien, war auch Schönberg als »einem wahrhaften Talente« mit der Erstaufführung seines D-Dur-Quartetts einiger Erfolg beschieden, doch hielt er das Werk zurück, das erst 1966 gedruckt wurde und nun nur noch unter »dokumentarische Arbeiten« zu rechnen war, wie Pierre Boulez die Frühwerke bis op. 10 nannte.[1] Da jedoch das Quartett als wohl erstes zyklisches Werk von Schönberg abgeschlossen und zudem durch Zemlinsky als zeitweisen Lehrer kritisch begleitet wurde, fehlte es andererseits nicht an Versuchen seiner Rettung im Verhältnis zu späteren Leistungen. Wenn Werner Loll zu Recht die »Intensivierung der Harmonik« hervorheben konnte, mit der sich Zemlinskys op. 4 von einem früheren Studienwerk in B-Dur abhebe, so suchten Rainer Boestfleisch und besonders Heinrich Helge Hattesen an Schönbergs Werk die Kennzeichen jener ›entwickelnden Variation‹ aufzudecken, die für spätere Werke des Komponisten maßgeblich wurden.[2] So triftig solche Beobachtungen sind, so sehr tendieren sie zur Abstraktion genereller Kriterien, die recht genau den Normen der Gattungstradition entsprechen. Und je weiter sie für die Quartette anderer Zeitgenossen Geltung haben, desto schwerer dürfte es zugleich fallen, aus diesem Kontext das Werk Schönbergs hervorzuheben. Damit stellt sich aber die Frage, wieweit die späteren Entscheidungen eines Komponisten von seinem Frühwerk her verständlich werden.

Indem das Hauptthema in Schönbergs Kopfsatz mehrfach den Tonikaklang mit zugefügter Sexte intoniert, gemahnt es zunächst, wie oft gesehen wurde, an die Thematik in Dvořáks ›amerikanischem‹ F-Dur-Quartett op. 96.[3] Von der Satztechnik jedoch, die gerade in diesem Werk von Dvořák ungewohnt blockhaft bleibt, unterscheidet sich Schönbergs Quartett nicht nur durch seine dichte Arbeit, sondern es zieht aus den Vorgaben der Thematik nicht gleiche harmonische Konsequenzen. Denn einem Vordersatz im Unisono fügt sich unter geschickter Überbrückung der Taktgrenze der vollstimmige Nachsatz an, wo in ihm erstmals die kritische Sexte begegnet, fungiert sie doch als Terz der Sub-

---

1 P. Boulez, *Flugbahnen*, in: ders., *Anhaltspunkte. Essays*, Kassel 1979, S. 232–265: 265; ders., *Schönberg ist tot*, ebenda S. 289–296. Zum D-Dur-Quartett vgl. U. Thieme, *Studien zum Jugendwerk Arnold Schönbergs. Einflüsse und Wandlungen*, Regensburg 1979, S. 112, sowie die Erstausgabe, hg. v. O. W. Neighbour, London 1966. Zu den Quartetten insgesamt vgl. *Arnold Schönberg. Sämtliche Werke*, Abteilung VI: *Kammermusik*, Reihe A (= Bd. 20 I–II), hg. v. Chr. M. Schmidt, Mainz 1987 und 1982, sowie die Kritischen Berichte, ebenda 1986 und 1984.

2 W. Loll, *Zwischen Tradition und Avantgarde. Die Kammermusik Alexander Zemlinskys*, Kassel u. a. 1990, S. 72ff.; R. Boestfleisch, *Arnold Schönbergs frühe Kammermusik. Studien unter besonderer Berücksichtigung der ersten beiden Streichquartette*, Frankfurt a. M. u. a. 1990; H. H. Hattesen, *Emanzipation durch Aneignung. Untersuchungen zu den frühen Streichquartetten Arnold Schönbergs*, Kassel u. a. 1990, S. 37–146.

3 R. Gerlach, *War Schönberg von Dvořák beeinflußt?*, in: Neue Zeitschrift für Musik 133 (1972), S. 122–127.

A. Schönberg, Quartett D-Dur, erster Satz, T. 1–6 (*GA*, Schott und Universal Edition).

dominante, und statt einer konventionellen Kadenzierung erweitert sich der Komplex mit mediantischer Rückung auf zwölf Takte. Mit dem Vordersatz teilt der Nachsatz weniger melodische als rhythmische Formeln wie punktierte Viertel und gebundene Achtel, die aber von Dreiklangsbrechung zu Sekundbewegung gestaucht werden. Die ganze Überleitung kann mit diesen Partikeln bestritten werden, die Takt für Takt legitimieren, ohne vorzeitig den prägnanten Themenkopf zu beanspruchen. Und die Achtelketten begleiten noch den Seitensatz, der trotz rhythmischer Dehnung durch Auftakt und Punktierung auf den Hauptsatz zurückblickt. Selbst wo akkordische Stauung erstmals eine Kontrastierung ausbildet (T. 55), die auf die harmonische Kulmination am Ende der Durchführung vorandeutet, wird sie doch von auftaktiger Diktion und punktierter Rhythmik getragen. Und so bleibt es der Schlußgruppe vorbehalten, in weiterer rhythmischer Reduktion über Orgelpunkt mit Vierteltriolen und synkopischer Begleitung eine Alternative einzuführen, die sich im Kern aber auf nur vier Takte begrenzt und damit kaum thematische Geltung hat. Nachdem die Durchführung in F-Dur mit dem Hauptsatz ansetzt, greift sie nach vier Takten auf jene Schlußgruppe zurück, die zuvor als bloßer Annex erschien und sich nun in enger imitatorischer Struktur thematisch bewähren muß (T. 101–124). Regulär gibt sich die weitere Verarbeitung von Haupt- und Seitensatz, die am Ende zur akkordischen Stauung im B-Dur-Sekundakkord führt und mit übermäßigem Quintsextakkord die Tonika wiedergewinnt. Bis auf ihre Straffung folgt die Reprise der Exposition, wonach die Coda klangliche und harmonische Komprimierung verbindet. Trotz konventioneller Dreiteilung, in der sogar der A-Teil genau zu wiederholen ist, gerät das Intermezzo fis-Moll als zweiter Satz etwas aparter, sofern die melodisch führende Stimme durch figurative Begleitung umkleidet wird, während die Thematik des knappen Binnenteils bei synkopischer Dehnung auf den Terzraum im Incipit des A-Teils zurückweist. An dritter Stelle folgt ein langsamer Variationensatz in b-Moll, und da sein Thema einstimmig in Baßlage beginnt und nur später durch eine Gegenstimme aufgefüllt wird, erweist es seine harmonische Disposition erst im vollstimmigen Satz, mit dem zugleich die erste Variation bestritten wird. Dieses harmonische Gerüst liegt jedoch den weiteren Variationen zugrunde, in denen sich die thematische Melodik in ihre Partikel auflöst. Sparsam bleiben gleichwohl harmonische Akzente wie etwa in der vierten Variation, deren engräumige Chromatik auch unerwartete Rückungen nicht ausschließt, wogegen die Coda zum Modell der ersten Variation zurückkehrt. Überraschend robust ist das effektvolle Finale, dessen Refrain durch fanfarenhafte Tonrepetitionen eröffnet wird, wonach der eigentliche Themenkopf wieder die Tonikasexte einschließt. Der Wechsel von Refrain, Couplet und – nach eingeschobener Schlußgruppe – auch zweitem Refrain läßt ein Sonatenrondo erwarten, das verarbeitende Zentrum fällt aber mit kaum 20 Takten samt Rückleitung derart knapp aus, daß sich eher ein konventionelles Kettenrondo durchsetzt, wie es zu dieser Zeit nur noch selten begegnet.

So geschickt Schönbergs Frühwerk gearbeitet ist, so unleugbar steht Zemlinskys A-Dur-Quartett auf der Höhe dieser Zeit, sofern es harmonische Extension mit motivischer Intensität verbindet. Wieder umgeht das Hauptthema des ersten Satzes die dominantische Bestätigung der Tonika, die durch ihre Mollvariante ersetzt und dann doppeldominantisch erweitert wird, zumal die Verschleierung des 6/8-Metrums läßt aber die genaue Kenntnis der Musik von Brahms spüren.

A. Zemlinsky, op. 4, erster Satz, T. 1–8 (Simrock).

Eindrucksvoll ist die variable Kombination der engräumigen Melodik der Oberstimme mit der Hemiolik der Begleitung, die schon nach acht Takten zu akkordischer Entladung drängt und einen eingefügten 9/8-Takt nach sich zieht. Doch schließt sich dann ein Einschub auf der Molldominante an, dessen akkordischer Satz nur vage an das Hauptthema anklingt; sobald sich das anfängliche Kopfmotiv zurückmeldet, definiert sich der Zwischensatz als Glied des erweiterten Hauptsatzkomplexes. Die Überleitung greift auf das hemiolische Themenglied zurück (ab T. 28 analog T. 4), das mit seinem charakteristischen Oktavfall diminuiert und danach intervallisch verengt wird, um zugleich einen Vorgriff auf den Seitensatz aufzunehmen. Nicht anders als bei Schönberg wird damit der Seitensatz, der sich durch rhythmische und harmonische Reduktion abhebt, in die Entwicklung integriert, rascher wechseln jedoch die harmonischen Positionen, und die Schlußgruppe bildet keinen Anhang, sondern eine Variante des Seitensatzes. Gleich dicht und gedrängt ist die Durchführung, die mit der hemiolischen Wendung das Zwischenglied des Hauptsatzes ausarbeitet, während die harmonische Progression durch Mediantenwechsel und chromatische Rückung beschleunigt wird. Einer Reduktionsphase liegt wieder das hemiolische Motiv zugrunde, wonach die letzte Steigerung mittels des Zwischensatzes erreicht wird, und entsprechend gerafft fällt nach der Reprise auch die Coda aus. Eine Revision der Binnensätze, zu der Zemlinsky offenbar Schönberg riet[1], hätte sich wohl für seine eigenen Gegenstücke empfohlen, die denn doch leichter wiegen als der Kopfsatz. Rhythmisch pikant und metrisch variabel ist zwar der Tanzsatz an zweiter Stelle, der ein knappes Trio einschließt, doch wird seine Wiederholung nur anfangs und abschließend verändert. Etwas gewichtiger fällt der langsame dritte Satz aus, sofern dem gezackt punktierten Thema ein knapper Seitensatz gegenüber steht, dessen Erweiterung zugleich ein modulierendes Zentrum eröffnet, in dem beide Themen weiter verarbeitet werden. Konventioneller bleibt aber das Finale, selbst wenn es als Sonatensatz angelegt ist, dessen Durchführung erneut die harmonische Gewandtheit des Autors demonstriert, ohne sie mit so intrikater Rhythmik wie im Kopfsatz zu verbinden.

Im Unterschied zu Schönberg nahm Zemlinsky sein Werk in seine Opuszählung auf und rechnete es als sein erstes Quartett, dem sich als zweites dann zwanzig Jahre später op. 15 anschloß. So kunstgerecht die frühen Werke Schönbergs wie Zemlinskys sind, so wenig führt doch ein gerader Weg zu ihren späteren Quartetten hin. Kaum greifen die Verfahren weiter, als es in gleichzeitigen Werken von Draeseke oder Gernsheim zu beobachten ist – ganz zu schweigen von den Quartetten Debussys oder auch Francks –, und fast unüberbrückbar ist der Abstand zu den wenig späteren Quartetten op. 54 des gleichaltrigen Reger, die sich vor dieser Folie erst recht als Marksteine der Moderne ausweisen. So zeigen beide Werke eine Beherrschung des Handwerks, wie sie die Gattungstradition forderte, und sie belegen zugleich jene technische Souveränität, die notwendig war, um im Wettstreit der Innovation mitzureden, der nach der Jahrhundertwende begann. Die Entscheidungen jedoch, die Schönberg dann in op. 7 und zumal op. 10 traf, sind nicht durch Frühwerke zu motivieren, die eher die Frage stellen, wie derart in der Tradition beheimatete Musiker eine Krise jener Tonalität erfahren

1 H. H. Hattesen, *Emanzipation durch Aneignung*, S. 93; zu Zemlinskys op. 4 vgl. W. Loll, *Zwischen Tradition und Avantgarde*, S. 72–96.

konnten, in der sie einst zu respektablen Leistungen befähigt waren. So ist ihr weiterer Weg nicht primär an den frühen Quartetten zu ermessen, er vollzog sich vielmehr zunächst in anderen Gattungen, wie Werner Breig es dargestellt hat.[1] Die kritischen Prozesse indes, die außerhalb der Quartettgeschichte vor sich gingen, fanden ihre gültigen Lösungen erst in späteren Quartetten, die damit zu Meilensteinen der Geschichte wurden. Und damit ergibt sich die seltsame Konstellation, daß die traditionelle Gattung, in der beide Musiker begannen, von ihnen verschmäht werden mußte, bis auf anderen Feldern die Erfahrungen gesammelt waren, in deren Konsequenz das traditionsbelastete Streichquartett grundlegend neu zu definieren war.

Das erstaunliche d-Moll-Werk op. 7, das Schönberg als sein erstes Streichquartett zählte, läßt dagegen Indizien einer Krise gleich mehrfach erkennen. Die meisterliche Beherrschung der Technik gibt zwar so wenig wie die höchst avancierte Harmonik dazu Anlaß, von einer kompositorischen Krise Schönbergs zu reden. Kritisch geworden ist offenbar aber das Verhältnis des Komponisten zu den Traditionen der Gattung und ihren tragenden Voraussetzungen. Gemäß den späten *Bemerkungen zu den vier Streichquartetten* sollte die »große Form« zunächst »in Anpassung an den Glauben der Zeit [...] alle vier Charaktere des Sonatentyps in einem einzigen ununterbrochenen Satz enthalten« und neben »Durchführungen« zugleich über »ein gewisses Maß an thematischer Einheit« verfügen.[2] Zugleich aber bekannte Schönberg den Ehrgeiz, »alle Errungenschaften meiner Zeit (einschließlich meiner eigenen)« zu kombinieren: den »Bau extrem großer Formen«, »sehr ausgedehnte Melodien«, eine reiche Harmonik »mit neuen Klangfortschreitungen« und zumal kontrapunktisch »eigenständige Stimmen«, die tonal »in entfernteren Regionen« und »häufig in vagierenden Harmonien zusammentrafen«. Auch wenn also von tradierten »Charakteren« der Sätze auszugehen war, ließ sich nicht mehr auf die Abfolge ihrer Formen vertrauen, die bislang den Rahmen der internen Differenzierung abgab. Doch genügte es nicht mehr, die Sätze in einer ›double function form‹ zu verklammern, wie es in der Symphonischen Dichtung seit Liszt gebräuchlich war. Vielmehr mußte sich die »große Form« mit entsprechend »ausgedehnten Melodien« in einer kontrapunktischen Schichtung verbinden, die in »vagierenden Harmonien« die Grenzen der Tonalität erreichte, um einem singulären Werk – und dann wohl konkurrierend mit Reger – seinen Vorrang zu sichern. So begründet die Progression auf allen Ebenen eine Komplexität, die in der Geschichte der Gattung ein Extrem bedeutet.

Neu und kompliziert wird das Werk nicht nur durch seine Dimensionen oder durch thematische Satzverbindungen, wie sie seit langem geläufig waren. Selbst die Harmonik greift kaum weiter aus als bei Reger, sofern sie weniger bei der Einführung als in der Entwicklung der Themen progrediert, und die Formen erscheinen strenger gewahrt als bei

---

[1] W. Breig, *Schönberg und Wagner – Die Krise um 1910*, in: *Bericht über den 2. Kongreß der Internationalen Schönberg-Gesellschaft 1984*, hg. v. R. Stephan und S. Wiesmann, Wien 1986, S. 42–48.

[2] A. Schönberg, *Bemerkungen zu den vier Streichquartetten*, in: *A. Schönberg. Stil und Gedanke. Aufsätze zur Musik*, hg. v. I. Vojtěch, Frankfurt a. M. 1976 (Gesammelte Schriften 1), S. 409–436: 409ff.; engl. auch in: *Die Streichquartette der Wiener Schule. Eine Dokumentation*, hg. v. U. v. Rauchhaupt, Hamburg o. J., S. 36–65. – Erst nach Abschluß des Manuskripts erschien *Arnold Schönberg. Interpretationen seiner Werke*, Bd. I–II, hg. v. Gerold Gruber, Laaber 2002 (fortan zitiert: *Schönberg-Interpretationen*); auf die darin enthaltenen Beiträge zu den Streichquartetten Nr. I–IV kann daher nur noch hingewiesen werden.

Liszt, indem die Teile nicht so wie schon in der ›Bergsymphonie‹ vertauscht oder umgestellt werden. Wie klare Zäsuren die Teilsätze trennen, sind auch die Themen tonal und rhythmisch prägnant genug, um dem Hörer eine Orientierung zu geben. Schönberg begnügte sich aber weder mit Übergängen noch mit thematischen Klammern zwischen den Sätzen, vielmehr sollte jeder Satz die ihm gemäßen Teile ausprägen, und so stehen nicht die Formen schlechthin zur Disposition, auf die selbst später noch dodekaphone Werke mit fast klassizistischer Strenge zurückgreifen konnten. Die Komplikationen resultieren zunächst aus dem Vorsatz, mit dem übergreifenden Bogen eines großen Sonatensatzes die Sonaten- und Rondoform der Ecksätze und die dreiteilige Anlage der Binnensätze zu kombinieren. Wenn dazu die Themen durch Transformation oder Kombination aufeinander bezogen werden sollen, dann ergeben sich bei fortschreitender Differenzierung des Satzes ungewöhnliche Schwierigkeiten, die sich innerhalb einer Gattungsgeschichte freilich nur ansatzweise umreißen lassen.[1]

Im übergreifenden Sonatensatz vertritt der Kopfsatz zugleich die Exposition im großen, das folgende Scherzo öffnet sich hin zur Durchführung, an deren Ende sich die Reprise des Hauptthemas aus dem Kopfsatz ablöst, während das Adagio zugleich in der Reprise des Seitenthemas ausläuft, bis die Coda durch das abschließende Rondo repräsentiert wird, das ohne neue Themen auskommt und dafür die thematischen Bestände der vorangehenden Sätze zum Wechsel von vier Refrains und drei Couplets anordnet. Schon eine erste Übersicht macht aber die Probleme kenntlich, die dabei zu lösen waren. Soll der Kopfsatz das Material bereitstellen, das dann noch vielfach beansprucht wird, dann kann die Überleitung zwischen seinen beiden Themenfeldern nicht schon aus dem Hauptsatz abgeleitet werden, sie gibt sich vielmehr als strenges Fugato über ein scheinbar neues Thema, das damit Gelegenheit zur Einführung zusätzlichen Materials bietet, durch verdeckte Fäden jedoch auf die umrahmenden Themen verweist. Heikler noch ist es, daß der erste Satz eine eigene Durchführung samt Reprise aufzuweisen hat, ohne schon den entsprechenden Teilen der Großform vorgreifen zu dürfen. Wenn in der Mitte die »große Durchführung« steht, so wird sie erst vom Scherzo mit Trio und dann vom Adagio eingerahmt, beide stellen gesonderte Teile mit eigenen Themen dar, sollen jedoch dem Anspruch gemäß nicht bloße Einschübe bleiben, sondern mit den Rahmensätzen und der Durchführung im Zentrum verknüpft werden. So kann zwar das Scherzo als Binnenkontrast beginnen, als wäre es wie üblich ein eigener Satz, sein Material erweist sich jedoch als rhythmische Variante des überleitenden Fugatothemas, dessen chromatische Implikationen zugleich zurückgenommen werden. Daß der »großen« Durchführung eine eigene Zone vorgelagert wäre, widerspräche nicht der Formtradition, nach dem knappen Trio muß indes die Scherzo-

1 Vgl. R. Boestfleisch, *Arnold Schönbergs frühe Kammermusik*, S. 265ff., H. H. Hattesen, *Emanzipation durch Aneignung*, S. 191–321, weiter W. Frisch, *Thematic Form and the Genesis of Schoenberg's D Minor Quartet, Opus 7*, in: Journal of the American Musicological Society 41 (1988), S. 289–314; zur Frage eines verborgenen Programms vgl. H. H. Hattesen, *Emanzipation durch Aneignung*, S. 314ff., ferner Chr. M. Schmidt, *Schönbergs »very definite – but private« Programm zum Streichquartett op. 7*, in: *Bericht über den 2. Kongreß der Internationalen Schönberg-Gesellschaft 1984*, S. 230–234. Vgl. neuerdings R. A. Kohler / M. Böggemann, *I. Streichquartett Op. 7*, in: *Schönberg-Interpretationen*, Bd. I, S. 73–94.

reprise ihre rückgreifende Funktion in dem Maß aufgeben, wie sie sich zur weiteren Verarbeitung zu öffnen hat. Mit dem Ende dieser zentralen Durchführung stellt sich andererseits aber ihre Aufgabe heraus, zugleich als Reprise des Hauptthemas aus dem Kopfsatz zu dienen. Als erweiterte Ruhezone erscheint zunächst das dreiteilige Adagio, aus dessen Schlußteil zugleich die Reprise des Seitenthemas aus dem Kopfsatz hervorgeht. Da aber das Adagio nicht schon vorher Gegenstand der Durchführung sein konnte, muß es nun thematisch abgeleitet und zugleich mit der Reprise ähnlich verbunden werden wie zuvor das Scherzo mit der Durchführung. Wäre ein solcher langsamer Einschub sonst eher zwischen Durchführung und Reprise als zwischen den Themen in der Reprise zu erwarten, so zeichnen sich doch die Formglieder der Reprise weniger bei ihrem Eintritt als erst an ihrem Ende ab. Und wenn das abschließende Rondo – als Coda der Großform – so wie einst das Finale in Liszts *Faust-Symphonie* kein eigenes Material besitzt, dann lösen sich nun wie in einem Kaleidoskop die vormaligen Themen in spielerischer Umbildung und Kombination ab.

Der Preis des ambitionierten Plans liegt also in der wachsenden Ambivalenz, mit der sich Großform und Teilsätze durchdringen. Je mehr der Rahmen die Sätze in seinen Dienst nimmt, desto mehr werden sie zu seinen Bestandteilen, je weiter sie sich aber durchsetzen, desto mehr drängen sie die Großform in den Hintergrund. Und die Aufgabe, den Prozeß auf allen Ebenen zugleich zu verfolgen, wird desto schwieriger, je mehr die satztechnische Entfaltung fortschreitet.

Der Hauptsatz bereits, auf den sich Alban Bergs harmonische Analyse bezog[1], ist das Modell weiterer Ableitungen und zugleich der intern entwickelnden Variation. Sein Vordersatz nämlich (T. 1–6) entfaltet sich in mehrfachem Auf- und Abschwung mit gezackter Punktierung, die nach übergebundenem Spitzenton auftaktig und dann auch als Binnenauftakt fungiert. Er ruht auf skalarer Baßbewegung, der ebenso wie der tremolierenden Auffüllung der Mittelstimmen thematische Aufgaben zuwachsen, während die Harmonik durch ›neapolitanische‹ Wendungen erweitert wird. Der Schlußtakt vermittelt zum Nachsatz (T. 7–13), dessen erweiterte Stimmzüge in Sechzehntelketten auslaufen und sich mit triolierten Terzketten und punktierter Baßlinie verbinden. Modellhaft überlagern schon im ersten Scheitelpunkt die komplementären Oberstimmen einer Quart-Terzkette in Baßlage (T. 9 es–as, c–f, a–d'–fis'), an der die enge Verschränkung quasi potenziert subdominantischer und dominantischer Richtungen abzulesen ist, die erst in den Anhangtakten nachläßt. Daß die intensive Verarbeitung danach nicht schon eine Überleitung eröffnet, erweist sich spätestens dann, wenn der Hauptsatz auf der Tonika wiederkehrt (T. 65), denn jeder Takt dazwischen ist thematisch derart begründet, daß sich die Frage stellt, wieweit damit den Aufgaben der Durchführung vorgegriffen werden muß. Je weiter sich die

---

1 A. Berg, *Warum ist Schönbergs Musik so schwer verständlich?*, in: *Arnold Schönberg zum 50. Geburtstag*, Wien 1924, S. 329–341, bes. S. 335; abgedruckt auch in *Die Streichquartette der Wiener Schule*, hg. v. U. v. Rauchhaupt, S. 20–31; zum ›offenen‹ Scherzo vgl. H. H. Hattesen, *Emanzipation durch Aneignung*, S. 265ff.

A. Schönberg, op. 7, (Satz I), T. 1–7 (*GA*, Schott und Universal Edition).

Thematik aufsplittert, desto wirksamer drängen ihre harmonischen Implikationen zur ersten Kulmination (T. 79–87 analog zu T. 9). So neu dagegen das überleitende Fugatothema auftritt, so genau entspricht dem Hauptsatz ein diatonisches Gerüst (c–d–g–c) mitsamt ›neapolitanischer Färbung‹ (fis–g–as), die zudem in der Mitte durch halbtönig erweiterten Oktavsprung pointiert wird (g–as'). Auch im fugierten Satz bleibt kein Takt ohne Einsatz des Themas und seines Kontrasubjekts, bis die Abspaltung der chromatischen Wendung den Seitensatz vorbereitet (T. 146). Höchst selbständig erscheint dennoch seine erste Version (T. 153), in die rasch rhythmische Anklänge an den Hauptsatz dringen, wogegen fast walzerartig eine zweite Gestalt anmutet, deren diatonisches Melos sogar sequenziert wird, während die fallende Baßlinie auf den Hauptsatz zurückgeht (ab T. 168). Desto rascher verbinden sich mit den Versionen des Seitensatzes die Rückgriffe auf den punktierten Hauptsatz mit seiner tremolierenden Begleitung (ab T. 172, 178 und 190), und so schließt die erste ›kleine‹ Durchführung primär an den Seitensatz und dann an Zitate des Fugatothemas an, bis punktierte und tremolierte Terzbänder zusammenprallen und die Reprise eröffnen (T. 213, 236 und 301). Daß nun erstmals der Hauptsatz selbst wiederkehrt, ist insofern etwas prekär, als er zuvor weithin ausgespart wurde, denn in der Scheu vor bloßer Wiederholung tendiert die Reprise zu fortgesetzter Entwicklung, die sich kaum vom Status der Durchführung unterscheidet. Je weiter also die Arbeit auf alle Teile übergreift, desto schwächer gerät deren funktionale Differenzierung, die daher auf weitere Mittel angewiesen ist. Die Reprise des Hauptsatzes konzentriert sich auf sein chromatisch fallendes Glied (gemäß T. 9), das im Tremolo nicht nur Engführung erfährt, sondern rasch zu konsonanten Stimmpaaren gebündelt wird, die in dissonanter Relation chromatisch gegenläufige Bänder umgreifen, um in »vagierenden Harmonien« ohne tonalen Rückhalt auszukommen (T. 320–330). Geschickt wird die vormals fugierte Überleitung zu knapper Engführung komprimiert, aus dem Signum ihres übermäßigen Oktavsprungs ergibt sich ein abgespaltenes Modell, das noch den Einsatz der Seitensatzreprise überbrückt. Deutlich tritt jedoch in der Schlußphase der Hauptsatz hervor, bis akkordische Stauung den Kopfsatz mit mehrfachen Quintfällen zum Ziel führt.

In Ges-Dur beginnt danach im 3/4-Takt das Scherzo, dessen Thema sich als diatonische Glättung und rhythmische Profilierung des Fugatothemas ausweist (T. 399). Selbst ohne konventionelle Teilwiederholungen scheint die interne Dreigliedrigkeit des Tanzsatzes durch, wenn nach der Aufstellung und Verarbeitung des Themas samt modulierendem Mittelteil seine modifizierte Wiederkehr folgt (T. 448 und T. 508). Dem Scherzo gemäß ist ebenfalls die Umbildung des Themas durch Synkopen mit auslaufenden Quartolen, deren diminuierte Version mit Seufzerwendung abbricht und damit zugleich weitere Motivik einbringt. Schon der modulierende Binnenteil greift in der Begleitung auf gebundene Varianten der punktierten Ketten aus dem Hauptsatz zurück, und mit dem Abschluß in Ges-Dur erreicht der Teilsatz eine Geschlossenheit, von der sich dann das Trio in seinem luftigen Satz abhebt (T. 532–547). Es verfügt kaum über eigene Substanz, sondern teilt mit dem Scherzo die synkopierte Motivik und die Begleitformeln mit ihren Seufzern. Wo aber die Scherzoreprise zu erwarten wäre, zeigt sie nicht eingreifende Varianten, sondern öffnet sich immer weiter zur »großen Durchführung« im übergreifenden Sonatenschema: Der Status einer Reprise wird also in dem Maß geschwächt, wie der Arbeitsprozeß voranschreitet. Zunächst zwar dominiert die Motivik des Scherzo, in seine Verarbeitung dringen jedoch – zunächst unmerklich – Varianten des anfänglichen Hauptthemas ein, dessen fallend gezackte Motivik zum

A. Schönberg, op. 7, (Scherzo), T. 399–409 (*GA*, Schott und Universal Edition).

Legato geglättet wird (ab T. 595). Engräumige Chromatik läßt zudem den vormaligen Seitensatz anklingen (ab T. 605), und während das Seufzermotiv ›zart hervortretend‹ abgespalten wird (T. 611 ff.) sind zudem Relikte der punktierten Rhythmik erkennbar. Eine neue Qualität erhalten solche Rekurse mit der gedehnten Version des Scheitelmotivs aus dem Hauptthema (T. 656 ff.), zu der sogleich seine tremolierende Variante tritt. Zwar wird der Verlauf durch eine Episode im Pianissimo verzögert, die aber in kanonischer Imitation mündet und schließlich in einem Ganztonfeld die tonale Bindung aufhebt, womit sich das Ende der Scherzoreprise ankündet. Die weitere Verarbeitung erhält durchführenden Charakter, je mehr die punktierte Rhythmik und gezackte Motivik des Kopfsatzes hervortritt (T. 706–772). Wie das Scherzothema zugleich das überleitende Fugatothema des Kopfsatzes vertritt, so folgt nach Kadenzscharnier nun der Kopf des Hauptthemas selbst, dessen Einsätze in g-, a- und d-Moll die Hauptstufen der Grundtonart markieren (T. 784, 827 und 893). In verwirrender Kombinatorik verlagern sich damit thematische Relikte, die noch den chromatischen Seitensatz einschließen, je weiter jedoch die thematischen Stimmzüge eigene Wege gehen, desto weniger ordnen sie sich einem tonalen Zentrum unter, ohne eine Tonart so auszuprägen, daß von Polytonalität zu reden wäre. Daß aber die Scherzoreprise, von der der Prozeß ausging, zur Durchführung geworden ist, wird spätestens dann greifbar, wenn der Satz wieder in chromatisch gleitenden Klangbändern ausläuft, die wie zuvor aus dem Hauptsatz abgeleitet und durch dessen Zitat auf der Tonika beschlossen werden (T. 890 und T. 909).

Wie das Scherzo hebt sich anfangs der langsame Satz klar ab, der fast rezitativisch mit fallenden Gesten beginnt (T. 952), während nach dem akkordischen Nachsatz, der vor dem Finale wiederkehrt, die Fortspinnung im Rekurs auf den einstigen Seitensatz thematischen Rang erhält (T. 969). So geschickt die Rückgriffe kaschiert werden, so deutlich wird in der Verarbeitung der rezitativische Beginn thematisiert (ab T. 981). Dieser gedoppelten Thematik tritt der klangdichte Mittelteil gegenüber (T. 1003), dessen kantable Linie – wie Hattesen zeigte[1] – das »Ende des Adagiothemas« mit »Motivik aus dem Seitensatz« verbindet, um dann wiederum Zitate des Hauptthemas aufzunehmen (T. 1016). Und im abschließenden Teil des langsamen Satzes verschieben sich die Gewichte derart, daß ein zweites Thema zugleich die Reprise des Seitenthemas in der Gesamtform vertreten kann (T. 1035–1053). Zwischen Adagio und Finale tritt indessen ein Formglied, das den Ausklang des einen mit der Introduktion des anderen Satzes verkettet (T. 1054–1121). An ein Klangfeld, dem das Schlußglied des ersten Adagiothemas zugrunde liegt, schließen sich Varianten aus Haupt- und Seitensatz an, die in der Transformation des Materials noch einmal seine planvolle Kombinatorik demonstrieren. Dagegen bezieht der Schlußsatz seinen Effekt aus der

[1] Zum langsamen Satz vgl. H. H. Hattesen, *Emanzipation durch Aneignung*, S. 291 ff. und S. 295 ff., zum Finale ebenda, S. 303 ff.

A. Schönberg, op. 7, (langsamer Satz), T. 952–962 (*GA*, Schott und Universal Edition).

bunten Mischung von Relikten aller Themen, die sich wie in einem Kaleidoskop vermischen und zugleich zum Kettenrondo mit vier Refrains und drei Couplets fügen. Wider Erwarten entsprechen dem Wechsel der Formteile also nicht konstante Themenzitate, sondern die motivischen Rekurse durchdringen sich immer neu und unvorhersehbar. Anders als ein Sonatenrondo kommt der Satz ohne eigentliche Durchführung aus, während kombinatorische Arbeit alle Teile gleichermaßen prägt. Daß sich dennoch der Rondobau durchsetzt, liegt primär an der Kennmarke des Refrains mit jenem Quintfall, der auf die Eröffnung des langsamen Satzes zurückgeht. Schon seine Fortspinnung verbindet aber den Kopf des Seitenthemas mit der Terzquartfolge, die im Hauptsatz zuvor in Baßlage auftrat (T. 1130), und diese Motive bestimmen das erste Couplet, das durch rasche Figuration abgehoben wird (T. 1147). Wenn man sich in das Geflecht des Werks versenkt, so erschließen sich in der bunten Folge des Rondos auch die thematischen Varianten, deren wechselnde Kombination nicht ohne Verkürzung zu resümieren ist. Nicht ausgenommen bleibt davon der Refrain, dessen Kopf sich in der dritten und vierten Version nach f-Moll und zum Legato wendet (T. 1215 und T. 1248). Erleichtert wird die Orientierung jedoch durch die zunehmende Klärung der tonalen Relationen, bis der letzte Refrain zwar nochmals auf die chromatischen Bänder des Kopfsatzes zuläuft, um dann doch mit dem opulenten Klangfeld der breiten Coda in D-Dur zu münden.

Daß ein so umgreifendes Konzept wie in op. 7 über alles verfügte, was die Tradition aufzubieten hatte, war wohl eine Erfahrung, die Schönberg dazu veranlaßte, in op. 10 dann wieder die beiden Dimensionen zu trennen, die zuvor ineinander verkettet waren. Während nämlich op. 10 einerseits zur Scheidung von vier Sätzen zurückkehrt, die zwar auch thematische Beziehungen kennen, partiell aber bei bekannten Formen ansetzen, wird andererseits die Entwicklung der Tonalität als ein geschichtlicher Prozeß in der Folge der Sätze auskomponiert. Sie verbindet sich also nicht konstant mit der Ausarbeitung jenes thematischen Netzwerks, das die Teilsätze in der Rahmenform von op. 7 kennzeichnete, sie schreitet dafür von Satz zu Satz voran, um in der freien Tonalität des Finales zu enden, das ebenso wie der dritte Satz die Grenzen der Gattung mit Zutritt der Vokalstimme erweitert. Schönberg legte Wert auf die Feststellung, der »entscheidende Schritt zur sogenannten Atonalität« sei hier noch nicht vollzogen, da jeder Satz »mit einer Tonika« schließe und dazu noch »Teilschlüsse« aufweise. Doch begründete er zugleich den Verzicht »auf die traditionellen Kadenzharmonien« mit einer Thematik, die »außertonale Fortschreitungen« enthalte.[1]

Mit Haupt- und Seitenthema in Exposition und Durchführung läßt der Kopfsatz das Sonatenschema erkennen, dessen Grundriß sich erst in

1 A. Schönberg, *Bemerkungen zu den vier Streichquartetten*, S. 414–422; vgl. auch Anton Weberns Notizen aus dem Jahre 1912, wiedergegeben bei *Die Streichquartette der Wiener Schule*, hg. v. U. v. Rauchhaupt, S. 415ff., ferner H. H. Hattesen, *Emanzipation durch Aneignung*, S. 323–342. Vgl. insgesamt die zusammenfassende Darstellung von Chr. M. Schmidt, *II. Streichquartett Op. 10*, in: *Schönberg-Interpretationen*, Bd. I, S. 124–143.

den thematischen Relationen der Reprise und Coda zu verschieben scheint. So beginnt der Hauptsatz nicht nur in fis-Moll, sondern der tonale Radius erweitert sich erst bei Erreichen der Dominante durch ›neapolitanische‹ Wendungen (T. 4–6), und noch die enharmonische Verwechslung (his/c), die zur Themenwiederholung in a-Moll vermittelt, geht kaum über Regers Verfahren hinaus.

Bevor jedoch ab T. 33 der Themenkopf wiederkehrt, schiebt sich ab T. 12 ein Zwischensatz ein, der zu gleichmäßiger Achtelbegleitung das ›neapolitanische‹ Themenglied in der Viola zur motivischen Kette erweitert. Und je mehr mit der Fortspinnung über chromatischer Baßlinie die Begleitfiguren aufgefächert werden, desto schwächer wird zugleich der tonale Rückhalt. Wie dieser Einschub auf ein Glied des Hauptsatzes zurückgeht, so führt er auch zur ersten Version des Seitensatzes hin, der ab T. 43 die chromatische Seufzermotivik aufnimmt. Die chromatische Spreizung der begleitenden Achtel deutet ab T. 53 auf die zweite Version, die sich mit auftaktig fallender Linie als eigentliches Zentrum des Seitensatzes erweist. Denn in dem Maße, wie die chromatische Substanz der Thematik auf den Stimmenverband übergreift, entfernt sich ihre Verarbeitung vom tonalen Zentrum. Daß sich die Entwicklung durch Taktwiederholung befestigt und in markanten Quintfällen ausläuft, mag noch eine tonale Deutung nahelegen (T. 68–70); solche Versuche wären jedoch fruchtlos, weil jede Fixierung den fluktuierenden Prozeß verkennen müßte. Denn gegenüber der tonalen Stabilisierung, die sich erst wieder im Zitat des Hauptsatzes vor der Durchführung andeutet (T. 90), läßt sich rückblickend der Radius der Entwicklung ermessen. Ihre thematischen und harmonischen Dimensionen bedingen sich wechselweise, sofern die Schwächung der Tonalität durch die Intensivierung der thematischen Arbeit kompensiert wird, die ihrerseits die tonale Progression vorantreibt. Konsequent setzt die Durchführung dieses doppelte Verfahren fort, wenn sie gleich anfangs den Hauptsatz mit der konträren zweiten Version des Seitensatzes konfrontiert (T. 98–106), um dann auf den engräumigen Zwischensatz und sogleich auf den zweiten Seitensatz im Umkehrkanon zurückzugreifen (T. 107–119). Nach dynamischer Raffung der chromatischen Stimmzüge ergreift die kontrapunktische Arbeit mit partieller Umkehrung auch das chromatische Gelenk, das sich ebenso im knappen Fugato als zentrale Substanz ausweist (T. 124–142). Wenn sich dazu als latenter Kontrapunkt das zweite Seitenthema zurückmeldet, so verschleiert es ebenso den Eintritt der Reprise. Denn für vier Takte tritt zwar der Hauptsatz ein, statt in der Tonika jedoch in der a-Moll-Fassung über Baßton F; wie ihm aber die Engführung des zweiten Seitenthemas voranging, so folgt nun gleich dieselbe Gestalt, womit die Verklammerung des Materials weitergeführt wird (T. 144–159). Erst mit dem Zwischensatz wird die Funktion einer Reprise erkennbar, die nun umgekehrt den Seitensatz übergeht und zur

Notenbeispiel linke Seite: A. Schönberg, op. 10, erster Satz, T. 1–11 (*GA*, Schott und Universal Edition).

Engführung mit dem Kopf des Hauptsatzes führt (T. 186–192), während die ausgedehnte Coda die chromatische Schärfung zurücknimmt und in der Tonika enden kann.

Daß sich die tonale Extension als Konsequenz der thematischen Substanz rechtfertigt, demonstriert auf andere Weise der zweite Satz, den Schönberg als »Scherzotyp« mit drei thematischen »Charakteren« samt Trio mit neuem Thema kennzeichnete. Denn nicht anders als in op. 7 zeichnet sich der dreigliedrige Tanzsatz ab, zwischen dem kontrastierenden Trio und der eingreifend veränderten Scherzoreprise wird jedoch »das alte Wiener Volkslied ›O du lieber Augustin‹« als ironische Episode eingeschaltet.[1] Ungewöhnlich ist es zudem, daß dem Scherzo eine gewichtige Einleitung vorangeht, die vorgreifend Partikel des Materials einführt, deren Funktion sich erst im Satzverlauf erweist. Statt also auf die Themen hinzuführen, erschließt sich die Bedeutung der Einleitung erst aus dem Satzverlauf. Von einem ersten Motivbündel (a), das über Orgelpunkt simultan eine chromatische Gestalt (a–gis–fis–g) mit einer gezackt steigenden und dann fallenden Achtelkette kombiniert, hebt sich nach chromatischem Einschub eine zweite Motivgruppe ab, die sukzessiv einen Terzsprung mit diatonischem Auftakt und fallend verminderter Quint verbindet (T. 14–17), während die dreitaktige Diminution des chromatischen Segments den Abschnitt beschließt. Der Verschränkung chromatischer Gestalten, die sich vom Orgelpunkt abheben, steht also eine eher diatonische Kette gegenüber. Klar heben sich sodann im Scherzo drei unterschiedliche Teile ab, die diese Motive verarbeiten, doch kombiniert schon der erste Abschnitt die chromatische Zelle mit der springenden Achtelkette, und da auch der Orgelpunkt entfällt, setzen sich die chromatischen Tendenzen desto entschiedener durch. Der zweite Teil dagegen verarbeitet die zweite Motivgruppe, die ihrerseits diminuiert wird (ab T. 35 und T. 54). Der dritte Teil jedoch geht von einer weiteren Gestalt aus, deren gebundene Oktavsprünge durch Ganz- bzw. Halbtöne auf- und abwärts erweitert oder verengt werden (T. 65–97). Da aber diese Gestalt schon mit dem Einsatz der ersten Violine (T. 7) als Variante des chromatischen Segments definiert wird, läßt sich der dritte Teil als variierter Rekurs auf den thematischen Kern verstehen, wie es analog in op. 7 der Fall war. Zudem bildet eine diminuierte und sequenzierte Fassung der engräumigen Kernformel im Trio den Kontrapunkt zum weit ausschreitenden neuen Thema, das fast wie ein cantus firmus in Umkehrung oder im Kanon die Stimmen durchläuft, während die Verarbeitung vom abgeleiteten Kontrapunkt ausgeht. Wenn aber das Triothema chromatische und diatonische Partikel mischt, so wächst in der Verarbeitung wieder die tonale Diffusion, und sie beweist sich zumal dann, wenn unverhohlen tonale Akkorde eingeblendet und sogar wiederholt werden können, ohne doch eine tonale Zentrierung zu bewirken (so ab T. 104 und T. 116 und zuvor im

1 A. Schönberg, *Bemerkungen zu den vier Streichquartetten*, S. 417.

A. Schönberg, op. 10, zweiter Satz, T. 165–174 (*GA*, Schott und Universal Edition).

1 E. L. Waeltner, *O du lieber Augustin. Der Scherzo-Satz im II. Streichquartett von Arnold Schönberg*, in: Bericht über den 1. Kongreß der Internationalen Schönberg-Gesellschaft 1974, hg. v. R. Stephan, Wien 1976, S. 246–262.

2 Zur ›Litanei‹ vgl. A. Schönberg, *Bemerkungen zu den vier Streichquartetten*, S. 419f.

Scherzo ab T. 31). Auf die tonale Diffusion als Folge der thematischen Arbeit reagiert auch die Episode, die zwischen Trio und Scherzoreprise tritt. Da sich das Augustin-Lied im 3/4-Takt vom geradtaktigen Kontext abhebt, wäre es nur mühsam als verborgenes Zentrum aufzufassen, wie es Ernst Ludwig Waeltner wollte.[1] Denn diese Sicht würde nicht nur eine metrische Umdeutung verlangen, sondern ebenso die tonale Stabilität übersehen, die der Liedweise zunächst zukommt. Sie wird freilich rasch gestört, wenn zum Zitat sogleich die Scherzomotive treten, deren Chromatik auch die Liedweise erfaßt, bis am Ende nur noch ihr Quintfall übrig bleibt (T. 165–187). Dieser Quintfall vermittelt auch zum zweiten Scherzomotiv, um zugleich die Scherzoreprise zu eröffnen. Wie die Episode in ironischer Brechung auf eine tonale Basis zurückblickt, die sich als nicht mehr tragfähig erwies, so mischt die Scherzoreprise die thematischen Partikel in chromatischer und metrischer Verschleierung, bis die Coda das Sprungmotiv zur Stretta im Unisono bündelt.

Die Kenntnis des bisher exponierten Materials ist unabdingbar, will man die ›Litanei‹ als dritten Satz verstehen, ohne sich allein an Stefan Georges Dichtung zu orientieren. Den Satz legte Schönberg als ›Thema mit Variationen‹ an, um dem Verdacht zu begegnen, der Zutritt der expressiven Vokalstimme überschreite die Grenzen dessen, »was in der Kammermusik zulässig« sei, und so sollte die »strenge Ausarbeitung« der Variationen »thematische Einheit und Logik« verbürgen, um selbst »die Ansprüche eines Formalisten zu befriedigen«.[2] Die Ausweitung der Gattungsgrenzen durch einen zusätzlichen Vokalpart erscheint jedoch

A. Schönberg, op. 10, dritter Satz: ›Litanei‹, T. 10–16 (*GA*, Schott und Universal Edition).

nur als ein Aspekt unter anderen und vielleicht wichtigeren. Vereinzelt blieb zwar ein frühes Experiment von Hermann Hirschbach, der ein halbes Jahrhundert zuvor sein Quartett op. 49 (Nr. 13) mit einem Lied von Lenau eröffnete, das aber notfalls »ohne Singstimme zu spielen« war. Doch fragt sich nicht nur, ob Schönberg dieses nur in Stimmen gedruckte Werk kannte, vielmehr hat offenbar erst sein op. 10 eine schmale Sondertradition von Streichquartetten mit Gesang eröffnet, die sich bis in das späte 20. Jahrhundert fortsetzte, während ungleich öfter weitere Gesänge mit Quartettsatz zu belegen sind, die sich als Alternative zum Orchesterlied auffassen lassen.[1]

Dennoch ist es nicht so sehr der Vokalpart, der die Schwierigkeiten des Zugangs zu Schönbergs ›Litanei‹ begründet. Als synthetisches Konstrukt erweist sich bereits das Thema (T. 1–8), denn mit dem Hauptthema des ersten Satzes verbindet sich das Seufzermotiv aus dessen Zwischen- und Seitensatz, und einer diminuierten Version des Gegenthemas aus dem Scherzo schließt sich das zweite Seitenthema des Kopf-

1 Siehe Anmerkung S. 37.

satzes an. Eindringlich hat Werner Breig gezeigt, wie genau diese Motive die Variationen konstituieren, in die zudem die vokalen Linien eintreten, die sich ihrerseits nur als Ableitungen aus der instrumentalen Motivik begreifen ließen.[1] Jedes Schema freilich, das die Zuordnung der motivischen Gestalt zu den einzelnen Stimmen in den Variationen zu fassen sucht, kann nur eine Hilfe sein, um das komplexe Geflecht zu erschließen. Denn so wenig sich die einzelnen Stimmen in einer Variation auf nur ein Motiv beschränken, so dicht werden die Partikel zugleich simultan verkettet, um ihrerseits dem variativen Prozeß zu unterliegen. Ähnlich variabel verhält sich zum Quartettsatz die Vokalstimme, die eine eigene Schicht mit partiellem Rekurs auf den Instrumentalpart bleibt. Ihre Phrasen decken sich zwar zunächst mit den ersten fünf Textstrophen, während die verbleibenden drei Strophen im Schlußteil derart zusammentreten, daß die Stimmführung ihre Grenzen überbrückt (wie T. 57f.). Dagegen bewahrt der Instrumentalsatz eine streng achttaktige Gliederung, selbst wenn Brückentakte zwischen den Segmenten vermitteln. Wie sich schon im Thema die motivischen Zitate fast zum Vorder- und Nachsatz fügen, so bleibt weiter die achttaktige Gliederung ein letztes Relikt jener ›quadratischen‹ Periodik, die vormals freilich durch funktionale Harmonik konstituiert wurde. Sie wird aber kaum hörbar, weil sie durch die vokalen Strophen überschnitten wird, denn wie Strophe 1 in der ersten Variation eintritt, so läuft Strophe 2 nach Beginn der dritten Variation aus, in der dann Strophe 3 folgt, usw.

Daß Schönberg von fünf Variationen samt Coda sprach, legt es nahe, mit Strophe 6 die Coda anzusetzen (T. 50). Geht man aber von der motivischen Struktur des Quartettsatzes aus, so schließen sich weiterhin jeweils 8 Takte derart zusammen, daß fast von zwei weiteren Variationen zu reden wäre (T. 49–56 und T. 57–64). Zwischen dem Spitzenton der Vokalstimme und der Schlußzeile des Gedichts würde damit die Coda beginnen (T. 65–66 »liebe – gib mir dein glück«), um sich allein auf den ruhigen Ausklang zu beschränken (T. 66–76). Die glühende Expressivität des Vokalparts jedoch, die durch die harmonische Expansion fundiert und potenziert wird, tritt erst in der Relation zum motivischen Geflecht und zum variativen Prozeß hervor. Und die Überschreitung der Gattungsgrenzen im Zutritt der Vokalstimme wird nicht nur durch »thematische Logik und Einheit« ausgeglichen, sondern erscheint als sachliche Konsequenz der strengen Arbeit an einem thematischen Material, das zugleich eine Summe aus den vorangehenden Sätzen zieht.

Seit jeher wurde aber vor allem das Finale als ›Durchbruch zur Moderne‹ apostrophiert. Um Adornos Formulierung zu zitieren: »Der letzte Satz aber, wiederum mit Gesang, tönt herüber aus dem Reich der Freiheit, die neue Musik schlechthin, trotz des Fis-Dur am Ende, ihr erstes schlackenloses Zeugnis, so utopisch inspiriert wie keine andere danach.«[2] Nach Schönbergs Hinweisen kann sich das Verständnis am

---

1 W. Breig, Schönbergs ›Litanei‹, in: *Analysen. Beiträge zu einer Problemgeschichte des Komponierens. Festschrift für Hans Heinrich Eggebrecht*, hg. v. R. Brinkmann u. a., Stuttgart und Wiesbaden 1994, S. 361–376.

2 Th. W. Adorno, *Arnold Schönberg 1874–1951*, in: ders., *Prismen. Kulturkritik und Gesellschaft*, (Frankfurt a. M. 1955) ebenda 1976, S. 180–214: 196.

[Anmerkung 1 zu S. 36:] Thomas Schipperges hat eine noch unveröffentlichte Bibliographie von Werken für Streichquartett und Gesang zusammengestellt, für deren Kenntnis ich ihm zu besonderem Dank verpflichtet bin. Vor Schönberg scheinen demnach nur 1906 *Drei Lieder im Volkston op. 8* von R. H. Stein zu liegen, während danach nahezu 100 weitere Beiträge für Singstimme mit Quartett zu nennen sind. Doch sind vorerst kaum 20 Beispiele nachweisbar, die nach Schönbergs op. 10 als Streichquartette bezeichnet wurden und mit zusätzlichem Vokalpart versehen sind. Nur wenigen Werken aus diesem Bestand dürfte jedoch in der Geschichte des Streichquartetts ein solches Gewicht zukommen, daß sie in der weiteren Darstellung eigens zu nennen wären.

A. Schönberg, op. 10, vierter Satz: ›Entrückung‹, T. 1 und T. 21–26 (*GA*, Schott und Universal Edition).

Text orientieren, und die Wahl dieses Gedichts von George ist alles andere als Zufall, selbst wenn der strengen Fügung von acht Terzinen keine gleiche musikalische Regulierung entspricht. Gleichwohl bezieht die Komposition ihre Impulse aus den Worten: »Ich fühle luft von anderem planeten. Mir blassen […] die gesichter«. Sie lassen schmerzlichen Abschied assoziieren, während die Zeile »ich löse mich in tönen, kreisend, webend« den erschreckten Ausblick auf ungeahnte Räume andeutet. Schließt der Text: »ich bin ein funke nur vom heiligen feuer […]«, so wird der Künstler zum Organon dunkler Mächte, wie es dem Gedankengut einer ›Kunstreligion‹ gemäß ist, deren Anspruch Schönberg nicht fremd war. Von der Bindung an den tradierten Kunstbegriff zehrt die Musik noch in ihrer Neuheit, so wenig sie aber den Text nur illustriert, so wenig ist sie unabhängig von ihm zu begreifen. Denn Schönberg zufolge sucht die Einleitung »die Loslösung von der Erdanziehung darzustellen«, auch bei Eintritt der Singstimme wäre »die musikalische Szene auf diese Stimmung eingerichtet«, und noch die Coda verweile »in der Art solcher musikalischen Ausdrucksweisen«.[1] Gegenüber der Subtilität der Struktur sind solche Hinweise Versuche, an ein Verständnis nach den Konventionen programmatischen Hörens zu appellieren. Andererseits verwahrte sich Schönberg dagegen, den Satz als gewöhnliches Lied aufzufassen, doch sprach er auch davon, das Thema kehre nach Steigerung in einer Weise wieder, die »an die Sonatenform erinnert«. Dabei scheute er nicht Begriffe wie Hauptmelodie, Verarbeitung, Reprise oder Coda, wiewohl der Satz keiner »katalogisierten Form« folge. Das hat indes dazu beigetragen, daß der Verlauf meist als Sonatensatz aufgefaßt wurde, und einsichtig ist zudem, daß nicht der Textbau die Musik bestimmt. Zwar sind ihre Teile mit Doppelstrichen markiert, die Zäsuren decken sich aber nicht mit der Strophenfolge, auch wenn sie den Progressus gliedern. So werden vor T. 16 Introduktion und Vokaleinsatz getrennt, vor dem Neuansatz in T. 52 steht ein Doppelstrich, ein weiterer begegnet vor Strophe VI bei T. 83, und der letzte fällt mit T. 100 vor die Schlußzeile der Strophe VIII. Diese Einschnitte scheinen sich zunächst mit dem Schema eines Sonatensatzes zu decken, sofern sie vor Haupt- und Seitensatz stünden, wonach die dritte Zäsur auf den Beginn einer Durchführung verwiese. Doch wäre dann hinzunehmen, daß sich die Themen rhythmisch auffällig gleichen, und neben einer Durchführung, die knapper als beide Themenkomplexe ausfiele, hätten thematische Reminiszenzen in der Coda die Reprise zu ersetzen. So deutlich exponierende, verarbeitende und resümierende Phasen hervortreten, so wenig macht doch ein Schema den Verlauf begreiflich.

Manfred Pfisterer wollte statistisch nachweisen, wie unterschiedlich die Strophen und Zeilen nach Umfang und Deklamation behandelt seien.[2] Weil mit dem Ausfall des tonalen Rückhalts herkömmliche Zäsuren verwehrt seien, zu denen die Parameter des Satzes gemeinsam beitragen, bleibe bei freier Tonalität nur eine Zäsurierung in steter Überlappung der Schichten möglich, wenn etwa die Melodik Einschnitte aufweise, die rhythmisch oder motivisch überbrückt würden. Dieser Absicht diene auch Schönbergs differenzierte Deklamation, die Zusammenhänge bewahre, um Zäsuren in anderen Schichten zu überbrücken. Immerhin wird damit auf die prägende Kraft einer Deklamation verwiesen, die sich nicht auf die Metrik des Texts verläßt, und von der Einsicht, daß dem Hörer zunächst diese Textgruppen begegnen, könnte ein analytischer Versuch ausgehen. Umgekehrt verfuhren freilich die Analytiker, die weithin die Ebene des Texts ausklammerten. So wollte Jan Mægaard das akkordische Geschehen dechiffrieren, um in der Regulierung des Tonsatzes die Vorstufen der späteren Dodekaphonie zu erkennen.[3] Eine solche Sicht ist zwar einer teleologischen Geschichtsschreibung verpflichtet, aus der Vorstellung jedoch, mit dem Verlust der

---

1 Zum Finale vgl. A. Schönberg, *Bemerkungen zu den vier Streichquartetten*, S. 421f.

2 M. Pfisterer, *Studien zur Kompositionstechnik in den frühen atonalen Werken von Arnold Schönberg*, Neuhausen–Stuttgart 1978 (Tübinger Beiträge zur Musikwissenschaft 5), S. 42ff., S. 60–82, bes. S. 65–77.

3 J. Mægaard, *Studien zur Entwicklung des dodekaphonen Satzes bei Arnold Schönberg*, Oslo und Kopenhagen 1972, Bd. I, S. 104–123.

Tonalität würden die Parameter getrennt verfügbar, zog Pfisterer die weitere Folgerung, sie seien daher nur noch getrennt zu analysieren. Würden Rhythmik und Diastematik aber derart voneinander abgelöst, so lasse sich eine latente Organisation aufdecken, die auf wenigen Grundgestalten in steter Abwandlung durch Umkehrung, Spiegelung oder Krebs beruhe. Sie erst wäre das verborgene Band, das Regel und Einheit im Disparaten garantiere.

Erkennbar wird in der Tat eine partielle Regulierung, und sie begegnet bereits in der instrumentalen Introduktion, die anfangs nur die schattenhafte Folie für den Zutritt des Vokalparts abzugeben scheint. Trotz des diffusen Charakters konnte Mægaard Prinzipien der Struktur ausmachen, wenn etwa die ersten Einsätze der Stimmen in Quintrelation erfolgen, die sich im Wechsel motivischer Fragmente zwischen den Oberstimmen zur Septime erweitert, bis umgekehrt fallende Sekunden den Vorgang fortsetzen (T. 1–5). Ferner schreiten die Unterstimmen einen Quintenzirkel aus (T. 3 F–Fes), und die weitere Motivreduktion läßt wieder Quint- und Sekundrelationen erkennen, an die eine konstante Klangbrechung über Orgelpunkt anschließt (T. 6–9). Ein ähnlich konstantes Klangfeld ließe sich dann auf intendierte Quinten samt Leittönen über Orgelpunkt zurückführen, bevor die Oberstimmen motivische Reminiszenzen einfügen (T. 10–15). Und die Schlußtakte im Unisono blieben als gefächerter Dominantnonakkord zu deuten, der freilich durch Auslassung und Alteration zu modifizieren wäre.[1] Auch wenn sich der Vorgang derart beschreiben läßt, ist doch die Begründung dieser Organisation offen. Einsichtig wird indes, daß es Schönberg bei aller Freiheit darum ging, ein Stück latenter Ordnung zu wahren. Wo aber sie allein akzentuiert wird, da wird auch jene Diffusion verdeckt, die seine Kommentierung hervorhob. So wenig sie ein Programm abgibt, so sehr gehört es zum Werkcharakter, daß der Aufbruch zum Neuen eine Dissoziation bedingt, die sich dem ordnenden Zugriff der Analyse widersetzt.

Dem vokalen Einsatz »Ich fühle luft« (T. 21) entspricht strukturell die Zeile »Ich löse mich« (T. 52), weshalb beide Gebilde auch als Haupt- und Seitensatz bezeichnet werden. Zu Beginn kehrt der vom Violoncello verstärkte Vokalpart einen Oktavrahmen hervor, der sprung- und dann schrittweise durchmessen wird, bevor er abbricht (c'–c"–b'). Zudem werden neben Quart-Quintrelationen auch Sekundschritte markiert, wo also ›neue Luft‹ beschworen wird, treten eher als sonst diatonische Momente hervor, die vom homorhythmischen Streichersatz mit partiell tonalen Akkorden verstärkt werden. Dennoch lassen sich nicht zwanglos funktionale Beziehungen bestimmen, wahrnehmbar wird vielmehr ein Schwebezustand, der den Ausgangspunkt des Prozesses bildet. Für ein Analogon im Seitensatz kann die ähnlich homorhythmische Faktur sprechen, doch bewirkt die chromatische Intensivierung eine spürbare Änderung, und diese Relation mag die Suche nach einem gemeinsamen

---

[1] Ebenda, S. 107f.

Substrat der Intervalle oder Akkorde veranlassen. So ließe sich darauf hinweisen, daß hier nach Septsprung der Ambitus einer Dezime durch die Außentöne markiert wird (h–d"), während sich bei Ausklammerung einer Oktavversetzung ein chromatischer Tonvorrat ergäbe. Doch wird der in der Chromatik begründete Kontrast zum Hauptsatz nicht nur durch rhythmische Analogie vermittelt, sondern als erweiterte Ausfüllung eines diatonischen Rahmens wäre auch die chromatische Verengung verständlich. Entsprechend argumentierte Mægaard, indem er die Relationen der Themen vom Tritonusabstand aus beschrieb (C–Fis), um nach weiteren Analogien im ganzen Satz zu suchen. Dagegen beschränkte sich Pfisterer in der Übertragung von intervallischen Relationen auf die ersten 51 Takte, ohne bereits die Relation der Themen zu erfassen.[1]

Offenbar gerät eine Analyse, die diese Musik mittels verdeckter Beziehungen von Intervallen und Akkorden erschließen will, in mehrfache Schwierigkeiten. Dem eher trivialen Hinweis, nur Hörbares sei belangvoll, ließe sich zwar entgegenhalten, daß auch in traditioneller Musik nicht alles Belangvolle hörbar sei. Wo aber früher latente Strukturen kaum hörbar waren, hing doch das Verständnis nicht an ihnen allein, und mit mehrschichtigem Hören rechnete schon seit Beethoven eine Tradition, in der sich noch Schönberg sah. Fraglich ist also nicht nur, ob vom Zusammenhang der Parameter abzusehen ist, sondern zweifelhaft ist, wieweit die Textvorlage auszuklammern ist, die Schönberg wichtig genug war. Der heikle Versuch, in op. 10 schon Vorgriffe auf dodekaphone Verfahren zu finden, beweist den Ordnungssinn des Analytikers, der einen Ersatz für die verlorene Tonalität sucht. In der Vorstellung aber, ein ordentlicher Tonsatz bedürfe der Ordnung der Töne, wirkt wohl das Mißtrauen gegen eine riskante Freiheit mit, die kein Netz von Ersatzregeln benötigt. Weil Schönberg diese Problematik erkannte, war er auf ausgleichende Maßnahmen bedacht, zu denen neben dem abstrakten Intervallgefüge die Relationen zum Text gehörten. Denn die Charakteristik der Sprachform bedient sich in der Deklamation der Worte einer hochgradigen Differenzierung der Rhythmik, Satzart, Stimmführung und Klangfarbe. Wo tragende Konventionen der Tonalität ausfallen, werden andere Schichten der Tradition profiliert, so daß ein entwickelnder Prozeß im Verhältnis zum Text zu verfolgen ist. Zu akzeptieren ist dann das Diffuse als historische Konsequenz und ästhetisch neue Qualität, die durch einseitige Determinierung des Details verfehlt würde, wie ein paar Hinweise andeuten mögen.

Im intervallischen Gefüge prägt die Introduktion eine Dissoziation aus, die eine Voraussetzung für den Eintritt des Vokalparts bildet. Klarer vernehmbar als intervallische Relationen ist die Imitationsfolge, denn sie potenziert die motivische Gestik zu seufzerhaften Halbtönen, die Spitze und Ende der Gruppe markieren. Sie bleiben dann in der motivischen Verkürzung erhalten, zu ihrer Konstanz tritt als weitere Schicht

---

[1] M. Pfisterer, *Studien zur Kompositionstechnik*, S. 78–82; vgl. auch H. H. Hattesen, *Emanzipation durch Aneignung*, S. 391–419.

die enge Einsatzfolge der Unterstimmen hinzu, und umgekehrt werden mit verlängerten Gruppen der Oberstimmen die motivischen Relikte der Unterstimmen kombiniert (T. 1–5). Zwischen die gleichsam gebrochenen Klangfelder, die als Ende und Ansatz der Formglieder durch Orgelpunkt verkettet sind (T. 6–8, 10–13), tritt ein gehaltener Flageolettakkord, und die motivischen Anschlüsse werden am Ende im Unisono gedehnt und gleichzeitig erweitert (T. 13–20). Was geheimnisvoll genug klingt, nimmt sich also selbst dann nicht als ungeordnet aus, wenn man kein verborgenes diastematisches Substrat erfaßt.

Von dieser Reduktion des Materials hebt sich der homorhythmische Themeneinsatz der Singstimme ab, der seine Wirkung der Diffusion zuvor verdankt, denn gerade die Folge der Akkorde sichert der diatonischen Melodik ihre Faszination. Sie bleibt noch in der Auflösung zu Triolen mit Tremolo erhalten, deren Expressivität sich auch dann mitteilt, wenn sich die verdeckten Zusammenhänge des Materials kaum durchschauen lassen.

Fast zwanzig Jahre trennen Zemlinskys A-Dur-Werk von seinem zweiten Quartett op. 15, das 1913–15 ausgearbeitet und doch erst 1918 uraufgeführt wurde. Obwohl das Werk Schönbergs Bewunderung auslöste und mehrfach im Verein für musikalische Privataufführungen erklang, fand es erst mehr als ein halbes Jahrhundert später die ihm angemessene Beachtung. Denn die formale und motivische Komplexität repräsentierte mit der höchst avancierten Tonalität einen Stand der Moderne, der zunächst den Zugang erschwerte und doch rasch durch die historischen Prozesse überlagert wurde. Nicht so sehr Schönbergs op. 10 als vielmehr dessen d-Moll-Quartett op. 7 enthält die Vorgaben, die Zemlinsky zu noch weiteren Konsequenzen trieb. Im durchgehenden Sonatensatz, dessen Teile im motivischen Geflecht verkettet sind, zeichnen sich nicht nur die vier traditionellen Teilsätze ab, sie werden überdies durch weitere Satzteile ergänzt, weshalb Werner Loll eine insgesamt neunteilige Gliederung vorschlug.[1] Am klarsten treten die eigentlichen Teilsätze hervor, die durch kontrastierende Tempi, Themen und Strukturen charakterisiert sind, wogegen ihre interne Gliederung ambivalent genug bleibt. Vor dem Kopfsatz indes (ab Z. 1) präsentiert eine Einleitung mit den Varianten einer Zelle das zentrale Material des ganzen Werks, und vom Adagio und Scherzo (Z. 32 und Z. 56) hebt sich das Finale ab (T. 4 vor Z. 101), das ›feurig‹ im 3/4-Takt beginnt und in einem Andante als Coda mündet (Z. 137). Weiter noch als in Schönbergs op. 7 reicht der tonale Radius, wenn etwa der Kopfsatz – trotz A-Dur-Vorzeichnung – gleich anfangs eher nach g-Moll führt, während das Finale in Fis-Dur beginnt und doch in klarem D-Dur ausläuft. Kennzeichnend ist also von vornherein der ständige Wechsel zwischen insularen Zentren der Tonalität und einer polyvalenten Chromatik ohne tonalen Rückhalt. Während der Kopfsatz und das Adagio mit Exposi-

[1] Zur Gliederung von op. 15 vgl. W. Loll, *Zwischen Tradition und Avantgarde*, S. 157–161, zu den aufschlußreichen Skizzen ebenda, S. 135–155, sowie zur Analyse S. 161–196.

A. Zemlinsky, Nr. 2 op. 15, T. 1–10 (Kopfsatz, Exposition) (Universal Edition).

tion und erster Durchführung im übergreifenden Sonatensatz zusammenfallen, decken sich Scherzo und Finale nicht ebenso mit weiteren Stationen der Großform. Trotz aller Kontraste setzt sich vielmehr im Scherzo die durchführende Arbeit fort, sie umfaßt also beide Binnensätze, die zudem von Zitaten des eröffnenden Mottos umrahmt werden (Z. 31 und T. 6 nach Z. 90). Ebenso bedeutet das Finale trotz thematischer Rückgriffe zugleich eine letzte Phase der Durchführung, ihr aber ist ein erster Ansatz der Reprise vorgelagert (ab Z. 92), die erst nach einem letzten Mottozitat in der Coda ihre Ergänzung findet. In der verschachtelten Anlage fungieren also die beiden ersten Teilsätze als Exposition und erste Durchführung, und plausibel mag es auch scheinen, daß sich die Durchführung im Scherzo fortsetzt. Desto verwirrender sind jedoch die vieldeutigen Funktionen, die das Finale und seine Rahmenteile vertreten. Sofern damit die Mechanik einer Reprise umgangen wird, bezieht sich das Resümee gleichwohl primär auf die Thematik der beiden ersten Sätze, und wenn dabei das Scherzo ausgeklammert zu bleiben scheint, dann liegt es nahe, mit der Scherzoreprise zugleich den Beginn des rückläufigen Resümees im zyklischen Verbund anzusetzen, mit dem dann das knappe Trio zum internen Schaltpunkt würde.

Was zunächst nur als formale Spekulation wirken kann, hat seinen Grund in dem Umstand, daß die zerklüftete Anlage neben vier Teilsätzen noch Satzteile umschließt, die nicht nur verbindenden, sondern partiell eigenständigen Status haben. Das gilt zunächst für die Phase zwischen Scherzo und Finale (T. 6 nach Z. 90 – T. 4 nach Z. 100), weiter aber auch für die ausgreifende Coda, die ebenso die resümierende Funktion mit struktureller Binnendifferenzierung verbindet. Ähnlich doppeldeutig sind die den Binnensätzen vorangehenden Abschnitte, die demnach zwischen Kopfsatz und Adagio auf der einen und Adagio samt

Scherzo auf den anderen Seite stehen (Z. 20–32 und Z. 46–56). Will man sie nicht als bloße Zwischenteile abtun, so lassen sie sich als variative Zonen auffassen, die gleichzeitig die Teilsätze verklammern. Um aber die vier Teilsätze wie auch die insgesamt fünf weiteren Teile zu erfassen, bildet sich eine neungliedrige Anlage aus, die zugleich vom durchgängigen Prozeß der Entwicklung überdeckt wird.

Daß der zehntaktigen Einleitung eine zentrale Position zukommt, wird nicht erst an reprisenhaften Partien, sondern mehr noch an den Mottozitaten kenntlich, die sich nach dem Kopfsatz, vor und nach den Binnensätzen sowie vor Finale und Coda finden (Z. 14, Z. 31, T. 6 nach Z. 90 und 92 sowie Z. 134). Umgekehrt deutet es auf den Zusammenhang einer mehrstufigen Durchführung, wenn ein solches Zitat zwischen Adagio und Scherzo ausbleibt. In einer neunteiligen Gliederung stehen die Mottozitate zwischen den Sätzen 1–2, 3–4, 6–7 und 8–9, wobei wieder die Phase zwischen den Binnensätzen ausgespart wird. Wie frei dieses Motto aber als motivischer Kern eingesetzt wird, macht schon die kurze Einleitung selbst deutlich. Denn in der Grundgestalt, auf die noch die späteren Zitate zurückgehen, umfaßt das Motto mit Sekund- und Terzschritt einen Quartraum, der durch zwei volltaktige Sechzehntel mit übergebundenem Halteton abgesetzt wird (d–e–g). Schon im nächsten Takt geht demselben Zielton nur eine Sekunde voran, während der wiederholte Quartraum danach durch fallende Sekunden ergänzt wird, und in weiteren Varianten wird nur der rhythmische Umriß bewahrt (T. 4 und T. 7), während sich der Ambitus mit Oktavsprung erweitert. Diese Varianten, die letztlich nur eine Drehfigur mit rhythmischem Impuls umschreiben, reichen im letzten Takt bis zu kettenweisen Figuren, die sich in den Außenstimmen mit intervallischer Spreizung verbinden. Erst die Kette der Varianten läßt aber erkennen, daß auch der Hauptsatz mit Dreh- und Baßfigur an Resultate der Einleitung statt an die Grundgestalt selbst anknüpft, um nun ›heftig und leidenschaftlich‹ seinen eigenen Charakter auszubilden. Nimmt man dazu die weit ausgreifende Tonalität, so werden schon an der Einleitung die Schwierigkeiten sichtbar, die aus der Variabilität der Motivik und der harmonischen Akzeleration resultieren. So schwer jedoch die übersensible Differenzierung auf allen Ebenen zugleich zu erfassen ist, so deutlich treten die wechselnden Charaktere hervor, mit denen die Teil- und Zwischensätze eintreten.

Dem dynamischen Hauptthema begegnet im Kopfsatz eine beruhigte Überleitung, die sich mit der nächsten Entwicklungsphase durch punktierte Rhythmik in der Begleitung zusammenschließt (je T. 2 nach Z. 3 und 6), bis der Prozeß nach d-Moll zurückführt und vom Mottozitat abgefangen wird (Z. 11 und Z. 14). Das anschließende Andante jedoch, das bogenförmig gebaut ist (Z. 16–20), vertritt zugleich einen Seitensatz, und die folgende variative Phase übernimmt wieder verarbei-

A. Zemlinsky, Nr. 2 op. 15, T. 123–138 (langsamer Satz, Beginn) (Universal Edition).

tende Funktion (Z. 22–32), um dann vom Adagio als geschlossenem zweiten Satz abgelöst zu werden. Dagegen beginnt das Scherzo wieder in d-Moll (Z. 56), durch rasches Zeitmaß und Wechsel zum 2/4-Takt wird es jedoch schon in einer vorgeschalteten Phase vorbereitet (ab Z. 46), die ihrerseits eine zweite Variationskette darstellt und auf das motivische Material des Scherzos vorgreift. Desto knapper fällt das Trio aus, das sich gleichwohl mit durchsichtigem Satz und rhythmischer Ruhelage abhebt (Z. 78–83). Daß danach mit der Scherzoreprise auch der Rücklauf im Zyklus beginnt, wird erst nachträglich verständlich, wenn im Rekurs auf das Motto die erste Phase einer Reprise ansetzt (T. 6 nach Z. 90). Denn nachdem sich das Adagio mit seinem Hauptthema nachdrücklich auf das Motto berief, läßt sich ein thematischer Rückgriff im Scherzo nur mittelbar verstehen. Die Brücke bildet die ihm vorgelagerte Phase, die mit Punktierung und Quintrahmen unmißverständlich eine Variante des Kernmotivs zeigt. Und von ihrem Charakter geht auch das eigentliche Scherzo aus, dessen Verlauf weitere Mottovarianten einschließt. Zwar gleichen die verschlungenen Beziehungen in der Reprise einem Vexierbild; sichtbar wird nach Mottozitat immerhin der Rückgriff auf das Andante, das nach dem Hauptthema im Kopfsatz zugleich ein Seitenthema vertrat (vgl. Z. 92 mit Z. 16), während der dort folgende Variationssatz dann mit Mottozitaten verknüpft wird (T. 6 nach Z. 95), bis endlich der anfängliche Hauptsatz wiederkehrt (Z. 97). Daß aber auch das höchst eigenständige Finale in den Gesamtverlauf einer Reprise integriert ist, wird erst einsichtig, wenn man seine punktierte Rhythmik samt fortspinnender Achtelkette (Z. 101) mit der entsprechenden Rhythmik aus der ersten Variationsfolge einerseits und der diastematischen Fassung des Andantethemas andererseits vergleicht (Z. 22 und Z. 16).

A. Zemlinsky, Nr. 2 op. 15, T. 824–833 (Durchführung II, Finale) (Universal Edition).

Das Netz der Beziehungen ist also noch weiter gespannt als in Schönbergs op. 7, zugleich aber schreitet die Harmonik zwischen den tonalen Schaltpunkten entschiedener voran als dort. Faszinierend bleibt gleichwohl die expressive Charakteristik aller Formteile, selbst wenn sich die strukturelle Differenzierung so wenig wie das motivische Geflecht unmittelbar erschließen mag. Der Zwiespalt gründet in dem unablässigen Wechsel zwischen Kontraktion und Expansion, der sich auf motivischer und tonaler Ebene zugleich vollzieht. Im Ausgleich zwischen unmittelbarer Expressivität und einer subtilen Strukturierung, die nur sehr mittelbar zugänglich ist, liegt mithin der ästhetische Rang eines Werks, dessen zentrale Bedeutung in der Moderne unstrittig bleibt, auch wenn es kaum greifbare historische Wirkung haben konnte.

Dieses Verhältnis zwischen historischer und ästhetischer Geltung verschärft sich in den beiden letzten Quartetten Zemlinskys, die an der freien Entwicklung der Tonalität festhalten, ohne den von Schönberg und seinen Schülern vollzogenen Schritt zur Dodekaphonie nachzuvollziehen.[1] Zugleich kehrt 1924 das dritte Quartett zum tradierten Zyklus zurück, dessen vier Sätze nun aber eine bemerkenswerte Komprimierung erfahren. Der eröffnende Sonatensatz pointiert die rhythmische Kontrastierung seiner Themen in einer Durchführung, in der rasche Figuration die Folie für den Eintritt des zweiten Hauptsatzgliedes abgibt, wonach der Seitensatz durch Augmentation desto nachdrücklicher abgehoben wird.

Im zweiten Satz läßt sich das Verhältnis zwischen dem Thema und der Reihe von sieben Variationen zunächst an der Melodik und weiter an der Binnengliederung verfolgen; indem sich die Proportionen durch Einschübe und Dehnungen verschieben, setzt sich die eigenartige Temporalität des Kopfsatzes fort. Eine dreiteilige Romanze als dritter Satz bildet mit nur 50 Takten den Vorspann zum Rondofinale, das

1 Zu op. 19 und op. 25 vgl. W. Loll, *Zwischen Tradition und Avantgarde*, S. 207–235 und S. 237–248.

A. Zemlinsky, Nr. 3 op. 19, erster Satz, T. 1–5 (Universal Edition).

ähnlich wie der Kopfsatz seine Stationen primär rhythmisch markiert, ohne die konzise Formung preiszugeben, die das Werk insgesamt auszeichnet. Seine Randlage zeigt dann zumal das vierte Quartett op. 25, das zwar 1936 entstand und doch erst 1971 gedruckt werden konnte, als sich der Kontext schon gänzlich verändert hatte. Trotz suitenhafter Anlage in sechs Sätzen duldet es keinen Vergleich mit Bergs *Lyrischer Suite*, wie schon die Satzangaben andeuten. An historisierende Tendenzen der Entstehungszeit lassen nur die Rahmensätze denken, die als Präludium und Doppelfuge bezeichnet sind, die Binnensätze jedoch folgen einerseits als Burleske und Adagietto Vorzugsmodellen aus Mahlers Symphonik, während andererseits ein Intermezzo sowie ein als Barcarole charakterisierter Variationensatz an weitere Schichten der Tradition anschließen. Dabei versteht sich von selbst, daß ein Musiker vom Range Zemlinskys auch hier nicht nur technisch untadlige, sondern dazu höchst phantasievolle Musik lieferte, deren eigene Handschrift unverkennbar ist. Spürbar wird zudem, daß sich der Komponist zwar selbstbewußt, aber nicht ohne Resignation den Verheißungen des Fortschritts entzog, die sein einstiger Schüler Schönberg verkündete, um dafür unbeirrt jene Traditionen fortzuschreiben, zu deren Erschütterung er einst selbst beigetragen hatte.

Kaum gleiche Aufmerksamkeit wie Schönbergs und Zemlinskys Frühwerke fand lange das erste Quartett op. 3 von Alban Berg, das 1910 vollendet und im folgenden Jahr erstmals aufgeführt wurde. Komprimiert zu nur zwei Sätzen, läßt es noch Kennmarken der Sonaten- und Rondoform erkennen, den Abstand zur Tradition indiziert gleichwohl weniger das knappe Format als eine Satztechnik, die Schönbergs Weg bis op. 10 voraussetzt und zugleich fortführt. Wenn ein Kritiker 1911 meinte, Berg habe das Streichquartett »mißhandelt«, so mag das heute borniert erscheinen und beweist doch den provokanten Status, den das Werk auch nach einer zweiten Aufführung 1923 nicht einbüßte.[1] Wohl kann man wie Adorno von vertrauten Formen ausgehen, denen sich thematische Gestalten mit ihren Varianten zuordnen lassen, unentschieden bleiben damit aber die Regularien, mit denen über das Material in freier Tonalität verfügt wird. Für die intervallische Struktur wollte George Perle daher »interval cycles« geltend machen, deren funktionale Bezie-

1 R. Hilmar, *Alban Berg. Leben und Wirken in Wien bis zu seinen ersten Erfolgen als Komponist*, Wien u. a. 1978 (Wiener musikwissenschaftliche Beiträge 10), S. 51; zu op. 3 vgl. Kl. Schweizer, *Die Sonatenform im Schaffen Alban Bergs*, Stuttgart 1970 (Freiburger Schriften zur Musikwissenschaft 1), S. 74–85.

hung zu den formalen und thematischen Prämissen freilich offen blieb.[1] Hätte eine Analyse also zu zeigen, wie sich im Formprozeß Thematik und Tonsatz zu einander verhalten, so kann doch eine Zusammenfassung dieses Gefüge kaum restlos klären.

Im Kopfsatz eröffnet die zweite Violine den Hauptsatzkomplex mit einer auftaktigen Sextolenfigur, deren erster Ton durch Pause vertreten wird. Sobald sie im Halteton mündet, formieren die Unterstimmen ein Fundament, das sich von einem Ton über zwei und dann drei repetierte Noten zu sequenzierter Sekundbewegung erweitert, wie sie dann auch die rhythmisch komplementäre Oberstimme zeigt. Die Sextole indes umfaßt mit ihrem Zielton ein ganztöniges Segment (f–es–des–ces/h–a), das aber durch Halbtonanschluß zum Zielton modifiziert wird (c–h). Während die begleitende Viola eine Halb-tonfolge umschreibt (as–g–fis–eis–e), markiert das stützende Violoncello mit doppeltem Quartfall den diatonischen Widerpart (f–c–g). Kaum zufällig beginnt die Reprise T. 106 mit dieser Konstellation, die ihre konstitutive Funktion am Ende der Coda erweist, während zuvor die Durchführung in chromatischer Ballung über ostinatem Quartpendel in Baßlage ausläuft. Zur variativen Bestätigung der ersten drei Takte tritt anfangs – gleichsam als Nachsatz – die erste Violine mit einer Wendung, mit der die Ganztonskala der auftaktigen Sextole umgewandelt und dann durch Quintfall mit großer Sekunde verwandelt wird. Die Sextolenfiguren begleiten weiter im Violoncello den gebundenen Kontrastgedanken, den die Primgeige ab T. 10 einführt, und seine Paarung von Halbton und Klein-

[1] Th. W. Adorno, *Berg. Der Meister des kleinsten Übergangs*, Wien 1968, S. 63–71, bes. S. 65ff. und S. 69f.; G. Perle, *Berg's Master Array of the Interval Cycles*, in: The Musical Quarterly 63 (1977), S. 1–30: 6ff., auch in: *Die Wiener Schule*, hg. v. R. Stephan, Darmstadt 1989, S. 279–310; G. Perle, *Serial Composition and Atonality. An Introduction to the Music of Schoenberg, Berg, and Webern*, Berkeley und Los Angeles ²1968, S. 24. Siehe ferner D. Holland, *Dialektik der musikalischen Freiheit. Alban Bergs freie ›Atonalität‹ in seinem Streichquartett op. 3*, in: *Alban Bergs Kammermusik II*, München 1979, S. 29–37; D. Jarman, *The Music of Alban Berg*, London und Boston 1979, S. 32ff.; Br. Archibald, *Berg's Development as an Instrumental Composer*, in: The Berg Companion, hg. v. D. Jarman, London 1989, S. 91–121; Ch. E. Porter, *Interval Cycles and symmetrical formations as generators of melody, harmony, and form in Alban Berg's string quartet Opus 3*, Ann Arbor 1989.

A. Berg, op. 3, erster Satz, T. 1–11 (Universal Edition).

terz verweist zugleich in doppelter Weise auf die thematische Eröffnung. Denn die beiden letzten Töne des Auftakts ergeben mit dem gehaltenen Zielton denselben intervallischen Kern, der zwischen dem Zielton und den nachfolgenden Tönen in der Viola bestand, und Modifikationen dieser Zellen bestreiten auch die frei sequenzierende Ausspinnung im weiteren. Nach dem rhythmischen Muster des Kontrastgedankens – mit synkopischer Viertel und ergänzender Achtel – setzen ab T. 20 kantable Stimmzüge an; ihre triolisch gezackte Kontrapunktierung entstammt jedoch der umspielenden Variante desselben Motivs im Violoncello (T. 14f.), und auf ihren Kern aus Halbton und Kleinterz führt ab T. 28 auch der Höhepunkt zurück, mit dem zugleich die auftaktige Sextole wiederkehrt, während vom gleichen Motivbestand dann seine Reduktion zu engschrittiger Chromatik bis T. 40 ausgeht. Dem Seitensatz ist jedoch zu repetierender Begleitung eine Reminiszenz des Kontrastgedankens vorgelagert, und wenn die Oberstimmen in Liegetönen enden, so intoniert das Violoncello quasi rezitierend eine Figur (T. 45f.), die zugleich das Schlußglied in der Entwicklung des Seitensatzes vorwegnimmt. Erneut vermittelt jedoch der Seitensatz ab T. 48 zwischen den diastematischen Prämissen, indem die auftaktige Oberstimme nach punktiertem Quintsprung eine fallende Ganztonkette anstimmt (b–as–ges–fes), deren Wiederholung bereits chromatisch modifiziert wird. Ähnlich verfahren die Mittelstimmen, und die fallenden Quarten in Baßlage werden durch Quinten mit chromatischen Gelenken ersetzt, wonach nun die vormals rezitativische Geste als Nachsatz fungiert. Aus der Entwicklung ihres Umrisses resultiert aber – verdeckt in der Viola T. 58ff. – ein Vorgriff auf die Schlußgruppe, der in der Durchführung zentrale Aufgaben zufallen. Daß zunächst der Seitensatz in den Violinen imitiert und dann sequenziert wird, tritt sinnfälliger hervor als seine Begleitung durch vielfache Varianten, deren synkopische Chromatik zudem den punktierten Auftakt in komplementärer Verdichtung aufnimmt. Im Zitat des Kontrastgedankens aus dem Hauptsatz läuft die Satzgruppe aus (T. 70f.), und eine Variante des Seitensatzes reicht bis in die Schlußgruppe (ab T. 75), deren Formation mit Halbton, Kleinterz und Quart konstitutive Intervalle zur Zweiunddreißigstelfigur zusammenzieht.

Mit dieser Schlußgruppe beginnt die Durchführung (T. 81), wobei die begleitenden Flageolettklänge mit Tritonus und Quinten oder Quarten die Gegenpole bündeln. Über volle sieben Takte hin bestreitet die Schlußgruppe jedoch die geschlossenste Phase im ganzen Verlauf, und sie bestimmt mit ihren Varianten noch die nächste Phase (T. 94–102), in die auch die punktierten Auftakte aus dem Seitensatz eindringen. Damit konzentriert sich die Durchführung auf Material, das in der Exposition eher peripheren Rang hatte, zugleich aber eine thematische Kontraktion darstellte. An dieser Umschichtung wird wie an der Komprimierung auf nur 20 Takte gegenüber dem doppelten Umfang von

Exposition und Reprise einsichtig, daß sich die zentrale Position der Durchführung noch weiter als bei Schönberg reduziert, sofern ihre Verfahren auf alle Satzteile übergreifen. Nicht folgenlos bleibt das für die Reprise ab T. 106, die ihrerseits die thematische Substanz erneut verändert. Im Hauptsatz verfestigen sich nach auftaktiger Sextole die Tonrepetitionen der Mittelstimme zu marschhafter Rhythmik, die dann auch den in Baßlage verlegten Kontrastgedanken begleitet, danach erst wird ab T. 120 wieder die auftaktige Sextole aufgenommen, in deren nachträgliche Verarbeitung nun dynamisch reduzierte Varianten des Seitensatzes eingebettet sind (T. 129ff.). Denn vom Seitensatz verbleibt im übrigen nur sein Nachsatz, der vormals als rezitativischer Vorgriff eingeführt wurde, jetzt aber ebenso intensiv zur Geltung kommt wie zuvor die auftaktigen Sextolen. So holt die Reprise die Verarbeitung jener Themen nach, die in der Durchführung zugunsten der Schlußgruppe zurücktraten. Und die Coda koppelt die Gestik des Marsches aus dem Beginn der Reprise mit der Wiederkehr der auftaktigen Sextole und dann auch der Schlußgruppe. Indem aber die auftaktigen Figuren gedehnt werden, gleichen sie sich rhythmisch ihrem Kontext an, während der Abschluß zur tonalen Konstellation des Beginns zurückkehrt.

Faßt man den zweiten Satz mit Adorno als Rondo auf, so kann man sich zunächst am variierten Refrain orientieren, der vor und nach der Durchführung einträte (T. 48 und T. 151). Nicht leicht läßt sich jedoch ein Kontrastthema finden, an dessen Stelle vielmehr ein Rückgriff auf den Kopfsatz mit seiner eröffnenden Sextole tritt (T. 25). Weit klarer heben sich die mehrtaktigen Phasen der Konsolidierung ab, die durch Tonrepetitionen unter Ausnutzung der Bariolage-Technik ausgezeich-

A. Berg, op. 3, zweiter Satz, T. 1–5 (Universal Edition).

net sind. Schon die ausgreifende Geste der Eröffnung, die sich in komplementärer Paarung von erster Violine und Viola absenkt, mündet ab T. 4 im Zentralton d, der sich im Wechsel zwischen leerer und gegriffener Saite wiederholt und dann zum oberen Halb- und Ganzton erweitert. Dazu spielen zweite Violine und Violoncello im Unisono ein rhythmisch markantes Motiv, das wieder ein ganztöniges Segment mit Halbtonanschluß umfaßt (c–as–d–e–fis/g). Selbst wenn solche Achsen mit Bariolage keineswegs immer dem Themenkopf folgen, gehören ihre Repetitionen mit halb- und ganztöniger Erweiterung ebenso zur thematischen Substanz wie die Pointierung von Chromatik und Tritonus in der Eröffnung oder die ganztönige Konstellation, die in einem Zitat aus dem Kopfsatz wiederkehrt, denn von diesen strukturellen Vorgaben zehrt die Ausarbeitung mindestens in gleichem Maß wie vom Themenkopf selbst. Von einer Strecke mit Bariolage wird noch der achttaktige Abschluß der Exposition getragen (T. 64–71), und zu Beginn der Durchführung erweitert sich das Verfahren zu mehrfacher Quintschichtung, aus der nun längere chromatische Segmente hervorgehen, die ihr Gegenbild im komplementären Ostinato der Unterstimmen finden (T. 72–87). In einer analogen Phase mit Quintschichtung samt chromatischem Auslauf im Violoncello endet aber nicht nur die Durchführung, sondern unter Erweiterung auf alle Stimmen auch die Coda (ab T. 148 und T. 230). Sobald also die repetierenden Achsen zu Quintketten zusammentreten, laufen sie in immer größeren chromatischen Strecken aus, die am Ende eine Oktave durchmessen und neben Halbtönen den Tritonus implizieren. Die konträren Konstellationen jedoch, die mehr noch als thematische Zitate zum ersten Satz vermitteln, verweisen zugleich derart aufeinander, daß sich zwischen den so markierten Punkten die Entfaltung des Materials in beiderlei Richtung verfolgen läßt. Daß sich Liegetöne zu Quintachsen formieren, kann an Techniken Bartóks gemahnen, doch bezeichnen sie für Berg weniger ein Fundament als die Eckmarken weitgefächerter Entwicklungen.

Nimmt man zur unabsehbaren Vielfalt der motivischen Varianten und Kombinationen die Flexibilität hinzu, mit der über tonale Konstellationen verfügt wird, so läßt sich der außerordentliche Reichtum ermessen, den Bergs Verfahren erreichten. Je weiter sie getrieben werden, desto mehr mögen sie zunächst zur Redundanz tendieren, doch zeigt sich an den Knotenpunkten der Form, wie maßgeblich die Vorgaben auch dann waren, wenn sie sich schwerlich zu einem System von »interval cycles« fügen. So wenig sich die Technik dem spontanen Hören erschließt, so zwingend sind doch die entwickelnden Phasen, die in der Bündelung der rhythmischen, diastematischen und dynamischen Verläufe wirkungsmächtige Wellen ausbilden. Daß jedoch eine so abstrakte Organisation von einer klanglichen Regie überlagert wird, deren Expressivität sich unmittelbar mitteilt, war ein Grund dafür, daß gerade dem schmalen

Œuvre von Berg eine Resonanz beschieden war, die der hermetischen Struktur der späteren Werke Schönbergs zunächst versagt blieb.

Erstaunlich entschieden ging gleichzeitig Anton von Webern seinen Weg, und obwohl er zu durchaus anderen Resultaten führte, wurde er doch stets vom bewundernden Respekt Schönbergs und Bergs begleitet. Ein erstes Streichquartett aus dem Jahre 1905, das erst spät entdeckt und erstmals 1962 aufgeführt wurde, erinnert in der zyklischen Disposition noch an Schönbergs op. 7, sofern die Abschnitte mit ihren beredten Ausdrucksangaben strukturell differenziert und zugleich doch substantiell miteinander verkettet sind.[1] So frei die Tonalität phasenweise gehandhabt wird, so deutlich zielt der Verlauf insgesamt auf eine tonale Festigung, wie sie zumal im erst ›zart bewegten‹ und dann ›sehr langsamen‹ Schluß erreicht wird. So bietet das Werk kaum einen Anlaß, um die Geschichte einer Entwicklung der freien Tonalität zu revidieren, und trotz der bemerkenswerten Souveränität, mit der über den Quartettsatz verfügt wird, sind in diesem Frühwerk nicht schon die radikalen Konsequenzen zu ermessen, die Webern bereits 1909 in seinen *Fünf Stücken für Streichquartett* op. 5 zog. Daß einzelne Sätze, deren Dauer nur zwischen 40 Sekunden und kaum dreieinhalb Minuten liegt, an die Stelle des tradierten Zyklus rücken, ließe wohl an die weit früheren Erwägungen Schumanns wie Mendelssohns denken, den zyklischen Verbund zugunsten kleiner Stücke aufzugeben. Konsequent wurde der Gedanke aber erst durch Webern realisiert, dessen aphoristische Formen zugleich die Idee der konzentrierten Miniatur, die seit Beethovens Bagatellen wirksam war, in ihr äußerstes Extrem treiben. In der Radikalität, mit der das Material disponiert wird, kündigt sich schon jene Aufhebung der Gattungsnormen an, die erst in der zweiten Jahrhunderthälfte an die Grenzen der Gattungstradition führte. Gleichwohl bleibt dem Anspruch dieser Tradition bei Webern noch die Subtilität verpflichtet, mit der die Parameter des Komponierens zu höchster Komprimierung gebündelt werden, wie sich an zwei Beispielen andeuten läßt.

Am längsten ist mit 55 Takten noch der erste Satz, doch läßt er sich schwerlich als Sonatensatz fassen, da am Ort einer Reprise (T. 38) nicht von der Wiederkehr eines Themas, sondern allenfalls vom Rekurs auf intervallische Relationen zu sprechen ist. Daß Webern mit der Aufgabe von Tonalität und Thematik den Versuch unternahm, erstmals ›atonal‹ und zugleich ›athematisch‹ zu komponieren, macht die historische Dimension seines Ansatzes kenntlich. Auch in der ›Emanzipation der Dissonanz‹ sind zwar noch scheinbar konsonante Stimmzüge möglich, wie sie etwa in den Terzparallelen der Viola und dann der Violinen begegnen (T. 7–13), sie indizieren aber nicht mehr einen Pol tonaler Strukturierung, sondern ordnen sich einer primär intervallischen Regulierung unter. Wie Rudolf Kolisch aus intimer Kenntnis heraus zeigte[2], lassen sich diese Verhältnisse am ehesten durchsichtig machen, wenn

1 Vgl. H.-Kl. Metzger, *Über Anton Weberns Streichquartett 1905*, in: *Anton Webern*, hg. v. H.-Kl. Metzger und R. Riehn, München 1983 (Musik-Konzepte, Sonderband 6), S. 76–111. In diesen Zusammenhang gehören weitere Quartettsätze aus den Jahren 1905–06, die noch nicht oder nur sehr spät veröffentlicht wurden (ein langsamer Satz, ein Rondo u. a.), vgl. K. Bailey, Art. *Webern*, in: *New Grove Dictionary*², Bd. 27, S. 179–195: 190, sowie N. Boynton, *A Webern Bibliography*, in: *Webern Studies*, hg. v. K. Bailey, Cambridge 1996, S. 298–362.

2 R. Kolisch, *Webern – opus 5 and opus 7* (1959), in: *Die Streichquartette der Wiener Schule*, hg. v. U. v. Rauchhaupt, S. 122f.; ferner Fr. Döhl, *Weberns Beitrag zur Stilwende der Neuen Musik. Studien über Voraussetzungen, Technik und Ästhetik der ›Komposition mit 12 nur aufeinander bezogenen Tönen‹*, München und Salzburg 1976 (Berliner musikwissenschaftliche Arbeiten 12), S. 162ff., wonach die Struktur »nicht willkürlich«, jedoch »vieldeutig« organisiert erscheint.

A. Webern, op. 5, erster Satz, T. 1–6 (Universal Edition).

man den Intervallen vom Halbton bis zur Oktave die Zahlen von 1–12 zuordnet (also 1 und 2 = Halb- und Ganzton etc., dann 6 = Tritonus bis hin zu 11–12 = große Septime und Oktave). Demnach stehen für die leittönig erweiterten bzw. verengten Oktaven, mit denen der erste Satz beginnt, die Zahlen 13 und 11, während sich im kanonischen Stimmpaar der beiden sequenzierenden Violinen danach die Relationen 3 und 8 ergeben (T. 3–4). Ähnlich läßt sich schon in den beiden ersten Takten der Abstand der Akkordtöne zwischen den Stimmen bezeichnen, der analoge Relationen nach dem Muster 4–5–7 umfaßt. Und sucht man geduldig auf gleiche Weise den weiteren Verlauf zu verfolgen, so lassen sich analoge und zugleich variable Konstellationen entschlüsseln, die auf ein tragendes Prinzip des Tonsatzes hindeuten. Dem Hörer freilich begegnet – sehr anders – die brüske Attacke der ersten Takte, die rasch zum Verstummen tendiert, und sie wird von gebundenen Linien im Violoncello und dann in den Violinen abgelöst, die fast einem Seitensatz entsprechen (T. 7–13). Dazwischen stehen indes Akkorde (T. 5–6), in denen sich erneut intervallische Relationen vom Muster 6–8–5 verschränken.

Doch sind es nicht thematisch konturierte Gestalten, die im Verlauf hervortreten, sondern eher die knappen Aufschwünge und jähen Abbrüche, die sich im dynamischen Verlauf abzeichnen. Weiter trägt dazu der Kontrast zwischen rhythmischen Bildungen bei, die noch immer ganzen Phasen ihr Gepräge geben, so etwa die huschenden Sechzehntel im Staccato ab T. 14, von denen sich gebundene Rückgriffe der Oberstimmen abheben, oder umgekehrt die beruhigten Linien ab T. 31, die erst später wieder in raschen Figuren im Fortissimo auslaufen. Diese Felder indes, die auch die von Kolisch benannten Formglieder übergreifen, haben wenig mit dem intervallischen Gefüge zu tun, das als ein abstraktes Netzwerk den Satz reguliert. Mit der Aufgabe der zyklischen Gattung verbindet sich also nicht nur die Aufhebung der Tonalität in einem Maß, das die Schritte von Berg und Schönberg hinter sich läßt. Vielmehr löst sich der tönende Verlauf, der sich vom Hörer wahrnehmen läßt, von seiner internen Strukturierung, die nur mehr als verborgenes Regulativ wirksam ist.

Weit knapper sind die mittleren Stücke, aus denen exemplarisch das vierte herausgegriffen sei, dem Elmar Budde eine eindringliche Analyse widmete.[1] Daß sich in den 13 Takten drei Formglieder abheben, macht ihr Auslauf mit einer siebentönigen Figur deutlich, die bei gleicher Intervallfolge nur transponiert wird (T. 6, 10 und 13). Hörbar sind auch die kleinen Kanons, die dieser Figur in den Rahmenteilen einmal zwischen den Außen- und dann den drei Unterstimmen vorangehen (T. 5 und T. 11), während der Mittelteil mit Liegetönen und konstanter Triolenfigur der Unterstimmen ein Klangfeld bildet (T. 7–8). Erst analytisch läßt sich aber erfassen, daß die eröffnenden Trillerfiguren beider Violinen zwei Akkorde umschreiben, aus deren Intervallverhältnissen der weitere Fortgang abzuleiten ist (T. 1–2 und weiter T. 3f.). Nimmt man dazu die Tonrepetitionen im Violoncello und den wiederholten

1 E. Budde, *Anton Webern: Op. 5/IV – Versuch einer Analyse*, in: *Festschrift für Erich Doflein*, Mainz 1972, S. 59–66.

A. Webern, op. 5, vierter Satz, T. 1–6 (Universal Edition).

Sekundschritt der Viola, so ergibt sich ein Intervallvorrat, aus dem auch anschließende Gestalten hergeleitet werden können. Allerdings sind Grenzen nicht zu übersehen, wenn sich etwa ein isolierter Halbtonschritt (Viola T. 5) als Umkehrung oder als oktavtransponierte Fortführung von vorangehenden Sekundfloskeln verstehen läßt.

Ähnlich vieldeutig bleibt die Erklärung der mehrfachen Terzen in der Oberstimme des Mittelteils, und auf den zweiten Akkord (T. 2) wäre wohl der Tonvorrat zu beziehen, mit dem die Oberstimme den Schlußteil eröffnet – falls im Flageolett neben dem klingenden auch der notierte Ton einbezogen würde (T. 11). Daß selbst ein nicht klingender Ton einzukalkulieren wäre, könnte zu so esoterischer Musik passen, doch zeigen solche Grenzfälle, daß ein Verfahren, das zugleich mit der Tonalität die Konventionen der Form- und Themenbildung aufkündigt, auf kleinste Gestalten angewiesen ist, deren Beziehungen nicht immer gleich plausibel zu entschlüsseln sind.

Auf ganz andere Weise als bei Berg oder Schönberg kann in Weberns radikalen Verfahren das Netz der Beziehungen zu einer Vieldeutigkeit tendieren, die ebenso den Bedarf nach strenger Regulierung motivieren dürfte. Das gilt erst recht für die *sechs Bagatellen für Streichquartett* op. 9, die 1913 die Miniaturisierung weiter vorantrieben. Im Unterschied zu den *Stücken* op. 5 knüpft nun die Bezeichnung deutlich an Beethoven an, und so wenig seine Bagatellen für Klavier in die Geschichte der Klaviersonate fallen, so deutlich entziehen sich Weberns Sätze einem Gattungsbegriff, der nicht allein durch die Besetzung, sondern durch die Folge und Formung der Sätze als Prozeß thematischer Entwicklung bestimmt worden war. In dem Maß jedoch, wie der Reichtum der Beziehungen komprimiert wird, wächst auch die Schwierigkeit, die Regeln zu definieren, nach denen über die Triftigkeit der Verknüpfungen zu entscheiden wäre.[1] So konnte es in Schönbergs Vorwort zum Partiturdruck 1924 heißen, solche Konzentration vermöge »einen Roman durch eine einzige Geste« auszudrücken, weshalb sie »gläubige Spieler und Zuhörer« mit der Bereitschaft brauche, »sich einander hinzugeben«. Demgemäß hat es recht lange gedauert, bis Weberns *Bagatellen* die Aufmerksamkeit der Analytiker auf sich zogen, zu deren Favoriten sie mittlerweile geworden sind.[2]

Als Beispiel diene die erste *Bagatelle*, die von Hans Oesch eingehend analysiert wurde. Dabei faßte er die komplizierte Entstehungsgeschichte der Satzreihe zusammen, deren mittlere Stücke (Nr. 2–5) 1911 zunächst als II. Streichquartett gedacht waren, wogegen die übrigen auf drei Sätze aus dem Sommer 1913 zurückgehen, die nach Ausscheidung eines Stücks mit Sopransolo um 1919 mit den früheren zusammengefaßt und erst vor der Uraufführung 1924 als ›Bagatellen‹ bezeichnet wurden.[3] Der erste Satz, der somit zu den etwas späteren Stücken gehört, basiert mit insgesamt nur zehn Takten auf einer chromatischen Kette aus vier Tö-

---

1 R. Schulz, *Über das Verhältnis von Konstruktion und Ausdruck in den Werken Anton Weberns*, München 1982 (Studien zur Musik 1), zu op. 9 Nr. 1–3 S. 21f., 76f. und 107ff.; zu op. 9 Nr. 5 vgl. auch Fr. Döhl, *Weberns Beitrag zur Stilwende der Neuen Musik*, S. 177–183.

2 Zu nennen sind die Studien von J. Baur, *Über Anton Weberns ›Bagatellen für Streichquartett‹*, und von H. Kaufmann, *Figur in Weberns erster Bagatelle*, in: *Neue Wege der musikalischen Analyse*, Berlin 1967 (Veröffentlichungen des Instituts für Neue Musik und Musikerziehung Darmstadt 6), S. 62–68 und S. 69–72, ferner H.-P. Raiss, *Analyse der Bagatelle Op. 9,5 von Anton Webern*, in: *Versuche musikalischer Analysen*, hg. v. R. Stephan, Berlin 1967, S. 50–60, sowie R. Chrisman, *Anton Webern's Six Bagatelles for String Quartet Op. 9. The Unfolding of Intervallic Successions*, in: Journal of Music Theory 23 (1979), S. 81–122.

3 H. Oesch, *Weberns erste Bagatelle*, in: *Das musikalische Kunstwerk. Geschichte – Ästhetik – Theorie. Festschrift Carl Dahlhaus zum 60. Geburtstag*, hg. v. H. Danuser u. a., Laaber 1988, S. 695–712: 696.

A. Webern, op. 9, Bagatelle Nr. 1, T. 1–10 (Universal Edition).

nen, die zugleich der Chiffre BACH entsprechen, aber in vielfacher Transposition ständige Permutation erfahren. Am einfachsten ist das Prinzip in den ersten drei Takten zu verfolgen, die zunächst mit der sukzessiven Tonfolge d'–es'–cis"–c' die fallenden kleinen Sekunden des Modells in steigender Richtung umkehren (HCBA). Die nächste Konstellation (as'–a–h–b') stellt – lediglich partiell transponiert – nur die ersten Töne um (also ABCH), und die dritte (e"–Fis–f'–g') verbindet mit Teiltransposition eine steigende Folge (AHCB). Bei simultaner Präsentation der Töne wächst die Komplexität bereits auf der Ebene der Tonhöhen, und so lassen sich in einer zweiten Formation am klarsten noch die Doppelgriffe wahrnehmen, mit denen das Violoncello zwei Takte abschließt (T. 6–7 C-H und b-a'). Mit den Permutationen der Tonhöhen, deren konkrete Oktavlagen sich ständig verändern, verbindet sich aber der vielfache Wechsel der Tondauern, der Dynamik und der genau bezeichneten Klangfarben. Formal lassen sich zwei Teilgruppen unterscheiden (T. 1–3 und T. 6–9), die Oesch zufolge durch eine besonders komplizierte Kadenzgruppe und eine gedrängte Coda ergänzt werden (T. 3–5 und T. 9–10). Maßgeblich wären in ihnen aber weitere Ordnungsprinzipien, die auf die Herstellung axialer Symmetrien gerichtet und insgesamt von der »Gesetzmäßigkeit des Goldenen Schnittes« oder der sog. »Fibonacci-Reihe« geleitet wären.[1]

Als zweifelhaft kann es erscheinen, ob zusätzlich noch eine »Pyramidenbildung« intendiert war, wie Oesch sie geltend machen wollte.[2] In der Kombination von zunächst undurchdringlicher Komplexität und latenter, aber desto rigoroserer Ordnung tendieren Weberns *Bagatellen* jedoch zu einer Hermetik, die nur auf den ersten Blick zur früheren Tradition des Streichquartetts quersteht. Denn in der Aufhebung aller äußeren Normen, zu denen nicht zuletzt das zyklische Verhältnis entwickelnder Formen gehörte, scheint sich einerseits ein Ende der Gattung in ihrer bisherigen zyklischen Gestalt anzukündigen. Zugleich werden indes ihre inneren Prinzipien, die auf äußerste Konzentration zielten und keine unnötige Wiederholung zuließen, derart auf die Spitze getrieben, daß die Aufgabe der Tradition als die dialektische Kehrseite ihrer strengen Bewahrung erscheint. Und damit zeichnen sich – unabhängig von Schönberg und noch vor seinen weiteren Schritten – die künftigen Entscheidungen Weberns ab, die später im Streichquartett op. 28 als Schlüsselwerk mündeten.

3. Schönbergs Konsequenzen: Reaktionen der Schüler

Schönbergs drittes Streichquartett op. 30, das 1927 wie viele Quartette dieser Zeit als Auftragswerk der späteren Widmungsträgerin Elizabeth Sprague Coolidge entstand, ist offenbar das erste Werk, in dem die Technik der ›Komposition mit zwölf nur aufeinander bezogenen Tönen‹ konsequent auf die traditionelle Gattung angewandt wurde. Desto erstaunlicher ist es daher, daß zugleich in fast klassizistischer Strenge am Kanon der herkömmlichen Formen festgehalten werden konnte. Daher fragt es sich, wie sich einerseits derart konträre Vorgaben zueinander verhalten und welche Folgen sie andererseits für das Verständnis der Komposition haben. Mit seinen *Bemerkungen* beabsichtigte Schönberg nicht, »meine Methode der Komposition mit zwölf Tönen zu erörtern«, und überrascht reagiert er, als ihm Kolisch die von ihm ermittelte Reihe vorlegte: »Das muß eine sehr große Mühe gewesen sein und ich glaube nicht, daß ich die Geduld dazu aufbrächte«.[3] Auch wenn er die verbindliche Angabe ›der Reihe‹ umging, die mit ihren Varianten daher erst zu ermitteln war, mußte er doch geduldig genug für ihre konstruktive

---

1 H. Oesch, *Weberns erste Bagatelle*, S. 702ff. und S. 706ff.

2 Ebenda, S. 707–710. Vgl. ferner A. Forte, *An Octatonic Essay by Webern: No. 1 of the Six Bagatelles for String Quartet, Op. 9*, in: Music Theory Spectrum 16 (1994), S. 171–195.

3 *Die Streichquartette der Wiener Schule. Eine Dokumentation*, hg. v. U. v. Rauchhaupt, Hamburg o. J., S. 32f.; A. Schönberg, *Bemerkungen zu den vier Streichquartetten*, in: *Arnold Schönberg. Stil und Gedanke. Aufsätze zur Musik*, hg. v. I. Vojtěch, Frankfurt a. M. 1976 (Gesammelte Schriften 1), S. 423–440.

Anwendung sein. Doch warnte er davor, »diese Analysen zu überschätzen«, durch die sich nicht »die ästhetischen Qualitäten erschließen« lassen. Und so beharrten seine eigenen Kommentare durchaus auf traditionellen Kriterien der Formen, Themen und Charaktere, selbst wenn die beiden ersten Sätze aus op. 30 »bekannten Formen nur in geringer Hinsicht ähneln«.

Christian Möllers hat sich die Mühe gemacht, Takt für Takt die Reihentechnik in allen Sätzen aus op. 30 aufzudecken, um am Ende jedoch nicht ohne Resignation zu resümieren, in der »Diskrepanz zwischen Schönbergs kompositorischem Denken und den Forderungen der Zwölftontechnik« sei offenbar eine »Absage an den Reihenzwang zu sehen«.[1] Auszugehen wäre demnach von einer originalen Gestalt (g–e–dis–a–c sowie eis–fis–h–b–cis–gis–d), doch stünden neben dieser ersten Version (A) zwei weitere zur Verfügung (B und C), die mit ihr zwar die ersten fünf Töne teilen, wogegen die weiteren sieben Töne differieren. Wenn diese drei Varianten einer Grundgestalt (G) nicht nur in Umkehrung (U), sondern auch im Krebs und wiederum seiner Umkehrung (K und UK) erscheinen, so ergeben sich bereits 12 Reihenformen, und da sie überdies auf alle zwölf Stufen der Skala transponiert werden können, ist mit immerhin 144 Konstellationen zu rechnen. Wenn endlich noch Ausschnitte aus ihnen isoliert oder kombiniert werden können, dann erstaunt kaum das Ausmaß der von Möllers ermittelten ›Unregelmäßigkeiten‹, während sich umgekehrt fragen ließe, welche regulative Funktion der Reihe dann überhaupt zukomme.

Die »Komposition mit zwölf Tönen« hatte für Schönberg »kein anderes Ziel als Faßlichkeit«, und so suchte er durch sie »jene strukturellen Differenzierungen zu ersetzen, für die früher die tonalen Harmonien gesorgt hatten«.[2] Adornos Kritik an Schönbergs Versuch, tradierte Formen auf dodekaphoner Basis zu restaurieren, stützte sich dagegen auf das Argument, der Sonatensatz sei ebenso wie die weiteren Formen der Tradition durch harmonische Relationen definiert, für die ohne den Rückhalt der Tonalität kein Ersatz mehr verbleibe. Allerdings wäre zu ergänzen, daß sich im 19. Jahrhundert die formkonstituierende Funktion der Harmonik in dem Maß abgeschwächt hatte, wie der Primat der thematisch-motivischen Arbeit zugefallen war. Und der Einwand, mit der Reihe sei die kompositorische Arbeit bereits soweit vorgegeben, daß ihr für die weitere Formbildung kein Raum bleibe, läßt sich durch den Hinweis widerlegen, daß eine Reihe nicht die Bildung thematischer Gestalten ausschließt, die ihrerseits der weiteren Verarbeitung zugänglich sind. So stellte Carl Dahlhaus fest[3], daß den beiden Themen des ersten Satzes in der Exposition einerseits die Grundgestalt und Krebsumkehrung der Reihe und andererseits ihre Umkehrung und ihr Krebs zugrunde liegen, wogegen sich in der Reprise »der Austausch der Reihengestalten« vollziehe. Zugleich aber sei die Sonatenform so »überdeutlich,

---

1 Chr. Möllers, *Reihentechnik und musikalische Gestalt bei Arnold Schönberg. Eine Untersuchung zum III. Streichquartett op. 30*, Wiesbaden 1977 (Beihefte zum Archiv für Musikwissenschaft 17), S. 136; ders., *Die Inkongruenz von Reihentechnik und musikalischer Gestalt bei Arnold Schönberg*, in: *Bericht über den 1. Kongreß der Internationalen Schönberg-Gesellschaft*, hg. v. R. Stephan, Wien 1976, S. 134–139.

2 A. Schönberg, *Komposition mit zwölf Tönen*, in: *Arnold Schönberg. Stil und Gedanke*, S. 72–96: 73f.

3 C. Dahlhaus, *Arnold Schönberg: Drittes Streichquartett, op. 30*, in: Melos 50 (1982), S. 32–53, bes. S. 36ff.; ders., *Analyse und Werturteil*, Mainz 1970 (Musikpädagogik 8), S. 93f.; ferner vgl. Cl. Maurer Zenck, *Gegenprobe: Das Überleben traditionellen Formdenkens bei Schönberg*, in: Jahrbuch des Staatlichen Instituts für Musikforschung Preußischer Kulturbesitz 1998, Stuttgart 1998, S. 245–267, bes. S. 258ff.

als solle der Verlust der tonalen Fundierung gleichsam übertönt werden«. Nicht leicht verständlich wäre dann freilich Schönbergs Verweis auf formale Differenzen vom Sonatenschema. Ungewöhnlich ist aber nicht nur, daß der Kopfsatz fast ostinat von einer Achtelfigur geprägt wird, die trotz ihrer vielfachen Varianten identifizierbar bleibt. Vielmehr erscheinen in der Reprise beide Themen in umgekehrter Folge, was unabhängig vom Reihentausch an Analogien der Rhythmik und der Phrasierung kenntlich wird. Daher suchte Norbert Dietrich 1983 das Werk im Rekurs auf Kategorien einer formalen Gestaltung zu erfassen, die sich am Verhältnis zu der von der Klassik bestimmten Gattungstradition ausweise.[1] Gegenüber dem skeptischen Resümee von Möllers hielt Dietrich zwar fest, daß die Reihe »die großformalen Symmetrien verdeutlichen« könne, womit sie immerhin latent »formbildend« und nicht »vollkommen bedeutungslos« sei. Da die maßgeblich »formbildenden Kräfte« aber »in anderen Bereichen wirksam« seien, war er sich mit Möllers darin einig, »daß Schönbergs kompositorisches Denken sich in erster Linie auf wahrnehmbare motivische Gestalten richte und nicht auf die abstrakte Zwölftonreihe«.[2]

Das Verhältnis zwischen Reihe und Themenbildung läßt sich am Beginn des Kopfsatzes aus op. 30 andeuten, dessen erste zwölf Takte von einer repetierenden Achtelfigur bestimmt sind, die zunächst diastematisch stabil bleibt. Ihre fünf Töne (g–e–dis–a–c) entsprechen jenen ersten Tönen, die den drei Grundformen der Reihe gemeinsam sind. Nach viertaktiger Eröffnung erscheint in der Oberstimme mit zwei rhythmisch analogen Viertaktern das erste Thema, das die letzten fünf Töne zuerst der A- und dann der B-Reihe umfaßt. Die fehlenden Töne (6–7) werden vom Violoncello nachgeliefert, und zwar zunächst an der Nahtstelle der Viertakter (T. 8–9) und sodann – aber in umgekehrter Folge (7–6) – als Abschluß der zwölftaktigen Periode (T. 10–12). Schon die relativ einfache Themenaufstellung zeigt also eine Verschränkung der Reihenglieder, in der sich die Abfolge der Töne verkehren kann. Komplizierter ist die Themenwiederholung, in der die Töne 1–5 im Violoncello liegen, während die Fortführung (8–12) wieder den Mittelstimmen und das Zwischenglied (6–7) der Oberstimme zufällt. Und ab T. 17 benutzt die ostinate Achtelfigur die Krebsumkehrung und dann die Transposition der Grundgestalt, während sich weitere Reihenglieder auf die führenden Stimmen verteilen. Wie Hauptstimmen der Partitur durch die Markierung ›H‹ abgehoben sind, läßt sich ihr Verhältnis zu den weiteren Stimmen unabhängig von der Reihendisposition verfolgen. Einsichtig wird etwa der Funktionstausch zwischen Außen- und Mittelstimmen ab T. 19, der sich mit auftaktiger Verlängerung der Ostinatofigur bei gleichzeitiger Imitation verbindet. Und die imitative Struktur bleibt auch dann erhalten, wenn ab T. 27 melodische Segmente der Hauptstimmen abgespalten werden, die durch immer kürzere Phrasen

---

1 N. Dietrich, *Arnold Schönbergs Drittes Streichquartett op. 30. Seine Form und sein Verhältnis zur Geschichte der Gattung*, München und Salzburg 1983 (Beiträge zur Musikforschung 12). Vgl. dazu J. Noller, *III. Streichquartett Op. 30*, in: *Arnold Schönberg. Interpretationen seiner Werke*, Bd. I–II, hg. v. Gerold Gruber, Laaber 2002 (fortan zitiert: *Schönberg-Interpretationen*), Bd. I, S. 447–459.

2 N. Dietrich, *Arnold Schönbergs Drittes Streichquartett op. 30*, S. 11; Chr. Möllers, *Reihentechnik und musikalische Gestalt bei Arnold Schönberg*, S. 91f.; vgl. dazu die kritischen Überlegungen von M. Polth, *Zur kompositorischen Relevanz der Zwölftontechnik. Studie zu Arnold Schönbergs Drittem Streichquartett*, Berlin 1999 (musicologica berolinensia 6), bes. S. 115–124 die abschließende Auseinandersetzung mit den Thesen von Möllers.

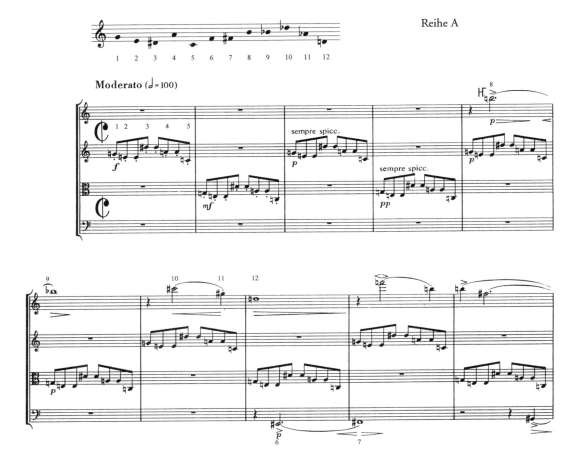

zur Auflösung der festen Struktur führen (T. 34–40). Damit wird der Weg für einen zweiten Ansatz frei, der zunächst die drei Unterstimmen begleitend mit den erweiterten Melodiebögen der ersten Violine verbindet, bis er nach neuerlicher Reduktion ausläuft (T. 43–61). Obwohl der Seitensatz die ostinate Achtelbegleitung übernimmt, unterscheidet er sich vom Hauptsatz nicht primär dadurch, daß er zunächst die Umkehrung und dann den Krebs der A-Reihe in Transposition von c aus verwendet. Deutlicher wird die Differenz zum einen durch die Legatobögen der Begleitung und zum anderen durch die wechselnd auf- und abschwingenden Melodielinien, die sich von den melodisch fallenden Gliedern des Hauptsatzes abheben. Auf ähnliche Weise sind in der Durchführung, die traditionsgemäß mit Rückgriff auf den Hauptsatz in der anfänglichen Reihenkonstellation beginnt, die konstitutiven Differenzen zwischen ihren drei Teilen wahrzunehmen. Während eine erste Phase ab T. 95 bei der begleitenden Figuration ansetzt, um erst schrittweise wieder melodische Bögen zu formulieren, erweitert sich deren Anteil zusammen

A. Schönberg, op. 30, erster Satz, T. 1–10 (*GA*, Schott und Universal Edition).

A. Schönberg, op. 30, erster Satz, T. 61–70 (Seitensatz mit transponierter Umkehrung der A-Reihe) (*GA*, Schott und Universal Edition).

mit dem Ambitus der Begleitfiguren in einer zweiten Phase ab T. 123, bis endlich in der dritten Phase ab T. 150 die Linien der Hauptstimmen noch weiter hervortreten. Daß die Reprise ab T. 174 zuerst mit der melodischen Linie des Seitensatzes seine kantable Legatobegleitung aufgreift, wird ebenso sinnfällig wie die entsprechende Charakteristik des ersten Themas, das erst ab T. 239 eintritt. Nicht gleichermaßen wahrnehmbar ist dagegen der gleichzeitige Austausch der Reihengestalten, sofern nun im Violoncello ab T. 174 das Seitenthema mit der Grundgestalt der A-Reihe von g aus verbunden ist, während das Hauptthema ab T. 239 mit der Umkehrung der A-Reihe von c aus gepaart wird. Unabhängig von der Reihendisposition erweist sich endlich die Coda ab T. 282 traditionsgemäß als Schlußdurchführung, sofern zunächst in rhythmischer Dehnung erstmals die Begleitfiguren aussetzen, die weiter auch zu Achteltriolen reduziert werden (ab T. 311), bis der Schluß die rhythmischen Kontraste in transponierten Formationen der A-Reihe bündelt.

Als Doppelvariation kann man den langsamen zweiten Satz auffassen, sofern einem Thema, dessen zwei Teile je zehn Takte messen, drei Variationen folgen, die sich im Umfang der Teile verschieben und zugleich in ihrem Charakter kreuzen. Die Töne der A-Reihe, auf die sich

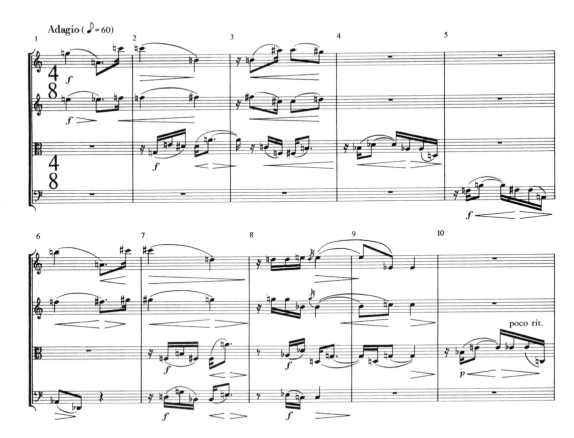

A. Schönberg, op. 30, zweiter Satz, T. 1–10 (*GA*, Schott und Universal Edition).

das Adagio konzentriert, liegen im ersten Themenglied dem relativ konsonanten Paar der Violinen zugrunde, belangvoller ist jedoch ihre Verschränkung mit den rhythmisch konträren Phasen der Bratsche, die dann in Baßlage übergehen und damit beide Unterstimmen kennzeichnen. Aus ihrer Synkopierung geht nämlich die charakteristische Gestalt des zweiten Themenglieds ab T. 11 hervor, das sich vom ersten durch die rhythmische Differenzierung der Begleitung unterscheidet. Im Stimmtausch der ersten Variation bleiben die Verhältnisse deutlich gewahrt, je mehr aber in der zweiten Variation mit der motivischen Abspaltung zugleich die Rhythmik verändert wird, desto weiter treten die Differenzen der Themenglieder zurück, bis sie in der dritten Variation nicht mehr geschlossene Stimmzüge formieren, sondern partikelweise auf die einzelnen Stimmen verteilt werden. Komplizierter als im Kopfsatz wird das Verfahren, wenn mit der Variationstechnik, die mit der Tonalität eine tragende Basis der Thematik aufgibt, nicht nur die diastematischen, sondern zusätzlich die rhythmischen Gestalten derart variiert werden. Schönbergs penible Markierung der Haupt- und Nebenstimmen (H und N) erlaubt es gleichwohl, im A-Teil der dritten Variation (T. 61–70) in der Viola den Rückgriff auf die punktierten Sprünge des Beginns zu erfassen, während die gedehnten Linien zuerst der Viola und dann der ersten Violine im B-Teil (T. 71–84) auf den zweiten Thementeil zurückweisen. Bei zunehmender Differenzierung der Arbeit ist es aber gerade der B-Teil, der durch gleichmäßigen Marschrhythmus der Begleitung die höchste Homogenität erreicht. Und die Coda setzt zwar den rhythmischen Progressus fort, läßt aber vor dem Abschluß den thematischen Rekurs desto klarer hervortreten (ab T. 98).

Trotz solcher Orientierungsphasen wird sichtbar, daß Schönberg im Vertrauen auf sein Verfahren die Differenzierung auf alle Ebenen übertrug. Denkbar wäre es wohl, neben der diastematischen nicht gleichzeitig die rhythmische Struktur zu variieren. Und die Reihentechnik würde es erlauben, Spiegelformen und Transpositionen zu begrenzen oder verarbeitenden Phasen vorzubehalten, um thematische Rückgriffe klarer kenntlich zu machen. Da aber die Parameter gleichermaßen variabel bleiben, lassen sich kaum solche Analogien mit der Tradition konstatieren, wie sie Dietrich postulierte. Denn so kompliziert die späten Variationssätze Beethovens verfahren mochten, so deutlich blieb doch eine hörbare Identität, und der Verzicht auf die Tonalität hätte nicht gefordert, zusätzlich die rhythmischen Strukturen derart intrikat zu handhaben, wie es Schönbergs Adagio ausweist. Da sich offenbar aber keine Regel angeben läßt, nach der zwischen Reihenformen und ihren Transpositionen gewählt wird, ist der Verdacht der Willkür nicht leicht auszuräumen. Demgemäß tritt die regulierende Funktion der Reihe in dem Maß zurück, wie die weiteren Parameter zur Disposition gestellt werden.

Daß der dritte Satz trotz scherzosen Charakters und dreiteiliger Form als ›Intermezzo‹ bezeichnet ist, mag durch seine eigenartige Bauweise begründet sein, die der Norm des Tanzsatzes nur äußerlich folgt. Intern dreiteilig sind nämlich nicht nur die drei Hauptteile angelegt, die Scherzo, Trio und variierter Scherzoreprise entsprächen. Vielmehr sind diese Abschnitte in sich wiederum dreifach derart gestaffelt, daß einem ersten ein kontrastierendes zweites Glied folgt. Wenn das dritte neben Rückgriffen zudem kombinatorische Varianten aufweist, so durchzieht den gesamten Verlauf ein immer komplexeres Netz von Varianten, die sich weniger auf konstante Motive als auf die vorangehenden Stufen des Ablaufs beziehen. Zwar werden Schaltpunkte durch Wiederkehr einer thematischen Formulierung ausgezeichnet (wie in den Rahmenteilen ab T. 39 bzw. T. 132), da aber – anders als im Adagio – wieder Spiegelformen der drei Hauptreihen mit ihren Transpositionen eingesetzt werden, erschließen sich erneut eher rhythmische als diastematische Relationen. Rhythmisch subtil genug ist schon im ersten Hauptteil die Formulierung, mit der das erste Glied im 9/8-Takt des dreistimmigen Satzes beginnt (T. 1–6), doch wird es ebenso wie dann das knappe Binnenglied durch einen eingeschobenen 12/8-Takt beschlossen (T. 6–10), und analog verfährt das dritte Glied mit variiertem Rückgriff und überleitendem Anhang (T. 11–18). Der mittlere Abschnitt jedoch, der mit gleichsam ›hinkender‹ Rhythmik der Hauptstimme fast wie ein Seitensatz eintritt, beginnt seinerseits im 12/8-Takt und kehrt dann erst zum anfänglichen Taktmaß zurück. Im nun vierstimmigen Satz treten aber Ketten repetierter Achtel der Außenstimmen hervor, die in numerischer Folge 3, 4 und 5 oder 2, 3 und 4 Werte umfassen (T. 19–26). Auch in reduzierter Form gehen sie noch in das mittlere und schließende Glied dieses Abschnitts ein (T. 27–32–38), in der Reprise des Hauptsatzes jedoch (T. 39–68) werden thematische Linien mit Tonrepetitionen gepaart, die auf den mittleren Abschnitt zurückgehen, und da sich der variative Prozeß ähnlich fortsetzt, wächst entsprechend seine Komplexität noch weiter. So deutlich sich das Trio abhebt (T. 69–127), so unverkennbar sind die Beziehungen zu den Tonrepetitionen im A-Teil, und komplexer noch gerät die Reprise, die zugleich ein thematisches Zitat des ersten Teils mit der synkopierten Rhythmik des Mittelteils verquickt (T. 132–140), bis wieder ein deutlicher Rückgriff den Beginn der Coda markiert (T. 167).

Gleiche Verhältnisse gelten für das abschließende Sonatenrondo, dessen dodekaphone Organisation sich wie im Adagio auf die A-Reihe konzentriert, sie aber mit ebenso intrikater Rhythmik wie im Intermezzo verbindet. Von vier Refrains, deren Eintritt an den Varianten des Kopfmotivs mit seinen wiederholten Sprüngen im Legato kenntlich ist (T. 1, 44, 99 und 151), werden drei Couplets abgehoben, die sich freilich schon in Exposition und Reprise keineswegs gleichen (T. 22 und T. 128). Und die Differenzen nehmen im mittleren Couplet zu, das zugleich die Durchführung eröffnet (T. 62–98), denn rondogemäß führt es zunächst einen rhythmischen Kontrast ein, um sich jedoch durch komplizierte Beziehungen zu einer motivisch gearbeiteten Durchführung zu weiten, der dann auch die Coda als Schlußdurchführung entspricht.

Wenn eine solche Rhythmik alle Normen überschreitet, die einem Tanzsatz oder Finale gemäß sind, so deutet sie wieder auf Schönbergs Anspruch zurück, mit seiner Technik nicht nur ein Substitut der Tonalität, sondern zugleich die Möglichkeit gefunden zu haben, alle traditionellen Prinzipien zu restituieren. Daß aber gerade die Rhythmik keiner gleichen Vorordnung unterworfen ist, wie sie die Reihe für die Tonhöhen zu verbürgen scheint, könnte als ein Verstoß gegen das Postulat der gleichmäßigen Entwicklung aller Parameter des Tonsatzes erscheinen. Diesen Einwand suchte Dahlhaus mit dem Hinweis auf die rhythmische Differenzierung zu widerlegen, die das Intermezzo durch Kombination eines ›hinkenden‹ Rhythmus mit »Klangfüßen bei variablen Dauern« in Tonrepetitionen realisiert.[1] So unleugbar aber die rhythmische Komplexität ist, so deutlich wird sie anders reguliert als die Ebene der Tonhöhen. Während die dodekaphone Organisation, die Schönberg

---

1 C. Dahlhaus, *Arnold Schönberg: Drittes Streichquartett, op. 30*, S. 43ff. und S. 47f.; ders., *Analyse und Werturteil*, S. 95f.; vgl. dazu Th. W. Adorno, *Philosophie der neuen Musik*, Frankfurt a. M. 1958, S. 71ff. und S. 89f.

zufolge nachrangig wäre, trotz analytischer Bemühungen kaum hörbar wird, erschließen sich die rhythmischen Verhältnisse gerade deshalb, weil sie nicht ebenso determiniert sind. Jenen Schritt also, der bei analoger Regelung zur Serialität führen würde, scheute Schönberg offenbar, weil ihm »Faßlichkeit« wichtiger war als die Stringenz eines Prinzips, dessen Konsequenzen er Webern überließ. Doch ließe sich der Schein einer Inkonsequenz auflösen, wenn man von Schönbergs Handhabung der Reihe ausgeht. Schon den drei Grundreihen in op. 30 ist – wie erwähnt – nur für die ersten fünf Töne dieselbe Reihenfolge gemeinsam, wogegen sie im weiteren zwar denselben Tonvorrat, jedoch in wechselnder Abfolge teilen. Der Beginn des Kopfsatzes zeigt bereits, wie Reihenformen linear und akkordisch zusammentreten und sich dann auch verschiedene Reihenformen kreuzen können. Je weiter solche Verfahren fortgesetzt werden, desto eher beschränken sie den Primat der Reihe, selbst wenn alle Töne auf unterschiedliche Reihenkonstellationen zurückgeführt werden können. Maßgeblich wäre somit die ›Reihe‹ – dem Wortsinn gemäß – nicht so sehr als Reihenfolge, sondern vorab als Tonvorrat, und die mehrfach konstatierten ›Unregelmäßigkeiten‹ wären die Indizien einer freien Anwendung des Grundprinzips. Im Unterschied zur Sicht einer theoretischen Systematik ist die Reihe in der kompositorischen Praxis dann weniger eine strenge Vorgabe zur Regelung der Tonfolge als eine pragmatische Instanz, um die Verwendung des chromatischen Totals auf engem Raum kontrollieren und koordinieren zu können. So hätten auch Reihen – nicht gänzlich anders als höchst komplexe Rhythmen – nicht so sehr die Funktion einer determinierenden Regulierung als die eines regulativen Prinzips, wodurch sich zugleich die prinzipielle Distanz zwischen freier Tonalität und dodekaphonem Satz relativieren würde.

Offenbar sah Schönberg im Verhältnis zwischen einer neuen Regulierung des Tonsatzes und den tradierten Satzformen keinen Bruch oder gar das Indiz einer ›klassizistischen‹ Tendenz, sondern primär die Fortführung einer Gattungstradition, die besonders durch Brahms exemplarisch ausgebildet worden war.[1] Wie Volker Scherliess wahrscheinlich machen konnte, fällt in die Zeit um 1927 das Fragment eines Quartettsatzes in C-Dur, dessen 52 Takte die Exposition eines Sonatensatzes darstellen.[2] Einem Hauptsatz, der auf betonte Simplizität setzt, aber zugleich aus einer ›Grundgestalt‹ gebildet ist, tritt ein anfangs ebenso schlichter Seitensatz entgegen, der sich aber rasch in unvermuteter Chromatik verfängt, wie sie zum bisherigen Ablauf ganz und gar nicht paßt. Die unverkennbare Parodie zielt offenkundig auf einen Neoklassizismus, den Schönberg nicht nur 1925 in der auf Strawinsky gemünzten Satire *Vielseitigkeit* verhöhnt hatte. Schon 1922 empfand er »Mißbehagen« und »Ekel« angesichts der »Dürftigkeit der Lateiner und ihrer russischen, ungarischen, englischen und amerikanischen Nachahmer«.[3] Und es

---

[1] Vgl. dazu M. Polth, *Zur kompositorischen Relevanz der Zwölftontechnik*, S. 117ff.

[2] V. Scherliess, *Klassizismus in der Wiener Schule*, in: *Die klassizistische Moderne in der Musik des 20. Jahrhunderts. Internationales Symposion der Paul Sacher Stiftung Basel 1996*, hg. v. H. Danuser, Winterthur 1997 (Veröffentlichungen der Paul Sacher Stiftung 3), S. 167–185: 180–183 (mit Wiedergabe des Fragments).

[3] R. Boestfleisch, *Arnold Schönbergs frühe Kammermusik. Studien unter besonderer Berücksichtigung der ersten beiden Streichquartette*, Frankfurt a. M. u. a. 1990 (Europäische Hochschulschriften, Reihe XXXVI, Bd. 54), S. XXI. Daß die Kritik auf Milhaud, Casella, Respighi und Strawinsky gemünzt war, zeigen weitere Belege, vgl. dazu V. Scherliess, *Klassizismus in der Wiener Schule*, S. 177ff.

spielte für ihn offenbar keine Rolle, daß kein Quartett von einem der gemeinten Komponisten so krasse Widersprüche aufweist wie sein eigener C-Dur-Satz, den er freilich unter Verschluß hielt.

Schönbergs viertes Quartett op. 37 wird vom dritten durch einen zehnjährigen Abstand getrennt, der sich an der Werkzählung kaum ablesen läßt. Denn die Zeitumstände, die eine konzentrierte Arbeit behinderten, hatten den Komponisten 1934 in die Emigration getrieben, und so wurde op. 37 in den USA zwischen April und Juni 1937 im Auftrag von Elizabeth Coolidge Sprague komponiert. Die Frage allerdings, wieweit sich unter den Prämissen einer analogen Satztechnik zugleich verschiedene Stadien einer Entwicklung erkennen lassen, ist vorerst kaum eindeutig zu entscheiden. Die dodekaphone Struktur, die von Eberhardt Klemm erörtert und von Christian Martin Schmidt in der Gesamtausgabe dokumentiert wurde[1], basiert auf Grundgestalt und Umkehrung einer Reihe mit ihren Transpositionen, deren sechstönige Hälften man kaum als ›Hexachorde‹ apostrophieren kann, ohne Mißverständnisse zu erwecken.

1 E. Klemm, *Zur Theorie der Reihenstruktur und Reihendisposition in Schönbergs 4. Streichquartett*, in: Beiträge zur Musikwissenschaft 8 (1966), S. 27–49, auch in: *Arnold Schönberg*, München 1980, S. 58–82; Chr. M. Schmidt, Kritischer Bericht zu *Arnold Schönberg. Sämtliche Werke*, Abteilung VI: *Kammermusik*, Reihe A, Bd. 20 II, Mainz 1984, S. 22–29. Vgl. zuletzt M. Schmidt, *IV. Streichquartett Op. 37*, in: *Schönberg-Interpretationen*, Bd. II, S. 22–39.

Die Reihe ist so angelegt, daß beide Hälften der Grundform (d–cis–a–b–f–es / e–c–as–g–fis–h) mit vertauschter Anordnung als Tonvorrat – bei anderer Abfolge – in quintversetzter Umkehrung wiederkehren, wie es auch für analoge Relationen in weiteren Transpositionen gilt. Daß die Reihentöne wieder linear und akkordisch eingesetzt und zudem in dreitönige Segmente gegliedert werden können, erzeugt trotz der Begrenzung auf eine Reihe ein ähnlich ambivalentes Verhältnis zwischen Tonvorrat und Reihenfolge wie in op. 30. Wie dort gehen auch hier die Formverläufe von tradierten Modellen aus, wiewohl diesmal nach Schönberg die Außensätze »bekannten Formen nur in geringer Hinsicht ähneln«.[1] Zwar weist der Kopfsatz nach der Exposition noch Durchführung, Reprise und Coda auf (T. 95, 165 und 239), so deutlich diese Teile aber vom prägnanten Hauptthema eröffnet werden, so offen bleibt dagegen, was als Seitenthema zu gelten hätte. So benannte Schönberg denn nur »Marksteine« in der durch »fortwährende Veränderung« begründeten »komplizierten Organisation«. Vom abtaktigen Hauptthema mit seinen Varianten eines gedehnten Fall- und eines klopfenden Repetitionsmotivs heben sich solche ›Marksteine‹ als auftaktige Episoden im Legato ab, einer ersten Gestalt mit Synkopenkette (T. 27) folgt eine zweite mit triolischem Auftakt und begleitenden Akkordrepetitionen (ab T. 66), und da beide verändert auch in der Durchführung begegnen und in der Reprise die Plätze tauschen, erhält der Sonatensatz einen Zug zum Rondo. Schon der Hauptsatz deutet zudem auf die ambivalente Funktion der Reihe, deren Grundgestalt die Oberstimme in den ersten sechs Takten zeigt, wogegen ihre dreitönigen Segmente die begleitenden Akkorde formieren. Die Fortspinnung indessen benutzt Umkehrungs- und Krebsformen, und treten dazu noch Transpositionen der Reihe, so bewahrt die thematische Substanz trotz aller Varianten ihre orientierende Funktion. Zwar hat die motivische Gliederung der Hauptstimme den Vorrang vor der Schicht der Begleitung, beide gemeinsam bilden jedoch die Vorgaben für den variativen Prozeß. Nicht ganz anders als in op. 30 läßt sich also der weitere Verlauf verfolgen, abgeschwächt wird jedoch die ›klassizistische‹ Note, indem die thematische Substanz einem variativen Prinzip unterworfen wird, das sich an den lyrischen ›Marksteinen‹ erkennen läßt. Das gilt ähnlich für das Finale, für das Schönberg selbst auf die vielfache Umformung des Materials verwies. Denn das Hauptthema ist eher am charakteristischen ›amabile‹ als an seiner Diastematik erkennbar, und die Gegenstimmen erscheinen in so weitreichenden Varianten, daß sie nicht leichter zu identifizieren sind. So wird das Rondomodell mit fünf Refrains, drei Couplets und mittlerer Durchführung durch das variative Prinzip in gleichem Maß modifiziert wie das Muster der Sonatenform im Kopfsatz. Entsprechend wird weiterhin im ›Comodo‹, das den Tanzsatz vertritt, die dreiteilige Anlage überformt, denn obwohl das Hauptthema im A-Teil noch an den Ton eines Länd-

---

1 A. Schönberg, *Bemerkungen zu den vier Streichquartetten*, S. 430–435, ferner S. 422.

Notenbeispiel linke Seite: A. Schönberg, op. 37, erster Satz, T. 1–7 (*GA*, Schott und Universal Edition).

lers gemahnen mag, tritt zu ihm ein höchst konträres Gegenthema (T. 306), und so fungiert das Trio zugleich als Durchführung (ab T. 430), wonach erst recht die Scherzoreprise den variativen Verlauf vorantreibt. Gleichermaßen verschieben sich im gewichtigen Largo die Verhältnisse der Teile, selbst wenn das Hauptthema (A) bei seiner Wiederkehr am Unisono zu erkennen ist (A' T. 664), wie Peter Gradenwitz gezeigt hat.[1] Gemeinsam ist beiden Versionen die Kadenzierung, deren Quint- bzw. Quartfall freilich nicht als tonales Relikt zu verstehen ist. Das variative Prinzip hat Folgen für die Binnenteile, die sich zwar durch dynamische Reduktion und melodische Bögen auszeichnen (B ab T. 630, B' ab T. 680). Wieder aber unterscheiden sich die melodischen Linien nicht unerheblich, und dazu wird noch vor der ›Reprise‹ ein Rekurs auf den B-Teil eingeblendet (T. 655), dessen Gestalt hier offener zutage tritt.

Daß in op. 37 thematische Komplexe weiter variiert werden als in op. 30, erhöht zwar die Komplexität der Strukturen. Voreilig wäre indes der Gedanke an eine Konzession, mit der dem Verdacht einer ›klassizistischen‹ Manier begegnet werden sollte. Denn die ›entwickelnde Variation‹ ergibt sich als Konsequenz aus Schönbergs Weg insgesamt, und indem die Reihe als Abfolge und Vorrat zugleich dient, behält das thematische Material gleichwohl seine vorrangige Bedeutung. Da Schönberg Skizzen für ein weiteres Quartett nicht ausführte, blieb op. 37 das letzte Werk in der Reihe seiner fünf Streichquartette. Daß hier jedoch ein Weg begangen wurde, der zur Distanz von den tradierten Kategorien der Themen- und Formbildung führte, wird am späten Streichtrio op. 45 sichtbar, und so kann die Entscheidung für eine andere Besetzung auch als Abschied von einer Gattungstradition gelten, die Schönberg selbst zuvor so entscheidend erweitert hatte.

Nachdem Schönberg im Frühjahr 1923 seinem Schülerkreis die ›Komposition mit zwölf nur aufeinander bezogenen Tönen‹ erläutert hatte, begann Berg im Herbst 1925 – also noch vor Schönbergs op. 30 – mit der Anwendung des Verfahrens in seiner *Lyrischen Suite*, die jedoch erst mehr als ein Jahr danach abgeschlossen und im Januar 1927 vom Kolisch-Quartett uraufgeführt wurde. Mit ihrer Bezeichnung und zudem mit thematischen Zitaten verweist sie einerseits auf die 1922 vorangegangene *Lyrische Symphonie* von Zemlinsky, dem Berg sein Werk widmete. Andererseits sprach er mehrfach von seinem neuen »Quartett«, wiewohl sich eine sechssätzige Suite zugleich vom tradierten Gattungsbegriff distanziert. Denn nachdem die Suite im 18. Jahrhundert abgedankt hatte, bildete sie seit ihrer Wiederaufnahme im historistischen Geist kaum anders als die Serenade einen Widerpart zur strengen Kammermusik, und so richtete Berg für eine Berliner Aufführung 1929 drei Mittelsätze für Streichorchester ein.[2]

In seinen Notizen für das Kolisch-Quartett hob Berg die »Charaktere« der Sätze in der »großen Entwicklung« hervor, die sich »innerhalb

1 P. Gradenwitz, *Arnold Schönberg, Streichquartett Nr. 4 op. 37*, München 1986 (Meisterwerke der Musik 43), S. 37f.
2 *Die Streichquartette der Wiener Schule*, hg. v. U. v. Rauchhaupt, S. 117; zur Entstehung ebenda, S. 90ff., zur Serenade vgl. Th. Schipperges, *Serenaden zwischen Beethoven und Reger. Beiträge zur Geschichte der Gattung*, Frankfurt a. M. u. a. 1989 (Europäische Hochschulschriften, Reihe XXXVI, Bd. 39).

des *ganzen* Stücks (›Schicksal erleidend‹)« vollziehe. Trotz der Anführungszeichen lud der Hinweis auf das ›Schicksal‹ zur Vermutung eines geheimen Programms ein, um das die Diskussionen erst recht kreisten, seit George Perle 1977 die Belege für Bergs Beziehung zu Hanna Fuchs-Robertin publizierte, der Berg eine Taschenpartitur mit handschriftlichen Eintragungen überlassen hatte.[1] Charakteristisch genug sind schon die Satzbezeichnungen, die vom Allegretto giovale über ein Andante amoroso und ein Allegro misterioso mit Trio estatico zum Adagio appassionato und Presto delirando mit ein-geschobenem Tenebroso führen und schließlich im Largo desolato enden. So eng jedoch die Entstehung des Werks mit privaten Erfahrungen verknüpft gewesen sein mag, so klar unterscheidet sich davon die Intention des Autors, die gerade nicht auf die Publizität des Privaten gerichtet war – selbst dem Freunde Kolisch gegenüber. Desto aufschlußreicher sind aber die analytischen Hinweise für die ausführenden Musiker, denn sie benennen neben Beziehungen der Sätze ihre formalen Umrisse und vor allem die Funktionen der Reihe mit ihren Varianten. Der strengen Reihentechnik folgen demnach neben den Ecksätzen die Rahmenteile des dritten und die Tenebroso-Einschübe des fünften Satzes, wogegen der zweite und vierte Satz sowie die übrigen Teile im dritten und fünften Satz frei atonal angelegt sind. Berg kommentierte besonders eingehend die zwölftönigen Partien, daß er aber derart nicht durchweg verfuhr, begründete sein Brief an Webern vom 12. 10. 1925 mit dem Hinweis, »in dieser Kunst« sei er »leider noch nicht so weit«.[2] Indessen ließe sich annehmen, die expressive Charakteristik sei so vorrangig gewesen, daß sie keiner durchgängigen Regulierung bedurfte. So häufig Aspekte der Dodekaphonie oder des ›Programms‹ erörtert wurden, so offen scheint vorerst das strukturelle Verhältnis zwischen den unterschiedlich konzipierten Teilen zu sein. Offenkundig ist es zunächst, daß sich die raschen Sätze in ihrer Folge beschleunigen, wogegen umgekehrt die langsamen Sätze zur zunehmenden Verbreiterung des Zeitmaßes tendieren. Während das eröffnende Allegretto einem zweiteiligen Sonatensatz ohne Durchführung nahekommt, entspricht der zweite Satz einer Rondoform, dem dreiteiligen dritten Satz steht im vierten eine komplexe Anlage mit dicht gearbeiteter Themenexposition gegenüber, wonach dem fünften Satz mit seinen Einschüben die scheinbar schweifende Phantastik im Finale folgt. Überdies werden die Sätze nicht nur durch die Beziehung auf die Reihe verknüpft, sondern Berg zufolge auch durch wechselnde Übernahme von »jeweils 1 Bestandtheil (1 Thema oder 1 Reihe, 1 Stück oder 1 Idee)«. Wie das Seitenthema des ersten Satzes (T. 23–25) auch im zweiten anklingt (T. 16–23), so greift das Trio des dritten Satzes (T. 77f.) seinerseits auf den zweiten Satz zurück (T. 13–15), ähnlich erscheint das Hauptthema des zweiten Satzes (T. 1 und T. 5) einmal im vierten Satz (T. 30ff.), die dissonant verschränkten Quintfolgen im vierten Satz (T. 45f.) begegnen auch im

---

1 *Die Streichquartette der Wiener Schule*, hg. v. U. v. Rauchhaupt, S. 105; G. Perle, *Das geheime Programm der Lyrischen Suite*, in: Österreichische Musikzeitschrift 33 (1978), S. 64–79 und S. 113–119; C. Floros, *Das esoterische Programm der Lyrischen Suite von Alban Berg*, in: Hamburger Jahrbuch für Musikwissenschaft 1 (1974), S. 101–145; beide Aufsätze teilweise erweitert in: *Alban Berg. Kammermusik I*, München 1978 (Musik-Konzepte 4), S. 5–48 und S. 49–74; G. Perle und C. Floros, *Kontroverse über das Programm der ›Lyrischen Suite‹*, in: *Alban Berg. Kammermusik II*, München 1979 (Musik-Konzepte 9), S. 3–7; C. Floros, *Struktur und Semantik in Alban Bergs ›Lyrischer Suite‹*, in: *Kammermusik zwischen den Weltkriegen*, hg. v. C. Ottner, Wien 1995 (Studien zu Franz Schmidt XI), S. 136–147; G. Perle, *Style and Idea in the Lyric Suite of Alban Berg*, Stuyvesant/N.Y. 1995.
2 *Die Streichquartette der Wiener Schule*, hg. v. U. v. Rauchhaupt, S. 91.

fünften (T. 356ff.), und noch das komplexe Finale (T. 37ff.) erinnert einmal an das Hauptthema des Kopfsatzes (T. 5f. bzw. T. 38f.).

Berg orientierte sich nach seiner Aussage an der sog. ›Allintervallreihe‹, mit der Fritz Heinrich Klein seit 1921 operiert hatte. In ihr sind die zwölf Töne so angeordnet, daß sie zugleich alle Intervalle enthalten (zunächst f–e–c'–a–g'–d', sodann as'–des'–es'–ges'–b–h). Daß die Töne der zweiten Hälfte jedoch im Krebs mit Umkehrung analoge Intervalle wie in der ersten Hälfte ergeben, muß solange kaum eine Rolle spielen, wie die Reihentechnik unabhängig von Oktavversetzungen gehandhabt wird. Den »schweren Nachteil« dieser Reihe, »keine selbständige Krebsform« aufzuweisen, glich für Berg jedoch der Vorteil aus, daß sich auch »Quarten- und Quintenreihen« mitsamt ihren »Skalenteilen« ableiten ließen, die dann auf tonale Akkorde in C- und Ges- bzw. Fis-Dur zu beziehen wären. Demnach suchte Berg in der »strengsten 12tonmusik« zugleich »mit stark tonalem Einschlag zu schreiben«.[1] Dabei beschränkte er sich zunächst auf die Originalform der Reihe mit ihren Transpositionen in kleinen Terzen (Of, Oh, Oas und Od), denen ihre Umkehrungen zugeordnet wurden (Uh, Uf, Ud und Uas). Und im Blick auf ihre Terzabstände konnten diese Reihenformen sogar mit der Funktion einer Dominante bzw. Ober- und Untermedianten verglichen werden. Daß dann die Töne h und f entweder als Außentöne erscheinen oder sich in der Mitte der Reihe begegnen, mochte insgeheim auf den Namen von Hanna Fuchs verweisen, und ähnliche Entsprechungen wären zwischen den Tönen a und b als Chiffre des Komponisten zu finden, während sich die Taktzahlen der Sätze und Satzteile auf eine mit dem Namen verknüpfte ›Schicksalszahl‹ (10 bzw. 23) beziehen ließen.[2] Maßgeblich war aber wohl, daß die den Namen zugeordneten Intervalle qua Halbton und Tritonus zugleich die chromatische Essenz im diatonischen Fundus signalisieren.

Mit solcher Esoterik hat es freilich kaum zu tun, daß Berg aus der Reihe durch Umstellung der Töne auch »Quinten- und Quartenreihen« ableiten konnte. Sie nämlich bedeuten einen Eingriff nicht nur in die gegebene Intervallfolge, sondern auch in die Abfolge der Töne, die für eine Reihe konstitutiv wäre. Ordnet man die genannten Töne in veränderter Folge an (1–3–5–6–4–2), so ergibt sich eine steigende Quintenkette von f aus, die dann vom Tritonus h aus zu ergänzen wäre (12–10–8–7–9–11), und analog kann für fallende Quarten verfahren werden. Daß solche Ketten im Kopfsatz hörbar hervortreten, wird durch die Spielweise im Pizzicato markiert (Exposition T. 7–9, Reprise T. 34–36 und T. 46–47, vor und in der Coda T. 61–63 sowie arco T. 64–66). Zugleich wird damit aber der Vorrang der Reihe so relativiert, daß schon im Kopfsatz die Grenze zwischen Dodekaphonie und freier Tonalität verfließt. Gegenüber solchen Operationen, zu denen noch die sog. ›Achsendrehung‹ der Reihe zu rechnen wäre, tritt desto mehr die thematische Disposition in den Blick, wie sich exemplarisch am Kopfsatz andeuten läßt.

[1] Vgl. Bergs Brief an Schönberg vom 12. 10. 1926, ebenda S. 92f.

[2] *Alban Berg. Neun Blätter zur ›Lyrischen Suite für Streichquartett‹*, Faksimile und Übertragung in *Die Streichquartette der Wiener Schule*, hg. v. U. v. Rauchhaupt, S. 105–166, bes. S. 112f.

»Allintervallreihe«

A. Berg, *Lyrische Suite*, erster Satz, T. 1–6 (Universal Edition).

Die Exposition präsentiert nach dem Eröffnungstakt, der in Quintschichtung alle 12 Töne erfaßt, ab T. 2 mit dem ersten Reihenzug (Of und dann Uh) den Hauptsatz in einer rhythmischen Formulierung, auf die am Ende der Überleitung zurückgegriffen wird. Klarer noch ist ein solcher Rekurs in der Reprise (T. 42 in beiden Unterstimmen und T. 45ff. in der Primgeige), so daß das Verhältnis der Teile an den thematischen Relationen sinnfällig wird. Das gilt ähnlich für die Überleitung (T. 13–22 zunächst mit Of und Uh, dann Oh und Uf), die rhythmisch analog, wiewohl bei veränderter Intervallfolge in der Reprise erscheint (T. 49–52 mit Oh, Uf und Of). Anders verhält es sich mit dem Seitenthema der Exposition (T. 23–32), dessen Gestalt sich in der Reprise stärker verändert (T. 53–61), auch wenn hier die Reihenstruktur eher gewahrt wird (Oh und Uh). Die weiteste Umformung liefert dagegen die Coda, die aus der Quinten- bzw. Quartenform des Hauptsatzes nun auch skalare Bildungen gewinnt, die gemeinsam mit weiträumigen Quart-Quint-Ketten den gesamten Verlauf bestreiten (T. 64–69). Gerade weil sich der ›gioviale‹ entspannte Satz dem semantischen Deutungszwang entzieht, exemplifiziert er desto klarer die Freiheit, die sich Berg bewahrte. Denn auch in strenger Dodekaphonie setzen sich nicht nur rhythmisch markante Themen durch, mit ihnen verbinden sich vielmehr zunehmend tonale Implikationen, die wenigstens in der Stimmführung so wirksam sind, daß etwa die Überleitung mit Ketten von Sextakkorden einen Fauxbourdonsatz bilden kann, der nur durch eine Nebenstimme kaschiert wird. Doch auch im zweiten Satz kann – wie Budday zeigte – auf eine Umformung der Reihe zurückgegriffen werden (T. 24–28 mit Vertauschung der Töne 4 und 10), von einer entsprechenden Umbildung geht ebenso der dritte Satz mit der Reihe von b aus, einmal erscheint sie zudem im fünften Satz, während sich eine weitere Umschichtung im Finale mit der sog. ›Halbreihe‹ verbindet.[1]

Deutlicher wird aber im zweiten Satz der Wechsel zwischen dem Hauptsatz mit seinen Varianten und dem Seitensatz, dessen Position rondomäßig als Couplet durch unterschiedliche Gestalten besetzt ist. Und im Allegro misterioso als drittem Satz werden weite Flächen durch gleitende Tonbänder gefüllt, die aus der Abspaltung verkürzter Reihensegmente resultieren und zugleich die Folie für den Eintritt thematischer Gestalten abgeben. Während der erste Teil im letzten rückläufig wiederkehrt, setzt sich davon das Trio estatico mit Terzbändern und akkordischen wie skalaren Formationen ab. Gleich charakteristische Struktur zeigt auch das Adagio appassionato, das wieder die Stimmzüge zu eindrucksvollen Klangräumen bündelt, und die Hektik im Presto delirando wird desto nachdrücklicher im Tenebroso gestaut, dessen lange Akkordflächen sich im Umschlag zum Tremolo verdunkeln. So komplex sich am Ende das Largo desolato ausnimmt, so wenig kann sich der Hörer der Wirkung entziehen, die auf der schrittweisen Steigerung zum Höhepunkt im Meno Largo ebenso basiert wie auf dem »völligen Verlöschen« des Schlusses, der bezeichnenderweise eine Terz umkreist.

[1] W. Budday, *Alban Bergs Lyrische Suite. Satztechnische Analysen ihrer zwölftönigen Partien*, Neuhausen–Stuttgart 1979 (Tübinger Beiträge zur Musikwissenschaft 8), S. 15ff. und S. 100ff.; vgl. auch D. Jarman, *The Music of Alban Berg*, London und Boston 1979, S. 82ff. und S. 125ff. Zum dritten Satz vgl. auch D. M. Green, *The Allegro misterioso of Berg's Lyric Suite: Iso- and Retrorhythms*, in: Journal of the American Musicological Society 30 (1977), S. 507–516.

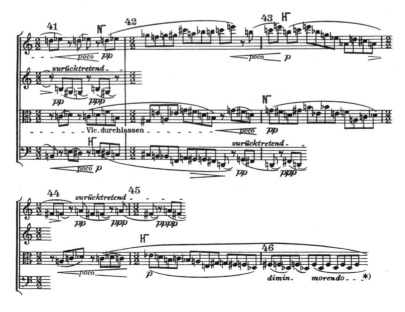

A. Berg, *Lyrische Suite*, sechster Satz, T. 41–46 (Universal Edition).

Den genauen Gegenpol bildet Weberns Streichquartett op. 28, das 1937–38 entstand und für seine drei Sätze nicht grundlos wieder den tradierten Gattungsbegriff beanspruchte. Komponiert rund ein Jahrzehnt nach Schönbergs op. 30, das erstmals die Dodekaphonie mit dem Formenkanon des Streichquartetts verband, zielt Weberns Gegenentwurf in durchaus andere Richtung. In seinen Kommentaren kehrte Webern primär formale Kriterien hervor, wogegen er sich nur ergänzend zur Reihenstruktur äußerte, die er kaum anders als Schönberg wie das Geheimnis einer Bauhütte betrachtete, das für das Verständnis weniger besagt als die formale Anlage. Die Reihe indes determiniert die Struktur der drei Sätze in einem Ausmaß, das auch über die Funktion einer Themenbildung hinausgeht, wie sie für Schönberg noch immer konstitutiv war. Die Arbeit beginnt schon mit der Formation der zwölftönigen Reihe, die mit ihren drei viertönigen Gliedern dreifach den Namen B-A-C-H beschwört (b–a–c–h, dis–e–cis–d, ges–f–as–g). Während sich das erste und das dritte Segment intervallisch entsprechen, verhält sich dazu das mittlere als Umkehrung, und analog erscheinen weiterhin Originalgestalt und Krebsumkehrung ebenso wie Umkehrung und

A. Webern, op. 28, erster Satz, T. 1–8 (Thema, Vordersatz) (Universal Edition).

Krebs der Reihe, so daß sich ihre vier Grundformen in den intervallischen Relationen decken. Verbürgt die Reihe also maximale Geschlossenheit, so scheint sie zugleich doch nur geringe Variabilität zu gewähren, die Maßnahmen aber, mit denen die Aufgabe gelöst wurde, lassen sich mit einigen Hinweisen auf den ersten Satz andeuten.

Webern zufolge wäre der Formverlauf zunächst durch ein Thema mit sechs Variationen zu bestimmen, die jeweils 16 und insgesamt 112 Takte umfassen.[1] Diese Perioden werden durch Differenzen der rhythmischen und dynamischen Artikulation und teilweise durch Pausen kenntlich gemacht, zugleich aber durch Brückentakte verkettet, die mehrfach den Auslauf einer Variation und den Beginn der nächsten verbinden. Schwieriger ist dagegen die Identifizierung dieser sieben Phasen mit den Funktionen von Haupt- und Seitenthema samt ihren Wiederholungen, einer dazwischenliegenden Überleitung sowie einer Reprise beider Themen mit Coda. Das Fehlen einer Durchführung ließe sich noch mit der durchgängigen Arbeit im ganzen Verlauf motivieren, und der Wiederholung beider Themen stünde ihr nur einmaliger Durchgang in der Reprise gegenüber, doch steht der Begriff einer ›Wiederholung‹ zur stetigen Veränderung quer, auf die der Terminus der Variation verweist, und da auch die Phasen, die Haupt- und Seitenthema vertreten, nicht solche Kennmarken wie bei Schönberg aufweisen, dürfte die Orientierung an ihnen weniger hilfreich sein als die Vorstellung einer Variationenreihe. Ein Grund dafür liegt darin, daß in Weberns Technik die Begriffe ›Thema‹ und ›Reihe‹ nicht so wie in Schönbergs Verfahren zu trennen sind, während die strenge Handhabung der Reihe variable Momente nicht ausschließt. Obgleich also die Tonhöhen vorgegeben sind, bleibt ein weiterer Spielraum für die konkrete Formung. Durch Tonoktavierung oder Intervallumkehr werden vielfach Halbtöne mit leittöniger Wirkung umgangen, so daß weithin große Septimen oder kleine Nonen den Stimmzügen ihren sperrigen Charakter geben. Die Anordnung der Tonhöhen, mit denen die Grundformen der Reihe einsetzen, konzentriert sich sodann – wie Barbara Zuber zeigte – auf wenige Stufen (primär e–g und b, weiter auch es und ges/fis).[2] Ferner überlappen sich schon in der Themenaufstellung die Reihenzüge derart, daß das letzte viertönige Segment zugleich den Einsatz einer weiteren Reihe abgibt. Da außerdem die Tonhöhen flexibel einzusetzen sind, können sich auf engem Raum die Glieder einer Reihenform mit denen einer anderen verschränken. Und so ist es gerade auch die Rhythmik, die deutlicher als die Diastematik die wechselnden Grade der Verdichtung in und zwischen den Variationen kennzeichnet. Damit bemißt sich die variative Arbeit nicht nur am Verhältnis der Variationen zueinander, sie setzt vielmehr schon im Thema selbst an, um sich dann innerhalb der Perioden weiter fortzusetzen. Und so mag nicht zuletzt die stete Variabilität, die als Kehrseite der Determinierung zugleich die Abgrenzung der Varia-

1 *Die Streichquartette der Wiener Schule*, hg. v. U. v. Rauchhaupt, S. 131–135, der Brief an Erwin Stein vom 8. und 31. 5. 1939 ebenda, S. 137–141.

2 B. Zuber, *Gesetz und Gestalt. Studien zum Spätwerk Anton Weberns*, München 1995 (Musikprint II), S. 99–121 und S. 122–141 zum ersten und dritten Satz aus op. 28; vgl. auch R. Schulz, *Über das Verhältnis von Konstruktion und Ausdruck in den Werken Anton Weberns*, München 1982 (Studien zur Musik 1), S. 107–117.

tionsphasen relativiert, für Webern ein Grund dafür gewesen sein, die Abschnitte zusätzlich als Teile eines Sonatensatzes zu unterscheiden. Unabhängig davon kann jedoch die kristalline Transparenz des komprimierten Satzes eine eigenartige Faszination auslösen, die gleichwohl in der strengen Fügung einer verborgenen Organisation begründet sein dürfte.

Der zweite Satz, den Webern als Scherzo mit Trio en miniature kennzeichnete, umfaßt in den zu wiederholenden Außenteilen je 14 Takte, die durch Vorschalt- und Zwischentakte erweitert werden, während das etwas längere Trio ohne Wiederholung auskommt. Die strenge Reihenordnung, die in den Rahmenteilen auf Transpositionen der Grund- und Krebsgestalt basiert, schließt indes nicht aus, daß das letzte Segment des einen Reihenzugs als erstes des folgenden gilt, und mehrfach leiht eine Stimme bei einer anderen ›fehlende‹ Töne aus, die dann doppelte Funktion haben. Daß der Satz zudem einen strengen Umkehrkanon bildet, wird in der gleichmäßigen Viertelbewegung am ehesten dann deutlich, wenn aus dem steten Pizzicato gebundene Intervalle arco nacheinander hervortreten. Doch erstreckt sich die Reglementierung auch auf die Tondauern, sofern in einem Stimmpaar Gruppen zu sechs, vier und acht Achteln durch Pausen getrennt werden, denen noch kürzere Gruppen im anderen Paar entsprechen. Klarer wird bei ähnlicher Reihenordnung die rhythmische Vorordnung im Trio, in dem sich das Imitationsverhältnis des einen Stimmpaars mit Gruppen aus drei Achteln von längeren Notenwerten der Gegenstimmen abhebt, deren Dauern hier auf analoge Weise proportioniert sind. Gleich streng wird die Reihen-

A. Webern, op. 28, zweiter Satz, T. 1–9 (Universal Edition).

technik im ›Scherzo‹ des Schlußsatzes disponiert, dessen Mitte als ›Durchführung‹ zugleich eine Fuge samt krönendem Kanon darstellt. Barbara Zuber konnte auch zeigen, wie genau sich damit eine serielle Determinierung der Tondauern verbindet, die am ehesten dann einsichtig wird, wenn man sich anfangs an der Spiegelachse in T. 8 orientiert. In der Durchführungsfuge werden die rhythmisch scharf markierten Themenglieder getrennt voneinander auf die Stimmen verteilt (ab T. 16), erst der Kanon sorgt für ein rhythmisches Kontinuum (ab T. 28), doch gilt das Prinzip noch für eine zweite Durchführung (ab T. 38), so sehr die rhythmische Gestalt zu wechseln scheint, bis der Schlußteil die Prinzipien des ersten Teils aufgreift. Entscheidend ist also, daß nicht nur die Höhen, sondern auch die Dauern der Töne und Intervalle streng determiniert sind, was freilich desto weniger zu verfolgen ist, je weiter sich die Ebenen in ihren Gliedern kreuzen.

All diese Maßnahmen machen es begreiflich, daß Weberns Werk erst nach seinem tragischen Lebensende in den Blick der Forschung rückte, die ihn nun als Leitfigur serieller Verfahren in Anspruch nahm. Niemand zuvor hat aber strenger den Anspruch der Gattung auf eine Stringenz eingelöst, in der sich die volle Autonomie der Instrumentalmusik zu bewähren hatte. Je rigider dabei jedoch vorgegangen wurde, desto mehr verblaßte die Erinnerung an jenes vernünftige Gespräch, das einst Kenner und Liebhaber des Streichquartetts verbinden konnte, solange noch Spielregeln als eine gemeinsame Übereinkunft – also als Konvention im eigentlichen Wortsinn – in Geltung blieben. In einer Dialektik, die keine Auflösung duldet, hat daher die Geschichte des Streichquartetts als kontinuierliche Tradition im Werk von Webern einen Zenit erreicht, der zugleich auf das Ende einer Gattungsgeschichte im vormaligen Sinn des Wortes vorausweist.

Wie unterschiedlich die Zwölftontechnik anzuwenden war, zeigt sich an den Quartetten von jüngeren Musikern, die entweder zeitweise Schüler von Schönberg waren oder doch seinem Kreis mehr oder minder eng verbunden gewesen sind. So schrieb etwa Hanns Eisler (1898–1962), der zwischen 1919 und 1923 in Wien von Schönberg und auch Webern unterrichtet wurde, erst 1937 sein einziges Streichquartett op. 75, nachdem er sich in der Zwischenzeit mit Werken ganz anderer Art für die Linke engagiert hatte. Das Quartett jedoch, das als erstes Werk nach der Emigration in die USA komponiert wurde, greift nun auf die Dodekaphonie zurück, die Schönberg inzwischen auf die Gattung angewandt hatte. Freilich verzichtet Eislers zweisätziges Werk auf so komplizierte Verfahren, wie Schönberg sie durch Transposition der Reihe bei gleichzeitiger Variation aller Ebenen ausbildete. Der erste Satz, den Tim Howell untersuchte[1], trägt die Bezeichnung ›Variationen‹ und präsentiert als rhythmisch markantes Thema die Reihe selbst mit ihrem Krebs in Baßlage. Auch im vollstimmigen Satz beschränkt sich das Verfahren auf

1 T. Howell, *Eisler's Serialism: Concepts and Methods*, in: *Hanns Eisler. A Miscellany*, hg. v. D. Blake, Luxembourg 1995 (Contemporary Music Studies 9), S. 10–132, bes. S. 104–177.

H. Eisler, op. 75, erster Satz,
T. 1–9 (Edition Peters Leipzig).

die Reihe in Grundgestalt, Krebs, Umkehrung und Krebsumkehrung, ohne komplizierte Transpositionen zu benötigen, so daß mitunter auch konsistente Zwölftonkomplexe hörbar werden. Zugleich läßt sich aber die Kette der zwölf Variationen verfolgen, die in sich durch rhythmische und strukturelle Kennzeichen zusammengefaßt und auf gleiche Weise voneinander unterschieden werden. Eine nachgerade didaktische Klarheit, die auf Eislers Erfahrungen in ganz anderen Gattungen zurückgehen dürfte, verbindet sich indes mit einer rhythmischen Vitalität, die einen spontanen Zugang begünstigt. Nicht ganz so leicht erschließt sich das Finale, das Züge eines Rondos mit höherer Flexibilität des thematischen Materials kombiniert. Auch wenn das Thema in seiner anfänglichen Formulierung zurücktritt, bleibt der Satz doch durchsichtig genug, um die fast spielerische Gruppierung seiner Teile zu verdeutlichen.

Zu Unrecht blieb dagegen Egon Wellesz (1885–1974) durch seine wissenschaftlichen Leistungen eher in Erinnerung als durch sein umfängliches kompositorisches Œuvre, zu dem zunächst vier frühe Quartette gehörten (op. 14, 1911–12; op. 20, 1915–16; op. 25, 1918, unveröffentlicht; op. 28, 1920). Nachdem er 1938 nach England emigrieren mußte, schrieb er nach dem Zweiten Weltkrieg drei weitere Werke (op. 60, 1943–44; op. 64, 1947; op. 66, 1957), und unermüdlich folgten noch in späten Jahren drei weitere Quartette (op. 79, 1957; op. 97, 1966; op. 103, 1968). Neben dem musikwissenschaftlichen Studium in Wien genoß Wellesz, der früh schon mit Webern bekannt wurde, 1905–06 die private Unterweisung Schönbergs, bruchlos verband er jedoch das wissenschaftliche Interesse an byzantinischer Musik mit der Bewunderung für Debussy, Ravel und später noch die Groupe des Six, ohne in den Streichquartetten die strenge Dodekaphonie zu übernehmen, die Schönberg freilich erst entwickelte, als Wellesz nach der Promotion in Wien vor allem als Musikhistoriker tätig war. Die lange Zeit seines Wirkens in England könnte es zunächst nahelegen, seine Quartette in die englische Tradition einzureihen, maßgeblich für ihn blieb aber einerseits die frühe Prägung in Wien, von der er sich andererseits auf durchaus undogmatische Weise zu emanzipieren wußte.

Auf die lange Reihe dieser Werke, die sich nicht gleichermaßen durchsetzen konnten, hat zuletzt Peter Revers eindringlich hingewiesen.[1] Wenn Wellesz 1950 als Ziel seines fünften Quartetts die Entwicklung weiter Melodiezüge im Unisono oder zu gehaltenen Akkorden benannte, so verwies er zugleich rückblickend auf analoge Tendenzen, die schon in den früheren Werken hervortreten. Denn bereits das erste Quartett verbindet einstimmige und polyphone Strecken in freier Tonalität, doch erprobt es dabei ebenso die Relation zwischen Ganztonfeldern und einer fast schillernden Chromatik. Mit dieser Dialektik der tonalen Pole paart sich gleichzeitig das Verhältnis zwischen homorhythmischen und kontrapunktischen Satzfeldern, mit deren Entwicklung das rhythmische

1 P. Revers, *Zum Streichquartettschaffen von Egon Wellesz*, in: *Kammermusik zwischen den Weltkriegen*, hg. v. C. Ottner, S. 183–195, das folgende Zitat hier S. 184; nicht zugänglich war die Arbeit von G. Schneider, *Egon Wellesz. Studien zur Theorie und Praxis seiner Musik*, Diss. Innsbruck 1980. Um das Verhältnis zwischen den Werkgruppen genauer zu klären, wäre eine nähere Untersuchung der Streichquartette notwendig.

E. Wellesz, Nr. 5 op. 60, erster Satz, T. 1–8, 23–32 (Schott & Co. London).

Profil der Stimmen planvoll verändert wird. Gerade in dieser Kombination der rhythmischen und strukturellen Charakteristik wird indessen die formale Prägung sichtbar, die für den Komponisten Priorität behielt, selbst wenn er sich keineswegs immer an konventionelle Formtypen band. Aus solchen Ansätzen heraus gewinnt das zweite Quartett eine zyklische Disposition, die durch motivische Klammern und ihre vielfältigen Varianten erreicht wird. Dabei erhalten Satzblöcke im Unisono, in denen die Zahl der beteiligten Stimmen durchaus wechseln kann, einen wachsenden Umfang, bis sie im vierten Quartett geradezu dominant hervortreten. Nicht anders verfährt noch das letzte Werk, das einer dichten Kontrapunktik, deren harmonische Differenzierung auf frühere Phasen zurückweist, desto entschiedener weiträumige Flächen im Unisono gegenüberstellt. Demgemäß leuchten verdeckt und doch unüberhörbar immer wieder traditionelle Bezüge aus den Klangfolgen hervor, die auch konsonante Intervalle in einem durchaus nicht konsonanten Kontext keineswegs ausschließen.

Das Beharren auf Reflexen einer Tonalität, die noch im Unisono nicht ganz unkenntlich wird, indiziert am klarsten den Abstand vom Wege Schönbergs, für dessen Werk Wellesz dennoch immer wieder einzutreten suchte. Daß bislang weder von deutscher noch von englischer Seite aus versucht wurde, seine Streichquartette im einzelnen zu erschließen, ist ein seltsames Versäumnis gegenüber einem Komponisten, der zugleich professioneller Musikhistoriker war. Denn damit fiel Wellesz zwischen die Rubriken der Disziplinen und Nationen, wiewohl er ein ungewöhnlich eindrucksvolles Lebenswerk hinterlassen hat.

Erheblich weitere Resonanz fanden die acht Quartette von Ernst Krenek (Křenek, 1900–1991), obwohl sie im außerordentlich umfangreichen Gesamtwerk des Komponisten nicht ganz so zentralen Rang wie seine Bühnenwerke haben. Immerhin entstanden vier Quartette im kurzen Zeitraum zwischen 1921 und 1924 (op. 6, 8, 20 und 24), wogegen drei weitere im Abstand von rund sieben Jahren folgten (op. 65, 1930; op. 78, 1936; op. 96, 1943–44), bis schließlich 1980 in op. 233 der Rückblick auf maßgebliche Prinzipien der Satztechnik mit Zitaten aus früheren Quartetten verknüpft wurde.[1] Zwar war der gebürtige Wiener Schüler von Franz Schreker, doch vermochte er es auf singuläre Weise, immer wieder die Impulse aufzugreifen, die ihm in der vielgestaltigen Musik der Zeitgenossen begegneten. Nach dem Welterfolg, den ihm 1927 *Jonny spielt auf* einbrachte, kehrte er zunächst nach Wien zurück, und obwohl er nicht Schüler Schönbergs wurde, dem er zuvor distanziert gegenüberstand, veranlaßte ihn der Umgang mit Berg und Webern zu einer modifizierten Haltung, bis er selbst die Zwölftontechnik – nicht ohne eigene Varianten – seit 1936 in op. 78 und op. 96 übernahm.

Wie Claudia Maurer Zenck gezeigt hat[2], verweisen die frühen Werke in ihrer erstaunlichen Vielfalt auf Eindrücke der Musik von Bartók und

---

1 M. Zenck, *Die Ungleichzeitigkeit des Neuen. Zu den acht Streichquartetten Ernst Kreneks*, in: *Ernst Krenek*, München 1984 (Musik-Konzepte 39–40), S. 92–113, zu Nr. 8 bes. S. 102ff.

2 Cl. Maurer Zenck, *Ernst Kreneks Streichquartette Nr. 1–6*, in: *Kammermusik zwischen den Weltkriegen*, hg. v. C. Ottner, S. 214–235; vgl. auch J. L. Stewart, *Ernst Křenek. The Man and His Music*, Berkeley u. a. 1971, S. 198–205, 249ff. und 359ff.

auch Hindemith (dem das dritte Quartett op. 20 zugeeignet wurde), doch verbinden sich damit deutliche Rückblicke auf Beethoven und selbst Bach. Der dichten Struktur im chromatisch ausgreifenden op. 6, das noch aus der Studienzeit datierte, folgte in op. 8 ein Werk mit drei Sätzen höchst verschiedenen Charakters, wogegen das sechssätzige op. 20 seine zyklische Gestalt aus thematischen Verbindungen und vermittelnden Übergängen bezog, die einen überaus komplizierten Formplan zur Folge haben.[1] Einfacher als dieses fast übermäßig differenzierte Quartett ist das nächste Werk mit seinen sieben Sätzen, von denen der vierte seine Mittelstellung gegenüber den knapperen Rahmensätzen schon durch seine Ausdehnung ausweist. Überraschend offen jedoch spielt das Finale in einer quasi neoklassizistischen Volte auf den Beginn von Mozarts ›Jupiter-Sinfonie‹ an, was dem Komponisten später als so heikel erschien, daß er sich zum Entwurf einer Alternative gedrängt fühlte. Besonders aufschlußreich sind aber die drei reifen Werke der Jahre 1930–44, sofern historische Rekurse in op. 65 vom Schritt zur Dodekaphonie in op. 78 abgelöst wurden, über deren Techniken dann in op. 96 weit freier verfügt wurde. Wie sehr historische Reflexionen Křenek zu leiten vermochten, zeigt vorzüglich die ›Phantasie‹ aus op. 65, die als dritter und letzter Satz des Werks zu Beginn Monteverdis ›Lamento d'Arianna‹ aufgreift.

1 Zu op. 20 vgl. Cl. Maurer Zenck, *Ernst Křeneks Streichquartette Nr. 1–6*, S. 217–223.

E. Křenek, Nr. 5 op. 65, dritter Satz, T. 1–8 (Universal Edition).

Zwar wird das Modell, das fast tongetreu im zweiten Viertakter erscheint, mit seinen intervallischen Konturen zunehmend erweitert, gemieden wird zudem der kadenzierende Schluß, auf den Monteverdis Satz zielt.[2] Prägend bleiben aber die stetigen Spannungen von gleichsam leittönig gerichteten Dissonanzen, die zugleich primär kontrapunktisch gedacht sind. Sie nämlich bewirken mit der tonalen Amplifikation eine Entwicklung, die erst in der Coda bis hin zum verklärten Es-Dur-Schluß zurückgenommen wird.

2 Ebenda, S. 225ff.

Desto konträrer erscheint daher die dodekaphone Struktur in op. 78, denn sie beruht auf einer viergliedrigen Reihe, deren dreitönige Segmente in freier Umkehrung so aufeinander bezogen sind, daß die äußeren Glieder Halb- und Ganzton und die mittleren Quarte und Großterz aufweisen. Die Grundreihe selbst wird im Kopfsatz mit zwölf Transpositionen genutzt, die in gleichzeitig steigenden und fallenden Quintrelationen angeordnet sind, und zwar zunächst von a aus, sodann simultan von e und d aus usw., bis von gis und b aus endlich es im Tritonusabstand zum Ausgangspunkt erreicht ist. Da die Reihe jeweils fünfmal hintereinander verbraucht wird, ergeben sich bei zwölf Transpositionen 60 Reihenzüge; sie werden auf sieben ›Perioden‹ verteilt, die in der ersten Satzhälfte einer Exposition nahekämen, während nach einem durchführenden Mittelteil Reprise und Coda gleich knapp gerieten. Da aber das thematische Material nicht gleichermaßen rhythmisch wie bei Schönberg definiert wird, ergibt sich keine entsprechende Sonatenform, so daß der Satz – wie Maurer Zenck sah – trotz aller Differenzen der Musik von Webern fast näher kommt. Nachdem der erste Satz die Grundreihe ausnutzte, basieren die Mittelsätze auf der Umkehrung, ihrem Krebs und dem Krebs der Grundform, bis die abschließende Fuge ihre vier Themen aus den vorangehenden Sätzen ableitet und damit eine thematische und zugleich strukturelle Rekapitulation bietet.

An Schönberg hatte Křenek, wie er später formulierte, nicht nur die »progressive Variation« beobachtet, die in Analogie zur Sonatenform »die thematischen Beziehungen auf der Basis der Zwölftonreihe« erlaube, selbst wenn die »Merkmale der Tonalität, Modulation und des traditionellen Formablaufs fehlen«.[1] Vielmehr sah er in der »konstanten Verwendung der Grundgestalt« bei gleichzeitigem »Zwang, fortgesetzt alle zwölf Töne im Spiel zu haben«, auch ein Hindernis, weil damit eine »Monotonie der harmonischen Grundfarbe« drohe, die selbst die »technische Souveränität eines Schönbergs nicht zu überwinden vermag«.[2] So wählte er im Quartett op. 96, das er »für eines der bestgelungenen Werke dieser Periode« hielt, die »Transpositionen der Dreitongrundfiguren nicht mehr nach einem vorgefaßten Plan«, sondern nach freier Wahl in einer »sich spontan entfaltenden Form«. Statt nur »vier dreitönige Grundgestalten«, wie sie in op. 78 galten, verwendet op. 96 zwölf »Grundfiguren«, die sich durch »Rotation« auf 36 Konstellationen erweitern und dann auf engem Raum mehrfach auftretende Töne nicht mehr ausschließen. Aus der Einsicht, daß sogar in strenger Dodekaphonie »die Identität der Reihe« oft »ganz aufgehoben« werde, zog Křenek die Folgerung, der Identität motivischer Gruppen den Vorrang vor einer Gesamtreihe zu geben. So entsteht das fünfsätzige Werk aus zwei konträren »Ideen«, die im Kopfsatz unmittelbar nacheinander exponiert und dann zunächst getrennt verarbeitet werden, ohne die Einblendung weiterer Gestalten zu hindern.

---

1 E. Křenek, *Zu meinen Kammermusikwerken 1936–1950*, in: Schweizerische Musikzeitung 93 (1953), S. 102–104, bes. S. 103. Ferner ders., *Atonalität*, in: *Über neue Musik. Sechs Vorlesungen zur Einführung in die theoretischen Grundlagen*, Wien 1937, Reprint Darmstadt 1977, S. 37–51, sowie ders., *Zwölftontechnik*, ebenda, S. 51–70.

2 E. Křenek, *Zu meinen Kammermusikwerken 1936–1950*, S. 103f.

E. Křenek, Nr. 7 op. 96, erster Satz, T. 1–9 (Universal Edition).

Mit einem neuen Thema setzt der langsame zweite Satz ein, der danach erst auf Material des Kopfsatzes zurückgreift. Aus dessen erstem Thema entsteht sodann das Fugenthema des dritten Satzes, der sein Gegenthema wieder aus früherem Material ableitet, an seinen Ausklang knüpft der vierte Satz als knappes Intermezzo an, und das abschließende Rondo verquickt thematische Relikte aller Sätze, die freilich erst gegen Ende genauer identifizierbar werden. Die progredierende Variierung des Materials erinnert an jene Technik, die am Beispiel des Tanzsatzes aus Schönbergs op. 30 gekennzeichnet wurde. In der Souveränität jedoch, mit der Křenek tradierte Verfahren mit einer durchaus undogmatischen Handhabung der Zwölftontechnik verknüpfte, erreicht op. 233 als letztes Quartett gleichermaßen thematische Prägnanz wie formale Vielfalt und bildet somit ein eindrucksvolles Zeugnis für die Verbindung historisch ganz unterschiedlicher Dimensionen.

Wie unscharf die Kategorie einer ›Schönberg-Schule‹ wäre, zeigt sich an den höchst individuellen Differenzen, mit denen sich Eisler, Wellesz und Křenek in ihren Quartetten von den Verfahren distanzierten, die in ebenso verschiedener Weise für Webern, Berg und Schönberg selbst maßgeblich waren. Doch trugen die Musiker aus Schönbergs Umkreis zugleich jene Impulse weiter, die anfangs nur begrenzt wirksam wurden, bevor ihre historische Tragweite internationale Geltung erreichte.

4. Folklore und Tonalität: Alternativen bei Bartók und Kodály

So eng sich Bartóks Name mit der Musik Ungarns verband, so wenig war er doch der erste, der in seinem Lande Streichquartette schrieb. Zwar hatte die Kammermusik vor dem späten 19. Jahrhundert keine so dichte Tradition wie in Böhmen entfaltet, doch komponierte Mihály Mosonyi (alias Michael Brand, 1815–1870) sechs Streichquartette, die freilich keine weite Verbreitung fanden, wogegen die Quartette von Robert Volkmann in die deutsche Tradition gehören, wiewohl sie in Budapest entstanden sind. An Brahms orientierte sich dort Hans Koeßler (1853–1926), der in der Nachfolge Volkmanns als Kompositionsprofessor an der Akademie wirkte und sein zweites Streichquartett in g-Moll 1902 bei Bote & Bock in Berlin veröffentlichte. Während Ferenc Erkel (1810–1893) als Begründer einer nationalen Operntradition gilt, ohne gleichermaßen durch Kammermusik hervorzutreten, gehören zum umfänglichen Œuvre Ernst von Dohnanyis (1877–1960) neben frühen Studienwerken drei qualitätvolle Streichquartette (A-Dur op. 7, 1899; Des-Dur op. 15, 1906; a-Moll op. 33, 1926). Der aus Preßburg (Bratislava/Pozsony) gebürtige Musiker war zwar seit 1905 als Kompositionslehrer an der Berliner Hochschule tätig, erwarb sich aber von Budapest aus nach 1915 internationales Ansehen, bevor er nach dem Zweiten Weltkrieg in die USA übersiedelte. Bemerkenswert ist das Niveau seiner Quartette, doch vertreten sie gleichwohl weniger eine nationale Tradition als einen europäischen Standard, der in der Nachfolge von Brahms verbindlich geworden war.[1]

Solche Werke machen es nicht leichter begreiflich, daß sich Bartók mit der Serie seiner sechs vollendeten Streichquartette – denen wiederum drei Studienwerke vorangingen – auf die Gattung in einem Maß konzentrierte, wie es für einen Pianisten von Rang keineswegs selbstverständlich war, für die Komponisten der Moderne jedoch vielfach charakteristisch geworden ist. Auffällig ist es dabei, daß 1908/09 das erste Streichquartett, das wie herkömmlich noch als op. 7 gezählt ist, in unmittelbarem Zusammenhang mit der ersten Reise entstand, die der Sammlung von Dokumenten der Volksmusik in Siebenbürgen galt. In diese Zeit fiel Bartóks Beziehung zu der jungen Geigerin Stefi Geyer, der ein zurückgehaltenes und erst spät veröffentlichtes Violinkonzert zugedacht war, und so ließen die Spuren der Biographie auf Verbindungen zwischen beiden Werken schließen.[2] Wie die Briefe dieser Zeit aber zeigen, stieß Bartók hier erstmals auf die »unvollständige Tonleiter«, die der Pentatonik »der altchinesischen Tonleiter ähnlich ist«.[3] Nahe lag es also, die erstaunliche Eigenart des Quartetts mit den Eindrücken zu motivieren, die Bartók als sammelnder Musikethnologe gewann, und so fehlte es nicht an Versuchen, zumal für Haupt- und Seitenthema des

---

1 I. Podhradszky, *The Works of Ernö Dohnányi. A Catalogue of his Compositions*, in: Studia Musicologica 6 (1964), S. 357–373; das Profil des Komponisten umriß eindringlich Th. Schipperges, *Serenaden zwischen Beethoven und Reger. Beiträge zur Geschichte der Gattung*, Frankfurt a. M. u. a. 1989, S. 330–370 und S. 455f. Zur Bedeutung für Bartók vgl. G. Weiss, *Die frühe Schaffensentwicklung Béla Bartóks im Lichte westlicher und östlicher Traditionen*, Diss. Erlangen 1970.

2 F. Bónis, *Erstes Violinkonzert – Erstes Streichquartett. Ein Wendepunkt in Béla Bartóks kompositorischer Laufbahn*, in: Musica 39 (1985), S. 265–273. Grundlegende Literatur: B. Szabolcsi, *Béla Bartók: sa Vie et son Œuvre*, Budapest 1956, ²1968; deutsch als *Béla Bartók: Leben und Werk*, Leipzig 1961, ²1972; J. Ujfulassy, *Béla Bartók*, Budapest 1965, deutsch ebenda 1973; *Béla Bartók. Essays*, hg. v. B. Suchoff, London 1976; *Béla Bartók. Musiksprachen. Aufsätze und Vorträge*, hg. v. B. Szabolcsi (Vorwort und Anmerkungen von Chr. Kaden), Leipzig 1972; *Béla Bartók. Briefe*, Bd. I–II, hg. v. J. Demény, Budapest ²1973; P. Petersen, *Die Tonalität im Instrumentalschaffen von Béla Bartók*, Hamburg 1971; E. Lendvai, *Béla Bartók. An analysis of his music*, London 1971, ²1979; L. Somfai, *Béla Bartók. Compositions, Concepts, and Autograph Sources*, Berkeley 1996.

3 F. Bónis, *Erstes Violinkonzert – Erstes Streichquartett*, S. 266.

Finalsatzes Modelle der Volksmusik zu belegen.¹ Gerade die tonalen Komplikationen des Werks dürften es jedoch erschweren, einen Rückgriff auf pentatonische Konstellationen plausibel zu machen, die Bartók selbst besonders hervorhob. Belangvoller als bloße Anleihen mußte für den Musikethnologen, der dieser Komponist zugleich war, die Einsicht geworden sein, daß die herkömmliche europäische Anordnung der Skalen nicht die einzige oder gar naturgegebene Möglichkeit darstelle. Daß ihm als Sammler eine Vielfalt alternativer Skalen begegnete, konnte zugleich die Verpflichtungen relativieren, die bis dahin das System der funktionalen Harmonik impliziert hatte. Dieser Ansatz aber wurde für Bartóks eigene Musik ertragreicher, als es jedes konkrete Modell der Folklore sein konnte, und daß sich seine Musik jenseits nationaler Grenzen durchzusetzen vermochte, reduziert zugleich die Geltung folkloristischer Traditionen, die ein ungarischer Hörer leichter wahrnehmen mag. Im Unterschied zu Schönberg jedoch, dessen radikale Strategie den gleichen Rang der Halbtöne in gleichschwebender Temperatur nach europäischer Konvention voraussetzte, ließ sich Bartók nicht auf eine ebenso strenge Vorordnung ein, und so dürfte der Freiheit seiner Verfahren kaum eine Analyse gemäß sein, die ihr Heil in skalarer Systematik oder serieller Determinierung sucht.

Das erste Quartett erklang 1910 in einem Konzert, in dem auch das erste Streichquartett op. 2 von Zoltán Kodály erstmals aufgeführt wurde. Beide Musiker trafen sich im Einsatz für die Volksmusik, die sie noch später zu Weggefährten machte. Kaum zufällig jedoch ließ Kodály seinem ersten nur ein weiteres Quartett folgen (op. 10, 1916–18), das wiederum kurz nach Bartóks zweitem Werk entstand.² Denn so sehr sich die Prämissen beider Musiker zu entsprechen scheinen, so unterschiedliche Konsequenzen ziehen zugleich ihre Streichquartette. Offenbar sind für Kodály weder Beethovens Modelle noch systematische Experimente gleich bedeutsam, vielmehr modifiziert sein erstes Quartett die traditionellen Formen mit durchaus rhapsodischen Zügen, ohne die Tonalität prinzipiell in Frage zu stellen.

Dem Kopfsatz in c-Moll steht in der Einleitung das – wohl nachträglich eingefügte – Zitat eines Volksliedes voran, das in h- und fis-Moll mit Abstand eines Tritonus ansetzt. Sein zentrales Motiv, das im Violoncello eingeführt und dann mehrfach variiert wird, umfaßt den Grundton mit Mollterz und großer Untersekunde, während der ausgesparte Leitton zugleich im gehaltenen Spannungsakkord der Oberstimmen präsent ist. Die simultane Verschränkung modaler und chromatischer Elemente charakterisiert den Satz weiterhin, wie es zunächst im Übergang zum Allegro ersichtlich wird, wenn ein Leitton zur großen Septime (ais/b) im folgenden c-Moll-Komplex verwechselt wird. Dasselbe Motiv bildet den Kern des Hauptsatzes, der es strafft und dann ausspinnt, die rhythmische Kontur des Themenkopfes bestimmt mit der Fortspinnung auch

1 Ebenda, S. 272; J. Kárpáti, *Bartók's String Quartets*, Budapest 1975, S. 173ff. und S. 182f.; zu den Quartetten insgesamt vgl. als erste Zusammenfassung M. Seiber, *Die Streichquartette von Béla Bartók*, London 1946, sowie G. Abraham, *The Bartók of the Quartets*, in: Music and Letters 26 (1945), S. 185–194, und M. Babbitt, *The String Quartets of Bartók*, in: The Musical Quarterly 35 (1949), S. 377–385; ferner: W. Pütz, *Studien zum Streichquartettschaffen bei Hindemith, Bartók, Schönberg und Webern*, Diss. Köln 1968, Regensburg 1968, S. 76–125; R. Traimer, *Béla Bartóks Kompositionstechnik, dargestellt an seinen sechs Streichquartetten*, Regensburg 1956; W. Schwinger, *Béla Bartóks Streichquartette*, in: Musica 27 (1973), passim, auch in: *Die Befreiung der Musik. Eine Einführung in die Musik des 20. Jahrhunderts*, hg. v. Fr. X. Ohnsorg, Köln und Bergisch Gladbach 1994, S. 140–187.

2 *Zoltán Kodály (1882–1967). Werkverzeichnis*, Wien 1967; P. M. Young, *Zoltán Kodály: a Hungarian Musician*, London 1964; L. Eösze, *Zoltán Kodály: Sein Leben und sein Werk*, Budapest und Berlin 1964; F. Bónis, *Zoltán Kodálys Weg zum Psalmus Hungaricus*, in: Musica 41 (1987), S. 13–20.

Z. Kodály, op. 2, erster Satz, T. 1–5 (Zeneműkiadó Vállalat, Budapest).

die Überleitung, und auf das Grundmodell weist noch der Seitensatz in der Kombination von gedehntem Tritonus mit leittonloser Fortspinnung zurück. Mit der Transposition beider Themen, in der ihre Affinität zutage tritt, verbindet die Durchführung thematische Bindung und schweifende Rhapsodik, die nach der variativ gestrafften Reprise zum mehrfachen Tempowechsel der Coda führt. Folkloristische Züge treten also – anders als bei Bartók – nicht so sehr in satztechnischen Prinzipien oder begrenzten Enklaven hervor, eher kann die modale Melodik bei gleichzeitiger Chromatik an charakteristische Züge der Musik von Tschaikowsky oder Dvořák erinnern. Analoge Substanz prägt das dreiteilige Lento in A-Dur, dessen Rahmenteile engschrittig ›modale‹ Motivik im Wechsel mit gehaltenen Akkorden zeigen. Sie wird zwar im Schlußteil von schwirrenden Begleitklängen verdeckt, tritt aber sogar im fugierten Zentrum des Satzes hervor. Ein erstes Fugatothema entsteht aus freier Sequenzierung eines fallenden Kopfmotivs, deutlicher wird der motivische Kern jedoch im zweiten Fugato, das durch gezupfte Sechzehntel eine eigene Note erhält, und so bestimmt er die thematische Kombination, die zur Kulmination des Satzes führt. Doch erweist sich daran zugleich, daß sich dynamische und thematische Entwicklung desto weniger decken, je mehr die freie Fortspinnung dominiert. Dagegen basiert das Presto c-Moll als dritter Satz weithin auf Bordunquinten, deren motorische Be-wegung nur kurz im Trio und in der Coda zurücktritt. Daß die engräumige Motivik wieder modale Relikte zeigt, trägt zwar zur zyklischen Einheit bei, belastet aber ebenso die motivische Substanz. Denn das Trio, das über H- nach C-Dur rückt, bietet weniger eine Alternative als eher nur eine Modifikation der Verfahren. Dem Variationenfinale liegt ein erstaunlich schlichtes C-Dur-Thema zugrunde, das mit zwei wiederholten Teilen fast an ein Kinderlied erinnert. Desto überraschender ist der Aufwand in der Kette der acht Variationen, denn schon in der ersten werden die Konturen des Themas durch überbundene Vorhalte mit chromatischen Segmenten verdeckt, und im weiteren wird der harmonische Grundriß ebenso wie die quadratische Periodik zunehmend verschliffen. Apart ist zumal die vierte Variation, deren kapriziöse Rhythmik im 5/8-Takt auf Kodálys Frau Emma zurückgeht. Während aber die langsame Einleitung des Satzes thematische Vorgriffe mit Reminiszenzen an Kopfsatz und Presto verbindet, geht die ausgedehnte Coda vom Thema aus, um seine Melodik zum rasanten Kehraus zu steigern.

Daß die Gattung für Kodály nicht ebenso bedeutsam wurde, dürfte auf seine Einsicht in das Gewicht der Quartette Bartóks hindeuten, denn so selbständig Kodálys Erstling für sich genommen scheint, so deutlich wird er durch den singulären Rang des Gegenstücks von Bartók überragt. Zwar konnten in Budapest kaum schon die gleichzeitigen Werke Schönbergs bekannt sein, doch war beiden Musikern von Paris her die Musik von Debussy vertraut, die denn auch in Bartóks Frühwerk ihre Spuren hinterlassen hat. Rechnet man dazu die Kenntnis des Repertoires seit Beethoven, so lassen sich bereits am ersten Satz mit den Prämissen Bartóks zugleich die Ziele erkennen, die durch sein Verfahren abgesteckt wurden.

Mit einem kontrapunktischen Kopfsatz in langsamem Tempo hatte zuvor Beethoven sein cis-Moll-Quartett op. 131 eröffnet, der Schein eines strengen Ricercars jedoch, mit dem dieser Satz begann, löste sich in einer internen Entwicklung auf, die durch die planvolle rhythmische Entfaltung getragen wurde. Dagegen geht Bartóks Satz von einer fugierten Exposition aus, die am Ende mit Oktavierung und partiellem Stimmtausch aufgenommen wird.

B. Bartók, Nr. 1 op. 7, erster Satz, T. 1–9 (Editio Musica Budapest).

Zwischen diese Außenteile tritt ein gänzlich anderer Ansatz, der über Bordunquinten eine rhapsodische Geste so schichtet, als hebe ein ungebundenes Rezitativ an. Zwei diametral verschiedene Strukturen markieren also das Material von Satzteilen, die dennoch in ihren Resultaten weithin konvergieren. Dem eröffnenden Fugato ist der Weg seiner Auflösung insofern eingeschrieben, als im Einsatz des oberen wie des unteren Stimmpaares die fallende große durch die kleine Sexte beantwortet wird (f–as versus c–e). Demgemäß verschieben sich in den anschließenden Stimmzügen, die sich ohnehin nur in den ersten fünf Tönen entsprechen, zugleich die tonalen Räume, um die sie sich lagern. Einen Widerpart der kontrapunktischen Faktur bildet ferner ein Annex, in dem das erste Stimmpaar vor Einsatz des zweiten ausläuft (T. 6–7). Denn im Gegensatz zu den herben Dissonanzen zuvor werden beide Violinen nun in parallelen Kleinterzen geführt, die damit trotz steigender Dreiklangsmelodik keine tonale Zentrierung zulassen. Zugleich wechselt die Rhythmik von synkopischen Vierteln, die das kontrapunktische Gewebe durchzogen, zu synkopisch verschobenen Achteln, die ihrerseits die rhythmische Entfaltung in Gang bringen. Der Vorgang wiederholt sich bei verdichtender Variierung im vierstimmigen Satz, der schon nach vier Takten die Rhythmik auf analoge Weise vorantreibt und damit dem ersten Höhepunkt zusteuert (T. 15f.). Erstmals erreicht er vollstimmige Dreiklänge in A-Dur und a-Moll, um sie sogleich durch diffuse Klangschichtung zu verschatten. Je weiter die rhythmische Entwicklung akzeleriert, desto mehr werden jedoch die Stimmen in Parallelen verkettet (T. 18–24), wie es zuvor Debussy im Kopfsatz seines Quartetts erprobt hatte. Damit erreicht Bartók die Kulmination des ersten Satzteiles (T. 25–28), die vom akkordischen Rekurs auf die fallenden Sexten des Incipits abgelöst wird. Von solcher Stringenz setzt sich der B-Teil entschieden ab, bevor er seine Funktion erkennen läßt. Über Bordunquinte (C–G) und die rhapsodische Geste der Bratsche legt sich eine kantable Wendung der ersten Violine, die zudem in hoher Lage den c-Moll-Bereich ausschreitet. Sobald aber die zweite Violine in Sextparallelen zur Viola tritt, erhält sich die tonale Kohärenz der Außenstimmen nur für zwei Takte, doch werden die fallenden Züge der Mittelstimmen zu gleichmäßigen Sechzehnteln gestrafft, während sich die Außenstimmen um einen Ganz- bzw. Halbton abwärts verschieben. Demgemäß werden dann rasch die drei Oberstimmen in parallelen Sextakkorden zusammengeführt, die so wie im ersten Teil die tonale Zentrierung unterlaufen und schließlich das melodisch führende Violoncello in ihren Sog einbeziehen (T. 44–50). Am Ende steht im Pianissimo – gleichsam als konträre Kulmination – ein B-Dur-Akkord der Außenstimmen, der von den gleichmäßig bewegten Mittelstimmen durch chromatische Nebennoten gefärbt wird (T. 51f.). Die zunehmende Parallelführung, die deutlich Debussy abgelauscht ist, konterkariert also die konträren Strukturen der Satzteile, und der letzte Rekurs auf den Beginn resümiert nochmals verkürzt das Verfahren, indem er das Fugato schon nach sechs Takten dem analogen Modus unterwirft (T. 53 und

T. 59). Am Ende steht wieder die akkordische Bündelung des Incipits, über der fallenden Baßstimme, die im Ausschnitt einer Ganztonskala ausläuft, ergibt die Sequenzierung der fallenden Sexten in der Oberstimme einen Kleinterzzirkel, zu dem jedoch die eingehängten Akkorde der Mittelstimmen querstehen (T. 65f.). Nochmals fassen die letzten Takte den Prozeß zusammen, sofern ein as-Moll-Komplex durch eine Kadenzwendung in a-Moll gebrochen wird. Die abschließende Alteration der Kleinterz (c–a zu ces–as) läßt sich freilich enharmonisch als dominantischer Halbschluß lesen (h–gis), womit sich tonal freie und funktionale Züge nochmals überlagern.

Auf gleiche Weise geht der zweite Satz von formalen, thematischen und strukturellen Kennmarken der Gattungstradition aus, um sich von ihnen zunehmend zu distanzieren. Sein erster Hauptteil läßt sich mit Einleitung, Haupt- und Seitensatz sowie Schlußgruppe unzweideutig als Sonatensatz identifizieren, wogegen der gewichtige zweite Teil (ab T. 140) entwickelnde und resümierende Tendenzen verschränkt. Wie im ›kontrahierten Sonatensatz‹, den zumal die Finali von Brahms ausprägten, wird die förmliche Reprise entbehrlich, die hier mit der Durchführung zur Deckung kommt. Mit der Einleitung, die wechselnd den paarigen Unter- und Oberstimmen zugewiesen ist, teilt der Hauptsatz eine intervallische Konstellation, die wieder auf Beethoven und diesmal an eine Kernzelle seiner späten Quartette anspielt, indem ein Quintraum von Nebennoten flankiert wird, die freilich zur kleinen oder großen Unter- wie Obersekunde abgewandelt werden. Eröffnend geht bei mehrfachem Taktwechsel in den ausgeterzten Unterstimmen die große und kleine Untersekunde dem Zielton derart voran, daß mit der punktierten Rhythmik die tonale Zentrierung in der Schwebe bleibt. Sie stellt sich erst im nächsten Ansatz ein, der den Sprung zur Oberquinte mit darunterliegendem Ganzton erweitert und dieses Kopfmotiv sogleich analog fortspinnt. Kopf wie Fortspinnung übernehmen die Oberstimmen, und der Kadenzwendung der Unterstimmen antwortet ein isolierter Einsatz der ersten Violine, der zugleich den Hauptsatz selbst vorbereitet (T. 18). Die Paarung der Quinte mit ihren Nebennoten gibt in steter Wiederholung ein Begleitmuster ab, das trotz intervallischer Varianten mit konstanten Achteln kenntlich bleibt, wenn die weithin zusammenge-

B. Bartók, Nr. 1 op. 7, zweiter Satz, T. 23–28 (Editio Musica Budapest).

führten Mittelstimmen in fallender Linie den thematischen Kern ausbilden. Damit verfügt der Hauptsatz über drei motivische Gestalten in eröffnender, begleitender und melodischer Funktion, seine konzentrierte Ausspinnung mündet jedoch in akkordischer Zäsur, nach der sich im zweiten Teil der Überleitung zugleich der Seitensatz vorbereitet (T. 43). Denn die Motivik wird intervallisch derart gestaucht, daß sie die engräumige Begleitung des Seitensatzes vorwegnimmt (T. 54), vor dessen Eintritt analoge Gestalten zum Unisono zusammentreten. Im Verhältnis der begleitenden Figuration zu den führenden Mittelstimmen zeigt der Seitensatz eine analoge Struktur (ab T. 60), auch wenn sich die tonale Orientierung nach es-Moll verlagert. Demgemäß kann seine Entwicklung unter Stauung zu akkordischen Vierteln die punktierte Rhythmik des Hauptsatzes ins Spiel bringen (Viola T. 91), womit schon die Exposition die Affinität der Themengruppen anbahnt. Desto entschiedener kontrastiert die Schlußgruppe mit Haltetönen der Mittelstimmen zu Tonrepetitionen im Violoncello als modifiziertem Orgelpunkt, worüber die erste Violine zwei ganztönige Segmente einführt, die erneut auf Debussy hinweisen. Und die letzten Takte verkoppeln das engräumige Muster des Seitensatzes mit den ausgreifenden Quintsprüngen des Hauptsatzes, nach dessen dynamischer Steigerung die Exposition ihre rhythmische wie klangliche Beruhigung findet. Bereits die exponierende Reihung der Themengruppen wird also durch latente Fäden vermittelt, die erst recht im zweiten Hauptteil des Satzes zur Geltung kommen. Seine erste Phase stützt sich zwar anfangs auf Relikte des Seitensatzes, in die jedoch rasch die Figuren des Hauptsatzes eindringen, wogegen die zweite Phase (T. 213) erneut die Terzfälle des Seitensatzes aufnimmt, die ihrerseits vom Incipit des Hauptsatzes abgelöst werden (T. 289 mit Vorbereitung ab T. 280). Die Gliederung besagt freilich wenig über die entwickelnde Strategie, der zugleich wie in der Exposition die wechselnden Grade der tonalen Kohärenz entsprechen. So verbindet sich in der eröffnenden Phase mit dem ersten geschlossenen Zitat des Hauptsatzes die Ganztonskala der Schlußgruppe, mit der die drei Unterstimmen in parallelen Mollsextakkorden abwärts fallen (T. 152–159). Dominieren hier akkordische Satzfelder, in die einzelne Stimmen charakteristische Figuren der Themengruppen einflechten, so kombiniert die zweite Phase in Tonrepetitionen den modifizierten Orgelpunkt der Schlußgruppe mit den Terzfällen als Incipit des Seitensatzes, und seine energische Raffung zu oktavierten oder ausgeterzten Formationen bewirkt eine Entfaltung, an deren Ende ein Relikt des Kopfmotivs mit der Folge von Halben und Vierteln steht, die durch Punktierung so modifiziert werden, daß sie auf das Zitat des Hauptsatzes hinführen. Nach der akkordischen Ballung des Materials, zu der erneut die parallele Führung der Stimmen beiträgt, wird dann der Coda Platz gegeben, die ihrerseits mit langen Haltetönen, klopfenden Tonrepetitionen, ganztönigen Skalen und abgespaltenem Kopfmotiv charakteristische Züge des Verlaufs zusammenfaßt.

Thematische und formale Verhältnisse machen freilich so wenig wie Skalenmodelle, die nicht notwendig Zusammenklänge implizieren, jene eigenartige Klangstruktur verständlich, die eine neue und eigene Position Bartóks bestimmt. Maßgebliche Prinzipien bringt jedoch das Finale zum Vorschein, das dem Sonatenmuster noch klarer folgt als der zweite Satz. Doch geht ihm eine Introduktion voran, die im Wechsel konträrer Phasen so diffus anmutet, daß sich latente Beziehungen erst nachträglich erschließen. Den dissonanten Akkordrepetitionen liegt indes ebenso wie den rezitativischen Solopassagen ein Quart- oder Quintrahmen zugrunde, der durch flankierende große oder kleine Sekunden erweitert wird. Im ›Molto Adagio‹, das sich zwischen die Soli der Außenstimmen schiebt, wollte Bónis zudem Wagners Tristan-Akkord finden, während er den Seitensatz als Volkslied identifizierte, dessen Text wiederum eine semantische Deutung nahelegen könnte.[1] Aufschlußreicher ist es aber, daß in der Introduktion der Einschub mit halbtöniger Umschreibung des Zieltons in der Oberstimme ausläuft (T. 23ff.), wie sie dann auch im Folgesatz hervortritt. Und aus dem weiteren Verlauf hebt sich das Liedzitat durch eine halbtonlose Pentatonik ab, die den Kontext gerade nicht bestimmt. Zweimal wird dieses Zitat am Ort eines Seitensatzes in Exposition und Reprise eingefügt, ohne in den übrigen Verlauf einzugreifen, doch bildet es andererseits kein Couplet in einem Sonatenrondo, da ein zweiter Refrain vor der Durchführung ebenso fehlt wie ein mittleres Couplet.[2]

Daß der Satz damit desto mehr auf seine erste Themengruppe angewiesen ist, macht deren mehrstufige Einführung in der Exposition begreiflich, zumal die Schlußgruppe nur begrenzte Selbständigkeit hat. Deutlich wird zugleich der Rückgriff auf das Material des zweiten Satzes, sofern wieder ein Quart- oder Quintrahmen mit großen oder kleinen Sekunden verbunden wird. Was daraus aber für die Zusammenklänge resultiert, wird besonders in der Eröffnung, im Zentrum und am Ende des Satzes sichtbar. Zu einem Achsenton (e") verschieben sich in den ersten Takten die repetierten Achtel beider Violinen derart, daß harte Sekundreibungen gegenläufig im Quintraum mit Terzfüllung münden (über cis"). Im Unisono präsentieren dazu die Unterstimmen ein Modell, in dem wieder die Kernzelle aus Beethovens späten Quartetten durchscheint, sofern der diatonische Rahmen mit Nebenstufen chromatisch erweitert wird (d–a mit cis–b sowie h). Daß die erste Phase durch a-Moll-Kadenz abgeriegelt wird (T. 14), sollte nicht zu voreiligen Schlüssen verleiten, denn andererseits läuft der Satz in einer Ganztonskala aus, der sich jedoch noch eine doppelte Quintschichtung anfügt (T. 369–375 mit Schlußklang a-e-h). Der Schein der tonalen Zentrierung wird also durch Maßnahmen unterlaufen, die gleicher-

1 F. Bónis, *Erstes Violinkonzert – Erstes Streichquartett*, S. 269 und S. 272f.

2 H. Fladt, *Zur Problematik traditioneller Formtypen in der Musik des frühen 20. Jahrhunderts. Dargestellt an Sonatensätzen in den Streichquartetten Béla Bartóks*, München 1974 (Berliner musikwissenschaftliche Arbeiten 6), S. 85–104, hier S. 97f., ferner J. Kárpáti, *Bartók's String Quartets*, S. 177–184, bes. S. 182f.

maßen keine eindeutige Fixierung erlauben. Entsprechend stößt schon in der zweiten Phase des Hauptsatzes (ab T. 16) die halbtönig erweiterte Achse in Baßlage (h mit ais und c') auf rasche Akkordfolgen der Oberstimmen, deren Quintparallelen es- und d-Moll umgreifen, so daß sich zwischen den Klangachsen wiederum Halbtonspannungen abzeichnen. Mit diesem Material wird eine Entwicklung bestritten, aus der dann ein motivisches Fragment hervortritt, das die Stimmen durchläuft (ab T. 42). In seinem Kern umfaßt es erneut den Quintrahmen, flankiert von kleinen Sekunden, zu seinen Derivaten tritt wieder das erste Modell der Unterstimmen, bis sich die Energie in jenen Synkopen staut, die zugleich auf die Schlußgruppe vorandeuten.

B. Bartók, Nr. 1 op. 7, dritter Satz, T. 44–48 (Editio Musica Budapest).

Dazwischen tritt jedoch der Seitensatz mit seinem Liedzitat ein, dessen pentatonischer Rahmen umgekehrt die charakteristischen Halbtöne ausblendet, die nur noch in der Begleitung anklingen (T. 94–105). Nach dieser Episode treibt die Schlußgruppe desto entschiedener ihre Synkopen zu wahren Ketten voran, die zum Unisono gerafft werden, wonach vor die Durchführung eine vermittelnde Phase rückt, in die erneut die thematischen Modelle eingefügt sind.

Das Zentrum der Durchführung ist ein Fugato, dessen Thema im erstaunlich regelhaften Wechsel von Dux und Comes eintritt (ab T. 158 auf c bzw. f). Gerade hier werden aber Prinzipien erkennbar, die aus dem Material resultieren und zugleich die Struktur regulieren. Der Themenkopf geht auf die dritte Phase des Hauptsatzes zurück (T. 24) und erweitert wieder den Quintrahmen mit flankierenden Halbtönen (g und c samt ges – h und weiter as – des), der Stufenwechsel beschleunigt sich mit den triolischen Sechzehnteln der Fortspinnung, deren fallender Dreiklang durch Halbton erweitert und umgekehrt steigend verengt wird. Auf den ersten Einsatz in der Viola reagiert das begleitende Violoncello mit akkordischem Pizzicato, sofern der thematische Quintfall zuerst als dominantischer Schritt zur Tonika aufgefaßt wird (As- und Des-Dur), während sich bei enharmonischer Verwechslung eine gegenläufige Folge ergibt (E- und A-Dur). Da diesem Muster die weiteren Einsätze entsprechen, deckt gerade das Zentrum des Satzes die Konsequenzen auf, die sich aus dem chromatisch erweiterten Quintraum des Themas ergeben und doch keinem einfachen Schema gehorchen. Je weiter nämlich die chromatischen Nebenstufen auch eigene Akkorde zulassen, desto reicher wird der Vorrat der resultierenden Klänge, die harte Dissonanzen nicht umgehen, ohne sich auf ein Zentrum festzulegen. Zum letzten Themeneinsatz im Violoncello ziehen sich umgekehrt die Oberstimmen zu akkordischem Satz zusammen, der die punktierte Rhythmik des Themenkopfes übernimmt. Besonders deutlich wird die Disposition der Quinträume, sobald die Stimmen mit dem Themenkopf in unisonen Paaren zusammentreten, bevor eine knappe Engführung den Schlußteil eröffnet, der Mixturklänge des Hauptsatzes mit den Varianten des Fugatothemas kombiniert. Mehrfach gefächerte Quintklänge über e und a (T. 234f. und T. 271f.) verklammern über 40 Takte hin eine Satzphase, die durch Liegeton samt Nebennoten in der Oberstimme die Nahtstelle zwischen Durchführung und Reprise überbrückt. Zwar läßt dann die Reprise den Gang der Exposition erkennen, und wieder wird nur kurz das transponierte Liedzitat eingeschaltet, doch erweitert sich ihr erster Teil durch Zitate des Fugatothemas, das damit als thematische Variante vollends in den Prozeß integriert ist. Daß die Coda wieder in chromatisch erweiterten Liegetönen mit Quintmixturen ausläuft, verweist letztmals auf die fundierenden Spannungen, die erst der Satzschluß mit Ganztonskala und Quintschichtung aufhebt.

Die Integration von Volksmusik in eine kompositorische Struktur, die ihre tonalen Fesseln zu lösen begann, beschäftigte Bartók noch rückblickend, als er 1920 zwei Aufsätze über *Bauernmusik* und *Das Problem der neuen Musik* publizierte.[1] Daß es nicht darum ging, Volkslieder nur zu zitieren, war eine Prämisse der Konsequenzen, die sich für die Harmonik ziehen ließen. Gerade weil die pentatonischen Modelle statt funktional verklammerter Dreiklänge Intervalle von gleichem Rang boten, regten sie zu weiteren Schritten an: »Wir versuchten, in Einklang zu bringen, was wir als Nacheinander hörten.« Weil zu Beginn des neuen Jahrhunderts »die Maßlosigkeit der Romantik unerträglich« wurde, resultierte aus dem immer dichteren Wechsel tonaler Zentren »die entschiedene Wendung zum Atonalen hin«, die sich aus der »Gleichberechtigung der einzelnen 12 Töne unseres Zwölftonsystems« ergab. Statt ein »Skalenschema« hatte die »Zusammenstellung« der Töne »verschiedenen Wert und verschiedene Intensität« auszuprägen, und die Verfügung über die »ausgedehnteren Möglichkeiten« gebot keine »Regeln«, weshalb Autor wie Hörer primär auf ihren »Instinkt« angewiesen seien. Entsprechende Überlegungen ziehen sich durch spätere Aufsätze hin, und so fraglich es daher wäre, Bartók ein durchgängiges System zu unterstellen, so deutlich ist zugleich, wie sehr er die Regularien reflektierte, nach denen er im einzelnen Werk höchst individuell verfuhr. Deshalb nötigt seine Musik dazu, ihre interne Kohärenz zu erfassen, ohne sie einem schematischen System unterzuordnen.

1 B. Bartók, *Vom Einfluß der Bauernmusik auf die heutige Kunstmusik*; *Das Problem der neuen Musik*, in Melos 1 (1920), S. 384ff. bzw. S. 107–110, zitiert nach *Béla Bartók. Musiksprachen*, S. 155–163 und S. 164–171, hier bes. S. 157f. und S. 167ff.

1 H. Fladt, *Zur Problematik traditioneller Formtypen*, S. 112; B. Szabolcsi, *Béla Bartók*, S. 115.
2 H. Fladt, *Zur Problematik traditioneller Formtypen*, S. 109–127; J. Kárpáti, *Bartók's String Quartets*, S. 187–196; A. Whittall, *Bartók's Second String Quartet*, in: The Music Review 32 (1971), S. 263–270.

Schon vor diesen Äußerungen entstand 1915–17 das zweite Quartett op. 17, das die Rede von Wegen zum ›Atonalen‹ verständlich macht. Wieder ist es nicht die Formanlage, die den Zugang erschwert, wie denn Bartók noch 1936 brieflich bemerken konnte, der erste Satz zeige »normale Sonatenform« und der zweite sei »eine Art Rondo mit einem durchführungsartigen Mittelteil«, während sich das Finale zwar »am schwersten definieren« lasse und doch nur »eine erweiterte ABA-Lied-Form« darstelle.[1] Dabei verband sich mit der Analyse entsprechender Formverläufe der Versuch, in der thematischen Entfaltung noch immer Relikte einer tonalen Orientierung aufzudecken, die freilich weit genug gefaßt werden mußte.[2] Denn tatsächlich läßt sich der Kopfsatz als ›Sonatenform‹ auffassen, wenn man zur Konzession bereit ist, daß ein Seitensatz, wie er sich ab T. 32 abzeichnen kann, in der Reprise nur kurz und dann gleich kombiniert mit dem Kopf des Hauptsatzes begegnet (ab T. 141).

B. Bartók, Nr. 2 op. 17, erster Satz, T. 1–7 (Universal Edition).

Wie aber der Seitensatz vorübergehend eine Zentrierung um fis-Moll andeutet, so scheint vor der Coda und im Cellopart ihres Ausklangs ein Gegenpol in a-Moll durch, womit sich zwei Tonarten im Terzabstand abheben. So ließe sich zwar ein Sonatensatz wahrnehmen, dessen thematische Steuerung durch die Bögen der dynamischen Steigerungen und Rücknahmen zusätzlich markiert wird. Eine solche Sicht umginge aber den Sachverhalt, daß weite Partien dieses Satzes praktisch ohne tonalen Rückhalt auskommen, und wer sich nicht mit einer Formanalyse nach thematischen und dynamischen Relationen begnügt, kann kaum die Frage nach den Regulativen dieses Tonsatzes unterdrücken.

Das Problem hat 1984 Elliott Antokoletz dazu veranlaßt, die Prinzipien einer ›Symmetrical Pitch Construction‹, die schon früher George

Perle und Leo Treitler für das vierte Quartett postulierten, bereits für op. 17 geltend zu machen.[1] Den Ausgangspunkt bildet die Skalenteilung in gleiche Halbtöne, die von der kleinen Sekunde an fortlaufend gezählt werden (von c aus: cis/des – d ... h – c' als 1–2 ... 11–12). Wird der Oktavraum in äquidistante Intervalle geteilt, so ergeben sich neben Halb- und Ganztonskalen sowie Klein- und Großterzzirkel einerseits der Quint- bzw. Quartzirkel und andererseits die Teilung durch den Tritonus. Gegenüber den traditionell beglaubigten Teilungen verbindet die durch den Tritonus den Vorzug, eine tonale Fixierung zu umgehen, mit dem Nachteil, in der Oktave nur einen weiteren Ton zu bieten, womit das Material extrem begrenzt würde. Die These besagt demnach, in op. 17 liege ein Modell zugrunde, das den Tritonus zweifach verschränke (d–gis mit g–cis, in Zahlen: 2 – 8 und 7 – 1). Das Modell jedoch, das insgesamt sechs Transpositionen kennt, läßt sich zugleich als Verschränkung von Quarten in halbtönigem Abstand lesen (d–g und gis–cis). Überzeugender als für das Finale glückt der Nachweis im Mittelsatz, der weithin auf Tonrepetitionen im Tritonusabstand basiert. Einen schlagenden Beleg scheint auch im Kopfsatz der Beginn der Reprise zu bieten, der über rund 20 Takte hin ein intervallisches Gerüst aufweist, das alle Stimmen in Tritonusrelationen erfaßt (ab T. 117). Nicht ebenso mühelos ist darauf aber der Beginn der Exposition zu beziehen, der signifikant den Hauptsatz einführt. Einer Quarte im einen Stimmpaar (b–es) scheint eine Quinte im anderen gegenüber zu stehen (d–a), doch verschiebt sich die Relation mit Halbtonrückung (es zu e) schon im zweiten Takt vor Einsatz der Oberstimme, die zugleich andere Töne einführt, während sich weitere Konstellationen des Tritonus ablesen ließen. Wird man bereits hier genötigt, neben »sekundären Zellen« noch »asymmetrische« Varianten oder die »Kontraktion« der Quart zur Großterz einzuräumen, dann eröffnen sich mit Permutation und Transformation unabsehbare Möglichkeiten der Erklärung.[2] Anders gesagt: Sobald die Bestandteile einer viertönigen Zelle isoliert, transponiert und kontrahiert werden können, werden sie fast beliebig einsetzbar. Auch ohne die umständlichen Berechnungen in extenso zu rekapitulieren, wird jedenfalls deutlich, daß die zunächst überzeugende These eher zu viel als zu wenig erklären kann. So begnügte sich Antokoletz mit wenigen Beispielen, auf die gleich mehrfach zurückzugreifen war. Offen bleibt aber nicht nur, wie sich diese Konstruktion zu Bartóks Scheu vor einem »Skalenschema« verhält, nicht erfaßt werden vielmehr formale und thematische Belange, die dem Rezipienten zuerst entgegentreten.

Bartóks Verfahren läßt sich als Konsequenz eines Ansatzes begreifen, der schon in op. 7 erprobt wurde. Erweitert sich wie dort ein Quintrahmen um die Halbtöne, die beide Gerüsttöne einfassen, so ergibt sich wiederum der Wechsel zwischen Konsonanzen und dissonanten Relationen von Halbton oder Tritonus. Wird zudem Transposition und

---

[1] E. Antokoletz, *The Music of Béla Bartók. A Study of Tonality and Progression in Twentieth Century Music*, Berkeley – Los Angeles – London 1984, S. 67–77, S. 93–103 sowie S. 151–155 (zu op. 7 ebenda, S. 85ff. und S. 143ff.); L. Treitler, *Harmonic Procedure in the Fourth Quartet of Béla Bartók*, in: Journal of Music Theory 3 (1959), S. 292–298; G. Perle, *Symmetrical Formations in the String Quartets of Béla Bartók*, in: The Music Review 16 (1955), S. 300–312; ders., *The String Quartets of Béla Bartók*, in: *A Musical Offering. Essays in Honour of Martin Bernstein*, New York 1977, S. 193–210; A. Forte, *Bartók's ›Serial‹ Composition*, in: The Musical Quarterly 46 (1960), S. 233–245; I. Oramo, *Modale Symmetrie bei Bartók*, in: Die Musikforschung 33 (1980), S. 450–464; O. Locke, *Numerical Aspects of Bartók's String Quartets*, in: The Musical Times 128 (1987), S. 322–355.

[2] E. Antokoletz, *The Music of Béla Bartók*, S. 95f.

Umkehrung der Intervalle zugelassen, dann lassen sich bei diesem Tonvorrat mehr oder minder konsonante und dissonante Konstellationen flexibel verschieben – von reinen Quinten und Quarten, die sekundär durch Terzen ergänzt werden, bis hin zur simultanen Verschränkung dissonanter Achsen in Tritonusabstand, die halbtönige Relationen aufweisen können. Ein solches Modell könnte eher einem Denken entsprechen, das die freie Verfügung über Grade der Tonalität mit flexiblen Regularien des Tonsatzes zu vereinen suchte. Ohne Gewaltsamkeit läßt sich dann auch einsichtig machen, wie Bartóks Kopfsatz von der relativen ›Atonalität‹ seines Hauptthemas über die kurzfristige tonale Zentrierung im Seitensatz bis zum Gegenpol der Schlußgruppe mit ihrem Terzambitus führen kann. Mit so wechselnden Konstellationen korrespondiert ein variables Gerüst eher als die feste Konstruktion symmetrischer Zellen, die dann partieller Transformation und Permutation bedürfen. So verschieben sich im Hauptsatz offenbar die Achsen (von es–b sowie a–e), ohne weitere Töne auszuschließen, die im Dienst der linearen Stimmführung erforderlich werden. Und in dem Maß, wie die konstante Begleitung der Mittelstimmen zwischen Terz- und Tritonusrelationen wechselt, bereitet sie die chromatisch steigenden Sextakkorde vor, mit denen die drei Unterstimmen die expandierende Linie der ersten Violine unterstützen (T. 14f.). Entsprechend kann sich in der Überleitung das abgespaltene Kopfmotiv des Hauptthemas von Sext- zu Oktavrahmen mit anschließendem Tritonus erweitern (ab T. 20). Seine intervallische Kontraktion führt zum Seitensatz hin (T. 25–31), dessen knappe tonale Zentrierung wiederum dissonante Spreizung erfährt, sobald die Relikte des Hauptsatzes mit charakteristischen Sechzehnteltriolen hinzutreten (ab T. 37). Denn so flexibel wie die intervallischen Strukturen werden die rhythmischen Kennmarken eingesetzt, die der unterschiedlichen Sphäre beider Themen entsprechen, und so hebt sich von ihrer steten Synkopierung die Schlußgruppe mit ihrem Terzrahmen durch klare Ausprägung des 6/8-Metrums ab (ab T. 68). Auf gleiche Weise spaltet eine erste Phase der Durchführung das Kopfmotiv des Hauptsatzes ab (T. 70), dessen Einsätze dann in ganztönigem Abstand wechseln (T. 75ff.). In einer zweiten Phase wird die durch Sechzehntel ergänzte Synkope (aus T. 2) auf engstem Raum kontrahiert und sukzessiv erweitert (ab T. 81), zur Kulmination jedoch führt ein Dialog der Außenstimmen, der die Struktur des Hauptsatzes aufnimmt, nun aber von Sechzehnteln der Mittelstimmen ergänzt wird, die chromatische Terzparallelen zum Tritonus erweitern (T. 94–100). Sie erreichen damit die Klimax in repetierten Akkorden, die mit Quarten in halbtönigem Abstand ein Satzprinzip zusammenfassen, ohne doch eine feste ›pitch construction‹ zu beweisen (T. 103ff.). Bezeichnend sind die Veränderungen der Reprise, die zunächst den Dissonanzgrad des Hauptsatzes zurücknimmt, sich in der Überleitung aber erneut durch Einsätze des

Kopfmotivs in Ganztonabstand auflädt. Dagegen bewahrt der Seitensatz, sobald er vom Hauptsatz kontaminiert wird, nicht gleiche Stabilität wie zuvor, so daß die Schlußgruppe zu verschobenen Bordunklängen im Violoncello die Funktion der tonalen Klärung übernimmt, während die Coda mit dem Resümee der Themen auch die wechselnden Strukturen zusammenfaßt, wie es die letzten Takte anschaulich vorführen.

Der mittlere der drei Sätze läßt sich – gemäß Bartóks Hinweis – als »eine Art Rondo« auffassen, doch ist der Mittelteil nicht nur »durchführungsartig« angelegt, sondern umgreift eine konträre Episode, die sich wie ein Trio im Tanzsatz ausnimmt.

B. Bartók, Nr. 2 op. 17, zweiter Satz, T. 1–5 (Universal Edition).

Daß danach aber statt einer Reprise das Material so eingreifend verändert wird, wie es schon der Wechsel vom 2/4- zum 3/4-Takt anzeigt, hat zunächst zur Folge, daß für unterschiedliche Themen kaum Raum mehr bleibt. Dafür ist jedoch ein Satzplan verantwortlich, dessen Vorgaben schon im Hauptsatz angelegt sind. Während ein siebentaktiger Vorspann den Tritonus in wechselnden Konstellationen vorführt, zeichnet sich der Refrain mit steten Tonrepetitionen durch eine Stabilität aus, die daher desto mehr auffallen muß. Gemeinsam sind den Phasen die auftaktigen Ketten gesprungener Achtel, sie umgreifen im Vorspann den Tritonus f–h, seine Transposition (b–e) wird in Sechzehnteln durch Sekunden erweitert, und seine nochmalige Versetzung (a–es) fällt zur tonalen Achse d ab, die über rund 60 Takte den Refrain durchzieht. Zwischen Grundton und Quinte fügt die Oberstimme die kleine Terz ein, die so wie dann auch die Quinte halbtönig erweitert wird (f–fis und a–ais). Tritt dann aber ebenso wechselnd die Untersekunde hinzu, so weicht die erste Violine auch weiter zur Unterterz aus. Damit wird der als Achse vorgegebene Tonraum durch weitere Stufen und ihre Nebennoten bereichert, und demgemäß tritt in einer zweiten Phase zur d-Achse eine zweite im Sekundabstand (e), durchsetzt von weiteren Zusatztönen der Unterstimmen, bevor der transponierte Vorspann den Refrain abriegelt (T. 69–75). Damit ist ein Prozeß vorgezeichnet, der tonal stabile Achsen durch Gegenstimmen desto weiter destabilisiert, je mehr die dissonanten Spannungen zunehmen. So wahrt die Überleitung zwar die motorische Rhythmik, die vormaligen Tonrepetitionen verschieben sich immer rascher und umspannen auch Quint- und Quartparallelen, und nach nochmaligem Rückgriff auf den Vorspann verbinden sich seine jagenden Sechzehntel mit Relikten des Refrains, zwischen die vorgreifend der Kopf des Couplets eingeschoben wird (T. 116f.). Im Kern umschließt das Couplet (T. 139) wieder den Tritonus, doch hebt es sich nur durch Verlangsamung und Chromatik vom Refrain ab, um dessen Figuren gleich aufzunehmen. Stärker verändert sich der zweite Refrain, der seine Klangachsen mit Sekunden anreichert, zu denen die Einwürfe der Gegenstimmen erst recht querstehen. Das Resultat ist ein kompakter Satz, dessen dissonante Ballungen durch Motorik markiert werden (T. 200–215). Die Durchführung geht dagegen von isolierten Splittern des Materials aus, um sich zu schrittweiser Auffüllung zu steigern, die mit chromatischen Akzenten zusammenfällt. Wie ein Trio tritt unerwartet eine Episode ein (T. 304–336), die aber erneut weniger durch eigene Motivik als durch Reduktion der Struktur und Disposition abgesetzt wird. Sobald sie in chromatischen Bändern ausläuft, wird sie vom letzten Rekurs auf das Couplet als Alternative abgelöst (T. 360). Mit der Rückkehr zum raschen Anfangstempo kehren wie in einer Reprise zwar auch die Tonrepetitionen wieder (T. 391), rascher noch als zuvor greift aber die Chromatik ein, bis zu chromatisch fallenden Quartparallelen motivische Figuren der Gegenstimmen grell dissonieren (T. 446ff.). Fast 100 Takte umspannt die Coda (ab T. 451), im Prestissimo jedoch durchmessen die Stimmzüge – weithin im Unisono – nochmals den Prozeß von Tonrepetitionen über ihre Erweiterung zu chromatisch ausgreifenden Kurven, um dann nach schrittweiser Reduktion der Dissonanzen ihr Ziel zu erreichen: die energisch akzentuierte Mollterz nämlich.

Zielstrebig durchläuft also der Mittelsatz die Skala der Möglichkeiten, die von stabilen Konsonanzen zu schneidenden Dissonanzen und dann wieder zurück führt, nachdem der Kopfsatz zuvor seine Themen durch graduellen Wechsel der tonalen Konstellationen bezeichnet hatte. Daß der Schlußsatz dagegen selbst für Bartók »am schwersten« zu kennzeichnen war, liegt nicht so sehr an formalen Faktoren. Die Orientierung wird dadurch erschwert, daß sich statt klar definierter Themen die strukturellen Prinzipien kreuzen, die dem Werk zugrunde liegen. Bei nur 141 Takten beansprucht dieses Lento immerhin rund neun Minuten, so daß der vielschichtige Prozeß gleichsam in Zeitlupe zu verfolgen ist. Wie sich im Begriff des Ricercars der strenge Satz mit der Vorstellung des ›Suchens‹ trifft, so verbindet sich in Bartóks Verfahren genaue Stimmführung mit motivischer Variabilität. So lassen sich in einem ersten Teil zunächst drei Satzfelder unterscheiden, die durch deutliche Zäsuren getrennt sind. Das erste geht in gedehnten Werten von schneidenden Dissonanzen mit konsonanter Auflösung aus (T. 1–22), ein zweites erhält eher motivische Prägung durch fallende Gesten mit jeweils zwei Achteln, die alle Stimmen durchziehen (T. 23–46), das dritte dagegen zeigt homorhythmische Akkorde, die im taktweisen Wechsel mit auftaktiger Achtel neu ansetzen (T. 47–67). Während sich motivische Rückgriffe dann mit steigernder Arbeit zum Mittelteil verbinden (T. 68–86), läßt sich der weitere Verlauf zwar in zwei Phasen gliedern (T. 88–113, 114–141), doch gleicht er keiner thematischen Reprise, zumal das zuvor rhythmisch geprägte Mittelglied ausfällt. Das Verhältnis dieser Teile klärt sich erst, wenn man sich an ihrer charakteristischen Struktur statt an einer festen Motivik orientiert. Sein Prinzip gibt das erste Feld gleich anfangs zu erkennen, wenn sich in gedehnten Werten kleine Sekunden der Violine fallend zu Klein- und Großterz auflösen, womit sich die Relationen zwischen dissonanten und konsonanten Intervallen verschieben. Im nächsten Zweitakter gehen die Unterstimmen vom Quintklang mit Terzfüllung aus, dessen Quinte alteriert und zur Septime erweitert wird. Ähnlich wechseln Ober- und Unterstimmen im weiteren ab, um systematisch die Distanzen der verfügbaren Intervalle zu durchmessen. Daß die erste Violine einmal auf das Hauptthema des Kopfsatzes anspielt (T. 11f.), verweist auf ein konstruktives Prinzip, ohne der Konvention zyklischer Zitate zu gehorchen. Dagegen nimmt sich das zweite Feld zunächst wie ein Seitensatz aus, sofern erstmals rhythmische und intervallische Konturen zusammentreffen. Die fallenden Gesten jedoch, mit denen die Oberstimme einsetzt, umgreifen den Tritonus mit eingeschalteten Sekunden, er wird in weiteren Einsätzen zur Quarte oder Quinte erweitert, so daß eine gleiche rhythmische Formel wechselnde Intervalle erfaßt, mit denen sich wiederum unterschiedliche Konsonanzgrade paaren. Damit entspricht das zweite Feld also den Prinzipien des ersten, und gleichen sich darin die Satzfelder, so findet das zweite seine dynamische Steigerung in komplementärrhythmischer Verschränkung der Achtelbewegung mit punktierten Werten. Entschieden kontrastiert dazu das dritte Feld, das die Stimmpaare zu Quartparallelen verkettet, die ihrerseits im Septabstand stehen, so daß sich konsonante und dissonante Relationen kreuzen. Je weiter die Unterstimmen aber akkordische Blökke ausbilden, desto mehr hebt sich davon die weit ausgreifende Oberstimme ab. Unter diesen Voraussetzungen läßt sich sodann der Mittelteil als Verarbeitung erfassen, sofern die fallenden Terzen, von denen der Satz ausging, in Umkehrung die Violinen ausfüllen, während ihre Einsätze von den Unterstimmen in engräumiger Parallelführung getrennt werden, die auf die dritte Phase zurückweist. Indem sie aber auch die zweite Violine erfassen, tendieren sie zu blockweiser Raffung, in der alle Stimmen mit steigenden Terzen das Ende des Abschnitts erreichen. So ist es nur konsequent, wenn statt einer thematischen Reprise – die hier nicht möglich ist – charakteristische Strukturen zu neuer Gestalt zusammentreten. Steigende und fallende Terzen der Stimmpaare verschränken sich zunächst in komplementärer Rhythmik, mit der zuvor die Steigerung im zweiten Satzfeld auslief. Mit freiem Kanon der Außenstimmen setzt die Schlußphase an, in der sich erneut kleine und große Terzen durchdringen und mehrfache Sequenzierung zu dissonanter Spreizung erfahren. Der Prozeß kulminiert in drei Quartenakkorden (T. 125ff.), die sich von c, ges und h abwärts staffeln und zusammen alle 12 Stufen umgreifen. Indem zuletzt noch die Außenstimmen in halbtönige Relation treten, bündelt diese Chiffre das strukturelle Prinzip, sofern die Potenzierung der Konsonanz zum Gegenpol der Dissonanz umschlägt. Und mit dynamischer Reduktion, in der zugleich die Dissonanzen verblassen, endet der Satz in isolierten Relikten der Intervalle, die sein Gefüge konstituierten.

Gerade im Vergleich mit op. 17 macht im Gegenzug Kodálys zweites Quartett op. 10 einsichtig, wie sehr sich die Wege inzwischen entfernt hatten. Kodálys Werk ist weit knapper als sein erstes und umfaßt nur zwei Sätze, die aber geradezu schweifend angelegt sind, ohne die satztechnischen Grundlagen gänzlich zu revidieren. Der erste Satz scheint sich zuerst am Sonatenschema zu orientieren, doch erweist sich ein kantables Gegenthema, das man als Seitensatz verstehen könnte (Z. 5), als Einschub in der Satzmitte. Er umkreist einen Kernton mit den benachbarten Halbtönen und wird damit zum Widerpart des Hauptsatzes, dessen ausgreifende Quart-Quint-Melodik bei Aussparung von Halbtönen pentatonische Züge hat. Dem nahezu monothematischen Satz ist eine Einleitung vorgelagert, deren gehaltene Zentraltöne erst mit halbtönigen Vorschlägen erreicht werden und über dem Grundton einen Tritonus einrahmen (d–f / h–e). Daraus löst sich ein Vorgriff auf den Hauptsatz ab, vor dessen späterem Eintritt wieder mehrfach ein Tritonusrahmen ausgefaltet wird. Daß das Thema auf getrillerter Liegestimme basiert, könnte wieder an Bartók erinnern, und Ähnliches gälte für die Brückenform, die sich dann ergäbe, wenn das Gegenthema zum

Z. Kodály, op. 10, erster Satz, T. 1–12 (Universal Edition).

Zentrum würde. Ihm jedoch folgt eine knappe Durchführung (ab Z. 8), die neben dem Hauptsatz auch Vorgaben der Einleitung nutzt und in deren Wiederkehr mündet. Aus dem Ausfall einer förmlichen Reprise resultiert also eine seltsame Ambiguität, die desto weniger aufzulösen ist, als auch thematisch konzise Arbeit ausbleibt. Dagegen beginnt der zweite Satz mit einer ausführlichen Einleitung, die ›quasi recit.‹ einerseits in rascher Figuration einen Quartraum repetiert und dann erweitert, um andererseits mit synkopisch gedehnter Tonwiederholung und chromatischer Rückung einen weiteren Quartraum zu präsentieren. Während beide Gestalten dreimal in den Außenstimmen erscheinen, durchläuft die zweite – unterbrochen vom Vorgriff auf das spätere Allegrothema – noch einmal alle Stimmen. Fast wie in einem Rondo lösen sich im Allegro giocoso vier Themen ab, doch folgen sie sich im doppelten Durchgang, ohne zwischen Refrain und Couplet zu unterscheiden oder ein verarbeitendes Zentrum auszubilden. Das erste Thema bezieht sich noch auf die zweite Gestalt der Einleitung, die folgenden jedoch gemahnen in tänzerischer Rhythmik oder pentatonischer Färbung an Züge der Folklore, die hier klarer durchscheinen als im ersten Quartett. Daß dieses Material über Bordunquinten geschichtet wird oder zu ostinater Rhythmik tendiert, kann zwar wieder an frühe Verfahren Bartóks gemahnen, so wenig der Satz aber konzentrierte Arbeit kennt, so fern ist ihm die Systematik, mit der Bartók schon in op. 17 sein harmonisches System ausmißt. Trotz mancher harmonischen Exkurse erweist sich bei Kodály d-Moll als tonales Zentrum bis hin zum Abschluß beider Sätze in der Durvariante, die sich freilich am Ende mit Quintschichtung paart (d–a–e + fis).

Mit einem Zwölftonfeld, wie es der Scheitelpunkt in op. 17 ausbildet, setzt 1927 Bartóks drittes Quartett an, das wie die folgenden ohne Opuszahl blieb. Obwohl mehr als ein Jahrzehnt zwischen beiden Werken liegt, bekunden sie doch die Kontinuität des konstruktiven Denkens. Gänzlich verändert hatte sich freilich inzwischen mit den politischen Voraussetzungen auch der soziokulturelle Kontext, seit Ungarn aus dem Habsburgischen Reich in eine Selbständigkeit entlassen war, in der die kurzfristige Räteherrschaft rasch vom Horthyregime verdrängt worden war. Nachdem sich Bartók zunächst im Konservatorium engagiert hatte, konzentrierte er sich bald auf sein Metier, und auf seinen Reisen als Dirigent und Pianist gewann er nicht nur wachsende Resonanz, sondern weitere Kontakte als Komponist. Kaum zufällig wurde sein neues Quartett, dem gerade ein Kompositionspreis in Philadelphia zugefallen war, zwei Tage nach der Londoner Uraufführung vom Wiener Kolisch-Quartett am 29. 2. 1927 in Frankfurt zusammen mit Schönbergs drittem Quartett op. 30 und Bergs *Lyrischer Suite* aufgeführt. Die ungestümen Impulse freilich, mit denen nach dem Krieg eine als ›expressionistisch‹ erscheinende Haltung aufgenommen wurde, waren mittlerweile jenen konstruktiven Tendenzen gewichen, für die 1927 die Zwölftontechnik in Schönbergs op. 30 ebenso einstand wie auf ganz andere Weise Kurt Weills *Mahagonny*. So postulierte denn Fladt für Bartóks drittes Quartett Symptome neusachlicher »Selbstgenügsamkeit«, nachdem zuvor Szabolczi im vielgliedrigen Formkomplex die Spuren »Lisztscher Sonatenform« sehen wollte.[1] Freilich unterscheidet das Werk nicht nur zwischen Prima und Seconda parte, sondern sieht vor der ›Coda‹ eine gesonderte ›Ricapitulazione della prima parte‹ vor. Nicht leicht lassen sich aber Indizien neuer Sachlichkeit für ein Quartett reklamieren, das gewiß nicht minder ausdrucksmächtig als seine Vorgänger ist. Unstrittig ist zunächst, daß die Disposition mehr als zuvor in die tradierte Satzfolge eingreift, sofern die Ricapitulazione an den langsamen ersten Teilsatz anknüpft, während sich die abschließende Coda auf den raschen zweiten Teilsatz bezieht, womit beide Teile nach dem Schema a – b – a' – b' verschränkt werden. Damit verbindet sich ein Verfahren, das weiter noch als in op. 17 das Material durch strukturelle Konstellationen statt feste Motive definiert, so daß thematische Linien mit harmonischen Resultaten zusammenfallen. Dahinter waltet jedoch eine konstruktive Planung, die frühere Ansätze konsequent fortführt.

Bereits die ersten sechs Takte der Prima parte bilden kein Thema im gewohnten Sinn, sondern eher einen Fundus, von dem der weitere Verlauf zehrt. Denn die drei Unterstimmen formieren – bei partieller Oktavversetzung – zwei liegende Halbtonachsen (cis–d und dis–e), während die periodisch ansetzende Linie der ersten Violine in Achteln all die Töne ergänzt, die mit denen der Unterstimme ein Zwölftonfeld ergeben.

1 H. Fladt, *Zur Problematik traditioneller Formtypen*, S. 134ff.; J. Kárpáti, *Bartóks String Quartets*, S. 197–208; P. Wilson, *The Music of Béla Bartók*, New Haven und London 1992, S. 85–138. Vgl. dazu L. Somfai, *Classicism as Bartók Conceptualized It in His Classical Period 1926–1937*, in: *Die klassizistische Moderne in der Musik des 20. Jahrhunderts. Internationales Symposion der Paul Sacher Stiftung Basel 1996*, hg. v. H. Danuser, Winterthur 1997, S. 123–141.

B. Bartók, Drittes Streichquartett, Prima parte, T. 1–12 (Universal Edition).

Das chromatische Total zu Beginn fällt desto mehr auf, als der erste Einschnitt vor der Generalpause mit Quintklängen in breiten Vierteln markiert wird (T. 33 c–d–g–a–e). Dem eröffnenden Zwölftonfeld stehen also als erste Zäsur diatonische Akkorde gegenüber, die den leeren

B. Bartók, Drittes Streichquartett, Prima parte, T. 47–53 (Universal Edition).

Saiten aller Instrumente entsprechen, gemeinsam bezeichnen beide die Pole, aus deren Verhältnis die Phasen des Satzes entstehen.

Mit Auftakt zu T. 7 setzt ein Thema im engeren Sinn an, das mit Quartsprung und Terzfall pentatonisch gefärbt ist, zugleich kreuzen sich darin die Tonräume beider Violinen (g–c–a versus dis–gis–eis), die partiell auch aufeinander wirken. Ähnlich verbinden sich im stützenden Violoncello verminderte Quinte und reine Quarte (e–ais und h–fis), wobei die gedehnten Noten mit dem vorgeschalteten Ton einen Dreiklang bilden (fis–ais–cis). Dieser tonalen Überlagerung, die intrikater als früher gehandhabt wird, entsprechen noch weitere Einsätze der Unterstimmen, zugleich werden die fließenden Achtel, mit denen die Oberstimme den Vorspann bestritt, kontinuierlich von den weiteren Stimmen aufgenommen. Deutlicher scheidet eine zweite Phase (Ziffer = Z. 3) ein diatonisches Baßgerüst, dem die Liegestimme der zweiten Violine zugeordnet ist, von halbtönig verschobenen Achsen der Gegenstimmen, in denen noch klarer als im Themenkern selbst ein pentatonisches Modell durchscheint. Es wird erneut nach der erwähnten Zäsur aufgenommen (Z. 4), indem die Unterstimmen ›con sordino‹ über acht Takte hin ein pentatonisches, chromatisch verschobenes Pendel ausbilden (g–c–a versus cis–fis–dis). Scharf kontrastierend setzen dazu die Violinen ›sul ponticello‹ in kleinsten Notenwerten zu knappen und engräumigen Gesten mit scharfen Dissonanzen an, die sich nur kurz konsonant auflösen. Wo ihr Modus auch die Unterstimmen ergreift, stehen sich die Stimmpaare mit analogen Dissonanzen gegenüber, die jeweils konsonant aufgelöst werden, ohne doch konsonante Gesamtklänge zuzulassen (T. 43–46). Und die Steigerung mündet in einem Imitationsfeld (Z. 6), dessen Motivik zwei fallende Quinten mit eingeschalteter Sekunde umfaßt. Die Einsätze des diatonischen Motivs sind dabei so angeordnet, daß ihre Folge wiederum ein Zwölftonfeld abgibt, dessen letzter Ton (ges) zugleich zur Basis einer akkordischen Schichtung umschlägt (T. 53). Sie bildet ihrerseits die Brücke zur Kulmination des Satzes, die mit pentatonischen Auftakten in akkordischen Ketten mündet. Indem sie in den Einzelstimmen durchaus konsonant ausfallen, um doch in der Summe schneidend zu dissonieren, verbinden sie die Gegenpole des ganzen Satzes. Erst im letzten Ansatz geht in den Auftakt der Tritonus ein, und aus seiner Imitation mit gedehnten Zieltönen folgt das dritte und letzte Zwölftonfeld (ab T. 65). Daß im weiteren keine zwölftönigen Konstellationen vorliegen, wie sie zu Beginn des Satzes und als Umrahmung seiner Kulmination erschienen, bedeutet jedoch keine Inkonsequenz. Maßgeblich sind nicht zwölftönige Phasen für sich oder gar Reihen im Sinne Schönbergs. Vielmehr fungieren solche Felder als Widerpart zu diatonischen Phasen, die den Satz in gleichem Maß bestimmen. Und so ist es nur folgerichtig, daß ein retrograder Vorgang die Stationen bündelt, von denen der Prozeß ausging. Rhythmisch unverkennbar ist zunächst der Rückgriff auf die engräumige Kontrastgruppe (gemäß Z. 4), die nun akkordisch vorweggenommen wird und die Unterstimmen einbezieht (T. 78–83). Deutlicher noch bezieht sich das abschließende Lento (Z. 11) auf die thematischen Kerne, deren Gerüst schrittweise das Chroma entzogen wird, ohne doch gänzlich zu schwinden.

Wiederum sind es eher Strukturen als intervallisch definierte Motive, die dann der Ricapitulazione vor der Coda der Seconda parte zugrunde liegen. Während die Viola die diatonischen Zellen aus dem Beginn der Prima parte aufgreift, knüpft das Violoncello in intervallischer Umkehrung an den chromatisch verschobenen Ambitus an. Mit Imitation einer gleichen Zelle (Halbton und Terz abwärts) füllt sich der Satz auf, bevor das engräumig dissonante Kontrastglied eintritt (T. 17). Daß sich beide Elemente kurz treffen, erinnert nochmals an ihre Spannung, doch entspricht der weiteren Reduktion wiederum die Rücknahme der Dissonanzen, wie denn auch die engräumigen Sechzehntel des Kontrastgliedes zu wiegendem Legato verfließen. Noch die häufigen Glissandi bilden nicht nur klangliche Effekte, sondern treten in den Dienst der konstruktiven Pla-

B. Bartók, Drittes Streichquartett, Seconda parte, T. 1–12 (Universal Edition).

nung, sofern sie in der Prima parte zunächst dissonante Ballungen auszeichnen (ab T. 39), während sie an ihrem Ende (T. 83) wie zum Schluß der Ricapitulazione (T. 64) die genauen Imitationsfolgen markieren.

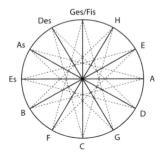

Die Konstellationen zwischen diatonischen Konsonanzen und Tritonus sowie Halbtonschichtung lassen sich mit Lendvai als Quintenzirkel vorstellen, sofern damit nicht voreilig hierarchische Beziehungen zwischen Tonika und Dominante verbunden werden.[1] Hat ein Zentrum (C) den Tritonus zum Gegenpol (Fis/Ges), dessen Nachbarn Halbtöne zum Ausgangston bilden (H bzw. Des), so ergeben sich analoge Relationen von allen Punkten aus, und zwischen ihrer Opposition liegen graduelle Abstufungen, die dann vermittelnde Funktion übernehmen können. Ein solches Modell gilt offenbar für die Seconda parte mit der darauf bezogenen Coda, die zugleich Tanzsatz und Finale vertreten. Nicht leicht zu durchschauen ist allerdings der formale Verlauf, der von Kárpáti als Sonatensatz und von Fladt als Variationenreihe bezeichnet wurde, während Wilson eine Zweiteilung mit weiterer Untergliederung vorschlug.[2] Daß jedoch zunächst klar trennbare Themen sich zunehmend annähern, basiert auf ihrer latenten Affinität und belegt zugleich den Vorrang struktureller Verhältnisse. Gemeinsam ist den Themen ein steigender Quartgang, der zwar erweitert werden kann, aber jeweils durch treppenförmigen Abstieg ergänzt wird. Das eröffnende Feld wird von Liegetönen getragen, die den Zentralton d – und später seine Quinte – durch Triller mit kleiner Obersekunde markieren. Auf diesen Halbton (es) beziehen sich rasche Einwürfe der Oberstimmen im Tritonus- oder Quartrahmen, während vom Zentralton (d) aus im Violoncello das Themenmodell ansetzt, dessen quasi dorische Linie in akkordischem Pizzicato durch gleichmäßige Quinten und Terzen relativiert wird. Um es-Moll dagegen ist die zweite thematische Prägung zentriert (Z. 3), die das intervallische Gerüst durch Punktierung profiliert, während die Gegenstimmen wechselnd den Tritonus oder die d-Skala umgreifen. Und ein drittes Thema (Z. 10) verschiebt sich im Unisono der Unterstimmen nach as, nimmt aber in sich den Tritonus und zudem mehrfache Synkopen auf, während die Gegenstimmen die Achse um d mit dissonanten Nebennoten versehen.

1 E. Lendvai, *Béla Bartók. An analysis of his music*, S. 1–16, ›The Axis System‹; zu Prinzipien des Goldenen Schnitts und der Fibonacci-Reihe vgl. ebenda, S. 17–26 und S. 27–34; Bartóks Äußerungen über die Tonalität dokumentierte P. Petersen, *Die Tonalität im Instrumentalschaffen von Béla Bartók*, S. 15–30.

2 P. Wilson, *The Music of Béla Bartók*, S. 96f.; H. Fladt, *Zur Problematik traditioneller Formtypen*, S. 134–138, bes. S. 137f.; J. Kárpáti, *Bartók's String Quartets*, S. 204f.

Mit diesem Material und seinen Varianten wird ein vielstufiger Verlauf durchmessen, der maßgebliche Phasen durch kontrapunktische Techniken auszeichnet. In dem Maße jedoch, wie gleichrangige Stimmen die Liegetöne verdrängen, ziehen sie sich zu scharfen Dissonanzen zusammen. Der Kanon der Violinen etwa (Z. 12) basiert auf dissonant gefärbter Liegestimme der Bratsche, seine Terzversetzung (Z. 13) wird durch chromatisch verschobene Trillerketten begleitet, und die Auffüllung zum Fugato (Z. 15) gerät mit partieller Umkehrung desto dissonanter, je mehr Stimmen beteiligt werden. Die damit gepaarte Sequenzierung entlädt sich im Feld schwirrender Sechzehntel (Z. 19), das die Stimmpaare wieder zu dissonanten Terzparallelen verklammert. Sie laufen sich in engräumig dissonierenden Akkordrepetitionen fest (Z. 22), die um den Liegeton (es) kreisen und die zentrale Verarbeitungsphase einleiten. Deutlich heben sich von Achsentönen die motivischen Partikel ab, die auf die exponierenden Abschnitte zurückgehen. Eine getreue Reprise vertritt danach wieder die rückläufige Kette thematischer Varianten, deren Beginn eine zweite Fuge ankündigt (Z. 31). Ihrem Thema liegt in Sechzehnteln erneut der Tritonus zugrunde (a–es), der auch die Begleitung bestimmt. Daß die Einsätze gleichwohl in Quinten erfolgen (a bzw. e), deutet wieder auf den diatonischen Gegenpol zurück, der mit der Auffüllung des Satzes verdrängt wird, je mehr sich dissonant verschränkte Klangbänder durchsetzen, die aus immer engerem Abstand der Einsätze resultieren (Z. 34). Wo die Fuge erneut in dissonanten Akkordrepetitionen ausläuft, erscheint erstmals wieder im Violoncello das diatonische Anfangsmodell (Z. 36), nun halbtönig verschoben und von der Oberstimme kanonisch ergänzt (in Cis und H). Die Kulmination bildet ein letztes Fugato, das die dritte synkopische Themenvariante zu engräumiger Chromatik bündelt und die Einsätze immer enger schichtet, bis ein Maximum an dissonanter Verdichtung entsteht (Z. 40). Das Ziel sind akkordische Formationen, die durch Glissandi aller Stimmen ausgezeichnet sind und dissonant gepaarte Sextparallelen umgreifen (Z. 44). Ihre Alternative bilden engräumig repetierte Akkorde, wie sie schon früher wichtige Abschnitte beschlossen. Sie münden im getrillerten C-Dur-Dreiklang über Cis, und lassen nun die halbtönigen Spannungen nach, so kann sich im Violoncello wieder ein diatonisches Grundgerüst durchsetzen.

Erst die Coda jedoch mündet in klarer Quintschichtung, die nun halbtönig verschoben auf Cis basiert. Unmittelbar zuvor schiebt sich der analoge Klang über D ein, womit sich beide Pole letztmals begegnen. Verständlich wird damit auch, daß die Coda Konstellationen des zweiten Satzes bündelt, ohne ihn genau zu rekapitulieren. Schwirrenden Sechzehnteln zu Beginn stehen diatonische Einschübe entgegen (Z. 3), phasenweise tritt eine ostinate Formel mit Tritonus hervor (Z. 7), die den Tritonus nun zum stabilisierenden Faktor ummünzt. Kanonische Einsätze in halbtönigem Abstand verdichten nochmals den Dissonanzgrad (Z. 10), bis sich die massive Schlußsteigerung auf die abschließende Quintschichtung ausrichtet. Erfaßt man also Bartóks Disposition nicht einseitig mit formalen oder intervallischen Kriterien, dann läßt sich einsichtig machen, daß sein drittes Quartett keine Abkehr, sondern die konstruktive Umbildung von früheren Prinzipien repräsentiert.

Kaum ein anderes Werk von Bartók diente so oft wie das vierte Quartett aus dem Jahre 1928 als Muster für Analysen, die an intervallischen Modellen ein theoretisches System demonstrieren wollten. Alle vorangehenden Ansätze, unter denen ein Beitrag von Allan Forte zu nennen ist, wurden wiederum durch Antokoletz zusammengefaßt, der gerade dieses Werk als zentrales Beispiel heranzog.[1] Zahllose Belege scheinen zunächst die These zu stützen, die Komposition sei aus drei Zellen konstruiert, die im Kern als vier Halbtöne (X), vier Ganztöne (Y) und potenzierter Tritonus (Z) zu definieren wären. Wo aber primär entsprechende Nachweise gesucht werden, gerät das Verhältnis solcher Zellen zu den Themen aus dem Blick, die nicht nur den formalen Verlauf, sondern vor allem den individuellen Charakter der fünf Sätze prägen. Mit Halb- und Ganztönen sowie Tritonus umfassen diese Zellen, zumal wenn sie erweitert, kombiniert und transponiert werden können, ein Maximum an dissonanten Konstellationen, ohne doch ihr Verhältnis zueinander und zu weiteren, auch konsonanten Intervallen zu bestimmen. Dem Partiturdruck geht indes eine Formübersicht voran, die in Bartóks Schriften aufgenommen wurde und demnach als authentische Information gelten darf.[2] Sie erläutert zum einen den Aufbau der Sätze, indem auf die Position der Themen und ihre Funktion in der Verarbeitung hingewiesen wird. Sie kommentiert zum anderen aber die fünfsätzige Anlage, in der ein doppeltes Paar von Außensätzen (I – V, II – IV) den Mittelsatz (III) in einer Disposition umrahmt, der die thematischen Rückgriffe der letzten auf die ersten Sätze entsprechen. So wenig freilich hier wie in anderen Äußerungen Bartóks von intervallischen Konstruktionen die Rede ist, so wenig kommen die strukturellen Differenzen zur Sprache, die zwischen den sich entsprechenden Sätzen zu beobachten sind. In seinen *Harvard Lectures* verwies Bartók allerdings 1943 darauf, in einem neuen Ansatz habe er seit 1926 nicht mehr versucht, »to imitate anything known from folkmusic«.[3] Unter den beispielhaft genannten Werken befinden sich Sätze der Streichquartette Nr. IV und VI, auf die sich mithin die weiteren Erklärungen beziehen lassen. Denn Bartók fügte nicht nur hinzu, im Unterschied zu chromatischen Volksweisen bestünden seine »melodies« aus zumindest acht Halbtönen, die voneinander unabhängig seien und den Raum einer Oktave oder mehr ausfüllen könnten. Solche chromatischen Muster hätten indes eine andere Idee veranlaßt, »which led to the use of a new device«. Sie aber bestand im »change of the chromatic degrees into diatonic degrees«. Wie einst in der Musik des 17. und 18. Jahrhunderts die Themen augmen-

---

1 E. Antokoletz, *The Music of Béla Bartók*, S. 157–172 und S. 229–241; vgl. auch die zuvor bereits genannten Aufsätze von G. Perle und A. Forte, ferner C. Mason, *An Essay in Analysis. Tonality, Symmetry and latent Serialism in Bartók's fourth Quartet*, in: The Music Review 18 (1957), S. 189–201, deutsch: *Versuch einer Analyse. Tonalität, Symmetrie und latentes Reihendenken in Bartóks viertem Streichquartett*, in: *Zur musikalischen Analyse*, hg. v. G. Schuhmacher, Darmstadt 1974 (Wege Forschung 257), S. 241–260.

2 Der Text aus der Taschenpartitur der Universal-Edition findet sich in englischer Fassung in *Béla Bartók. Essays*, hg. v. B. Suchoff, London 1976, S. 412f.

3 *Béla Bartók. Harvard Lectures* (1943), in: *Béla Bartók. Essays*, hg. v. B. Suchoff, S. 354–392, bes. S. 381f.; vgl. auch P. Petersen, *Die Tonalität im Instrumentalschaffen von Béla Bartók*, S. 27ff.; vgl. ferner H. Fladt, *Zur Problematik traditioneller Formtypen*, S. 138–148, sowie J. Kárpáti, *Bartók's String Quartets*, S. 211–225.

tiert und diminuiert werden konnten, so sei in seinem Konzept ihre »extension in range« möglich, wobei die Freiheit gegeben sei, »to choose any diatonic scale or mode«. Dies Verfahren befähige dazu, den Charakter einer Melodie derart zu ändern, daß das Verhältnis zur Ausgangsform nicht leicht erkennbar bleibe. Der Vorzug dieser Technik liege aber darin, daß sie wirksame »variety« erlaube und zugleich innere »unity« verbürge.

Bartók faßte damit ein Prinzip zusammen, das latent schon zuvor – wie sich zeigte – die früheren Werke reguliert hatte und nun nur noch konsequenter gehandhabt wurde. Es zielte demnach weniger auf die Abstraktion von ›symmetrical pitch constructions‹ ab als auf die Formulierung und Verarbeitung von Themen, die mit dem Wechsel diatonischer und chromatischer Relationen im Formprozeß auch unterschiedliche Verhältnisse von Dissonanzen und Konsonanzen erlaubten, wie es der Vergleich zwischen dem ersten und letzten Satz des vierten Quartetts einsichtig macht. Der eröffnende Sonatensatz geht nach Bartóks Hinweis von einem ›Hauptsatz‹ aus, in dem der Part des Violoncellos auf diatonisch steigenden Sexten basiert, während beide Violinen engräumig andere chromatische Skalenausschnitte umkreisen und dann in fallenden kleinen Terzen auslaufen. Varianten ihres Materials kehren in den drei Oberstimmen wieder, bevor die fallende Terz mit Durchgangston

B. Bartók, Viertes Streichquartett, erster Satz, T. 1–9 (Universal Edition).

zum Terzgang erweitert wird, mit dessen Imitation sich die Stimme im Tritonus- oder Halbtonabstand zum kompakt dissonierenden Verband zusammenschließen (T. 5). Dieses Prinzip bestimmt modifiziert den dritten Ansatz (T. 8), dessen auftaktigen Einsätzen am Ende isolierte Sechzehntel entsprechen, die einen weiteren rhythmischen Impuls einbringen. Denn nach dieser gestaffelten Vorbereitung erscheint nun erst (T. 11) in kanonischen Stimmpaaren jener thematische Kern, der analog den Abschluß beider Rahmensätze bestreitet. In Umkehrung gehen die Stimmpaare von der Kleinterz aus, die zunächst halbtönig weiter verengt und dann erst in Gegenrichtung wieder erweitert wird (cis–d–es, d–des–c usw.). Weitere Auffächerung erfährt dagegen in der Überleitung der engräumige Themenblock, sofern erst Viola und dann Violoncello eine diatonische Achse umschreiben (ab T. 14 c–e–d), während die Gegenstimmen imitierend die Kleinterz des Hauptthemas chromatisch ausweiten (gis–ais–h bzw. cis–dis–fis). Erst in dem Maße, wie sich diese Auffächerung wieder verengt, kann auf den thematischen Kern zurückgegriffen werden (T. 26), dem dann der ›Seitensatz‹ als primär rhythmischer Kontrast folgt (T. 30). In Sechzehntelläufen umgreifen seine Stimmzüge den Oktavraum, der um einen Halbton unter- oder überschritten wird, wonach sich gleich wieder das anfängliche Kernmotiv des Hauptsatzes mit auftaktigen Schritten der Eröffnung zurückmeldet. Das Prinzip der ›verschränkten Quinträume‹, das besonders das Finale leitet, wird aber gerade dort sinnfällig, wo sich die Stimmpaare mit Klängen, die partiell durch Terzen ausgefüllt sind, in diatonischem Abstand ergänzen (T. 37 über a und g), in die dann wieder chromatische Linien einfließen. Sekundachsen markieren in Tonrepetitionen ab T. 44 ebenso den ›Schlußsatz‹ (d–e und c–d), bis die eingefügten chromatischen Segmente zur engräumig dissonierenden Fläche zerlaufen. So deutlich die Durchführung das Potential des Hauptsatzes und dann der Überleitung nutzt (T. 49 bzw. T. 60), so konsequent führen beide Phasen in engräumige Klangfelder, die mit Haltetönen und stilisierten Trillern erneut die ›verschränkten Klangräume‹ erkennen lassen (T. 58 bzw. T. 82), in die einzelne Stimmenzitate das Kernmotiv einblenden. Die Reprise verschränkt sogleich Eröffnung und Hauptsatz (T. 92), und entsprechend wird auch der Seitensatz komprimiert (T. 119). Von den dissonierenden Tonrepetitionen der Schlußgruppe geht endlich die Coda aus (T. 134), die so wie das Finale im engräumigen Kanon mit dem Kernmotiv endet. Zuvor jedoch werden steigende Klangfolgen im Unisono und dann im Kanon ausgefaltet (T. 141–148), die sich fast wie ›gebrochene Dreiklänge‹ ausnähmen, lägen ihnen nicht wieder verschränkte Quinten mit eingeschaltetem Tritonus zugrunde, so daß die Coda jene Grenzwerte markiert, von denen Bartóks Hinweise sprachen.

Obwohl die Schlußtakte des letzten Satzes denen des ersten in Transposition entsprechen, geht das Finale von einer ganz anderen Struktur aus. Zugleich wird aber sichtbar, wie frei Bartók die Konstellationen verschieben konnte. Seinem Kommentar zufolge stützt sich die dreiteilige Form auf thematische Rückgriffe, sofern im ersten Teil die Überleitung des Kopfsatzes und im zweiten sein Haupt- wie Seitenthema aufgenommen werden, wonach die ›freie Reprise‹ im Zitat der Coda endet. Doch geht der Satz von Quintschichten mit integriertem Tritonus aus, die nicht nur in mächtiger Akkordballung die Eröffnung, sondern begleitend auch noch das Thema bestimmen, das sich wie in der Überleitung des Kopfsatzes als Variante seines Kernmotivs erweist.

B. Bartók, Viertes Streichquartett, fünfter Satz, T. 1–13 (Universal Edition).

Solche Quintschichtungen durchziehen den gesamten ersten Teil und werden nur kurz verdrängt, wo sich die engschrittige Intervallik des Hauptthemas andeutet (T. 90). In weiträumiger Brechung umrahmen sie ebenso den Mittelteil, in dem sie die Folie für weitere Themenzitate abgeben. Je mehr sich deren Substanz durchsetzt, desto weiter treten die geschichteten Quinten zurück, doch tragen sie noch in der Reprise zusammen mit den Terzfällen des Hauptthemas zur formalen Artikulation bei und markieren die Nahtstelle vor der Coda. Unverkennbar entsprechen sich die Außensätze also spiegelbildlich, sofern der Kopfsatz von enger Kreuzung dissonanter Halbtöne zur aufgefächerten Quintschichtung der Coda führt, die sich schon in der Überleitung andeutete, während im Finale umgekehrt entsprechende Klangschichtungen von engräumiger Motivik verdrängt werden. Beide Prinzipien gemeinsam aber markieren die Eckpunkte auf einer gleitenden Skala, aus der Bartók seine wechselnden Konstellationen wählen konnte.

Zwei rasche Sätze im 6/8- und 3/4-Takt, die als dreiteilige Scherzi mit analogen Themen harmonische Differenzen aufweisen, umrahmen als inneres Paar den langsamen Satz, den Bartók als »Kern« des Werks ansah. Doch ist er nicht nur Zentrum dieses Quartetts, sondern ein weiteres Beispiel der kompositorischen Strategie, die Bartók 1943 beschrieb. Zum Verständnis läßt sich an das tradierte Modell der Quintengeneration erinnern, das nicht nur der Musiktheorie geläufig war, sondern der Musikethnologie dazu diente, vergleichend die Tonsysteme außereuropäischer Musik zu erfassen.[1] Sieht man von Fragen der Temperierung ab, die sich bei gleichschwebender Stimmung nicht stellen, so ergibt eine Quintenreihe (etwa F–C–G–D–A) bei Anordnung in einer Oktave zunächst diatonische Schritte. Im weiteren jedoch stellen sich Halbton und Tritonus zum Ausgangston ein (E–H), und die übrigen Schritte führen zu Halbton- bzw. Tritonusrelationen zu vorhandenen Tönen (Fis–Cis–Gis–Dis–Ais), bis sich der Kreis schließt (Eis/F). Solange man sich also auf wenige Quinten beschränkt, bleibt man im »diatonic degree«, um bei wachsender Ausweitung zum »chromatic degree« zu gelangen. Zunehmende Chromatisierung ergibt sich aber auch, wenn etwa ›mittlere‹ Stufen ausfallen oder ›äußere‹ Glieder der Kette kombiniert werden. Ein solches Modell indes kann den Zugang zum »Kern« in Bartóks Werk erleichtern.

Der Mittelsatz (Non troppo lento) geht von einem Muster aus, das lange Haltetöne der drei Oberstimmen mit scheinbar improvisatorischem Cellopart kombiniert, während der Mittelteil die Anordnung der Stimmen zunächst umkehrt und dann zunehmend aufbricht, bis die ›freie Reprise‹ die Außenstimmen als Umkehrkanon anordnet und die ›Coda‹ auf Beginn und Entwicklung des Satzes zurückblickt. Das eröffnende Modell kann an usuelle Praktiken erinnern, wie sie etwa aus der Klezmer-Musik bekannt sind, wenn zu akkordischen Haltetönen der Harmonika eine Violine oder Klarinette ihre engräumigen Figuren ausspinnt. Was aber in Bartóks Satz anfangs rhapsodisch anmutet, erweist sich im Verlauf als genau kalkuliert. Denn die Haltetöne der Oberstimmen umspannen zu Beginn eine Quintschichtung (a–e–h–fis–cis–gis), erst das Violoncello bringt eine weitere Unterquinte als Kernton ein (d), dessen engräumige Umspielung zugleich die nächste Oberquinte umgreift (dis). Markieren zwei Quintfälle zusätzliche Unterquinten (T. 9–10 d–g–c–f), so sind damit elf von zwölf Stufen ausgeschritten. Schon im zweiten Ansatz dehnt sich der Radius, indem der abwärts verschobene Quintrahmen (über g) unter Auslassung von zwei Binnengliedern erweitert wird (bis gis), während das Violoncello analog weitere Stufen ergänzt. Wo aber mit Quartfall die zweite Solopassage endet (T. 21), überlappt sich damit der Wechsel der Oberstimmen zur dritten Konstel-

[1] Vgl. etwa E. M. von Hornbostel, *Melodie und Skala*, in: Jahrbuch der Musikbibliothek Peters 19 (1912/13), S. 11–23, auch in ders., *Tonart und Ethos. Aufsätze zur Musikethnologie und Musikpsychologie*, hg. v. Chr. Kaden und E. Stockmann, Leipzig 1986, S. 59–74.

B. Bartók, Viertes Streichquartett, dritter Satz, T. 1–9 (Universal Edition).

lation, in der sich die Chromatisierung fortsetzt. Einer Quintschichtung (über b) stehen nun weit entfernte Stufen gegenüber (gis–dis), so daß sich unter Einbeziehung der Baßstimme erstmals eine zwölftönige Konstellation ergibt. Sie hat gleichwohl nichts mit ›Zwölftonmusik‹ zu tun, sondern bezeichnet den Umschlag vom diatonischen zum chromatischen Pol. Und das Ende des A-Teils (T. 32–34) deutet auf die Umkehrung der Prämissen, sofern das Violoncello auf diatonische Quinten beschränkt wird, während die Oberstimmen eine entfernte Quintschichtung und erstmals auch chromatische Schritte umgreifen. – Der Prozeß setzt sich im Mittelteil fort, der zwar noch von Liegetönen ausgeht, sie aber zunehmend auflöst und am Ende konstante Klangbänder in pendelnden Vierteln ausbildet. In der nicht mehr vollständigen Quintspreizung ist der entfernteste Ton (cis) zugleich der letzte, der noch aus dem Satzbeginn verblieb. Diese Dissoziation ergänzt die solistische Oberstimme, die zunehmend in kleine Einheiten zerfällt, sobald aber die Liegetöne zum Tremolo übergehen, kommt der Solopart erst der zweiten Violine und schließlich der Viola zu. Mit der Diffusion des Gerüstsatzes verbindet sich also eine fortschreitende Angleichung der Stimmen, die in den Schlußtakten des Mittelteils erreicht ist, wenn paarig die Außen- und Mittelstimmen diatonische und doch weit entfernte Räume ausmessen, die dann chromatisch sinken und mit Durterz schließen. In einem so entwickelnden Satz kann aber eine ›Reprise‹ nur noch in

Umrissen an den A-Teil erinnern, denn wie sich die gleichmäßige Begleitung bei diatonischer Konzentration fortsetzt, schließt der Kanon der Außenstimmen eine improvisatorische Geste aus. Verspätet erst kehrt die Coda zu den anfänglichen Haltetönen zurück, in deren Quintspreizung das Violoncello einbezogen ist, wozu die erste Violine mit ähnlichen Fragmenten wie im Mittelteil die letzte chromatische Färbung liefert. Die anfängliche Quintschichtung erscheint erst im Schlußklang wieder, nun aber zum Tritonus erweitert, so daß sich diatonische Basis und chromatische Erweiterung letztmals begegnen.

Gerade das Verhältnis der engräumigen Solofiguren zu den langen Haltetönen definiert also im »Kern« des Werks die Prinzipien, die ähnlich in den umrahmenden Scherzi wirksam werden, wiewohl sie hier im rasanten Tempo nicht ebenso zu verfolgen sind. Die Quintengeneration jedoch, die zunächst auf Klangschichtungen hinführt, wird durch eine Stimmführung realisiert, die ihrerseits thematisch reguliert ist, und die tonale Regie reicht so weit, daß sie nicht nur am Verhältnis beider Sätze, sondern noch an der Relation ihrer Teile abzulesen ist. Den chromatischen Außengliedern des zweiten Satzes steht nämlich in denen des vierten eine eher diatonische Klärung gegenüber, wogegen sich die Mittelteile gerade umgekehrt zueinander verhalten, sofern der zunehmenden Diatonik im einen die chromatische Schärfung im anderen entspricht. So konnte Bartók nicht nur vermerken, daß sich die Thematik des zweiten Satzes, die mit halbtöniger Verengung eine Quinte umspannt, im vierten zur Oktave erweitere, die vorab ganztönig ausgeschritten wird. Für die Mitte beider Sätze machte er zudem mit genauen Taktangaben auf die sich entsprechenden Satzgruppen aufmerksam, und geht man diesen Hinweisen nach, so werden die engen Beziehungen zwischen tendenziell diatonischen oder chromatischen Phasen faßbar, mit denen sich die konträren Sätze gerade im Zentrum ihrer Entwicklung zu kreuzen vermögen. Nicht leicht verständlich ist es daher, daß eine so offenkundige Disposition, die bei aller Regulierung für die Harmonik und Stimmführung auch beträchtliche Variabilität erlaubte, von einer Forschung vernachlässigt werden konnte, die primär intervallische Zellen oder skalare Modelle entschlüsseln wollte. Bartók aber genügte offenbar ein Verfahren, das ihm die Kontrolle des Tonsatzes erlaubte, ohne dabei der Schematisierung zu verfallen.

Die satztechnischen Prinzipien, die schon in den Quintachsen der frühen Werke angelegt waren und im vierten Quartett systematisch ausgebildet wurden, bleiben mit manchen Modifikationen in den beiden letzten Quartetten wirksam, auf die daher nur noch ergänzend hinzuweisen ist. Das fünfte Quartett von 1934 modifiziert die fünfsätzige Anlage von Nr. IV, indem ein rascher Satz als Zentrum von zwei langsamen Sätzen umrahmt wird, die sich so wie die raschen Außensätze thematisch aufeinander beziehen. In seiner Analyse des Kopfsatzes hob

Bartók die tonale Disposition hervor, in der die Themen der Exposition (in B – C – D) und der Reprise (in Fis – As – B) gemeinsam mit der Durchführung (in E) eine Ganztonskala ausschreiten.[1] Zugleich verwies er aber auf die Kreuzung der tonalen mit der formalen Anlage, sofern die Wiederkehr des Hauptsatzes (T. 126 und T. 165) entweder als Beginn von Reprise und Coda oder als Ziel der Durchführung und einer Reprise anzusehen sei, in der die Themen dann in umgekehrter Folge eintreten. Mit repetierten Achteln markiert der Hauptsatz zu Beginn den Zentralton (B), der nur einmal um den oberen Ganzton erweitert wird. Daraus lösen sich die Unterstimmen mit einem Kernmotiv ab, das große und kleine Terz, Quarte und dann Tritonus ergänzt, um von hier aus einen verschobenen Quartraum (e–a) ähnlich zu repetieren. Da zugleich die Oberstimmen am Anfangston festhalten und erst vier Takte später das Kernmotiv übernehmen, spaltet sich der Satz in Tritonusachsen auf, die erst allmählich wieder zusammentreten. Eine erste Überleitung sodann (T. 14) scheint sich fast beziehungslos aufzusplittern, zu den Achsen der Außenstimmen jedoch (eis–fis) tritt eine Imitationskette, deren Motivik Quint- und Quartintervalle so staffelt, daß die Einsatzfolge mit den Achsentönen eine fallende Quintreihe umgreift (von A–Ges/Fis). Steigende Quartsextakkorde der Oberstimmen über fallender Skala in Baßlage bezeichnen das Ende dieser Phase, die mit dem Hauptsatz das Prinzip teilt, den diatonischen Rahmen chromatisch zu erweitern. Daran erinnert noch vor einem weiteren thematischen Gebilde, das Bartók als Überleitung bezeichnete, die mehrfache Tonrepetition – nun aber in kleinen Sekunden. Denn solche Konstruktionen sind auch in dieser Satzgruppe zu verfolgen, deren synkopische Rhythmik über chromatisch verschobenem Bordun mit Rückgriffen auf den Kern des Hauptsatzes wechselt (T. 25). Demgemäß werden sie erneut durch Tonrepetitionen abgelöst, in die das chromatisch erweiterte Kernmotiv eingeblendet wird. Und aus seiner intervallischen Stauchung, die sich mit rhythmischer Diminuierung paart, erwächst eine Schlußgruppe (T. 44–45), in der Bartók selbst freilich erst das zweite Thema sah. Noch die motivische Arbeit der Durchführung läßt entsprechende Verfahren erkennen, sofern sie wieder Achsentöne mit Varianten des Kernmotivs verbindet und dann auch auf die synkopische Gruppe zurückgreift. Ihr Ziel findet sie in planvoller Ausmessung eines chromatischen Segments (T. 104–112), das aus strenger Imitation hervorgeht (C–E steigend und A–F fallend), wonach die mehrfachen Quintschichten der Einzelstimmen zueinander in chromatischer Relation stehen. Damit läuft sich der Satz in ostinaten Figuren aller Stimmen fest (T. 112ff.), je weiter sich jedoch die Quintschichtung reduziert, desto mehr setzen sich pentatonische Linien durch, mit denen die Stimmpaare aber halbtönigen Abstand wahren (ab T. 119), und mit gehaltenem und dann repetiertem Halbton (e–f) wird eine Brücke zwischen Durchführung und Reprise markiert (T. 126).

---

1 *Béla Bartók. Analysis of the Fifth String Quartet* (1935), in: *Béla Bartók. Essays*, hg. v. B. Suchoff, S. 414f. (die Taschenpartitur enthält dagegen eine Einleitung von György Ligeti); vgl. weiter H. Fladt, *Zur Problematik traditioneller Formtypen*, S. 154–165, und J. Kárpáti, *Bartók's String Quartets*, S. 226–243.

Hauptsatz und Überleitung werden dann so gekürzt, daß man der Reprise erst bei Eintritt der Schlußgruppe gewahr wird (T. 133), und da ihr nochmals Seiten- und Hauptsatz folgen, scheint sich die Themenfolge so umzukehren, daß die spiegelförmige Anlage des Zyklus sogar in das Verhältnis zwischen Exposition und Reprise im Kopfsatz einzieht.

Auf den Kopfsatz bezieht sich Bartók zufolge das Finale in dreifacher Hinsicht.[1] Mit dem Schema A – B – C – B' – A' zeigt es zunächst ebenso eine spiegelförmige Anlage, tonal umgreifen die Teile sodann mit Kleinterzzirkel (B–Cis–E–G–B) ein Pendant zur Ganztonleiter, und endlich rücken in die Satzmitte und vor die Coda thematische Zitate aus dem Kopfsatz ein. Daß Bartók den Verlauf jedoch als ›Rondo‹ ansah, wird erst durch das ›Rahmenmotiv‹ verständlich, das mit Fragmenten aus dem Hauptthema (A) den Satz eröffnet und gliedert. In der Eröffnung umgreifen durch Pausen getrennte Ansätze chromatisch verschobene Quarträume, ihre Kerntöne schließen eine verminderte Oktave ein (Fis–f) und verweisen auf die Chromatisierung diatonischer Intervalle, die das thematische Material bestimmt. Umgekehrt reduziert das ›Couplet‹ (B) solche Spannungen zu stabilen Klangachsen, die mit taktweise gehaltenen Tönen diatonische Relationen erkennen lassen und durch analoge Skalenausschnitte die Stimmen verbinden. Die Mitte des Satzes nimmt ein Fugato ein (C), dessen Thema nach Tonrepetitionen das ›Kernmotiv‹ des Kopfsatzes aufnimmt. Daß es sich gleichwohl nicht als Zitat ausnimmt, ist zum einen in der kontrapunktischen Struktur begründet, die mit dichten Kanons – auch in Spiegelung – schon Refrain und Couplet auszeichnet, während zum anderen die Fuge mit Bordunquinten und Liegetönen auf das erste Couplet zurückweist. Einen letzten Rückgriff auf den Kopfsatz bedeuten aber Dreiklänge mit integrierter Halbtonspannung, die in tremolierenden Tonrepetitionen vor die Coda treten. Wie schon der Kopfsatz reduziert ebenso das Finale kaum die gespannte Chromatik, die damit das Material in beiden Ecksätzen charakterisiert.

Bei allen Modifikationen treten die Grundlagen der Satztechnik desto klarer im Scherzo hervor, das die Mitte des Werks ausmacht (und im übrigen die Takte seiner drei Teile gesondert zählt). Einen Kern des Materials nehmen zwei Vorschalttakte vorweg, die mit gezupften Akkorden im Violoncello wechselnd kleine und große Terzen übereinanderschichten. Ihr Zentralton erweist sich als Bestand einer Quintschichtung, die sich an den gehaltenen Gerüsttönen ablesen läßt (fis–cis–gis–dis–ais). Aus mehrfacher Terzfüllung ergibt sich eine Motivik, die mit gebrochenen Septakkorden die Stimme des ersten Abschnitts in gleichmäßigen Achteln durchläuft (T. 1–13). Nur einmal unterbricht sie ein Ton in Baßlage (g T. 10), der sich unauffällig in eine fallende Linie einfügt, aber erstmals die Verlagerung der Quinträume andeutet, die dann der zweite Abschnitt vollzieht (T. 15–23 g–d–a–e). Umgekehrt bewirkt in ihm eine fallende Baßlinie (ab T. 17) die Rückkehr zum anfänglichen

[1] *Béla Bartók. Analysis of the Fifth String Quartet* (1935), in: *Béla Bartók. Essays*, hg. v. B. Suchoff, S. 415; vgl. auch P. Wilson, *The Music of Béla Bartók*, S. 119–138, sowie E. Antokoletz, *The Music of Béla Bartók*, S. 172f.

B. Bartók, Fünftes Streichquartett, dritter Satz, T. 1–7 (Universal Edition).

Tonvorrat, der somit den gesamten A-Teil durch auffällige Homogenität auszeichnet. Einen weiteren Schritt bedeutet dagegen die tänzerische Melodik, die im Mittelteil (B) von der Oberstimme eingeführt wird (T. 24). Sie wäre nicht nur als e-Dorisch zu klassifizieren, sondern hebt sich erstmals durch markante Rhythmik ab. Die Angabe ›alla bulgarese‹ dürfte sich freilich weniger auf die Melodik als auf das komplizierte Metrum beziehen, das durchweg zwei- und dreiteilige Achtelgruppen verkettet ($\frac{4+2+3}{8}$). Wenn dieses tänzerische Thema transponiert wird, kollidiert sein ›modaler‹ Vorrat mit den Terzschichten im Septrahmen, die aus A übernommen werden, und die chromatische Spannung entlädt sich, wo repetierte Durklänge auf kreisende Triolen mit der entsprechenden Mollterz stoßen, bis sich wieder die anfängliche Terz-Sept-Schichtung durchsetzt (A'). Es sind einerseits die Terzachsen, die das Trio in langen Haltetönen konstituieren, seinen Kontrast zum Scherzo bezieht es andererseits aus chromatischen Achtelketten der Primgeige, deren diatonischer Quintrahmen sich zugleich chromatisch aufwärts verschiebt. Entsprechend sind die gehaltenen Achsentöne angeordnet, während die Gruppierung der Taktteile noch komplizierter ausfällt ($\frac{3+2+2+3}{8}$). Sie aber bestimmt die weitschrittige Viertelbewegung, die in den Unterstimmen motivisch hervortritt. Je weiter einerseits diatonische Achsen und chromatische Füllung auseinanderstreben, desto mehr tendiert die Spreizung zu chromatischer Figuration, die gleichwohl genau konstruiert ist (T. 41–51). Andererseits bereitet sich im Gerüst der Unterstimmen zugleich die Rückkehr zum Scherzo vor (T. 53), sofern sich am Ende jene Terzschichtung im Septrahmen abzeichnet, die dann die variierte Scherzoreprise eröffnet. In ihrer chromatischen Färbung wirken die Spannungen des

Trios nach, weiter verarbeitet wird zudem das tänzerische Gegenthema, das zuvor die tonale Spreizung eröffnete (T. 35). So basiert die Coda auf Potenzierung der engräumigen Terzgänge, die als letztes motivisches Derivat erscheinen. Die Kreuzung ihrer Einsätze erhöht die rhythmische Komplexität, und ihr entspricht eine akzentuierte Chromatik, die über Skalengänge schließlich zur anfänglichen Terzschichtung reduziert wird. Mit seinen Teilen durchmißt das Scherzo insgesamt also eine Skala der Konstellationen, die vom diatonisch stabilen Beginn zur chromatischen Spreizung im Trio und wieder zurück führt.

Paarweise wie die Außensätze verweisen die langsamen Binnensätze aufeinander, indem sie chromatische Splitter mit einem diatonischen Gerüst konfrontieren und beide Schichten dann wechselweise verschränken. Die Eröffnung im zweiten Satz kann an die Aphorismen Anton von Weberns erinnern, und die meist nur zweitönigen Partikel, mit denen sich die Stimmen in genauer Kalkulation ablösen, bilden denn auch ein Zwölftonfeld, das erst vom abschließenden Quintklang über D vervollständigt wird. Er vermittelt aber zum choralhaften Satz in gedehnten Werten, dessen Diatonik selbst Terzfüllung nicht scheut und erst allmählich zu dissonanter Quintschichtung voranschreitet. Im Gegensatz dazu umfassen die chromatischen Einwürfe der Oberstimme erneut elf Töne, die vom eröffnenden und schließenden Baßton D ergänzt werden. Als Relikt dieser Phase durchzieht eine Achse (G) die folgende Konfliktzone, in der diatonische Intervalle der einen Stimme von chromatischen Einwürfen der anderen überblendet und aufgezehrt werden. Im Zentrum der Arbeit stoßen chromatische Interjektionen der Außenstimmen auf einen dreistimmigen Kanon im Einklang, dessen Einsätze so angeordnet sind, daß sie von diatonischen Intervallen zu chromatischen Dissonanzen führen. Das auf vier Takte komprimierte Resümee des Choralsatzes geht wieder von einem C-Dur-Klang aus, führt aber desto rascher zu chromatischer Schichtung, während der Rückgriff auf die Eröffnung in rätselhaften Trillern verdämmert und doch ein Zwölftonfeld umfaßt, das über Glissando in Baßlage den Zentralton D erreicht. Weniger in der motivischen Substanz als in der Disposition der Phasen reagiert darauf der vierte Satz, dessen Eröffnung die chromatischen Splitter durch Tonrepetitionen ergänzt und danach Achsen im Quintabstand ausbildet. Den Choral vertreten diatonische Akkorde, die zum Tremolo verschattet und durch diatonische Einwürfe unterbrochen werden. Liegetöne mit Nebennoten markieren wieder die erste Konfliktzone, in der sich diatonische und chromatische Stimmzüge kreuzen, wogegen im Zentrum oktavierte oder kanonische Stimmpaare auf chromatisch gleitende Skalen und weit ausgreifende Gesten treffen. Und wie im Pendant zuvor werden die Relikte in umgekehrter Folge am Ende resümiert.

Bei allen Varianten bleibt es bemerkenswert, wie genau das fünfte Quartett den satztechnischen Prinzipien folgt, die Bartók in seinen späten *Harvard Lectures* skizzierte. Vom Ausbruch des Zweiten Weltkriegs war schon das sechste und letzte Quartett überschattet, das im August 1939 in der Schweiz begonnen wurde, als der Komponist Paul Sachers Gast in Saanen war. Im November wurde es in Budapest vollendet, bevor Bartók in die USA emigrierte, und in New York folgte 1941 die Uraufführung durch das Kolisch-Quartett, dem die bei Hawkes erschienene Partitur gewidmet wurde. Die Disposition geht zwar auf die tradierte Viersätzigkeit zurück, doch stehen nicht nur zwei rasche Binnensätze einem langsamen Finale gegenüber, sondern den drei ersten Sätzen geht eine Eröffnung voran, die in ihrer motivischen Analogie der Funktion eines Ritornells gleicht, bis sie im Finale in die motivische Substanz integriert wird. Schon im fünften Quartett hatte Bartók die »durée d'exécution« nicht nur für die einzelnen Sätze, sondern auch für ihre Abschnitte genau angegeben, nun aber machte er sich die Mühe, solche Angaben innerhalb der Sätze für Abschnitte zu notieren, die zumeist mit einem Tempowechsel zusammenfallen. Es kann offen bleiben, ob damit eine genauere Kontrolle der Ausführung oder aber eine strenge Proportionierung der Satzglieder intendiert war. Einer strikten Normierung stehen jedoch all die Angaben entgegen, die durch ›rubato‹ oder ›agitato‹ beträchtliche Freiheiten voraussetzen. Immerhin läßt sich folgern, daß jene Regulierung des Satzes, die zuvor das Gefüge der Tonhöhen erfaßte, nun über die Tondauern hinaus auf die internen Relationen der Satzteile übergriff. Erkundungen im Neuland verbinden sich also – nicht ganz anders als bei Schönberg – mit dem Bedarf nach einer Ordnung, die sich fast altmeisterlich auf tradierte Normen berufen konnte, ohne einer mechanischen Determinierung zu verfallen.[1]

Dem Kopfsatz steht die Devise, die den Zyklus zu verklammern hat, zunächst fast exterritorial voran, und während sie in die Folgesätze auch tonal integriert wird, erscheint sie hier im 6/8-Takt als chromatisch schweifende Gestalt, die ein Zwölftonfeld aber erst dann durchlaufen hat, wenn sich in den letzten Takten diatonische Relationen durchsetzen. Mit entsprechenden Intervallen setzt im raschen Zeitmaß der gedehnte Kopf des Hauptsatzes an, daß er zudem gleich krebsförmig erscheint, ist jedoch weniger belangvoll als der Quart-Quintrahmen mit eingefügtem Halbton, den seine Varianten gemeinsam haben. Sobald im Vivace das Hauptzeitmaß erreicht ist, umfaßt das diminuierte Thema nur noch einmal seinen diatonischen Rahmen, dessen letzte Töne duolisch abgehoben sind. Schon in der ersten Wiederholung verschiebt sich der Themenkopf um einen Halbton, womit eine Chromatisierung ausgelöst wird, die in der Fortspinnung des Nachsatzes wirksam bleibt. Zwar bindet ein Liegeton der Oberstimme die Themenzitate der Überleitung, ohne sich jedoch in der wachsenden Chromatisierung zu behaupten, der erst am Ende die Stabilisierung durch den repetierten Themenkopf entgegentritt (T. 68–80). Über quasi dominantischem

---

[1] Eine Proportionierung nach dem Goldenen Schnitt, wie sie schon Lendvai nachzuweisen suchte, mag demnach für dieses Werk naheliegen, doch bezeichnet sie nur den Rahmen für den kompositorischen Prozeß, der sich innerhalb dieser Vorordnung entfaltet. Vgl. hierzu J. Vinton, *New Light on Bartók's Sixth Quartet*, in: The Music Review 25 (1964), S. 224–236; B. Suchoff, *Structure and Concept in Bartók's Sixth Quartet*, in: Tempo 83 (1967), S. 2–11; I. Oramo, *Marcia und Burletta. Zur Tradition der Rhapsodie in zwei Quartettsätzen Bartóks*, in: Die Musikforschung 30 (1977), S. 14–25, sowie J. Kárpáti, *Bartók's String Quartets*, S. 244–254, und H. Fladt, *Zur Problematik traditioneller Formtypen*, S. 166–176.

B. Bartók, Sechstes Streichquartett, erster Satz, T. 1–28 (Universal Edition).

Orgelpunkt scheint der Seitensatz nach f-Moll zu weisen, zumal er durch periodische Taktpaare und sequenzierende Fortspinnung ausgezeichnet wird. In dem Maße, wie er der Chromatik mit taktweiser Aufspaltung ausgesetzt ist, zieht sich der letzte Komplex der Exposition auf engräumige Formeln zurück, deren chromatische Sequenzierung erstmals auf die eröffnende Devise zurückweist (ab T. 99). Indem sich aber die Stimmzüge über imitatorische Staffelung (T. 117) zu oktavierten Paaren zusammenschließen (T. 126), kommt wieder der diatonische Rahmen zum Vorschein, bis die Schlußgruppe von thematischen Zitaten über Haltetönen zum abschließenden F-Dur-Akkord hinführt (T. 137). Analog geht die Durchführung vom augmentierten Themenkopf aus, seine Varianten münden in einem gehaltenen Akkord, der einen Tritonusrahmen ausfüllt (f–g–a–h T. 178f.). Als ostinate Figur der Außenstimmen verklammert er eine erste Arbeitsphase, in der die Mittelstimmen chromatisch verschobene Segmente des Hauptthemas einfügen. Doch selbst der Ostinato erfährt eine Chromatisierung, die durch duolische Achtel zusätzlich markiert wird, während sich die thematischen Relikte der Gegenstimmen zu ausgreifenden Ketten verschieben, deren Herkunft nur am duolischen Schlußglied kenntlich bleibt. Sobald der Ostinato in Baßlage zum Arpeggio umschlägt, das von einem Cis-Dur-Septakkord ausgeht (T. 222), zitieren die Oberstimmen eine Formulierung, die an den ursprünglichen Nachsatz des Hauptthemas anschließt (T. 31). Und das Ziel der Entwicklung bilden verschränkte Tritoni, die zudem durch Glissandi akzentuiert werden (T. 231), während der Prozeß in diatonischen Quarten mit eingefügten Halbtönen sein Ende erreicht (T. 256). In doppeltem Ansatz kehrt die Reprise zum Hauptsatz zurück (T. 268 und T. 287), so sehr aber beide Themengruppen gestrafft werden, so ungeschmälert bleibt der dritte Komplex, der den Rückverweis auf die eröffnende Devise einschließt. Und wie das Ende der Durchführung reduziert die Coda die Spannungen, so daß sie ihrerseits in einem D-Dur-Akkord endet, der die tonale Integration der Folgesätze ankündigt.

Den beiden raschen Mittelsätzen – bezeichnet als Marcia und Burletta – ist nicht nur die dreiteilige Form mit zentralem Kontrastteil

B. Bartók, Sechstes Streichquartett, vierter Satz, T. 1–16 (Universal Edition).

gemeinsam, beidemal geht auch die zuvor einstimmige Devise voran, die nun aber in den Stimmenverband eingefügt wird. Während die Thematik der raschen Teile zunächst der Chromatisierung mit schrillen Dissonanzen ausgesetzt ist, tendiert sie in den Schlußteilen eher zur Annäherung der tonalen Achsen. Im Unterschied dazu führen die Mittelteile zur tonalen Zentrierung, deren Resultat im zweiten Satz eine ausgefächerte Quintschichtung ist (T. 115–120 im Ambitus a–cis), wogegen das Andantino im dritten Satz seine tonale Zentrierung zumal in den Zitaten der Coda bewährt (T. 135). In ihrem internen Prozeß verweisen beide Binnensätze auf ihre Einleitung, die wie in den Ecksätzen die Bezeichnung Mesto trägt. Ihre melodische Linie wird vor dem zweiten Satz im Violoncello zwar transponiert, erfährt aber bis auf eine rhythmische Variante (T. 3) erst im Schlußglied eine Erweiterung. Die kontrapunktierende Oberstimme dagegen, die von den Mittelstimmen im Tremolo übernommen wird, erklingt con sordino, ohne schon die tonale Spreizung zu reduzieren. Anders verhält es sich mit dem Mesto vor dem dritten Satz, das auf drei Stimmen mit partieller Verdoppelung erweitert wird. Denn die wiederum transponierte Linie wird in der Oberstimme nach sechs Takten durch Wiederholung und Sequenzierung ihres eröffnenden Gliedes durchbrochen, und zu ihrer tonalen Festlegung trägt eine komplementäre Gegenstimme über fallendem Baß bei (T. 7–13), bevor das Schlußglied auf die originale Version zurückkommt.

Die zunehmende Integration vervollständigt das Finale, dessen erstes Themenfeld aus der Sequenzierung und kontrapunktischen Verdichtung des ersten Glieds der Devise erwächst. Es endet in einem c-Moll-Akkord (T. 13), seine Quinte jedoch wird von den Unterstimmen im Arpeggio zugleich durch Halbton und Tritonus erweitert, um erneut die engräumig chromatische Fortspinnung voranzutreiben. Von ihr scheint sich ein Gegenthema durch intervallische Weitung abzuheben (T. 22), die bei Oktavumlegung freilich wieder auf chromatische Linien zurückzuführen ist, und so greift der folgende Abschnitt das zweite Glied der Devise auf (T. 31), womit er zum Zentrum des Satzes und zugleich zum Scheitelpunkt im Zyklus führt. Denn das eröffnende Glied verwandelt sich in diatonischer Glättung zum gedehnten ›Choral‹ mit Mollklängen der Unterstimmen (f^6–a–b–h), denen zugleich eine chromatische Baßlinie zugrunde liegt (as–A–B–H). Die Reihung diatonischer Akkorde basiert also auf chromatischem Fundament, und sie erweitert sich über dissonante Durchgänge zur Schichtung kleiner Terzen, in der ihre tonale Stabilität verblaßt. Zwar greift der Schlußteil des Satzes, der das Seitenthema des Kopfsatzes in Sextparallelen zitiert (T. 55), dazu die diatonischen Quarten aus dem Schluß der Devise auf, die anfangs zum Hauptthema des Kopfsatzes vermittelten. Je weiter sie aber fragmentiert werden, desto mehr setzt sich die Chromatik durch, die zuletzt in tremolierten Dreiklängen mit simultaner Moll- und Durterz ausläuft (T. 75f.

es–cis). So führen am Ende chromatische Linien gegenläufig zur reinen Quinte über dem Zentralton D, die gezupften Schlußakkorde changieren aber zwischen D- und F-Dur – jenen Klängen also, die zuvor Exposition und Coda des Kopfsatzes beschlossen und nun gemeinsam eine Quintschichtung umgreifen (F–C–D–A).

Bartóks Strategie zielt also auf die tonalen Relationen innerhalb der Sätze und zugleich auf die Integration der Devise, deren Glieder im Material des Finales transformiert werden. Zum Fluchtpunkt wird hier der ›Choral‹, der vorübergehend diatonische Klänge in chromatischer Folge reiht und damit demonstriert, daß solche Stabilität einer Musik nicht mehr beschieden ist, die erneut in ihre thematischen und tonalen Elemente zerfallen muß. Man braucht daher nicht an die Situation des Autors zu Kriegsbeginn zu erinnern, um dennoch den kompositorischen Prozeß seines letzten Quartetts zu ermessen. Denn die Dialektik der diatonischen Achsen, deren Potenzierung die Chromatik zur Folge hatte, zeichnete sich spätestens im dritten Quartett als ein kompositorisches System ab, das ein lineares Geflecht der Klänge in die Regulierung des Tonsatzes einzubinden vermochte. Dieses Verfahren wird im letzten Quartett so erweitert, daß beide Pole ständig zugleich verfügbar werden. Je weiter aber ihre Relationen nicht nur Sektionen der Form bestimmen, sondern in die Zellen des Satzes eingreifen, desto mehr bedürfen sie offenbar einer thematischen Konzentration, die über das Maß der früheren Werke hinausgreift. Sie erst erlaubt eine zyklische Disposition, in der das zunächst abgesonderte Mesto zunehmend thematische Qualität gewinnt. Sobald die Integration im Finale kulminiert, verfällt sie zugleich einer Fragmentierung, der am Ende kein Halt mehr bleibt.

Daß Kodálys Quartette in den Schatten Bartóks gerieten, liegt zunächst an ihrem geringeren Gewicht für die Entwicklung eines Musikers, der sich zunehmend der Vokalmusik und dann auch der Musikerziehung und der Edition von Volksmusik zuwandte. Dagegen bilden Bartóks Quartette nicht nur Alternativen zu Kodály aus, sie verbinden vielmehr die scheinbar unvereinbaren Alternativen der Gattungstradition und Folklore in einer tonalen Disposition, die zwischen den alternativen Möglichkeiten einer diatonischen und zugleich chromatischen Struktur zu vermitteln wußte, ohne die historisch begründeten Normen der strengen Arbeit preiszugeben. Die satztechnischen Prinzipien also, die Bartók in der Reihe seiner Quartette ausschritt, erweitern sich bis hin zum Schlußwerk, das damit auf einen Weg zurückblickte, dessen Vorgaben schon im ersten Quartett angelegt waren. Damit entzieht sich Bartóks Musik der schlichten Alternative zwischen Tonalität und Atonalität, indem sie zwischen extremen Positionen ein Gefüge voll unabsehbarer Möglichkeiten ausbildete. Seine Technik erlaubte ihm eine variable Ordnung, die atonale Chromatik so wenig ausschloß wie diatonische Akkorde. Sie unterscheidet sich damit vom forschen Zugriff

Hindemiths wie von der radikalen Konsequenz Schönbergs, ohne sich der versunkenen Esoterik Weberns zu nähern. So erreicht sie aber jene unmittelbare Expressivität, die in strikter Konstruktion gründet und Bartóks Quartetten ihre Position im Repertoire der Gattung sichert.

5. Dissonante Stimmigkeit: Hindemiths Streichquartette

Hindemith sei ein »Stürmer, von wildestem Temperament, von rücksichtsloser Härte der Harmonik, melodisch-thematisch vielleicht minder geschult, oder doch bedacht (Gegensatz: die Schule Schönbergs)«. So kommentierte Paul Stefan 1921 die Donaueschinger Uraufführung des Quartetts op. 16, dessen sensationeller Erfolg dem Komponisten zum Durchbruch verhalf. Weit später jedoch resümierte Heinrich Strobel: »So ungestüm diese Musik auch hinstürzt, sie ist doch niemals willkürlich. Es wirkt, vielleicht unbewußt, ein ordnender Wille.«[1] Beide Urteile meinen aus wechselnder Sicht dasselbe Werk, markieren aber die Eckpunkte der frühen Rezeption, bevor 1962 das Verdikt Adornos wirksam wurde.[2] Dem musikantischen »Stürmer« voll »rücksichtsloser Härte« trat der »ordnende Wille« eines Meisters gegenüber, dessen Musik nicht »willkürlich« sein durfte. Gerade dieses verklärte Bild, das vom späten Hindemith geprägt wurde, veranlaßte Adorno dazu, seine ursprüngliche Zustimmung zum einst als neu begriffenen Frühwerk zu widerrufen, doch lastete die Kritik auf Hindemiths Œuvre, bis eine erneute Prüfung einsetzte, die durch die Zuwendung zur Musik zwischen den Weltkriegen möglich wurde.

Welches Gewicht dabei die Reihe der Quartette hat, zeigte sich seither zusehends. Mit der späten Edition des C-Dur-Quartetts op. 2 hat sich die Zählung der folgenden Werke verschoben, so daß nun insgesamt sieben Quartette zu unterscheiden sind. Nimmt man das Frühwerk op. 2 aus und läßt die Nachzügler der Jahre 1943 und 1945 außer Betracht, die nicht mehr Opuszahlen erhielten, dann verbleiben im Zentrum die vier Quartette von op. 16 bis op. 32, die dem Zeitraum zwischen 1918 und 1923 entstammen. Eine so dichte Werkserie, wie sie sonst bei Milhaud oder Schostakowitsch begegnet, unterscheidet sich von der Position der Quartette im Œuvre von Schönberg wie Bartók, findet aber auch in der Gattungstradition des 19. Jahrhunderts kaum ein Gegenstück. So befremdlich es wirkt, daß der Geiger Hindemith die Gattung dann für zwanzig Jahre umging, so deutlich ist die Trennlinie zwischen den frühen Quartetten, deren Stilhöhe nach Finscher der Gattung gemäß ist, von der Fülle all der Sonaten, für die Rudolf Stephans Kennzeichnung als Spielmusik eher gelten könnte.[3]

---

1 H. Strobel, *Paul Hindemith*, Mainz ³1948, S. 20; P. Stefan, *Neue Kammermusik in Donaueschingen*, in: Musikblätter des Anbruch 3 (1921), S. 294, zitiert nach M. Kube, *Hindemiths frühe Streichquartette. Studien zu Form, Faktur und Harmonik*, Kassel u. a. 1997, S. 134. Teile der folgenden Darstellung erschienen andernorts: *Concordantia dissonans. Zum Quartettsatz Paul Hindemiths*, in: Jahrbuch des Staatlichen Instituts für Musikforschung Preußischer Kulturbesitz 1998, S. 163–194.

2 Siehe Anmerkung S. 123.

3 L. Finscher, *Zur Bedeutung der Kammermusik in Hindemiths Frühwerk*, in: HJb 17 (1988), S. 9–25, bes. S. 9f.; R. Stephan, *Über Paul Hindemith*, in: HJb 4 (1974), S. 45–62, speziell S. 54f.; programmatisch zuvor L. Finscher, *Paul Hindemith – Versuch einer Neuorientierung*, in: HJb 1 (1971), S. 16–25. Hervorzuheben sind auch einige ältere Arbeiten, so E. Doflein, *Die sechs Streichquartette von Paul Hindemith*, in: Schweizerische Musikzeitung 95 (1995), S. 413–421; C. Mason, *Hindemiths Kammermusik*, in: Melos 24 (1957), S. 171–177, 255–259; H. F. Redlich, *Paul Hindemith: a Reassessment*, in: The Music Review 25 (1964), S. 241–253; H. Chr. Wolff, *Die Kammermusik Paul Hindemiths*, in: HJb 3 (1973), S. 80–91, sowie die Dissertation von W. Pütz, *Studien zum Streichquartettschaffen bei Hindemith, Bartók, Schönberg und Webern*, Regensburg 1968, S. 26–75.

P. Hindemith, op. 22, dritter Satz, T. 1–6 (B. Schott's Söhne).

[Anmerkung 2 zu S. 122:] Th. W. Adorno, *Ad vocem Hindemith*, in: ders., *Impromptus. Zweite Folge neu gedruckter musikalischer Aufsätze*, Frankfurt a. M. ³1970, S. 51–87; diese Zusammenstellung von Texten der Jahre 1922 bis 1968 erschien auch in: *Theodor W. Adorno. Gesammelte Schriften*, Bd. 17, Frankfurt a. M. 1982, S. 210–246. Vgl. dazu R. Stephan, *Adorno und Hindemith. Zum Verständnis einer schwierigen Beziehung*, in: Hindemith-Jahrbuch 7 (1978), S. 24–53, wieder abgedruckt in: *Über Hindemith. Aufsätze zu Werk, Ästhetik und Interpretation*, hg. v. S. Schaal und L. Schader, Mainz u. a. 1996, S. 253–282. Für das Hindemith-Jahrbuch gilt fortan die Abkürzung HJb.

1 M. Kube, *Hindemiths frühe Streichquartette*, S. 201–214, bes. S. 202ff.; P. Hindemith, *Unterweisung im Tonsatz*, Bd. 1: *Theoretischer Teil*, Mainz ²1940, S. 187. Bezeichnend sind auch ab T. 7 die Kanonbildungen, deren Linearität jedoch durch die resultierenden Klänge verdeckt wird; vgl. dazu Kube, S. 205, sowie W. Pütz, *Studien zum Streichquartettschaffen bei Hindemith, Bartók, Schönberg und Webern*, S. 40f.

2 H. Erpf, *Studien zur Harmonie- und Klangtechnik der neueren Musik*, Leipzig 1927, S. 120, sowie M. Kube, *Hindemiths frühe Streichquartette*, S. 202.

Im vierten Quartett op. 22 bildet ein langsamer Satz das Zentrum, das von zwei Satzpaaren umrahmt wird. Seine tonale Schichtung erinnert an jene Polytonalität, die für Darius Milhaud kennzeichnend wurde, und so hat man den Satz vielfach als ›polytonal‹ klassifiziert. Michael Kube verwies aber jüngst darauf, daß sich Hindemiths *Unterweisung im Tonsatz*, die 1937 auch op. 22 in der Liste der Beispielwerke nannte, höchst skeptisch über das »nette Spiel« der Polytonalität äußerte.[1] Schon zehn Jahre zuvor band Hermann Erpf den Begriff an die Prämisse, die involvierten Tonarten hätten nicht nur punktuell, sondern »mit einer deutlichen funktionalen Folge vertreten« zu sein.[2] Wenn davon hier keine Rede sein kann, dann fragt sich erst recht, ob mehr als bloße Willkür walte. Von früheren Werken ist also auszugehen, bevor auf dieses Beispiel zurückgekommen werden kann, um dann im Ausblick auf das vorerst letzte Werk der frühen Serie eine Antwort zu suchen.

Das vermeintlich erste Quartett op. 10 genügte lange, um über die kompositorische Herkunft Hindemiths Aufschluß zu geben. So wurde es zumeist als Auseinandersetzung mit Reger verstanden, was zwar nicht untriftig, aber doch einseitig ist, weil daneben durchaus eigene und keineswegs konventionelle Züge nicht ebenso zur Geltung kommen. Anders verhält es sich, seit mit op. 2 das wirklich erste Quartett zugänglich ist, das zwischen Herbst 1914 und Frühjahr 1915 entstand und noch weiter in die Gattungstradition zurückzuführen scheint.[1] Daß sich zwischen einem traditionsgebundenen Frühwerk und den Ambitionen weiterer Werke ein Riß auftun kann, ist gewiß nicht ungewöhnlich. Hindemith selbst notierte jedoch 1914 die »Verwunderung« seines Lehrers Bernhard Sekles, die wohl nur dem ersten Satz galt; gerade ihn hat der Komponist indes später als »altmodisch« verachtet, während er auf »die letzten beiden Sätze« dennoch »besonders stolz« war.[2] Die erstaunlichen Divergenzen zwischen den Sätzen machen ein solches Urteil ebenso begreiflich wie die Entscheidung, das Werk nicht zu veröffentlichen.

Daß sich der ausladende Kopfsatz mit seinem Espressivo technisch an Brahms orientiere, suchte Kube eingehend nachzuweisen, und wer manche Details anders sieht, wird dieser Feststellung insgesamt zustimmen können.[3] An Brahms gemahnt zuerst wohl die stete Hemiolik, die nicht nur Haupt- und Seitensatz, sondern ebenso die Schlußgruppe prägt, wiewohl ihr graziöse Staccatoketten einen leicht scherzosen Zug geben. Mit der Durchführung wird dann aber der weitere Verlauf vom Elan solcher Bewegung bestimmt, dem freilich die motivische Ausarbeitung nicht ganz entspricht. Vielmehr dominieren auf weite Strecken konstante Begleitmodelle, aus solchen Klangflächen treten desto mehr unvermutete Rückungen hervor (so T. 43 von d-Moll nach Des-Dur und drei Takte später nach E-Dur). So folgt der Satz zwar ›romantischer‹ Konvention, läßt aber mit Stimmkoppelung, massivem Klang und abruptem Klangwechsel bereits die spätere Handschrift ahnen. Frappanter noch sind im langsamen Satz, der als schwerer Trauermarsch daherkommt, gleich anfangs rüde Quintparallelen im Violoncello, zu ihnen treten später Klangbänder der Oberstimmen, die nicht nur parallele Konsonanzen, sondern auch Quartfolgen einschließen können (T. 15f. oder T. 24ff.) und dabei Duolen mit Triolen und dazu mit chromatischen Ketten mischen (T. 40), ohne vor plötzlichen Rückungen zu scheuen. Als Kulmination sticht im A-Teil eine klanggesättigte Sequenzgruppe ab (zuerst T. 39), die nun wiederum vernehmlich auf Brahms anspielt. Gemessen daran gerät die tonale Orientierung im Scherzo vollends aus dem Lot, wie schon die ersten Taktgruppen anzeigen. Alle Stimmen treiben in rasanter Bewegung chromatische Teilstrecken derart voran, daß e-Moll als Zentrum fast unkenntlich wird.[4]

1 *Streichquartett C-Dur opus 2 (1915)*, hg. v. G. Schubert, Mainz 1994 (Michael Kube bin ich für vorherige Einsicht in eine eigene Spartierung des Werks zu Dank verpflichtet).
2 Zitiert nach M. Kube, *Hindemiths frühe Streichquartette*, S. 18.
3 Ebenda, S. 20–31, bes. S. 30f.
4 Vgl. ebenda, S. 31–42 und zur Tonalität näher S. 33ff.

P. Hindemith, op. 2, dritter Satz, T. 1–7 (B. Schott's Söhne).

Als ironisches Aperçu muten daher konventionelle Kadenzen an, die ihr Ziel mit Trillern anpeilen. Im rhythmischen Wirbel, durchsetzt mit Synkopen oder Hemiolen, färbt dieses gleitende Perpetuum mobile den tradierten Typus eigenwillig um, obwohl es in die gewohnte Form nur wenig eingreift. Wie ein Intermezzo setzt ein triohafter Einschub ein, dem zu massivem Ostinatofundament eine Variante des Kopfmotivs aus dem Scherzo zugrunde liegt, womit sich die Harmonik zu klären scheint. Dagegen gewinnt das zweite Trio nach kurzem Scherzozitat aus gleicher Substanz eine gedehnte, wiederum chromatisch durchsetzte Version, bevor die Scherzoreprise durch eine knappe Coda ergänzt wird. Einem so gewagten Satz gegenüber geht das Rondofinale von einem weithin diatonischen Refrain aus, dessen eingestellte Leittöne jedoch über Sequenzen hinweg die Fortspinnung zu chromatischen Ketten treiben. Zu seinem rhythmischen Elan kontrastiert das Couplet mit flächig ausgearbeiteten Viertelsextolen, die Mitte des Satzes vermittelt indes zwischen kontrastierender und durchführender Funktion und kulminiert zugleich im Zitat jener Sequenzgruppe, die im langsamen Satz Brahmssche Töne anschlug (T. 138ff.). Sie läßt sich zwar intern vom Refrain ableiten, deutet aber nochmals auf jene Tradition hin, von der Hindemiths Werkreihe ausging.

So läßt sich im ganzen konstatieren, daß in der viersätzigen Norm und im Rahmen der traditionellen Formtypen Diskrepanzen entstehen, die zwar kaum schon eine planvolle Disposition verraten, wohl aber einen Bruch mit Konventionen ankündigen, der zumal im Scherzo bereits partiell vollzogen wird. Anders wird man danach nun op. 10 beurteilen, das nicht mehr als ein erster Versuch erscheint. Denn die eher punktuellen Experimente, die in op. 2 zu beobachten waren, werden hier weit zielstrebiger fortgeführt. Das f-Moll-Quartett wurde nach Hindemiths Notizen 1918 ›im Feld‹, also in der Endphase des Krieges begonnen und im folgenden Jahr abgeschlossen. Zwischen eröffnendem Sonatensatz und modifiziertem Rondofinale steht eine komplexe Variationenkette, womit die herkömmliche Viersätzigkeit so wie dann in op. 16 aufgegeben wird.[1] Daß der Kopfsatz nicht im Sonatenschema aufgeht, liegt nicht allein an der ambivalenten Funktion eines Seitenthemas, das fast schon mit der Kontrastgruppe in As-Dur T. 15 anzusetzen wäre. Rhythmisch analog verfährt – jedoch in der Tonika f-Moll – ein Pendant ab T. 33, wogegen sich als Epilog ein Rückgriff auf die Gangart des Beginns abzeichnet (ab T. 61). Ungewöhnlich ist kaum, daß an die Stelle der Durchführung ein freies Fugato über eine Variante des Hauptthemas rückt, während dieses selbst in der Reprise entfällt. Der Verlauf wird aber primär durch eine Differenzierung der Satztechnik überlagert, die weit sinnfälliger als die formale Gliederung hervortritt. Zusammen mit der tonalen Orientierung wird die Akzeleration der Rhythmik wirksam, und sie zeigt fortan die charakteristischen Taktwechsel, die primär den Umfang der Takte und nur sekundär ihre Akzentuierung berühren.

1 Zur Entstehung von op. 10 ebenda, S. 47ff., zum Verhältnis zu Reger auch S. 45f. und S. 62f. sowie zum Kopfsatz S. 50–61; ferner W. Pütz, *Studien zum Streichquartettschaffen bei Hindemith, Bartók, Schönberg und Webern*, S. 26ff., sowie L. Finscher, *Zur Bedeutung der Kammermusik in Hindemiths Frühwerk*, S. 12ff.

Mit auftaktigem Oktavsprung weist der Themenkopf im Hauptsatz zwar ebenso eindeutig nach f-Moll wie die Begleitung trotz ihrer latenten Chromatik. Doch schon das durch Pausen abgesetzte Mittelglied (T. 2–3), das den Auftakt erstmals zur dann dominierenden Formel umbildet, zielt auf drei fallende Achtel mit parallelen Sextakkorden der Oberstimmen bei interner Chromatik. Und wenn die Kadenz als drittes Glied die Tonika bestätigt, sind damit die Pole im Satzprozeß definiert. Denn die fortspinnende Überleitung reiht in den Außenstimmen die Einsätze des Kopfmotivs im Halbtonabstand, dieser Sequenzierung passen sich die motorisch füllenden Mittelstimmen zwar mit Akkordrückungen an, ohne jedoch Härten wie den Tritonus in T. 7 zu meiden. Wo aber in der Ausarbeitung des knappen Mittelglieds das Hauptthema liquidiert wird (T. 10–14), da ballt sich der Klang erstmals zu Parallelen der drei Unterstimmen derart, daß ein Terzpaar von einer Stimme im Septabstand ergänzt wird, wonach sich die breite as-Moll-Kadenz desto befremdlicher ausnimmt. Das Kontrastthema im 6/8-Takt wirkt tonal weit maßvoller, und seine Sequenzierung verfestigt sich nicht gleichermaßen zu dissonierenden Klangbändern, sondern begnügt sich mit einer chromatischen Ausspinnung, die an Techniken Regers erinnern kann. Weiter noch reicht die tonale Stabilisierung im Pendant ab T. 33, sofern die analoge 6/8-Bewegung durch Synkopen modifiziert wird, während Kadenzen und verminderte Septakkorde – zudem mit ›rubato‹ – einen fast larmoyanten Ton evozieren. Werden solche Themeneinsätze ab T. 40 durch akkordisch gefüllten Orgelpunkt getragen, dann ergeben sich zwangsläufig Spannungen, die zunächst konventionell bleiben, bei wachsender Chromatisierung aber vorantreiben und in einer fallenden Akkordkette münden (T. 53f.). Diesen chromatisch gereihten Sextakkorden folgen vor dem Umschlag zur Tonikavariante F-Dur drei Akkorde ›molto tenuto‹, wie sie an solchen Nahtstellen auch später oft begegnen. Sie ließen sich wohl als septhaltige Klänge und in H- und G-Dur lokalisieren, ohne jedoch vor dem hartverminderten Klang, der nach F-Dur aufgelöst wird, einen funktionalen Zusammenhang zu stiften. Und wo die Schlußgruppe ›leichtfertig‹ den Hauptsatz aufgreift, stößt das lockere Figurenwerk zweifach auf eine Kleinterzkette, die ihre konstruktive Kraft – zumal in solchem Tempo – zugunsten einer mechanischen Rückung einbüßt (T. 63 und T. 68). Den Prozeß der Chromatisierung führt das Fugato am Platz der Durchführung auf doppelte Weise fort. Zum einen wird der Oktavsprung im Themenkopf durch verminderten Quintsprung ersetzt, dem noch ein quasi ›neapolitanischer‹ Halbton vorangeht (ges–f–ces). Zum anderen sequenziert seine Fortspinnung in Kleinterzabstand eine Drehfigur, die einmal diatonisch und dann chromatisch gebildet ist. Ihre Potenzierung in der Folge der Einsätze trägt nicht nur zur Chromatik bei, sondern tendiert rasch zur Parallelführung von zunächst zwei Stimmen in Terzen. Sobald aber die Vierstimmigkeit

P. Hindemith, op. 10, erster Satz, T. 1–6 (B. Schott's Söhne).

T. 10–12.

erreicht ist, paaren sich ab T. 84 drei Stimmen, wobei ein Terzabstand durch zutretenden Tritonus überdeckt wird. Vor Abbruch des Fugatos wird eine Klangkette just dann erweitert, wenn das Thema im Violoncello augmentiert wird. Belangvoller als eine Kontrapunktik, die schon zuvor die Umkehrung des Themas erfaßt, ist ihre Überlagerung durch derart konträre Klangbänder. Die Reprise sodann folgt – bei Ausfall des Themenkopfes – recht getreu der Exposition, steigert aber die den Hauptsatz beschließende Terz-Sept-Kette klanglich erneut, während die Schlußgruppe mit ihrer ›leichtfertigen‹ Kleinterzkette unverändert bleibt.

So sehr der Satz zunächst an Reger erinnern mag, so deutlich werden die Unterschiede dort, wo Hindemith im Zuge der rhythmischen Akzeleration zu den beschriebenen Klangbändern greift. Sie bleiben hier noch auf Knotenpunkte beschränkt, die gleichwohl Zäsuren und Gelenke der Formteile markieren. Wirksam wird die Methode im Mittelsatz, in dem sie das Verhältnis des Themas zu seinen Gegenstimmen wie auch zur Folge der Variationen lenkt.[1] Wie gewohnt richten sich fünf Variationen nach dem Bau des Themas, und wenn die zweite und dritte im Schema a – a – b die beiden letzten Glieder vertauschen, wird doch die

---

1 Vgl. W. Pütz, *Studien zum Streichquartettschaffen bei Hindemith, Bartók, Schönberg und Webern*, S. 28ff., ferner M. Kube, *Hindemiths frühe Streichquartette*, S. 65ff.

wachsende Distanz vom strukturellen Modell maßgeblich. Im Thema selbst beginnen und kadenzieren die Abschnitte in der Tonika B-Dur und ihrer Dominante, daß sie sich aber von diesem Rahmen rasch lösen, wird durch chromatische Stimmzüge bewirkt, die in Gegen- oder Parallelbewegung wechselweise verschoben werden. Solche konsonanten Klangfolgen, die bereits im Themenkern quer zueinander stehen (T. 10ff. und T. 16ff.), treten in den gebundenen Achtelketten der ersten Variation und erst recht im ›Capriccioso‹ der zweiten hervor. Solange nur zwei Stimmen beteiligt sind, verdecken die anderen die Konsonanzen, sobald aber drei Stimmen gekoppelt werden, entstehen Mixturen mit eingehängten Dissonanzen (wie ab T. 80, 89 und zumal 94). In Variation 3 klingt das Thema nur mehr in einzelnen Gesten an, die sich vom tremolohaften Klanggrund abheben (T. 116ff.), wonach sich thematische Zellen der Oberstimmen vom diffusen Satz der Begleitung abzeichnen. Der Versuch jedoch, noch einen so ›kapriziös‹ oder ›erregt‹ intendierten Satz tonal aufzufassen, ginge wohl an der Sache vorbei. Weiter entfernt sich der Marsch in Variation 4 vom Modell, indem er die Stimmen einer Schichtung unterwirft, die abschnittsweise wechselt. Einer mechanischen Vorordnung entzieht sich indes die freie Stimmführung, die nur mehr punktuell eine tonale Fixierung zuläßt. Die größte Verdichtung erreicht die letzte Variation in gis-Moll, die ganz auf die Halbtonspannungen im thematischen Kern setzt. Sie bildet sich aus der Wiederkehr eines viertaktigen Segments, das im getragenen Duktus mit inhärenten Leittönen an einen Choralsatz oder ein Ricercar denken läßt. Gleichwohl ist es bezeichnend, daß gerade hier, wo einmal eine historische Sphäre berührt wird, die Freiheit der Stimmführung wächst, die keine motorischen Klangbänder benötigt. Und wird danach das Thema wiederholt, so tritt es gänzlich neu und unverbraucht ein, um rückblickend die außerordentliche Distanz auszumessen, die in der Reihe der Variationen erreicht wurde.

Das f-Moll-Finale hat nun desto entschiedener jene motorische Note, die von früh an die Rede vom ›Musikanten‹ Hindemith veranlaßte. Mit kettenweisen Figuren voller Wechselnoten ließe das Thema, dem eine weiträumige Akkordbrechung mit Leittönen vorgelagert ist, zuerst vielleicht ein Rondo erwarten. Dagegen spricht indes die weithin getreue Reprise der zweithemigen Exposition, mit der zugleich der scheinbare Refrain erstmals wiederkehrt. Gleichwohl handelt es sich nicht nur um einen zur Dreiteiligkeit geschrumpften Sonatensatz, sondern um ein eigentümlich gegliedertes Konzept, wie es traditionsgemäß gerade Finalsätzen nicht fremd ist. Dem ausgedehnten ersten Themenkomplex folgt nämlich statt eines Gegenthemas ab T. 84 ein Fugato, dem ein Kondensat des Hauptthemas zugrunde liegt.[1] Erst nach einer Brücke erscheint ab T. 129 ein thematischer Kontrast (›sehr schwungvoll‹), der in gebundenen Achteln den motorischen Impuls abfängt. Desto mehr kann es

1 M. Kube, *Hindemiths frühe Streichquartette*, S. 81ff. und S. 92; zur chromatisch gestaffelten Einsatzfolge der Fugati im Finale s. L. Finscher, *Zur Bedeutung der Kammermusik in Hindemiths Frühwerk*, S. 12f.

überraschen, daß sich gerade die Satzmitte auf dieses kantable Thema konzentriert (T. 234). Erst sekundär wird es mit Derivaten des Hauptthemas gepaart (T. 263), um sich jedoch erneut durchzusetzen (T. 288), bevor die Reprise Varianten des ersten Themenbereichs mit dem Fugato verbindet (ab T. 378), denen dann der Seitensatz nachfolgt. Da die Themenkontraste eines Sonatensatzes tonal wie rhythmisch klar definiert sind, ist es erst recht bemerkenswert, daß eine Durchführung durch Verfahren der Reihung und Kombination vertreten wird. Ein Vergleich der Themen kann aber zeigen, daß die Konstruktion auf gleichen Prämissen wie im Kopf- und im Mittelsatz basiert. Denn der rhythmischen Kontinuität des Hauptsatzes, die bei Paarung und Ballung der Stimmen zu ähnlichen Klangbändern wie zuvor führt, steht im Seitensatz eine gänzlich andere Musik gegenüber, die in ihrem überzogenen Schwung wie eine Reverenz vor spätromantischer Konvention wirkt. Daß diese beiden Pole in der Mitte kollidieren, ohne eine Durchführung zuzulassen, entspricht dem Kalkül des jungen Hindemith: Traditionen werden markiert, um sich von ihnen entschieden abzuwenden, und so weiß sich am Ende denn doch der Hauptsatz durchzusetzen. Geballt zu Klangketten im Unisono oder in Mixturen, bringt er das eigene Verfahren des Komponisten zur Geltung, selbst wenn seine dissonante Stimmigkeit unüberhörbar gemildert oder sogar zurückgenommen wird.

Früh schon werden die Vorstellungen von einer Polarität der Klänge greifbar, die Hindemith zwei Jahrzehnte später theoretisch zu systematisieren suchte. Daß dieser Weg in op. 16, dem Werk des Durchbruchs, dann weitergeführt wird, kann weniger erstaunen als die Konsequenz, mit der ein Musiker, dem die Gattungstradition derart geläufig war, sich so prononciert einer Satztechnik verschrieb, die dem Begriff eines Gesprächs der Stimmen widerstrebt. So zügig das Werk – zunächst für einen Wettbewerb in Pittsburgh – Anfang 1921 entstand, so rasch folgte am 1. August in Donaueschingen die Uraufführung.[1] Der Kopfsatz läßt sich zwar wie in op. 10 als Sonatensatz auffassen, birgt aber wieder die Schwierigkeit, die Themen eindeutig zu klassifizieren. Ob in T. 43 ein Zwischensatz beginnt, mag Zweifel erwecken, weil sich die kleingliedrige Melodik mit blockhafter Begleitung nur graduell vom Hauptsatz abhebt, ohne daß von einer gearbeiteten Überleitung zu reden wäre. Klarer bestimmt sich ab T. 84 ein Seitensatz mit triolischen und punktierten Achteln und imitiertem Ansatz. Auch erfahren die Themen – unter Umstellung von Zwischen- und Seitensatz – eine Reprise, im Zentrum steht jedoch erneut statt strenger Durchführung eine kontrapunktisch einsetzende Rückleitung, die rasch in eine vehemente Steigerungswelle umschlägt und dann zur Reprise führt. Schillernd bleibt der Status einer Satzgruppe (›sehr wild‹ ab T. 133), die fast eine Durchführung eröffnen könnte, weil engräumige Formeln der Unterstimmen auf den ersten Themenkopf zurückdeuten. Da sie aber auch in

---

[1] Vgl. die ›Dokumentation eines Durchbruchs‹ bei M. Kube, *Hindemiths frühe Streichquartette*, S. 97–101, ferner D. Rexroth, *Tradition und Reflexion beim frühen Hindemith. Analytische und interpretatorische Anmerkungen zu op. 16*, in: HJb 2 (1972), S. 91–113.

die Reprise eingeht (T. 337), erweist sie sich rückblickend als Vertretung einer Schlußgruppe statt als Bestandteil von Durchführung oder Coda.[1]

Der als ›lebhaft und sehr energisch‹ bezeichnete Satz präsentiert im Komplex seines Hauptthemas jene Technik, mit der Hindemith schon in op. 10 ein eigenes Idiom geltend machte. Das Kopfmotiv umschreibt ein chromatisch fallendes Tetrachord, indem eine engräumige Trillerfigur im Unisono sequenziert wird. Wenn sich nach entschiedenem Aufschwung die Stimmen in Gegenrichtung akkordisch formieren, bilden sie eine Kette mixturhafter Klänge, die nicht primär tonal disponiert sind, sondern von ›neapolitanischer‹ Umschreibung des Grundtons angeführt werden (des–c–h in T. 3). Indem sich der Leitton verselbständigt, lösen sich die Unterstimmen ab T. 4 zu Terzparallelen ab, in die im Abstand einer Septime oder verminderten Quinte die Zusatzstimme eingehängt ist.

1 Dazu s. W. Pütz, *Studien zum Streichquartettschaffen bei Hindemith, Bartók, Schönberg und Webern*, S. 31ff.; L. Finscher, *Zur Bedeutung der Kammermusik in Hindemiths Frühwerk*, S. 20f.; D. Rexroth, *Tradition und Reflexion beim frühen Hindemith*, S. 102ff., sowie M. Kube, *Hindemiths frühe Streichquartette*, S. 102–113.

P. Hindemith, op. 16, erster Satz, T. 1–6 (B. Schott's Söhne).

Man täte solchen Bildungen, die für den Hauptsatz fortan konstitutiv sind, offenbar Gewalt an, wollte man sie tonal deuten, womit ihre Sprengkraft nivelliert würde. Daß das Verfahren zum Prinzip wird, zeigt nicht nur die sequenzierte und transponierte Ausspinnung des Materials, sondern weiter ab T. 14 die Spreizung von Stimmpaaren zu Oktaven mit Septrahmen oder später die Variante mit Stimmtausch (T. 22 ›breit‹). Von der Verdichtung oder Lockerung eines solchen Gewebes wird der stürmende Verlauf weit eher getragen als von motivischer oder tonaler Orientierung, selbst wenn sie partiell noch unterlaufen mag. Melodisch und strukturell wird diese Organisation des Satzes im ›Zwischensatz‹ nicht aufgegeben, denn die Mittelstimmen bleiben noch dann gekoppelt, wenn strenge Parallelen umgangen werden, während komplementär dazu weite Sprünge in Baßlage jede Verfestigung der Konsonanzen verhindern. Desto klarer zeichnen sich in der Melodiestimme tonale Segmente ab, die sich gleichwohl keiner durchgängigen Vorordnung fügen. Erst ihre Reduktion läßt zum Seitensatz hin eine Zentrierung nach cis-Moll durchscheinen (T. 84), womit sich jene ›neapolitanische‹ Stufe in enharmonischer Verwechslung etabliert, von der die Ausarbeitung des Hauptsatzes ausging. Das Liniengeflecht scheint zunächst nicht solche Klangbänder wie zuvor zu gestatten, sie setzen sich jedoch im Zuge der Entwicklung auch hier durch, wie etwa besonders massive Ketten ab T. 105 anzeigen. Deutlich wird damit nicht nur, wie maßgeblich die wechselnde Handhabung des Verfahrens für die Charakteristik der Themen ist. Vielmehr wird anstelle thematischer Vermittlung die über- oder rückleitende Funktion von Formgliedern dadurch erreicht, daß konstitutive Techniken reduziert oder von einem Widerpart durchsetzt werden. Ähnlich wird vom Seitensatz aus die strukturelle Annäherung an den Hauptsatz erreicht, wobei dennoch eine klare Cis-Dur-Kadenz die tonale Kohärenz und gleichzeitige Abriegelung des Abschnitts verbürgt. Denn auf die engräumigen Formeln des Hauptsatzes greift – wie erwähnt – die ›sehr wilde‹ Schlußgruppe zurück, die neben rhythmischen Bezügen auch die Wiederkehr entsprechender Klangbänder mitbringt. Sie entsteht aus einem motivischen Zweitakter, in dem sich zwei sprungreiche Stimmen in imitativer Paarung vom Begleitband der anderen ablösen, bis T. 140 und zumal T. 153 wieder der intrikate Satz des kompakten Beginns gewonnen wird. In diesem Rahmen ist es nur konsequent, wenn eine herkömmliche Durchführung ausbleibt. Was wie ein Innehalten im doppelt augmentierten Themenkopf zunächst dessen kontrapunktische Bearbeitung verheißt, wird rasch zu einer mächtigen Steigerung umgewendet, in der sich paarige oder dreifache Klangbänder desto entschlossener durchsetzen, je weiter sie zur Reprise hintreiben. Sofern es aber um den Kontrast der Strukturen statt um eine Hierarchie der Themen zu tun ist, können nachgeordnete Satzgruppen in der Reprise ihren Platz vertauschen, während die Coda letztmals die Stimmen zum Unisono des Beginns bündelt und dann auslaufen läßt.

Entscheidend ist also die Verschränkung von Konsonanzen und Dissonanzen in der Relation tonaler Teilstrecken zum Kontext. Auch der fesselnde Mittelsatz läßt im langsamen Zeitmaß noch immer dieses Verfahren erkennen. Kaum begreiflich ist es daher, daß er wie das Finale manchem Kommentator als Rückfall und daher als entbehrlich gelten konnte.[1] Konventionell ist zwar die ABA-Form, in deren Rahmenteil zwei Themen samt Schlußgruppe zu unterscheiden sind (A: T. 1–41, 42–87, 88–103; A' bei steigender Verschränkung T. 145–192–241). Der »frei-schwebende Charakter der Melodie« resultiert – wie Rexroth wahrnahm – aus einem höchst chromatischen Kontext.[2] So kehrt der Themenkopf (ohne den antizipierenden ersten Takt) zweifach unter Oktavierung wieder (T. 15 und T. 26), er hat anfangs nur in einer rhythmisch

---

[1] M. Kube, *Hindemiths frühe Streichquartette*, S. 114.
[2] D. Rexroth, *Tradition und Reflexion beim frühen Hindemith*, S. 102 sowie S. 99ff.

profilierten Drehfigur der Mittelstimmen einen Widerpart, je weiter sich aber schon zum zweiten Einsatz die Textur verdichtet, desto mehr werden die Stimmen zusammengezogen. Höchste Intensität erlangt der dritte Einsatz, dessen Oktavierung durch verschobene Terzparallelen ausgefüllt wird, bis der erste Komplex in haltlosem Fall der gekoppelten Linien ausläuft. Ein flirrendes Band der Mittelstimmen kennzeichnet den Seitensatz, ohne ihm gleiche melodische Prägnanz zuzugestehen. Nach Maßgabe seiner internen Steigerung festigt sich aber erneut der Klang, ›allmählich beschleunigen‹ über Doppelgriffen der Viola die komplementären Oberstimmen (ab T. 67), wonach die Schlußgruppe ›sehr ruhig‹ zu vorläufiger Auflösung tendiert. Pizzicato in Baßlage durchzieht ›sehr weich‹ den Mittelteil, der durch die interne Verschiebung der strukturellen Vorgaben charakterisiert wird. Triolische Tonrepetitionen übernehmen in zweiter Violine und komplementär im Violoncello die klangliche Verdichtung (mit Sextrahmen e'–G T. 122ff. zu leittönigem gis der teiloktavierten Melodiestimmen), ihr Ziel finden sie in zunächst oktavierten und dann auseinander strebenden Führungsstimmen zu chromatisch gleitenden Skalen der zweiten Violine. Darauf reagiert die außerordentlich freie ›Reprise‹ nicht grundsätzlich anders, als es in der prozessual überformten Dreigliedrigkeit solcher Sätze seit der Klassik die Regel war. Statt nämlich die allmähliche Steigerung und Rücknahme der Themenkomplexe zu bestätigen, greift die Diffusion nun rasch in die thematische Substanz ein. Aus der ergänzenden Drehfigur entstehen ausgreifende Sechzehntelfolgen, die sich zu arpeggierender Begleitung der Viola festigen und als Störfaktor gegen die melodischen Linie der Hauptstimmen wirken. So wird der Seitengedanke (ab T. 168) mit Skalenwerk und Akkordbrechungen des Mittelteils verknüpft, um in triolierter Mixturballung zu münden. So wenig wie schon diese Kulmination sind die melodischen Relikte der Coda tonal eindeutig zu fixieren, soll nicht jener bezwingenden Freiheit Gewalt angetan werden, die sich im linearen und klanglichen Gefüge des Satzes realisiert.

Daß der Mittelsatz dennoch in einem A-Dur-Klang endet, während die Ecksätze eindeutig in C schließen, ist weder als Tribut an die Konvention noch als ironischer Kommentar zu verstehen. Vielmehr erinnert der Schlußklang nochmals an den Pol, von dem die progredierende Diffusion ausging, womit er nachträglich geradezu definitorischen Status erhält. Auch dem Finalsatz läßt sich weniger ein Rückfall vorwerfen als eher die hochgradige Konsequenz, mit der er bei überaus motorischer Rhythmik auf akkordische Felder, Klangketten und Mixturen hin angelegt ist, obgleich er seinen Rückhalt noch immer im Sonatenschema findet.[1] Zum Hauptsatz samt Überleitung (T. 1–87–126) kontrastiert der Seitensatz durch rhythmische Reduktion, aber kaum als strukturelle Alternative (T. 127–175), einer Schlußgruppe mit dem Hauptthema als Kontrasubjekt (T. 277–236) folgt nach umfänglicher Durchführung die

---

1 Zum Finale aus op. 16 s. M. Kube, *Hindemiths frühe Streichquartette*, S. 149ff. sowie S. 156ff., wo auch die für dieses Werk oft postulierte Beziehung zu Schönbergs Quartett op. 7 relativiert wird; vgl. dazu L. Finscher, *Paul Hindemith – Versuch einer Neuorientierung*, S. 20, D. Rexroth, *Tradition und Reflexion beim frühen Hindemith*, S. 92ff., und R. Stephan, *Über Paul Hindemith*, S. 52.

Reprise (ab T. 523), womit der Satz volle 788 Takte mißt. Maßgeblich ist von Anfang an das zwischen zwei und drei Achteln wechselnde Taktmaß, wie aber die konsonante Vorordnung den Ausgang ihrer Differenzierung bis zur partiellen Verselbständigung der Dissonanz bildet, die noch immer als Regulativ die Konsonanz bedingt, so erlauben die steten Taktwechsel eine rhythmische Flexibilität, die dennoch weder zur Prosa noch zur Aufhebung der Taktgrenzen führt, weil deutliche Akzentuierung den Takt als regulative Prämisse einschließt. Oktavierte Stimmketten, verschärft durch rhythmische Schichtung, beherrschen schon den Hauptsatz in seiner flächigen Ausbreitung, ebenso aber das ausgedehnte Feld des Seitensatzes, sie verbinden sich zudem mit einer Begradigung der harmonischen Relationen, die hier über Chromatik erstaunlich zurückhaltend verfügt. Daß ein solches Stück in seiner Vitalität zunächst überwältigen konnte, ist immer noch vorstellbar. Die Frage aber kommt auf, wie solche Verfahren weiter zu entwickeln sind. Denn sie geraten an ein Ziel, das seit op. 10 greifbar war, zugleich aber an eine Grenze, soll nicht monotone Manier am Ende stehen.

Den zwei dreisätzigen Werken op. 10 und op. 16 tritt mit dem Quartett op. 22, das 1921 entstand und am 4. 11. 1922 erstmals in Donaueschingen erklang, ein fünfsätziger Zyklus gegenüber, dessen einzelne Sätze – mit 61 bis 171 Takten – deutlich knapper als zuvor ausfallen. Die Rahmensätze tragen als ›Fugato‹ und ›Rondo‹ Bezeichnungen, die auf tradierte Typen deuten, während aber das Fugato als Einleitung durch Attacca-Vorschrift mit dem raschen Folgesatz verbunden ist, wird das Finale durch ›mäßig schnelle Achtel‹ im vorangehenden Satz vorbereitet. Damit verstärkt sich die zentrale Position des langsamen Mittelsatzes, von dessen bitonaler Struktur eingangs gesprochen wurde. Daß sich die Technik der Klangketten, die zunehmend in den früheren Werken hervortrat, hier noch weiter durchsetzt, macht schon ein flüchtiger Blick einsichtig. Die dreiteilige Form des Kopfsatzes wird durch eine steigernde Phase modifiziert, mit der die Zäsur zwischen erstem und zweitem Abschnitt überspielt wird. Das Fugato bewahrt indes die Polyphonie, die es verheißt, nur im zweistimmigen Satz (T. 1–11); wo jedoch die volle Stimmenzahl eintritt (ab T. 12), werden sogleich zwei und dann drei Stimmen akkordisch gekoppelt. Wie wichtig diese Struktur dem Autor war, läßt sich daran ablesen, daß gerade an ihr die Differenzierung ansetzt, wenn schon T. 15 in die Bratsche Quintparallelen einziehen oder nach T. 23 prinzipiell parallele Stimmen rhythmisch gegeneinander verschoben werden. Daß darin intervallische und rhythmische Fermente des Fugatothemas wirken, ist so unbestritten wie die weitere Modifizierung durch jeweilige Gegenstimmen, doch steigert sich das Verfahren, je weiter das Fugato dem Binnenteil entgegengeht, der seinerseits genauso durch kompakte Klangbildung bestimmt wird. Trotz rhythmischer Angleichung der Unterstimmen, von denen sich oktavierte Septsprünge der Oberstimmen abheben (T. 34ff.), wird je ein gekoppeltes Paar durch Gegenbewegung oder chromatische Züge ergänzt. Wenig aussichtsvoll wäre daher der Versuch, dem derart kalkulierten Verband die harmonische Determinierung abzugewinnen, der er sich gerade zu entziehen trachtet. Anders verhält es sich im Schlußteil, der auf das Fugato zurückgreift. Indem das Violoncello für 15 Takte im Pizzicato grundiert, erhalten die drei Oberstimmen weiteren Raum zu stimmiger Entfaltung, die erst nach dem letzten Themeneinsatz durch akkordische Raffung ersetzt wird (T. 64ff.). Daß gerade die Schlußtakte im Wechsel beider Violinen eine Cis-Achse anzeigen, die zum Ton C in der Viola quersteht, entspricht dem gespannten Schlußklang. Mit dem Tritonus (gis-d) verbindet sich faktisch F-Dur, dessen Quinte C sich freilich – gelesen als his – leittönig zum Folgesatz in Cis verhält.[1]

Erstmals werden im zweiten Satz, der deutlich ein Scherzo vertritt, derart kompakte Klänge, die in Hindemiths Quartettsatz zunehmend dominieren, in durchaus thematischer Funktion eingeführt. Daß die Takte zwischen drei bis sechs Achteln wechseln, wobei auch zwei oder drei Viertel vorkommen, hat dennoch kaum prinzipielle Ambiguität zur Folge. Das ist aber nur auf der Basis einer Struktur möglich, die grundsätzlich verschieden akzentuierte Stimmen umgeht, solange die Einzelstimmen eng verspannt bleiben. Vom Hauptthema ist zwar ab T. 15 eine Überleitung zu unterscheiden, die mit doppelschlagartigen Figuren auch Stimmpaare ausbildet, ohne jedoch die Satzart nachhaltig zu ändern. Die Struktur bleibt nämlich auch dann konstant, wenn der Seitensatz ab T. 39 die rhythmische Gangart zurücknimmt. Falls einmal nicht mindestens zwei Stimmen zusammengespannt sind, fungiert doch eine noch als Achse, die dann auch zu Quintklängen verstärkt wird, um absichtsvoll dissonante Dichte zu gewährleisten (so ab T. 58 die Viola). Statt einer Durchführung setzt wie in op. 16 eine Rückleitung an, die deutlich vom Material des Hauptsatzes ausgeht, es mit den Doppelschlägen der Überleitung paart, schon nach sieben Takten jedoch ›ins erste Zeitmaß übergehen‹ soll. Unleugbar hat im Hauptsatz ein mehrfach repetierter Ton (cis) tonales Gewicht, doch läßt sich aus den ihm folgenden Gruppen (mit den Tönen es–ges–a bzw. dis–fis–a) nur schwer eine dominantische Zentrierung erschließen.[2] Eher fungiert der kritische Ton leittönig in Richtung auf einen d-Moll-Klang, dessen Bestandteile durch eingeschaltete Halbtöne verschleiert werden. Wichtiger als tonale Relikte ist also ihre Verdeckung, aus der die klangliche Spannung des gesamten Verlaufs entsteht. Greifbar wird sie schon im Hauptsatz, wenn mehrfach nach T. 9 die zunächst unisone Tonrepetition dissonant gefächert wird, oder in der Überleitung, in der gebündelte Terzen einen sperrigen Septrahmen abgeben. Die wenigen Hinweise lassen ermessen, daß dissonante Spreizung und Drängung der Stimmen den Vorrang vor harmonischer Determinierung erhält. Mehr noch werden vergleichba-

[1] Zur Entstehung von op. 22 vgl. M. Kube, *Hindemiths frühe Streichquartette*, S. 171ff., ferner L. Finscher, *Zur Bedeutung der Kammermusik in Hindemiths Frühwerk*, S. 22f. und W. Pütz, *Studien zum Streichquartettschaffen bei Hindemith, Bartók, Schönberg und Webern*, S. 38ff.

[2] M. Kube, *Hindemiths frühe Streichquartette*, S. 190f.; daß sich Tongruppen oder Stimmzüge tonal dechiffrieren lassen, löst nicht die übergreifende Frage, wie sich solche Bildungen zueinander verhalten.

re Bildungen im knappen vorletzten Satz pointiert. Schon die eröffnende Cellofigur ist um drei Quintklänge gelagert, die den Vorrat der leeren Saiten nutzen. Entschieden kontrastieren dazu gezackte Figuren mit unterschiedlichem Terzrahmen, die einer tonalen Fixierung entgegenstehen. Gleiche Wirkung haben im anschließenden Tuttiklang mit doppeltem Quintrahmen die Skalen der zweiten Violinen im c-Moll-Bereich. Daß diese Konstellation zweimal ritornellartig wiederkehrt, gibt ihr eine quasi thematische Rolle, denn ihre klangliche Massierung bleibt noch dann identifizierbar, wenn die gezackte Figur in andere Lage überführt oder aufgefüllt wird (T. 19 und T. 33). Von ihr heben sich die eingeschalteten Episoden ab, die nun entweder in solistischer Manier konzertante Spielfiguren oder gleichsam kadenzierende Gesten einbringen. Zum Solopart im Violoncello tritt zuerst als Liegestimme die Viola (T. 13–18), sie beteiligt sich später wie die erste Violine am Figurenwerk (ab T. 45 und zuvor T. 25), wogegen das letzte Ritornell durch seine klangliche Massierung ausgezeichnet ist. Gerade daraus resultiert aber die schillernde Ambivalenz der tonalen Gruppierung.

Gleiches gilt ähnlich – wie nur noch anzudeuten ist – für das Rondofinale mit seinen drei Refrains. Seiner klaren Faktur entspricht ein ebenso überschaubarer Bauplan: Refrain, Couplet und verkürzter Refrain (ab T. 1, 30, 54) werden von einem Mittelstück gefolgt (T. 68–90), wonach Couplet und Refrain vertauscht und durch Coda ergänzt werden (ab T. 91, 102, 118). Daß den Refrains motorische Impulse zu eigen sind, die vom kecken Thema und seiner komplementären Begleitung ausgelöst werden, versteht sich fast von selbst. Ist die führende Stimme auf e-Moll beziehbar, so deuten die Gegenstimmen nach es-Moll, und obwohl die Achsen kurz tauschen können, erhöht sich die Spannung bei Zutritt weiterer Stimmen, die zunehmend gekoppelt werden und in der bezeichnenden Verschränkung von Stimmpaaren kulminieren. Nicht ganz anders ist das Couplet angelegt, das sich durch rhythmische Reduktion absetzt, denn schon seinen Eintritt markiert das Violoncello mit Quartparallelen, wie im Refrain potenziert sich der Effekt im vollstimmigen Satz, und weiter noch waltet motorische Massierung, wenn punktierte Werte der Oberstimme sequenziert, von Dezimen in Sechzehnteln begleitet und mit Tritoni oder Septimen durch eine dritte Stimme vervollständigt werden (T. 46–51). Ebenso klangdicht ist der zweite Refrain, und die Satzmitte unterscheidet sich davon nur graduell, sofern fließende Achtel analog begleitet werden. Selbst die Themenkombination der Coda verrät weniger kontrapunktische Kunst, sondern unterstreicht eine strukturelle Affinität, die eine Bedingung für den gesamten Satzverlauf ist.

Damit wird jetzt sichtbar, daß die scheinbare Bitonalität des langsamen Mittelsatzes, von dem eingangs geredet wurde, durchaus kein isolierter Tatbestand ist. Der Satz rechtfertigt seine zentrale Stellung gerade dadurch, daß er tragende Prinzipien dieses Werks, die zugleich die Konsequenzen aus früheren Ansätzen ziehen, zu einem äußersten Punkt bringt. Genau diese Verfahren sind aber der Gattungstradition in gleichem Maß fremd, wie sie für Hindemiths Vorgehen kennzeichnend bleiben. Motorische Impulse, die sich über Teilflächen ausdehnen und mitunter zum Perpetuum mobile steigern konnten, kannte das Quartett zwar seit jeher. Nächst dem Finale in Haydns ›Lerchen-Quartett‹ gibt das Trio im Scherzo aus Cherubinis erstem Quartett ein gleiches Beispiel wie manches Gegenstück von Mendelssohn, und mehr noch als Schuberts späte Finali verfügte das Quatuor brillant auf weite Strecken über analoge Rhythmik. In der Adaption durch Hindemith wird derlei aber weit radikaler genutzt, und dazu kommt ein kompakter Satz, der allen Erwartungen eines ›Gesprächs‹ im Quartett widerspricht. Gerade weil der versierte Quartettspieler Hindemith ein intimer Kenner des Repertoires war[1], ist der Bruch mit den Normen der Gattung evident. Nochmals geschärft wird er durch die eigenartige Relation konsonanter und dissonanter Momente, denn so deutlich Teilstrecken und Stimmpaare vertraut tonale Bezüge implizieren, so eklatant werden sie von den Gegenstimmen gerade dann widerrufen, wenn sich die Stimmzüge rhythmisch angleichen und tonal verschränken. Man kann das eigensinnig oder bedenklich finden – wirksam war es zunächst allemal. Je konsequenter aber derart verfahren wird, desto mehr droht manieristische Verengung. Daß Hindemith das wahrnahm, kann vielleicht motivieren, daß er op. 22 mit seiner partiell tonalen Bindung noch 1937 gelten ließ, um sich zugleich vom »netten Spiel« der Polytonalität zu distanzieren. Daß er aber mit solchen Verfahren nach eigener Ansicht an den Rand der Möglichkeiten gekommen war, beweist zugleich der neue Ansatz in op. 32.

In Hindemiths op. 16 erkannte Adorno 1922 »den ersten großen Sieg«, denn hier sei »von Stiltasten und Verblüffen nichts mehr zu spüren« und »eine strenge Formzucht wiedergewonnen«, die nun »weitgespannte, sehr polyphone Sätze« ermögliche, dabei »sachlich die Konsequenzen aus der neuen Harmonik« ziehe und sogar »dem Adagio wieder seine volle Wärme und Innigkeit« vergönne.[2] Rückblickend galt ihm das Werk freilich nur mehr als »ein motorisch-homophones Stück«, obwohl seine wahrhaft unerhörte Struktur jenen Eindruck begreiflich macht, der später zu relativieren war.[3] Sie war in der Tat einmal neu und individuell, zugleich ließ sie sich jedoch nur schwer wiederholen oder verändern. Daß sie der klanglichen Subtilität entriet, mit der Bartók, Schönberg oder gar Webern Farben wie sul ponticello oder col legno zur Geltung brachten, ist nicht unbedingt ein Manko, sondern die Folge einer Rigorosität auf anderer Ebene. Wie konsequent aber in op. 22 dieser Weg ausgeschritten wurde, wollte Adorno nicht mehr wahrhaben, als er 1926 entschied, in diesem Werk (und den Marienliedern) kündige

---

1 M. Kube, *Am Quartettpult. Paul Hindemith im Rebner- und Amar-Quartett*, 1.–3. Teil, in: HJb 20 (1991), S. 203–230, 21 (1992), S. 153–251 und 22 (1993), S. 45–67.
2 Th. W. Adorno, *Ad vocem Hindemith*, S. 54f.
3 Ebenda, S. 77.

1 Ebenda, S. 60 und S. 58; zusammenfassend M. Kube, *Zum Stilwandel in Paul Hindemiths frühen Streichquartetten (1915–23)*, in: HJb 25 (1996), S. 56–83.

2 R. Stephan, *Paul Hindemiths Streichquartett op. 32*, in: HJb 24 (1995), S. 25–41, bes. S. 33; ebenso in: *Kammermusik zwischen den Weltkriegen. Symposion 1994*, hg. v. C. Ottner, Wien 1995 (Studien zu Franz Schmidt XI), S. 117–127; vgl. zudem J. Dorfman, *Hindemith's Fourth Quartet*, in: HJb 7 (1978), S. 54–71.

3 Th. W. Adorno, *Ad vocem Hindemith*, S. 60f.; R. Stephan, *Adorno und Hindemith. Zum Verhältnis einer schwierigen Beziehung*, in: HJb 7 (1978), S. 24–53.

4 R. Stephan, *Paul Hindemiths Streichquartett op. 32*, S. 31.

»die Änderung sich an«, die danach in op. 32 »manifest« werde.[1] Um jenen »neuen Ton, den archaisch-klassizistischen angemessen zu begreifen«, wäre es zuvor erforderlich, den inneren Zusammenhang von op. 16 und op. 22 zu erfassen. Dagegen ist der Abstand zwischen op. 22 und op. 32 – wiewohl nur ein Jahr dazwischen liegt – so groß, daß die Folgerungen Adornos unverständlich sind. Seine Konstruktion versagt zumal angesichts einer tonalen Freiheit, die sich in op. 32 nun wirklich mit polyphonem Satz statt motorischer Ballung verbindet, weshalb Rudolf Stephan hier »eine in ihrer Tonordnung absolut neue Musik« konstatieren konnte.[2]

Adornos Kritik an op. 32 entzündete sich am Kopfsatz als einer »Synthese von Doppelfuge und Sonate«, in der die Fuge nur »zitiert« werde und als »historische Erinnerung« den »Widerspruch beschwichtigen« solle, der »am Rekurs auf die Sonate« evident werde.[3] Die Diagnose geht nicht nur am Verhältnis der Satzglieder vorbei; indem sie in der Ausarbeitung eine »deutlich nun parodistische Sequenzgruppe« sieht, verkennt sie die eigentümliche Strukturierung, der die fugierte Technik ausgesetzt ist. Denn in einer »›linearen‹ Polyphonie, die auf Leittöne und Auflösungen« so wenig angewiesen ist wie auf »zwingende Akkordprogressionen«, ist der Kopfsatz – und mit ihm das ganzes Werk – nun »atonal«, sofern er »nicht in einer Tonart steht« und statt dessen »Dissonanzen vorherrschen«.[4]

Mit dem wieder viersätzigen Werk kam 1923 die Serie der Quartette vorerst zu ihrem Ende, um erst 20 Jahre später im amerikanischen Exil mit dem letzten Werkpaar aufgenommen zu werden. Der erste Satz ist eher als sein Pendant in op. 22 fugiert zu nennen, obwohl er nicht so bezeichnet ist. Er bildet indes keine Kreuzung von Fuge und Sonate, son-

P. Hindemith, op. 32, erster Satz, T. 1–10 (B. Schott's Söhne).

T. 20–23.

dern eine Doppelfuge, der im Finale eine ›Passacaglia‹ gegenübersteht. Die Berufung auf alte Formen, die Adorno zum Einspruch reizte, sticht scharf von der ambitionierten Satzweise ab. Zur ersten Fuge (T. 1–92) mit ihrem markanten Themenkopf samt engräumiger Fortspinnung kontrastiert die beruhigte zweite ›im gleichen Zeitmaß‹, jedoch ›sehr zart‹ (T. 93–173). Ihre weitere Entwicklung läuft auf ein Auflösungsfeld hin, dessen kadenzartige Ausweitung in der Aufnahme des ersten Themenkopfs ihren Halt findet (T. 174–184–202). Die simultane Kombination beider Themen bringt dann zwar eine traditionelle Krönung, der aber wider Erwarten statt einer Coda die blockweise Wiederholung der ersten Themendurchführung aus der eröffnenden Fuge angehängt wird (T. 258–305 = T. 1–47). Wo man tonale Relikte ausmachen mag, gelten sie höchstens für einzelne Stimmen, nicht aber für ihren Verband. Dem alten Typus tritt also eine neue und tatsächlich »atonale« Satzart entgegen, die zwar interne Differenzierung nicht ausschließt, ohne jedoch mehr als »Beziehungen im Großen« zu regulieren.[1] Das erste Fugenthema impliziert mit seiner Fortspinnung über sechs Takte hin einen konzertanten Einschlag, schon in der ersten Exposition verkürzt sich der Abstand der Einsätze, sofern der zweiten Violine nach drei Takten das Violoncello folgt, das statt des ganzen Themas nur sein sequenziertes Kopfmotiv vorträgt. Wohl verfestigt sich der Satz tendenziell zu ostinaten Phasen, auch weist er bei voller Stimmenzahl paarige Spielfiguren auf, sie bleiben aber weit flexibler als früher, da sie nicht ebenso als intervallische Parallelen organisiert sind.

Konstanz bewahrt das Thema freilich nur in seinem Umriß. So erhält sich vom Kopf – mit zwei Sekunden auf- und Sexte abwärts – nur die Kontur aus Schritt und Fall, wenn in der zweiten Durchführung das Violoncello mit einer solchen Variante statt mit dem Themenkopf selbst eintritt. Und die Achtelketten der Fortspinnung, die sich bereits in der ersten Durchführung verlängern, dominieren vermehrt in der zweiten, in der sie in Legatovarianten überführt werden. Daß sich daraus zum letzten Einsatz des Violoncellos mit ostinat repetierten Sprüngen in den Oberstimmen heftige Ketten aus je zwei gebundenen Achteln ablösen, verweist schon auf die Auflösungsphase nach der zweiten Fuge. Vorerst wird ihr allerdings vom Fundament der Unterstimmen Paroli geboten, und so sammelt sich die Fuge am Ende zu thematisch signifikanten

1 Ebenda, S. 40.

Wendungen. In der zweiten Fuge, die gleich zweistimmig beginnt, trägt auch die minder dissonierende Satzweise zum ruhigeren Ton bei. Das Thema umkreist in breiten Legatobögen scheinbar es-Moll, die Gegenstimme der Viola deutet dazu latent auf den Themenkopf der ersten Fuge zurück, nach dessen Sekundschritten der Absprung zum weiteren Sekundschritt geglättet wird. Da diese Version zu weiteren Einsätzen auftritt (T. 102 und T. 109), wird ein Verweis auf die spätere Kombinationsphase greifbar, wichtiger ist jedoch die rhythmische Reduktion, in der eine ornamentale Achteltriole den kleinsten Wert ausmacht. Mehr noch als zuvor wird das zwischen zwei und drei Halben changierende Taktmaß wirksam, das dem Satz seine schwebende Bewegung mitgibt. Je dichter er wird, desto weiter beschleunigt sich die Gangart, während das Kontrasubjekt einstweilen zurücktritt, dann aber als Quartaufstieg gleichzeitig augmentiert und diminuiert wird. All solche Maßnahmen lassen die Fuge zu klanglicher Steigerung kommen (T. 174 und ab T. 180), bis sie sich mit grell dissonierenden Bändern der Oberstimme in höchster Lage entlädt. Daß dieser ›Kadenztakt‹ numerisch 33 Halbe mißt (T. 184), zeigt die Aufhebung der Maße an, womit alle Dimensionen aus dem Lot geraten, wie es sich schon gegen Ende der ersten Fuge ankündete. Zur Ordnung rufen wie dort in den Unterstimmen die Zitate des ersten Themenkopfes, die nach der Auflösung die Themenkombination eröffnen. Daß fortan die Setzung der Taktstriche zwischen den Stimmen wechselt, ist zwar die Folge der unterschiedlichen Taktwechsel in beiden Themen, hat aber nicht Polymetrik zur Konsequenz, weil sich rasch ein Ausgleich ergibt, so daß die Stimmen gleiche Taktzahl bewahren. Dennoch geht es weniger um kontrapunktische Kombinatorik als um den Ausgleich konträrer Charaktere, die zur Deckung zu bringen sind. Wenn statt einer Coda die ersten Takte des Satzes wiederkehren, so ist das nicht nur der Preis von Hindemiths Vorliebe für blockweise Wiederholungen. Vielmehr wird dort, wo sich der Satz erneut zu verfestigen droht, an seinen Ausgangspunkt erinnert, und so ist es bezeichnend, daß diese ›Reprise‹ mit der ersten Durchführung endet, bevor die kritische Steigerung zu tendenzieller Auflösung berührt wird.

In welchem Maß die rhythmische Disposition vor der tonalen oder kontrapunktischen Ordnung rangiert, zeigt die planvolle Aufzehrung des linearen Satzes. Denn sie ist ein Resultat der rhythmischen Modifizierung, ohne von tonalen Relationen geleitet zu sein. Damit charakterisiert der Kopfsatz die Verfahren, die dann die Folgesätze bestimmen und die strukturelle Einheit des Zyklus begründen. Der zweite Satz nämlich (›Sehr langsam, aber immer fließend‹) zeigt zwar noch die übliche Dreiteilung (A T. 1–33 mit Annex T. 33–40; B T. 41–71; A' T. 52–73 mit Annex T. 74–80). Mit choralhaft akkordischen Zeilen kontrastiert zudem der Mittelteil so, wie es eine Musik erforderlich macht, die der dafür sonst zuständigen Harmonik entbehrt. In der jeweiligen Oberstimme greifen die Choralzeilen die eng gleitende Gestik im Terzraum auf, von der die Rahmenteile ausgehen, auf sie weisen zugleich die kadenzierenden Solophrasen hin, die sich zwischen die Zeilen lagern. Mit solchen Beziehungen wird also der strukturelle Kontrast der Teile relativiert, ohne auf tonale Sicherung angewiesen zu sein. So rasch sich die Rahmenteile verdichten, so prägend bleibt für ihre Entfaltung jene gleitende Linearität, zu der das Violoncello partiell als Stütze fungiert, ehe es in einen Sog gerät, der alle Stimmen erfaßt. Selbst der Annex, der beide Rahmenteile beschließt, hebt sich primär durch rhythmische Formeln ab, sie aber wiederholen sich engräumig und lassen den Satz retardieren. Zudem bilden sie ein Kondensat aus kleiner Terz samt Quarte, das den Ausgangspunkt des ganzen Prozesses darstellte, und die freie Polyphonie artikuliert sich desto eindrucksvoller, wenn sie vor der Folie des dissonanten Chorals in ihrer Mitte erfaßt wird.

›Kleiner Marsch‹ heißt der dritte Satz, der recht unkonventionell den Tanzsatz ersetzt. Formal distanziert er sich davon, indem er Ostinato und Variation mischt. Denn das thematische Modell, das die Oberstimme einführt (T. 1–10), wiederholt sich siebenmal bei teilweiser Transposition. Es bleibt trotz mancher Varianten im Umfang und in der Rhythmik ein stabiles Gerüst, das dem Verlauf durchweg das Gepräge gibt. Eine aparte Alternative zum Tanz ist nicht nur der Marschcharakter, mehr Eigenart noch hat die Überlagerung ostinater und variativer Momente. Das frische Thema treibt dem Marsch alles Materialische aus, und auch wenn einmal auftaktige Triolenrepetitionen an Wirbel anklingen, gibt das dem Typus eine leicht scherzose Note. Sofern die rhythmischen Zellen der Marschmelodie in die Gegenstimmen einziehen, verdecken sie das Themengerüst in dem Maß, in dem sie an ihm zugleich partizipieren. Entschlossen historisch gibt sich – so mag es scheinen – das Finale als Passacaglia mit nicht weniger als 27 Variationen samt krönendem Fugato über eine Variante des Ostinatothemas. Das ostinate Modell schreitet zwar das chromatische Total nicht ganz aus, in seinen Segmenten umschreibt es aber einen chromatisch fallenden Skalenausschnitt.[1]

Wie es damit an das zweite Fugenthema im Kopfsatz anschließt, so löst die ostinate Technik Prämissen ein, die im Werk schon zuvor herrschend waren. Erstaunlich ist jedoch die außerordentliche Freiheit, die der Satz bei enger thematischer Bindung bereit hält. Denn das Thema erscheint meist in originaler Rhythmik und – mitunter transponiert – in einer hervortretenden Stimme, von der Entwicklung wird es nur an ausgezeichneten Stationen erfaßt (so zur figurativen Auflösung der Variationen 5–7, 9, 12 oder 20). Ausgang und Ziel ist dabei der Ton h, er tritt anfangs wie ein Grundton in h-Moll auf und wird am Ende quasi phrygisch mit kleinem Sekundfall angesteuert. Er bildet also einen Rahmen, in dessen Mitte zum tiefsten Ton eine Wendung nach c-Moll als Gegenpol steht. So sehr sich aber im Thema und in den Gegenstimmen

1 R. Stephan, *Paul Hindemiths Streichquartett op. 32*, S. 37ff.; W. Pütz, *Studien zum Streichquartettschaffen bei Hindemith, Bartók, Schönberg und Webern*, S. 46ff.

P. Hindemith, op. 32, vierter Satz, T. 1–14 (B. Schott's Söhne).

tonale Teilstrecken oder Teilzentren ausbilden, so wenig wird der Verlauf von einer tonalen Bindung bestimmt, die ihm nicht mehr angemessen ist. Die scheinbar mechanische Folge der Variationen, die kaum zäsurierende Pausen zuläßt, wird nämlich durch einen dynamischen Bogen überwölbt, dem der Satz die beeindruckende Kurve seiner klangmächtigen Ausfaltung verdankt.

In der Situation, in der Hindemiths Weg noch während des Weltkriegs begann, mußten die Vorgaben der Ton- und Zeitordnung problematisch werden. Selbst wenn man offen läßt, wieweit ihm schon Schönbergs Frühwerk geläufig war, ließ bereits die Kenntnis von Regers Musik mit ihrer exzessiven Chromatik die diatonische Basis schwanken, und folgerichtig konnten dann die Pole von Dissonanz und Konsonanz relativ werden. So vorläufig der Versuch war, in op. 10 den Satz durch ›konsonante Dissonanzen‹ anzureichern, so planvoll wurde dieser Pfad von op. 16 an beschritten, und gerade solche Verfahren trugen zum lauten Erfolg des kecken Werks bei. Unübersehbar werden sie aber in op. 22 zu einer Einseitigkeit getrieben, an der die Motorisierung ganzer Phasen beteiligt war, die sich damit zu wahren Blöcken verfestigen. Die Gefahr des Verschleißes ist Hindemith nicht entgangen, wie die Kehrtwende in op. 32 lehrt. Wenn ›lineare‹ Polyphonie mit freier Tonalität und eher flexibler Rhythmik zusammentrifft, während die zuvor dominante Technik nur noch Scharniere auszeichnet, dann wird ein Maß der individuellen Entscheidung möglich, das wohl auch beunruhigen konnte. Solche Harmonik geriet so »ungeregelt« oder »verworren«, daß Hindemith sie später »als fehlerhaft empfand«, weshalb er den Weg

»nicht weitergegangen« ist, auf den ihn das »ambitionierteste Kammermusikwerk seiner Frühzeit« wies.[1] Denn er setzte nicht derart freie Experimente fort, sondern bemühte sich um weitere Alternativen, die im Bereich des Quartetts freilich erst die beiden letzten Werke betrafen. Wie aber ist jene kritische Phase zu verstehen?

Man kann sich vergegenwärtigen, daß mit der Technik, der sich op. 22 verschrieb, intern konsonante Ketten derart verschraubt werden, daß sich erst aus ihren Relationen Dissonanzen ergeben.[2] Fest und labil in einem, haben sie vom Moment ihres Einsatzes an eine Gesetzmäßigkeit für sich, der die Regulierung des Verlaufs überlassen wird, die aber auch die Pole von Kon- und Dissonanz verbindet und aushebelt. So nutzte Hindemith als versierter Spieler die Sext- und Terzparallelen, die sich auf dem Instrument anbieten, während nur ausnahmsweise parallele Quarten oder Sekunden gefordert werden. Mit der zugehörigen Rhythmisierung legitimierte sich dabei jene motorische Vitalität, die vorab intendiert war. Sie verbürgte zwar den neuen und eigenen Ton, und der Abstand zu Konventionen der Gattung wehrte zunächst der Gefahr historistischer Nachahmung. Sie ergab sich erst, als solche Satztechnik mit alten Formen zusammenkam, wie es partiell in op. 22 der Fall war. Es kann unterschieden bleiben, was Hindemith davon wußte, daß historische Satzarten wie Fuge und Passacaglia nicht von Haus aus auf funktionale Harmonik und akzentuierenden Takt angewiesen waren, sondern die mensurale Zeitmessung mit der modalen Skalenordnung voraussetzten. Adornos Vorwurf eines ›klassizistischen‹ neuen Tonfalls wäre aber für op. 22 eher angebracht als gerade für ein so freies Werk wie op. 32. Wie die Rede vom ›unseligen Telemann‹ zeigt, krankt die Kritik an einem Mangel an Reflexion, denn sie verkennt, daß der Historismus ebenso ein Erbe der Tradition war wie der Widerpart der Innovation.[3] Beide entstanden im Gefolge einer Autonomieästhetik, die eine Grenze zu Telemanns funktionaler Kammermusik markierte. Ein aus Aversion gespeistes Geschichtsbild übersieht die Konflikte, die eine Konsequenz der Geschichte bilden. Interne Konsequenz bei den gewählten Prämissen ist Hindemith aber schwerlich abzusprechen – unabhängig davon, ob einem die Resultate zusagen oder nicht.

Als 1923 die Reihe der Quartette mit op. 32 abbrach, hatte Schönberg mit der Klaviersuite op. 23 jene ›zwölftönige‹ Methode gefunden, die er dann 1927 seinem dritten Streichquartett zugrunde legte. Sehr anders entschied sich Hindemith, dessen konträre Orientierung neben anderen Gattungen der Kammermusik zugute kam, ohne zunächst Quartette zu umfassen. Erst nachdem er – wie schon früher Schönberg – zur Emigration gezwungen war, schrieb er zwischen 1943 und 1945 in den USA seine letzten Streichquartette. Die Veränderungen der Zwischenzeit wären also näher zu verfolgen, als es hier möglich ist, um sich auch über die beiden späten Quartette zu verständigen. Ob sie sich

---

[1] R. Stephan, *Paul Hindemiths Streichquartett op. 32*, S. 36 und S. 30.

[2] Souveräne Kenntnis beweist die Arbeit von G. Metz, *Melodische Polyphonie in der Zwölftonordnung. Studien zum Kontrapunkt Paul Hindemiths*, Baden-Baden 1976 (Sammlung musikwissenschaftlicher Abhandlungen 57). Einer strikten Systematisierung fällt jedoch der Zusammenhang der Werke zum Opfer, wie sich auch die Herkunft zahlloser Beispiele nur über ein Register erschließt.

[3] Th. W. Adorno, *Ad vocem Hindemith*, S. 83; vgl. G. Schubert, *Paul Hindemith und der Neubarock. Historische und analytische Notizen*, in: HJb 12 (1983), S. 40–60.

weiter erschließen, wenn auch Hindemiths theoretisches Werk hinzugezogen würde, muß solange offen bleiben, wie eine eingehende Studie aussteht. Von neueren Forschungen profitierten die Spätwerke weniger, weil ihr Verständnis durch den Abstand vom spontanen Frühwerk nicht erleichtert wird.

Die *Unterweisung im Tonsatz*, mit der Hindemith sein Verfahren theoretisch fundieren wollte, erschien 1937 und erweitert 1940. Sie suchte zwar den Rahmen der chromatischen Skala auszuschöpfen (weshalb Metz etwas mißverständlich von »Polyphonie in der Zwölftonordnung« sprach[1]). An die Stelle einer zwölftönigen ›Reihe‹ sollte jedoch eine Abstufung der Töne treten, die sich aus mehrfacher Teilung von Obertönen mit dem Resultat der sog. ›Reihe 1‹ herleitete. Wenn dann noch Kombinationstöne wechselnden Ranges einbezogen werden, um aus Verwandschaftsgraden – vereinfacht gesagt – eine Hierarchie (›Reihe 2‹) der Töne, Intervalle und schließlich Akkorde zu begründen, dann sind zwar spekulative Züge nicht ganz zu übersehen. Was sich aber mit den theoretischen Annahmen in der kompositorischen Praxis änderte, läßt sich kaum an tonalen oder formalen Strategien der späten Quartette allein erfassen, weil frühe wie späte Werke die Relikte einer tonalen Ordnung so gut wie modifizierte Fugati oder Sonatensätze kennen. Auffälliger ist der weitgehende Verzicht auf solche Mixturketten, wie sie das Frühwerk partiell beherrschten, wogegen sich nun die *Unterweisung* nicht nur gegen das polytonale »Spiel« ausspricht, sondern selbst parallele Oktaven, Quinten und Quarten als bloße »Verdickungen« einer »Melodielinie« untersagt.[2] Demgemäß ist der Satz desto transparenter, je mehr er den Stimmen eigenen Raum vergönnt. Und dieser eher linearen Polyphonie entspricht eher als in op. 32 eine rhythmische Elastizität, die freilich nicht die robuste Kraft der frühen Werke hat. So frei die Zusammenklänge gehandhabt werden, die sich in der Praxis des Komponisten nicht eng an Schulregeln halten, so unüberhörbar wird in den Formgelenken eine tonale Relation, die mehr als nur »Beziehungen im Großen« reguliert. Der Preis für eine so transparente und flexible Polyphonie ist allerdings die Aufgabe der mitunter brutalen Dynamisierung, die im Frühwerk so attraktiv wie irritierend wirken konnte.

Das viersätzige Quartett Nr. 6 ›in Es‹ (1943) verbindet einen fugierten langsamen Satz, der wie in op. 22 einleitend fungiert, mit einem gedrungenen Sonatensatz, wonach einem außerordentlich weitgespannten Variationensatz als Finale eine systematische Themenkombination folgt, wie sie in den früheren Quartetten nicht begegnete und wohl auch nicht möglich war. Die Fragen indes, die sich dann stellen, wenn man von Theoremen der Lehre ausgeht, werden schon am Thema des ersten Satzes sichtbar, der als Fugato bezeichnet werden kann, wiewohl er nicht so benannt wurde.

Unabhängig davon, ob man gemäß der Rahmentonart ›Es‹ oder mit Metz ›C‹ als Zentralton ansetzt[3], enthält noch ein derart ›chromatisches‹

---

1 G. Metz, *Melodische Polyphonie in der Zwölftonordnung*, passim; vgl. P. Hindemith, *Unterweisung im Tonsatz, Theoretischer Teil*, S. 50ff., 57ff. und 80ff.

2 P. Hindemith, *Unterweisung im Tonsatz*, Bd. 2: *Übungsbuch für den zweistimmigen Satz*, Mainz ²1939, S. 40.

3 G. Metz, *Melodische Polyphonie in der Zwölftonordnung*, S. 434; zu den fugierten Satzteilen der beiden letzten Quartette auch J. Dorfman, *Counterpoint-Sonata Form*, in: HJb 19 (1990), S. 55–67, bes. S. 57ff. und S. 62f. Zur Themenkombination im Finale vgl. W. Kolneder, *Hindemiths ›Streichquartett V in Es‹*, in: Schweizerische Musikzeitung 90 (1950), S. 92–96.

P. Hindemith, Streichquartett in Es (1943), erster Satz, T. 1–10 (B. Schott's Söhne).

Thema nicht alle zwölf Stufen. Und die Folge der Töne entspricht kaum ihrer theoretischen Abstufung, die sich selbst dann nicht einstellt, wenn man die weit gefächerte Folge der Themeneinsätze konsultiert (die ihrerseits nicht die chromatische Skala ausschreiten). Wohl aber umgreift das Thema wie der ganze Satz denkbar weite Bereiche, wie es sich auch dem mit der Lehre nicht vertrauten Hörer aufdrängt. Der Zentrierung der ersten Tongruppe in C folgt eine zweite, um E gelagerte, eine dritte kehrt nach C mit Kleinterz zurück, und das offene Schlußglied scheint bei Eintritt der Gegenstimme zur Quinte zu weisen, um die ›leittönige‹ Wendung gleich zurückzunehmen. Diesen Rahmen dehnt die Einsatzfolge schon in der ersten Durchführung erheblich aus (orientiert am dritten Ton lautet sie: c–g–fis–b), weiter noch geht die zweite Durchführung (ab T. 21: f–e–gis–c), wonach die dritte umgekehrt verfährt (ab T. 34: b–f–ges) und den Kreis mit einem Einsatz in der Coda schließt (T. 48: c). Dazu kommt eine entsprechend freie Stimmführung, die sogar im fluktuierenden und leicht diffusen Vollklang die Stimmen deutlich hörbar macht. Entsprechend hält zudem die Rhythmik, die bereits im Thema selbst Taktschwerpunkte markiert, einen steten Stimmenstrom in Gang, obwohl die ›Syncopationes‹ nicht mehr als Vorhaltdissonanzen zur Auflösung streben können.

Den wellenförmigen Fluß der Polyphonie mag man bewundern, doch kann man ihn von der Warte des Frühwerks aus als matt oder farblos empfinden. So gesehen fungiert er aber zugleich als Vermittlung zu den Folgesätzen, indem seine tonale lineare Fluktuation gemäß dem Wortsinn eines ›Ricercars‹ jenes Ziel sucht, das im zweiten Satz ›lebhaft und sehr energisch‹ erreicht wird. Überaus einprägsam springt sein erstes Thema von Startton Es her im Unisono als Kette punktierter Werte aufwärts und umkreist nochmals triolisch das tonale Zentrum, um sich dann im D-Dur-Klang als erstem Akkord zu lösen. Klänge in E-Dur und terzfreiem D signalisieren die Scharniere zwischen Haupt- und Seitensatz sowie Schlußgruppe (T. 25 und T. 37) und weiter vor der Durchführung und der gerafften Reprise (T. 64 und T. 125). Gleich in der Ausarbeitung des Hauptsatzes löst sich sein triolisches Glied ab, das komplementär in den Gegenstimmen eingesetzt wird, ein Derivat erklingt zum Seitensatz, der fast an das Modell eines älteren ›Liedsatzes‹ gemahnt und sich fortan wie ein cantus firmus abhebt, wenn er mit Elementen des Hauptsatzes kombiniert wird (T. 40). Mit Transposition des Hauptsatzes nach Des und G operiert die Durchführung, die sich in ihrer zweiten Phase die Kombination mit dem Seitensatz zunutze macht (T. 82), bis sie in doppeltem Kanon beide Themen verschränkt (T. 95). Einer Durchführung aber, die auf kontrapunktische Kombinatorik statt auf motivische Arbeit gerichtet ist, folgt eine Reprise, die sich als Sexttransposition der ersten Kombinationsphase des Satzes entpuppt (T. 125–146 = T. 40–61 bei partiellem Stimmtausch samt geglätteter Figuration). Das fast mechanische Verfahren erinnert noch immer an die »Wiederholungs-Techniken« innerhalb »schematisch entworfener Gehäuse«, in deren »Überbetonung der Formzäsuren« Finscher »eine grundsätzliche Problematik« des Frühwerks sah.[1]

Die Grenzen der Formteile markiert der Variationensatz mit rhythmischem Umschlag und teils grell tonalen Einschnitten (Variation 1–4 ab T. 62, 86, 249 und 173). Seltsam kontrastiert aber zu einer solchen Gliederung der wechselnde Umfang der Variationen mit ihrer überaus freien Satztechnik, doch erweist sich die Relation als Folge der Vorgaben im Thema selbst. Es ist nämlich in sich variativ angelegt, sofern eine Kerngruppe (A) variiert wiederholt (A' ab T. 10) und dem ebenfalls variiert wiederkehrenden Satzteil (B) nachgestellt wird (B + A" T. 19 und T. 25, B' + A"' T. 40 und T. 47). Da zudem die Gegenstimmen in B vom fallenden Quartgang in A abgeleitet sind, verkürzt sich der Umfang der Variationen durch Straffung der Binnenwiederholungen, um nur auf intervallische Zellen des Themenkerns zurückzugreifen. Daraus folgt, daß die rhythmische Konsistenz der Variationen so deutlich wird, wie ihr Rückhalt im Thema schwer greifbar ist. Obwohl dem Finalthema in Es seine Einprägsamkeit nicht abzusprechen ist, kann es schwerlich einen Satzablauf tragen, der damit von vornherein auf die Integration des Materials der früheren Sätze rechnet. Erstmals wird also in Hindemiths Quartetten jenem ›zyklischen Prinzip‹ gehuldigt, das seit Beethovens Spätwerk maßgeblich wurde. Ihm stellen sich freilich kaum noch die

1 L. Finscher, *Zur Bedeutung der Kammermusik in Hindemiths Frühwerk*, S. 14 und S. 18.

Probleme entgegen, die vordem aus der Paarung tonal verschiedener Sphären entstanden. Die Exposition verheißt einen Sonatensatz, wenn das kraftvolle Hauptthema überleitend im Legato geglättet wird und in Varianten noch den Seitensatz durchzieht (T. 27). Sekundär mag es sein, ob man nach markanter E-Dur-Zäsur T. 54 eine Schlußgruppe oder den Beginn der Durchführung ansetzt. Doch wird damit der Weg für die Themenkombination frei, die mit der Verbindung der Hauptthemen beider Ecksätze beginnt (T. 72). Dazu treten bald das liedhafte Seitenthema aus dem zweiten sowie das Variationsthema aus dem dritten Satz in teils kanonischer Anlage (T. 78 und T. 85). Die Wirkung einer Reprise hat es, wenn das Hauptthema des Finalsatzes wie ein cantus firmus gedehnt und mit dem des zweiten Satzes verkettet wird, bis es seine akkordische Ballung erreicht (T. 91 und T. 105). Hier genau schlägt der Satz zur spielerischen Coda im 3/8-Takt um (T. 109), in der zunächst Seiten- und Hauptthema des Schlußsatzes kanonisch auftreten, ehe der Prozeß in motivischer Liquidation ausklingt. Solche Kombinatorik bringt zwar die latente Affinität der Themen zum Vorschein, bleibt aber doch eher angespannt als zwingend. Nicht gar so respektheischend nimmt sich eine Kontrapunktik aus, die sich um resultierende Klänge nicht im Detail zu sorgen hat. Was den Satz trotz allen Aufwands und jenseits weiterer Differenzen mit dem Frühwerk verbindet, ist aber die »Überbetonung der Formzäsuren«, die auf tonalen Markierungen gründet.

Ein Jahr später begann Hindemith das letzte Quartett, das bis zum 30. 12. 1945 abgeschlossen wurde, aber erst 1948 in Mainz erschien. Obwohl ohne Tonartangabe, sind beide Ecksätze wieder ›in Es‹ zentriert, während die Binnensätze den Radius nach G und H, also im Großterzzirkel erweitern. Mit der traditionellen Viersätzigkeit verbinden sich diesmal englische Tempoangaben, bis auf den abschließenden ›Canon‹ ist aber der spieltechnische Anspruch so reduziert wie sonst kaum je. Andres Briner zufolge[1] wurden die drei ersten Sätze für ein ›ungezwungenes‹ Ensemble geschrieben und dann erst durch das Finale ergänzt. Dennoch sind alle Sätze darauf angelegt, einer zunächst lockeren Reihung durch »zunehmende Verdichtung« zu begegnen, ohne jedoch »Fugenwelt und Sonatengeist« zu verschmelzen, und so ist der Kopfsatz weder eine »zwanglose Folge« von Abschnitten mit »Durchführungscharakter« noch ein Sonatensatz »mit kurzem Durchführungsteil«.[2] Im dreigliedrigen Hauptsatz umschließt der thematische Rahmen (a) ein Binnenglied (b T. 10–13), von dessen imitierter Achtelkette er sich mit prägnanter Punktierung unterscheidet. Bald schon folgt ein zweites Thema (T. 21), statt einer Durchführung beginnt jedoch ein Fugato (T. 36), dem das Binnenglied (b) des Hauptthemas zugrunde liegt, während dessen Punktierung nur gelegentlich einfließt (T. 42). Wo sich mit dem Kopfmotiv des Hauptsatzes eine Reprise abzeichnet (T. 65), schließt zunächst die Verarbeitung und Kombination beider Glieder an (T. 70

1 A. Briner, *Paul Hindemith*, Zürich und Mainz 1971, S. 164f.
2 W. Pütz, *Studien zum Streichquartettschaffen bei Hindemith, Bartók, Schönberg und Webern*, S. 54f.; E. Doflein, *Die sechs Streichquartette von Paul Hindemith*, S. 420f.

und T. 86), wonach das Seitenthema (T. 103) der Themenraffung in der Coda vorgeschaltet wird (T. 103 und T. 119). Auf ein nachgeordnetes Glied des Hauptsatzes bezieht sich die erste fugierte Phase, erst die vermeintliche Reprise greift zu kombinatorischer Arbeit und verschiebt durch ihr Gewicht das gängige Schema.

Auch der langsame zweite Satz verbindet nicht Rondo und Passacaglia[1], obwohl sich zwei ›Couplets‹ (T. 13–30, 42–59) von drei ›Refrains‹ unterscheiden lassen. Die Konsistenz der ›Refrains‹ verbürgt zwar ein jeweils gleicher Baßgang, dem aber keine Variationenfolge wie in der Passacaglia aus op. 32 entspricht. Die ornamentale Oberstimme, die anfangs den Baßgang verdeckt, greift nämlich gesteigert in das ›Couplet‹ ein, und da ihre trillerhaften Figuren auch zum zweiten ›Refrain‹ fortlaufen, wird die Abgrenzung der Teile zunehmend verschliffen. Dagegen kontrastiert eher das zweite ›Couplet‹, und der letzte ›Refrain‹ unterscheidet sich davon durch Pizzicato beider Violinen. Eine rondohafte Anlage wird also umgebildet, indem Teilgrenzen zuerst überbrückt und später erst hervorgekehrt werden. Der dritte Satz modifiziert die Gliederung seines raschen Hauptteils durch eine langsame Einleitung, die in der Coda aufgenommen wird (T. 1–24 und T. 200–234). Wiederholt wird dabei freilich nur ein akkordisches Scharnier (T. 16–19 analog T. 219–223), wogegen die eröffnende Melodielinie in den raschen Satz integriert wird. In ihm lösen sich zunächst fast rondohaft zwei Themengruppen ab (A T. 25–36, B T. 37–61, A verkürzt T. 62–70). Die Satzmitte bestreitet dagegen – wie ein zweites Couplet – ein dreimaliges Gerüst, das in den Unterstimmen quasi als cantus firmus abläuft (T. 70–88, 89–107, 108–127), aber so wenig wie die begleitenden Spielfiguren motivisch abzuleiten ist. Der fast mechanischen Reihung der Formteile tritt erst die ›Reprise‹ durch kombinatorische Schichtung entgegen, denn sie greift das Modell eines dreifachen cantus firmus derart auf, daß die Melodik der langsamen Einleitung (T. 1–6) nun in achtfacher Augmentation – zudem transponiert in die Unterquinte – der Viola übertragen und von ihr und dann vom Violoncello verkürzt wiederholt wird (T. 138, 175 und 186). Dazu aber erfahren Haupt- und Seitenthema in den Oberstimmen eine Verarbeitung, die sich zu zwei- und dreifacher Engführung zusammenzieht, und die Relikte des Hauptsatzes flankieren in der Coda jenes akkordische Scharnier, das der Einleitung zu Beginn des Satzes entstammt. So wird einerseits das Prinzip der Reihung pointiert, das andererseits in der kombinatorischen Reprise ein Gegengewicht findet. Auch der ›Canon‹ des Schlußsatzes gibt wenig Anlaß, von »musikantischer Spiellust« oder »unsinnlicher Geistigkeit« zu reden.[2] Den Rahmen geben drei kanonische Abschnitte ab (T. 21, 43 und 89); anfangs bilden erste Violine und Viola einen Unterquartkanon in zweitaktigem Abstand (mit Teilwiederholung ab T. 13), dasselbe Gerüst übernehmen Violoncello und zweite Violine als Oberquintkanon bei Augmentation

---

[1] W. Pütz, *Studien zum Streichquartettschaffen bei Hindemith, Bartók, Schönberg und Webern*, S. 54f.; E. Doflein, *Die sechs Streichquartette von Paul Hindemith*, S. 421.

[2] W. Pütz, *Studien zum Streichquartettschaffen bei Hindemith, Bartók, Schönberg und Webern*, S. 56; E. Doflein, *Die sechs Streichquartette von Paul Hindemith*, S. 421; zum Finale vgl. auch J. Dorfman, *Counterpoint-Sonata Form*, S. 65.

und viertaktigem Abstand, wonach der letzte Kanon dem ersten entspricht, während die Begleitung auf Pizzicato reduziert wird. Scheinbar unabhängig davon bleibt ein erster Zwischenteil, der nur dort eine Beziehung andeutet, wo neutrale Achtel im Violoncello zum prägnanten Rhythmus des Kopfes der Kanonstimmen umgebildet werden (T. 31). Desto dichter gerät dagegen der zweite Zwischenteil, indem er nun einen genauen Krebs des ersten darstellt (T. 74–88 = T. 36–22). Und der Satz schließt mit vierfachem Kanon, dem eine kontrapunktierende Wendung aus dem ersten Kanon zugrunde liegt.

Die kontrapunktische Themenverbindung, die zuvor die zyklische Montage im Finale bestimmte, trifft also im letzten Quartett auf rondohafte Satzanlagen. Durchweg begegnet der anfänglichen Addition unterschiedlicher Teile eine kombinatorische Konstruktion, und anstelle thematischer Arbeit in der Satzmitte erhalten die Schlußteile ein Gewicht, das die Verhältnisse grundlegend verschiebt. Tonal zentrieren sich die Außensätze in Es und die Binnensätze in G und H, sie zeigen zudem deutlich tonale Zäsuren, davon löst sich aber die Stimmführung in gleichem Maß. Wieweit der Tonsatz den Kategorien der *Unterweisung* gehorcht, ist vorerst kaum zu entscheiden, doch sind dem Lehrwerk vielleicht die vorangehenden Kompositionen näher verpflichtet als gerade die letzten Quartette. Tonal sind sie kaum nur konventionell zu nennen, sie tendieren aber zu einer Kontrapunktik, die wohl altmeisterlich anmuten mag, solange man sie als bloße Konstruktion auffaßt. So löste Hindemiths Spätwerk anfangs Bewunderung aus und mußte doch zurücktreten, als sich Schönbergs Musik nach dem Zweiten Weltkrieg weiter durchsetzte. Dagegen ist es nicht unnütz, daran zu erinnern, daß Hindemith nach 1920 seine frühen Erfolge feiern konnte, solange Schönbergs Weg noch nicht absehbar war. Und als unzeitgemäß oder geradezu regressiv erschien Hindemiths Position erst später, seit Adornos Urteil aus der Sicht der Wiener Schule durchschlug. Im Beharren auf einer erweitert tonalen Bindung waren Hindemiths letzte Quartette gewiß nicht mehr aktuell, doch entzogen sie sich damit jenem raschen Wechsel der Richtungen, der zu gleicher Zeit einsetzte. An seinem Ende – in der Situation der ›Postmoderne‹ – öffnete sich erneut der Blick auf Hindemith, dessen forsches Frühwerk nun neues Interesse auslösen konnte. Und es bleibt abzuwarten, ob künftig der späte Hindemith einer ähnlich differenzierten Sicht zugänglich wird.

Teil VII: Pluralität der Positionen – Internationale Diskurse der Neuen Musik

Bevor sich nach der Mitte des 20. Jahrhunderts eine Avantgarde etablierte, die ohne die verspätete Rezeption von Weberns Musik kaum zu denken ist, bestanden höchst verschiedene Richtungen des Komponierens nebeneinander. Sie konnten zunächst als Alternativen erscheinen, solange sich noch nicht die Überzeugung vom Fortschritt des Materials durchsetzte, die am wirksamsten durch Adorno formuliert wurde. Nicht wenige vor 1900 geborene Komponisten blieben den herkömmlichen Normen verpflichtet, und Pfitzners zweites Quartett (1926) vertritt einen heute fast vergessenen Bestand, für den allein in Deutschland die Werke von Hugo Kaun, Felix Woyrsch, Richard Wetz oder Paul Gräner zu nennen wären. Obwohl solchen Quartetten, selbst wenn sie akademisch anmuten mögen, nicht durchweg ihre Qualitäten abgehen, haben sie nur ausnahmsweise wieder Aufmerksamkeit gefunden. Kaum zu überschauen ist aber erst recht die Zahl der Komponisten, die auf sehr verschiedene Weise ihren Weg zur Neuen Musik suchten und dabei durchaus persönliche Lösungen finden konnten.

Das bürgerliche Engagement, das im 19. Jahrhundert ein Fundament des Musiklebens begründete, wurde nun weithin von staatlicher und kommunaler Obhut abgelöst (worin sich eine Frucht langer Bemühungen sehen läßt). So kam die öffentliche Förderung, die sich der Ensembles und Ausbildungsstätten annahm, zunehmend auch der Neuen Musik zugute. Denn für neue Streichquartette war nicht mehr mit der häuslichen Musikpflege zu rechnen, der die Gattung einst ihre Entstehung und ihren Aufstieg zu danken hatte. Die Schwierigkeiten der Werke machten andere Formen der Unterstützung notwendig, und neben der öffentlichen Hand entstanden weitere Förderer mit Rundfunk, Schallplatte und anderen Multiplikatoren. Wuchs mit neuen Ausbildungsstätten der Bedarf an Theorie- und Kompositionslehrern, so nahm zugleich die Anzahl neuer Werke zu, zu denen zeitweise bevorzugt gerade Streichquartette gehörten. Zum Austausch oder zur Durchsetzung ihrer Werke taten sich zugleich allenthalben Musiker in Zirkeln und Gruppen zusammen, deren berühmtester Schönbergs Verein für musikalische Privataufführungen war. Als Gelegenheiten für den Austausch und die Bekanntschaft mit neuen Werken gewannen international orientierte Musikfeste wachsende Bedeutung. Den Anfang machten 1921 die Donaueschinger Kammermusikaufführungen zur Förderung Zeitgenössischer Tonkunst, die dem jungen Hindemith den Durchbruch brachten.[1] Ein Jahr später folgten die Internationalen Kammermusikaufführungen in Salzburg, die Anlaß zur Gründung der Internationa-

---

1 J. Häusler, *Spiegel der Neuen Musik: Donaueschingen. Chronik – Tendenzen – Werkbesprechungen*, Kassel – Stuttgart – Weimar 1996, S. 25–91.

len Gesellschaft für Neue Musik wurden. Und ein spätes Gegenstück wurden die Ferienkurse, die das 1948 gegründete Internationale (Kranichsteiner) Musikinstitut Darmstadt veranstaltete.

Nicht umstandslos lassen sich daher die Werke nach gängigen Rubriken wie Neoklassizismus, Neue Sachlichkeit, freie Tonalität oder Dodekaphonie sortieren. Denn wie sich die Verfahren im Œuvre der Autoren änderten, so wechselvoll verlief die Entwicklung in den einzelnen Ländern. Die Pluralität der Ansätze hat dazu beigetragen, daß sich kein allgemeiner Konsens über einen Kanon von Werken ausbilden konnte. Niemand bestreitet zwar, daß Bartók, Schönberg, Webern und Berg als ›Klassiker‹ der Gattung im 20. Jahrhundert gelten können, denen am ehesten noch Hindemith, Schostakowitsch und Janáïek anzuschließen wären. Schon dieser begrenzte Kreis beweist jedoch, mit wie verschiedenen Positionen zu rechnen ist, und nimmt man Werke von Martinů oder Enescu, Milhaud oder Malipiero, Britten oder Ives und Rosenberg oder Fortner hinzu, dann wird sichtbar, wie einseitig die Vorstellung einer alleinigen Dominanz der zweiten Wiener Schule war. Nur ausnahmsweise begegnen noch dezidiert nationale Tendenzen, und so ist kaum mehr von nationalen Traditionen im Sinne einer emphatischen Idee zu reden, die sich in der Artikulation eines nationalen Tones äußern sollte. Indessen wurde damit nicht die Bedeutung von Ländergrenzen hinfällig, vielmehr entstand allenthalben eine Fülle von Werken, die auswärts – und bereits im Nachbarland – nur begrenzt registriert wurden. Die Eingriffe der Diktaturen in Deutschland wie in der Sowjetunion und später in Ostmitteleuropa konnten zwar Anpassung oder Isolierung zur Folge haben, daß gleichwohl Musiker sich in beeindruckender Weise behaupten konnten, beweisen so unterschiedliche Beispiele wie die von Hába und Schostakowitsch. Und der erzwungene Exodus jüdischer Musiker hinterließ in Deutschland so fatale Folgen, wie er andererseits zum Austausch der Positionen zwischen weiteren Ländern beitragen konnte. Daß jedoch ein Meister wie Schostakowitsch in der westlichen Welt erst spät zu Ansehen kam, ist nur ein Beleg für die weitreichenden Konsequenzen einer ideologisch motivierten Abgrenzung.

Wie einst jedes Land seine Klassik (oder seine Klassiker) reklamiert hatte, so stand nach dem Ersten Weltkrieg überall die Vorstellung einer eigenen Moderne auf der Tagesordnung. Trotz intensivierter Kontakte durch Auslandsstudien, internationale Festivals und private Mäzene, für die im Streichquartett der Name von Elizabeth Coolidge Sprague steht, blieben manche Grenzen erhalten, die dem Austausch entgegenstanden. Zwar sind verbindende Tendenzen nicht zu übersehen, die sich in wechselnden Spielarten vielerorts bemerkbar machten. So vollzog sich in unterschiedlichen Nuancen der Übergang von der traditionellen Harmonik zur erweiterten Tonalität, Losungen wie dissonanter Kontrapunkt und freie Tonalität begegnen überall, und radikalen Experimenten standen allenthalben jene Formkategorien gegenüber, die man als neoklassizistisch zu kennzeichnen pflegt. Besonders auffällig ist aber der Gegensatz zwischen ausladenden, oft zyklisch konzipierten Einzelwerken, die von so verschiedenen Autoren wie Schönberg, Zemlinsky oder Pfitzner vorgelegt wurden, und den ausgeprägten Miniaturen, die nicht nur im Wiener Umkreis von Webern, Berg, Hans Gál oder Joseph Matthias Hauer geschrieben wurden.[1] Nicht weniger strenge Gegenstücke bilden die *Trois pièces* von Strawinsky, und weitere Varianten schrieben Alfredo Casella und Gian Francesco Malipiero in Italien, Frank Bridge und Benjamin Britten in England, Erwin Schulhoff, Herbert Eimert und Max Butting im deutschen Sprachbereich oder George Migot und George Anteil in Frankreich und in den USA. Und doch unterscheiden sich all diese Beiträge in dem Maß, wie sie zugleich ihre Stellung im Kontext der einzelnen Länder haben.

Eine oft unübersichtliche Situation konnte also zur Orientierung nötigen, doch wandte man sich in der Zwischenkriegszeit nur ausnahmsweise an Schönberg, und wenn manche Musiker während des Studiums in Wien Kontakt zum Schönbergkreis aufnahmen, so mußte das keineswegs Folgen für eigene Werke haben. Eine Leitfigur eigener Art wurde Bartók, durch seine Konzertreisen wurde Hindemith bis in die USA und die Sowjetunion bekannt, daß aber besonders Paris ein bevorzugter Studienort wurde, macht die Bedeutung jener Komponisten begreiflich, die pauschal oft als neoklassizistisch etikettiert wurden. Dagegen wurde Schönberg zur Leitfigur oder geradewegs zum ›Klassiker‹ Neuer Musik erst durch eine Historiographie, die nach dem Zweiten Weltkrieg ihre teleologische Sichtweise formulierte, und erst recht trug die ebenso späte wie einseitige Rezeption Weberns zu jener Aporie bei, in die sich später Serialität und Aleatorik verstrickten. Wer auf einer selektiven Ideologie beharrt, erleichtert sich zwar scheinbar die Orientierung, sofern er vielerlei Alternativen ignorieren kann. Doch verstellt man sich in gleichem Maß den Blick auf eine Pluralität der Moderne, in der sich oft widersprüchliche Positionen, Tendenzen und Situationen überkreuzten. Und Ignoranz gegenüber Maßstäben anderer Länder verriete einen Mangel an Toleranz, der einem deutschen Autor am wenigsten anstünde.

Statt verbindende oder trennende Züge in einem Querschnitt darzustellen, der Autoren und Werke nach vorgeordneten Kategorien gruppieren wollte, lassen sich greifbare Zusammenhänge nur charakterisieren, wenn einer Gliederung nach Ländern und kulturellen Sphären der Vorzug gegeben wird. Übergreifende Kategorien hätten zudem mit der Schwierigkeit zu rechnen, daß maßgebliche Termini keineswegs überall gleiche Bedeutung haben müssen. Zielte der Begriff der Moderne zunächst auf die Stufe einer chromatisierten Musik, wie sie nächst Reger dann Zemlinsky oder der frühe Schönberg und seine Schüler schrieben, so konnte andernorts noch Musik der 1930er Jahre als Moderne gelten

---

[1] Darauf verwies L. Finscher, Art. *Streichquartett*, in: *MGG²*, Sachteil Bd. 8, Kassel u. a. 1998, Sp. 1924–1977: 1965. Da solche Miniaturen jedoch sehr verschieden ausfielen, werden sie gegebenenfalls zusammen mit weiteren Werken ihrer Autoren genannt.

– ganz zu schweigen von dem, was pauschal unter dem Kürzel ›moderne Musik‹ rangiert. Der Neoklassizismus französischer Observanz meint nicht unbedingt, was in Italien als eigene klassische Stufe erscheinen konnte, und wie die Worte Zwölftontechnik oder Dodekaphonie oft für Werke gelten, die vom chromatischen Total statt von Reihen ausgehen, kann im englischen Sprachgebrauch eine zwölftönige Reihe als ›serial‹ gelten, usf. Heikel wäre es also, sich von derart changierenden Begriffen leiten zu lassen, denn ohnehin bleibt zwischen wechselndem Sprachgebrauch abzuwägen, wenn von unterschiedlichen Bereichen die Rede ist. Andernfalls wüchse das Risiko, als peripher gegenüber einem vermeintlichen Zentrum scheinbar verspätete Beiträge abzutun, die aber im Kontext anderer Länder ihren eigenen Rang beanspruchen dürfen. Einer Generalisierung, die einer Verkennung gliche, ist am ehesten zu wehren, wenn zusammengehörige Bereiche so in den Blick rücken, wie es einer Maxime der Historiker für frühere Geschichtsphasen entspricht.

Ein erster Versuch, die Pluralität des Streichquartetts in unterschiedlichen Ländern zu skizzieren, stößt freilich rasch auf Grenzen, die vom zugänglichen Material und vom verfügbaren Raum gezogen werden. So schwer sich neue Werke innerhalb der Länder, in denen sie entstanden, durchzusetzen vermochten, so wenig drangen sie oft über die Grenzen, denn schon im Nachbarland hatte man vollauf mit der Rezeption des eigenen Bestands zu tun. So wenig es sich von selbst verstand, solche Musik im Druck zu publizieren, solange sie aktuell war, so wenig wurde sie von Bibliotheken jenseits der Ländergrenzen systematisch gesammelt, und was schon für gedruckte Partituren gilt, betrifft erst recht spezielle Formen der Reproduktion von Handschriften. Nur unter solchen Vorbehalten – weit entfernt von Vollständigkeit – kann nach Maßgabe des erreichbaren Materials eine Auswahl getroffen werden, von der gleichwohl zu hoffen ist, daß sie hinlänglich repräsentativ sei, um eine Vorstellung von der Vielfalt der Positionen zu vermitteln.

1. Gespaltene Wege:
Verschiebungen im östlichen Mitteleuropa

In keinem anderen Land wirkten sich die kulturellen Verwerfungen, die eine Folge von Revolutionen und Diktaturen waren, so einschneidend aus wie in Rußland. Schon vor der Oktoberrevolution hatte Strawinsky das Land verlassen, 1918 folgte ihm Prokofjew, um jedoch 1936 in die nunmehrige Sowjetunion zurückzukehren, aus der traditionsverbundene ältere Musiker wie Gretschaninow und Glasunow erst 1925 bzw. 1936 emigrieren konnten. In der Sowjetunion verblieben jedoch die meisten jüngeren Autoren, von denen Schostakowitsch als der bekannteste gelten darf. Für keinen anderen Komponisten erhielt das Streichquartett eine so zentrale Stellung wie für ihn, und daß er mit diesen Werken erst verspätet auch im Westen als ein ›Klassiker‹ der Gattung im 20. Jahrhundert anerkannt wurde, gehört zu den bedenkenswerten Folgen einer Rezeptionsgeschichte, die von ideologischen Fronten keineswegs unberührt blieb. Ebenso sind aber die Leistungen in anderen Ländern, die ähnlich unter Krieg und Terror zu leiden hatten, nach dem Ende der europäischen Teilung erneut in den Blick zu nehmen.

Strawinsky versus Prokofjew

Erst nach dem Ersten Weltkrieg setzte sich eine Miniaturisierung der Formen durch, die rasch internationale Verbreitung fand. Zuvor schon schrieb Igor Strawinsky im Sommer 1914 seine *Trois pièces pour quatuor à cordes*, die aber erst 1922 publiziert wurden. In der russischen Tradition hatten kleine Stücke für Quartett seit den Tagen des ›Mächtigen Häufleins‹ ihre eigene Tradition, wenn man nicht nur an die Genrestücke von Tschaikowsky oder Borodin denkt, sondern an die Beljajew gewidmeten Satzfolgen oder an die *5 Noveletten* von Glasunow und noch die frühen Stücke von Schostakowitsch. Wie all diese Sätze entsprechen die von Strawinsky nicht der Norm der Gattung, sie nehmen aber im Frühwerk des Komponisten einen zwar nicht repräsentativen, aber dennoch nicht unwichtigen Platz ein. Er war gewiß kein ausgemachter Quartettkomponist, selbst wenn er 1920 ein *Concertino* folgen ließ, das sich von der Gattung bereits mit dem Hinweis auf ihren Gegenpol distanzierte. Immerhin gehören aber die drei Quartettsätze in eine Reihe kleiner Stücke, die in diesen Jahren bei wechselnder Besetzung sehr unterschiedliche kompositorische Verfahren erprobten. Und Strawinsky waren sie es wert, ihnen nächst einer vierhändigen Klavierfassung noch eine Orchestrierung zuteil werden zu lassen, die mit einem weiteren Satz 1930 veröffentlicht wurde.[1] Wie der Titel die Distanz zur Konvention der Gattung markiert, so prägen die drei Sätze höchst unterschiedliche Charaktere aus, sofern den ostinaten Rhythmen im ersten Stück konstante Akkordfolgen im letzten entsprechen, wogegen das mittlere einen Ausgleich zu suchen scheint. Nicht unpassend wirken daher Bezeichnungen wie ›Danse‹, ›Excentrique‹ und ›Cantique‹, die gelegentlich für diese ›Grotesques‹ erwogen und wieder verworfen wurden. Vor allem werden aber konstruktive Prinzipien derart wirksam, daß Rudolf Stephan den *Trois pièces* »einen bedeutenden Platz« in der Geschichte der Kammermusik zumaß, da Strawinsky »kaum je Vollkommeneres komponiert« habe.[2]

In Nr. 1 umkreist die tanzartige Melodie der Oberstimme eine ostinate Folge von nur vier Tönen, die aber rhythmisch variiert werden. In genauer Abfolge kehrt das Muster erst nach 23 Vierteln wieder, vier

---

1 H. Danuser / F. Meyer / U. Mosch (Hg.), *Igor Strawinsky, Trois pièces pour quatuor à cordes. Skizzen, Fassungen, Dokumente, Essays. Festgabe für Albi Rosenthal zum 80. Geburtstag*, Basel und Winterthur 1994; R. Sievers, *Igor Strawinsky. Trois pièces pour quatuor à cordes. Analyse und Deutung*, Wiesbaden 1994.

2 R. Stephan, *Igor Strawinsky. Trois pièces pour quatuor à cordes*, in: *Inventionen '89. Festival Neuer Musik Berlin, Programmbuch*, Berlin 1989, S. 190–192; vgl. ferner S. Döhring, *Strawinskys ›Trois pièces pour quatuor à cordes‹*, in: *Das musikalische Kunstwerk. Geschichte – Ästhetik – Theorie. Festschrift Carl Dahlhaus zum 60. Geburtstag*, hg. v. H. Danuser u. a., Laaber 1988, S. 713–724; A. Riotte / M. Mesnage, *Analyse musicale et systèmes formels: un modèle informatique de la 1re pièce pour quatuor à cordes de Stravinsky*, in: Analyse Musicale 10 (1988), S. 51–66; zum ersten Stück vgl. auch V. Scherliess, *Igor Strawinsky und seine Zeit*, Laaber 1983, S. 96–100.

solcher Perioden werden durchlaufen, bis die fünfte nach fünf Vierteln mit Halteton abbricht. Aus bloß drei Tönen dagegen besteht der Ostinato in Baßlage, dessen Perioden sich aus je einem 3/4-Takt samt zwei 2/4-Takten und damit aus insgesamt sieben Vierteln zusammensetzen. Je drei solche Perioden schließen sich im Verhältnis zur Oberstimme zu einer größeren Einheit von 21 Vierteln zusammen, da sich also die Außenstimmen um zwei Viertel unterscheiden, erweitert sich ihre Differenz mit den Wiederholungen. Spielt die Viola dazu einen Orgelpunkt, der durch Pizzicato zusätzlich rhythmisiert wird, so wirft die zweite Violine – scheinbar unregelmäßig – eine Folge von wiederum vier Tönen ein, die wechselnd ein- und zweimal in Achteln durchlaufen werden.

I. Strawinsky, *Trois pièces pour quatuor à cordes*, erster Satz, T. 1–11 (Boosey & Hawkes).

Diese Einwürfe sind indes so angeordnet, daß ihre Verdoppelung den Wechsel der Großperioden im Violoncellopart überbrückt, zu dessen Mittelglied jeweils die einmalige Formel erklingt. Vorangestellt sind dem Sätzchen jedoch zwei Takte, in denen die Viola allein den Ton ihres Orgelpunkts (d') mit der darunter liegenden kleinen None (cis) paart. Daß der Satz mit zwei analogen Takten ausläuft, beweist zugleich die Funktion, die der Kombination von Grund- und Leitton zufällt. Im ostinaten Gefüge, das durch die Spielanweisungen fast perkussiven Klang erhält, treten zunächst die melodischen Segmente zurück, mit denen dieselben Töne wechselnd zusammentreten. Dem diatonisch steigenden Quartraum der ersten Violine indes, der von g als Quinte zum Liegeton aus aufsteigt (g–a–h–c), steht in der zweiten Violine ein fallender Quartraum gegenüber, bezogen jedoch auf cis als Leitton zur Liegestimme (fis–e–dis–cis), während das Violoncello Töne beider Oberstimmen kombiniert (es–des bzw. dis–cis über c). Diatonische Segmente werden also derart verkettet, daß sie chromatisch zueinander querstehen, wie es die Paarung von Grund- und Leitton in den Rahmentakten andeutet.

Vom durchgehenden Ostinato im ersten Stück hebt sich die dreiteilige Anlage in Nr. 2 ab, die durch repetierte Akkordfolgen der Außenteile gegenüber ostinaten Taktgruppen im Mittelteil sinnfällig wird. Dabei wird anfangs eine Quinte (a–e) mit ihren oberen und unteren Haltetönen (b–as und f–es) so verschränkt, daß sich über dem Grundton (a) dissonante Klänge ablösen (e–b–f und es–as–e). Sechsmal wird diese Folge rasch repetiert, dann aber erklingt – signalhaft markiert – ein reiner Quint-Oktavklang über a, und wenn daraufhin zweifach erneut die sechsmal repetierte Klangfolge wiederkehrt, so tritt nun an der Nahtstelle das kleine Signal als Hinweis auf das tonale Zentrum hinzu. Die kantabel ausgreifende Wendung danach erweist sich bei ihrer Wiederholung (T. 14 und T. 19) als Erweiterung des a-Moll-Klangs mit chromatischem Annex, und ähnlich erweitert sich der Tonvorrat im Folgenden, bis sich am Ende Relikte dieser Bausteine rasch abwechseln. Der Mittelteil dagegen entsteht zweifach aus ostinaten Taktgruppen, die ihrerseits den chromatischen Vorrat ausweiten, beide kulminieren in einer emphatisch ausgreifenden Geste (T. 34 und T. 45), die nun die Verkettung von sieben steigenden Quinten (von f bis fis) als konstruktives Gerüst ausweist. Hinter chromatischer Erweiterung eines diatonischen Segments steht also – nicht ganz anders als bei Bartók – offenbar die Vorstellung einer Quintenreihung, die in dissonante Relationen hineinführt, so daß die Verkettung diatonischer Intervalle zum chromatischen Gegenpol umschlägt.

Mit dem mittleren hat das letzte Stück die Dreiteilung gemeinsam, denn der A-Teil besteht aus vierfacher Repetition von zwei wenig variierten Akkordblöcken in breiten Werten, auf die der Schlußteil knapp zurückgreift, nun freilich gepaart mit Relikten des Mittelteils. Analog zur Kombination von Grund- und Leitton in Nr. 1 wird zu Beginn von Nr. 3 ein d-Moll-Klang mit der Quinte cis–gis verkettet, die sich leittönig zum Grundklang verhält. In tiefer Lage schließt eine engräumige Akkordfolge an, die mit dem Wechsel von Vierteln und Halben im 5/4-Takt prosahaften Charakter hat. Ob in ihr das Dies irae der Totenmesse zitiert wird, mag zweifelhaft bleiben, da sich die Übereinstimmung auf fünf Töne beschränkt, unabhängig davon evozieren sie aber den sakralen Klang eines organalen Satzes, wie ihn die altrussische Kirchenmusik kannte, wenngleich er hier durch chromatisch verschobene Unterstimmen gefärbt wird. Wenn in den Wiederholungen gerade dieses Segment am ehesten variiert wird, so geht ihm statt des eröffnenden

Klangs jeweils ein zweitaktiger Einschub voran, der aber ebenso d-Moll mit Leitton verkettet. Dieses Scharnier indes deutet zuerst jenen Lagenwechsel an, der zumal den Mittelteil des Satzes bestimmt, wenn er mit Akkordfolge im Flageolett expandiert. Und indem er wieder von Quintbordunen mit eingeschalteten Leittönen ausgeht, läßt sich erneut verfolgen, wie sich der Tonvorrat durch Terz- und Quintreihung erweitert, ohne das chromatische Total auszuschöpfen.

So charakteristisch verschieden die drei Stücke sind, so sehr verbindet sie die Tendenz zur Ostinatobildung, die in Nr. 1 zu einer Determinierung der Zeitachsen führt, in der man Vorgriffe auf serielle Verfahren sehen mag. Was hier als schrittweise Chromatisierung diatonischer Segmente angelegt ist, entfaltet sich in Nr. 2 durch das Verhältnis der Formglieder, um in Nr. 3 unter Rückgriff auf sakrale Archaismen zu chromatischer Spreizung erweitert zu werden. Und wie archaische Segmente, die an Tanz, Volkslied und Organum gemahnen, im artifiziellen Kalkül verspannt werden, so verbinden sich die scheinbar disparaten Sätze zu einem Zyklus, der jener Tradition entsagt, der er insgeheim verpflichtet bleibt. Ähnlich meint das 1920 komponierte *Concertino pour quatuor à cordes* mit seiner Bezeichnung keine Wende zu historischen Modellen, sondern zunächst die Absage an das herkömmliche Streichquartett.¹ Statt gesonderter Sätze sind in der knappen Formung von nicht viel mehr als 200 Takten drei Abschnitte zu unterscheiden, die durch Übergänge und Rekurse miteinander verbunden sind. Das mittlere Andante (T. 57) läuft nach eröffnenden Akkordgruppen in einer ›Cadenza‹ der ersten Violine aus, die am ehesten an konzertante Techniken erinnert. Ständig wechselnden Taktlängen, deren Maß allerdings die Viertel bleibt, folgt jedoch ein Rückgriff auf den ersten Komplex (T. 86). Nach ihm erst setzt ein letzter Komplex an, der im zügigen 2/4-Takt mit diatonischer Motivik abgehoben wird. Zugleich setzt sich die Technik steter Verschiebung kleiner Partikel fort, von der neben der Cadenza vor allem der erste Abschnitt zehrt. In ihm ließe sich die vielfach veränderte Wiederkehr eines skalaren Segments, mit dem das Werk beginnt, als Anspielung auf das vormalige Ritornell auffassen, ihr schließt sich aber eine sperrige Achtelfolge an (T. 5f., 10ff. und 37f.), und gerade sie wird nach der Cadenza aufgenommen und erweitert. Dazwischen ziehen sich für längere Phasen die Stimmen – meist paarweise – zu engräumigen Achtelgruppen zusammen, die sich von modifizierten Liegetönen absetzen. Was aber äußerlich älteren Gepflogenheiten ähneln mag, ist nur die Folie für kalkulierte Dissonanzen, mit denen sich erneut die Verschiebung der Partikel paart. So arbeitet das *Concertino* in seiner Weise Techniken aus, die zuvor die drei Stücke auf engstem Raum demonstrierten. Noch der späte *Double Canon für Streichquartett*, der 1959 »Raoul Dufy in memoriam« gewidmet wurde, kombiniert eine Zwölftonreihe, die in Grundform, Krebs und Krebsumkehrung erscheint, mit einer konstan-

1 In seinen Erinnerungen motivierte Strawinsky die »Diminutivform ›Concertino‹ (›Piccolo concerto‹)« mit dem Hinweis, das auf Bitte des Flonzaley-Quartetts geschriebene Werk, das mit »einem einzigen Satz« in »freier Form dem Allegro einer Sonate nachgebildet« sei, behandle die erste Violine »rein konzertant«; I. Strawinsky, *Schriften und Gespräche I* (mit einem Vorwort von W. Burde), Darmstadt 1983, S. 98.

1 V. Scherliess, *Igor Strawinsky und seine Zeit*, S. 149ff., bes. S. 151.

2 Vgl. die Bibliographie von D. Redepenning, Art. *Prokofiev*, in: *New Grove Dictionary²*, Bd. 20, S. 404–423: 421ff.; keine Studien zu den Quartetten finden sich bei Kl. W. Niemöller (Hg.), *Bericht über das Internationale Symposion Sergej Prokofjew. Aspekte seines Werkes und der Biographie*, Regensburg 1992 (Kölner Beiträge zur Musikforschung 175).

ten rhythmischen Gestalt, aus der erst durch die dichte Folge von zwölf Einsätzen »ein reiches rhythmisches Gefüge« entsteht.[1] Definiert sich das Streichquartett nicht allein nach formalen Konventionen, sondern nach tragenden konstruktiven Prinzipien, dann lassen sich Strawinskys Beiträge als Konsequenzen der Tradition – und sei es in ihrer Liquidierung – auffassen.

Ausnahmen bilden auch im Lebenswerk von Sergej Prokofjew (1891–1953) zwei Quartette, deren Differenzen weniger im Abstand als in den Umständen ihrer Entstehung begründet sind.[2] Als Auftragswerk der Congress Library in Washington wurde 1930 das Quartett h-Moll op. 50 geschrieben, nachdem der Komponist von Paris aus zu Konzerten in die USA gereist war. Das Quartett F-Dur op. 92 entstand dagegen 1941, als Prokofjew nach der Heimkehr erneut – und diesmal vor deutschen Luftangriffen – in den Kaukasus flüchten mußte. Doch bereits das erste Werk, dem der Autobiographie zufolge Studien der Quartette Beethovens vorangingen, zeigt in seinen drei Sätzen wenig von den ironischen oder gar sarkastischen Zügen, die Prokofjew zeitweise zum Bürgerschreck gemacht hatten.

S. Prokofjew, Nr. 1 op. 50, erster Satz, T. 1–3 (Russischer Musikverlag, Berlin).

T. 8–11.

Ein Allegro an erster Stelle gibt sich deutlich als Sonatensatz zu erkennen, indem ein im Quintraum diatonisch auf- und abschwingender Hauptsatz, der von Terzbändern in markierten Achteln begleitet wird, von einem Seitensatz im Legato abgelöst wird, der zu gebundenen Vierteln im Allegro moderato wechselt. Wie aber der dreiteilige Hauptsatz bereits in seinem Mittelglied verarbeitend erweitert wird, so dringen seine Umrisse in die Schlußphase des Seitensatzes ein, und was danach im Allegro als neue Schlußgruppe ansetzt, erweist sich als eine weitere Umformung. So sehr die Einzelstimmen tonale Zentren exponieren, die sich rasch verschieben können, so planmäßig werden sie zunehmend durch die Führung der Gegenstimmen überlagert, aus der sich die harten Dissonanzen des Gesamtklangs ergeben. Zwar geht die Durchführung von der Tonika aus, mit der raschen Expansion des Materials wächst jedoch die tonale Komplexität in dem Maß, in dem die vormalige Schlußgruppe einbezogen wird. Desto überraschender wirkt es daher, wenn sie sich am Ende zu einem verlangsamten Segment zusammenzieht (›Meno mosso‹), das nachdrücklich eine kleine Terz ausfüllt und durch Wiederholung zur Zweitaktgruppe ergänzt (3 Takte vor Z. 9). Indem es mehrfach transponiert wiederkehrt (zweimal in c- und einmal in cis-Moll sowie analog in fis- und g-Moll), erweist es sich als Kontraktion aus dem Auslauf des Seitensatzes und läßt dessen Kadenzlinien erst am Ende durchscheinen. Zugleich verweist der intervallische Rahmen auf die Begleitung des Hauptsatzes, der in der Reprise ebenso wie der Seitensatz äußerst komprimiert wird. Die langsame Einleitung des Mittelsatzes kündet eine fallende Linie an (T. 7f.), aus der sich im anschließenden Vivace C-Dur das eigentliche Thema bildet. So fungiert der Satz als Scherzo, das jedoch durch zwei unterschiedliche Episoden zugleich zum Rondo tendiert. Denn als erstes Trio hebt sich ein ostinat hämmernder Einschub in C-Dur ab (Z. 17), dem eine kantable Phase in F-Dur gegenübersteht (nach Z. 22), doch sorgen vermittelnde Zwischenglieder für die thematische Verklammerung des Satzes. Die satztechnischen Prinzipien, die mit der tonalen Extension die thematisch variable Entwicklung vereinen, sind zumal im abschließenden Andante zu verfolgen, dessen Hauptsatz in e-Moll anhebt, schon in die erste Zelle jedoch den nach h-Moll weisenden Leitton einfügt. Ihre thematische Erweiterung gleicht sich der Begleitung an, die das entsprechende Modell des Kopfsatzes zur Legatovariante umformt. Aus einer Ornamentierung des Themenkerns speist sich seine weitere Entfaltung, die ein Abschnitt in triolischen Achteln abfängt, mit der variierten Themenreprise paart sich jedoch scheinbar neue Melodik (nach Ziffer 31), die zugleich auf das Hauptthema im Kopfsatz zurückweist, wonach das Werk in der Coda kulminiert.

Vordergründig einfacher wirkt das zweite Quartett in F-Dur durch Reflexe kaukasischer Volksmusik, die Prokofjew während des Aufenthalts in der Autonomen Sowjetrepublik Kabardino-Balkarien kennenlernte. Ihre variantenreiche Heterophonie, die Eigenart der Instrumente und ihre ornamentale Spielpraxis konnten zwar Anregungen vermitteln, doch lieferte die Folklore weniger konkrete Vorlagen als den Anlaß einer Auseinandersetzung, in der sich die eigenen Verfahren zu bewähren hatten. Der erste von wiederum drei Sätzen folgt als Allegro sostenuto mehr noch als in op. 50 den Regularien eines Sonatensatzes mit graziösem Hauptthema und rhythmisch rustikalem Seitensatz auf der Dominante, die von der fanfarenhaften Schlußgruppe bekräftigt wird, wonach die Durchführung so gedrängt bleibt wie die verkürzte Reprise. Gegenüber dem früheren Werk kann die primär diatonische Stimmführung überraschen, die in F-Dur ohne Vorzeichen den lydischen Tritonus einschließt, tonal maßgebliche Prinzipien gibt jedoch schon der Hauptsatz zu erkennen. Während die Oberstimme mehrfach den Quartraum zwischen den Terzen von Dominante und Tonika durchmißt, markieren Liegetöne der Unterstimmen Tonikaparallele, Dominante und Tonika im Wechsel mit der Subdominante. Die scheinbaren Zentren neutralisieren sich aber wechselseitig in vielfacher Quintschichtung (von C bis a"), die von Nebennoten durchbrochen wird und den dissonant gespannten Klangrahmen erzeugt. Stampfende Achtel im vitalen Seitensatz werden durch mehrfachen Taktwechsel akzentuiert, die klare C-Dur-Melodik der Schlußgruppe trifft abermals auf dissonierende Gegenstimmen, und die Durchführung treibt diese Technik parallel zur Chromatisierung der Stimmen voran. Im zentralen Adagio umkreisen die Rahmenteile über dem Grundton E einen terzfreien Quintrahmen, der von phrygischen Stimmzügen und ihren Transpositionen gekreuzt wird. Das schwebende Melos im 12/8-Takt wird zunehmend von ornamental gefächerten Stimmzügen in chromatischer Färbung überlagert, desto klarer kontrastiert der rasche Mittelteil, der im Wechsel zwischen D- und A-Dur ein spielerisch entspanntes Scherzo vertritt, nach dem der erste Teil des Satzes gestrafft wiederkehrt. Dagegen wandelt das Finale eine lockere Rondoform mit vielfach variiertem Refrain ab, dessen drittes Glied im Couplet ausgearbeitet wird. Demgemäß können die Themen in der Reprise ihren Platz vertauschen, während nach dem zweiten Refrain ein Andante molto den Mittelteil bildet. Dabei steigert der Refrain die dissonante Diatonik des Kopfsatzes mit zwei geradezu burlesken Motiven, zwischen sie ist die kantable Linie in d-Moll eingelagert, aus der sich später das Couplet speist. Zugleich markieren rasche Figuren in tiefer Lage die Teilgrenzen, sie durchziehen noch das Couplet und klingen im Andante nach, dem seinerseits ein ähnlich groteskes Solo im Violoncello vorgeschaltet ist.

Schostakowitsch in der Sowjetunion

Mit ihrem frischen Elan und spontanen Zugriff stehen Prokofjews Werke Strawinskys kühlen Konstruktionen ebenso fern wie der Werkreihe von Schostakowitsch mit ihrer bohrenden Intensität. Zu gleicher Zeit führten Komponisten wie Alexander Glasunow, Nikolaus Mjaskowski und Reinhold Glière die russische Tradition in ihren Werkserien fort, die bereits um die Jahrhundertwende einsetzten und teilweise bis zur Mitte des 20. Jahrhunderts reichten. Keine andere Reihe eines russischen Komponisten wurde aber so breit rezipiert wie die 15 Quartette von Dmitri Schostakowitsch (1906–1975), die den langen Zeitraum von 1938 bis 1974 umspannen und eine gleich hervorragende Position im Œuvre des Komponisten wie in der Gattungsgeschichte einnehmen. Ein Vergleich zwischen der Folge der Symphonien und der Quartette mag die zeitliche Verschiebung zwischen beiden Gruppen andeuten, die gleichermaßen fünfzehn Werke umfassen.

Geboren 1906, zählte Schostakowitsch zu jenen Künstlern, deren Leben durchweg von der sowjetischen Kulturpolitik überschattet war. Sein Studium begann er noch auf Empfehlung von Glasunow, wie Stravinsky hatte zu dieser Zeit Prokofjew schon das Land verlassen, so lange die Experimente der Avantgarde geduldet waren, blieb auch den ersten Symphonien von Schostakowitsch der Erfolg nicht versagt. Als sich aber nach 1932 die ideologischen Restriktionen verschärften, wurde 1936 die Oper *Lady Macbeth von Minsk* vom Verdikt »Chaos statt Musik« getroffen.[1] Zwar entschied sich Schostakowitsch mit der 4. Symphonie op. 47 für den Schein eines Kompromisses, selbst wenn die bitter ironischen Brechungen kaum zu überhören sind. Eine andere Reaktion bedeutete aber die Wendung zum Streichquartett, das nicht gleichermaßen der Öffentlichkeit ausgesetzt war und den Komponisten im weiteren desto mehr beschäftigte. Dem ersten Quartett op. 49 aus dem Jahr 1938 folgten zunächst wieder drei Symphonien, der Es-Dur-Symphonie Nr. 9, die sich 1945 nach Sieg und Kriegsende merklich introvertiert ausnahm, war aber schon ein Jahr zuvor das zweite Quartett op. 68 vorangegangen, und fortan wurde die Serie der Quartette systematisch und immer dichter fortgeführt, während die Symphonien weiter zurücktraten.[2]

Angeregt vom Glasunow-Quartett begann Schostakowitsch das erste Werk in C-Dur »ohne besondere Gedanken«, doch fesselte ihn das »Übungsstück« so sehr, daß er es »außergewöhnlich rasch« vollenden konnte.[3] In seinem spielerischen und leicht akademischen Ton mag es zunächst nicht sehr schwer wiegen, doch bildet es zugleich Verfahren aus, die auch noch spätere Werke prägten. Denn die vier Sätze gehen formal wie tonal von tradierten Normen aus, die aber durch ironische Verfremdung gleichsam in Anführungszeichen gesetzt werden. Während der Kopfsatz ohne Durchführung dem Schema nahekommt, das A. B. Marx einst als ›Sonatine‹ deklarierte, bildet das Finale ein knappes Sonatenrondo, und zwischen den Ecksätzen in C-Dur stehen ein langsamer Variationensatz in a-Moll und ein Scherzo samt Trio in A-Dur. Prototypisch ist das eröffnende Moderato im 3/4-Takt, das den C-Dur-Klang durch leiterfremde Töne verfärbt, wo aber nach dem walzerhaften Sei-

---

1 Eine Übersetzung der Kritik (Prawda, 28. 1. 1936) bei K. Grönke, *Studien zu den Streichquartetten 1 bis 8 von Dmitrij Šostakovič*, Diss. Kiel 1993, S. 384f.; Dmitri Schostakowitsch, *Chaos statt Musik? Briefe an einen Freund*, hg. v. I. D. Glikman, deutsche Ausgabe hg. v. R. Westendorf, Berlin 1995.

2 S. Neef, *Die Streichquartette als Tagebuch innerer Entwicklung. Überblick und Stationen*, in: *Schostakowitschs Streichquartette. Ein internationales Symposion. Schostakowitsch-Studien 5*, hg. v. A. Wehrmeyer, Berlin 2002 (studia slavica musicologica 22), S. 1–3; K. Grönke, *Komponieren in Geschichte und Gegenwart. Analytische Aspekte der ersten acht Streichquartette von Dmitri Schostakowitsch*, ebenda, S. 41–80. Auf die in diesem Band zusammengefaßten Essays über einzelne Werke kann nur summarisch verwiesen werden.

3 Zitiert bei K. Grönke, *Studien zu den Streichquartetten 1 bis 8*, S. 35; zu zwei früheren Stücken ebenda, S. 20.

Symphonien (1924–1971)	Streichquartette (1938–1974)
Nr. 1 f-Moll op. 10, 1924–25	
Nr. 2 H-Dur *An den Oktober* op. 14 (Chorfinale), 1927	
Nr. 3 Es-Dur *1. Mai* op. 20 (Chorfinale), 1929/30	
Nr. 4 c-Moll op. 43, 1935–36	
Nr. 5 d-Moll op. 47, 1937	
	Nr. 1 C-Dur op. 49, 1938
Nr. 6 h-Moll op. 54, 1939	
Nr. 7 C-Dur *Leningrad* op. 60, 1941	
Nr. 8 c-Moll op. 65, 1943	
	Nr. 2 A-Dur op. 68, 1944
Nr. 9 Es-Dur op. 70, 1945	
	Nr. 3 F-Dur op. 73, 1946
	Nr. 4 D-Dur op. 83, 1949
	Nr. 5 B-Dur op. 92, 1951
Nr. 10 e-Moll op. 93, 1953	
	Nr. 6 G-Dur op. 101, 1956
Nr. 11 g-Moll *Das Jahr 1905* op. 103, 1957	
	Nr. 7 fis-Moll op. 108, 1960
	Nr. 8 c-Moll op. 110, 1960
Nr. 12 d-Moll *Lenins Andenken* op. 112, 1961	
Nr. 13 b-Moll *Babi Jar* op. 113, 1962	
	Nr. 9 Es-Dur op. 117, 1964
	Nr. 10 As-Dur op. 118, 1964
	Nr. 11 f-Moll op. 122, 1966
	Nr. 12 Des-Dur op. 133, 1968
Nr. 14 für S. B., Streicher, Schlagzeug, op. 135, 1969	
	Nr. 13 b-Moll op. 138, 1970
Nr. 15 A-Dur op. 141, 1971	
	Nr. 14 fis-Moll op. 142, 1973
	Nr. 15 es-Moll op. 144, 1974

tensatz in Es-Dur die Durchführung folgen müßte, schließt gleich die Reprise des Hauptsatzes an, nun aber in geradtaktiger Variante. So deutlich das Finale den Rondotyp hervorkehrt, so planvoll erweitert es die tonale Basis, um traditionsgemäß im gearbeiteten Mittelteil nach dem zweiten Refrain thematische Elemente ebenso zu mischen wie ihre tonalen Markierungen. Ähnlich erscheint der langsame Satz zunächst als Folge von Thema und sieben Variationen, in denen jeweils der erste Viertakter unverändert bleibt, doch ordnen sie sich zugleich zu Doppelvariationen, indem den Außenteilen in a-Moll zwei Binnenglieder in b-Moll und E-Dur gegenüberstehen. Das zunächst der Viola überlassene Thema, das scheinbar schon mit Zutritt des Violoncellos eine erste Variierung erfährt, läßt sich nämlich als zweigliedrig auffassen, sofern seine viertaktige Eröffnung unterschiedlich fortgesponnen wird, denn ebenso bleibt seine erste Hälfte im weiteren erhalten, wie es zumal durch die Erweiterungen der Binnenteile deutlich wird (T. 33–36 und T. 52–62). Ähnlich folgt dem scherzosen Hauptteil im dritten Satz eine Triomelodie über akkordischem Fundament in Fis-Dur, statt einer Reprise wird aber das Scherzo dann drastisch gekürzt und mit Zitaten aus dem Trio verbunden. Durchweg ist es jedoch die unerwartete Weitung der Tonalität, die den klassizistischen Zug in der Schwebe hält, ohne dabei harsche Dissonanzen zu scheuen.

Schon im zweiten Quartett A-Dur op. 68, das durch die Satzbezeichnungen auf Beethovens Spätwerk hindeutet, verschärfen sich seit 1944 die tonalen und formalen Verhältnisse. Wie die eröffnende Ouvertüre an den Beginn der großen Fuge op. 131 gemahnt, so deuten Rezitativ und Romanze sowie Valse als Binnensätze auf op. 132, während der abschließende Variationensatz ein Gegenstück in op. 74 findet.

D. Schostakowitsch, Nr. 2 op. 68, erster Satz »Ouverture«, T. 1–6 (Edition Peters, Leipzig).

Durchführung T. 184–188.

Der Kopfsatz ist freilich zugleich ein verkürzter Sonatensatz mit wiederholter Exposition und die Durchführung hat weniger motivische Arbeit als vielmehr die systematische Chromatisierung und dissonante Verschränkung des Materials zum Gegenstand. Über jeweils drei liegenden Akkorden der Unterstimmen entfaltet sich in den Rahmenteilen des langsamen Satzes das weitausholende Rezitativ der ersten Violine, das die Quinten der tonal eindeutigen Basisklänge durch die sie umrahmenden Halbtöne derart färbt, wie es der sogenannten ›Kernzelle‹ in Beethovens späten Quartetten entspricht. Ähnlich beginnt die dazwischenliegende Romanze in B-Dur mit liedhafter Melodik, die aus der vorangehenden rezitativischen Geste abgeleitet ist. In dem Maß jedoch, wie die melodischen Linien durch rhythmische und intervallische Differenzierung zu prosahaften Formeln verschliffen werden, verschieben sich zugleich die tonalen Relationen zu den Gegenstimmen, bis nach der dynamischen Kulmination eine knappe Vermittlung zum abschließenden Rezitativ zurückführt. Den Tanzsatz vertritt hier die Valse, in der sich zwei thematische Felder in es- und b-Moll abzeichnen, da aber dazwischen ein fis-Moll-Teil eingeschaltet ist, verschieben sich die tonalen Proportionen. Indem die Satzmitte durchführende Züge erhält, verstärkt sich die Affinität zum Sonatensatz, selbst wenn die Reprise das Material umstellt und kürzt, um einer ausgedehnten Coda Raum zu geben. Über alle Einschnitte trägt jedoch die tanzhafte Rhythmik hinweg, die den Satz zum Perpetuum mobile im Walzertakt macht. Im Finale begegnen wohl erstmals die Kennmarken einer stilisierten Folklore, wiewohl kaum je konkrete Modelle belegbar sind. Zu den »melodiekonstanten« Variationen[1] ist der Satz nur bedingt zu rechnen, denn so deutlich die thematischen Linien der 16 Variationen sind, so sehr dringt in sie selbst die variative Arbeit ein. Bleibt der Themenumriß zunächst erhalten, so wird er von der vierten Variation an weiter verändert, während zugleich die tonale Dissoziation zunimmt. Vorangestellt ist eine knappe Einleitung, die mit dem Variationensatz zunächst nur indirekt zusammenhängt, wenn sie aber zuletzt in die Variationen einbezogen wird, erweist sich zunehmend und zumal in der Coda die interne Verwandtschaft der anfangs getrennten Schichten. Weit lockerer gibt sich der Kopfsatz des F-Dur-Quartetts op. 73 (1946), der den Sonatensatz zum Gehäuse der kontrapunktischen Emanzipation der Stimmen macht. Von der Spaltung tonaler Schichten geht dagegen der zweite Satz aus, dessen Anfang ostinate Klangbrechungen in e-Moll mit der um Fis zentrierten Oberstimmen konfrontiert. Und umgekehrt setzt hier der Mittelteil mit getupften Fis-Dur-Akkorden ein, um erst danach die tonalen Achsen zu verschieben, während der Schluß Elemente beider Glieder verkettet. Im Zentrum des fünfsätzigen Zyklus steht der dritte Satz, der drei thematische Komplexe unterscheiden läßt, sie aber zugleich durch rasche Bewegung, hohe Lautstärke und ostinate Züge an-

---

[1] Ebenda, S. 189ff.

gleicht. Zum Finale, das nicht nur motivisch wieder den späten Beethoven beschwört, verhält sich der vorgeschaltete Satz wie ein erweitertes Rezitativ, doch bildet er zugleich eine Variationenreihe, in der die markanten ersten Thementakte wieder melodisch konstant bleiben, wogegen ihre Fortführung in den variativen Prozeß so einbezogen wird, daß sich ein Wechsel zwischen quasi festem Refrain und fast rezitativischer Fortspinnung ergibt. Nicht nur im Zitat dieses Themas, das zugleich kanonisch potenziert wird, erfüllt der Schlußsatz seine zyklische Funktion; so deutlich sich vielmehr Haupt- und Seitensatz zunächst gegenübertreten, so unüberhörbar werden in der Durchführung die Rückgriffe auf die Thematik des Kopfsatzes. Sobald sich aber die Stimmen zu dissonanten Bändern zusammenziehen, dominieren die kanonischen Themenzitate, die zunächst den Hauptsatz und dann das Variationenthema des vorangehenden Satzes erfassen (T. 227 und T. 246), bis die freie Reprise in die verklingende Coda einmündet.

In der Auseinandersetzung mit Beethoven vollzieht sich erstmals in op. 68 jene zyklische Verklammerung, die bis hin zum Spätwerk für Schostakowitsch charakteristisch wurde. Während die ideologischen Restriktionen wuchsen, die in der Debatte um den verqueren Begriff ›Symfonizm‹ zum Vorschein kamen, ging der Komponist seinen eigenen Weg im Streichquartett, und die mit dem Schlagwort ›Formalismus‹ verknüpfte Kampagne hatte nach 1948 zur Folge, daß die Quartette Nr. 4–5 zunächst zurückgehalten wurden, bis nach Stalins Tod ihre öffentliche Aufführung im Herbst 1943 möglich wurde. Eine andere Reaktion auf die Zwänge der Außenwelt lag im – freilich höchst stilisierten – Rückgriff auf jüdische Folklore, wie sie im Finale des vierten Quartetts D-Dur op. 83 (1949) zu beobachten ist.[1] Dabei bilden die drei Quartette Nr. 3–5 insofern eine Trias, als ihre Entstehungsdaten den relativ langen Abstand zwischen den Symphonien Nr. 9 und 10 ausfüllen. Ähnlich Hindemith lag Schostakowitsch in seiner vehementen Produktivität wenig an nachträglichen Retuschen seiner Werke, wiewohl eine Straffung manchem Werk wohl zugute gekommen wäre. Erstaunlich bleibt dennoch – auch im Vergleich mit der Symphonik – die außerordentliche Individualität, die gerade die Streichquartette durchweg auszeichnet.

Daß Schostakowitsch das D-Dur-Quartett Nr. 4 zurückhielt, macht kaum der Kopfsatz verständlich, denn ausgehend von klaren D-Dur-Klängen bleibt der Grundton als Orgelpunkt über 64 Takte hin erhalten. Je weiter sich der Satz aber mit Doppelgriffen zu extremen Klanglagen ausfaltet, desto mehr wird er von grellen Dissonanzen durchsetzt, die das tonale Fundament schwächen. Sobald aber der Orgelpunkt von wechselnden Liegetönen abgelöst wird, zeichnet sich zwar ein Gegenthema ab, das vor Satzende auch einmal transponiert wiederkehrt. Indem sich aber die rhythmische Struktur des Beginns wieder durchsetzt, lenkt die Coda wohl kurz zum Orgelpunkt zurück, ohne jedoch noch

---

1 Ebenda, S. 200–208.

einmal den strahlenden Klang des Beginns zu erreichen. Weit schlichter beginnt danach das An-dantino f-Moll, das seine Subtilität erst im Verlauf ausprägt. Dagegen verbindet das Allegretto c-Moll als dritter Satz die Tonlage des Tanzes mit der Form des Sonatenrondos, in der sich das zweite Couplet in A-Dur zunächst wie ein kontrastierendes Trio verhält, sich in der gekürzten Reprise jedoch mit Relikten der anderen Themen verbindet. Im Finale endlich begrenzen sich die Anklänge an jüdische Musik auf wenige Topoi wie die Akzentuierung schwacher Taktteile oder engräumig fallende Melodiezüge samt Tonrepetitionen im Hauptthema. Einleitung wie Coda gehen dagegen von einer solistischen Intonation aus, die den tonalen Rahmen noch offen hält. Desto entschiedener kontrastieren dann die Themen, denen bei durchsichtiger Begleitung die insistierenden Tonrepetitionen gemeinsam sind, und das Fugato der Durchführung verfestigt sich in tonaler Massierung, wogegen die Coda zur verhaltenen Einleitung zurücklenkt und dabei die Abfolge ihrer Segmente verschiebt.

Zwei rasche Außensätze verbinden sich im B-Dur-Quartett Nr. 5 mit dem Mittelsatz in h-Moll durch einen Attacca-Anschluß und zunehmend auch durch motivische Affinität. Denn schon der einleitende Sonatensatz addiert im komplexen Hauptthema sechs knappe Bausteine, die scharf konturiert und zugleich wechselnd eingesetzt werden und das Material erweitert sich durch zwei Versionen des Seitenthemas, die weniger der Melodik als der Begleitung nach differieren. Dieses vielfältige Material, das die Durchführung entfaltet, strahlt weiter auf die Folgesätze aus, die freilich weniger auf ganze Themen als ihre Elemente rekurrieren, sie teilen aber durchweg die tendenzielle Chromatisierung, die von der ersten Zelle im Kopfsatz ausgeht. Auch dem heiter gelösten Ton, den die Ecksätze im G-Dur-Quartett Nr. 6 anstimmen, ist nicht gleich das Potential anzumerken, zu dem das Material dann befähigt ist. Beidemal gründet der Prozeß wieder in einer Chromatisierung, die im scheinbar diatonischen Material latent angelegt ist, um dann planvoll gesteigert zur Geltung zu kommen. Während dieses Verfahren auch den tänzerischen zweiten Satz bestimmt, basiert der langsame Variationensatz an dritter Stelle erstmals auf einem zehntaktigen Baßostinato, dessen sieben Perioden nur einmal durch einen Einschub erweitert werden. Die vordergründige Schlichtheit, die dem Verband der Gegenstimmen zu eigen ist, erfährt aber durch die im Thema vorgegebene tonale Ambivalenz eine eigentümliche Brechung. Denn während die Baßlinie in b-Moll beginnt und schließt, so daß die Perioden ineinandergreifen können, entfaltet sich der interne Verlauf über einen Tritonus zum Quintfall e–A, der mit der leitereigenen Terz (des/cis) de facto einen A-Dur-Klang ergibt. Je weiter aber diese tonale Spannung ausgetragen wird, desto entschiedener wird sie im Einschub zurückgenommen, auf den noch die klangliche Reduktion der Schlußphase reagiert.

Ein höchst ungleiches Paar bilden die Quartette Nr. 7 und 8, die beide 1960 entstanden, mit den Tonarten c- und fis-Moll aber kaum zufällig den Tritonus abstecken. Gewichtig ist schon das dreisätzige op. 108, dessen Finale klarer als früher die thematischen Vorgaben der vorangehenden Sätze ausbeutet. Denn sein Beginn kehrt die Figur um, die den Kopfsatz eröffnet, dazu tritt die viertönig fallenden Folge, in der der Mittelsatz endet, und die kreisende Figur, die dort (T. 11–13) als Begleitung eines kantablen Themas diente, verkehrt sich im Schlußsatz zu einem vehementen Impuls, der zunächst ein Fugato eröffnet und dann ein rhythmisches Ostinato auslöst. Sein Reversbild ist jedoch im Finale die rhythmisch wie dynamisch gleichermaßen zurückgenommene Reprise, die ihrerseits nun das zweite Thema aus dem Kopfsatz aufnimmt. Das Netz der Bezüge im Schlußsatz hat seine Voraussetzungen im Kopfsatz, der seinerseits das thematische Material recht locker exponiert und zudem kaum sehr intensiv verarbeitet.[1] Ein wahres Hauptwerk ist erst recht das fünfsätzige c-Moll-Quartett op. 110, das »dem Gedächtnis der Opfer des Faschismus und des Krieges« gewidmet, vom Autor aber auch als Werk zum eigenen Gedenken verstanden wurde.[2] Der scheinbare Widerspruch löst sich indes auf, sofern zu den Opfern auch der Komponist selbst zu zählen ist, dessen Monogramm hier noch konsequenter eingesetzt wird als zuvor in der 10. Symphonie (1953).

Die vier Töne d–es–c–h, deren Deutung die deutsche Namensform in herkömmlicher Schreibung voraussetzt, umgreifen zwei Halbtöne im Abstand einer kleinen Terz und lassen sich als Mollterz mit Leittönen auffassen. Dazu treten aber zahlreiche Zitate aus eigenen und fremden Werken, die mit markanten Ausschnitten – dazu oft in der Oberstimme – kaum zu übersehen sind. Um nur die wichtigsten zu nennen: Der erste Quartettsatz zitiert sogleich die Anfänge der 1. und 5. Symphonie, der zweite Satz bezieht sich (ab T. 126) auf das Klaviertrio op. 67, im dritten Satz wird mehrfach (zuerst ab T. 138) der Beginn des Violoncellokonzerts op. 107 übernommen, er wirkt noch im vierten Quartettsatz nach, der zudem im Violoncello (T. 133–159) die Kantilene aus dem 9. Bild des IV. Akts der *Lady Macbeth von Minsk* aufgreift. Mit einzelnen Takten dieser Opernszene lassen sich fernerhin Wendungen im Finale (Violoncello ab T. 9) und entsprechend mit dem Finale der 10. Symphonie weitere Gestalten aus dem vierten Quartettsatz (ab T. 117) verbinden. Damit nicht genug, spielt der Komponist auch auf die cis-Moll-Fuge aus dem zweiten Teil von Bachs *Wohltemperiertem Klavier* und zugleich auf Beethovens große Fuge an, während ein Revolutionslied (›Im Kerker zu Tode‹) im vierten Satz aufgegriffen wird. Die Selbstzitate erscheinen sogar in chronologischer Folge der Vorlagen, wenn man ergänzt, daß Schostakowitsch zuletzt mit der Revision seiner früheren Oper befaßt war. Zwar sind sie unverkennbar, daß sie sich dennoch dem uneingeweihten Hörer nicht aufdrängen, verweist bereits auf ihre Ein-

[1] P. Cahn, *Zyklische Prinzipien in Schostakowitschs Streichquartetten*, in: *Schostakowitschs Streichquartette*, hg. v. A. Wehrmeyer, S. 177–190.

[2] Zum Nachweis der Selbstzitate vgl. K. Grönke, *Studien zu den Streichquartetten 1–8*, S. 209–221.

bindung in das Satzgefüge. Denn ein Verfahren, das sich anderer Werke wie eines Steinbruchs bedient, müßte in Verbindung mit den Namenszitaten zur Montage tendieren. Dringlicher als die semantische Identifikation der Zitate ist daher die Frage nach ihrer internen Integration.

Im gedoppelten Verweis auf Bach wie Beethoven beginnt der Kopfsatz mit der Imitation des Monogramms, im Tempo alla breve, auf das die Metronomangabe weist, wird also eine historische Ferne beschworen, die zugleich im Namen des Autors präsent wird. Das Monogramm fügt sich dabei in eine Mollkadenz mit Leitton ein, so daß sich bei mehrfacher Quintimitation die zugehörigen Leittöne eng überlagern. Wo aber der letzte Einsatz zur Tonika zurückführen könnte, wird das Zitat aus der ersten Symphonie eingeführt, das den Kadenzvorgang durch leiterfremde Töne verzögert.

D. Schostakowitsch, Nr. 8 op. 110, erster Satz, T. 1–16 (Edition Sikorski).

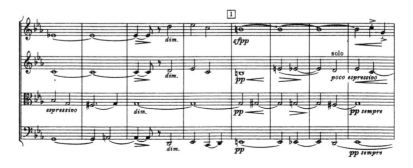

1 Ebenda, S. 220f.

Die derart verknüpften Gestalten lassen sich also kaum als ›Refrain‹ und ›Couplet‹ trennen[1], tauglicher als ein Rondomodell wäre eher der Gedanke an ein Variationenricercar, dem die Suche nach Varianten ebenso entspräche wie die stete Rückkehr zum thematischen Kern. Denn über dem Quintbordun beschränkt sich eine weitere Gestalt auf Legatobögen der Oberstimme mit chromatischen Einschüben, und das neuerliche Zitat des Monogramms läuft im wiederholten Quartfall aus, der zur tonalen Stabilisierung über Orgelpunkt korrespondiert. So kann sich mit Durterz das Zitat aus der 5. Symphonie anschließen, dessen fallende Linie zugleich zur Mollskala zurücklenkt, und wenn ihm wieder das Monogramm folgt, so stellt dann die geraffte Reprise die Themen um, ohne jedoch die Episode in Dur aus dem Zentrum nochmals aufzugreifen. Vom straff rhythmisierten Quartfall geht der zweite Satz aus, der sein engräumiges Material mit abrupten Akkordschlägen und hämmernder Rhythmik verbindet, in die sich die Zitate aus dem Klaviertrio und dem Monogramm einfügen. Vom vehementen Beginn des dritten Satzes hebt sich sein walzerhaftes Seitenthema ab, und in der Durchführung wird neben dem Monogramm der Beginn des Violoncellokonzerts eingefügt, dessen gezackte Linie sich unauffällig dem Themenmaterial anpaßt. Zur Achse des Werks wird dieser Satz durch seine Mitte, die fast wie ein Trio kontrastiert. Denn in chromatischen Skalenausschnitten werden die Violinen in Quintparallelen gepaart, die kantable Violoncellolinie dazu verbirgt jedoch das umgestellte Monogramm, chromatische Quintketten treffen also auf jenen Kern, dessen Quintschichtung den Prozeß eröffnete, der aus der historischen Ferne zur Gegenwart führt. So fällt den letzten Sätzen die Aufgabe zu, den Kreis zu schließen, und wenn der vierte Satz die vormalige Opernkantilene nutzt, um die tonalen Spannungen zu reduzieren, so weist sich der letzte als Variante des ersten aus, dessen chromatische Entfaltung zugleich reduziert wird. Die dichte Integration der Zitate setzt nicht nur Formen voraus, die fest genug und zugleich flexibel sein müssen, sie basiert zugleich auf latenter Affinität des Materials, und sie stützt sich vor allem auf jene sperrig geweitete Harmonik, die Schostakowitsch schon von früh an ausgebildet hatte.[1]

Ohne Behinderung durch ideologische Restriktionen konnte der Komponist in den folgenden Quartetten seinen Weg gehen, wiewohl sich weniger die Prinzipien als manche Details veränderten. Denn so variabel die Formeln im einzelnen bleiben, so fest umrissen ist doch der Bau der einzelnen Sätze, die in jedem Werk auf neue Weise zyklisch gebündelt werden. Spürbare Differenzierung erfährt freilich die Tonalität, sofern die Relationen zwischen tonalen Zentren und ihrer chromatisch dissonanten Erweiterung immerhin die Grenzen der freien Atonalität streifen können, selbst wenn an Knotenpunkten wieder tonale Achsen hervortreten. Eine Summe der Erfahrungen ziehen daher die drei letzten Quartette der Jahre 1970 bis 1974, die schon in ihrer Disposition zu einer Trias zusammentreten. Denn während das mittlere op. 142 (Nr. 14) drei Sätze umfaßt und letztmals im Finale den aggressiv motorischen Ton so vieler früherer Sätze trifft, steht dem einsätzigen op. 138 (Nr. 13) in op. 144 (Nr. 15) eine Folge von sechs langsamen Sätzen gegenüber, die zudem durch charakteristische Titel ausgezeichnet sind.

Im b-Moll-Quartett Nr. 13 verhalten sich die Rahmenteile als Exposition und Spiegelreprise zu einander und umschließen damit ein Zentrum, das zwischen durchführenden, verarbeitenden und ostinaten Techniken die Mitte hält. Der Hauptsatz in der Exposition wird durch eine zwölftönige Konfiguration der Viola eröffnet, in ihr zeichnen sich

---

[1] J. Cholopow, *Modalität in den Streichquartetten von Dmitri Schostakowitsch*, in: *Schostakowitschs Streichquartette*, hg. v. A. Wehrmeyer, S. 121–161.

drei Glieder ab, deren erste eine variierte Sequenz umschreiben und mit der letzten zugleich durch akzentuierte Vorhaltbildung verbunden sind.

D. Schostakowitsch, Nr. 13 op. 138, erster Satz, T. 1–14 (Musikverlag Hans Sikorski).

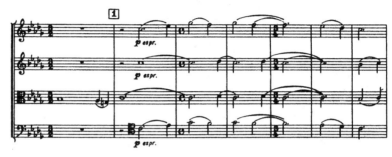

Dieser einstimmigen Linie schließt sich unter Oktavierung der Außen- und der Mittelstimmen eine zweistimmige Phase an, die das Vorhaltmotiv zu tonaler Zentrierung nutzt und dann in der Integration des Zwölftonfelds mündet. Dem entspricht über Orgelpunkt nach mehrfacher Tonrepetition ein zweiter Gedanke im Terzrahmen (T. 38ff.), der sich bald mit der Verarbeitung des ersten Themas verbindet, dann aber zum ersten Ausbruch mit repetierten Achteln in Baßlage und einer Akkordformation der Oberstimmen führt, die in höchster Lage zwischen Klängen in e-Moll und D-Dur mit alterierter Quinte wechseln (T. 59f.). Wenn sich danach mit der thematischen zugleich eine tonale Reduktion paart, so setzt mit ihr ein drittes Thema an, das von stabilen Quintachsen der Unterstimmen ausgeht. Mit gleichsam tropfenden Tonrepetitionen, die an das zweite Thema anschließen, tritt dazu die Oberstimme ein, und so sehr sie sich anfangs der tonalen Zentrierung fügt, so sperrig nimmt sich die weitere Fortführung aus. Je mehr aber die tonalen Achsen auf betonte Dissonanzen stoßen, desto weiter treibt der Satz zwei Clustern entgegen, die sehr charakteristisch organisiert sind. Während zunächst Halbtöne im Terzrahmen geschichtet werden, erweitert sich der zweite Klang zur Halbtonschichtung im Quintrahmen (T. 148ff. und T. 153ff.), um sich dann in repetierten Akkordschlägen zu entladen. Schon die Schlußphase der Exposition sammelt über getrillerter Klangachse motivische Relikte zu ostinaten Modellen, gerade daran schließt auch die Durchführung mit rhythmischen Ostinati an, die ihrerseits Varianten der drei Themenkomplexe umfassen. Am klarsten zeichnet sich in den repetierten Vierteln des Violoncelloparts die zwölftönige Konfiguration des Hauptsatzes ab, durch Pausen getrennte Achtel der ersten Violine verweisen auf das dritte Thema, der Terzraum des zweiten Themas wird jedoch zu triolischen Formeln der zweiten Violine verschliffen, während die Viola durch Bogenschläge die Taktakzente betont. Mit diesem Material wird unter mehrfachem Stimmtausch die erste Phase der Durchführung bestritten, ab T. 191 tritt dazu ein weiteres Motiv, in dessen sperriger Achtelkette zwei Dreiklangsformeln verschraubt sind. Deutlich treten aber auch lange Liegetöne hervor, die eine letzte Konstellation ankündigen (ab T. 253). Sie umfaßt im Kern eine Quintenkette, die zwar weiter expandiert, gleichwohl aber zur tonalen Stabilisierung beiträgt und damit das Ende der Durchführung bewirkt. Demgemäß verkehrt sich die geraffte Reprise spiegelbildlich, indem sie mit dem dissonanzreichen dritten Thema beginnt, um nun zum zwölftönigen Komplex des ersten Themas hinzuführen. Ihm aber begegnet eine Folge von reinen Quinten, die am Ende vom Tritonus abgefangen wird (d–a–e–b). Das Ende des Werks stellt also klar, daß Zwölftonfelder und Quintenreihen als Pole verstanden werden, zwischen denen sich die tonale Entfaltung vollzieht. Ein zwölftöniger Komplex erzwingt demnach keine dodekaphone Technik, sondern bezeichnet die Grenze einer tonalen Expansion, die ihre Herkunft aus der Tradition nicht zu verleugnen hat.

Tonale Differenzen prägen noch im letzten Quartett op. 144 die Strukturen der sechs Sätze, denen zugleich das äußerst langsame Zeitmaß gemeinsam ist. Als ›Elegie‹ und ›Epilog‹ verklammern die Außensätze zwei Satzpaare, in denen die Nachtmusiken der ›Serenade‹ und ›Nocturne‹ vom ›Intermezzo‹ und ›Trauermarsch‹ beantwortet werden. Repetitionen und Haltetöne bestimmen im Kopfsatz ein Hauptthema, dessen karge Diatonik in weitgefächerter Imitation stufenweise erweitert wird, wogegen ein Gegenthema in C-Dur chromatisch so gespreizt wird, daß der Prozeß von beiden Polen zehren kann. Ein Zwölftonfeld dagegen exponiert die Serenade mit isolierten Einsätzen der Stimmen, und die wechselnde Auswahl aus diesem Total charakterisiert dann die Kontraste zwischen Akkordblöcken und solistischen Partien, zwischen die zudem ein kantables Thema eingeschaltet wird. Rezitativische Gesten der Oberstimme werden im Intermezzo von gebündelten Akkorden abgefangen, um sich allmählich zu fragmentarischer Melodik zu stabilisieren. Umgekehrt wird in der Nocturne die Diatonik der arpeggierenden Begleitung dissonant erweitert, während die melodischen Hauptlinien von Chromatik durchzogen werden, bis beide Elemente nach ihrer wechselweise Fragmentierung auch vom Schlußteil nicht mehr ganz restituiert werden können. Als Trauermarsch formiert der vorletzte Satz tonal stabile Blöcke, zwischen die chromatisch gezackte Linien der

Einzelstimmen eingelassen sind. Und trillerhaft schwirrende Klangfelder trennen im Finale die thematischen Zitate, die nicht nur Material der vorangehenden Sätze resümieren. Der Epilog vielmehr, der das Werk beschließt, blickt zugleich nochmals auf leitende Prinzipien zurück, die das Quartettwerk von Schostakowitsch entfaltete.

Dieses Werk aus dem Jahr 1974 läßt immerhin erkennen, wieso der Komponist im Westen so lange mißverstanden werden konnte. Als peripher mochte seine Musik gelten, solange die Restriktionen verkannt wurden, die ihn zur steten Auseinandersetzung zwangen. Und als rückständig konnte er in einer Phase erscheinen, in der man allein dem Dogma vom Fortschritt des Materials vertraute. In dem Maße erst, wie diese historische Determination verblaßte, wurde der Rang von Schostakowitsch einsichtig. Wie haltlos die Vorstellung war, nicht länger sei Komponieren im Anschluß an Traditionen möglich, hat gerade seine Musik demonstriert, die jeden offenen Hörer noch immer zu erreichen vermag. Ihre ästhetische Geltung dankt sie nicht zuletzt der Unbeirrtheit, von der sich der Komponist noch leiten ließ, als er selbst Zwölftonfelder in seine Sprache zu integrieren wußte.

Solche Meisterwerke mußten die keineswegs geringe Produktion überschatten, die daneben in der Sowjetunion entstand. Schon früher wurde auf Musiker wie Alexander Glasunow, Reinhold Glière und Nikolaj Mjaskowski verwiesen, die noch vor der Oktoberrevolution an die russische Gattungstradition anschlossen und ihre Quartettreihen bis zum Zweiten Weltkrieg oder sogar noch länger fortführten. Zwischen 1923 und 1963 entstanden neun Beiträge von Wissarion Schebalin (1902–1963), in denen ebenso wie in zwei Quartetten von Dmitri Kabalewski (1904–1987) noch immer die ältere Tradition nachwirkt. Viersätzig wie diese beiden Werke (op. 8 a-Moll, 1942, op. 44 g-Moll, 1945) sind in der Regel die Quartette von Wissarion Schebalin, die ebenso die modifizierte Tonalität durch modale Einschläge und freiere Dissonanzen anreichern. Exemplarisch sei Schebalins sechstes Quartett op. 42 in h-Moll aus dem Jahre 1943 genannt, dessen Kopfsatz seinen kantigen Charakter vom diatonischen Hauptthema im Septimenrahmen erhält und durch einfache Rhythmik und akkordische Begleitung verstärkt. Der Seitensatz schwingt zwar breiter aus, basiert aber auf engräumigen und ostinat wiederholten Formeln der Gegenstimmen, und die Durchführung kann rhythmischer Monotonie kaum steuern, selbst wenn sich der tonale Radius mit Ansätzen zur Imitation erweitert. Das Bild ändert sich wenig in den Mittelsätzen, denn wie das Andante im letzten Teil zu massiven Akkordsäulen gesteigert wird, findet die konstante Bewegung des dritten Satzes nur im klangvollen Trio Abwechslung. Den Eindruck bestätigt schließlich das Finale, dessen Hauptsatz den intervallischen Rahmen des Hauptthemas aus dem ersten Satz übernimmt. Bei ähnlicher Rhythmik tendiert demnach der Schlußsatz zu gleicher Massierung des Klangs, die freilich in der Coda zurückgenommen wird.

Von Aram I. Chatschaturian bleibt dagegen nur eine Doppelfuge zu nennen, die laut Vorwort der Edition ein geplantes c-Moll-Quartett eröffnen sollte, obwohl sie einen tonalen Rahmen um B absteckt. Seltsamerweise sah der Autor in ihr »zuviel Polyphonie«, denn nach der Exposition des ersten Themas als Andante fügt sich das zweite fast unauffällig ein, während die motivisch freien Kombinationen zugleich zu klanglicher Ballung neigen. Nur summarisch lassen sich fünf Quartette von Ivan A. Wyschnogradsky (1893–1979) erwähnen, der in Paris starb und mehrfach mit Vierteltönen experimentierte, so schon 1924 im ersten Werk op. 13 (das 1953 revidiert wurde) und noch 1960 in Nr. 4 op. 43. Nach zwei früheren Beiträgen, die Andrej F. Paschtschenko (1883–1972) schon 1915 und 1921 schrieb, fielen sechs weitere in die Jahre 1967–68 und wurden 1971 durch ein letztes ergänzt, und der aus Polen stammende Miezyslaw (Moisse) Vainberg (Weinberg, 1919–1996), der 1939 in die Sowjetunion kam, hinterließ neben 19 Symphonien acht Quartette aus den Jahren 1937 bis 1963. Da sich diese Werkserien kaum beurteilen lassen, solange nähere Untersuchungen ausstehen, seien stellvertretend nur wenige weitere Beispiele herausgegriffen.

Alexander Goedicke (1887–1955) legte 1926 ein rhythmisch wie tonal gleich freies Quartett vor, dem 1943 ein weiteres über russische Themen folgte. Weiter ging bereits Wassilij P. Schirinski (1901–1965) in op. 2, das 1923 als erstes einer bis 1958 reichenden Reihe von sechs Werken erschien. Zwischen 1899 und 1943 liegen ebenfalls sechs Quartette von Wassilij Solotarow (1873–1964), von denen das dritte schon 1906 entstand und demgemäß noch älteren Traditionen folgt. Von wiederum sechs Beiträgen, die Nikolai A. Roslavez (1881–1944) zwischen 1913 und 1941 komponierte, blieben der zweite und vierte (1919 und 1939) unveröffentlicht, da sie ebenso wie ein nicht gezähltes Werk (1916) nur unvollständig erhalten sind. Das erste Quartett (1913) beschränkt sich auf einen knappen Satzkomplex, dessen Abschnitten die Varianten eines Motivkerns zugrunde liegen. Mit dreitönigem Auftakt richten sich Leitton und Quintsprung auf die fallende Fortspinnung, und dominiert anfangs die Oberstimme, so wandert das Kernmotiv danach durch die Stimmen. Aus seinem wechselnden Anhang wird zwar weiteres Material bezogen, durchweg hebt sich aber eine Hauptstimme vom begleitenden Gewebe ab, dessen tonale Diffusion auf Debussy und Skrjabin zurückweist. Härter im Klang ist das atonale dritte Quartett (1920) in nur einem Satz, dessen zwei erste Abschnitte wie Haupt- und Seitensatz breite Akkorde samt auftaktigen Sprungmotiven gegen weiter ausgreifende Linien setzen, an denen nun aber alle Stimmen partizipieren. Verwebt ein durchführender Mittelteil dieses Material, so tritt es danach in spielerischer Ausspinnung zurück, bis der Schluß in der Dehnung der eröffnenden

Akkorde verrinnt. In späteren Jahren, in die 1941 ein letztes Quartett fiel, reagierte Roslavez mit Vokalwerken auf die Verhärtung der Kulturpolitik.

Im Unterschied zu den sonst meist in Rußland publizierten Werken übernahm die Wiener Universal Edition 1926 das erste Quartett op. 24 von Alexander W. Mossolow (1900–1973), dessen vier Sätze nur scheinbar der Tradition folgen. Mit wiederholten Taktgruppen exponiert der erste Satz schon anfangs in zwei Stimmen neun Töne, die im nächsten Zweitakter durch einen weiteren ergänzt und mit Zutritt der dritten Stimme zum Zwölftonfeld vervollständigt werden. Daß es aber nicht um

A. W. Mossolow, Nr. 1 op. 24, erster Satz, T. 1–4 (Universal Edition).

T. 8–10.

strenge Reihentechnik geht, zeigen mehrfache Tonwiederholungen innerhalb der Gruppen, die ihren Stufenreichtum zur Profilierung der einzelnen Stimmen benötigen. Denn der Satz zerfällt in kurze Glieder mit wechselndem Tempo und Taktmaß, über alle Unterschiede hinweg wird er aber durch die ostinate Gruppierung der Stimmen charakterisiert, die sich in jedem Abschnitt neu formieren und weit mehr als motivische Beziehungen ein strukturelles Band herstellen. Das Prinzip ändert sich kaum im langsamen zweiten Satz (›Tempo di Gavotta‹), und es gilt noch für Scherzo und Finale, die allerdings zusätzlich durch motivische Verbindungen reguliert werden. Suchen die ersten Sätze durch Pizzicato mit Fingernagel und Akkordketten im Flageolett geradezu orchestrale Farben, so nimmt das Finale mit Fugato und dichter Imitation sogar kontrapunktische Verfahren in den Dienst der Ostinatotechnik. Exemplarisch zeigt das Werk, wie ein junger Musiker die Atonalität zu dissonanten Klangschichtungen einsetzen konnte, in denen aber immer noch die Klangblöcke der russischen Tradition nachwirken. Sie begegnen ebenso im ersten der vier Quartette von Grigori Klein (1883–1952), das 1924 als op. 18 in Moskau erschien. Einer kurzen ›Air antique‹ folgt nur ein weiterer, aber desto längerer Satz, der rund 20 Abschnitte durch Übergänge und oft nur latente motivische Bezüge zu einem variativen Netzwerk verbindet. Etwas einfacher ist hier die Satztechnik, sofern sie von diatonischen Blöcken ausgeht, die sich erst in dem Maß dissonant aufladen, wie die Stimmen freier auseinander treten. Traditionellere Verfahren bestimmen aber noch nach 1945 die sechs Quartette, die der 1925 geborene Boris Tschaikowsky von 1954 bis 1976 schrieb. Waren radikale Experimente kaum mehr möglich, seit sich die politischen Restriktionen verschärften, so mußte sich selbst Mossolow mit einfacheren Werken und 1963 sogar mit einem patriotisch getönten Quartett bescheiden. Gegenüber dem Zwang zur Anpassung, dem sich nicht alle Autoren entziehen konnten, beeindruckt desto mehr die Konsequenz, mit der Schostakowitsch im Streichquartett seinen Weg verfolgte.

Martinů und Hába in der Tschechoslowakei

Die Entstehung der Tschechoslowakischen Republik bedeutete 1918 zunächst keinen Bruch, sondern eher eine Intensivierung der Traditionen im Streichquartett, internationale Reputation konnten aber nach Janáček – wiewohl in sehr verschiedener Weise – nur Bohuslav Martinů und Alois Hába erreichen. Dabei wären nicht wenige Musiker zu nennen, die ähnlich an die von Suk und Novák vorbereitete Wende zur Moderne anschlossen. Noch 1930 ergänzte Ján Levoslav Bella (1843–1936) mit einem Notturno eine Reihe von vier Streichquartetten, die schon zwischen 1866 und 1887 entstanden waren, und Karel Boleslav Jirák (1891–1972), der seit 1947 in Chicago lebte, schrieb von 1915 bis 1960 nicht weniger als acht Werke. Erst nach 1918 begann die Produktion von Emil Axman (1887–1949) mit drei Quartetten (1924–1930), zu denen eine Suite sowie Fantasievariationen und ein Scherzo für Streichquartett traten (1940–43), jeweils fünf Beiträge aus den Jahren 1924 bis 1969 lieferten Pavel Bořkovec (1894–1972) und Osvald Chlubna (1893–1971), vier weitere komponierte 1928–1960 Iša František Krejčí (1904 und 1968), wogegen sich František Bartoš (1905–1973) mit zwei Quartetten begnügte (op. 5, 1928, und op. 10, 1933–35). Sogar 13 Quartette (darunter zuletzt op.111 für vier Violoncelli) schrieb endlich Jan Zdenek Bartoš (1908–1981), wenn aber das 1956 entstandene sechste (op. 72 *in miniatura*, 1959) als Probefall gelten kann, so hielt der Autor hier mit dreiteiligen Formen im eröffnenden Andante wie im Scherzo und Largo samt Rondo als Finale am Formenkanon fest, um in der motivischen Arbeit die Tonalität nur graduell zu modifizieren. Während Martinů schon seit 1923 im Ausland lebte, blieb Hába in Prag nicht unberührt von den politischen Veränderungen, und gesondert wird der jüdischen Musiker aus Prag zu gedenken sein, die ihr Leben im Konzentrationslager verloren.

Vorgebildet als Geiger, studierte Bohuslav Martinů (1890–1959) seit 1906 am Prager Konservatorium, das er aber 1910 verlassen mußte. Nachdem er sich als Lehrer und Orchestermusiker durchgeschlagen hatte, lebte er seit 1923 in Paris, floh aber 1941 in die USA und kam erst 1953 nach Europa zurück, wo ihm freilich die Rückkehr in das eigene Land versperrt blieb. Eine Reihe früher Quartettsätze, unter denen ein unvollständiges es-Moll-Werk (H 103) aus dem Jahre 1917 zu nennen ist, folgte 1918 mit einem »stilistisch noch sehr unreifen« g-Moll-Werk das erste gezählte Streichquartett (H 117).[1] Durchaus charakteristisch ist dagegen das dreisätzige zweite Quartett (H 150), das 1925 komponiert und 1927 veröffentlicht wurde. Der erste Satz beginnt mit einem Moderato (Andante) in g-Moll, das im langen Bicinium beider Violinen weniger ein Thema als ein regulierendes Prinzip des Tonsatzes exponiert. In gleichmäßig gebundenen Achteln werden sequenzierte Sekundketten der oberen von Skalengängen der unteren Stimme kontrapunktiert, noch in der Erweiterung durch Doppelgriffe und bei Zutritt der Unterstimmen wird zwar ein diatonischer Tonvorrat gewahrt, doch mehrt sich der Dissonanzgehalt durch rücksichtslose Stimmführung und planvoll gewählte Einsatzfolge. Im Allegro vivo erst mischen sich mit ähnlich engräumiger Motivik chromatische Nebennoten, der Achtelbewegung im Staccato treten punktierte Tonrepetitionen und triolierte Skalen mit zunehmender Chromatik zur Seite. Die Rhythmik des Hauptsatzes setzt sich aber selbst zum gebunden fließenden Seitensatz fort, und sogar der

[1] H. Halbreich, *Bohuslav Martinů. Werkverzeichnis, Dokumentation und Biographie*, Zürich und Freiburg i. Br. 1968, S. 156; ebenda, S. 155–161, eine Übersicht über die Quartette; nur kursorische Hinweise finden sich bei M. Šafránek, *Martinů. Leben und Werk*, deutsch von Chr. und F. Kirschner und E. Sigmund, Prag 1964.

B. Martinů, Nr. 3, erster Satz, T. 1–6 (Editions Musicales Leduc, Paris).

durchführende Mittelteil wird vom motorischen Verlauf nur graduell abgehoben. Die Rahmenteile im langsamen Mittelsatz führen exemplarisch die Technik vor, den Grundton d mit den flankierenden Halbtönen es und cis zu paaren, worüber sich eine um g zentrierte melodische Linie legt. Ähnlich kombiniert ein zweiter Abschnitt zunächst ein Stimmpaar in G-Dur mit einer Gegenstimme im Quartraum as–des, und so erweitert sich mit zunehmender Beschleunigung das Maß an Dissonanzen. Bevor der Satz im Rekurs auf den Beginn verrinnt, kulminiert er aber im Umschlag zum raschen ›scherzando‹ mit der Konfrontation zweier Zentren in G-Dur und g-Moll. Thematisch wird damit das Finale vorbereitet, das formal einem Scherzo in G-Dur entspricht und die tonalen Brechungen durch zwei kontrastierende Episoden in c-Moll wirksam zur Geltung bringt.

Knapper faßt sich 1929 in wiederum in drei Sätzen das dritte Quartett (H 183), das gleichwohl – mit Halbreich zu sprechen – »stark dissonant«, »harmonisch wie tonartlich sehr frei«, dazu »rhythmisch ziemlich kompliziert« angelegt ist und am Ende des Kopfsatzes »fast bruitistische Züge« nicht umgeht.[1] Tatsächlich erreicht der erste Satz einen höheren Grad an rhythmischer Polyphonie, indem das motorisch gehämmerte Hauptthema mit chromatisch wirksamen Trillern, rasch gleitenden Skalen und querständigen Akkorden im Pizzicato verklammert wird. Läßt nur der Seitensatz anfangs einen Rest an diatonischer Tonalität zu, so wird zunehmend auch er vom Modus des Hauptsatzes erfaßt, der am Ende zur Diffusion tendiert. Der langsame Satz bündelt parallel geführte Stimmen in dissonanten Abständen bis hin zu akkordisch dissonierenden Klangblöcken, und das Finale kehrt zwar zum früheren rhythmischen Gleichmaß zurück, um es jedoch mit weit schärferen Dissonanzen und ständig akzelerierendem Tempo zu pointieren. So radikal sich dieses Werk gebärdet, so sehr überrascht 1937 das vierte Quartett (H 256) durch eine »clarté«, die Martinů in Paris an Roussel bewundert hatte, ohne aber mit dessen 1932 erschienenem Quartett viel mehr zu teilen als die Rückkehr zum viersätzigen Zyklus. Das eröffnende Allegro poco moderato kombiniert zwar die engstufige Motivik früherer Werke wieder mit motorisch repetierender Rhythmik, nimmt dabei jedoch die tonale Dissoziation zurück und gibt zudem beruhigten Phasen des Seitensatzes etwas mehr Raum. Entsprechend verfährt ein Allegro scherzando an zweiter Stelle, maßvoller ist dagegen nicht nur das Adagio, sondern auch das Finale, dessen Motorik durch akkordisch stauende Phasen (meno mosso) wirksam abgefangen wird. Als ein Hauptwerk gilt indessen das 1938 – also nur wenig später – entstandene fünfte Quartett (H 268), das aber erst 1959 gedruckt werden konnte. Man muß nicht mit Halbreich autobiographische Konnotationen bemühen, um dennoch die Intention der expressiven Intensivierung zu erfassen.[2] Der erste Satz kehrt klarer als sonst das Sonatenschema hervor, denn die

1 H. Halbreich, *Bohuslav Martinů*, S. 157.
2 Ebenda, S. 158ff.

rhythmische Energie des Hauptthemas, das nur anfangs durch Synkopen gestaut wird und dann zu gleichförmiger Bewegung lenkt, wird nur kurz vom Seitensatz in gebundenen Vierteln durchbrochen. Sie erfaßt aber seine Melodik in der Ausarbeitung der Durchführung und läßt auch nicht in Reprise und Coda nach, während die Zentrierung um g-Moll durch akkordisch geballte Dissonanzen verstellt wird. Von ähnlicher Diffusion wie zuvor das dritte Quartett geht hier das Adagio aus, dessen diatonische Hauptstimme in Triller und querständige Akkorde eingebettet ist. Daraus entspinnt das Andante im Mittelteil bei wachsender Stimmenzahl sein dichtes Gewebe, bis die tonalen Achsen am Ende durch zusätzliche Dissonanzen nur noch sachte schattiert werden. Das Allegro vivo kehrt zwar zum bewährten Scherzotyp zurück, seiner rhythmischen Differenzierung begegnen in der Mitte aber tremolierte Akkorde aller Stimmen, deren tonaler Rückhalt eher greifbar wird. Das Lento, das dem Finale vorangeht, findet sein Zentrum in terzparallelen Stimmpaaren über ostinater Bewegung, auf sie kommt noch die Coda zurück, wogegen das eingelagerte Allegro die Stimmen paarig, akkordisch oder im Unisono zusammenfaßt.

Obwohl Martinů nur seinen Prinzipien treu blieb, konnte dieses Werk bei seiner späten Publikation fast als Zeugnis für das »Altern der Neuen Musik« wirken, während zugleich die Maßnahmen einer jüngeren Avantgarde begannen. Nachdem Martinů schon 1946 im sechsten und letzten Quartett (H 312) zur Mäßigung seiner sperrigen Klangwelt gelangt war, vollzog er ein Jahr später im *Concerto da Camera*, das zugleich als Quartett Nr. 7 zählt, die Rückkehr zu einer fast retrospektiven Tonalität.[1] Die Bezeichnung des Werks meint weniger ein historisches Formmodell als den Wechsel zwischen thematischen Blöcken und Spielfiguren voller Skalen und Dreiklangsbrechungen: Zu vielfachen Sequenzen treten im langsamen Satz dichte Imitationen, und die klare Diatonik kennt nur sparsam zugefügte Dissonanzen. Führt nach dem ersten Allegro in F-Dur das Andante von d-Moll nach B-Dur, so steht danach das Finale in Es-Dur, womit die Quintenfolge des Zyklus auf die Grundlagen des Tonsatzes weist. Zudem schließt der Mittelsatz selbst schwelgerische Klänge nicht aus, die fast an die versunkene Zeit Dvořáks gemahnen können. Im Vergleich mit dem dritten oder fünften Quartett wird evident, daß das späte Werk noch einmal auf Traditionen zurückgeht, von denen Martinů einst hergekommen war.

Sehr anders verlief der Lebensweg von Alois Hába (1893–1973), der nach erster Ausbildung bei Novák in Prag 1915 im Militärdienst nach Wien kam, wo er 1918 von Schreker unterwiesen wurde und Zutritt zu Schönbergs Verein für musikalische Privataufführungen erhielt. Er folgte 1920 Schreker nach Berlin, begann seine Versuche mit Viertel- und Sechsteltönen, ging aber 1923 nach Prag zurück und blieb hier während der deutschen Besatzung wie nach der kommunistischen Machtüber-

---

1   Ebenda, S. 160f.

nahme. Eine Abteilung für mikrotonale Musik, die 1924 eingerichtet wurde, leitete er trotz kriegsbedingter Unterbrechung, bis sie 1951 geschlossen werden mußte. Unbeirrt von allen Hindernissen schrieb er zahlreiche Werke, zu denen nicht weniger als 16 Streichquartette zählen; daß sie aber erst ansatzweise untersucht worden sind, deutet bereits darauf hin, daß Hábas Name weniger mit den Kompositionen als mit dem Stichwort Vierteltonmusik verbunden blieb.[1] Nach drei frühen Quartetten im Vierteltonsystem (Nr. 2–4 op. 7, 12 und 14, 1920–22) kamen drei spätere auf diese Technik zurück (Nr. 6 op. 70, 1950; Nr. 12 und 14, op. 90 und 92, 1960 und 1963). Doch konnten die Verfahren durchaus wechseln, wie drei Werken mit Sechsteltönen zeigen (Nr. 5 op. 15, 1923; Nr. 10–11 op. 80 und 87, 1952 und 1958), und versucht sich das letzte sogar in Fünfteltönen (Nr. 16 op. 98, 1967), so bleiben die sechs übrigen im ›diatonisch-chromatischen System‹ (Nr. 1 op. 4, 1919; Nr. 7–9 op. 73, 76 und 79, 1950–51; Nr. 13 und 15 op. 92 und 95, 1961 und 1964).

Daß Hába von der durch Novák vermittelten Tradition ausging, zeigt das erste Quartett op. 5, das zwar durchweg ohne Vorzeichen notiert ist, aber in den Hauptthemen beider Ecksätze eine fallende Linie in Des-Dur präsentiert, die rasch nach A-Dur und zurück mach Des-Dur gleitet. Entsprechend sind die Seitenthemen gebaut, und greift auf eine fallende A-Dur-Linie auch das Scherzothema im Allegro con spirito zurück, so kehrt der langsame Satz in seinem streng periodischen Thema die Bewegungsrichtung um. Wie das eröffnende Allegro agitato dem Sonatenschema folgt, so bildet das Allegro grazioso am Schluß ein Sonatenrondo, und dem Scherzo, in dem eine Durchführung den Ort des Trios einnimmt, tritt im Andante cantabile ein Thema mit fünf Variationen samt Coda gegenüber, während die chromatisch erweiterte Tonalität in der Nachfolge Regers steht. Die Eindrücke in Wien, wo Hába 1918 akustischen Experimenten beiwohnte, veranlaßten seine Wende zum Vierteltonsystem, das mit Schönbergs etwas später entwickelten Verfahren nur eine Prämisse teilt. War die gleichschwebende Temperatur, die seit dem 18. Jahrhundert als Kompromiß zwischen natürlich reinen Intervallen und der Ausnutzung des Quintenzirkels galt, für Schönberg eine Voraussetzung des »Komponierens mit zwölf nur aufeinander bezogenen Tönen«, so ging Hába mit der Teilung der Halbtöne einen Schritt weiter. Aus der ostmährischen Volksmusik seiner Heimat kannte er eine Intonation, die wenn nicht Vierteltöne, so doch kleinere Intervalle als Halbtöne umfaßte, und in Berlin befaßte er sich dann zusätzlich mit außereuropäischer Musik. Was ihm hier zunächst als einstimmige Praxis begegnete, suchte er jedoch für das mehrstimmige Komponieren zu systematisieren. Soweit Vierteltöne der expressiven Steigerung einer melodischen Linie dienen, stellen sie bei eher koloristischer Funktion primär Spieler und Hörer vor neue Aufgaben. Ließen sich Tasteninstrumente mit entsprechenden Vorrichtungen

1 Vgl. die Bibliographie von J. Vysloužil, Art. *A. Hába*, in: *New Grove Dictionary²*, Bd. 10, S. 630–633, ferner ders., *Alois Hába, Arnold Schönberg und die Tschechische Musik*, in: *Aspekte der Neuen Musik*, hg. v. W. Burde, Kassel u. a. 1968, S. 58–67; R. Stephan, *Hába und Schönberg. Zum Thema: Die Wiener Schule und die tschechische Musik des 20. Jahrhunderts*, in: *Festschrift für Arno Volk*, Köln 1974, S. 125–138.

entwerfen, so sind Bläser wie Streicher auf die Annäherung an die intendierten Werte angewiesen, soweit keine ganz genaue Intonation gelingt. Anders verhält es sich aber, wenn entsprechende Abstufungen aufeinander bezogen werden und damit eine strukturelle Funktion erhalten. Denn dann stellt sich die Frage, wieweit der Hörer Vierteltöne nicht bloß akustisch unterscheiden, sondern zudem erfassen und in Beziehung setzen kann. Ohne die herkömmliche Notation aufzugeben, wandte sich Hába an die Ausführenden mit Zusätzen, die nur die Form der gewohnten Versetzungszeichen modifizieren, während weitere Zeichen wie H, H^1 und H^2 auf eine ›Hauptmelodie‹ und weitere ›Nebenmelodien‹ hinweisen. Das Problem jedoch, das sich aus einer strukturbildenden Aufgabe solcher Tonstufen ergeben würde, verringerte sich in dem Maß, wie Hába das Ideal einer athematischen Musik zu erreichen suchte, die sich ohne Wiederholungen oder Entsprechungen allein aus dem Gewebe der Stimmen ergeben sollte. Dann nämlich erhielten Viertel- oder Sechsteltöne – im Unterschied zur Gleichberechtigung der Halbtöne bei Schönberg – weniger strukturelle als akzidentelle Funktion.

Schon vor seinen Lehrwerken formulierte Hába sein Vorhaben 1924 in einem programmatischen Entwurf, der treffend zunächst den Zusammenhang der tradierten Formen mit der tonalen Basis umriß.[1] Traditionellem Denken gemäß wird »die Wahrhaftigkeit musikalischen Schaffens« in der »Übereinstimmung zwischen musikalischem Denken und seinem realisierten Ausdruck« postuliert. Der »Verzicht auf alle älteren Formen« mit ihrem »Wiederholungs- und Übertragungsprinzip« soll jedoch durch »Aufstieg«, »Schweben« und »Abstieg« als »drei Grundcharaktere der melodischen Bewegung« in einem »immer vorwärts gedachten Fluß« kompensiert werden. Stand eine athematische Musik zu Schönbergs Themenbegriff quer, so ging Hába ebenfalls von der Emanzipation der Dissonanz aus, doch sah er die Unterscheidung von Konsonanz und Dissonanz in bloßen Konventionen des Hörens begründet. Bei ihrer Gleichberechtigung konnte seine »neue Harmonielehre« allein der »Arbeit des Schöpfers« vertrauen, ohne Regeln und Verbote oder »Gesetze für die Verbindungen der Mehrklangsbegriffe« aufzustellen, denn wie man »jeden Ton ... mit jedem anderen« verbinden könne, so jeden Mehrklang »mit jedem anderen«.[2]

Als Probefall kann der zweite Beitrag op. 7 gelten, der 1921 das erste Quartett im Vierteltonsystem war und im schon 1920 datierten Vorwort die Notation erläutert, die hier noch ohne hervorgehobene ›Hauptmelodien‹ auskommt. Trotz seiner Kürze macht es das Werk den Rezipienten nicht leicht, sofern es in einem Komplex angelegt ist, in dem sich freilich mit Wechsel von Tempo und Satzart vier Teilsätze mit Zwischengliedern abzeichnen. Im Gegenzug ist es nicht strikt ›athematisch‹ konzipiert, sondern operiert mit kleinen Bausteinen, die eher rhythmisch als intervallisch umrissen sind und wie Kurzmotive fungieren.

---

[1] A. Hába, *Klang und Form in der alten und neuen Musik* (1924), abgedruckt in: *Tschechische Komponisten. Janáček, Martinů, Hába, Weinberger*, hg. v. H. Lindlar, Bonn 1954 (Musik der Zeit 8), S. 29–33: 32f.; ferner A. Hába, *Von der Psychologie der musikalischen Gestaltung. Gesetzmäßigkeit der Tonbewegung und Grundlagen eines neuen Musikstils*, Wien 1925; ders., *Neue Harmonielehre des diatonischen, chromatischen, Viertel-, Drittel-, Sechstel- und Zwölfteltonsystems*, Leipzig 1927; ders., *Mein Weg zur Viertel- und Sechsteltonmusik*, Düsseldorf 1971.

[2] A. Hába, *Neue Harmonielehre*, S. 128f. und S. 111 sowie S. VIf., zitiert nach R. Stephan, *Hába und Schönberg*, S. 128f.

A. Hába, Nr. 2 op. 7, erster Satz, T. 1–9 (Universal Edition).

Eingangs formuliert das Allegro non troppo scharf punktierte Auftakte, die mit Sekundschritten oder weiten Sprüngen ergänzt und spürbar intensiviert werden. Zwischen sie rücken später triolische Skalenausschnitte, deren steigende Richtung nach dynamischer Kulmination umgekehrt wird, und mit erniedrigtem Quintfall umrahmt eine augmentierte Variante des Kopfmotivs am Ende ein Allegro moderato (vor Ziffer 4 – nach Z. 7). Skalare Formeln in wechselnder Richtung bestreiten das Scherzo (vor Z. 10 – nach Z. 25), mit erweiterten Linien wird das Largo eröffnet und beschlossen (vor Z. 26 – Z. 31), und als Finale rekurriert ein Allegro agitato deutlich auf die anfänglichen Formationen. Hält sich das Werk soweit noch an geläufige Regularien, so setzt es ganz auf die Färbung der Tonstufen, die freilich Spieler wie Hörer auf die Probe stellen, sollen sie nicht nur als Trübungen erscheinen.

Mit Mikrointervallen experimentierte Hába bis zum sechsten Quartett op. 70, das noch vor der Schließung seiner Abteilung am Konservatorium entstand Es fällt daher auf, daß erst um 1950–51 mit Nr. 7–9 die Reihe der Werke im diatonisch-chromatischen System begann. Als Jiří Pauer 1953 konstatierte, man verhalte sich jetzt »scharf verneinend« zum »athematischen Stil« und zur »Teilung des temperierten Halbto-

[1] J. Pauer, *Alois Hába, dem Sechzigjährigen*, in: *Tschechische Komponisten*, hg. von H. Lindlar, S. 27f.
[2] A. Hába, *Klang und Form in der alten und neuen Musik*, S. 31.

nes«, fand er es »um so erfreuender«, wie Hába »sich thematisch der heutigen Wirklichkeit anpaßt«.[1] Wäre demnach das siebte Quartett op. 73, das sogar vom Plenarverband der Komponisten ausgezeichnet wurde, ein Indiz des kompositorischen Wandels oder der resignierenden Anpassung an ein diktatorisches System?

Tonal zentriert um D, kehrt der erste der drei Sätze zum Sonatenschema zurück, wenn dem Hauptsatz mit rhythmisch gezackter Melodik über Quintbordun ein Seitensatz in Es mit Viertel- und Achtelfolgen im Legato begegnet und selbst Konsonanzen zwischen den oktavierten Außen- und Mittelstimmen nicht verschmäht (T. 28–35). Die Durchführung verarbeitet wechselnd Motive beider Themen, wiederum in D scheint die Reprise schon bald zu beginnen (T. 84), doch fügt sie vor dem erneuten Rekurs auf den Hauptsatz eine Variante des Seitensatzes ein (T. 103–106), ehe er vollständig in E erscheint (T. 132–140), um die Coda in klarem D-Dur zu beschließen. In F-Dur endet das mittlere Andante cantabile, das mit bewegterem Mittelteil die alte Dreiteilung aufnimmt, in der nur die Reprise drastisch verkürzt wird. Das in A-Dur schließende Allegro agitato wandelt als Finale das Sonatenrondo mit variierten Refrains ab, deren periodisch gebauter Kern durch diatonische Tonalität und stampfende Rhythmik ausgezeichnet ist, während figurative Episoden die vormaligen Couplets vertreten.

So sehr das Werk den Forderungen ›sozialistischer‹ Musik entgegenzukommen scheint, so trügerisch wäre doch der Eindruck barer Anpassung. Zum einen griff Hába frühere Vorstellungen von einer ursprünglichen Volksmusik auf, die trotz der Wiederholung melodischer Bestandteile keine »einseitige Konzentration auf die Klangfarbe« zeigte.[2] Zum anderen schrieb er schon seit 1952 wieder Quartette im Sechstel- und Vierteltonmusik, und op. 94 als letzter Beitrag mit Vierteltönen (Nr. 14) zeigt wiederum sechs Sätze, die bei einer Gesamtdauer von gut zehn Minuten zu Miniaturen mit 40 oder höchstens 50 Takten kondensiert sind. Statt der Wiederkehr thematischer Gestalten setzen sie – im Unterschied zu Weberns Miniaturen – wiederum auf freie Entfaltung melodischer und rhythmischer Konturen, die durch ihren strukturellen Kontext profiliert werden. Das erste Allegro energico basiert zwar für zehn Takte auf rhythmisiertem Orgelpunkt Des, den die zweite Violine mit der Quinte as' zum Bordunklang ergänzt, beide Töne sind aber einen Viertelton abwärts zu intonieren. Scharf dissonierend hält dazu die Viola ihr c' aus, mit dazu passender Quinte g" setzt die erste Violine ein, um sich nur punktuell dem Rahmen über Des anzugleichen. Eingestreute Sechzehntel, wie sie gelegentlich die Oberstimme bietet, werden im zweiten Ansatz erweitert, im dritten wechseln diatonische und tiefalterierte Baßquinten mit zusätzlichen Liegestimmen in Abständen von Halb- und Vierteltönen, bis ein letzter Abschnitt die Aspekte zusammenfaßt, ohne aber Motive zu repetieren. Entsprechend operieren die drei anderen schnellen Sätze (Nr. 2, 4 und 6), während der klanglichen Reduktion im Andante leggiero (Nr. 3) die abgestufte Klangdichte im Andante cantabile (Nr. 5) entspricht, das in achtstimmiger Schichtung von partiell vierteltönig alterierten Quarten und Terzen ausläuft.

Hába konnte also nach eigenen Prämissen wechselnd experimentieren, ohne seine Prinzipien preiszugeben, und so machten seine mikrotonalen Versuche kaum eigentlich Schule, obwohl er am Konservatorium nicht wenige Schüler hatte.[1] Zu ihnen zählte 1925–27 sein Bruder Karel Hába (1898–1972), von dessen drei Beiträgen nur die beiden letzten publiziert wurden (op. 5, 1927 und op. 27, 1944). Sie umfassen je drei Sätze und kommen zwar ohne Vierteltöne aus, statt streng ›athematisch‹ zu sein, verfahren sie aber sehr frei mit kleinzelliger, vielfach dissonant gefächerter Motivik, die weder gesonderte Themenkomplexe noch genaue Reprisen zuläßt. Der erste Satz aus op. 5 greift vor der Coda das Anfangsthema auf, das nun aber noch freier entwickelt wird, und das Finale schließt nach Tempo und Satzart wechselnde Phasen ein, die intern durchaus thematisch angelegt, aber nur schwach miteinander verknüpft sind. Das Verfahren wird in op. 27 fortgeführt, sofern hier die Relationen der Formteile mehr noch im bloßen Tonvorrat statt in konkreter Motivik gründen. So intoniert das Violoncello im mittleren Andante sostenuto ein Thema, das alle zwölf Halbtonstufen enthält, aber keine Reihe im strengen Sinn bildet. Denn maßgeblich ist weniger die Anordnung der Töne als die vielfältige Ausschöpfung des Tonvorrats, wogegen die raschen Ecksätze ostinate Phasen mit repetierten Figuren und Akkorden aufweisen.

Zerbrochenes Œuvre: Jüdische Musiker in Prag

Zur Prager Moderne zählten ebenfalls Werke von Komponisten deutscher Sprache, die dem Holocaust zum Opfer gefallen sind.[2] Zwar hatten sie Kontakte nach Deutschland, ebenso aber nach Wien oder Paris, gemeinsam war ihnen jedoch ihre Prägung in Prag, so daß sie als Repräsentanten einer kulturellen Symbiose gelten können, die in Prag erst durch die deutsche Invasion ausgelöscht wurde. Die größte Zahl von Quartetten schrieb der im Konzentrationslager Wülzburg umgekommene Erwin Schulhoff (1894–1942), der das Studium in Prag begann und bei Reger in Leipzig und weiter in Köln fortsetzte. Daß er nach dem Kriegsdienst in Berlin Kontakt zu George Grosz und den Dadaisten aufnahm und sich nun dem Jazz öffnete, wird noch in zwei Quartetten spürbar, die er 1924–25 schrieb. Vorausgegangen war schon 1914 ein ganz der Tradition verhaftetes Divertimento, wie befangen aber noch 1918 das erste Quartett op. 25 anmutet, hat Michael Kube gezeigt, denn den normierten Formen entspricht hier ein durchaus tonaler Satz, der

[1] Eine gleichzeitige Parallele bildeten mikrotonale Experimente des Mexikaners J. A. Carillo, einen späteren Reflex dagegen die Überlegungen von Henk Badings (1907–1987), der zwischen 1931 und 1944 drei nicht sonderlich avancierte Quartette vorgelegt hatte, dann aber Versuche mit Oktavteilungen bis zu 31 Stufen unternahm, ohne sie allerdings im Streichquartett anzuwenden; vgl. H. Badings, *Over 31-Toon-Stemming in het allgemeen en i het bijzonder*, in: Mededeligen van de koninklijke Academie voor Weitenschapen [...] van Belgie. Klasse der Schone Kunsten 60 (1978), Nr. 6, S. 1–23.

[2] Vgl. dazu M. Kuna, *Musik an der Grenze des Lebens. Musikerinnen und Musiker aus böhmischen Ländern in nationalsozialistischen Konzentrationslagern und Gefängnissen*, übersetzt von E. Nováková, Frankfurt a. M. 1995, hier: ›Kammermusik in Theresienstadt‹, S. 239–244, ferner ›Streichquartette in anderen Lagern‹, S. 251–262.

nur mit freien Dissonanzen angereichert ist.¹ Vorbote einer Wende waren 1923 *5 Stücke*, deren provokanter Tonfall einiges Aufsehen weckte, wiewohl ihnen und besonders dem zweiten Satz Alla Serenata eine durchaus geschlossene Struktur nicht abzusprechen ist. Vor allem aber wird dieser Wandel in den veröffentlichten Quartetten Nr. 1–2 spürbar (Wien 1925 und 1929), sofern je vier Sätze nur noch äußerlich einer Tradition gehorchen, gegen die sie jedoch strukturell opponieren. Am auffälligsten ist der motorische Impetus, der den Hörer im Kopfsatz aus Nr. 1 anspringt, aber phasenweise auch in den Binnensätzen und vor allem im Finale wirksam ist. Im ersten Satz löst er eine ununterbrochene Bewegung in Sechzehnteln aus, in der nur Spiel- und Repetitionsfiguren zu unterscheiden sind, ohne daß melodischen Formulierungen eine Chance bliebe. In gleicher Weise wirken im folgenden Allegretto ostinate Figuren, die anfangs in Baßlage auftreten und dann auf die Violinen übergreifen, während in zwei weiteren Teilgliedern die Schichtung der Stimmen wechselt. Davon können sich immerhin melodische Segmente abheben, sie geraten freilich im dritten Satz in den Sog eines Allegro ›alla slovacca‹, dessen Rhythmik durch die parallel in Quinten oder Quarten geführten Hauptstimmen akzentuiert wird. Ostinate Klangbänder grundieren selbst im Schlußsatz die Stimmzüge, die dennoch mit weiträumigen Gesten in langsamem Tempo alles andere als einen beschwingten Ausklang ergeben. In Nr. 2 variiert der erste Satz das frühere Pendant, indem duettierende Stimmpaare auf beharrlich kreisende Begleitung treffen. Ähnliche Varianten zeigen die beiden letzten Sätze, einmal im Wechsel rhythmisch unterschiedener Satzglieder, das andere Mal in einer Reprisenform mit langsamer Einleitung, die vor der Reprise wiederkehrt. Einen Sonderfall bildet als zweiter Satz eine Variationenfolge, die weit subtiler ein von der Viola präsentiertes Modell umformt, wieder aber bricht sich der ernsthafte Ton im ›Tempo di Fox‹ der vierten Variation, die das Thema in der Manier eines Stehgeigers ironisch paraphrasiert.

Derartige Brechungen fehlen nicht ganz im einzigen Quartett (op. 2, Paris 1924) von Hans Krása (1899–1944), der das Prager Studium in Paris und Berlin ergänzte.² Alle drei Sätze sind in der Stimmführung und tonalen Extension erheblich avancierter als Schulhoffs Beiträge und überraschen durch ständigen Wechsel der manchmal aphoristisch knappen Formglieder. Schon die langsame Einleitung des Kopfsatzes zeigt neben repetierten Formeln, die mit Vorliebe durch Tritonus gefärbt sind, auffällige auftaktige Wendungen, die in Baßlage fast wie ironische Zitate unterhaltender Musik wirken und zur expressiven Gestik der weiteren Einschübe querstehen. Der rasche Binnensatz kennt ostinate Phasen, ihre Struktur bleibt jedoch überaus variabel bleibt und festigt sich nur selten in Phasen, die ›volgare‹ oder ›brutale‹ abbrechen, und ihnen treten die Abschnitte im ›tempo più calmo‹ gegenüber, die durch den Kontrast desto beredter werden. In den langsamen Rahmenteilen des

---

[1] M. Kube, *Zwischen Tradition und Foxtrott. Erwin Schulhoffs Werke für Streichquartett*, in: *Zum Einschlafen gibt's genug Musiken*, hg. v. T. Widmaier, Hamburg 1996 (Verdrängte Musik. NS-verfolgte Komponisten und ihre Werke 11), S. 61–78: 64–69.

[2] Zur Aufführung des Werks in Theresienstadt vgl. M. Kuna, *Musik an der Grenze des Lebens*, S. 235.

Schlußsatzes fallen hingegen partiell tonale Akkordgruppen auf, die einen Widerpart zu chromatischen Linien und erst recht zum ostinat bewegten Mittelteil bilden, und der Umschlag zum ›Presto furioso‹ macht schließlich die Rückkehr des nachdenklichen Anfangs desto wirkungsvoller. So ambitioniert das Quartett in alldem ist, so ambivalent bleibt seine Tendenz zu kaleidoskopischer Reihung der Abschnitte.

Bereits 1920 begann Pavel Haas (1899–1944), der in Auschwitz umkam, mit dem cis-Moll-Quartett op. 3 eine Reihe von drei Werken, die er 1925 mit op. 7 und noch 1937–38 mit op. 15 fortsetzte.[1] Weit mehr als ein Studienwerk, stellt op. 3 einen primär kontrapunktisch angelegten Satzkomplex dar, der zugleich durch variative Arbeit überformt wird, während die tonale Zentrierung frei eingesetzte Dissonanzen nicht ausschließt. In op. 7 dagegen finden sich neben der Bezeichnung »Von den Affenbergen«, die sich auf einen Höhenzug bei Brünn bezieht, recht vieldeutige Satzangaben, die zunächst auf programmatische Vorstellungen schließen lassen (»Landschaft«, »Kutsche, Kutscher und Pferd«, »Der Mond und ich« sowie »wilde Nacht«). Eine erste Fassung rechnete für das Finale sogar mit Schlagwerk, dessen Part allerdings nur als Zusatzstimme und nicht in der Partitur erhalten ist.

[1] L. Peduzzi, *Pavel Haas. Leben und Werk des Komponisten*, Hamburg 1996 (Verdrängte Musik. NS-verfolgte Komponisten und ihre Werke 9), S. 37f., 60–68 und 110–115. Gleichzeitig erschienen Editionen der drei Werke (Prag und Berlin 1996, Tempo und Bote & Bock).

P. Haas, Nr. 2 op. 7, erster Satz, T. 1–6 (Tempo, Praha / Bote & Bock, Berlin).

Die vier Sätze gründen weithin auf ausgedehnten Klangbändern, die zwischen flirrenden Stimmzügen im Kopfsatz, sachtem Schwingen im Largo und rasendem Tanz im Finale changie-ren (wo übrigens ein Einschub vor der Coda auf das Largo zurückblickt, ohne es genauer zu zitieren), und ähnlich wechselt der zweite Satz zwischen dissonant verschobenen Glissandi und raschen Repetitionsfiguren. Solche Muster können sich dissonierend aufladen, ohne ihre wechselnde tonale Zentrierung ganz einzubüßen, sie fungieren indessen als Folie für die jeweils führenden Stimmen, die oft oktaviert und homorhythmisch verdoppelt werden, aber weniger auf thematische Entwicklung als ostinate Verfestigung ausgehen. Eine derartige Satztechnik erlaubt ein assoziatives Hören, das an die Satzbezeichnungen anknüpfen mag, weit straffer ist jedoch das letzte Werk, dessen drei Sätze erkennen lassen, daß Haas inzwischen sein Studium unter Janáčeks Anleitung fortgeführt hatte. Der Kopfsatz verarbeitet zwei Themen, die einer vorangehenden Oper *Šarlatán* entstammen und in der Durchführung durch Reduktion und Augmentation transformiert werden, während der langsame Mittelsatz wieder chromatische Klangbänder mit diatonischer Thematik kreuzt. Und ein modal gefärbtes Thema mit Variationen wird im Finale durch eine Fuge beschlossen, die thematisch auf die Fortspinnung des Variationenthemas zurückgeht, bis dessen Kopfmotiv in der Coda erneut hervortritt.

Von ebenfalls drei Quartetten, die Viktor Ullmann (1898–1944) schrieb, gingen zwei frühe Werke verloren (op. 2, 1923 und op. 7, 1935), die wohl Aufschluß über frühere Phasen seiner Laufbahn gegeben hätten, wogegen ein drittes erhalten blieb, das als op. 46 noch 1943 in Theresienstadt komponiert wurde.[1] Ullmann war 1918 zu Schönberg nach Wien gegangen und kehrte dann an das von Zemlinsky geleitete Neue Deutsche Theater in Prag zurück, dorthin wich er nach Jahren in Zürich und Stuttgart vor den braunen Machthabern aus und suchte noch 1935 den Unterricht von Hába, bevor er dann 1942 deportiert wurde. In erstaunlicher Weise balanciert op. 46 zwischen Reihentechnik und tonalen Zentren in vier äußerst konzentrierten Sätzen, die nicht nur durch unmittelbaren Anschluß, sondern mehr noch durch thematische Rekurse verflochten sind. Denn D und G erweisen sich im Allegro moderato eingangs als verschleierte Bezugspunkte eines innig ausgesponnenen Hauptthemas, das von einem zweiten Gedanken in sachten Tonrepetitionen abgelöst wird. Auf das Hauptthema jedoch kommt das folgende Presto zurück, das zuvor kleine Drehfiguren mit hüpfenden Achteln zu verschärften Dissonanzen treibt und doch den Rückgriff durch tonale Relikte plausibel macht. Daß Ullman einer Notiz zufolge in diesem Rückgriff eine nachträgliche Durchführung des ersten Themas sah, beweist seine Bedeutung für den zyklischen Plan. Einen Marsch intoniert im Rondofinale der Refrain, der im Unisono eingeführt und im Tutti durch Akkorde mit triolischen Auftakten markiert wird, in der Coda jedoch wird er mit dem Thema des ersten Satzes kombiniert, bis er in emphatischer Steigerung zum Zentrum in G zurückführt. Am bewegendsten ist an dritter Stelle ein Largo, dessen zwölftöniges Thema von der Viola angestimmt und dann im Fugato potenziert wird. Aus der Quintrelation seiner Ecktöne heraus (d–a), zwischen denen sich diatonische und chromatische Abstände mischen, deuten sich dennoch partiell tonale Beziehungen an, die auch diesen Satz zwischen den Polen schweben lassen.

Der jüngste und vielleicht begabteste dieser Komponisten war Gideon Klein (1919–1945), der 1938 seine Ausbildung bei Hába be-

---

[1] H.-G. Klein (Hg.), *V. Ullmann. Materialien*, Hamburg ²1995 (Verdrängte Musik. NS-verfolgte Komponisten und ihre Werke 2), S. 44f. und S. 47f.; ebenda, S. 39, zum erst 1995 aufgefundenen vierten Quartett (das hier allerdings nicht mehr herangezogen werden konnte).

gonnen hatte. Bereits 1940 vollendete er sein Quartett op. 2, doch brachten ihn 1941 die Häscher nach Theresienstadt, wo er noch 1943 eine Phantasie mit Fuge schrieb, bevor er im Lager Fürstengrube umkam.[1]

1 Das Werk wurde in Theresienstadt aufgeführt, vgl. M. Kuna, *Musik an der Grenze des Lebens*, S. 235.

G. Klein, *Phantasie und Fuge 1943*, »Fuga«, T. 1–15 (Bote & Bock, Berlin).

Der Quartsprung zu Beginn der Einleitung deutet einen Quintrahmen an, der mit seiner chromatischen Erweiterung nachwirkt, wenn diatonisch fallende und rhapsodisch steigende Linien der Außenstimmen auf den Satzverband übergreifen, bis nach deutlicher Kadenz Flageolettklänge zum Abschluß mit Molldreiklang führen. Sein Grundton mitsamt Leitton bildet die Achse des Fugenthemas, das analog die Quinte markiert, als Comes folgt im Quintabstand noch der nächste Einsatz, und obwohl sich danach die Einsatzintervalle ändern, bewahrt das Thema noch zur drängenden Kontrapunktierung der zweiten Durchführung seine Gestalt, bevor die dritte Durchführung mit Umkehrung über motivische Arbeit zur Auflösung der thematischen Konturen führt. Ambitionierter noch ist das frühere Quartett im ersten seiner drei Sätze, dessen Bezeichnung *Pomalu* folkloristische Momente versprechen mag, die aber im Unterschied zu Kleins Streichtrio ausbleiben. Statt dessen bietet sich ein phantastisch zerklüfteter Verlauf in atonaler Struktur, dessen Keime schon die mäßig bewegte Einleitung birgt. Diffusen Akkorden folgt im Violoncello eine ansteigende Kurve, die einmal vom Quintfall und dann von fallendem Halbton ausgeht, ihr antworten – eröffnet von Tonrepetitionen – kurze Phrasen, aus diesen Elementen verdichtet sich das Gewebe, das im Unisono mündet. Spürbar beschleunigt wechseln fahle Flageolettklänge und hüpfende Kontrastmotive mit Rückgriffen auf den nachdenklichen Beginn, aus dem am Ende ein emphatisch gespannter Bogen hervorgeht, doch könnte nur eine genauere Analyse die verdeckte Regulierung des Tonsatzes ermitteln. Sehr viel übersichtlicher ist der rasche Binnensatz, denn über ostinaten Unterstimmen, die im Pizzicato verschoben werden, intoniert die erste Geige ein tänzerisches Modell, und sobald es die Partner übernehmen, erfährt es imitatorische Entfaltung. In zweifachem Neuansatz wird dieser Ablauf variiert, und nach kantablem Ausklang wiederholt sich der Prozeß unter Stimmtausch bis zur grotesken Coda, die gleichwohl ihr Ende in C bekräftigt. Nicht ganz anders geformt ist schließlich ein Andante cantabile, in dem die Kantilene der Oberstimme auf tropfenden Pizzicati in Baßlage aufruht, während synkopisch begleitende Mittelstimmen mit Tonrepetitionen ansetzen, die gestisch an den Eingang des Werks gemahnen. Wo das Violoncello die Kantilene entwickelt, bilden sich jedoch regelrechte Sequenzen aus, aus denen im Wechsel der Stimmen imitatorische Steigerungen erwachsen, bis die anfänglichen Repetitionsmotive den verebbenden Abschluß bestreiten.

Das abgebrochene Werk dieser Musiker, das geschichtlich nicht mehr unmittelbar wirksam werden konnte, bildet im ganzen zwar nur einen schmalen und keineswegs geschlossenen Bestand. Mit der Vielfalt ihrer Quartette trugen die Komponisten aber als Bürger deutscher Sprache zum Reichtum des Prager Musiklebens bei, bis sie von Deutschen ermordet wurden. Mit ihren letzten Werken wurde indessen schon einer Entwicklung vorgegriffen, die in weiteren vormals habsburgischen Ländern nach Erlangung der Unabhängigkeit nicht ganz so reiche Erträge brachte.

Quartette aus Ungarn, Polen und dem Balkan

Aus dem ehemals ungarischen Arad kam Alexander Albrecht (1885–1958) zum Studium bei Bartók und Dohnányi 1904 nach Budapest und wirkte dann seit 1908 als Organist und Dirigent in Preßburg bzw. Bratislava. Einem relativ traditionellen D-Dur-Quartett op. 19 (1918) folgten jedoch nur noch ein Scherzo (1949) sowie ein *Weihnachten* tituliertes Werk für Streichquartett (1956). Neben Bartók und Kodály sind für Ungarn zunächst drei Quartette von Leo Weiner (1885–1960) zu nennen, von denen das letzte op. 26 (1934) den Coolidge-Preis erhielt. Nach einem Es-Dur-Werk op. 4 (1906) entstand 1921 das zweite Quartett fis-Moll op. 13, das die tonale Basis nur vorsichtig erweitert und in den Ecksätzen wie im Scherzo das Sonatenschema bewahrt, während das Andante im Mittelteil ostinate Klangachsen der Mittelstimmen mit frei dissonierenden Außenstimmen paart. László Lajtha (1892–1963) ging nach dem Studium bei Bartók und Kodály 1911 nach Paris, wo er mit d'Indy und Ravel bekannt wurde. Hier zumeist erschienen seine neun Quartette, obwohl er seit 1919 in Budapest lehrte. Zwei ungedruckten Frühwerken (op. 5 und 7, 1921 und 1926) und dem Werkpaar op. 11–12 (1929–30) folgten 1934 *Cinq études* op. 20 und 1942 nochmals *Quatre études* op. 36. Erst nach dem Zweiten Weltkrieg entstanden drei weitere Werke (op. 49, 53 und 57, 1950–53), die 1953 durch die *Soirs transylvaines* op. 58 ergänzt wurden.[1] Suchte Lajtha zunächst einen diatonischen Kernsatz chromatisch zu erweitern und zugleich kontrapunktisch zu verdichten, so tendieren seine späteren Quartette zu einer satztechnischen Konzentration, mit der sich vermehrt die Rückkehr zu partieller Diatonik verbindet. Bereits im einleitenden Andante des dritten Quartetts (op. 11, Wien 1931), das Elizabeth Coolidge gewidmet ist, wird die diatonische Thematik des ersten Satzes erst nach Maßgabe der motivischen und rhythmischen Entfaltung chromatisch erweitert. Von C-Dur aus vollzieht sich ein analoger Prozeß im motorisch bewegten zweiten Satz, nicht anders verhält es sich im fugiert beginnenden Comodo an dritter Stelle, und ein Poco lento ist dem Finale vorgelagert, das die Diktion des zweiten Satzes aufnimmt. Dagegen zeichnet sich das achte Quartett (op. 53, Paris 1954) mit einem durchsichtigeren Satz aus, dessen tonale Zentren nur sparsam mit chromatischen Widerhaken versehen werden. Wie die Ecksätze steht ein Capriccio an dritter Stelle in a-Moll, während der zweite Satz (Lent) in d-Moll beginnt und im Quintklang ohne Terz endet. Exemplarisch ist im ersten Satz das diatonische Hauptthema über steten Tonrepetitionen, deren zunehmende Chromatik zum tonalen Zentrum solange quersteht, bis sie auch die Hauptstimme erfaßt. Dem entspricht von e-Moll aus der Seitensatz (T. 100), in dessen Begleitung gebrochene Dreiklänge chromatisch gefärbt werden, während die Durchführung die plane Struktur durch imitierende An-

1 L. Volly, *L'œuvre de László Lajtha, I*, in: Etudes finno-ougriennes 5 (1968), S. 14–24; J. S. Weissman, *L'œuvre de László Lajtha, II*, in: ebenda, S. 25–48; ders., Art. *Lajtha*, in: *New Grove Dictionary*^{2}, Bd. 13, S. 134–137.

sätze bereichert. Auf gleiche Weise ziehen chromatische Bildungen in den diatonischen Kern des langsamen Satzes ein, zum knappen Capriccio, das am Ende repetiert wird, kontrastiert als Trio ein Più mosso, und im abschließenden Presto korrespondieren kurze Imitationen dem erweiterten Anteil diatonischer Phasen. Schüler Bartóks war György Kósa (1897–1984), der seit 1927 in Budapest lehrte. Ein erstes Quartett trägt den Zusatz *Selbstportrait* und wurde 1920 von Hansen in Kopenhagen verlegt, während weitere sieben Werke aus der Zeit von 1929 bis 1965 offenbar ungedruckt blieben.[1] Weniger kryptisch als der Untertitel ist die viersätzige Anlage des ersten Werks, das eingangs über einen C-Dur-Klang eine Linie in h-Moll legt, ohne durchweg an strenger Bitonalität festzuhalten. Im zweiten Satz verschieben sich anfangs Quintschichtungen im rhythmischen Ostinato der Unterstimmen, die dann von der motivischen Entwicklung der Oberstimme erfaßt werden, und treten bitonale Züge im Largo hervor, so faßt sie das Finale zu akkordischen Blöcken zusammen, an deren Ende eine doppelte Quintschichtung steht.

Bekannter wurde Mátyás Seiber (1905–1960), der bei Kodály studierte, 1928 Lehrer am Hochschen Konservatorium in Frankfurt a. M. wurde und 1935 nach London ging. Bei zehnjährigem Abstand sind die beiden ersten Quartette aufschlußreich, zu denen 1943 noch ein *Quartetto lirico* kam. Einem regulären Sonatensatz entspricht 1924 im dreisätzigen ersten Quartett (Mailand 1956) als Finale ein Rondo mit folkloristischer, aber betont einfacher Motivik. Beide Sätze sind tonal um a zentriert, die weithin diatonischen Stimmen werden vielfach im Verhältnis von Tritonus oder Sekunden gegeneinander verschoben, und das kurze dreiteilige Lento schichtet die Oberstimmen in Parallelführung oder gar im Unisono über Orgelpunkten und Bordunquinten. Gänzlich gewandelt hat sich das Bild im zweiten Quartett (1934–35, Mailand 1954), dessen drei Sätze weder ebenso ausgeprägte Themen noch gleich traditionelle Reprisenformen zeigen. Geblieben ist nur die engräumige Motivik, deren periodische Rundung aber rhythmischen Kontrasten, sperrigen Intervallen und dissonanten Klängen auf engstem Raum gewichen ist. Offenbar nahm Seiber recht früh Eindrücke der Zwölftontechnik auf, selbst wenn vorerst offen bleiben muß, wieweit von strengen Reihen zu reden ist. Während die Ecksätze anfangs analoge Tonfolgen in sukzessivem Wechsel gruppieren, um dann die Reihung zu variieren, verändert sie sich im mittleren Intermezzo, in dem sich die Stimmpaare simultan überlagern. Mehr noch wechseln aber melodische und zumal rhythmische Gestalten, die demnach keine orientierende Funktion wie noch in Schönbergs drittem Quartett bewahren. In Budapest blieb dagegen András Mihály (1917–1993), dessen zweites Quartett (1962) freie Tonalität mit thematisch profilierten Rahmenformen paart, ohne eine Reihenordnung zu benötigen. Zwischen locker gefügtem Kopfsatz und strengerem Variationenfinale stehen ein straffes Scherzo

---

[1] J. Ujfalussy, Art. *Kosá*, in: *MGG*, Bd. 7, Kassel u a. 1958, Sp. 1636ff., nannte neben den Entstehungsjahren zwar weitere Daten, die sich offenbar auf erste Aufführungen in Budapest beziehen, versah sie aber durchweg mit dem Zusatz »Ms.«.

und ein noch knapperes Andante moderato, alle Sätze erweisen indes zunehmend eine untergründige motivische Verknüpfung.¹

Nach dem zweitem Streichquartett von Szymanowski, das erst 1931 gedruckt wurde, blieb in Polen bis zum Überfall der Truppen Hitlers wenig Zeit für eine gleich umfangreiche Produktion. Alexander Tansman (1897–1986) war schon 1919 nach Paris gegangen, wo er zwischen 1922 und 1956 sieben Werke schrieb und durch ein *Triptyque* sein erstes Quartett ersetzte, das 1917 noch in Łódz entstanden war. Reihte sich Tansman damit in die französische Tradition ein, so konnte Roman Palester (1907–1989) nach einem ungedruckten ersten Werk (1932) in Krakau noch 1935 und 1942 zwei weitere Quartette publizieren, die später in einer Neuauflage erschienen. Sein letztes Quartett (Krakau 1992) knüpft zwar in vier Sätzen an die tradierten Formen an, der eröffnende Sonatensatz exponiert aber im Hauptthema einen zwölftönigen Komplex, dessen Tonvorrat im Seitensatz (T. 25 und T. 157) dagegen reduziert wird. Der Hauptsatz kehrt nur vor der Durchführung wieder (T. 75), um in der Reprise auszufallen, komplizierter als der Formplan ist jedoch die Satztechnik, deren tonale Organisation durch die außerordentlich fluktuierende Rhythmik nicht durchsichtiger wird. Mit quirligen Figuren und hüpfenden Partien im Pizzicato bildet der zweite Satz ein Scherzo, eindrucksvoller ist danach ein Molto lento, das aus schattenhafter Begleitung karge melodische Ansätze formiert, während das Finale aus einem zweistimmigen Fugato, das rasch im Tutti aufgeht, gleichwohl eine bündigere Thematisierung als der Kopfsatz bezieht.

Nach ihrer Ausbildung als Pianistin und Geigerin schrieb Grażyna Bacewicz (1909–1969) zunächst 1928 eine Doppelfuge und 1930–31 zwei unveröffentlichte Quartette, von denen sie das letzte selbst vernichtete. Die beiden ersten gezählten Werke aus den Jahren 1938 und 1942 wurden aber erst 1997 veröffentlicht, wogegen die maßgeblichen Quartette Nr. 3–7 (1947–1965) bereits in die Nachkriegszeit fielen.²

Die Quartette von Bacewicz finden ihr Zentrum in den Werken Nr. 3–5 (1948, 1952 und 1955), die von der Erweiterung der Tonalität zu freier Atonalität gelangen, aber unter Wahrung der thematisch-motivischen Arbeit die tradierten Formen beträchtlich modifizieren. Zwischen zwei raschen Außensätzen, die das Sonaten- und das Rondoschema mit fast durchlaufender Figuration füllen und davon nur die Gegenthemen als knappe Episoden ausnehmen, findet sich in Nr. 3 (Krakau 1948) ein zweiteiliges Andante, dessen Thema in zwei Wellen erweitert wird, während ein dritter Ansatz rasch in Skalenketten ausläuft, nach denen nur noch thematische Relikte resümiert werden. Analoge Formen liegen dem vierten Werk zugrunde (Lüttich 1952), doch fungiert nun im Kopfsatz eine mehrfach gestufte Einleitung als erste thematische Ebene, deren variierte Glieder die Varianten eines rustikal rhythmisierten und eher diatonischen Gegenthemas trennen. Bildet das

1 Zudem sind für Ungarn zahlreiche Quartette zu nennen, die Autoren wie Zoltán Horusitzky, Pál Járdányi, Pál Kadosa, Tibor Sárai, Endre Székely oder Béla Tardos in der Editio Musica Budapest publizierten.

2 Vgl. die Übersicht von St. Wittig, Art. *Gr. Bacewicz*, in: *MGG²*, Personenteil Bd. 1, Kassel u. a. 1999, Sp. 1265–1273: 1268f.; ders., *Die Kompositionstechnik der letzten Schaffensperiode von Grazyna Bacewicz (1960-1969)*, in: »*Jeder nach seiner Fasson*«. *Musikalische Neuansätze heute*, hg. v. U. Liedtke, Saarbrücken 1997, S. 65–104.

Finale hier einen Sonatensatz, so laufen im Andante zwei Rahmenteile im leicht parodistischem Walzerton aus, während der Mittelteil ein ostinates Quartpendel zu chromatischer Akzeleration verwandelt. Besonders konzis ist jedoch das fünfte Quartett (Krakau 1958), das sich nach eröffnendem Sonatensatz mit Scherzo, Corale und Variazioni auf vier Folgesätze erweitert. Das Scherzo wird als Fuge im 3/8-Takt ausgezeichnet und drängt nach der ersten Durchführung, in der das Thema mit wechselnden Stufen und Zählzeiten eintritt, auf engem Raum seine Umkehrung und Engführung zusammen, wogegen die Scherzoreprise das Thema eines kleinen Trios mit dem Fugenthema kombiniert. Die Bezeichnung Corale zielt im dritten Satz weniger auf die melodische Substanz als auf den homorhythmischen Satz der Rahmenteile, und unterscheiden sich davon die Variationen im Finale durch Zeitmaß und Satzstruktur, so ist das ungewöhnlich weitläufige Thema oft nur noch in fast abstrakten Teilmomenten aufzuspüren. Nicht ganz so konzentriert wirken dagegen die beiden letzten Quartette, die sich dem raschen Takt der zeitgenössischen Entwicklungen anzupassen suchen. Nachdem 1960 das sechste Quartett (Krakau 1961) ausnahmsweise freiere Varianten der Dodekaphonie erprobte, suchte 1965 das letzte Werk (Celle 1967) of-

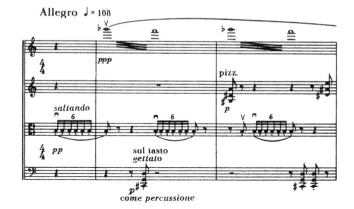

G. Bacewicz, Nr. 7, erster Satz, T. 1–5 (Moeck Verlag, Celle).

fenbar auf die inzwischen vorliegenden Modelle von Penderecki und Lutosławski reagieren. Nicht ganz so streng geformt sind die drei Sätze, in denen die thematisch gestraffte Organisation durch eine »katalogartige Reihung von kurzen, selbständigen und unaufhörlich wechselnden Klangsituationen« ersetzt wird.[1] Im ersten Allegro lassen sich wenigstens vier solche Konstellationen mit Stichworten charakterisieren: Zu ostinaten Tonrepetitionen und halbtönigen Tremoli treten anfangs Akkordbündel im Pizzicato, sie erscheinen erneut, sobald chromatisch gleitende Bände zu Relikten (›saltando‹) gekürzt werden, repetierte Formeln im Staccato münden sodann in rhythmisierten Akkordrepetitionen, aus denen sich Quartsprünge wie Signale herauslösen, und aus ihnen gehen wiederum liegende Akkorde hervor, mit denen sich Triller, Glissando- und Flageolettklänge verbinden. Im Zentrum kreuzen sich ähnliche Gruppen (Ziffer 6–9), und kehren danach analoge Satzglieder unter teilweiser Umstellung wieder, so bleiben zumal die betonten Quartsprünge kenntlich. Ähnlich verhält es sich im mittleren Grave und im raschen Schlußsatz, doch könnte nur eine detaillierte Analyse klären. wie die intervallischen Relationen innerhalb der Sätze organisiert sind.

Vergleichbare Veränderungen lassen sich bei Tadeusz Baird (1928–1981) im Verhältnis zwischen dem ersten Quartett (1957) und dem späteren *Play* (1971) konstatieren. Verfügen die drei Sätze im früheren Werk schon über ein Reihentechnik, die besonders eindrucksvoll in den langsamen Rahmensätzen hervortritt, so wechselt das spätere – seiner Bezeichnung gemäß – zu aleatorischen Techniken, die in der komplizierten Notation nur angedeutet werden können. Ein entsprechender Vorgang ist bei Zygmunt Krauze (geb. 1938) zu beobachten, wenn man das erste Quartett (1970) mit zwei weiteren (1970 und 1982) vergleicht. Dasselbe zeigt sich besonders eindringlich in der langen Werkreihe von Krzysztof Meyer (geb. 1943), der anfangs offensichtlich in Schostakowitsch, dem er wichtige Bücher widmete, ein Leitbild fand, wie die früheren Beiträge zu erkennen geben (etwa Nr. 2 op. 23, 1971). Daß sich aber die folgenden acht Werke zwischen 1971 und 1994 zunehmend der internationalen Avantgarde näherten, macht beispielhaft das sechste Werk sichtbar (op. 51, 1981, Warschau 1987), in dem sich der komponierte Satzverband partiell zu beschränkter Aleatorik auflöst.[2]

Dagegen bildete sich in Bulgarien, wo früher die Gattung nur in Constantin Dimitrescu einen namhafteren Vertreter hatte, zwischen den Kriegen ein Werkbestand heran, zu dem Vesselin Stojanov (1902–1969) zwischen 1933 und 1935 sowie Ljubomir Pipkov (1904–1974) von 1928 bis 1966 je drei Quartette beitrugen. Wie diese Autoren hatte Marin Goléminov (1908–2000) in Paris bei d'Indy und Dukas studiert, bevor er ab 1943 in Sofia lehrte, doch lieferte er seit 1934 bis 1982 mit insgesamt acht Beiträgen eine umfangreichere Werkreihe. Nach dem

---

[1] St. Wittig, Art. *Gr. Bacewicz*, Sp. 1272.
[2] M. Homma, *Kompositionstechnik und Gattungstradition, Konstanten und Entwicklungslinien. Über die Streichquartette Krzysztof Meyers*, in: *Krzysztof Meyer. Ein Komponistenportrait*, hg. v. M. Jabłoński und M. Homma, Poznań und Köln 1998, S. 143–154.

ersten Quartett von 1934, das noch 1956 neugedruckt wurde, wurde das zweite so wenig wie die beiden letzten veröffentlicht, informativer noch als Nr. 6–7 (1969 und 1975) ist jedoch das vorangehende Werkpaar Nr. 3–4. Das *Mikroquartett* Nr. 4 (1969, Sofia 1971) dankt seinen Namen den gedrängten Formen seiner vier Sätze (Allegro con brio, Larghetto, Scherzando und Giocoso). Ihnen entspricht zugleich eine knappe, fast aphoristische Motivik, die kaum weitere Verläufe zu tragen vermag. Wird sie freilich mit Eigenheiten bulgarischer Folklore erklärt[1], so paßt dazu wenig das vorangehende Quartett Nr. 3 *Starabalgarski* (Altbulgarisch, 1946, Sofia 1963) »sur un ancien thème Bulgare«, das ein weiträumiges Thema in e-dorisch über Quintbordunen einführt und dann im vierstimmigen Choralsatz entfaltet. Im Maß seiner Verarbeitung wird das Material durch dissonanzreiche Chromatik umgebildet, die entsprechend wieder zurückgenommen werden kann. Das Scherzando erweitert das thematische Incipit durch figurative Fortspinnung, ein Andante sostenuto kehrt es in imitierender Arbeit vom Quint- zum Quartsprung um, und das Finale kontrapunktiert Varianten der Liedzeilen mit abgeleitetem Figurenwerk. Auf ähnlichem Stand verharrt bei anderer Thematik 1948 das dreisätzige erste Quartett von Constantin Iliev (1924–1988), dem kaum anzumerken ist, daß der Autor einst Schüler Hábas in Prag war. Ein Stimmenpaar in As verbindet der Kopfsatz mit einem zweiten in H, und entsprechend wechseln im Verlauf die tonalen Zentren der Stimmen, ohne daß durchweg von strenger Bitonalität zu reden wäre. Entsprechend beginnt der zweite Satz mit einem figurenreichen Fugatothema, und das langsame Finale schichtet melodische Linien über paariger Begleitung, bis der Schluß As-Dur mit h-Moll kombiniert. Indessen schrieb Iliev bis 1956 drei weitere Quartette und griff später offenbar noch Verfahren der Zwölftontechnik und Aleatorik auf.

Nicht ebenso umfangreich war der Ertrag in Rumänien, denn gemäß den traditionellen Verbindungen mit Frankreich ging Marcel Mihalovici (1898–1985) schon 1919 zu d'Indy nach Paris, wo er ein Mitglied der »école de Paris« wurde. Hierher und weniger nach Rumänien gehören also seine vier Quartette aus der Zeit zwischen 1923 und 1983, doch hatte ihre Verbreitung daran zu leiden, daß der Komponist in beiden Ländern nicht gleichermaßen heimisch war. Zum musikalischen Botschafter seines Landes wurde dagegen George Enescu (1881–1955), der zwar ebenfalls in Paris verstarb, aber schon früh eine internationale Karriere als Virtuose machte. Nach erster Vorbildung bei J. Hellmesberger und R. Fuchs in Wien studierte er bei Massenet und Fauré in Paris, wo Ravel, Koechlin und Florent Schmitt zu seinem Umkreis zählten, und obwohl er zeitweise in Bukarest wirkte, kehrte er wieder nach Paris zurück, wo er auch verstarb. Nach Ausweis mehrerer Fragmente bemühte er sich schon früh um das Streichquartett, ein erstes Werk in Es-Dur wurde nach mehrjähriger Arbeit zwar 1920 abgeschlossen, aber als op. 22 Nr. 1

---

[1] M. Kostakeva, Art. *Goléminov*, in: *MGG²*, Personenteil Bd. 7, Kassel u. a. 2002, Sp. 1267ff.

erst weit später mit einem zweiten Quartett in G-Dur zusammengefaßt. In einem außerordentlich langwierigen Prozeß, der offenbar wechselnde Fassungen einschloß, entstand dieses Werk bis 1951, doch zählte es dann im postumen Druck als op. 22 Nr. 2. Beide Werke halten noch an der tonalen Basis fest, vom umfangreichen und zyklisch vernetzten Es-Dur-Quartett hebt sich jedoch das späte und weit knappere Gegenstück als ein wahrhaft »enigmatisches Werk« ab.[1] Die ungewöhnliche Länge des ersten Quartetts resultiert nicht allein aus den Dimensionen der vier Sätze, sondern zugleich aus einer motivischen Vernetzung, von der nur der rasche Binnensatz ausgenommen ist. Denn die Beziehungen werden derart kunstvoll verdeckt, daß vermittelnde Strecken erforderlich werden, und das Finale schürzt die Fäden, indem es zugleich das zyklische Netzwerk zu bündeln hat. Es wird jedoch weniger von Transformation oder Zitierung geschlossener Themen als von motivischen Zellen getragen, deren vielfache Variierung zugleich die Formgrundrisse überblendet.

Ein Muster gibt das Allegro moderato zu Beginn vor, indem über tonikalem Orgelpunkt in Viola und erster Violine zwei Varianten eines Modells eintreten, die mit Binnenauftakt in gleichmäßigen Vierteln Leit- und Grundton mit der Oberterz verbinden (d–es–g bzw. es"–d"–g"). Nach zweitem Ansatz in C-Dur erweitert die Überleitung rasch den

1 L. Finscher, Art. *Streichquartett*, Sp. 1968; P. Bentoiu, Art. *Enescu*, in: *MGG²*, Personenteil Bd. 6, Kassel u. a. 2001, Sp. 327–336: 329f., wo für die Partiturausgaben die Jahre 1956 und 1985 genannt werden, während die vorliegenden Editionen, für deren Kopien Ulrich Konrad und Hansjörg Ewert (Würzburg) zu danken ist, 1965 und 1967 in Bukarest erschienen. Zum Frühwerk vgl. C. L. Firca, *Catalogul tematic al creatiei lui George Enescu*, Bd. 1: *1886–1900*, Bukarest 1985, ferner N. Malcolm, *George Enescu. His Life and Music*, London 1990, sowie D. Williamson (Hg.), *Celebrating George Enescu. A Symposium*, Washington D.C. 1997.

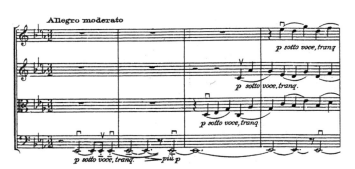

G. Enescu, op. 22 Nr. 1, erster Satz, T. 1–4 und T. 21–23 (Éditions Salabert).

diatonischen Rahmen durch reiche Chromatik, und scheint sich ein chromatisch fallender Seitensatz abzuzeichnen, so wird er sogleich vom Terzausschlag des Beginns ergänzt, der als motivische Kernzelle die ausufernde Textur zusammenzuhalten hat. In flüchtigem Wechsel nach C-Dur setzt die Durchführung an (Ziffer 15), die ein Fugato über chromatische Derivate des Themas einschließt, doch verfließen die thematischen Konturen vollends in der Reprise (Z. 22), die statt eines Resümees den variativen Prozeß fortführt. Während weitere Varianten derselben Kernzelle dem Andante pensieroso in H-Dur zugrunde liegen, erfaßt das Beziehungsnetz am wenigsten das sperrige Allegretto scherzando, in dem formale, motivische und harmonische Kennmarken gleichermaßen verschwimmen. Das Finale erweitert eingangs ein Quint-Quart-Gefüge durch chromatische Sequenzierung zu marschartiger Rhythmik, daraus abgeleitete Oktaven mit Halbtonausweitung grundieren ein kantables Thema (Z. 62), das aber rasch von Varianten der Kernzelle des Kopfsatzes verdrängt wird. Sie sind nun nach Quartansprung zum Grundton erneut am Terzausschlag erkennbar, trotz unterschiedlichen Charakters gleicht aber das Verfahren dem des Kopfsatzes, bis am Ort der Reprise eine diatonisch geglättete Version des Themenkerns eintritt (Z. 89). Sie wird indessen zwölfmal variiert und kündigt zudem – nach nun äußerst gestraffter Reprise – in dreifachem Auftritt die Coda an, die allerdings ein wenig zu auftrumpfend gerät.

So bemerkenswert wie die Vielfalt motivischer Varianten ist der eigentümlich luxurierende Klang, der das gesamte Werk kennzeichnet. An ihm ist zunächst eine Chromatisierung beteiligt, die tonale Zentren nur punktuell zuläßt, zugleich werden aber im rhythmischen Gefüge die metrischen Relationen derart verdeckt, daß selbst Taktwechsel kaum spürbar werden. Dazu kommen vor allem instrumentale Techniken wie Oktavgänge und angeschliffene Vorschläge, Arpeggien und Flageolettklänge oder chromatisch gleitende Bänder und geradezu heterophone Wirkungen, die sich aus einem zeitlich verschobenen Unisono paariger Stimmen ergeben. Ohne daß sich die Verfahren grundlegend ändern, werden sie jedoch im späteren Werk weiter differenziert, sofern die Rahmentonart G-Dur nun vollends von verwirrend vielfältigen Klangmustern überdeckt wird. Zudem überspielt die fortschreitende Variantenbildung die thematischen Markierungen derart, daß die dreiteilige Form im eröffnenden Molto moderato und im anschließenden Andante kaum mehr kenntlich ist. Etwas klarer wird die motivische Prägung im Allegretto, das als Scherzo fungiert und vom rhythmisch pointiertem Staccato der Außenteile ein gemäßigtes Binnenglied im Legato absetzt. Doch selbst die Refrains im Rondofinale werden so eingreifend variiert, daß sie nur an der harmonischen Sequenzfolge zu erkennen sind, die den Themenkopf bestimmt. Daß die formalen wie die tonalen Verhältnisse derart verfließen, verdankt sich primär einer ornamentalen Kolorierung, die vom Part des Primarius her auf alle Stimmen ausstrahlt. Sie leitet sich aber nicht aus der Dominanz einer Stimme her, sondern weist wohl eher als konkrete Melodiemodelle auf Praktiken der heimischen Folklore hin, die dem weltläufigen Virtuosen in Erinnerung geblieben sein mögen. Denn die tonale Amplifikation, die von akzidentellen Dissonanzen über dissonante Bündel bis hin zu Mixturen und Clustern reicht, verrät kaum systematische Planung, sondern hat eher koloristische Funktion, die von ungewöhnlichen Klangeffekten im Spiel am Steg oder Griffbrett unterstrichen wird. Der Schein des Enigmatischen gründet also in einem geradezu rhapsodischen Tonsatz, der wuchernde Dissonanzen mit schweifenden Varianten zu einer seltsam schillernden Klangwelt verschränkt.

Diese instrumentale Idiomatik unterscheidet Enescus Musik von der seiner Zeitgenossen, doch teilte er mit anderen Autoren aus dem östlichen Mitteleuropa die enge Beziehung zur französischen Tradition. Sie wurde nun zu einem leitenden Maßstab, wie ihn vor dem ersten Weltkrieg das deutsche Repertoire abgegeben hatte. Hatten noch Hába und später Seiber ihre Ausbildung in Wien, Berlin und Frankfurt erhalten, so wandten sich Tansman wie Lajtha und Goléminov wie Mihalovici nach Paris, das für die Publikation ihrer Werke ein bevorzugter Ort wurde. Zu fragen bleibt daher, worin die eigene Qualität jener französischen Kammermusik gründete, die in der Generation nach César Franck internationale Geltung fand.

[Anmerkung 1 zu S. 197:] R. Stephan, Art. *Klassizismus, II. 20. Jahrhundert*, in: *MGG²*, Sachteil Bd. 5, Kassel u. a. 1996, Sp. 247–253. Vgl. weiter M. Bandur, Art. *Neoklassizismus*, in: *Handbuch der Musikalischen Terminologie*, 22. Lieferung, Stuttgart 1994, S. 1–21, auch in: *Terminologie der Musik im 20. Jahrhundert*, hg. v. H. H. Eggebrecht, Stuttgart 1995 (Handwörterbuch der Musikalischen Terminologie, Sonderband 1), S. 278–298; Sc. Messing, *Neoclassicism in Music. From the Genesis of the Concept through the Schoenberg / Stravinsky-Polemic*, Ann Arbor 1988 (Studies in Musicology 101); R. Taruskin, *Back to Whom? Neoclassicism as Ideology*, in: Nineteenth Century Music 16 (1991), S. 481–497.

2. Distanz im Neoklassizismus: Tendenzen in der Romania

Die internationalen Verbindungen, die Musiker aus dem östlichen Mitteleuropa vor allem nach Paris führten, wurden zunächst vom Krieg unterbrochen, sie rissen jedoch nicht gänzlich ab, als diese Länder der stalinistischen Kulturpolitik ausgesetzt waren. War d'Indy in Paris noch nach dem Ersten Weltkrieg ein gesuchter Lehrer, so begann hier zugleich die lange Reihe der Werke von Milhaud, denen in zunehmender Distanz zur älteren französischen Tradition die Quartette weiterer Komponisten folgten. Während einst im 19. Jahrhundert den skandinavischen Beiträgen etwas später die Gattungstraditionen in Rußland und Frankreich gefolgt waren, tritt nun die Folge der Quartette Milhauds ähnlich umfangreichen Werkserien von Hilding Rosenberg und später von Schostakowitsch gegenüber. Milhaud wurde wie Rosenberg 1892 geboren, und von der Fülle der zeitgenössischen Produktion unterscheiden sich die Werke beider durch individuelles Profil und beeindruckende Kontinuität. Fast unvermeidbar drängt sich aber für Milhaud wie für weitere französische und italienische Musiker dieser Generation das Kennwort des Neoklassizismus auf.

Wie der Begriff des Klassizismus hatte der abgeleitete Terminus Neoklassizismus lange eine implizit pejorative Konnotation, die noch dort nicht ausblieb, wo statt dessen von ›neuer Klassizität‹ gesprochen wurde. Eine negative Note haftet dem Wort selbst im angelsächsischen und romanischen Sprachgebrauch an, soweit das Leitwort ›classicism‹ zugleich für den deutschen Begriff Klassizismus einsteht. Nach einer Fülle früherer Publikationen faßte zuletzt Rudolf Stephan die Geschichte des Begriffs zusammen, die hier nicht eigens skizziert werden muß.[1] Seine abwertende Bedeutung erhielt der Neoklassizismus nicht erst durch Adornos polemische Gegenüberstellung von Strawinsky und Schönberg, sondern Schönberg selbst hatte sich schon 1923 mit unverhohlener Geringschätzung über Milhaud und Casella geäußert.[2] Die Positionen verhärteten sich später in dem Maß, wie ein linearer Fortschrittsbegriff die musikalische Historiographie bestimmt, doch könnte sich neuerdings eine differenziertere Sicht anbahnen, die nicht mehr durch einseitige Positionen oder Vorurteile gelenkt wird.[3] Denn wie alle nachträglich geprägten Sammelbegriffe, mit denen Epochen oder wenigstens Tendenzen bezeichnet werden, besagt das Wort wenig über die kompositorischen Sachverhalte, die mit ihm gemeint sein sollen. Offen ist nicht allein, ob es nur Rückbezüge auf die Wiener Klassik erfaßt oder Anknüpfungen an Renaissance und Barock einschließt, unbestimmt bleiben vielmehr die vielfältigen Differenzen, die zwischen den Gattungen und in unterschiedlichen Ländern bestanden. Zwar scheint für das Streichquartett der Anschluß an klassische Modelle nahezuliegen, daß sich aber die Möglichkeiten darauf nicht eingrenzen lassen, zeigt besonders das italienische Repertoire. Doch kann sich neoklassizistische Musik, die ihre wie immer definierten Modelle ernst nimmt, kaum nur in bloßer Übernahme oder Nachahmung erschöpfen, sofern sie zugleich den Rang des Neuen beansprucht. Vielmehr hat sie dann – nicht anders als vormals die Kunst des Klassizismus – vorab die eigene Position als selbständig und unauswechselbar auszuweisen. Definiert sie ihren Rang also durch Verfahren der Distanzierung statt durch blanke Identifikation, so stellt sie dem analysierenden Historiker die Aufgabe, anstelle äußerer Analogien vor allem sachliche Differenzen zu kennzeichnen, die sich wenigstens an einigen Beispielen einsichtig machen lassen.

Milhaud, Honegger und ›Les Six‹

Aus Aix en Provence stammend, erreichte Darius Milhaud (1892–1974) von Paris aus rasch internationale Anerkennung, und nachdem er 1940 in die USA emigrieren mußte, lebte er seit 1947 wechselnd dort und wieder in Paris. Seine Quartette waren in Frankreich gewiß nicht isoliert, denn einzelne Beiträge lieferten Jean Françaix (1934), Jacques Ibert

---

1 Siehe Anmerkung S. 196.
2 Th. W. Adorno, *Philosophie der neuen Musik*, Frankfurt a. M. 1958, ebenda 1972, S. 180, wonach selbst Strawinskys Concertino für Streichquartett »zwischen der infantilistischen und der neoklassischen Phase« rangiert. Vgl. M. Hansen, *Arnold Schönberg. Ein Konzept der Moderne*, Kassel u. a. 1993, S. 196, ferner R. Stephan, *Schönberg und der Klassizismus*, in: *Bericht über den internationalen musikwissenschaftlichen Kongress Berlin 1974*, hg. v. H. Kühn und P. Nitsche, Kassel u. a. 1980, S. 3–11, auch in: ders., *Vom musikalischen Denken*, hg. v. R. Damm und A. Traub, Mainz 1985, S. 146–154, sowie in R. Stephan (Hg.), *Die Wiener Schule*, Darmstadt 1989 (Wege der Forschung 643), S. 157–173.
3 L. Finscher, *Altes im Neuen*, in: *Canto d'Amore. Klassizistische Moderne in Musik und bildender Kunst 1914–1935*, hg. v. G. Boehm, U. Mosch und K. Schmidt, Basel 1996, S. 63–73; H. Danuser, *Einleitung*, in: *Die klassizistische Moderne des 20. Jahrhunderts. Internationales Symposion der Paul Sacher Stiftung Basel 1996*, hg. v. dems., Winterthur 1997, S. 11–20.

(1937/42) oder Albert Roussel (1928). In der Groupe des Six jedoch, die 1920 durch den Kritiker Henri Collet ausgerufen wurde, kam der Gattung für niemanden solche Bedeutung zu wie für Milhaud. Neben einem Frühwerk von Germaine Tailleferre (1919) wären zwar je drei Werke von Louis Durey (1917, 1922, 1978) und Arthur Honegger (1916, 1934, 1936) zu nennen, weder George Auric noch Francis Poulenc schrieben aber Quartette, denn die Gattung konnte nur begrenzt den Intentionen von Musikern entsprechen, für die ihre Distanz zur Tradition – zumal zur deutschen – eine der wenigen Klammern war. Im Gegensatz dazu äußerte aber Milhaud schon 1920 den Vorsatz: »Je veux écrire dix-huit quatuors«, doch sah er in der Absicht, damit Beethovens Werkreihe zu übertreffen, noch später kein bloßes »Geschwätz«, sondern die Entscheidung für »Kammermusik, das heißt ernste Musik«.[1] Zur Zeit dieser Äußerung hatte er bereits vier Quartette abgeschlossen, und gleichmäßig durchzogen die weiteren Werke seine Produktion bis 1951, während er sich danach bis zu seinem Tode 1974 anderen Gattungen zuwandte.

Nr. 1 op. 5, 1912
Nr. 2 op. 16, 1914–15
Nr. 3 op. 32, 1916 (mit Singstimme)
Nr. 4 op. 46, 1918
Nr. 5 op. 64, 1920

Nr. 6 op. 77, 1922
Nr. 7 op. 87, 1925
Nr. 8 op. 121, 1932
Nr. 9 op. 140, 1935

Nr. 10 op. 218, 1940
Nr. 11 op. 232, 1942
Nr. 12 op. 252, 1945
Nr. 13 op. 269, 1946
Nr. 14–15 op. 303, 1948–49
(getrennt oder zusammen spielbar)
Nr. 16 op. 303, 1950
Nr. 16 op. 303, 1950
Nr. 17 op. 307, 1950
Nr. 18 op. 308, 1950–51

Zu Recht beklagte Silke Leopold, daß diesen Werken in der deutschen Forschung eine Geringschätzung zuteil wurde, die sich nicht zuletzt in Hermann Danusers Formel der »mittleren Musik« äußere.[2] Daß dabei Milhauds Quartette mit denen so grundverschiedener Komponisten wie Hindemith und Schostakowitsch zusammengespannt wurden, läßt die Problematik einer solchen Kategorie deutlich genug hervortreten. Auch dürfte für Mihlauds Œuvre kaum ein Frühwerk wie das von Danuser angeführte vierte Quartett op. 46 repräsentativ sein, dessen Kopfsatz eine »Melodie spielerisch-leichten Tonfalls« mit einer »Schlichtheit des Tonsatzes« verbindet, wie sie »vordem schwerlich denkbar« war.[3] Denn im zweistimmigen Kernsatz werden Außen- und Mittelstimmen zunächst oktaviert, und dem Verzicht auf eine strenge Sonatenform entspricht die wenig entwicklungsfähige Thematik. In der Paarung der Hauptstimme in F-Dur mit einer nach A-Dur tendierenden Begleitung wird aber nur latent jene Polytonalität wirksam, die schon vom nächsten Werk an für Milhaud charakteristisch wurde. Genauere Untersu-

---

[1] D. Milhaud, *Notes sans Musique*, deutsch: *Noten ohne Musik. Eine Autobiographie*, München 1962, S. 234f.; zur Gründung der ›Groupe des six‹ ebenda, S. 78.

[2] S. Leopold, *Darius Milhauds Streichquartette oder: Von der Ernsthaftigkeit des Spielerischen*, in: *Studien zur Musikgeschichte. Eine Festschrift für Ludwig Finscher*, hg. v. A. Laubenthal, Kassel u. a. 1995, S. 727–736: 728. Vgl. dazu H. Danuser, *Die Musik des 20. Jahrhunderts*, Laaber 1984 (Neues Handbuch der Musikwissenschaft 7), S. 169. F. Langlois, *Les quatuors à cordes de Darius Milhaud*, in: *Le quatuor à cordes en France de 1750 à nos jours*, hg. v. der Association française pour le Patrimoine Musical, Paris 1995, S. 171–187.

[3] So H. Danuser, *Die Musik des 20. Jahrhunderts*, S. 170f., zu Milhauds 4. Quartett op. 46 (1918).

Distanz im Neoklassizismus: Tendenzen in der Romania 199

1 S. Leopold, *Darius Milhauds Streichquartette*, S. 728; vgl. J. Gallois, *Les quatuors à cordes de l'école de Franck*, in: *Le quatuor à cordes en France*, S. 119–128: 125ff., sowie Fr. Robert, *Sur le quatuor en France entre les deux guerres*, ebenda, S. 159–169.

2 S. Leopold, *Darius Milhauds Streichquartette*, S. 730–733.

chungen für andere Komponisten stehen weithin aus, wenig besagen daher einstweilen Verweise auf Alberic Magnard (1865–1914), Maurice Emmanuel (1862–1938) oder Gustave Samazeuilh (1877–1967), die nur einzelne und zudem wenig beachtete Quartette hinterließen.[1] Anders steht es aber mit dem Œuvre Milhauds, in dem die Quartette selbst gegenüber der Fülle der Vokal- und Bühnenwerke zentralen Rang behaupten. Die Kreuzung von Polyphonie und Polytonalität freilich, die zu einem Kennzeichen Milhauds wurde, kommt im Quartett Nr. 7 nur begrenzt zur Geltung, dessen vier Sätze geradezu lakonisch knapp bleiben. Am zweiten Satz mit der Angabe ›Doux et sans hâte‹ kennzeichnete Leopold die knappen Partikel, die sich wechselnd zu rhythmisch subtilen Kombinationen verbinden, ohne einer streng motivischen Regulierung zu bedürfen.[2]

D. Milhaud, Nr. 7 op. 87, zweiter Satz, T. 1–12 (Universal-Edition).

Charakteristisch sind aber weitere Maßnahmen, auch wenn sie weniger hervortreten als andernorts. Ein bloßer Halteton hat zwar kaum gleichen Rang wie eine melodische Bildung, als Bestandteil eines Quintbordums (über es) beweist er aber satztechnisches Kalkül, indem er zum G-Dur der Oberstimmen quersteht (ab T. 7). Und wenn danach die chromatischen Linien, die steigend oder fallend den Satz durchziehen, zu Sextparallelen potenziert werden (ab T. 12), so treiben sie die Spreizung der Klangachsen in dem Maß voran, wie sie weitere Stimmen erfassen (ab T. 30), bis sie vor der Coda auf die Liegetöne in Baßlage treffen (ab T. 50 und T. 60).

Das kombinatorische Netzwerk, das Milhaud aus unscheinbaren Baustellen entspann, ist demnach nicht ohne die polytonalen Verfahren zu begreifen, die sich schon zuvor in seinen Quartetten andeuten. Dem 1920 entstandenen 5. Quartett op. 64, das Colin Mason »one of Milhaud's most fascinating works« nannte, konnte ebenso Danuser eine »polyphone Musiksprache« attestieren, die es »wieder näher an die Gattungstradition« rücke.[1] Wie sehr sich der Komponist seines Anspruchs bewußt war, macht die Widmung gerade dieses Werks an Schönberg deutlich, dem Milhaud wenig später in Wien begegnete. Die viersätzige Disposition folgt – wie es fast die Regel ist – der Gattungstradition ebenso wie die Anlage der Sätze mit ihren französischen Bezeichnungen: Dem einleitenden Sonatensatz korrespondiert ein rondohaftes Finale, während Scherzo und langsamer Satz die herkömmliche Dreiteilung

1 C. Mason, *The Chamber Music of Milhaud*, in: Musical Quarterly 53 (1957), S. 326–341: 330; vgl. dazu H. Danuser, *Die Musik des 20. Jahrhunderts*, S. 171.

D. Milhaud, Nr. 5 op. 64, erster Satz, T. 1–11 (Éditions M. Senart).

zeigen. Am klarsten demonstriert aber der Kopfsatz, der mit der Angabe »Chantant« auf das »singende Allegro« zurückdeutet, die methodische Konsequenz, mit der dem Postulat des polyphonen Quartettsatzes vermittels der Polytonalität Rechnung getragen wird. Eingangs präsentieren die Außenstimmen zwei Partikel (a und b), die in A- und B-Dur (mit ›lydischer‹ Quarte e) lokalisiert sind, wenig später führen die Mittelstimmen weitere Partikel ein (T. 3 und d T. 8), die ihrerseits nach C- und Des-Dur weisen. So stehen sich vier Elemente in Stimmpaaren gegenüber, die um je einen Halbton divergieren, und im weiteren Verlauf ist zu verfolgen, wie diese Partikel mit ihren Derivaten in ständigen Varianten ausgetauscht werden. Das Verfahren läßt auch kaum ein gesondertes Seitenthema zu, sofern die Bausteine gleich anfangs zusammentreten. So gleicht schon das dritte Element, das die Bratsche in C-Dur einführt, fast einem Kinderlied, und ähnlich einfach muten für sich auch die anderen Partikel an. Seine Komplexität bezieht der Satz also erst aus der polytonalen Schichtung, der die »extreme difficulty in listening« entspricht.[1] Klarer hebt sich ein durchführender Abschnitt ab (ab T. 53), der mit der Fragmentierung und Verschränkung seiner Bausteine zugleich die tonalen Spannungen verschärft. Ähnlich tritt eine Reprise hervor (ab T. 119), die anfangs die motivische und zugleich tonale Konstellation der Außenstimmen restituiert. Die Schwierigkeit jedoch, die wechselnden Kombinationen zu erfassen, hat ihren Grund darin, daß die melodischen Partikel keine feste Verbindung mit ihrer tonalen Position eingehen. Die Vielfalt im Wechsel der Ebenen wird daher so unabsehbar, daß sich der Eindruck von vier Stimmen einstellt, deren Abschnitte für sich tonal bleiben, ohne doch eine tonale Koordinierung zu erlauben. Was aber eine Technik, die von polytonaler Schichtung der Elemente ausgeht, bei fester Koordinierung der Ebenen zur Folge hätte, führt dann die Coda so musterhaft vor, daß sie zur traditionsgemäßen Summe des Satzes wird (ab T. 168). Denn wo endlich die Zuordnung der Partikel zu ihrer ursprünglichen Tonalität erreicht ist, lassen sich im Ergebnis – wie in der alten Permutationsfuge – nur noch die Stimmlagen vertauschen, und indem sich die zweitaktigen Partikel im Stimmtausch wiederholen, kreist der Satz in sich, ohne noch eine Entwicklung zuzulassen. Die stete Repetition, die der Preis einer festen Korrelierung ist, wird damit zum Widerpart jener Vielfalt, die den Satz zuvor so verwirrend machte.

So streng wie im Kopfsatz, der somit sein traditionelles Gewicht behauptet, wird das Verfahren kaum noch einmal gehandhabt. Wirksam bleibt es aber auch im Tanzsatz (Vif et léger), dessen Reprise nur rhythmisch variiert wird, während im Trio gleich anfangs H- und Fis-Dur zusammentreten. Eine weitere Version zeigt der langsame Satz (Lent), der nun die Stimmen partiell auch in parallelen Konsonanzen anordnet. Und das turbulente Finale (Très animé) kombiniert im 5/4-Takt die

1 C. Mason, *The Chamber Music of Milhaud*, S. 330 (dort auch das folgende Zitat).

Tonarten im Terzabstand (G – Es-Dur und C – As-Dur). Die Funktion von Couplets übernehmen jedoch quasi ostinate Phasen, die mit ihren repetierten Baßfiguren den Satz tonal stabilisieren, selbst wenn sich wie im Kopfsatz die repetierten Partikel mit ihren Varianten in den einzelnen Stimmen beständig überschneiden.

In keinem anderen Werk nutzte zwar Milhaud die Polytonalität gleichermaßen, um die Polyphonie des Quartetts zu realisieren. Was sich aber in vorangehenden Werken erst anbahnte, wurde in den späteren zurückhaltender differenziert, um einer manieristischen Verfestigung zu entgehen. Nachdem die zwei ersten Quartette die Harmonik in rascher Sukzession der Bereiche dehnen, wird in den beiden folgenden die polytonale Spreizung der Klangachsen latent wirksam, und es wäre eine eigene Aufgabe, die Abstufung der Verfahren auch in den weiteren Werken zu verfolgen. Verglichen mit Nr. 5 tendieren die nächsten Quartette zwar scheinbar »to an extremely clear and simpel tonality«, selbst ein so schlichter Satz wie der langsame aus Nr. 7 bleibt aber – wie erwähnt – ohne Rücksicht auf sein tonales Potential unverständlich. Höhere Komplexität zeigt zumal Nr. 12 op. 252, wenn die Einleitung des Kopfsatzes zwei solistische Halbzeilen intoniert, deren erster Zweitakter nach akkordischem Einschub durch transponierte Wiederholung weiteren Nachdruck erhält. Ihre Umrisse sind aber im Material des anschließenden Animé kaum noch zu spüren, in dem einem spielerischen ersten Thema ein weiteres in zwei Varianten entgegentritt. Je mehr aber diese Partikel dann kombiniert werden, desto weiter reicht auch die tonale Spreizung, die wiederum in der Satzmitte ihren Höhepunkt erreicht. Ähnlich flexibel werden die lyrischen Melodiebögen im zweiten Satz modifiziert, und das Finale (Avec entrain) steigert die Kombinatorik zu einem beziehungsvollen Mosaik, dessen tonale und thematische Ebenen ständig changieren. Damit verfügte Milhaud über die Voraussetzungen, um die beiden Quartette Nr. 14 und 15, die jeweils separat spielbar sind, zugleich derart zu konzipieren, daß sie zum ›Doppelquartett‹ verbunden werden können. Ein so artistischer Versuch, der über die Grenzen des Quartettsatzes hinausgreift, setzt in der Simultaneität zweier Werke zugleich deren hochgradige Individualität voraus. Dazu trägt primär eine rhythmische Faktur bei, in der innerhalb des gemeinsamen Taktrahmens die Zeitwerte höchst unterschiedlich ausgefüllt werden, so daß sich in der Kombination melodisch oder rhythmisch profilierte Partikel überlagern können. Zugleich wird aber die Polytonalität in jedem der beiden Einzelwerke recht zurückhaltend eingesetzt, um dann bei der Kombination zum Oktett desto wirksamer ausgespielt zu werden.

Werke mit drei oder vier Sätzen verteilen sich ziemlich gleichmäßig auf die ganze Quartettreihe; nur einmal findet sich in Nr. 2 eine fünfsätzige Anlage, und bei nur zwei Sätzen in Nr. 3 begegnen gleich doppelt die Bezeichnung ›Très lent‹. Wie in Schönbergs op. 10 tritt hier jedoch zum Finale ein Sopransolo mit einem Gedicht des 1915 gefallenen Leo Latil, dessen Andenken das Werk gewidmet ist. Einen begrenzten Vorrat an Charakteren scheinen oft wiederkehrende Satzangaben anzudeuten (Très Lent, Très Vif, Très animé usw.), die Nuancierung der Tonfälle bleibt gleichwohl beträchtlich genug. Ausnahmen bilden eine ›Barcarolle‹ samt ›Mexicana‹ in Nr. 13 (begonnen in Mexico), und Sonderfälle kennen die beiden letzten Quartette, wenn die Außensätze in Nr. 17 ›Rude‹ und ›Robuste‹ benannt sind, während in Nr. 18 ein ›Lent et doux‹ überschriebenes Satzpaar zwei Binnensätze mit der Bezeichnung ›Hymne‹ umschließt.

Überraschen kann der Verzicht auf Elemente des Jazz, die sonst im Œuvre Milhauds nicht selten hervortreten. Daß er ihre Verwendung »für ein Streichquartett« nur gelegentlich erwog, beweist aber erneut den Respekt vor dem Anspruch der Gattung.[1] So ließen sich auch jene zyklischen Strategien erwarten, die der französischen Tradition seit Franck geläufig waren, bei Milhaud jedoch in der Regel fehlen. Daß aber das Finale aus Nr. 18 auf den Kopfsatz aus Nr. 1 anspielt, war dem Komponisten immerhin der Erwähnung wert.[2] Durchweg ist den Werken eine Transparenz des Tonsatzes gemeinsam, die noch dort zur Geltung kommt, wo die Stimmen zur Parallelführung tendieren, ohne selbst konsonante Folgen zu scheuen. Vom ersten bis zum letzten Werk begnügt sich aber das Material mit so prägnanten wie einfachen Partikeln, und eignet den langsamen Sätzen eine elegische oder gar süße Kantabilität, so hebt sich die pointierte Rhythmik der raschen Sätze desto wirksamer ab. Zwar lassen sich qualitative Unterschiede nicht übersehen, daß die lange Serie aber kaum zur Monotonie tendiert, beruht nicht so sehr auf der Kraft der Erfindung als auf der Fähigkeit zu einer Kombinatorik, die ihren Grund in konstruktiver Rationalität hat. Ob dieser Musik die Kategorie des Neoklassizismus gemäß ist, dürfte weniger belangvoll sein als die Einsicht in ihre interne Stimmigkeit und unverwechselbare Eigenart. Wenn unter solchen Prämissen bei aller Konstanz eine derartige Variabilität zustande kam, dann lag das nicht zuletzt an der schillernden Polytonalität, die für Milhaud kein bloßes Spiel, sondern ein nüchternes Kalkül war, sofern sie bei aller Kontinuität des Œuvres ein gleiches Maß an Flexibilität gewährte.

Von den weiteren Mitgliedern der Groupe des six, die sich der Gattung annahmen, hat sich Louis Durey (1888–1979) mit drei Beiträgen op. 10, 19 und 39 (1917, 1919–22 und 1927–28)[3] weit weniger durchgesetzt als Arthur Honegger (1892–1955), an dessen Lebenswerk drei Quartette aus den Jahren 1917, 1934–35 und 1936–37 keinen so maßgeblichen Anteil hatten wie im Falle Milhauds. Das Gewicht der Kammermusik betonte der Komponist in gleichem Maß, wie er das verbreitete Desinteresse an ihr beklagte, dem Beharren auf die eigene Unabhängigkeit entsprach jedoch die Kritik am ›Zwölftonsystem‹, als dessen

---

1 D. Milhaud, *Noten ohne Musik*, S. 107.
2 Ebenda, S. 235.
3 Vgl. die knappen Angaben von Fr.-G. Tual, Art. *Durey*, in: *MGG*², Personenteil Bd. 5, Kassel u. a. 2001, Sp. 1685. Eine Übersicht bot Fr. Robert, *Sur le quatuor en France entre les deux guerres*.

Propagandist ihm René Leibowitz galt.¹ Die Quartette umfassen jeweils nur drei Sätze, bewahren aber tradierte Formen und Verfahren, wiewohl sie auf die zyklischen Strategien verzichten, die einst Franck und d'Indy etabliert hatten. Von der Breite des ersten Werks unterscheiden sich die späteren durch weit knappere Anlage, ein eigenes Gepräge finden sie aber weniger im Formvorrat und nicht einmal im thematischen Material allein, sondern primär in der freien Verfügung über die Prämissen der Tonalität. Harry Halbreich hat die Formgrundrisse minutiös beschrieben und doch nur en passant die tonalen Relationen gestreift, die in der Tat nur mühsam zu erfassen sind.² Denn ihnen liegt weder ein leitendes Prinzip wie Milhauds Bitonalität noch ein rationales Kalkül wie bei Strawinsky oder Bartók zugrunde, vielmehr hat es den Anschein, als werde fallweise über die Färbung tonaler Zentren durch chromatische Linien oder zusätzliche Dissonanzen entschieden.

Zwischen umrahmenden Sonatensätzen, deren Reprisen die Reihenfolge der Themen umkehren, steht im ersten Quartett, das in erster Fassung schon 1915 vorlag, ein dreiteiliges Adagio, das sich wiederum dem Sonatenschema angleicht. Laufen die chromatischen Spannungen des ersten Satzes noch in leeren Quintklängen aus, so endet das Adagio mit einem E-Dur-Klang, dem die Sekunde über dem Grundton beigefügt ist, während das Finale dem C-Dur-Schluß obere Sekunde und Sexte zusetzt, womit sich eine mehrfache Quintschichtung ergibt, die aber nur ihre Basis mit Terz ausfüllt (c–g–d–a mit e). Das rhythmisch gespannte Hauptthema im Kopfsatz folgt mit ostinaten, schrittweise verschobenen Triolen der zweiten Violine einem bewährten Muster, den c-Moll-Rahmen sprengt aber nicht nur die Viola mit gleichsam dominantischem Quintrahmen, sondern mehr noch der Eintritt der Oberstimme mit weiterem Quintzusatz (g–d–a), so daß sich mit den Linien der Stimmen zugleich die motivischen Segmente klar abheben. Das schließt nicht aus, daß sich an markanten Punkten – wie der dominantischen Zäsur in T. 5 – tonale Verhältnisse behaupten können, und ähnlich lenkt der Seitensatz nach Es-Dur, wogegen die Schlußgruppe über Quintbordun (Es–B) den Rekurs auf den Hauptsatz mit ›vagierenden‹ Akkorden begleitet (T. 75–84). Es versteht sich, daß die Spannungen in der Durchführung wachsen, die primär den Hauptsatz verarbeitet. Wendet sie sich etwa nach h-Moll (T. 110), so wird dieselbe Linie der Oberstimme später mit verschärften Dissonanzen verkettet (T. 148), und treten sie erst in der Coda zurück, dann können sich die tonalen Implikationen einer Melodik durchsetzen, die zuvor in der motivischen Entwicklung der Gegenstimmen verdeckt waren. Etwas klarer kommen die Relationen im Adagio zur Geltung, in dem vornehmlich der Mittelteil (T. 42–95) an den Prinzipien des Kopfsatzes partizipiert, die jedoch schon in der Einleitung hervortreten. In gleicher Weise setzt sich im Finale vom beruhigten Seitensatz (T. 64) der komplexere Hauptsatz ab, und so zielt seine

1 A. Honegger, *Beruf und Handwerk des Komponisten. Illusionslose Gespräche, Kritiken und Aufsätze*, hg. von E. Klemm, Leipzig 1980, S. 87ff. und S. 195ff. (wo die Texte in deutscher Übersetzung, jedoch ohne nähere Datierung wiedergegeben werden).

2 H. Halbreich, *L'œuvre d'Arthur Honegger. Chronologie – Catalogue raisonné – Analyses – Discographie*, Paris 1994, S. 107–131 (H 15, 103 und 114). Zu den Fassungen des ersten Werks vgl. ebenda, S. 109–113.

A. Honegger, Nr. 1, erster Satz, T. 1–8 (Éditions Max Eschig)

konzentrierte Durchführung zur sperrigen Spaltung motivischer Linien, die für sich tonale Segmente bilden.

Durchaus traditionelle Vorstellungen vom Charakter der Themen und ihrer Verarbeitung bestimmen demnach die Verfügung über die tonale Basis und ihre graduelle Verfremdung. In den beiden späteren Werken fällt zunächst die deutlich straffere Formung auf, obwohl aber Halbreich gerade das letzte »un chef-d'œuvre« nannte, sei im Vergleich mit dem ersten Quartett dem mittleren der Vorzug gegeben.[1] Denn anders als in Nr. 1 exponiert das erste Allegro in Nr. 2 das Hauptthema in Stimmpaaren, von ostinaten Begleitfiguren setzt sich die thematisch führende Linie so deutlich ab wie die stützende Baßstimme, und der Seitensatz (T. 36) zeigt eine entsprechende Schichtung, die nur einmal von kurzfristiger Zusammenziehung der Partner durchbrochen wird. Diese Satzstruktur wirkt zwar in der gedrängten Durchführung nach, die sich auf das erste Thema konzentriert (T. 60–107), indes treten in der motivischen Arbeit, die zu einem kurzen Kanon mit Einsätzen im

1 Ebenda, S. 126, ferner S. 121–125 und S. 126–131 zu den Quartetten Nr. 2–3.

Sekundabstand führt (T. 97), die Stimmen selbständiger hervor, wogegen die Reprise bei umgekehrter Themenfolge die Stimmenschichtung restituiert. Ähnlich unterscheidet das Adagio in beiden Außenteilen die Führungsstimmen von latent ostinater Begleitung, doch wahrt der Tonsatz trotz freier Dissonanzen eine eher diatonische Basis. Beispielhaft ist das von der Viola intonierte und dann von der Oberstimme übernommene Thema, das in ›modalem‹ gis-Moll ohne Leitton bereits die erste Phrase mit betontem Tritonus abbricht, wogegen der Mittelteil schrill dissonierende Stimmpaare von kleinzellig bewegtem Ostinato und dreistimmigen Akkorden in Baßlage die Hauptstimmen abhebt. Das Finale steigert im 12/8-Takt diese Technik zu motorischer Rhythmik, die den ganzen Satz beherrscht und durch blockweise Zusammenziehung der Gegenstimmen nur noch effektiver wird.

Eigene Töne Pariser Autoren

Daß demnach der Abstand zu Milhaud so deutlich ist wie der Unterschied zwischen Honeggers erstem Beitrag und seinen späteren Quartetten, beweist insgesamt noch einmal, wie wenig es sachlich besagt, wenn man Quartette französischer Autoren unter der Rubrik ›Neoklassizismus‹ zusammenfassen wollte. Erst zwischen 1957 und 1972 schrieb Georges Migot (1891–1976) drei Streichquartette, von denen nur das zweite aus dem Jahre 1966 veröffentlicht wurde.[1] Schon 1917 gaben aber *Cinq mouvements d'eau* (Paris 1921) illustrative Beispiele für Miniaturen, deren Tempoangaben durch leicht variierte Zusätze ergänzt werden (›l'onde qui fuit sans cesse‹ etc.). Demgemäß werden die fünf Sätze über langen Orgelpunkten weithin durch dichte Klangblöcke charakterisiert, die vielfach Doppelgriffe und Ketten paralleler Quinten ausbilden. Während sich prinzipiell konsonante Akkordfolgen schrittweise im Maß ihrer Bewegung verschieben, werden die führenden Stimmen durch prägnantere Rhythmik abgesetzt, in der dann akzidentelle Dissonanzen hervortreten können. An die Stelle motivischer Prozesse tritt somit ein Verfahren, das den Werken Milhauds und Honeggers nicht fremd ist, hier aber dem Sujet gemäß abgewandelt wird. Von neoklassizistischen Zügen wäre dagegen eher für das Streichquartett von Jean Françaix zu sprechen, das 1934 komponiert und 1939 veröffentlicht wurde.[2] In äußerst konziser Formung wahren die vier Sätze zwar herkömmliche Grundrisse und Charaktere, die diatonische Basis wird jedoch im meist akkordischen Satz durch pointierte Dissonanzen, überraschende Klangfolgen und chromatische Einschläge verfremdet. Sie kommen zumal in der motorischen Rhythmik der schnellen Ecksätze zur Geltung, wie aber das Andante im motivischen Rekurs auf den Kopfsatz phasenweise zu ostinaten Folgen wechselt, so steigert das Scherzo

---

[1] M. Honegger, *Catalogue des œuvres musicales de George Migot*, Straßburg 1977, S. 38f.

[2] Nach W. Gruhle, *Streichquartett-Lexikon*, Gelnhausen ²1999, S. 53, folgte 1955 ein zweites Quartett, es fehlt jedoch bei J. Rosteck, Art. *Françaix*, in: *MGG²*, Personenteil Bd. 6, Kassel u. a. 2001, Sp. 1559–1567, wonach nähere Werkanalysen ausstehen.

1 R. Follet, *Albert Roussel. A Bio-Bibliography*, Westport/Conn. und London 1988 (Bio-Bibliographies in Music 19), S. 22 (W 55); N. Labelle, *Catalogue raisonné de l'Œuvre d'Albert Roussel*, Louvain-la-Neuve 1992 (Musicologica Neolovaniensia. Studia 9), S. 97f. Vgl. B. Deane, *Albert Roussel*, Westport/Conn. 1961, S. 112–118, sowie die abwägenden Formulierungen von G. Schubert, ›Classicisme‹ und ›néoclassicisme‹. Zu den Sinfonien von Albert Roussel, in: *Festschrift Ludwig Finscher*, hg. v. A. Laubenthal, Kassel u. a. 1995, S. 668–679.

seine skurrilen Momente bis zum scharf dissonierenden Schluß. Und das Finale verlangsamt am Ende das gleichmäßig bewegte Hauptthema derart, daß es fast einem Kinderlied gliche, wenn die sonst konsonante Begleitung nicht mit leichten Dissonanzen durchsetzt würde. So konventionell das Werk zunächst erscheinen mag, so entschieden distanziert es sich mit seinen ironischen Zügen vom tradierten Anspruch der Gattung.

Derartige Brechungen fehlen zwar den Quartetten von Ibert und Roussel, die sonst aber entsprechende Vorgaben graduell abwandeln. Albert Roussel (1869–1937) schrieb 1928 seinen einzigen Beitrag (Paris 1932), der wiederum vier Sätze aufweist.[1] Den D-Dur-Rahmen erweitert der erste Satz im unisonen Beginn mit den Tönen es und b, und wiewohl die motivische Arbeit die triolischen Achtel des Hauptsatzes verdrängt, setzen sie sich erneut durch, bis sie im differenzierter angelegten Seitensatz zurücktreten, während triolisch aufgelöste Klangachsen

A. Roussel, op. 45, zweiter Satz, T. 1–8 (Durand & Cie).

in der Durchführung das dissonierende Gefüge der Stimmen tragen. Als Scherzo im 3/8-Takt fungiert an dritter Stelle ein Allegro vivo in d-Moll, und in d-Moll beginnt ebenso das abschließende Allegro moderato mit einem Fugato, dessen rhythmischer Elan zu motorischer Verfestigung tendiert, bis sich die Reprise nach D-Dur wendet, während sich die fugierte Technik in motivischer Arbeit auflöst. Während beide Sätze die Verfahren des Kopfsatzes variieren, zeichnet sich das Adagio durch polyphonere Stimmführung aus, die freilich ein bewegterer, partiell bitonaler Mittelteil zurücknimmt. Wie sich aber schon der Anfang den Quintrahmen über F mit der Terz es–g verbindet, so wird der tonale Ambitus – entgegen der B-Dur Vorzeichnung – in diesem Satz am wirksamsten erweitert.

Zwischen 1937 und 1942 arbeitete Jacques Ibert (1890–1962) an seinem ebenfalls viersätzigen Quartett, das infolge des Krieges verzögert erschien (Paris 1945).[1] Wieder prägt der Kopfsatz zu Beginn und am Ende deutlich die Rahmentonart C-Dur aus, die in Überleitung, Seitensatz und Durchführung mittels verschobener Klangbänder überlagert wird. Freier verfährt von vornherein das ebenso motorische Finale, dessen thematische Substanz in sperrigen Sprüngen chromatische Färbung aufnimmt, und entspricht das Presto im 3/8-Takt als dritter Satz einem Scherzo samt Trio, so verbindet erneut das Andante assai tonale Differenzierung mit genauer nuancierter Stimmführung.

Noch in späteren Werken wie den sechs Beiträgen von Henri Sauguet (1901–1989), die zwischen 1941 und 1989 entstanden, oder dem 1966–67 komponierten Quartett des Genfers Frank Martin (1890–1974) klingen manche Kennzeichen einer französischen Tradition nach, für die allerdings die Formel des Neoklassizismus eher Verlegenheit als eine triftige Charakteristik ausdrückt. Das Bild bliebe aber erst recht unvollständig, würden nicht ältere Musiker genannt, die ihre Produktion weiter fortsetzten. So legte Joseph Guy Ropartz (1869–1955), der noch bei Massenet und Franck studiert hatte, sein erstes Quartett schon 1893 vor und schrieb bis 1951 fünf weitere Werke. Die Distanzierung vom zyklischen Prinzip der ›Franckisten‹ beweist 1933 das vierte Quartett in E-Dur, dessen konzise Anlage die traditionellen vier Sätze in kaum 20 Minuten absolviert und doch seltsam verspätet wirkt, da es die tonale Basis nur wenig dehnt. Das erste Allegro mischt im Hauptsatz luftige Auftakte mit kantabler Fortspinnung, beide überlagern sich dezent polytonal in der Überleitung, der Seitensatz in C-Dur verdichtet sich zur episodischen Kantilene, und mit der Verarbeitung beider Themen nimmt in der Durchführung die polytonale Schichtung zu, die sich in der Reprise löst. Einfacher bleibt das Finale, dessen erste Fanfare die Stationen des Satzes fast wie ein Rondorefrain markiert, dazwischen unterbricht ein Allegro in gis-Moll synkopische Motivik in periodischer Sequenzierung nur durch ein kleines Trio, und das Lento in H-Dur löst sein diatoni-

1 A. Laederich, *Catalogue de l'œuvre de Jacques Ibert*, Hildesheim 1999; dies., Art. *Ibert*, in: *New Grove Dictionary*², Bd. 12, S. 42–44: 44.

sches Kopfmotiv in chromatische Linien auf. Einem Frühwerk (1900) ließ Jean-Jules Roger-Ducasse (1873–1954) erst 1953 ein zweites folgen, einen Sonderfall bildet jedoch Florent Schmitt (1870–1958), der 1947 mit seinem einzigen Streichquartett ein Spätwerk vorlegte, das mehr als andere einer näheren Untersuchung wert wäre.[1] Vier gewichtige Sätze von beträchtlichem Umfang tragen charakteristische Angaben (Rêve, Jeu, In Memoriam und Elan), die aber kein eigentliches Programm benennen. In vielfach zerklüfteten Satzgliedern fluktuiert das Tempo beständig, und nach älterer Art wird das Finale von Rekursen auf den Kopfsatz durchbrochen. Wie wach Schmitt aber die Änderungen während seines langen Lebens wahrnahm, macht die außerordentlich erweiterte Harmonik sichtbar, die tonale Zentren nicht ausschließt und doch zur Grenze der Atonalität führen kann. Dazu kommt eine satztechnische Vielfalt, die von hämmernd bewegten Blöcken und motorisch rotierenden Akkordketten über gleißende Klangbänder, kapriziösen Motivtausch und heftige Ausbrüche bis zu linearer Stimmführung und dichter Polyphonie reicht. Wenn sich zudem die Satzart im changierenden Wechsel der Teilglieder beständig verändert, so können solche Hinweise die Komplexität des bemerkenswerten Werkes doch nur andeuten.

Dagegen stammen von Alexandre Tansman (1897–1986), der 1919 aus Łodz nach Paris kam, sogar acht Beiträge aus der Zeit von 1917 und 1956.[2] Mit nur drei Sätzen wie das dritte Quartett begnügte sich 1937 ein *Triptyque*, das den Verlust des ersten ausgleichen sollte und doch nicht in die Werkzählung einging. Es erlaubt – so wie das letzte Werk auch – mehrfache Besetzung, durchweg besticht jedoch der elegante Quartettsatz mit knapper Diktion, melodischer Prägnanz und federnder Rhythmik. Das Modéré zu Beginn von Nr. 2 (1922) entfaltet die Stimmen in melodischen Linien, die beschleunigt und später im Tremolo aufgefächert werden, ihre polytonale Schichtung tendiert mehr als bei Milhaud zu freier Tonalität, um sich durch imitierende Einsätze in der Coda zu klären. Umgekehrt erwachsen im Lento aus anfänglicher Imitation weite Bögen, deren Ausspinnung zu tonaler Spreizung führt, während die Coda terzparallele Stimmpaare von Liegetönen abhebt. Analog introduziert das kleine Scherzo getrennte Achsen, die sich allmählich verschieben und schließlich kulminierend querstehen, wogegen rhythmische Ostinati im Finale die Basis für verschobene Rhythmen bilden, mit denen sich intern diatonische Achsen verbinden. Bei gleichen Prinzipien verfeinert sich die Klangregie in Nr. 3 (1925), deutlicher treten tonale Achsen hervor, die durch Imitationen oder Ostinati artikuliert und im Finale sogar zu partieller Tonalität verbunden werden, während das Scherzo im ›Tempo di mazurka‹ eine polnische Note erhält. Wie im *Triptyque* der dritte und letzte Satz mit Wechsel von Taktmaß und Struktur mehrfach gegliedert wird, so modifiziert sich die dreisätzige Anlage in Nr. 4 (1935) durch Einschub eines fugierten Allegro deciso

---

[1] M. Fleury, *Koechlin, Schmitt, Honegger: musique pour les générations futures*, in: *Le quatuor à cordes en France*, S. 135–169: 146ff.

[2] Ein Werkverzeichnis veröffentlichte G. Hugon, *Alexandre Tansman, Catalogue de l'œuvre*, Paris 1995, doch scheint eine Untersuchung der Quartette auszustehen, vgl. C. Rae, Art. *Tansman*, in: *New Grove Dictionary*², Bd. 25, S. 79f.

in das eröffnende Lento. Nur graduell verändert sich aber hier wie in Nr. 5 (1940) die Satzweise, sofern gesteigerter Chromatik in den Kopfsätzen rhythmisch intrikatere Scherzi und Finali mit ostinaten Phasen gegenüberstehen. Wo sich ostinate Quintachsen zum Tritonus verengen, ziehen übermäßige und verminderte Intervalle auch in die Oberstimmen ein, die sich zu entsprechend geschärften Mixturklängen verketten können. Desto mehr überraschen die langsamen Binnensätze mit deutlich tonalen Stimmzügen, die selbst kadenzierende Wendungen nicht immer scheuen. Erstmals schließt Nr. 5 mit einer Fuge, die ein rhythmisch und tonal zerklüftetes Thema in dichter Polyphonie ausarbeitet und sich erst in dem Maß entspannt, wie sich zum verlangsamten Ausklang hin chromatisch gebündelte Stimmpaare durchsetzen. Nach langsamer Einleitung unterscheiden die Kopfsätze aus Nr. 6–7 (1944 und 1947) die Themen durch ihre tonale Schattierung, nicht ebenso offen zeichnen sich tonale Zellen in den langsamen Sätzen ab, komplizierte Rhythmen kombinieren die Scherzi streckenweise mit effektvollem Pizzicato, und die Finalfuge in Nr. 7 verfügt über einen markanten Themenkopf, der sich klarer als in Nr. 5 vom polyphonen Gewebe abhebt. Selbst wenn spätere Werke die chromatischen Stufen auf engem Raum drängen, kennen sie keine zwölftönigen Reihen, und wie einer dichten Rhapsodia im letzten Werk (1956) eine gelockerte Romance folgt, so fügt sich dem metrisch komplizierten Scherzo ein fugiertes Finale an, dem wieder ein gespanntes Lento vorangeht, wogegen der Schluß sogar nach Dur umschlägt. So gewandt sich Tansman zwischen den Traditionen bewegte, so kontinuierlich prägte er sein eigenes Idiom aus, mit dem er sich in das französische Repertoire einfügte.

Hochgradige Individualität charakterisiert also das Profil, das die Quartette französischer Autoren auszeichnet, und wenn sich die Werke kaum in eine geschlossene Tradition einfügen, so entziehen sie sich zugleich dem generalisierenden Etikett des Neoklassizismus.

Respighi und Malipiero im italienischen Bestand

In Italien orientierte sich das Streichquartett in dem Maß, wie es aus dem Schatten der dominierenden Oper trat, zunächst in auffallender Weise an älteren musikgeschichtlichen Traditionen des Landes. Sie machten sich in Miniaturformen ebenso geltend wie in zyklischen Werken, die nach Ottorino Respighi vor allem Alfredo Casella, Gian Francesco Malipiero, Guido Turchi und Goffredo Petrassi komponierten.

Als Geiger kam Ottorino Respighi (1879–1936) 1900 nach Petersburg und weilte 1908–09 in Berlin, bevor er seit 1913 in Rom lehrte. Nach vier frühen Werken aus den Jahren 1898 bis 1904 schrieb er 1909 ein Quartett in d-Moll (Mailand 1986), dem 1920 ein *Quartetto dorico*

1 E. Respighi, *Ottorino Respighi. Dati biografici*, Mailand 1954; P. Pedarra, *Catalogo delle composizione*, in: *Ottorino Respighi*, hg. v. E. Battaglia u. a., Turin 1985, S. 325–404: 400; A. Piovano, *Citazione gregoriane ed uso dal moralismo nella musica strumentale*, ebenda, S. 203–260, bes. S. 219–225.

(Wien 1925) folgte, während 1931 die dritte Serie der *Antiche danze ed arie* für Streicher (Mailand 1932) das Interesse an älterer Musik belegt, das zumal die zahlreichen Transkriptionen früherer Musik bekunden.[1] Im d-Moll-Quartett, dem als Motto der Schluß aus Schillers Wallenstein-Prolog vorangeht (»Ernst ist das Leben«), folgen die Ecksätze dem Sonatenschema mit rhythmisch charakterisierten Hauptthemen und Seitensätzen, die in der Exposition in B- und Es-Dur und in der Reprise in A- und D-Dur stehen. Das Hauptthema im Kopfsatz aber erscheint zu Quintbordun und Liegetönen, seine fließenden Achtel erfassen im 6/4-Takt allmählich die Gegenstimmen und bleiben noch in der Formel einer punktierten Viertel mit drei Achteln wirksam, die den ähnlich flächenhaften Seitensatz prägt, und wenn die Durchführung harmonisch recht sparsam verfährt, so droht hochgradige Geschlossenheit fast in Gleichmaß umzuschlagen. Klarer kontrastieren die Ebenen im geradtaktigen Finale, dessen Hauptsatz die Stimmpaare mit punktierten Sprung- und triolischen Laufmotiven zusammenfaßt, wogegen der Seitensatz wieder punktierte Viertel mit Achteln verbindet. Da ihn die Durchführung mit dem triolischen Modell des Hauptsatzes paart, das nur in der Schlußphase aussetzt, ergibt sich ein ähnlicher Befund wie im ersten Satz. Analoge Rhythmik bestimmt aber auch das 12/8-Metrum des Lentamente con tristezza in E-Dur, dessen Mittelteil im 2/4-Takt recht unvermittelt nach C-Dur wechselt, und ähnlich variiert das Presto in h-Moll den 6/8-Takt nur in zwei geradtaktigen Trioteilen. Fast durchweg trifft also rhythmische Homogenität mit einem flächigen Satz zusammen, dessen diatonische Basis in entwickelnden Phasen chromatisch angereichert wird.

Von all diesen Kennzeichen erhält sich im *Quartetto dorico* nur der füllige Satz, dessen rhythmisches Gefüge aber ungleich variabler ist, während die e-dorische Diatonik durch modulierende und chromatische Exkurse reich modifiziert wird. Weit gedrängter ist vor allem die formale Anlage, denn in einem zusammenhängenden Komplex lassen sich zwar noch vier Teile unterscheiden, in denen man Momente eines sonatenförmigen Kopfsatzes mit Coda (T. 1–147), eines Tanzsatzes mit Episoden (T. 148–253), eines langsamen Satzes (T. 254–339) und eines Finales erkennen mag (T. 340–388). Diese Gliederung wird aber von der variativen Verkettung des ganzen Werks überlagert, in der die Teilsätze zu Variationen in der Variation der Gesamtform werden, wie einige Hinweise andeuten können.

Lapidar stellt der Beginn im Unisono das zyklische Thema hin, dessen modale Züge durch Grundton, ›dorische‹ Untersekunde und Terz-Quartaufstieg mit ausgleichender Rückbewegung charakterisiert sind. Die umgekehrte Punktierung des Initiums zieht sich durch weitere Varianten wie etwa ein Meno mosso d-Moll (T. 23), das dem Rückgriff auf die Grundgestalt vorgelagert ist. Akkordische Raffung mit

O. Respighi, *Quartetto dorico*, erster Satz, T. 1–3 (Universal Edition).

T. 8–12.

Themenrelikten in Baßlage wird in cis zum Modell für die gebundene Themenvariante einer zweiten Phase (Lento T. 67), und aus ihrer sachten Beschleunigung geht der abermalige Rekurs auf das Thema hervor, der sich im Moderato in figurativer Auflösung der Konturen verliert (T. 113). Nach A wechselt der kurze zweite Teilsatz mit kleiner, aber wiederholter Episode in C, die ›Scherzoreprise‹ vertritt jedoch ein kleines Fugato, in dem eine weitere Themenvariante vom springenden Gegenthema sekundiert wird (T. 189). Ein Moderato mit dem Grundthema in gis sowie der Variante in cis eröffnet den dritten Komplex vor dem Molto lento in es, das zum zyklischen Thema in D umschlägt (T. 296–332). Es erhält im Schlußteil fast ostinaten Rang, indem es – nun wieder in e – die Stimmen durchläuft, die am Ende zum abschließenden Zitat gebündelt werden. Infolge der fortschreitenden Variation umgehen die Teilsätze genaue Reprisen, und so gelingt es Respighi, eine historische Tönung in Tonalität und Struktur durch die Fülle der Varianten zu kompensieren, womit das Werk einen eigenwilligen Beitrag zur Moderne bildet.

Dagegen wandte sich Alfredo Casella (1883–1947) vom traditionellen Quartett ab, komponierte aber nach den *Cinque pezzi* op. 34 (Wien 1920) ein *Concerto* für Streichquartett (Wien 1925), das die Intention einer »Erneuerung der italienischen Musik« noch klarer hervorkehrt als Respighis letztes Quartett.[1] Die *Cinque pezzi* sind einerseits ›Preludio‹ und ›Notturno‹ benannt (Nr. 1 und 4), zeigen andererseits aber die Bezeichnungen ›Ninna-nanna‹, ›Valse ridicule‹ und sogar ›Fox-trot‹ und geben in massiv akkordischer Begleitung mit aufgesetzter Melodik und pointierter Rhythmik dem Ideal des stimmigen Quartettsatzes eine ironische Note. Bereits das Preludio mischt ostinate Akkorde und repetierte Figuren in bitonalen Relationen, analog verfährt ›Ninna-nanna‹ im

---

1 D. Kämper, Art. *A. Casella*, in: *MGG²*, Personenteil Bd. 4, Kassel u. a. 2000, Sp. 348–357 und die dort genannte Literatur; ders., *Alfredo Casellas Nove Pezzi für Klavier und die Idee einer Erneuerung der italienischen Musik*, in: *Studien zur Musikgeschichte. Eine Festschrift für Ludwig Finscher*, hg. v. A. Laubenthal, Kassel u. a. 1995, S. 708–717.

›Tempo di berceuse‹, im dritten Satz besorgen schräge Akkorde die Verzerrung des Walzers, und hält sich das Notturno feiner zurück, so wird der Fox zur parodierenden Schlußvignette. Solche Ironie ist dem *Concerto* durchaus fremd, dessen vier Sätze mit den Angaben Sinfonia, Siciliana, Minuetto/Recitativo/Aria und Canzone auf historische Modelle verweisen. Durchweg basieren sie auf gruppierenden Formen mit Ritornellen und Episoden, die zudem rhythmische Muster des barocken Concerto mit prinzipieller Diatonik aufnehmen.

A. Casella, *Concerto*, erster Satz »Sinfonia«, T. 1–11 (Universal Edition).

Was das Werk dennoch von blankem Historismus trennt, sind vornehmlich drei Maßnahmen. Zunächst stellt der erste Akkord mit einer Quintschichtung von C bis e", in die zudem das leiterfremde fis eingebaut ist, bereits unmißverständlich klar, daß keineswegs die Nachahmung historischer Tonalität intendiert ist. Denn obwohl tonale Zentren unverkennbar sind, die freilich rasch wechseln können, beherrschen kantige Querstände und dissonante Akkordschläge bis hin zu bitonalen Effekten die Relationen der Stimmen im gesamten Verlauf. Sodann werden rhythmisch kraftvolle Impulse, die anfangs an Concerti Vivaldis oder Bachs denken lassen, durchaus nicht kontinuierlich fortgeführt, sondern mit häufigen Taktwechseln höchst variabel umgebildet. Von konträren Akzenten werden selbst Modelle wie Siciliana und Minuetto gekreuzt, denen die Gegenstimmen den vormaligen Tanztyp austreiben. Wie diese Sätze den zweiteiligen Suitensatz umbilden, so behalten die raschen Ecksätze vom Concerto vorab die Gliederung durch je drei Ritornelle, die neben Beginn und Abschluß einen Mittelteil markieren. Erfahren sie aber variativ verarbeitende Ausweitung, so werden die Episoden durch Über- und Rückleitungen vermittelt; sie fungieren demnach als mehrgliedrige Seitenthemen, die zudem im Zentrum, das Züge einer Durchführung hat, zur Geltung kommen können. Dieselbe Formung, die mit dem Ausfall der Reprise und dem Prinzip der Fortspinnung den Sonatensatz außer Kurs setzt, prägt noch die Siciliana, während Minuetto und Aria im dritten Satz durch das Recitativo getrennt werden, das eher einer ausladenden Kadenz der ersten Violine gleicht, bis die Coda statt einer Restitution der Tanzsätze beide Modelle kurz simultan kombiniert.

Wie Respighi kamen andere Musiker, zu denen Franco Alfano (1876–1954), Carlo Perinelli (1877–1942), Vincenzo Tommasini (1878–1950) und Ildebrando Pizzetti (1880–1968) zählen, noch von der älteren Gattungstradition her. Exemplarisch sei das schon 1906 entstandene, aber 1920 in Bologna publizierte A-Dur Werk von Pizzetti herausgegriffen, das der Vorherrschaft der Oper entgehen will, indem das dominierende Melos von nachgeordneter Begleitung getragen wird. Der Kopfsatz setzt mehr noch als in Respighis d-Moll-Quartett auf alles beherrschende Flächen mit Achteltriolen im Hauptsatz, die eine periodische Melodik umhüllen, im Seitensatz zu triolischen Vierteln wechseln und nur in der Schlußgruppe aussetzen. Gleiche Muster bestimmen nicht nur das Finale, sondern ebenso das Adagio sowie die Variationen über eine Canzone, die wieder ein ›Ninna-nanna‹ einschließen, und da die funktionale Harmonik nur sparsam erweitert wird, bleibt der Anschluß an einen Stand deutlich, der zuvor etwa von Bazzini und Scontrino vertreten wurde.

Nachhaltiger als Casella wurde dagegen Gian Francesco Malipiero (1882–1973) von der Auseinandersetzung mit historischer Musik geprägt, die dem Editor der Monteverdi-Gesamtausgabe schon früh vertraut wurde. Doch schrieb er zugleich als einziger italienischer Autor seiner Generation eine Serie von insgesamt acht Quartetten, in der auf drei Folgen von Miniaturen (Nr. 1–3, 1920, 1923 und 1931) fünf weitere Werke folgten. Einen Sonderfall bildet das fünfte Werk (1950), in dem die Angabe *Dei capricci* auf Material aus der Oper *I capricci di Callot* (1942) hinweist, und die Bezeichnung *L'arca di Noè* trägt das frühere, aber als Nr. 6 gezählte Quartett (1967), während solche Vermerke – von Dedikationen abgesehen – in den drei übrigen Werken ausbleiben (Nr. 4, 1934, und Nr. 7–8, 1949–50 und 1963–64).[1]

Im ersten Quartett (London 1921) meint das Begriffspaar *Rispetti e strambotti* Formen tradierter Lyrik, die in zwanzig kurzen Abschnitten aber nicht übernommen, sondern in ihrem Charakter getroffen werden sollten, wie Malipieros Vorwort betonte.[2] Maßgeblich sind für den Be-

1 J. G. C. Waterhouse, *Gian Francesco Malipiero (1882–1973). The Life, Times and Music of a Wayward Genius*, London 1999, Catalogue S. 385 sowie bes. S. 208ff., 216f. und 250f.; ders., Art. *Malipiero*, in: *New Grove Dictionary²*, Bd. 15, S. 697–705: 703; E. R. de Cervin, *A proposito dei Quartetti di Gian Francesco Malipiero*, in: *Omaggio a Malipiero*, hg. v. M. Messinis, Florenz 1977, S. 79–84.

2 J. G. C. Waterhouse, *Malipiero*, S. 140ff.

ginn, auf den der Schluß zurückkommt, die leeren Saiten in mehrfacher Quintschichtung, die erst bei Erreichen des vierstimmigen Satzes mit zusätzlichen Skalen aufgefüllt werden. Denn Quintketten prägen als Bordune, parallele Fortschreitungen oder stufenweise Progressionen die weiteren Teilsätze, die in aller Knappheit durch ihre rhythmische Prägnanz unterschieden werden. Statt von Thema und Variationen, wäre eher von Varianten eines Klangmodells zu sprechen, von dem sich Sätze wie Nr. 6–9 oder Nr. 15 und 17 zu entfernen scheinen. Doch liegen ihnen immer noch ostinate Klangmuster zugrunde, während selbst Sekundketten der Gegenstimmen einen Quint- oder Quartrahmen umschreiben. Und die dissonierende Färbung des prinzipiell diatonischen Klangvorrats erhält sich selbst dann, wenn die Basisquinten chromatisch verschoben oder modulierend erweitert werden. Nach den *Stornelli e ballate* in Nr. 2 steuern charakteristische Klangformationen statt Worte in Nr. 3 *Cantàri alla madrigalesca* (Leipzig 1931) die »madrigalische« Pointierung in einem durchgängigen Formverlauf, der nicht mehr getrennte Abschnitte wie zuvor aufweist. Die Quintschichtung ist nur noch eine Möglichkeit neben Laufwerk, kurzen Ostinati, motorischen Phasen und melodischen Kurven, indessen sorgt vor allem die rhythmische Prägung für die Kenzeichnung der miteinander verbundenen Satzglieder. Geblieben ist zwar das Verfahren, den diatonischen Fundus durch chromatische Einschläge und rasche Modulationen zu modifizieren, doch sucht das kleine Werk darin frühere Vorgaben formal und strukturell zu differenzieren. Indem rasche und langsame Phasen nach Motorik und Melos korrespondieren, ohne sich genau zu wiederholen, kann der stetige Wechsel prägnanter Glieder in der Tat an Verfahren erinnern, die das ältere italienische Madrigal kannte.

  Erst danach verzichtet das vierte Quartett (Kopenhagen 1936, W. Hansen), das Elizabeth S. Coolidge gewidmet wurde, auf die Charakterisierung durch literarische Begriffe, die zuvor ein primär vokales Denken verrieten.[1] Wieder ergibt sich aber ein durchlaufender Satzkomplex von nur 317 Takten, der durch Wechsel von Tempo und Faktur intern gegliedert wird. Statt bunter Folge kurzer Situationen steigert das erste Allegro triolische und punktierte Achtel zu rascher Figuration, die dann schrittweise zurückgenommen wird, wieder anders entfaltet das mittlere Andante ein zwei- bis dreistimmiges Gewebe über Baßtönen zu einer Klangdichte, die im Molto lento kulminiert, während das abschließende Allegro zwischen motorische Phasen ein ›Più tosto largo‹ einblendet. Wenig verändert hat sich die harmonische Disposition, wie in Nr. 2 begegnen auch kurze Imitationen, statt wiederkehrender Themen und motivischer Arbeit reguliert aber erneut eine variable Fortspinnung den Ablauf, der kaum als stringenter Prozeß auf fortschreitende Entwicklung und resümierende Bündelung des Materials gerichtet ist. Einerseits können sich Teilbereiche in Quintschichtungen mit Unisono oder

---

[1] Ebenda, S. 208ff.

G. F. Malipiero, Nr. 4, erster Satz, T. 1–9 (Wilhelm Hansen).

akkordischer Massierung durchsetzen, andererseits können sie sich gleichsam modulierend verschieben, während aus der ostinaten Verfestigung der Stimmen die klanglichen Ballungen hervorgehen. Solche Verfahren bestimmen noch das letzte *Quartetto per Elisabetta* (Mailand 1964, Ricordi), das 1963–64 entstanden ist und abermals einen konzisen Komplex aus kaum mehr als 230 Takten ausbildet. Noch immer dominiert freie Fortspinnung statt motivischer Arbeit, gleitende Übergänge verhindern aber eine so klare Gliederung wie vordem, und der fluktuierenden Formung entspricht eine Harmonik, die mit gespannten Tritoni, Sekunden und Septimen die einstige tonale Zentrierung überdeckt. Daß sich also der scheinbare Kontrast zwischen frühen Miniaturen und späteren Quartetten relativiert, mag die Zählung der Werke als durchgehende Reihe motiviert haben. Im ganzen zeigt sich aber erneut, wie wenig auch die italienische Tradition mit dem pauschalen Stichwort ›Neoklassizismus‹ zu charakterisieren ist.

Diese Linie fand noch 1947 ihre späte Fortführung in einem *Concerto breve* von Guido Turchi (geb. 1916), der allerdings schon 1940 ein

Streichquartett vorgelegt hatte. Geschrieben »alla memoria di Béla Bartók«, präsentiert das *Concerto breve* in einer knappen ›Elegia‹ eingangs einen Zwölftonkomplex, er bildet aber weniger eine Reihe als einen motivischen Fundus, dessen Motivik als Ausklang im folgenden Allegro wiederkehrt. Die motivische Organisation tritt klarer noch im Finale hervor, das ein Rondo mit drei Refrains darstellt, der Mittelsatz jedoch chiffriert in der Tonfolge b–e–a–b–a den Namen ›B–É–La B–A–rtók‹, der sich unauffällig in die motivische Entwicklung einfügt (Ziffer 11). Mehr noch erweitern sich die Verfahren in dem erst 1958 komponierten Quartett von Goffredo Petrassi (geb. 1904), das wiederum einen großen zusammenhängenden Formverlauf mittels wechselnder Tempi, Rhythmen und Satztechniken gliedert. Allerdings tritt an die Stelle freier Fortspinnung hier eine quasi athematische Struktur, verschärft wird sie zudem durch die freie Handhabung eines Zwölftonkomplexes, der anfangs im Unisono präsentiert wird, um dann in kleine Zellen aufgeteilt zu werden. Die offensichtlich undogmatische Anwendung der Reihentechnik schließt indessen nicht aus, daß die wechselnden Phasen des Verlaufs an rhythmischen Mustern kenntlich werden, deren Korrelat die unterschiedliche Dichte des Satzes bildet. So können die Stimmen von paariger Verbindung über liegende Klangachsen bis hin zu dichten Klangtrauben gebündelt und dann wieder zu kleinsten Tongruppen zerfasert werden.

Entschiedener noch als Turchi löste sich Petrassi damit von der Intention, das italienische Quartett aus historischen Traditionen heraus zu erneuern. Während er aber an die Neue Musik anzuschließen suchte, erreichte die Gattung mit Luciano Berio bereits ein neues Stadium der Avantgarde.

Beiträge aus Lateinamerika

Die Quartettsätze Turinas, die in der Verfremdung nationaler Züge eher zur Moderne zu rechnen sind, vermochten in Spanien und Portugal vorerst keine kontinuierliche Produktion auszulösen. Drei Werke schrieb beispielsweise Salvador Bacarisse Chinoria (1898–1963), bevor er 1939 nach Paris fliehen mußte, ungedruckt blieben jedoch die zwei ersten (op. 10a und op. 14, 1930 und 1932), und dem dritten Quartett (op. 24, 1936) läßt sich kaum entnehmen, daß der Autor von der Gefolgschaft Debussys zu einer neoklassizistischen Position fand.[1] Zur weiteren romanischen Welt sind auch einige südamerikanische Musiker zu rechnen, die sich mit eigenen Quartetten in den internationalen Diskurs einschalteten. Vielfach verbreiteten sich die Werke von New York aus, soweit die Autoren aber nicht zur Fortbildung in die USA gingen, fanden sie ihre Anregungen vor allem in den romanischen Ländern Europas.

1 Chr. Heine, *Salvador Bacarisse (1898–1963). Die Kriterien seines Stils während der Schaffenszeit in Spanien (bis 1939)*, Diss. Erlangen–Nürnberg 1992, Frankfurt a. M. u. a. 1993; dies., Art. *Bacarisse*, in: *MGG²*, Personenteil Bd. 1, Kassel u. a. 1999, Sp. 1254–1258.

Der Chilene Domingo Santa Cruz (1899–1987), der als Diplomat 1921–24 nach Spanien kam, studierte in Madrid Komposition und schrieb später drei Quartette (op. 12, 1930; op. 24, 1946–47; op. 31, 1959). Offenbar verbindet sich eine dezent spanisch gefärbte Melodik, die zugleich durch entsprechende Rhythmisierung akzentuiert wird, besonders im zweiten Werk zu einer außerordentlich dichten Struktur. Der kontrapunktisch intrikate Tonsatz resultiert aus einer linearen Stimmführung, die chromatisch gesättigt ist, ohne bereits dodekaphone Prinzipien aufzunehmen; doch ist ein näheres Urteil vorerst kaum möglich, da die Werke bislang noch keine nähere Untersuchung gefunden haben.[1] Dagegen geben drei Beiträge von Carlos Chávez Ramirez (1899–1978), der wechselnd in Mexico City und in den USA wirkte, nur begrenzt eine Vorstellung von der Entwicklung eines Autors, der von nationalromantischen Anfängen her den Anschluß an die Neue Musik suchte. Einem ersten Quartett, das 1921 die tradierten vier Sätze mit gemäßigt modernem Tonsatz paarte und erst 1988 in New York erschien, folgte 1932 ein zweites, das aber wohl ungedruckt blieb, während 1943 ein drittes Werk keine Originalkomposition war, sondern drei Sätzen einer kurz zuvor entstandenen Ballettmusik entsprach und erst 1990 publiziert wurde.[2] Obwohl Julián Antonio Carrillo (1875–1965) in Mexiko noch einer früheren Generation zugehörte und in Leipzig bei Salomon Jadassohn studiert hatte, begann er schon früh mit mikrotonalen Experimenten. Von insgesamt neun Quartetten wurden vier als eine Reihe gezählt (Nr. 1 *Debussy*, 1927, Nr. 2–3, 1930–32, sowie Nr. 4 *Beethoven*, 1955), doch verzichten sie auf Mikrotöne und begnügen sich mit einer Atonalität, die durch polytonale Momente bereichert werden konnte, während ein weiteres Quartett explizit als diatonisch bezeichnet wurde.[3]

Stellvertretend für eine Gruppe gleichaltriger Komponisten mag Silvestre Revueltas (1899–1940) aus Mexico genannt sein, der wie Chávez zeitweise in den USA lebte, gleichermaßen von Momenten der heimischen Folklore ausging und neben drei Quartetten (1930–31) eine *Música de Feria* (1932) vorlegte.[4] In zwei konzisen Sätzen, deren Taktmaß intern beständig wechselt, bildet das erste Werk (New York 1952) dreiteilige Formen aus, sofern die raschen Rahmenteile durch langsame, eher diatonisch fließende Mittelteile unterbrochen werden.

Von der aufsteigend punktierten Linie des Beginns, die auf heftige Sechzehntelfiguren stößt und in dissonanten Akkorden kulminiert, hebt sich im ersten Satz ein Seitenthema ›cantabile‹ ab, das in motivischer Fragmentierung ausläuft, während beide Themen nach dem Adagio (T. 60–84) in verkürzten Varianten resümiert werden. Im zweiten Satz verbindet dagegen der Schlußteil Momente der Verarbeitung und Rekapitulation, beiden Sätze gemeinsam ist aber eine latent tonale Zentrierung, in der Gerüstklänge zunächst an Leittönen kenntlich bleiben und dann durch

[1] J. A. Orrego-Salas / L. Merino, Art. *D. Santa Cruz*, in: *New Grove Dictionary*², Bd. 22, S. 250ff. (Partituren der Werke waren nicht erreichbar, von op. 24 war nur eine Aufnahme zugänglich). Zum lateinamerikanischen Bestand vgl. L. Finscher, Art. *Streichquartett*, Sp. 1969.

[2] R. Parker, Art. *Chávez Ramirez*, in: *MGG*², Personenteil Bd. 4, Kassel u. a. 2000, Sp. 801–810; ders., *Carlos Chávez. A Guide to Research*, New York 1998.

[3] G. Béhague, Art. *Carrillo*, in: *MGG*², Personenteil Bd. 4, Kassel u. a. 2000, Sp. 282–285, wonach nähere Werkanalysen noch fehlen.

[4] R. Stevenson, Art. *Revueltas*, in: *New Grove Dictionary*², Bd. 21, S. 244f.; unzugänglich blieben die Arbeiten von C. F. Leclair, *The Solo and Chamber Music of Silvestre Revueltas*, Diss. University of Oregon 1995, sowie R. Kolb Neuhaus, *Silvestre Revueltas (1899–1940). Catalogo de sus obras*, Coyoacán (México D.F.) 1998.

S. Revueltas, Nr. 1, erster Satz, T. 1–10 (Southern Music Publishing Company).

weitere Chromatisierung außer Kraft gesetzt werden. So werden zu Beginn des ersten Satzes Zentren um a und e leittönig markiert, das zentrale Adagio (T. 60–84) beginnt in a und endet mit der Quinte a–e, während der Quintklang am Satzende die entsprechenden Leittöne kombiniert (gis–dis). Nach dem in F anfangenden Vivo des zweiten Satzes basiert das Andante hier (T. 67–95) auf ostinatem Gerüst der Unterstimmen, das in synkopisch verschobenen Vierteln (des–c–b und a–fis–g) die Quinte g–c einkreist, bis der Schlußklang die Zentren kombiniert (f–c). Eine entsprechende Binnengliederung zeigt im zweiten Quartett (New York 1953) nur der rasche Kopfsatz, zügiger sind dagegen die beiden Folgesätze angelegt. Wie im ersten Werk paaren sich jedoch häufige Taktwechsel, die zudem durch interne Kontraste zwei- und dreizeitiger Gruppen verschärft werden, mit der zunehmenden Chromatisierung, der die intendierten Zentren ausgesetzt sind. Deutlich wird das am Mittelsatz, der mit zerlegtem F-Dur-Klang beginnt, um das Gefüge dann chromatisch aufzubrechen, wogegen das Finale, das den sonst sehr kompakten Satz imitatorisch differenziert, ein diatonisches Thema schon in der ersten Einsatzfolge durch Tritonus erweitert. Um Wiederholungen tunlichst zu umgehen, müssen die motivischen Bausteine derart verändert werden, daß sie gerade in den resümierenden Schlußteilen kaum noch recht greifbar sind.

Früher schon als Revueltas begann die extrem umfangreiche Produktion des etwas älteren Heitor Villa-Lobos (1887–1959), der zwar in Rio de Janeiro ausgebildet wurde, hier aber Milhaud kennenlernte und zwischen 1923 und 1930 in Paris lebte. Mit 17 Streichquartetten legte er eine ähnlich lange Werkreihe wie Milhaud, Schostakowitsch oder Rosenberg vor, und wiewohl er sich mit anderen Werken wie vor allem den *Bachianas brasileiras* einen Namen machte, bilden die Quartette, die sich in späteren Drucken von New York aus verbreiteten, im ganzen wohl die wichtigsten Beiträge aus Lateinamerika. Vier frühen Werken (Nr. 1–4, 1915–17) folgte nach längerem Abstand eine mittlere Gruppe (Nr. 5–6, 1931 und 1938, sowie Nr. 7–11, 1941–1947), die noch später von einer letzten ergänzt wurde (Nr. 12–17, 1950–57). Nachdem unlängst Eero Tarasti die Werke eingehend beschrieben hat, darf hier ein Hinweis auf wenige exemplarische Belege ausreichen.[1]

Das vierte Quartett, das 1917 die erste Gruppe beschloß, hält sich in vier Sätzen an die etablierten Formen, ohne folkloristische Züge in wechselnder Metrik oder entsprechender Rhythmik auszuprägen.[2] Der Kopfsatz präsentiert ein fugiertes Hauptthema, das c- und f-Moll-Klänge durch chromatische Umspielung verdeckt, im vollstimmigen Satz werden entsprechend Es- und B-Dur umkreist, bevor die Überleitung weitere Klangbereiche erschließt. Über Bordun in Baßlage kontrastiert der Seitensatz mit paarigen Stimmen, im beschleunigten Mittelteil akzeleriert das Verfahren zu akkordischer Stauung in triolischen Achteln und Vierteln, während die Reprise die Themen verkürzt resümiert. In g-dorisch raffen die Rahmenteile des Andante tranquillo zwei oder drei Stimmen zu akkordischen Gruppen, die latente Triolierung des 3/4-Takts wechselt im mittlere Più mosso zum 6/8-Metrum, von c-Moll aus schärft das Scherzo die rhythmischen Kontraste zwischen punktierten Werten und raschen Figuren im Staccato, nach dem imitatorischen Trio in G-Dur verbleibt die Scherzoreprise bis zum Triozitat der Coda in C-Dur. Obwohl das Finale mit Quintklang in a schließt, bildet es ein Sonatenrondo in C-Dur mit vier Refrains, die durch Quartparallelen von Stimmpaaren in Gegenbewegung markiert werden. So deutlich also die Orientierung an europäischen Konventionen noch bleibt, so unverkennbar ist ein sehr transparenter Tonsatz, dessen technische Prinzipien sich im weiteren weniger verändern als die tonalen Vorgaben. Denn diese Satzart begegnet auch im nächsten Werk (Nr. 5), mit dem 1931 die mittlere Gruppe einsetzt. Wiederum vier Sätze zeigen ähnliche Grundrisse wie zuvor, und entsprechend moderat wird die Tonalität erweitert, wie die Schichtung von a- und e-Moll zu Beginn des eröffnenden Poco Andantino zeigt. Unterbrochen von Pausen, durchziehen entsprechende Akkorde repetierend den Satz, von dieser Begleitung setzen sich die führenden Stimmen in diatonischen Skalen ab, und kurze Einschübe, in denen die Begleitung zum Pizzicato wechselt, verändern nicht die Struktur, die sich erst im Mittelteil zum Lento in fis-Moll mit synkopisch verschobenen Akkordbändern verdichtet. Skalare Septolen dienen als begleitendes Band im Vivo e energico d-Moll, in dem einem zweifach eingeblendetem Lento kaum die Funktion eines Trios zukommt. Kurze Abschnitte in wechselndem Tempo bietet ebenso der dritte Satz, und das straffe Finale, dessen Hauptteil zu wiederholen ist, kehrt zu den akkordischen Repetitionen des Kopfsatzes zurück.

---

1 E. Tarasti, *Heitor Villa-Lobos. The Life and Works 1887–1959*, Helsinki 1987, englische Übersetzung: Jefferson/N.C. und London 1995, S. 294–322; vgl. ferner G. Béhague, Art. *Villa-Lobos*, in: *New Grove Dictionary²*, Bd. 26, S. 613–622, sowie D. P. Appleby, *Heitor Villa Lobos. A Bio-Bibliography*, New York u. a. 1988 (Bio-Bibliographies in Music 9). Statt der dortigen Numerierung, die für die Quartette gemäß der Chronologie von W 099 bis W 537 reicht, genüge im weiteren ihre eingeführte Zählung als Nr. 1–17.

2 Vgl. dazu E. Tarasti, *Heitor Villa-Lobos*, S. 298–305 und bes. S. 303ff. zu Nr. 4 sowie S. 307ff. zu Nr. 5, wo zwar Themen und Formverläufe beschrieben, aber kaum die tonalen Relationen erhellt werden.

1 Ebenda, S. 309ff. zu Nr. 5 sowie S. 216f. zu Nr. 12.

Etwas weiter reichen die Modifikationen 1941 in Nr. 7 und damit zu Beginn einer weiteren Folge von fünf Werken.[1]

H. Villa-Lobos, Nr. 7, erster Satz, T. 1–5 (Associated Music Publishers).

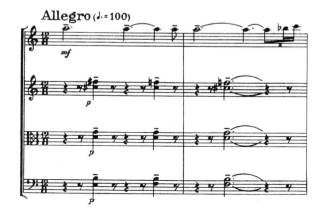

Zum einen verändert der erste Satz – ein Allegro im 12/8-Takt – das Verhältnis zwischen führenden und begleitenden Stimmen mit Nonen- und Undezimeakkorden, deren Bestandteile chromatisch so verschoben werden, daß sich thematische Bögen aus langen Haltetönen in auflösender Funktion absenken und damit das schwebende Metrum ausprägen können. Wenn zum anderen solche Klangmuster entweder beschleunigt oder akkordisch gerafft werden, so erzeugen sie ein rhythmisch wechselndes und harmonisch farbiges Gewebe, das den Rahmen von C-Dur nur noch sporadisch zu erkennen gibt. Als zweiter Satz changiert ein Andante im 3/4-Takt zwischen raschen Akkordrepetitionen und triolierten oder synkopierten Vierteln, das Scherzo fügt behende Figuren mit begleitenden Akkorden zusammen, und das Finale treibt die tonale Amplifikation fort, indem es in chromatisch gegenläufigen Stimmpaaren mit Sekundparallelen ansetzt, deren dissonante Schärfe im motorischen

Antrieb des Satzes zur Geltung kommt. Am Beginn der letzten Werkfolge entstand 1950 das Quartett Nr. 12, daß aber wie schon in Nr. 7 auf eine Generalvorzeichnung verzichtet wird, hat weniger mit der Zentrierung als mit der Öffnung der Tonalität zu tun. Der Quinte C–G, mit der noch der Kopfsatz endet, gibt der zweite Satz zum Schluß Mollterz und Obersekunde bei, während das Finale im C-Dur-Klang mit Sexte und Sekunde ausläuft. Das Hauptthema des ersten Satzes, dessen steigendes Kopfmotiv springende Figuren fortspinnen, wird in oktavierten Stimmpaaren imitiert, die nach c- und f-Moll weisen. Lösen sie sich aber in der Überleitung voneinander, so bleibt in der tonalen Erweiterung zunächst noch die motivische Prägung wirksam, bis vom Seitensatz an wieder Klangbänder, fließende Triolen und weite Arpeggien eintreten. Nach motivisch offener Einleitung bilden im Andante malinconico dissonante Akkordrepetitionen die Folie einer triolischen Melodik in der Viola, der Schlußteil variiert dieses Muster, wogegen ein mittleres Poco più mosso folkloristische Töne in hellem Dur deutlicher als sonst hervorkehrt. Diatonische Kurzmotive verdichtet der dritte Satz, ehe er sich wieder in fast ostinaten Mustern festläuft, und ähnliche Klangfolgen vertreten die Durchführung im Schlußsatz, dessen Rahmenteile von ›geschuppten‹ Figuren geprägt werden.

In traditionellen Formen bei durchsichtigem Satz und rhythmischer Vitalität reagieren die Quartette von Villa-Lobos auf neoklassizistische Züge französischer Prägung. Distanz jedoch verraten sie weniger in expliziten Zitaten der Folklore als in eigenwilliger Erweiterung des tonalen Ambitus, ohne bereits zu weiteren Folgerungen genötigt zu werden. Sie blieben Alberto Ginastera (1916–1983) vorbehalten, der in Buenos Aires studierte, aber 1945–47 in New York lebte und später mit Dallapiccola, Messiaen oder Maderna europäische Gastdozenten nach Argentinien zog. Sein erstes Quartett op. 20 entstand 1948 noch neben Villa-Lobos, dagegen folgte op. 26 erst 1958 als zweites Werk, das 1967 nach einer Zwischenfassung (*Concerto per corde* op. 33) revidiert wurde, ein drittes Quartett op. 40 überschritt jedoch 1973 mit einem Sopranpart in vier von fünf Sätzen den Rahmen der Gattung erheblich weiter als einst Schönbergs op. 10.[1]

Mit vielfach repetierten Akkorden, die meist in Quart- und Quintketten die raschen Sätze durchziehen, läßt der erste Beitrag trotz freierer Tonalität die Herkunft vom südamerikanischen Repertoire spüren. Im Kopfsatz heben sich die Sprungmotive eines ersten Themenblocks von tänzerischen Linien im zweiten ab, beide werden nach gedrängter Durchführung in der Reprise umgestellt und laufen in einer rasanten Coda aus. Ähnlich entsprechen sich im Rondofinale drei Refrains und zwei Couplets im 5/8-Takt, von denen das letzte eine Episode im Pizzicato bildet, und erst recht das motorische Vivacissimo, das an zweiter Stelle als Scherzo fungiert, mischt solche Klangmuster bei zunehmen-

---

1 M. Kuß, Art. *Ginastera*, in: *MGG²*, Personenteil Bd. 7, Kassel u. a. 2002, Sp. 974–982. Nach dem Literaturverzeichnis der Autorin, die als Spezialistin ausgewiesen ist, fehlen detaillierte Studien zu den Quartetten. Soweit Partituren nicht greifbar waren, stützen sich weitere Bemerkungen auf eine Einspielung mit dem Lyric Quartet, deren Beiheft Ginasteras Bemerkungen zum dritten Quartett enthält. Das zweite Werk lag in der ersten Fassung vor (Buenos Aires 1959), von der sich die zweite nur in Details unterscheidet.

der Chromatik mit Einwürfen col legno oder sul ponticello und mit gegenläufigen Skalen im Mittelteil. Eindringlicher ist danach ein langsames Nachtstück (›Calmo e poetico‹), dessen Rahmenteile die Quart-Terz-Stimmung einer Gitarre zum statischen Klangband dehnen, das die rhapsodischen Linien der Oberstimme trägt und nur im bewegteren Mittelteil aussetzt. Statt strikter tonalen Vorordnung werden also durchweg klangliche, dynamische und rhythmische Regularien überaus wirksam eingesetzt. Sie bleiben ebenso im zweiten Quartett gültig, das zwar vielfach den Radius aller zwölf Tonstufen ausschöpft, ohne jedoch der Reihentechnik zu bedürfen. An Verfahren Bartóks erinnert nicht so sehr die Folge von fünf Sätzen, die keine thematisch gestützte Bogenform ausbilden, sondern die chromatische Erweiterung von Quintrelationen, die freilich kaum sehr systematisch disponiert werden. So beginnt der erste Satz im Unisono mit gezackter Linie, die den zwölftönigen Fundus exponiert, doch stürzt sie zu markanten Tonrepetitionen im 6/8-Metrum ab, von deren Achsenton (g) sich chromatische Segmente ablösen. Ihre Ballung führt über hemiolische Viertel und dissonante Tremoli zum Seitensatz, der aus der Imitation einer Kleinterzkette mit Liegestimmen ein impressionistisch getöntes Gewebe entspinnt. Die Durchführung kann somit das Muster des Hauptsatzes schärfen, in dessen Sog das Kopfmotiv des Seitensatzes gerät, während die verkürzte Reprise auf klangliche Varianten angewiesen ist. Obwohl das Finale diese Satztechnik mit unausgesetzter Bewegung zum ›Furioso‹ überbietet, treten querständige Quintrelationen in akkordischer Massierung desto klarer hervor. An zweiter Stelle erweitert ein ›Adagio angoscioso‹ imitierend den thematischen Quintrahmen (Z. 2), seine Relikte treiben über tremolierten Akkorden zur Kulmination, in der sich wieder Trillerketten und Arpeggien zu querstehenden Quinten verschränken. Dagegen verteilt der vorletzte Satz drei Variationen eines Themas, das die erste Violine wie eine freie Kadenz einführt, auf die weiteren Stimmen, wobei die Viola zuletzt auf eine vokale Vorlage anspielt, die ihrerseits den Quintrahmen (über a) ausweitet.[1] Und ein Presto magico ist als Mittelsatz vorzüglich darauf bedacht, dem Satzprinzip durch klangliche Effekte den gewünschten ›magischen‹ Charakter abzugewinnen.

In wiederum fünf Sätzen erweitert dagegen Ginasteras drittes und letztes Quartett 1973 die Verfahren bis hin zu Vierteltönen und Noten unbestimmter Höhe oder zum Spiel jenseits des Steges und zu aleatorischen Partien. Der Komponist bediente sich nach eigener Aussage »einer Technik«, die auf dem Zusammenspiel »von festen und variablen Strukturen und auf der Schaffung und Organisation von Raum basiert«. Den Anlaß dafür bot nach seinen Hinweisen die Auswahl der Gedichte von Juan Ramón Jiménez (*En la noche tranquila* und *Oh, qué sonido de oro*, Sätze 1 und 5), von Federico García Lorca (*Amor, amor*, Satz 3) und von Rafael Alberti (*Yace el soldado*, Satz 4). Damit wird also die sin-

---

[1] Laut Anmerkung in der Partitur das Lied *Triste es al día sin sol* aus *Cince Canciones Populares Argentinas*.

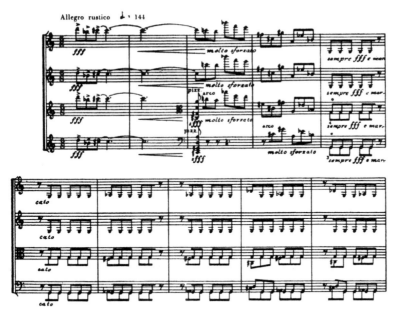

A. Ginastera, Nr. 2, erster Satz, T. 1–10 (Barry & Cia, Buenos Aires).

guläre Ausnahme, die einst Schönbergs op. 10 bildete, fast zu einer Regel, von der nur das instrumentale Scherzo an zweiter Stelle ausgenommen ist. So gehört das Werk in den weiten Bereich der Gesänge mit Streichquartett, die mitunter den Gattungsnamen behalten, ohne sich von anderen Werken gleicher Besetzung signifikant zu unterscheiden.[1] Einigen Beiträgen, die noch an Schönberg anschlossen (wie 1916 Milhauds op. 32, 1923 R. Oboussiers op. 3 oder 1925 F. F. Finkes Nr. 3), folgten in der zweiten Jahrhunderthälfte weitere Quartette mit Vokalpart, zu denen nach Blachers op. 24 (1957) und G. Rochbergs Nr. 2 (1959–71) auch das letzte Quartett von Ginastera zählte. Doch darf dieser schmale Bestand deshalb ausgeklammert werden, weil er mittlerweile eine Sondertradition ausgebildet hat. In seinem Umfeld blieb Ginasteras Werk isoliert, doch ist ohnehin von keiner Kontinuität in Lateinamerika zu sprechen, wo in mehr als 50 Jahren nur wenige Komponisten zwischen Mexico und Chile Quartette schrieben. Gemeinsam ist diesen Werken jedoch, daß sie sich weniger an nordamerikanischen als an französischen Modellen orientieren und zugleich in ihrer Individualität voneinander unterscheiden. Damit aber konnten sich die Autoren wie viele Komponisten der romanischen Länder von jenem Neoklassizismus distanzieren, dessen Pauschalierung lange den Blick auf eigenständige Lösungen verstellt hat.

1 Auf ein unveröffentlichtes Verzeichnis solcher Werke, das Thomas Schipperges zu verdanken ist, wurde bereits im Zusammenhang mit Schönbergs op. 10 hingewiesen.

3. Bewahrung und Abkehr: Divergenzen in England und den USA

Nach dem Ersten Weltkrieg erhielt das Streichquartett in England einen Zuwachs, wie er nach dem vorherigen Stand kaum zu erwarten gewesen wäre. Er begann mit Frank Bridge, der seine ersten Werke allerdings schon vor den früher erwähnten Quartetten von Delius und Elgar schrieb, seit 1927 aber für fast drei Jahre Privatlehrer des jungen Britten war. Und er setzte sich weiterhin fort mit Beiträgen von William Walton, Peter Maxwell Davies und vor allem Michael Tippett, der sein letztes Quartett erst 1991 abschloß. So läßt sich fragen, wieweit diesen Werken aus England jene Kontinuität eignet, die der Vorstellung von einem geschlossenen Repertoire entspricht.

Bridge und Britten in England

Von Haus aus Violinist, hatte Frank Bridge (1879–1941) seit 1899 zusätzlich Komposition bei Ch. V. Stanford studiert. Eine Absicherung erreichte er aber erst, als ihn Elizabeth Coolidge 1927 in die USA einlud und ihm nach der Rückkehr durch ein Stipendium ein unabhängiges Schaffen ermöglichte. Zentral sind im Œuvre vier Streichquartette, neben ihnen steht noch ein Dutzend kleinerer Stücke, die zumeist in die Zeit vor dem 1906 entstandenen e-Moll-Quartett Nr. 1 gehören, während später nur ein paar Bearbeitungen irischer und englischer Lieder sowie einige Gelegenheitsstücke hinzukamen.[1] Nächst einigen ›pieces‹ (1901, 1904–05) wären *Three Noveletten* (1904) und *Three Idylls* (1906) zu nennen, und eine *Phantasy* f-Moll huldigte 1905 dem englischen Genre der Phantasiestücke. Zu ihm trugen übrigens im folgenden Jahr John Holbroke ein sehr konventionelles und zehn Jahre später Gustav Holst ein zurückgehaltenes Werk bei, doch zeigt sich am *Phantasy*-Trio von Bridge (1907) wie noch an Brittens *Phantasy* für Oboe mit Streichtrio op. 2 (1932), daß sich der Typus nicht auf die Quartettbesetzung begrenzte. In den *Three Idylls*, den wohl anspruchsvollsten Stücken, ist die durchweg dreiteilige Formung weniger bemerkenswert als die Eigenart der Stimmführung mit ihren harmonischen Konsequenzen. Intoniert im ersten Satz, einem Adagio molto espressivo, die Viola das zentrale Motiv in cis-Moll, so werden dazu Terz und Quinte der Dominante von den Violinen schon im dritten Takt um einen Halbton abgesenkt, und wenn sich nach ebenso erniedrigtem Grundton erneut die Tonika herstellt, so wird danach die Subdominante analog umgefärbt. Daß die gleitende Chromatik durch genaue Führung der Stimmen bewirkt wird, macht sie desto zwingender, doch schließt das zugleich nicht Rückungen

---

1 Vgl. die Übersicht von P. Hindmarsh, *Frank Bridge. A Thematic Catalogue 1900–1941*, London 1983, S. XXXI, sowie K. R. Little, *Frank Bridge. A Bio-Bibliography*, New York u. a. 1991 (Bio-Bibliographies in Music 36), S. 31–38 (mit abweichender Werkzählung). Nicht zugänglich war die Arbeit von A. Anwyl, *The String Quartets of Frank Bridge*, Diss. University of Sheffield 1992. Ferner Tr. Bray, Art. *F. Bridge*, in: *MGG²*, Personenteil Bd. 3, Kassel u. a. 2000, Sp. 886–891.

aus, die im Mittelteil etwa von Des-Dur nach E-Dur lenken (Ziffer 4). Etwas einfacher ist an zweiter Stelle ein Allegretto poco lento in e-Moll, das anfangs von E-Dur nach a-Moll mit Sixte ajouté und dann entsprechend nach As-Dur führt, während ein Poco più mosso als Mittelteil analog zwischen D- und B-Dur pendelt. Das abschließende Allegro con moto C-Dur gibt dagegen in den Rahmenteilen mit motorisch repetierten Baßquinten eine Satztechnik vor, die zur Grundlage rascher tonaler Wechsel wird und von Britten später mehrfach ausgeweitet wurde.

Ein unveröffentlichtes Studienwerk in B-Dur war 1900 dem ersten Quartett in e-Moll vorangegangen, in dem sich die Grundlagen kaum geändert haben, während die thematische Ausspinnung gemäß dem Gattungsanspruch erhöht wird. Am sichtbarsten wird das im Allegro appassionato zu Beginn, dessen chromatisch fallendes Hauptthema das Violoncello zuerst als viertaktiges Adagio präsentiert. Den chromatisch gleitenden Akkordfolgen entspricht die Rhythmik mit Überbindungen und Synkopen, wogegen erst der Seitensatz das 6/8-Gefälle hervortreten läßt. Nicht ganz so eindrucksvoll ist die Durchführung, deren Themenzitate sich akkordisch verdichten und nach Kulmination in c-Moll im Tranquillo reduzieren. Weniger überzeugt das Finale als Sonatensatz, dessen Verdienst in seiner Kürze liegt, während die Durchführung nur thematische Zitate zu stereotyper Figuration bietet. Gewichtiger auch als das Allegretto grazioso A-Dur, das als dritter Satz das Scherzoschema mit Kontrastteil in e-Moll wenig modifiziert, ist vorab jedoch das Adagio molto in c-Moll. Hebt es mit gedehnten Akkorden im Wechsel von Des- und D-Dur an, so steht dazu der Halteton c quer, der in Baßlage die Tonalität eigentümlich oszillieren läßt. Demgemäß tendiert die melodische Fortspinnung zunächst nach b-Moll, und nach kantablem Seitensatz entwickelt das mittlere Animato das Material von den enigmatischen Akkorden der Eröffnung aus, bis die veränderte Reprise in C-Dur verklingt. Als das Werk 1916 bei Cary & Co. gedruckt wurde, war 1915 bereits das zweite Quartett in g-Moll abgeschlossen, das ebenso 1916 bei Augener erschien. Daß es nur drei Sätze umfaßt, wird zum einen vom langsamen Kontrastteil im Mittelsatz und zum anderen durch die langsame Einleitung zum Finale ausgeglichen. Deutlicher noch prägen die Themen ihre tonalen Zentren aus, von denen sich die gearbeiteten Phasen desto entschiedener entfernen. Doch wird die Tonika schon im Hauptthema des ersten Satzes chromatisch reich facettiert, bevor sie von der Überleitung an hinter entwickelnder Arbeit zurücktritt, in der gebundene Triolen in der fallenden Linie des Incipits zu heftigen Gesten umgebildet werden. Durch kantable Linien zu triolischer Begleitung hebt sich – scheinbar konventionell – der Seitensatz ab, der sich erst in einer zweiten Phase nach B-Dur wendet, seine diatonische Begleitung verschleiert jedoch erneut die tonale Richtung, während ihn die Durchführung rhythmisch wie tonal der Sphäre des Hauptsatzes annähert. Das

Allegro vivo in h-Moll erneuert als Scherzo mit triolischen Sechzehnteln den Typus des Perpetuum mobile, modale Züge erhält die Tonalität aber schon im Kopfmotiv durch das Ausbleiben des Leittons. Dagegen tritt im Andante con moto, das als Trio fungiert, die Tonika D-Dur klarer hervor, und ähnlich gilt es für die in E-Dur beginnende Einleitung des Finales, das sich mit der Konzentration auf ein Thema einem Sonatenrondo in G-Dur nähert. Denn wie seine synkopische Rhythmik in scheinbaren Zwischensätzen begegnet, so dringen die hüpfenden Achtel der Begleitung in weitere Phasen ein. Die chromatische Schattierung des Werks mag manchmal an Reger erinnern, doch bleiben thematische Konturen noch in der motivischen Aufspaltung spürbar.

Bei drei Sätzen bleiben zwar auch die beiden letzten Werke, so deutlich aber wie nicht viele Zeitgenossen fand Bridge 1925 im dritten Quartett (London 1928, Augener) seinen Weg zu einer Neuen Musik, die 1937 das Elizabeth Coolidge gewidmete vierte Werk (ebenda 1939) knapp verschärfte. Dem ersten Satz in Nr. 3 geht ein kurzes Andante moderato vor, das zunächst einen steigenden Tritonus zur Quinte ergänzt und dann eine fallende Terz chromatisch verändert und erweitert.

F. Bridge, Nr. 3, erster Satz, T. 1–7 (Augener Ltd.).

Zugleich schälen sich Zentren um c und fis heraus, die wieder einen Tritonus umgreifen, und aus ähnlich diffusen Splittern gewinnt das Allegro (vor Ziffer 3) den Quintrahmen c–g mit Leitton fis, der in mehrfacher Wiederholung zentralen Rang erhält. In außerordentlich freier

Rhythmik tendiert der Satz zur ›Prosa‹, während tonal freie und polytonale Bildungen in der motivischen Dissoziation kaum zu trennen sind. Wie sich in den Hauptsatz eine kantable Zone einfügt, so führt seine Entwicklung zum mehrfach gestuften Seitensatz (Z. 5 und 7), dessen erste Phase durch parallele Konsonanzen zu chromatischen Gegenstimmen bestimmt wird, während die zweite eine Kantilene mit Triolenbegleitung und dissonanter Baßstütze kombiniert. Eine Kontamination von Einleitung und Hauptsatz eröffnet die Durchführung (Z. 12–14), die Material beider Themen umformt und dann zum Ostinato bündelt (Z. 16), aus dem der motivische Kern des Hauptsatzes hervorgeht (Z. 17). Da die Reprise die Themenfolge umstellt, kann sie wiederum zum Hauptsatz mit dem Quintrahmen führen und in leittönig geschärfter Quintschichtung enden, aus der das zentrale fis als Satzschluß hervorgeht. Analog verfährt das knappe Andante con moto als mittlerer Satz, dessen Rahmenteile an mehrfachen knappen Terzausschlägen kenntlich sind, die ein thematischer Ansatz ausfüllend aufnimmt. Von kleinen Terzen und ihrer chromatischen Erweiterung geht noch die melodische Erweiterung aus, wogegen der Mittelteil zur Auffächerung des Satzes tendiert. Das Finale dagegen greift auf die Quinte mit Leitton aus dem Kopfsatz zurück, um aus ihm eine weit zügigere Entwicklung zu gewinnen, während die Coda aus dramatischer Steigerung zum flüsternden Tranquillo zurücksinkt, dem nur mehr letzte Relikte des Materials bleiben, ehe es in einer Kreuzung aus fis-Moll und Cis-Dur endet.

Die äußerste Pointierung erfahren diese Prinzipien im letzten Quartett, in dessen Kopfsatz die vielfach gezackten Sprünge des Hauptthemas erst im Seitenthema auf eine geschlossenen Linie der Viola treffen. Um eine knappe Verständigung zu erreichen, ist kaum noch das heikle Wort ›Atonalität‹ zu umgehen, so sehr es Schönberg und viele Musiker der Zeit perhorreszierten. Wenn aber nach zwei Solotakten der Viola beide Violinen dissonierend aufwärts steigen, während zu chromatisch sinkendem Baß die Viola einen querstehenden Liegeton hält, dann schwindet jede tonale Basis von vornherein. Da zugleich die Motivik ebenso variabel fluktuiert, wird der Bereich des Hauptthemas nur mehr an rhythmisch erregten Gesten erkennbar, während thematische Konsistenz allein dem Seitensatz vorbehalten ist (Z. 6). Selbst wo das Violoncello einmal G-Klänge umspielt (Z. 12), die in der Reprise in F wiederkehren (Z. 30), werden tonale Implikationen von den Gegenstimmen neutralisiert. So konsequent die Durchführung diese Vorgaben aufnimmt (Z. 13), so planvoll muß sie zur Auflösung thematischer Konturen führen, die sich erst in der Reprise wiederherstellen. Nicht ohne groteske Züge ist es dagegen, wenn der Mittelsatz als ›Quasi Minuetto‹ den alten Tanztyp rhythmisch aufnimmt, die ihm eigentlich zugehörige tonale Basis aber gerade dort weiter verfremdet, wo sich melodische Bögen schüchtern in konsonanten Parallelen entfalten. Im Finale endlich

F. Bridge, Nr. 4, erster Satz,
T. 1–9 (Augener Ltd.).

läuft die langsame Einleitung auf einen Hauptsatz zu, der sich durch mehrfache Quintschichtung vom weiter gefächerten Gegenthema unterscheidet. Die Entwicklung des Materials läßt abermals nur noch Splitter erkennen, wie der Kopfsatz in Nr. 3 stellt die Reprise die Themen um und führt damit zur Quintschichtung des Beginns zurück, bis die Coda dennoch im D-Dur-Klang mit zusätzlichen Quinten endet.

Auf die Quartette von Bridge war nicht nur näher einzugehen, weil er Brittens Lehrer war und in England die Wende zur Neuen Musik vollzog. Vielmehr läßt sich in seinem Werk ein so erstaunlicher Weg verfolgen, wie ihn erst Jahrzehnte später Michael Tippett durchmaß. Kaum in gleichem Maß gilt das für Sir Benjamin Britten (1913–1976), der primär mit seinen Opern und Orchesterwerken der bekannteste englische Komponist seiner Generation wurde. Seine drei Quartette op. 25

D-Dur (1941), op. 36 C-Dur (1945) sowie op. 94 (1975), die bald nach ihrer Entstehung erschienen, bilden zwar Kennmarken seines vielseitigen Œuvres, belegen aber kaum eine so beharrliche Arbeit an der Gattung wie die Werke von Bridge. Allerdings ging zwischen 1928 und 1933 eine Reihe von Frühwerken aus den Studienjahren am Royal College voraus, die neben Quartetten wie bei Bridge mehrere Einzelsätze umfassen. Nachdem Britten 1936 seine *Three Divertimenti* aus dem Jahre 1933 überarbeitet hatte, revidierte er 1974 ein 1931 entstandenes D-Dur-Quartett, das noch zu seinen Lebzeiten 1975 veröffentlicht wurde. Die *Divertimenti* dagegen wurden mit einer gleichzeitigen Marcia so wie die anderen zurückgehaltenen Werke erst ab 1983 von Faber Music ediert und daher gattungsgeschichtlich nicht mehr wirksam, selbst wenn sie Einsichten in Brittens frühe Jahre geben.[1]

Signifikanter als ein erst im Jahre 2000 gedrucktes Studienwerk in F-Dur, das der Fünfzehnjährige 1928 schrieb, oder ein zwei Jahre danach entstandenes *Quartettino* ist die einsätzige *Phantasy* für Streichquintett (1932), denn sie tendiert ähnlich wie die gleichzeitige, aber von Britten 1935 veröffentlichte *Phantasy* für Oboe und Streichtrio zu ostinaten Bildungen, die auf einem diatonischen Quart-Quintmodell in wechselnder Ausfüllung basieren und die Grundlage für vielfältige Variationen im Verhältnis zwischen Baßlage und Oberstimmen abgeben. Solche Techniken führen die *Divertimenti*, die aus dem Plan einer fünfsätzigen Suite hervorgingen, mit Quintklängen als oft gedoppelten Achsen weiter, zwischen denen sich die zunehmende Chromatik entfaltet, bis sie die chromatisch verschobene Basis tangiert. Die Einleitung zum Marsh (Nr. 1) präsentiert das Prinzip, sofern im Unisono der rhythmisierte Bezugston a – als zweite Quinte zum Grundton g – in vielfacher Repetition einen Rahmen abgibt, in den fallende oder steigende Septimen im Glissando eingeblendet werden. Zusammenhalt garantiert der Marschrhythmus, der über den Wechsel nach G-Dur hinweg trägt, ähnlich bleibt im Waltz (Nr. 2) ein melodisches Modell erhalten, auf dessen stufenweise Versetzung die Gegenstimmen verzögert reagieren, und die Burlesque (Nr. 3) pointiert die Chromatisierung, bis sie am Ende nach G-Dur umschlägt.

Ohne die Tonalität schon derart zu dehnen, bildet das frühe D-Dur-Quartett, das Britten nicht grundlos der späteren Revision für werterachtete, in drei Sätzen bereits maßgebliche Prinzipien aus. Im Hauptthema des Allegro maestoso, das im Unisono eingeführt wird, erhält das Initium mit Oktavfall im 2/2-Takt gleiches Gewicht wie der Anstieg mit Sekunde und Quarte im zweiten Takt und im weiteren die fallende Fortspinnung mit triolischen Vierteln. Denn die Überleitung, die den Tonraum erweitert, riegelt das zweite Motiv mit Quartsprung d–g im Violoncello ab, der eine Quinte abwärts nach C lenkt, wozu ihn die Oberstimme in steigenden Quinten von fis über cis' bis gis' imitieren. Als Seitensatz dient eine in Tonwiederholungen steigende Terzlinie, die

1 C. Mark, *Early Benjamin Britten. A Study of Stylistic and Technical Evolution*, New York und London 1995 (Outstanding Dissertations from British Universities, o. Nr.); M. Cooke (Hg.), *The Cambridge Companion to Benjamin Britten*, Cambridge 1999; P. Banks, *Benjamin Britten. A Catalogue of the Published Works*, Aldeburgh 1999, S. 6f., 58, 76 und 148.

mit Drehfiguren ornamentiert wird, von ihr jedoch geht eine fast rhapsodische Variante aus, die in der Durchführung den Gruppen des Hauptsatzes gegenübertritt, bis seine Derivate am Ende vom Gewebe eines chromatisch erweiterten Oktav-Quart-Rahmens umgeben werden, wonach die Reprise drastisch gekürzt wird. Der zweite Satz steht trotz c-Moll-Vorzeichnung in g und schaltet in ein Lento einen bewegten Mittelteil ein, dessen melodische Linien in ein Feld aus imitierten oder kanonischen Figuren eingebettet sind. Das Finale ist ein Sonatenrondo in d-Moll, in dem der Refrain auf der Septime mit kleiner Untersekunde ansetzt und nach dem ersten Couplet leicht verändert wird. Mit einem Fugato über den zweiten Takt des Refrains beginnt eine kleine Durchführung, rasch wird sie aber von einem Tranquillo als zweitem Couplet abgelöst, das auf doppelte Weise integriert wird. Denn es wechselt seinerseits im Pizzicato zum Fugato, seine Klangfolgen begleiten aber noch den dritten Refrain, nach dem statt eines Couplets das Hauptthema des Kopfsatzes in D-Dur den Abschluß bringt. Prägend war also schon im Frühwerk ein diatonischer Fundus als Gerüst chromatischer Erweiterungen, womit sich bereits der junge Britten von den radikaleren Maßnahmen im dritten Quartett seines Lehrers Bridge entfernte.

Das D-Dur-Quartett op. 25 prägt als erstes gezähltes Werk in allen vier Sätzen noch klarer ein durchgängiges Prinzip aus, das die langsame Einleitung des Kopfsatzes exponiert. Mit Akkorden im Pizzicato liefert das Violoncello dem Andante sostenuto die diatonische Basis, dazu füllen die Oberstimmen in langen Haltetönen die Durterz mit der dazwischen liegenden Sekunde aus, bis der Klang in der dreigestrichenen Oktave zu vibrieren scheint. Je weiter sich Baßstütze oder Gegenstimmen von der Tonika lösen, desto mehr kann sich der Satzverband dissonant aufladen und umgekehrt wieder entspannen. Eine leere Quinte über Septime in Baßlage gibt im Allegro vivo das synkopische Muster vor, das der Hauptsatz in diatonischer Linie vergrößert, bis er zum dreifachen Kanon potenziert wird (T. 40). Beschleunigung und Reduktion in einem verbindet seine skalare Umformung, die über Haltetönen als Abschluß der Exposition statt als Seitensatz fungiert (T. 61), und der Rekurs auf die Einleitung eröffnet den Mittelteil, der zum dissonant erweitertem c-Moll rückt, während die verkürzte Reprise im Zitat der Einleitung ausklingt. In gleicher Weise beginnt das Allegretto con slancio in F-Dur mit einem Feld getupfter Akkorde, aus ihnen brechen isolierte Triolenfiguren aus, und in dem Maß, wie sie den Stimmverband erfassen, nimmt er wieder Dissonanzen auf, die sich in aufgefächerten Akkordbändern entladen. Das Andante calmo B-Dur demonstriert am klarsten das Verfahren, sofern sich homorhythmische Stimmpaare im 5/4-Takt gegenläufig verschieben und eine Skala von reinen Dur-Moll-Akkorden bis hin zu freien Dissonanzen ausmessen, während das Finale ein reguläres Sonatenrondo mit drei Refrains, zwei analogen Couplets und kleiner Durchführung bildet. Witzig ist nicht nur die fugierte Einführung des Refrains, dessen Rhythmik selbst die kantigen Linien des Couplets grundiert, sondern ebenso die Themenkombination der Reprise (T. 610–660), der die Coda noch die fallende Melodik des Andante anfügt (T. 651).[1]

Indem das C-Dur-Quartett op. 36 analoge Prämissen des Tonsatzes in weiteren Dimensionen entfaltet, erhalten seine drei Sätze nicht erst durch die abschließende Chacony erhöhtes Gewicht. Aus diatonischer Thematik heraus intensiviert sich vielmehr der Fundus der Dissonanzen, je weiter die thematische Arbeit voranschreitet. Bereits der erste Satz reiht in dichter Folge drei diatonische Themen, die in steigenden Quinten (C–D–G) eingeführt und durch eröffnende Dezimensprünge verbunden werden. Die ruhige Gangart des ersten Themas wird durch

[1] P. Hamburger, *The Chamber Music*, in: *Benjamin Britten: A Commentary on his Works from a Group of Specialists*, hg. v. D. Mitchell und H. Keller, London 1952, S. 211–236: 235, betrachtete den Refrain als Einleitung und unterschied die Couplets als zweites und drittes Thema. Vgl. weiter zu op. 36 H. Keller, *Benjamin Britten's Second Quartet*, ebenda, S. 226–231.

B. Britten, Nr. 2 op. 36, erster Satz, T. 1–5 (Hawkes & Son).

T. 22–27.

subdominantische Mollterz (as) gefärbt, den Terzausschlägen des zweiten entspricht im dritten eine kleine Drehfigur, und beidemal erweitert sich der Tonvorrat in dominantischer Richtung (bis zu gis und dis). Ein Fugatothema spinnt in der kapriziösen Überleitung die springenden Dezimen fort, und ein zweiter Ansatz der Exposition verarbeitet die Themen zunächst in ursprünglicher Folge (Buchstaben B-E), wonach das erste Thema zu Akkorden über Arpeggien gerafft wird (F). Die Durchführung konzentriert sich dagegen auf motivische Splitter und findet ihr Zentrum in springenden Dezimen, die sich im Flageolett aus dissonanten Liegetönen lösen (H), während die äußerst gestraffte Reprise die drei

Themen simultan kombiniert (M). Der rasche Mittelsatz in c-Moll stellt ein dreiteiliges Scherzo mit ebenfalls dreiteiligem Trio dar, nach dem die Scherzoreprise gleichermaßen gestrafft und variiert wird. Zu gebrochenen Klängen der Begleitung tritt mit fallenden Sekunden ein diatonisches Thema im Quartrahmen, dessen dichte Imitation zu simultanen Sekundketten führt (wie schon nach A) und damit auch das Trio erfaßt. Die Chacony schließlich führt im Unisono das neuntaktige Thema ein, das im 3/2-Takt den Rhythmus des historischen Modells durch doppelte Punktierung verschärft. Seine Quarten und Quinten (b–es, a–d–g) werden im zweiten Ansatz durch Terzen verkettet (b–es–g–c–a–e) und mit Kadenz in C abgeschlossen. Dieser Tonvorrat wird so streng wie der Umfang von neun Takten in 22 Perioden beibehalten, die von eingeschalteten Solokadenzen in vier Abschnitte mit je sechs Variationen gegliedert werden, bis sich die letzte um eine dreitaktige Coda verlängert. Ein Ostinatofinale, wie es in der vierten Symphonie von Brahms begegnet, läßt sich als ein Spezialfall abschließender Variationensätze auffassen, die der Kanon des Streichquartetts seit langem kannte. Doch erhöhte Britten die Restriktionen in seinem Werk, das er 1945 als Hommage zum 150. Todestag von Henry Purcell komponierte. Desto erstaunlicher ist in der strengen Ordnung die Vielfalt der variativen Gestalten, die bei gleichbleibendem Taktmaß die Rhythmik abwandeln und abermals einen weiten Radius vom diatonischen Rahmen bis hin zu dissonanten Schichtungen ausschreiten.

Aus der Kontinuität der bisherigen Beiträge scheint 30 Jahre später das dritte Quartett op. 94 herauszufallen, das 1975 Brittens letztes Werk wurde. Differenzen liegen weniger in der Folge von fünf Sätzen, die ihren Bezeichnungen gemäß nur noch partiell geläufigen Formmustern folgen. Eine veränderte Perspektive künden eher die eröffnenden ›Duets‹ mit stetigen Sekundreibungen an, die im schwebenden Zeitmaß des 9/8- oder 12/8-Takts deutlich hervortreten und sich im raschen Mittelteil noch mehr verschärfen. Erlauben diese ›Duette‹, die sich noch im vierstimmigen Satz als wechselnde Paare absetzen, kaum mehr eine tonale und thematische Fixierung, so ist die faktische Atonalität zugleich die Prämisse eines zyklischen Plans, der auf die tonale Stabilisierung des abschließenden Ostinatosatzes hinausblickt. Nicht nur seine Anlage als ›Passacaglia‹ bezieht sich auf die früheren Quartette, sondern die Schichtung zweier Sekunden, mit der das vorangestellte ›Recitative‹ beginnt, schließt an die Eröffnung von op. 25 an, während die folgenden Passagen – entsprechend dem Untertitel ›La Serenissima‹ – vielfach auf die 1973 vorangegangene Oper *Death in Venice* anspielen.[1] Diese Einleitung bereitet zugleich den ›ground‹ der Passacaglia vor, der in 14 Perioden nur ausnahmsweise erweitert wird (wie in der Viola T. 70–80). In zwei Dreitaktgruppen umkreist das Thema in Vierteln mit wiederholten Sekundschritten die Terz über dem Grundton E, doch schließt es im Abstieg zur

---

[1] Vgl. dazu die detaillierten Nachweise von Th. Seedorf, *Tonalität und Form in Benjamin Brittens 3. Streichquartett*, in: Musiktheorie 6 (1991), S. 245–256, bes. S. 247ff.

B. Britten, Nr. 3 op. 94, fünfter Satz, T. 26–38 (Faber Music Ltd.).

›mixolydischen‹ Septime (D), und pointieren anfangs die Mittelstimmen ohne Vorzeichnung die tonale Spannung, so schließen sie sich zunehmend der tonalen Achse der Außenstimmen an. Zu dieser Zentrierung vermitteln vom tonal unbestimmten Kopfsatz her die Binnensätze, sofern ein ›Ostinato‹ an zweiter Stelle zwar stärker verändert wird, aber mit weiten Sprüngen – bevorzugt Septimen – in gleichmäßigen Vierteln latente Grundtöne impliziert. Das ›Solo‹ der Oberstimme bildet im dritten Satz eine freie Kadenz, die auf stützenden Einzelstimmen mit Dreiklängen in Terzrelationen basiert (As–F–A, A–F–As), bis die Partner zu Klangfeldern in C-Dur zusammentreten. Wenn danach die ›Burlesque‹ ihr tonales Zentrum in a-Moll findet, so wird im Verhältnis zum Finale die zyklische Disposition erkennbar, deren Prämisse die Diffusion des Kopfsatzes war. Entgegen dem Anschein erweist sich also noch das letzte Quartett als Schlußglied einer Serie, in der die Tonalität zwar vielfach erweitert und doch nicht ganz aufgekündigt wird. Brittens Entscheidung bedarf keiner Rechtfertigung mit beschwichtigenden Verweisen auf vorgebliche Rückstände englischer Musik. Wer die Pluralität der Positionen einer Epoche in den Blick nimmt, ohne sich dem einseigen Begriff des fortgeschrittenen Materialstandes zu verschreiben, kann die Eigenart von Brittens Quartetten nicht länger verkennen.

Zum Repertoire bis Tippett

Allerdings gehörten zum Umfeld von Bridge und Britten nicht wenige Autoren, die den Traditionen näher verbunden blieben, selbst wenn sie die tonale Basis durch gesteigerte Chromatik oder freie Dissonanzen erweiterten. Zu nennen wären Harry W. Warner (1874–1945) mit drei Quartetten (op. 12 F-Dur, 1906; op. 15 a–b D-Dur und c-Moll, 1913–15), die später durch weitere Beiträge und Einzelsätze ergänzt wurden, ferner Arnold E. Bax (1883–1953), der nach zwei Frühwerken 1928, 1924 und 1933 drei weitere, mitunter durch keltische Folklore inspirierte Quartette schrieb, sowie Arthur Bliss (1891–1975) mit drei Werken aus den Jahren 1914, 1941 und 1950, zu denen 1916 eine Quartettfuge kam Dagegen ließ der in Frankfurt a. M. ausgebildete Cyrill M. Scott (1879–1970) einem ersten Quartett von 1920 erst 1958–60 zwei weitere Werke folgen, die 1968 durch ein letztes vervollständigt wurden.[1] Am Rande sei der Australier Alfred Hill (1870–1960) erwähnt, der in Leipzig ausgebildet wurde und als später Nachfahre der Tradition noch zwischen den Weltkriegen eine lange Reihe spätromantisch getönter Quartette lieferte.[2]

Wie sich verschiedene Phasen noch in weniger bekannten Beiträgen spiegeln, sei wenigstens an drei weiteren Werkpaaren angedeutet. Beispiele für späte Reflexe irischer Folklore bieten zunächst zwei Werke von Ernest John Moeran (1894–1950), der sich als Sammler von Volksmusik betätigte. Ein a-Moll-Quartett intonierte 1922 in drei Sätzen ›modal‹ gefärbte Themen, die eine Mollskala mit ›dorischer‹ Septime und ein ›pentatonisches‹ Dur mit Sixte ajoutée ausprägen. Mit nur zwei Sätzen begnügte sich kurz zuvor ein Werk in Es-Dur, doch folgt einem freundlich gestimmten Allegro ein Finale, das nach langsamer Einleitung entsprechend folkloristische Themen einigermaßen locker verknüpft. Ralph Vaughan Williams (1872–1958) beschränkte sich ebenfalls auf zwei Beiträge, die immerhin größeres Gewicht haben, wiewohl sie nicht solche Beachtung fanden wie andere Werke.[3] Ein erstes Quartett in g-Moll wurde schon 1908 geschrieben, aber erst 1923 und damit fast verspätet publiziert. Der erste Satz reflektiert in recht ambivalenter Harmonik wohl Eindrücke der Kunst von Ravel, ein Menuett mit Trio mischt folkloristische Züge mit robust rhythmisierten Oktaven und Septimen, und nach dreiteiliger Romanze in ›dorischer‹ Tönung kreuzen sich zum Schluß im Rondo capriccioso tänzerische Impulse mit einem ernsthaf-

---

1 Vgl. neben den einschlägigen Angaben der neuen Enzyklopädien R. L. Foreman, *Arnold E. Bax, a Composer and His Times*, London 1983; S. R. Craggs, *Arthur Bliss. A Source Book*, Aldershot 1996; C. Palmer, *Cyril Scott: Centenary Reflections*, in: The Musical Times 120 (1979), S. 738–741.

2 J. M. Thomson, *A Distant Music. The Life and Times of Alfred Hill, 1870–1960*, Auckland 1980; ders., Art. A. Hill, in: *New Grove Dictionary*[2], Bd. 11, S. 502f.

3 G. Self, *The Music of E. J. Moeran*, London 1986; N. Butterworth, *Ralph Vaughan Williams. A Guide to Research*, New York 1990; J. Day, *Vaughan Williams*, Oxford 1998, S. 237f. und S. 243ff.

teren Fugato. Daß das tonal freiere a-Moll-Quartett 1944 zum Geburtstag einer befreundeten Bratscherin entstand, ist der bevorzugten Rolle ihres Instruments anzumerken. Als Kopfsatz von individuellem Gepräge fungiert ein Prelude, in dem die eröffnende Konfiguration der Viola bei zunehmender Verdichtung auf die weiteren Stimmen übergreift. Ohne Vibrato ist die folgende Romance zu spielen, deren dichter Akkordsatz damit eine seltsam fahle Note erhält, und ein Scherzo, das wieder die Viola von den Gegenstimmen absondert, treibt Reminiszenzen des ersten Satzes zu markantem Fortissimo und mündet im Epilog, der rückblickend die tonalen Spannungen des Werkes zu mildern hat.

Merkwürdiger noch ist das Verhältnis zwischen zwei Werken von William Walton (1902–1983), der ein erstes Quartett schon 1920–22 schrieb und dann zurückhielt. So wurde es bisher kaum erwähnt, und zur Reihe von drei Sätzen, deren Dauer von gut acht über elf auf mehr als 16 Minuten wächst, bliebe nur anzumerken, daß einem Moderato im Sonatenschema ein Scherzo mit langsamerem Kontrastteil und als Finale eine zweiteilige Fuge folgt, die mit Lento und Allegro con brio faktisch die viersätzige Norm restituiert. Dem Hörer jedoch begegnet ein ambitioniertes Werk, das im Verzicht auf tonale Zentren dem Stadium freier Atonalität nahekommt.[1] Mit steigenden Quarten im Haupt- und punktierten Sekunden im Seitensatz exponiert der erste Satz ein Material, dessen Ausarbeitung mittels wechselnder Dynamik, Rhythmisierung und Satzdichte gegliedert wird, und entsprechend unterscheiden sich die Sektionen im Scherzo, das im breiten Lento mit breiten Klangflächen ausläuft. Da das Fugenthema, das beide Teile des Schlußsatzes verbindet, fallende Halbtöne mit steigender Sexte kombiniert, ist seine Substanz noch dort zu verfolgen, wo die Intervalle umgekehrt und weiter variiert werden. Bei näherer Untersuchung könnte sich also das Werk als maßgeblicher Beitrag zur englischen Moderne erweisen, doch steht es im Schatten des viersätzigen a-Moll-Quartetts, das Walton erst 1945–46 komponierte (London 1947). Mit Sonatensatz und Sonatenrondo samt dreiteiligen Binnensätzen gehorcht es dem Herkommen, definiert aber die Formen durch tonale Themen, mit deren Verarbeitung die Diffusion fortschreiten und wieder zurückgehen kann. Nach der Einleitung zeigt der erste Satz ein mäßig bewegtes Hauptthema in a-Moll, der Seitensatz führt von d- nach c-Moll, und von hier aus bearbeitet die Durchführung eine Variante des Hauptsatzes als Fugato. Vom dreifachen a-Moll-Refrain im Finale zehrt noch die Coda, in c- und fis-Moll entsprechen sich die äußeren Couplets, und die Verarbeitung beider Themen umrahmt das mittlere Couplet in es-Moll. Bietet der rasche Binnensatz in E einen beruhigten Mittelteil mit ostinater Achse, so umschließt das Lento mit Außenteilen in F-Dur ein bewegteres Zentrum in As-Dur. Hier zumal läßt sich verfolgen, wie die Stimmführung Dissonanzen als Vorhalte definiert, die in ihre partielle Auflösung ragen und sich erst an Knoten-

---

1 Zu beiden Werken vgl. St. R.Craggs, *William Walton. A Source Book*, Brookfield und Vermont 1993, S. 18 und S. 199f.; ders., *William Walton. A Catalogue*, Oxford und New York 1990, S. 18f. und S. 103f.; C. J. Smith, *William Walton. A Bio-Bibliography*, New York u. a. 1988 (Bio-Bibliographies in Music 18), S. 32; ferner Fr. Howes, *The Music of William Walton*, London u. a. ²1994, S. 1f. und S. 137–144, wo einer kurzen Nennung des Frühwerks nähere Angaben zum a-Moll-Quartett gegenüberstehen.

W. Walton, *String Quartet in A minor*, erster Satz, T. 1–6 (Oxford University Press).

T. 13–17.

punkten entspannen. So fügte sich Walton am Ende in die britische Tradition einer maßvoll erweiterten Tonalität ein, die das zurückgezogene Frühwerk so entschieden erweitert hatte.

Spuren dieser Tradition sind noch immer bei Sir Peter Maxwell Davies zu finden, der erst 1934 geboren wurde. Einem einzelnen Quartettsatz (1952) folgte 1961 ein Quartett ›in one continuous movement‹, dem es anzumerken ist, daß es in eine Phase fiel, in der sich der Autor mit Musik von Claudio Monteverdi und John Taverner befaßt hatte. Demgemäß stehen neben höchst selbständigen Ansätzen mehrfach Relikte einer tonalen oder gar modalen Zentrierung, die Arnold Whittall zufolge für das Werk dieses Komponisten durchaus charakteristisch sind.[1] Sie treten hier zumal im eröffnenden Adagio hervor, wogegen sie im mittleren Allegro weiter verdeckt werden, bis sie im abschließenden Moderato wieder zur Geltung kommen. Weiter gehen *Two Little Quartets*, die 1982 und 1977 begonnen und dann zusammengefaßt wurden (London 1989), obwohl das spätere bereits 1982 erschienen war. Gemeinsam sind ihnen bei knappem Format die ständigen Taktwechsel, im zweiten (und zugleich früheren) Quartett jedoch, das wieder einen Komplex von 118 Takten in ein Adagio und ein Allegro moderato mit langsamem Schluß gliedert, werden tonale Momente an der Funktion der Baßstimme kenntlich, deren verlangsamte Bewegung den Konfigurationen der Oberstimmen einen Halt gibt. Die drei kurzen Sätze des späteren Werks führen das Verfahren zur gesonderten Funktion der Stimmen fort, obwohl ihnen analoge intervallische Gerüste zugrunde liegen. So bilden im einleitenden Andante Viola und zweite Violine mit Trillerketten und tremolierten Sprüngen zwei Achsen aus, von denen sich die melodisch führende Oberstimme über Haltetönen in Baßlage absetzt. Im Allegro sodann tragen beide Unterstimmen die differieren-

[1] A. Whittall, *Peter Maxwell Davies and the Problem of Classicizing Modernism*, in: *Die Musik des 20. Jahrhunderts*, hg. v. H. Danuser, Basel 1997, S. 143–151, ders. Art. P. M. Davies, in: *MGG²*, Personenteil Bd. 5, Kassel u. a. 2001, Sp. 523–529; C. Bayliss, *The Music of Sir Peter Maxwell Davies. An annoted catalogue*, Beverley 1991, S. 12, 47, 200 und 209.

den Oberstimmen, wonach sich ihre Funktionen schließlich im Lento annähern.

Zum englischen Repertoire zählen weiterhin sechs Werke (zwischen 1944 und 1965) von Benjamin Frankel (1906–1973) sowie drei weitere von Alan Rawsthorne (1905–1971), die hier aber nur genannt werden können, solange nähere Studien ausstehen.[1] Wahre Spezialistinnen der Gattung wurden dagegen Dame Elizabeth Maconchy (1907–1994) mit nicht weniger als 13 Quartetten aus der Zeit von 1933 bis 1983 sowie Elisabeth Lutyens (1906–1983), die zwischen 1937 und 1982 ebenso 13 Beiträge schrieb. Beide kamen von erweiterter und zunehmend freier Tonalität in früheren Werke zu unterschiedlichen Varianten der Reihentechnik, da aber beide Werkreihen noch nicht zusammenhängend untersucht wurden, sei exemplarisch nur das sechste Quartett op. 25 von Lutyens herausgegriffen (London 1960).[2] Bei einer Spieldauer von insgesamt acht Minuten reagiert es spät noch auf Weberns konzentrierte Miniaturen mit zwei Sätzen im Umfang von je 36 Takten, von denen der erste abschließend zu wiederholen ist. Das als ›Primo‹ bezeichnete Allegro moderato exponiert einen zwölftönigen Komplex, dessen zunächst simultane Präsentation die Anordnung der Reihe verdeckt. Er kehrt zwar vor der ersten Zäsur wieder (T. 4), dazwischen begegnen aber nur einzelne Töne, die vorher bevorzugt nebeneinander standen. Wird über die Folge der Tonhöhen weiterhin derart frei verfügt, so richtet sich die Arbeit primär auf die rhythmische und dynamische Artikulation der Partikel. Daß anfangs zwei achttaktige Gruppen zu wiederholen sind, täuscht zwar eine periodische Ordnung vor, sie wird aber von der rhythmischen Prosa unterlaufen, die der längere Schlußteil weiter intensiviert. Das Adagio als ›Secondo‹ operiert mit veränderten Tonfolgen, bildet jedoch gedehnte Linien mit weiten Intervallsprüngen aus, die steigend oder fallend den Verlauf durchziehen und von knapp synkopierten Gesten kontrapunktiert werden. Um aber weitere strukturellen Prinzipien zu erschließen, wären vorab ihre Prämissen genauer zu klären.

Das englische Streichquartett vertrat nach Britten besonders Sir Michael Tippett (1905–1998), der sich als Pazifist – und zeitweise auch Kommunist – erst gegen Widerstände durchsetzen mußte. Ein frühes Werk in F, das 1928 komponiert und 1930 revidiert wurde, blieb gleichwohl unveröffentlicht, ihm folgte 1934–35 das erste gültige Quartett, das nach eingreifender Revision erst 1946 gedruckt wurde. Da aber schon 1941–42 und 1945–46 zwei weitere Beiträge anschlossen, bilden diese Werke eine Trias, zu der zwei späte Quartette erst 1977–78 und 1990–91 hinzukamen.[3] Die Quartette Nr. 1–3, die sich von drei über vier auf fünf Sätze erweitern, verraten durchgängig die Absicht, tradierte Formen durch graduelle Erweiterung der tonalen Basis zu definieren. So unterscheidet sich im Kopfsatz aus Nr. 1 das Hauptthema, das in energisch ausgreifender Achtelbewegung konsonante Stimmpaare zu disso-

---

[1] Vgl. A. Poulton (Hg.), *Alan Rawsthorne*, Bd. 1–2, Kidderminster 1984; J. McCabe, *Alan Rawsthorne. Portrait of a Composer*, Oxford 1999.

[2] Vgl. die bibliographischen Angaben von A. Payne / T. Calam, Art. *Lutyens*, in: *New Grove Dictionary²*, Bd. 15, S. 389–392, sowie von H. Cole / J. Doctor, Art. *Maconchy*, ebenda, S. 517ff.; ferner R. Matthew-Walker, *The Early Quartets of Elizabeth Maconchy*, in: The Musical Quarterly 112 (1989), S. 370–374; M. und S. Harries, *A Pilgrim Soul. The Life and Work of Elisabeth Lutyens*, London 1989.

[3] M. Tippett, *Those Twentieth Century Blues. An Autobiography*, London u. a. 1991; I. Kemp, *Tippett, the Composer and his Music*, London und New York 1984, S. 118–127, 187–197 und 477–481; G. Theil, *Michael Tippett. A Bio-Bibliography*, New York u. a. 1989 (Music Reference Collection 21), S. 48–50; D. Clarke (Hg.), *Tippett Studies*, Cambridge 1999; ders., Art. *Tippett*, in: *New Grove Dictionary²*, Bd. 25, S. 505–520.

nanten Querständen verbindet, von den tonalen Zellen des Seitensatzes, die rasch wechseln und doch ganze Takte und Taktgruppen bestimmen. Das Verfahren läßt sich an den gedehnten Akkordfolgen des Epilogs ablesen, der in Exposition und Reprise durch ein rezitativisches Solo vom Violoncello abgeschlossen wird. Die tonale Verfassung der Themen bleibt in der Durchführung kenntlich, die zunächst den Kopf des Hauptsatzes imitiert und nach Rekurs auf den Seitensatz beide Sphären kombiniert; eine Folge der Satztechnik ist es jedoch, daß die Stimmen weithin homorhythmisch zusammengezogen werden. Der langsame Binnensatz entwickelt geschwungenen Kantilenen zu einem bewegteren Mittelteil, und die dreiteilige Anlage kreuzt sich mit einer tonalen Spiegelung, die sich am klarsten mit Zentren in Des und Es als Beginn und Abschluß ausprägt. Als Rondo mit drei variierten Refrains und zwei kontrapunktischen Couplets kann der Schlußsatz in A erscheinen, doch erweist er sich – wie Ian Kemp zeigte[1] – als eine Fuge, in deren weiträumiger Exposition Thema und Kontrapunkte im vollstimmigem Satz verdeckt und dann erst simultan verbunden werden, wonach zwei- und dreistimmige Episoden bereits die motivische Arbeit eröffnen. Die vier Sätze des zweiten Quartetts partizipieren dagegen an einer erweiterten Tonalität in Fis, deren Abstufung nun weniger die Themen als die formalen Stationen verdeutlicht. Im lyrisch gestimmten Kopfsatz leitet sich ein zweites Thema vom begleitenden Muster des Hauptsatzes her, und da auch die Schlußgruppe kaum kontrastiert, kann die Durchführung die Themen verschwistern, deren Abfolge sich in der Reprise umkehrt. Der fugierte langsame Satz verdichtet sich hingegen zur engen Verbindung des chromatisch absinkenden Themas mit seiner Umkehrung, Taktmaß und Tonart wechseln beständig im Scherzo, bis nach zwei ruhigen Episoden die Coda die Themen kombiniert, und das Finale weist sich als gewichtiger Sonatensatz aus, dessen Themen auf rhythmische und strukturellen Kennmarken angewiesen sind, um sich in der Durchführung überlagern zu können. Wie der Hauptsatz auf die Umrisse seines Gegenstücks im Kopfsatz deutet, so formt der Seitensatz die fallenden Halbtöne des Fugenthemas zur abspringenden None um, und punktierte Viertel zu Beginn der Durchführung können an das Trio im Scherzo erinnern, doch wäre eher von Allusionen als von planmäßiger Transformation des Materials zu reden.[2]

Mit den Formen des klassischen Quartetts treten ihre tonalen Implikationen im dritten Werk zurück, das einerseits mit drei schnellen fugierten und zwei langsamen strophischen Sätzen auf frühere historische Phasen zurückgreift. Mehr noch als die fünfsätzige Anlage kann andererseits die lineare Konzeption an Bartók erinnern, dessen Quartette Tippett beeindruckten, ohne daß er ihre systematischen Konsequenzen übernahm. Bestimmen kontrapunktische Techniken nicht nur die Ecksätze, sondern auch vermehrt den raschen Binnensatz, so wird er zum

---

[1] I. Kemp, *Tippett*, S. 124ff., ebenda, S. 123f. zur Tonalität im zweiten Satz und S. 187ff. zum Quartett Nr. 2.

[2] Vgl. ebenda, S. 190, sowie S. 193, wo dem dritten Quartett ein autobiographisches Programm unterlegt wird.

Zentrum durch die ihn flankierenden langsamen Sätze. Im ersten Satz werden sonore Klangfolgen der Einleitung, die unverhohlen von Dominantseptakkorden in F- und As-Dur aus nach a- und cis-Moll lenken, durch rasche Repetitionsformeln gestört. Je weiter sie aber dominieren, desto mehr bereiten sie das Fugenthema vor, das nach auftaktigem Signal mit motorisch sequenzierenden Figuren den tonalen Radius erweitert. Wie in den früheren Fugen treten Dux und Comes nach alter Art in Quintabständen ein, und wie die erste Durchführung zielen zwei weitere jeweils auf eine Klimax, die am klarsten nach der Satzmitte die einleitende Konfiguration aufnimmt. Mit markanten Figuren im Unisono trennt dagegen der dritte Satz zwei vollständige Durchführungen, in denen das Thema mit festem Kontrapunkt die Stimmen durchzieht, um dann in kurzen Phasen mit Kanons und Imitationen auszulaufen, wogegen es im Mittelteil verkürzt, transponiert und umgekehrt wird. Der strenge Satz lockert sich erst in der schwebenden Rhythmik des Finales, dessen Einleitung mit der Überlagerung von drei Vierteln und sechs oder neun Achteln die thematischen Muster vorbereitet. Nur zweimal werden dann drei Themen gemeinsam exponiert, die derart aber erst am Ende der Reprise wiederkehren, doch werden sie im übrigen so frei verarbeitet und fortgesponnen, daß kaum noch Durchführungen und Zwischenspiele zu trennen sind. In zwei Hauptteilen präsentiert der langsame zweite Satz viermal ein diatonisch gedehntes Thema, das wie ein variierter cantus firmus durch Ober- und Unterstimmen wandert. Seine Kontrapunktierung speist sich aus Taktgruppen, die Anfang, Mitte und Ende des Satzes durch diatonische Phrasen über akkordischen Quintfolgen in Baßlage abheben und damit zugleich das Thema und seine Entfaltung bis hin zu Quintketten im Violoncello ankünden. Umgekehrt geht ein Lento als vorletzter Satz über stabilen Liegetönen von karger Thematik aus, deren anfängliche Tonrepetitionen dreimal von Arpeggien erfaßt und in diffusen Klangflächen aufgehoben werden. An die abschließende Schichtung von Quint- und Quarträumen schließt attacca das Finale an, an dessen Ende sich ein C-Dur-Akkord als Fluchtpunkt der tonalen Disposition erweist.

Vom Verbund dieser drei Werke unterscheiden sich die zwei letzten Quartette, die zugleich vom Willen des Komponisten zeugen, mit über 70 und zuletzt fast 90 Jahren auf neue Probleme der Zeit ohne Aufgabe der eigenen Positionen zu reagieren. Mit der erweiterten Tonalität verabschiedet das vierte Quartett die Trennung zwischen Konsonanz und Dissonanz und damit zugleich die bisherige Basis der motivischen Steuerung und kontrapunktischen Arbeit. Im mehrsätzigen Zyklus bleibt jedoch der Werkbegriff wie bisher in Kraft, und läßt sich der langsame erste Satz als ausgedehnte Einleitung vor dem folgenden Allegro auffassen, so ergibt sich sogar eine dreisätzige Anlage wie im ersten Quartett. Die Heterophonie, die das ganze Werk bestimmt, kündet sich anfangs

M. Tippett, Nr. 4, erster Satz, T. 1–10 (Schott & Co, London).

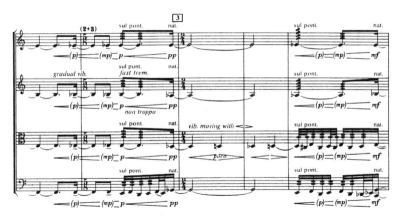

mit rhythmisierten Liegetönen im Unisono zu tremolierenden Nebennoten in Baßlage an, und treten die Partner mit solchen Zusatztönen auseinander, dann erfassen solche Einwürfe den ganzen Satzverband, der in zuckenden Gesten zerstiebt. So wechselt der Verlauf zwischen der Raffung der Stimmen in dissonanten Achsen und ihrer Zerspaltung in tonal unbestimmte Konfigurationen, und ähnlich exponiert das Allegro konzise Kurzmotive und weit gedehnte Klangfolgen wie Themen, die im durchführenden Mittelteil erweitert und am Ende knapp resümiert werden. Schärfer noch unterscheidet das Finale – fast wie ein Rondo – zwischen energischen Klangflächen einerseits, die mit punktierten Tonrepetitionen das Thema aus Beethovens Großer Fuge beschwören, und entrückten Klängen im Flageolett andererseits, die trotz ihrer Dissonanzen als entrückte Enklaven anmuten. Die Sukzession konträrer Phasen verwandelt sich im langsamen dritten Satz, sofern zu linear führenden

Stimmpaaren simultan die springenden Splitter der Gegenstimmen kontrastieren. So gründlich aber die Tonalität ihre regulierende Funktion einbüßt, so deutlich sind vielfach Tonachsen erkennbar, wenn die Stimmen zusammengezogen oder heterophon verkettet werden, doch resultiert daraus ein überaus kompakter Satz, der paradoxerweise wieder den Verfahren des ersten Quartetts entspricht. Ergänzend bliebe anzumerken, daß das letzte Quartett solche Verfahren mit nur mehr zwei Sätzen diese Prinzipien wiederum mäßigt, wenn dialogisierende Episoden im Allegro zwischen aggressive Klangblöcke treten, wonach der langsame Schlußsatz sich wie ein distanzierter Rückblick ausnimmt. Damit rundet sich das Bild eines Komponisten, der an Prinzipien festhielt, ohne sich resignierend dem Zeitenwandel zu verschließen. Größere Souveränität konnte kein Musiker beweisen, der die Neue Musik vom dritten Jahrzehnt bis zum Ende seines Jahrhunderts verfolgt und geprägt hatte.

Ives und Cowell in den USA

Nirgendwo verschoben sich die Gewichte in einem solchen Ausmaß wie in den USA, in denen vor 1900 nur sehr wenige Autoren mit Streichquartetten hervorgetreten waren. Prägend blieb zunächst ihre Ausbildung in Deutschland, doch suchte George Chadwick 1902 immerhin folkloristische Töne anzudeuten, und Edgar St. Kelley schrieb 1907 ein viersätziges Werk in Form von Variationen über ein Thema. Kaum viel später arbeitete jedoch Charles E. Ives (1874–1954) bereits an seinem epochalen zweiten Quartett, dem schon seit 1897 ein erstes Werk vorangegangen war, während dazwischen 1904 ein kurzes Scherzo entstand.[1] Immerhin hatte er bei Horatio Parker studiert, der seinerseits bei Rheinberger gelernt hatte, und so folgte Ives im ersten Quartett mit vier Sätzen noch den äußeren Normen, die aber schon durch die Angabe ›A revival service‹ konterkariert wurden. Der ursprüngliche Zusatz ›From the Salvation Army‹ verwies unverhohlen auf die Herkunft der Themen aus einem ›old green anthem Book‹, das Ives durch seine zeitweise Tätigkeit als Organist geläufig war. In der Folge Chorale – Prelude – Offertory – Postlude deuten die Sätze zudem darauf hin, daß sie von jetzt verschollenen Orgelstücken ausgingen. Im stile antico mit halben und ganzen Noten verarbeitet der erste Satz in C-Dur den Beginn einer solchen Weise (›Come, Thou Fount of Ev'ry Blessing‹), wie im Lehrbuch bereichert er den contrapunctus simplex zunächst nur mit regulären Synkopendissonanzen und spart dann weder Umkehrung noch Vergrößerung und Orgelpunkt aus. Ähnlich bildet das folgende Allegro in G-Dur ein richtiges Menuett, das am Ende wiederholt und mit kleiner Coda erweitert wird, während im Trio sogar noch der erste Teil zu repetieren ist. Das dreiteilige Adagio cantabile in D-Dur umschließt ein Più mosso in

1 J. B. Sinclair, *A Descriptive Catalogue of the Music of Charles Ives*, New Haven 1999, Nr. 57–58 und Nr. 83. Danach entstanden die drei ersten Sätze zwischen 1897 und 1900, wurden aber 1909 revidiert und durch das Finale ergänzt; vgl. ebenda auch die Angaben zu den Melodievorlagen der einzelnen Sätze. Die Quellen erfaßte zuerst J. Kirkpatrick, *A Temporary Mimeographed Catalogue of the Music Manuscripts of Charles Ives*, Yale University 1960, ²1973, S. 57–61; dazu ders. (Hg.), *Charles E. Ives, Memos*, London 1973, S. 73f.; zur Ausbildung bei H. Parker vgl. R. S. Perry, *Charles Ives and the American Mind*, Kent 1974, S. 6–13. Eine erste Biographie schrieben H. und S. Cowell, *Charles Ives and His Music*, London u. a. 1955, zur seither angewachsenen Literatur vgl. das Verzeichnis von J. P. Burkholder, Art. *Ch. Ives*, in: *New Grove Dictionary²*, Bd. 12, S. 685–713: 709–713.

Ges-Dur, nach dem der erste Teil verkürzt wiederkehrt, und das Finale in G-Dur entpuppt sich als bunter Strauß von Melodien, die durch die Wiederkehr der eröffnenden Gruppe in lockere Dreiteiligkeit eingebunden werden. So regulär die Formen sind, so unschuldig beginnen die Sätze in diatonischer Harmonik, die nur sparsam chromatisch erweitert wird. Kaum ist aber im Kopfsatz die Themenexposition beendet, da mischen sich befremdliche Fortschreitungen ein, die mit Querständen und irregulären Dissonanzen allen kontrapunktischen Regeln widersprechen. Zwölf Takte vor Abschluß gleitet das kleine Menuett sequenzierend nach As-Dur, das Trio schaltet karge zweistimmige Gruppen ein, deren simple Melodik mit aufwendiger Chromatik gepaart wird, vollends gerät der Mittelteil aus den tonalen Fugen, und das Potpourri am Ende überzieht schlichte Melodien mit pathetisch punktierten Ketten voll rücksichtsloser Dissonanzen, zwischen die sich querständig triolierte Achtel einlagern. Damit sind nur wenige Beispiele für Verfahren genannt, durch die tradierte Formtypen in ironische Distanz rücken. Was als Anschluß an die Tradition begann, endet in parodistischer Abwendung, daß sie aber von externer Musik ausging, war der Gattung so fremd, wie es für Ives charakteristisch blieb.

Das isolierte Scherzo aus dem Jahre 1904 enthält zwischen schnellen Außenteilen, die tonal denkbar frei verfahren und sich bis auf den wiederholten Schlußakkord gleichen, ein langsames Zentrum, das nur sieben Takte umfaßt. Eine diatonische C-Dur-Skala der zweiten Violine wird in Baßlage augmentiert und am Ende chromatisch verzerrt, gegen sie richten sich chromatische Skalensegmente der übrigen Stimmen, und zur Quinte über C opponiert am Ende ein Querstand, dem der Schlußakkord als Quintschichtung mit großen Septimen entspricht. An einem weiteren Quartett – später ›Pre-Second‹ benannt – arbeitete Ives zwischen 1904 und 1906, da es ihm aber zu glatt erschien, ging das Material, von dem sich nur Fragmente erhielten, in andere Werke ein, und so folgte erst 1911–13 das eigentliche zweite Quartett, das im Autograph und in den Erinnerungen von zahlreichen Kommentaren begleitet wurde.[1] Dem Titel *Conversations & Discussions* entsprachen Verweise auf Situationen und Personen, davon blieben aber nur die Überschriften der drei Sätze übrig, die als ›Discussions‹, ›Arguments‹ und ›The Call of the Mountains‹ bezeichnet sind, und die Rekonstruktion eines Programms würde nicht die Schwierigkeiten lösen, die das Werk noch immer bereitet. Aus der Sicht von Ives taugte die Gleichsetzung von Gewöhnung und Identifikation nicht als »basis of progress«, und so konnte er sich über ältere Kollegen wie seinen Lehrer Parker mokieren, die den Sonatensatz als naturgegebene Norm betrachteten.[2] Wie sehr sich das zweite Quartett von solchen Konventionen löst, zeigt bereits der erste Satz. So amorph er zunächst wirken mag, so deutlich bilden dann im zweiten Satz Melodiezitate ein Zentrum, und zielt der dritte auf die

---

1 Vgl. dazu J. Kirkpatrick, *A Temporary Mimeographed Catalogue*, S. 59ff., ders. (Hg.), *Charles E. Ives, Memos*, S. 73f.

2 Ch. Ives, *Essays before a Sonata and Other Writings*, hg. v. H. Boatwright, London 1969, S. 97 und S. 99. Einen ersten Überblick gab U. Maske, *Charles Ives in seiner Kammermusik für drei bis sechs Instrumente*, Regensburg 1971 (Kölner Beiträge zur Musikforschung 64); Maßstäbe setzte jedoch die eindringliche Untersuchung von W. Rathert, *The Seen and Unseen. Studien zum Werk von Charles Ives*, München und Salzburg 1991 (Berliner Musikwissenschaftliche Arbeiten 38), hier S. 139–164.

wachsende Integration solcher Vorlagen hin, dann zeichnet sich insgesamt ein Verlauf ab, der von anfänglicher Diffusion auf prozessuale Integration des Materials ausgerichtet ist.

Zwischen langen Haltetönen, deren latente Tonalität mit sperrigen Dissonanzen durchsetzt ist, schalten sich zu Beginn des ersten Satzes fragmentarische Gesten ein, die kaum Motive bilden, sondern den chromatischen Vorrat zu zwölf Tönen vervollständigen. Straff hebt sich davon in diatonischen Akkorden die Liedzeile ›O Bethany‹ ab (T. 9f.), rasch setzt sich aber wieder die anfängliche Unbestimmtheit durch, in der selbst vage Beziehungen kaum greifbar werden. Das Liedzitat mag in absinkenden Linien nachklingen, kurz nur scheinen tonale Zentren durch, und im Dienst der Steigerung drängen die Stimmen zu rhythmischer Koordinierung. Statt motivische Gestalten oder intervallische Gerüste auszubilden, entfalten sie sich im Andante moderato zu einem atonalen und zugleich athematischen Geflecht von hoher Intensität. Desto wirksamer greifen in jeweils zwei Takten vier Liedzitate ein (T. 58–65 ›O Columbia, Gem of the Ocean‹, ›Dixie's Land‹, ›Marching through Georgia‹, ›Hail Columbia‹), deren diatonische und rhythmische Konturen mit desto diffuserer Begleitung gepaart wird, doch bleiben sie in

Ch. Ives, Nr. 2, erster Satz »Discussions«, T. 58–63 (Peer International Corporation).

diatonischen Relikten wirksam, die sich zu Quartsignalen der Außenstimmen verdichten (T. 80–92), um sich danach aber erneut aufzulösen. Daß solche Eingriffe dennoch nicht ganz folgenlos bleiben, zeigt der Schlußteil, der zunächst erneut auf das – diesmal verzerrte – Zitat ›O Bethany‹ zurückkommt (T. 202f.). Auf den ersten klaren Rekurs, der freilich von außen eintritt, reagiert intern jedoch eine Sequenzgruppe, die erstmals eine konstruktive Regulierung erzeugt (T. 112–120). Und damit deutet der erste Satz den Weg an, den das Werk im ganzen ausmißt.

Die ›Arguments‹ im mittlere Allegro con spirito, das zwischen langsamen Außensätzen wie ein Scherzo anmutet, setzen sich aus drei höchst verschiedenen Teilen zusammen, zwischen die konträre Gruppen wie Scharniere eingelagert sind. Im 3/8-Takt treten die Stimmen mit punktierten und zugleich synkopisch versetzten Motivfetzen ein, sie stabilisieren sich erst zu Bordunquinten über C, die zeitweilig in die Viola übergehen, als rhythmisch gesonderte Partner zu einem Gewebe, das motivisch wie tonal gleich diffus bleibt (T. 11–33). Im Wechsel zum Andante tritt sodann die zweite Violine mit zwei Solopassagen hervor, die als ›burlesque cadenza‹ bezeichnet sind, beidemal werden sie aber von akkordisch geballten Formationen abgefangen, die mit Quintbordun an die Struktur des ersten Teils erinnern (T. 34–42), und ein dritter Anlauf überlappt sich zugleich mit dem Einsatz der Viola, die den zweiten Teil und damit einen strengen Kanon aller Stimmen eröffnet (T. 43–79). Während sein erster Zweitakter alle zwölf Halbtöne versammelt, verfährt die Fortführung nicht so streng wie in späterer Reihentechnik, da die Stimmen aber in wechselndem Abstand einsetzen, bleibt der Satzverband extrem dissonant, obwohl sich die Einsätze in konsonanten Quintabständen staffeln (g–d–a–e). Die zweite Violine jedoch, die zuletzt eintritt und nach nur zwölf Takten wieder pausiert, fügt sechs Takte vor Auslaufen des Kanons eine konträre Achse ein, die in abgesetzten Achteln ostinat um ein Halbtonintervall kreist. Mit ihrem Austritt bricht der Kanon ab, in dem gelegentliche Oktavumlegungen zunehmend zu partieller Intervallspiegelung tendieren, und er mündet wieder in einer Scharniergruppe, deren erste Phase diatonische C-Dur-Skalen verschränkt, auf die eine zweite mit so sperrigen Akkorden wie zu Satzbeginn reagiert. Aus ihnen jedoch schält sich als Ziel des Satzes eine bunte Collage heraus, die vier Liedzitate mit Fragmenten aus Symphonien von Tschaikowsky, Beethoven und Brahms verquickt.[1] So hörbar diese tonalen Relikte sind, so wenig ordnen sich ihnen die dissonanten Gegenstimmen unter, und das paradoxe Resultat liegt in einer von außen kommenden Stabilisierung, die aber noch nicht das Satzgefüge erreichen kann.

Erst das Finale richtet sich auf das Ziel, den Satzverband mit dem erneuten Zitat von ›O Bethany‹ zu koordinieren, das zusätzlich von den Klängen der ›Cimes of Westminster‹ ergänzt wird. Zuvor jedoch stehen lastenden Akkordketten im Adagio motivische Fragmente gegenüber,

[1] Nach dem ersten Liedzitat der Oberstimme (›The Red, White and Blue‹) verteilen sich Takte aus dem dritten Satz der VI. Symphonie von Tschaikowsky auf die Außenstimmen, sie lösen sich sodann mit einem Passus aus dem Kopfsatz der III. von Brahms und der Melodie ›O Columbia‹ ab, und die Violinen vervollständigen die Melange mit dem ›Freudenthema‹ aus Beethovens IX. und weiteren Liedzitaten (»Marching through Georgia« und »Massa's in the Cold Ground«), vgl. W. Rathert, *The Seen and Unseen*, S. 150–157, zu den beiden anderen Sätzen ebenda, S. 140–150 und S. 158–164.

die sich im Andante zum zwölftönigen Modell zusammenschließen (T. 20–24). Zwar deuten sich damit erstmals variierte Wiederholungen einer Formulierung an (so ab T. 27, 32 und 39), trotz erster Vorgriffe auf die Konturen des Zitats (T. 35 und T. 56) setzt sich aber im Andante con spirito (T. 45–79) nochmals das dissonant geschärfte Duo der Oberstimmen durch, das nun freilich auf unablässiger Repetition von ganztönigen oder chromatischen Skalen in Baßlage basiert. In dem Maß aber, wie die Viola in C und D den Refrain ›O Bethany‹ einschaltet, ziehen sich die Stimmen zunächst rhythmisch zusammen. Obwohl sie sich den diatonischen Klängen aus ›Westminster‹ nicht gleich fügen (T. 87–100), setzt sich nach letzten Relikten der chromatischen Widerhaken in der Coda der D-Dur-Klang durch, der freilich bis zum Schluß chromatisch getrübt bleibt. Doch wird die prozessuale Verdichtung noch am Ende nicht aus der motivischen Substanz des Werkes, sondern erst durch externe Eingriffe erreicht, und so bleibt das Paradoxon bestehen, daß selbst fragile Homogenität nicht intern, sondern nur durch heterogene Zusätze gewonnen werden kann.

Einer radikalen Verkehrung des tradierten Werkbegriffs entspricht die scheinbar willkürliche Mixtur aus beziehungslosen Satzgruppen, die meist ohne greifbare Motivik auskommen und atonale oder zwölftönige Zonen mit trivialen Zitaten zu einer bunten Collage zu mischen scheinen. All das macht begreiflich, daß Ives zu Lebzeiten weithin unverstanden blieb, während das Interesse an ihm erst mit der Suche nach der Vorgeschichte der Neuen Musik erwachte. So fanden beide Quartette erst 1943 und 1946 ihre Erstaufführung, und während das zweite 1954 gedruckt wurde, hatte das erste damit bis 1961 zu warten. Wenn eingangs dennoch das zweite Quartett epochal genannt wurde, so kann es zwar nicht als Begründung einer Epoche, aber doch als ihr frühester signifikanter Vorschein gelten. Das läßt sich für Henry Cowell (1897–1965) nur eingeschränkt sagen, der als Autor einer ersten Biographie von Ives eher bekannt wurde als durch eigene Kompositionen.[1] Früh machte er sich einen Namen durch Experimente mit Clustern, die er eingehend kommentierte, erst ungleich später wurde aber das umfängliche und disparate Gesamtwerk erschlossen, in dem vier Jahre der Haft (1936–40) eine Zäsur bildeten, und so steht eine vergleichende Untersuchung der Streichquartette noch aus.[2] Einem ersten Werk aus dem Jahr 1915 (L 162) folgten 1916 das *Quartett Pedantic* (Nr. 1, L 197), 1919 das *Quartett Euphometric* (L 283) und 1928 ein *Quartett Movement* (Nr. 2, L 450). Erst 1935–36 entstanden das *Mosaic Quartet* (Nr. 3, L 518) und das *United Quartet* (Nr. 4, L 522), wonach ein Quartett über ›fuguing tunes‹ (Nr. 5, L 832) die Reihe der gezählten Werke abschloß. Hinzu kommen aber neben einem *Quartett Movement* (1921, L 332) noch *Four little Solos* (1928, L 438) sowie *Hymn, Chorale and Fuging Tune No. 8* (1947, L 713). Wie die Werke auf wechselnde Weise ihre eigenen Aufgaben zu lösen suchen, sei an wenigen Beispielen angedeutet.

1 Die Werknummern entsprechen W. Lichtenwanger, *The Music of Henry Cowell, a Descriptive Catalog*, Brooklyn N.Y. 1986 (Institute for Studies in American Music, monograph). Eine Vorstellung vom vielgestaltigen Œuvre vermittelt D. Nichols, *The whole World of Music. A Henry Cowell Symposium*, Amsterdam 1997. Vgl. J. Sachs, Art. Cowell, in: *MGG²*, Personenteil Bd. 5, Kassel u. a. 2001, Sp. 5–20.

2 N. Hicks, *Cowell's Clusters*, in: The Musical Quarterly 77 (1993), S. 428–458; ders., *The Imprisonment of Henry Cowell*, in: Journal of the American Musicological Society 44 (1991), S. 92–119; M. Fürst-Heidtmann, *Experimentator – Inspirator: Henry Cowell*, in: Neue Zeitschrift für Musik 160 (1999), Heft 3, S. 10–14; vgl. dazu H. Cowell, *New Musical Resources*, New York 1930, S. 117–130.

Das erste gezählte Quartett ging 1916 aus Kursen im dissonanten Kontrapunkt hervor, die Cowells Lehrer Charles Seeger in Berkeley abhielt. Obwohl es nur zwei knappe Sätze unterscheidet, ist es faktisch dreisätzig, sofern der erste Satz bei Wechsel vom 4/4- zum 3/4-Takt in ein Andante sostenuto (T. 1–43) und ein Allegro non troppo (T. 44–79) geteilt wird. Die Bezeichnung ›Pedantic‹ meinte die gründliche Verkehrung kontrapunktischer Regeln, wurde vom Autor aber später zurückgezogen, dennoch bilden Dissonanzen das Ziel einer Stimmführung, die Konsonanzen geradezu ostentativ zu meiden sucht. Chromatik erscheint dabei eher als Folge denn als Ziel eines Verfahrens, das auf lineare Fortspinnung statt auf motivische Steuerung bedacht ist. Das eröffnende Andante kommt aber immer wieder auf schritt- oder sprungweise gebundene Achtel zurück, deren konkrete Ausformung im Stimmstrom ständig wechselt und doch fast motivische Qualität annimmt. Im ersten Klang bereits verschränkt sich ein Tritonus mit einer verminderten

H. Cowell, Nr. 1 (1916), erster Satz, T. 1–9 (Associated Music Publishers).

Oktave, die mit Durchgang in einen weiteren Tritonus gleitet, und wenn sich auf der letzten Zählzeit ein weiterer Tritonus ergibt, so hat die Emanzipation der Dissonanz die konsequente Negierung der Konsonanz zur Folge. Steigerungen sind daher auf strukturelle, dynamische und rhythmische Maßnahmen verwiesen, soweit sie in so knappem Rahmen wirksam werden können. So verbindet das Andante die Beschleunigung zum Fortissimo mit homorhythmischer Raffung (T. 11f.), wogegen das Allegro die Stimmen am Ende in rascher Figuration bündelt (T. 72–78). Der Schlußsatz – wiederum Andante überschrieben – mißt gerade einmal 25 Takte und schreitet nur zögernd von Akkorden in ganzen Noten – getrennt dazu durch Pausen – über Halbe und einzelne Viertel voran. Ohne sich motivisch zu entwickeln, macht er das Prinzip dissonanter Klangfolgen sinnfällig, in denen wieder Tritonus- und Septimintervalle hervortreten, um jede Erinnerung an gegensätzliche Tonqualitäten auszutreiben. Dagegen prüft das *Quartet Euphometric*, das 1916 begonnen, aber erst 1919 beendet wurde, so wie kurz zuvor das *Quartet Romantic* (für zwei Flöten mit Violine und Viola) Verbindungen zwischen Zusammenklängen und Zeitverläufen. Entsprachen dort Tonhöhen im Verhältnis von 3:4:5 den Tondauern von drei Halben und vier bzw. fünf Vierteln, so leiten sich hier aus Intervallen wie 2:3:5 die Linien im Taktmaß von zwei, drei und fünf Vierteln ab. In dem extrem kurzen Stück lassen sich die verschobenen Verläufe anfangs innerhalb eines konsonanten Kernsatz verfolgen. Bei wachsender Beschleunigung jedoch, die erst im langsamen Schluß einhält, verschärfen sich die asynchronen Relationen, während sich mit der Zuwahl weiterer Tonstufen zugleich atonale Klänge durchsetzen.[1]

Gemessen am Stand, den zuvor Schönberg, Webern und Berg oder wenig später dann Hába und andere erreichten, waren Cowells Experimente freilich nicht gar so avanciert, wie sie sich im amerikanischen Kontext ausnahmen. Der dissonante Kontrapunkt fällt bereits in den folgenden Quartettsätzen gemäßigter aus, die zugleich klarer motivische Zellen erkennen lassen. Im eröffnenden Moderato des *Movement* (1928), das als String Quartet No. 2 zählt und einen knappen Sonatensatz darstellt, wird eine im Dreiklang steigende Linie, die hörbar als Hauptthema fungiert, durch schrittweise fallende Bewegung kontrapunktiert, in der die Stimmen anfangs zu dissonant verschränkten Terzparallelen verbunden werden (T. 1–19). Der Dissonanzgehalt steigert sich bei wachsender Beschleunigung, in der akkordisch wiederholte Viertel und schreitende Achtel ein Seitenthema abgeben (T. 20–30). Die kurze Durchführung paart beide Themen mit punktierten und wieder geglätteten Achteln (T. 31–66), und die wenig variierte Reprise greift auf den Beginn zurück, dem sich die kurze Coda anfügt (T. 67–95, 96–102). Weitere Möglichkeiten prüft das *Mosaic Quartet*, in dem die zyklische Folge nicht mehr genau determiniert ist. Denn die fünf kurzen Sätze

---

1 Zu diesem Verfahren vgl. H. Cowell, *New Musical Resources*, S. 66–80.

können in wechselnder Folge gespielt werden, ohne freilich ihre interne Struktur zu ändern, die nun eine um E zentrierte Achse kenntlich macht. Der erste Satz, der sogar mit Dur-Akkorden beginnt und endet, verfremdet eine diatonische Hymne durch dissonante Kontrapunktierung. Hohe Akkorde im Flageolett verbindet der zweite Satz mit ostinaten Unterstimmen, im dritten fungieren Glissandi und Haltetöne als Folie einer dreimal an- und absteigenden Kantilene im Violoncello, komplementär formieren im vierten Stück die Unterstimmen ein ostinates Fundament für tänzelnde Oberstimmen, und erst das letzte macht wieder Ernst mit dissonantem Kontrapunkt. Andererseits werden die fünf Sätze des *United Quartet* von ostinaten Klängen beherrscht, deren konsonante Relationen partiell dissonant kontrapunktiert werden.[1] In repetierten Vierteln kombiniert der erste Satz leere Quinten, die nur in Kadenzgliedern und vermehrt im Mittelteil modifiziert werden, mit paarigen Gegenstimmen, die den Quintrahmen derart füllen und erweitern, daß sich der Eindruck von nicht aufgelösten Leittönen einstellt. Über Orgelpunkt wechseln Terzen und Vorhalte im zweiten Satz, während sich zusätzliche Dissonanzen am Ende zum Einklang auflösen, triolische Bänder im 2/4-Takt werden im dritten Stück durch melodische Bögen im 3/4-Takt überlagert, wieder anders paart das vierte ein diatonisches Stimmpaar mit rhythmisch konstanten Gegenstimmen, die mit Trommelstock oder Bogenrücken auf dem Corpus zu klopfen sind, bis der letzte Satz die ostinate Schichtung des ersten abwandelt.

Je mehr sich also die Arbeit auf den Zeitverlauf richtete, desto eher trat der prinzipiell dissonante Kontrapunkt zurück, mit dem zuvor die Grundlagen des Tonsatzes überprüft wurden. So konnte das fünfte Quartett 1956 an eine Werkreihe anschließen, die vom amerikanischen Choralgesang des 18. Jahrhunderts ausging und zuvor bereits *Hymn, Choral and Fuging tune No. 8* für Streichquartett einschloß. Ähnlich gehen die fünf Sätze des letzten Quartetts vom schlichten Satz Note gegen Note aus, der nur partiell durch Imitationen differenziert wird, und die diatonische Basis läßt zwar harmonische Erweiterungen zu, die gleichwohl weniger traditionelle Modulationen als einen Wechsel zwischen unterschiedlichen Modi bewirken. Der Preis dieser Wende besteht allerdings in der Absage an die rhythmische Komplexität, die zuvor die mittleren Werke auszeichnete. Als erster Satz präsentiert ein Lento in breiten Notenwerten primär konsonante Akkorde, die sparsam imitatorisch angereichert werden, ein Allegro formiert aus imitierender Schichtung repetierter Achtel ein engmaschiges Netz dissonanter Sekunden, zu entsprechenden Resultaten führt im mittleren Andante die dissonante Kombination von terzparallelen Stimmpaaren, und nachdem sich im Presto konsonante Ketten mit chromatischen Progressionen kreuzen, überlagern sich die Extreme im abschließenden Largo bis zuletzt.

[1] Vgl. dazu D. Nichols, *Henry Cowell's »United Quartet«*, in: American Music 13 (1995), S. 195–217.

Auf Cowells vielseitige Interessen, die auch außereuropäische Musik einschlossen, reagierten die Quartette wie wechselnde Versuchsanordnungen. Sie griffen mitunter späteren Entwicklungen vor, ohne eine so geschlossene Werkreihe zu bilden, wie sie andere amerikanische Komponisten lieferten. Da Cowells Beiträge aber teilweise erst verspätet publiziert wurden, konnten sie zunächst nur begrenzt wirksam werden, während ihr innovatorisches Potential in der Forschung erst sehr viel später Beachtung fand.

Amerikanische Entwicklungen seit Bloch

Als amerikanische Repräsentanten des Streichquartetts galten vor allem Komponisten wie Ernest Bloch, Walter Piston, Samuel Barber und William H. Schuman, doch entstanden daneben so viele weitere Werke, daß sich aus dem fast unüberschaubaren Bestand nur wenige Beispiele herausgreifen lassen. Zur Gruppe älterer Autoren zählte David Stanley Smith (1877–1949) mit nicht weniger als elf Quartetten, die zunächst die tonale Basis nur wenig modifizierten (wie in op. 19 in e, 1913, op. 46 in C, 1921, op. 57 in Es, 1927, und op. 71 in C, 1934). Etwas freier wurde die Tonalität in späteren Werken gehandhabt, ohne jedoch die tradierten Grundlagen ganz aufzugeben (op. 74, 77 und 80, 1934–38). Von spätromantischen Traditionen her vollzog John Joseph Becker (1886–1961) vor 1930 einen radikalen Wechsel zu freier Tonalität, damit verbanden sich komplexe rhythmische Strukturen, und aus der Distanz heraus konnte ein erstes Quartett 1936 als *Hommage to Haydn* bezeichnet werden, während nach einem zweiten Werk aus dem Jahre 1937 ein letztes 1959 unvollendet blieb. Und Daniel Gregory Mason (1873–1953), der noch bei Chadwick gelernt hatte, trat früh mit einem Quartett *on Negro Themes* hervor (op. 19, 1918–19), um sich dann auf kleinere Beiträge in Form von Variationen zu spezialisieren (op. 28, 1927; op. 40, 1939, u. a.).

Anderes Gewicht haben die fünf Quartette von Ernest Bloch (1880–1959), der in den USA die Reihe der aus Europa kommenden Quartettautoren anführte. Geboren in Genf, studierte er in Brüssel, München, Frankfurt a. M. und Paris, bevor er 1916 in die USA kam, wo er trotz längerer Aufenthalte in der Schweiz blieb. Das noch in Genf begonnene erste Quartett wurde 1916 in New York vollendet, doch kehrte Bloch erst 1945 zu der Gattung zurück und schrieb dann zwischen 1952 und 1956 noch drei weitere Werke.[1]

Ein ungewöhnlicher Wurf ist das sehr ausgedehnte erste Quartett, das sich auf die Hebräische Rhapsodie ›Schelomo‹ aus dem vorangegangenen *Jewish Cycle* bezieht, ohne jedoch wörtliche Anleihen zu benötigen. Mit sonatenförmigen Eck- und dreiteiligen Binnensätzen scheint

---

1 Vgl. J.-M. Fauquet, *Les quatuors à cordes d'Ernest Bloch*, in: Revue musicale de Suisse Romande 38 (1985), S. 22–30, sowie die Literaturhinweise bei D. Z. Kushner, Art. *E. Bloch*, in: *New Grove Dictionary*², Bd. 3, S. 705–708.

das Werk zunächst nur traditionelle Formen durch umfängliche Einleitungen und vielfach vermittelnde Einschübe zu modifizieren. Zwar werden tonale Zentren mit h-Moll- und H-Dur-Akkorden am Ende der Außensätze und mit es- bzw. a-Moll-Klängen am Schluß der Mittelsätze kenntlich, doch schichtet bereits die Einleitung des ersten Satzes mehrfach Sekunden und Terzen zu Spannungsklängen, die sich am Ende der drei Anläufe in Septakkorde auflösen. In ihrer letzten Phase bildet sich eine sinkende Linie aus, die im zyklischen Verbund als Motto fungiert, desto rascher löst sich der Hauptsatz vom Zentrum h-Moll mit engmaschiger Motivik, die der engen Verzahnung ebenso wie der weiträumigen Steigerung entgegenkommt, während der knappe Seitensatz mit punktierten Auftakten um fis-Moll kreist und bald in dynamischer Fortspinnung ausläuft. Nur die Schlußgruppe bildet eine Ruhezone in fis-Moll, die Durchführung jedoch geht erneut vom Motto aus und transformiert die Themen zu variablen Gestalten; der fluktuierende Verlauf des Satzes resultiert primär aus der Vielfalt seiner Glieder, die sich bis zur Coda in dynamischen Wogen bei wechselndem Tempo ablösen. Einem herkömmlichen Scherzo gleicht das Allegro frenetico im Charakter und im dreiteiligen Bau, tonale Zentren in es- und fis-Moll, die eingangs exponiert werden, treten aber rasch simultan zu polytonalen Klangketten zusammen und bilden in stetem Wechsel zwischen fünf und sechs Achteln ein Satzmodell aus, das sich im eher periodischen Trio konsolidiert, bis es in der Reprise harmonisch wie metrisch geglättet wird. Besonders eindringlich entwickelt das Andante molto moderato ein engräumiges Thema, dessen Tritonusspannung auf den gesamten Verlauf übergreift, und das Finale bewahrt eine sehr eigene Statur, obwohl es einleitend die Themen früherer Sätze beschwört, ohne sie genau zu zitieren. Wenn nun dissonante Mixturketten mit Klangachsen zu Tritoni gekoppelt werden, dann erweitert sich zwar der harmonische Abstand vom Kopfsatz, statt eklektischer Willkür steigern sich die Verfahren aber planvoll in der zyklischen Disposition.

Brachte Bloch mit diesem monumentalen Bekenntniswerk die europäische Moderne in die USA, so hatte er die Schritte zur Neuen Musik bereits vollzogen, als er 1945 – fast 30 Jahre später also – sein zweites Quartett entwarf. Zwischen atonalen Ansätzen und tonaler Zentrierung hält es die Waage, indem es einen zyklischen Prozeß ausbildet, ohne sich durchweg auf freie Tonalität festzulegen. Der langsame Kopfsatz entwickelt aus dem Motto eines Quintfalls, der mit benachbarten Halbtönen erweitert wird, eine rezitativisch schweifende Linie der Oberstimme. Aus ihr entspinnt sich im Zutritt der Unterstimmen ein polyphones Gewebe, das sich erst im Gegenthema der unisonen Unterstimmen zu wiederholtem Terzfall festigt, bevor es mit Mottozitaten verkettet wird. Das stürmische Presto sodann, das mit zweifachem Trio einem Scherzo entspricht, findet zu begleitenden Arpeggien, die im Mittelteil

E. Bloch, Nr. 2, erster Satz, T. 1–14 (Boosey & Hawkes).

auf die erweiterten Quinten des Mottos anspielen, sein Zentrum in einer thematischen Linie, die zunächst Septim- und Quintsprünge ausbildet und dann den fallenden Leitton mit der kleinen Oberterz verbindet. Wird damit ein zweites zyklisches Thema präformiert, so kommt das Trio auf die fallenden Terzen aus dem Gegenthema des ersten Satzes zurück, wogegen das Andante an dritter Stelle das Scherzothema ausspinnt und nach einem Seitensatz voll paralleler Konsonanzen erneut das Motto integriert. Nachdem das Finale eingangs die Halbtonspannungen des zyklischen Materials bündelt, bildet es aus Leitton samt Oberterz das zentrale Thema, das sodann einer Passacaglia mit krönender Fuge zugrunde liegt. Allgegenwärtig ist aber das Motto, dessen halbtönige Erweiterung noch den D-Dur-Schluß färbt.

Aus der letzten Trias von Bloch sei schließlich noch stellvertretend das erste Werk genannt, das in der Reihe der fünf Quartette zugleich das dritte bildet. Wiewohl die Formen nun deutlich straffer sind, verändern sich die satztechnischen Prinzipien nur graduell. Im ersten Allegro deciso sequenziert der Hauptsatz in markierten Vierteln fallende Quinten, denen die Fortführung in steigenden Sekundschritten begegnet, episodisch bleibt ein gleichfalls diatonischer Seitensatz. Desto frappanter ist aber die Energie, mit der die Durchführung das karge Material zu chromatischer Steigerung führt. Dem langsamen Satz steht eine engschrittige Einleitung der Viola voran, die im A-Teil als Begleitung der thematischen Kantilene fungiert und mit ihrem Initium noch im B-Teil nachwirkt, bis sich beide Themen in der kurzen Reprise kreuzen. Dem früheren Typus folgt das ungestüme Scherzo, zu ihm kontrastiert mit irisierenden Klängen im Flageolett ein langsames Trio, doch fügt sich vor die Scherzoreprise ein Vorverweis auf das spätere Finalthema ein. Während sich a, d und e am Schluß der ersten drei Sätze als tonale Zentren ausweisen, exponiert das Finale eingangs eine zwölftönige Formation, deren Initium fallende verminderte Quinten reiht (a–dis–g–c), wogegen Terzfälle (h–gis und b–fis) ein latent tonales Zentrum einrahmen (f–e–cis–d). Schon vor einer intervallischen Umkehrung, die bei gleichem Initium eine veränderte Tonfolge erschließt, spaltet die Einleitung Teile dieser Tonfolge ab, die chromatische Teilstrecken nicht ausschließt und damit nicht als Reihe, sondern als thematischer Fundus dient. Doch bewirkt sie die einprägsame Kraft des Materials, und seine Varianten durchlaufen die Stimmen zunächst fast wie ein Ostinato, aus dem dann das Thema der Schlußfuge gebildet wird. Mit seiner Kadenz in a beweist der Satz erneut, daß Bloch zwölftönige Bildungen zu gesteigerter Chromatisierung einsetzen konnte, ohne damit tonale Zentren ganz auszuschließen.

Wie die beiden letzten Werke beweisen, blieb Bloch zwar offen für kompositorische Veränderungen, durch die jedoch die tonalen Wurzeln der Frühzeit nicht völlig preisgegeben wurden. Mit seiner Persönlichkeit zog er zahlreiche, oft kaum viel jüngere Musiker an, von denen manche mit eigenen Quartetten hervortraten. Zwei Werke schrieb 1918 und 1925 Bernard Rogers (1893–1968), der seine Ausbildung bei Britten und Nadja Boulanger vervollständigt hatte, und Frederick Jacobi (1891–1952) lieferte nach einem Quartett *on Indian Themes* (1924) noch 1933 und 1952 zwei weitere Beiträge. Einem ersten Werk in e (1936) ließ Roger Sessions (1896–1985) 1950–51 nur ein weiteres folgen, das zwischen drei langsamen Sätzen, die Beginn, Mitte und Abschluß bilden, zwei sehr rasche Binnensätze einschaltet. Bei allen Ingredienzien des Scherzos verfügen sie über gemäßigte Episoden in Triofunktion, gewichtiger sind aber die langsamen Sätze mit eröffnender Fuge, Variationen in der Mitte und einem seltsam schweifenden Finale. Zumal der fugierte Kopfsatz hat ein ungewöhnlich langes Thema zu verarbeiten, dessen Kopfgruppe mit diatonischem Quartanstieg nur anfangs gewahrt, dann aber diminuiert und vom raschen Gegenthema überrollt wird, bis es erst im Schlußteil wieder hervortritt. Weit mehr als bei Bloch setzt sich ein durchgängig atonaler Satz durch, der allerdings zwölftönige Gruppierungen nach wie vor als Vorrat statt in strenger Reihentechnik verwendet. Deutlicher läßt sich der Wandel an den zehn Quartetten verfolgen, die Quincy Porter (1897–1966) zwischen 1923 und 1965 komponierte. So zeigen die drei Sätze des sechsten Werks, das 1936–37 entstand, nicht nur tonale Schlüsse, sondern das erste Allegro zehrt bis in die Durchführung hinein von der tonalen Stabilität des Hauptthemas, die sich nur im rascheren Seitensatz lockert, und entspannen sich die chromatisch schweifenden Linien des langsamen Mittelsatzes erst im versöhnlichen Schlußakkord, so kehrt das sehr kurze Finale desto eher die tonale Basis hervor. Das weitaus knappere achte Quartett verschmilzt dagegen 1950 Lento und Allegro zu einem ersten Komplex, dessen Schichten sich mehrfach kreuzen und simultan überlagern, während ein Adagio als zweite Abteilung am Schluß auf das Lento zurückblickt und kurz sein scherzoses Gegenthema zitiert. Doch wird das grundsätzlich diatonische Material nicht nur chromatisch gefärbt, sondern zu einem polyphonen Gewebe ausgesponnen, dessen Tonalität ungleich labiler als früher ist, ohne ganz den Stand von Sessions zu erreichen.

Kaum gleiche Bedeutung hatte die Gattung für andere Musiker, die dem Kreis um Bloch nicht ebenso nahe standen. So schrieb Virgil Thomson (1896–1940) nur zwei Werke (Nr. 1 d-Moll, 1930 und Nr. 2, 1940), George Antheil (1900–1959) begnügte sich nach einem verlorenen Frühwerk mit einem Beitrag (1927) und ein paar ›kleinen Stücken‹[1], und unbeteiligt wie Aaron Copland (1900–1990) blieb bezeichnenderweise ein älterer Musiker wie Edgar Varèse (1883–1965), der ähnlich wie Ives zu den Initiatoren der Moderne zählte. Andererseits suchte Roy Harris (1898–1979) Alternativen zu den gewohnten Mustern, indem er nach einem unveröffentlichten ersten Werk (1929) *Three Variations on a Theme* (1933) und *Four Preludes and Fugues* (1937) als Quartette Nr. 2–3 rechnete.[2] Die Variationen greifen den früheren Versuch E. St. Kelleys auf, ein zyklisches Quartett als Kette von Variationen anzulegen, die sich hier allerdings auf drei Sätze reduzieren. Das Thema huldigt der Widmungsträgerin Elizabeth S. Coolidge (deren Anteil an vielen weiteren Werken nicht immer eigens hervorgehoben werden kann), indem ein Terzfall (es–c) auftaktige Erweiterung findet (c–e–c) und so auf das Monogramm E. S. C. anspielt. Konstitutiv wie das Verhältnis von großer und kleiner Terz ist der Wechsel zwischen ab- und auftaktiger Diktion, beides kommt der raschen ersten Variation in der Kreuzung von 6/8- und 3/4-Metrum zugute und ist für die lineare Ausspinnung des langsamen Mittelsatzes eher maßgeblich als die melodische Gestalt des Themas selbst. Das Finale wechselt zwar zwischen beiden Aspekten, bevor es im Fugato ausläuft, verbindlich bleibt aber trotz dissonanter Ausweitung das tonale Fundament in C. Dagegen enthält die lange Werkliste von Alan Ch. Hovhaness (1911–2000) fünf Streichquartette (op. 8, 1936, op. 147, 1951, op. 208:1–2, 1960, und op. 287, 1976), die freilich bislang nicht näher untersucht worden sind, bezeich-

1 L. Whitesitt, *The Life and Music of George Antheil 1900–1959*, Ann Arbor/ Mich. 1983 (Studies in Musicology 70), S. 217f. und S. 220ff.

2 D. Stehman, *Roy Harris. A Bio-Bibliography*, New York 1991 (Bio-Bibliographies in Music 40), S. 113f., 167f. und 115f. (Nr. 106, 167 und 107).

[1] R. Howard, *The Works of Alan Hovhaness. A Catalogue: Opus 1 – Opus 360*, New York 1983; Studien zu den Quartetten stehen jedoch noch aus, vgl. A. Rosner, Art. *Hovhaness*, in: *New Grove Dictionary*², Bd. 6, S. 762–765.

nend ist aber die Fülle weiterer Sätze, die er für dieselbe Besetzung schrieb.[1]

Etwas deutlicher wandeln sich die Verhältnisse in den fünf Quartetten von Walter Piston (1894–1976), der zeitweise als markanter Vertreter der Neuen Musik in den USA galt. Zwar blieb er der traditionellen Gliederung in vier oder nur drei Sätzen treu, bei denen Sonatenformen so wenig fehlen wie fugierte Teile und dreiteilige Binnensätze. Das erste Werk bietet zwischen zwei schnellen Sätzen in C ein Adagio in E, dessen Mittelteil ein fast rezitativisches Fugatothema zu punktierter Begleitung chromatisch ausspinnt. Auffällig ist hier wie in den Rahmenteilen und ebenso in den Außensätzen ein ungewöhnlich kompakter Satz, der aus homorhythmischer Ballung der Stimmpaare resultiert und sich nur in den Seitenthemen lockert. Nach zwei weiteren Werken (1935 und 1947) ändert sich das Bild 1951 in den vier Sätzen des vierten Quartetts nur graduell, sofern der tonale Rahmen von h-Moll und D-Dur in den Ecksätzen deutlich erweitert wird. Das um E kreisende Adagio bildet jedoch stärker dissonierende Schichtungen als ehedem aus, und ein Leggero Vivace, das als Scherzo einen gemäßigten Mittelteil enthält, dehnt in raschen Figuren den Quintrahmen um A zu scharf dissonierenden Stimmzügen, deren tonale Orientierung weniger verbindlich bleibt. Einen Schritt weiter geht das wieder dreisätzige letzte Werk, das 1962 für die Berliner Festwochen bestimmt war. Wächst im Ablauf der raschen Rahmensätze die Distanz von den tonalen Zentren B bzw. A, so zieht ihr

W. Piston, Nr. 5, zweiter Satz, T. 1–8 (Associated Music Publishers).

Sekundabstand von vornherein in die begleitende Schicht des mittleren Adagio ein. Je mehr sie sich mit Tritonus und Halbtönen auflädt, desto stärker emanzipieren sich die tonal freien Linien der Führungsstimmen. Gleichwohl stellt sich wieder ein so dichter Satz wie früher ein, der nun freilich aus komplexerer Verhakung der Stimmen entsteht.

Nach dem Ersten Weltkrieg mehrte sich also die Produktion geradezu explosiv. Die gelockerten Regeln des Tonsatzes boten Gelegenheit, mit eigenen Versuchen auf sich aufmerksam zu machen, und zugleich wuchs mit der zunehmenden Zahl der Music Departments der Bedarf an Theorie- und Kompositionslehrern, für die es offenbar zeitweise fast zum guten Ton gehörte, in der Werkliste auch Streichquartette vorweisen zu können. Die Verhältnisse änderten sich jedoch bei den nach der Jahrhundertwende geborenen Komponisten, in deren Werk eine pointierte Pluralität der Positionen zutage tritt. Bei ihrem späteren Ehemann Charles Seeger, der als Lehrer einflußreicher wurde als durch seine Kompositionen, absolvierte Ruth Crawford Seeger (1901–1953) Studien im ›dissonanten Kontrapunkt‹, 1930–31 lernte sie in Europa Bartók kennen, vermied aber eine Begegnung mit Schönberg und schrieb 1931 in Berlin ihr einziges Streichquartett. Das ebenso knappe wie konzentrierte Werk zählt zu den wichtigsten in einem schmalen Œuvre, das sich später wegen anderer Verpflichtungen nur wenig erweiterte.[1] Recht früh und gründlich entsagen nämlich die vier Sätze durchweg jeder tonalen Bindung. Statt sich aber orthodoxer Dodekaphonie zu verschreiben, ist ihre ›expressive Heterophonie‹ einem fast schon seriellen Denken in numerischen Relationen verpflichtet, die freilich nur mittelbar sinnfällig werden. Eingangs entfaltet ein Rubato assai ein sprungreiches Thema, das noch in den etwas weiteren Linien des Gegenthemas nachwirkt, und attacca schließt das Leggiero tempo giusto an, in dem sich rasante Skalensegmente mit ähnlichen Sprungmotiven wie im ersten Satz kreuzen. Gebündelte Halbtöne, die anfangs in tiefer Lage verschwimmen, schieben sich im Andante allmählich aufwärts, bis sie sich in hoher Lage verschärfen und rasch wieder absinken, und im verqueren Dialog des Allegro possibile treffen zum Schluß springende Einwürfe der Oberstimme auf abgründig murmelnde Gruppen, zu denen die Unterstimmen zusammentreten. Gerade dieser Satz unterliegt einer komplizierten Ordnung, die nach einem Hinweis von Ch. Seeger durch die Projektion der Zahl 10 gelenkt wird und von der Ebene der Tonhöhen auf die der Tondauern übergreift.[2] Faßbarer wird eine latente Regulierung jedoch im langsamen Satz, in dem sich die verklammerten Halbtöne nicht nur – wie erwähnt – auf- und abwärts verschieben, sondern zugleich eine Beschleunigung erfahren, die der Heterophonie ihre suggestive Macht verleiht.

Um vergleichbare Konsequenzen zu ziehen, brauchten selbst jüngere Musiker längere Zeit. Während Irving Fine (1914–1962) erst 1952 sein einziges Quartett schrieb und dann gleich mit seriellen Techniken ex-

1 J. Tick, *R. Crawford Seeger. A Composer's Search for American Music*, New York u. a. 1997; dies., Art. *Crawford Seeger*, in: *MGG²*, Personenteil Bd. 5, Kassel u. a. 2001, Sp. 64–68.

2 *American Composers on American Music. A Symposium*, hg. v. H. Cowell, Stanford/Cal. 1933, Reprint New York 1986, S. 113: »(10–10) + (10–10) to be followed by a cancricans one half-tone higher«. Auf das Finale bezieht sich die Definition nach J. Tick, Art. *Crawford Seeger*, Sp. 67, plausibler könnte sie aber für das Andante gelten.

perimentierte, ging Ross Lee Finney (1906–1997) nach einer Reihe recht gemäßigter Werke erst 1950 im sechsten seiner acht Quartette zur Zwölftontechnik über.[1] Nicht unbegründet ist allerdings die zusätzliche Angabe »in E«, denn die Ecksätze, die als modifizierte Sonatenformen ein Scherzando sowie ein Adagio einrahmen, gehen vom Zentralton E aus, der in der Einleitung des Kopfsatzes sogar als Moll-Dreiklang entfaltet wird. Er wird in diatonischen Linien langsam erweitert, erst im Allegro wechselt der sprungweise Hauptsatz zu atonaler Faktur, die sich in der Durchführung sogar zu dissonanten Clustern verschärft, doch kommt der Seitensatz auf die gemäßigt diatonische Verfassung der Einleitung zurück, so daß der Satz weniger von den Themen als von ihrem strukturellen Verhältnis profitiert. Freilich wäre analytisch noch zu klären, wie streng hier und in den Folgesätzen dodekaphone Prinzipien befolgt werden. Ein gleicher Wandel wird in den vier Beiträgen von William H. Schuman (1910–1992) sichtbar, der nach zwei ersten Werken (1936–37) in den drei Sätzen seines dritten Quartetts noch 1939 an maßvoll erweiterter Tonalität festhielt.[2] Einer Doppelfuge mit langsamen Introduktion, die das zentrale Intermezzo im Mittelteil aufnimmt, stehen als Finale ›Rondo Variations‹ gegenüber, deren Bezeichnung auf die fortschreitende Variation des Refrains hinweist. Zwar begegnen einerseits dissonierend gebündelte Akkorde, die vor Abschluß des Finales fast wie Cluster wirken, daß andererseits dissonierende Sekunden noch immer der Auflösung bedürfen, zeigt die lineare Stimmführung der Einleitung. Sobald sich die diatonischen Linien zum Wechsel von Dur- und Mollklängen formieren, werden sie von Vorhalten durchsetzt, die wiederum aufgelöst werden. Gerade diese Blöcke zitiert aber das Intermezzo, und ähnlich verfährt die Fuge, deren diatonische Themen primär rhythmisch unterschieden und am Ende kombiniert werden. Das vierte Quartett umfaßt wieder vier Sätze mit Adagio und Andante an erster und zweiter Stelle, denen jeweils ein Allegro bzw. ein Presto folgen, auffällig entsprechen sich aber die Satzpaare, indem sie die Tonalität in unterschiedlichem Maß erweitern. Das Adagio präsentiert eingangs wieder Dur- und Mollterzen, ohne strenge Imitation erschließt die lineare Stimmführung weitere chromatische Stufen, melodisch oder akkordisch scheinen im Strom der Stimmen tonale Residuen durch, und so endet der Satz mit wiederholten G-Dur-Klängen, zu denen jedoch in tiefer Lage die Mollterz ausgehalten wird. Mit einem entsprechenden Akkord – nun über E – schließt ebenso das Andante, doch geht es von entsprechend dichten Akkordketten aus, die zwischen atonalen Feldern und tonalen Relikten wechseln. Dagegen verschärft sich das Verfahren in den schnellen Sätzen zu kaum noch tonalen Klangblöcken, die dann wie in den Seitenthemen zu diatonisch beruhigten Linien nachwirken, ohne jedoch exponierende und verarbeitende Phasen als thematisch gesonderte Sektionen zu trennen. So vermittelt das Werk zwischen er-

---

[1] P. Cooper, *The Music of Ross Lee Finney*, in: The Musical Quarterly 53 (1967), S. 1–21; H. Onderdonk, *Aspects of Tonality in the Music of Ross Lee Finney*, in: *Perspectives on American Composers*, hg. v. R. Boretz und E. T. Cone, New York 1971, S. 248–268.

[2] K. G. Adams, *William Schuman. A Bio-Bibliography*, Westport/Conn. 1998; C. Rouse, *William Schuman: Documentary*, New York 1980. Zu weiterer Literatur vgl. Br. Saylor, Art. *Schuman*, in: *New Grove Dictionary*², Bd. 22, S. 751ff.

weitert tonalen und nahezu atonalen Bereichen, deren satztechnische Regulierung freilich noch offen gelassen werden muß.

Daß gleichzeitig sehr andere Wege möglich waren, zeigt sich am Beispiel von Ellis Kohs (1916–2000), dessen zweites Quartett (1948) als *a short concert* bezeichnet ist und die Tonalität nur bedachtsam erweitert. Einem gedrängten Sonatensatz folgen fünf kurze Tanzsätze, nach denen das ›Dreams‹ überschriebene Finale unter thematische Reminiszenzen sogar den Namen Bachs einmischt. An seiner Seite wäre als Schüler von Sessions Andrew Imbrie (geb. 1921) zu nennen, der zwischen 1942 und 1987 fünf Quartette schrieb.[1] Kein anderer Autor macht aber die Pluralität der amerikanischen Produktion so deutlich wie Samuel Barber (1910–1981), der lange Zeit in aller Welt als der berühmteste Komponist seines Landes angesehen wurde. Er schrieb 1936 sein einziges Streichquartett op. 11, dessen langsamer Satz als ›Adagio for strings‹ (1937–38) durch Toscaninis Aufführungen bekannt wurde wie wohl kein anderer Quartettsatz dieses Jahrhunderts.[2] Zwar ist nicht das ganze Quartett so tonal und melodienselig wie dieses Adagio, das durch Länge und Stellung besonderes Gewicht erhält, weil ihm nur ein rascher Satz vorangeht, der im Anschluß an das Adagio nochmals kurz resümiert wird. Als Molto allegro e appassionato bildet er einen regulären Sonatensatz in h-Moll, dessen Hauptthema in skalarem Anstieg einen strahlenden D-Dur-Klang erreicht, während der Seitensatz von wiederholten E-Dur-Akkorden aus wiegende Klangfolgen in rascherem Wechsel offeriert. In die eröffnende Skala sind freilich gespannte Tritoni eingelagert, aus denen nicht erst die Durchführung ihr Modell gewinnt. Die chromatische Absenkung des ersten Tons (fis–f) zieht in analoger Rhythmik ebenso in die Überleitungen ein; sie steht in verlangsamter Version dem Seitensatz voran, und wenn sie seine Wiederholung begleitet und noch als Schlußgruppe dient, dann erweist sie sich bis in die Durchführung hinein als Widerpart der Themen. Das Adagio in es-Moll scheint dagegen nur auf die weite Ausspinnung steigender und dann fallender Sekundketten zu setzen, doch tritt zu ihren Wiederholungen nicht nur eine kontrapunktische Gegenstimme, sondern das Thema selbst bildet im Verhältnis zu den scheinbar nur begleitenden Stimmen von vornherein ein lineares Geflecht aus, das nicht ganz zufällig an Bachs berühmte Air erinnern kann. Bei genauerem Zusehen sind es also nicht wenige Maßnahmen, die den klangvollen Satz vor barer Trivialität schützen, doch steht er zur zeitgleichen Musik von Cowell oder Crawford dermaßen quer, daß er als schärfster Widerpart im vielstimmigen Konzert der amerikanischen Musik dieser Zeit gelten darf.

Mancherlei Kommentare, wie man sie in einführenden Texten älterer Einspielungen finden kann, heben nicht selten die undogmatische Vitalität hervor, durch die sich amerikanische Musik vom konventionellen oder orthodoxen Repertoire Europas unterscheide. Einer betonten

---

[1] Vgl. A. O. Brasart / M. Brody, Art. *Imbrie*, in: *New Grove Dictionary*², Bd. 12, S. 89f. (die Werke konnten nicht eingesehen werden).

[2] B. B. Heymann, Art. *S. Barber*, in: *MGG*², Personenteil Bd. 2, Kassel u. a. 1999, Sp. 183–187; dies., *A Thematic Catalogue of the Complete Works of Samuel Barber* (das in *MGG* angekündigte Verzeichnis war bei Abschluß dieser Arbeit nicht erreichbar); W. Gruhle, *Streichquartett-Lexikon*, Gelnhausen ²1999, S. 23, nannte ein zweites Quartett op. 27 (1947), doch enthält Barbers op. 27 (1950–51) fünf Lieder nach Texten von R. M. Rilke.

Selbständigkeit, die sogar polemische Züge haben konnte, standen jedoch die vielen Emigranten gegenüber, die nach Bloch und erst recht während der stalinistischen und faschistischen Diktaturen aus Europa in die USA kamen. Auf manche von ihnen ist freilich vorerst nur hinzuweisen, denn nicht alle fanden bisher die Beachtung, die so bekannten Komponisten wie Schönberg, Bartók, Hindemith, Weill oder Krenek zuteil wurde. Der Holländer Bernard Wagenaar (1894–1971), der zwischen 1926 und 1960 vier Quartette vorlegte, war schon 1920 übersiedelt. Aus der Ukraine stammte Karol Rathaus (1895–1954), der bei Schreker in Wien studiert hatte und über Paris 1938 in die USA ging, wo er 1936, 1946 und noch 1954 drei Werke schrieb, während zwei frühere verloren sind. Der gebürtige Prager Karel Husa (geb. 1921) emigrierte nach seiner Pariser Ausbildung 1954 und lieferte 1954 und 1968 zwei Beiträge, und von Sibirien aus kam 1937 Alexej Haieff (1914–1994) an die Juilliard School und trug dann 1937 ein Werk bei. Wie Stefan Wolpe (1902–1972), der erst 1969 ein Quartett komponierte, emigrierte 1937 Lukas Foss aus Berlin (geb. 1922), der nach einem ersten Werk (1947) zunächst ein *Divertissement* und dann ein drittes Quartett (1975) schrieb, um es aber wenig später zum *Quartet Plus* für zwei Streichquartette samt Erzähler und Videoband umzuarbeiten. In anderem Zusammenhang ist dagegen auf einen älteren Komponisten wie Ernst Toch (1887–1994) einzugehen, da nach seiner Emigration (1936) in den USA nur noch die beiden letzten von insgesamt 13 Quartetten entstanden, während Erich Wolfgang Korngold nach früheren Quartetten im Exil nur einmal auf die Gattung zurückkam.

Was solche Komponisten für das Streichquartett in den USA bewirkten, ist kaum zu beurteilen, solange nähere Untersuchungen ausstehen. Immerhin trugen sie zu einer Vielfalt bei, in der die amerikanische Avantgarde nicht auf Impulse von außen angewiesen war. Diese Fülle würde sich sogar noch erweitern, wollte man die in New York erschienenen Werke lateinamerikanischer Autoren hinzurechnen, die freilich ihre Anregungen primär aus Madrid oder Paris bezogen hatten. Obwohl jedoch Elliott Carter zwei Jahre älter als Barber war, wurde er mit seinen Streichquartetten bereits zum Repräsentanten einer neuen Phase der Gattungsgeschichte. Wie sich so unterschiedliche Tendenzen zueinander verhielten, wird aber erst dann genauer kenntlich werden, wenn ein Autor, dem alle Werke und Quellen in den USA zugänglich sind, die Geschichte des amerikanischen Streichquartetts systematisch erschließt.

4. Auf mittlerer Linie:
Positionen in skandinavischen Ländern

Wie die Werke von Milhaud und Schostakowitsch in Frankreich und Rußland ragen aus dem zeitgenössischen Repertoire in Skandinavien die Quartette von Hilding Rosenberg hervor. Zu seinem großen Schülerkreis zählten mit Karl-Birger Blomdahl, Sven-Erik Bäck, Ivar Lidholm und noch Daniel Börtz maßgebliche Komponisten des Landes, und so blieb Rosenberg keineswegs allein mit seinem Interesse am Streichquartett. Entsprechende Werke schrieb neben Bäck und Lidholm Dag Wirén, ihnen traten in Dänemark Jørgen Bentzon, Ruud Langgaard und Hermann D. Koppel zur Seite, und aus Norwegen wären etwa Fartein Valen oder Knut Nystedt zu nennen, während die finnische Produktion nach der dominierenden Gestalt von Sibelius erst etwas später zunahm. Nicht wenige Werke liegen in Ausgaben und Einspielungen vor, die aber jenseits der Landesgrenzen nicht leicht erreichbar sind, und sieht man von einigen akademischen Abhandlungen ab, so sind nur verstreute Aufsätze – meist in den Landessprachen – über einzelne Autoren und Werke greifbar, mit deren Erwähnung sich die musikgeschichtlichen Darstellungen begnügen mußten. Bo Wallner führte seine Geschichte des Streichquartetts in Schweden nicht für das 20. Jahrhundert fort, und sein Kompendium neuer Musik im Norden konnte 1968 nur ausgewählte Werke heranziehen, ohne sie näher zu untersuchen.[1] Der große Umfang des Bestands macht Lücken der Forschung so spürbar, daß nur einzelne Beispiele zu nennen sind, unter denen die geschlossene Werkserie Rosenbergs Vorrang haben muß.

Rosenberg und sein Kreis

Geboren in Südschweden, begegnete Rosenberg (1892–1985) am Ende seiner Ausbildung in Stockholm noch Wilhelm Stenhammar, der sich für den Jüngeren einsetzte und Widmungsträger des 1920 entstandenen ersten Quartetts wurde. Im gleichen Jahr führte eine Studienreise Rosenberg über Dresden nach Berlin und Paris, in dieser Zeit lernte er Schönbergs Musik kennen, bevor er später in Stockholm als Dirigent, Pianist und Kompositionslehrer wirksam wurde. Seinem ersten Quartett schlossen sich 1924 und 1926 zwei weitere an, von denen das letzte den Zusatz *pastorale* erhielt, erst 1939 folgte Nr. 4, und in die Jahre 1949 und 1953 fielen die Quartette Nr. 5 – Sibelius gewidmet – und Nr. 6. Dazwischen lag jedoch 1942 ein weiteres, nicht ganz vollendetes und daher nicht gezähltes Werk, das Rosenberg erst spät freigab und zur Uraufführung 1984 – ein Jahr vor seinem Tode – durch seine einstigen Schüler Bäck,

1 B. Wallner, *Vår tids musik i Norden. Från 20-tal till 60-tal* [Musik unserer Zeit im Norden. Von den 1920er zu den 1960er Jahren], Stockholm 1968 (Publikationer utgivna av Kungl. Musikaliska Akademien 5). Ein Überblick findet sich bei L. Jonsson / H. Åstrand (Hg.), *Musiken i Sverige*, Bd. 4: *Konstmusik, Folkmusik, Populärmusik 1920–1990* [Die Musik in Schweden, Bd. 4: Kunstmusik, Volksmusik, populäre Musik 1920–1990], Stockholm 1994. Weitere Details bietet die ältere Darstellung von H. Connor, *Svensk musik*, Bd. 2: *Från midsommarvaka till Aniara* [Schwedische Musik, Bd. 2: Von Alfvéns Johannisnacht zu Blomdahls Aniara], Stockholm 1977.

Börtz und Lidholm ergänzen ließ. Nach Revision der drei ersten Werke entstanden im Auftrag des schwedischen Rundfunks 1956–57 in einem Zug sechs weitere Quartette, von denen das letzte als *riepilogo* bezeichnet wurde, doch noch 1972 trug der nun Achtzigjährige *Six Moments musicaux* nach, die eine Suite von knappen Miniaturen ›Carl Nielsen in memoriam‹ darstellen. All diese Werke überraschen kaum durch ostentative Formexperimente oder zyklische Verknüpfungen. Die traditionelle Viersätzigkeit wird nur in Nr. 3 mit drei Sätzen sowie in den zweiteiligen Quartetten Nr. 9 und 12 unterschritten, mit Ausnahme des knappen zweiten Quartetts hält sich der Umfang zwischen 20 und 25 Minuten, und selbst die herkömmlichen italienischen Satzangaben werden zumeist beibehalten. Desto mehr beeindruckt ein höchst persönlicher Tonfall, der schon in den frühen Werken vernehmbar ist, sich dann immer deutlicher durchsetzt und noch in den letzten kleinen Formen erhält. Man hat die frühen Werke als frei experimentierend bezeichnet, vom streng linearen Konzept in Nr. 4 höbe sich dann eine lyrisch expressive Haltung ab, bis sich die späten Quartette einer freien Zwölftontechnik zuwenden. Daß aber kaum eine so strikte Entwicklung zu konstatieren ist, dürfte eine Voraussetzung für den Rückblick in Nr. 12 bilden, der sich durch modifizierte Zitate aus früheren Werken konstituiert. Ihren Grund hat die Eigenart dieser Werke im Primat ihrer melodischen Linien, mit denen sich eine immer konsequentere Ausnutzung der freien Atonalität verbindet. Wird die Orientierung an traditionellen Satzformen, die freilich durchaus modifiziert werden können, wenigstens anfangs noch spürbar, so wenden sich die weiteren Werke zu immer freieren Verläufen, die selbst dort nicht in gängigen Schemata aufgehen, wo es sich im Grunde um Variationsreihen handelt. So prägend dabei die Themen zunächst sein mögen, so unvorhersehbar ist die Vielfalt der Metamorphosen, die das Material erfährt, und die Verbindung einer solchen Freiheit auf formaler, tonaler und satztechnischer Ebene mag ein Grund dafür sein, daß eine gründliche Untersuchung dieser komplexen Werke noch aussteht. Hegte Rosenberg 1927 die Auffassung, persönliche Eigenart trete desto klarer hervor, »je besser wir die Form meistern«, so hob er 1931 den zentralen Rang der Melodik hervor. Bei aller Offenheit für Hindemith wie Schönberg äußerte er sich aber kaum zu eigenen Strategien, doch sah er im Neuen die Konsequenzen der Tradition, wogegen ihm die Harmonielehre nun nur noch als »historisches Mißverständnis« und nicht als Fundament seiner Musik galt.[1]

Schon das erste Quartett erweitert die Tonalität derart, daß es bei der Stockholmer Uraufführung 1923 als chaotische Kakophonie erscheinen mußte. Dabei fällt es noch in eine Zeit, in der Rosenberg mit den Schritten der Moderne nach 1918 nur wenig vertraut sein konnte. Energische Auftakte in punktierter oder triolischer Version eröffnen den Kopfsatz, dringen aber rasch – auch in veränderter Position – in die Gegenstim-

1 Übersetzt nach einem Zeitungsinterview vom 18. 12. 1927 und einem 1931 in Uppsala und Lund gehaltenen Vortrag, beide Texte im originalen Wortlaut bei P. O. Broman, *Kakofont storhetsvansinne eller uttryck för det djupaste liv? Om ny musik och musikåskådning i svenskt 1920-tal, med särskild tonvikt på Hilding Rosenberg* [Kakophoner Größenwahn oder Ausdruck des tiefsten Lebens? Über neue Musik und Musikanschauung in Schwedens 1920er Jahren, besonders bei Hilding Rosenberg], Uppsala 2000 (Studia Musicologica Upsaliensia, Nova Series 6), S. 305 und S. 298f. Für Auskünfte und Kopien der Quellen danke ich herzlich Per Olov Broman.

H. Rosenberg, Nr. 1 (Version 3, 1955) T. 1–5 (Statens musikbibliotek, Stockholm).

men ein, und die weitere Fortspinnung expandiert zu einer Akzeleration, die sich mehrfach in heftigen Ausbrüchen und Abstürzen entlädt. Desto schärfer kontrastieren Episoden mit der Angabe ›Più tranquillo‹, doch fungieren sie nicht als Seitenthemen, sondern nehmen die Satzmitte ein, nach der sich wieder die anfänglichen Impulse durchsetzen, die erst in der Coda verebben. Umgekehrt verfährt ein Andante Molto, indem es die melodische Linie seines Beginns in filigrane Figuration auflöst, und ein scherzoses Allegro Vivace, das im 12/8-Takt den Tanzsatz vertritt, festigt die flirrende Begleitung des Anfangs erst allmählich durch Zutritt thematischer Sequenzen, die wiederholt in sacht repetierte Akkorde auslaufen. Das Finale indes zitiert ausnahmsweise in der Einleitung die Themen der vorangehenden Sätze und schlägt dann in ein Presto um, das Liegetöne mit motorischen Figuren paart und daraus eine schlüssige Entwicklung bezieht, deren Impetus erst in den letzten Takten aufgezehrt ist.

Als exemplarisch kann das viersätzige Quartett Nr. 6 gelten, das 1953 die erste Hälfte der Werkserie beschloß. Die weite Melodiekurve der Primgeige, die solistisch das Andante als ersten Satz eröffnet, umgreift zunächst halbtönig den Zentralton g (as'–g'–fis'). Nach eingeschobener Terz und Quarte (b'–f') weitet sich der Ambitus in einem zweiten Anlauf und läuft in chromatisch sinkenden Triolen aus, bevor er sich erneut hochschraubt, um dann wieder entsprechend abzufallen. So groß der Vorrat der benutzen Stufen und Intervalle ist, so wenig gehorcht er einer streng zwölftönigen Vorordnung, wie die mehrfachen Tonrepetitionen zeigen. Daß sich die Melodik aber ganz auf die Kraft der Linie verläßt, erschwert die Orientierung noch mehr, wenn die zweite Violine das Thema frei variiert, wozu dann die Oberstimme mit weiteren Varianten kontrapunktiert. Sobald mit den nächsten, noch weiter veränderten Einsätzen die Unterstimmen eintreten, wird das Bewegungsmaß kurzfristig zurückgenommen. Mit einem letzten Einsatz der Oberstimme zieht sich der Satz jedoch so sperrig zusammen, daß die Rubrik der freien Atonalität kaum zureicht, um die vehemente Aufladung zu kennzeichnen, die dann in raschem Absturz kulminiert. Indem der Beginn wie ein Fugato angelegt ist, bewährt er zugleich eine Varianten-

H. Rosenberg, Nr. 6, erster Satz, T. 1–17 (Nordiska Musikförlaget, Stockholm).

technik, die auch nicht die Identität des Themas ausnimmt, von dem nur noch das variable Modul einer Zelle bleibt. Sobald seine Energien verbraucht sind, kann ein zweiter Satzteil mit verkürztem Zitat des Incipits folgen, er läuft aber unmittelbar in ein Allegro hinein, das nun den Satzverband mit führender Melodiestimme und nachgeordneter Begleitung umschichtet. Wieder ist es im Gegenzug die schrittweise Raffung der Stimmen, die bei zunehmender Beschleunigung den Charakter so ändert, daß der Verlauf über weitere Alternativen verfügt. Und indem die Stimmen wechselnd zu Achteln im Staccato oder zu breiten Akkordfolgen zusammentreten, zeichnen sich in der steten Fluktuation charakteristische Felder ab. Bei veränderten Vorgaben verfährt das Allegretto als zweiter Satz nicht prinzipiell anders, denn so wenig die tonale Regie einer festen Regelung gehorcht, so deutlich lassen sich Stimmzüge nach ihren Funktionen unterscheiden, die durch Rhythmik, Dynamik und Artikulation definiert werden. In der Oberstimme begegnet schon anfangs wieder die transponierte Zelle, die als Variante auf den Kopfsatz zurückgeht (a'–es"–d"–cis"). Als Presto markiert der dritte Satz ein Scherzo, dessen synkopischer Beginn im Unisono mit steigendem Halbton und fallendem Tritonus einen thematische Kern vorgibt (f–ges–c). Seine Relikte begleiten im Anschluß rasche Figurationen, zwischen die sich Zitate des Incipits einschalten, und auch wenn sie ihrerseits transponiert und verändert werden, fungieren sie doch als alleinige Kennmarken im wirbelnden Verlauf, bis die Coda letztmals diese Pole des Satzes konfrontiert. Den Schluß bildet ein konzentriertes Adagio, das eine weitere, aber ebenso charakteristische Seite von Rosenbergs Kunst belegt. Gleichmäßigen halben Noten in den Außenstimmen treten anfangs synkopische Mittelstimmen entgegen, schrittweise lösen sich aus dem dichten Klangverband solistische Wendungen der Oberstimme, die später auch in weitere Stimmen übergehen, und einmal deutet sich ein B–A–C–H–Zitat an (Ziffer 2), ohne doch thematischen Rang zu erreichen. Desto überraschender löst sich die Coda über einem Fundament, das die Unterstimmen zu Haltetönen im Septimenabstand verklammert, in gebrochene Klänge der Violinen auf, die auch Dreiklangsbildungen aufnehmen, sich aber keiner tonalen Koordinierung unterwerfen. Erst in den Schlußtakten löst sich diese Diffusion über Halbtonspannungen zum Einklang im Zentralton g auf, um damit auf den Beginn des Werks und seine Kernzelle zurückzugreifen.

So profiliert die Thematik anfangs erscheint, so wenig erfährt sie doch streng motivische Verarbeitung. Vielmehr setzt das Verfahren auf fortschreitende Umbildung des Materials durch seine stetige Fortspinnung, und in der Konsequenz ergibt sich ein fluktuierender Verlauf, der nur partiell durch Wiederkehr identischer Kerne gegliedert wird. Wenn diese Musik – entgegen der Erwartung – kaum eigentliche Reprisen zuläßt, so verlangt sie von Spielern wie Hörern äußerste Konzentration, um sich dem Prozeß einer Verflüssigung des Materials anzuvertrauen. Bei einer so ambivalenten Thematik kann es aber befremden, daß Rosenberg 1957 im *Quartetto riepilogo* Nr. 12 just auf thematische Linien früherer Werke zurückkam.

H. Rosenberg, Nr. 12, *Quartetto riepilogo*, Parte Prima, Andante, T. 1–5 (Nordiska Musikförlaget, Stockholm).

Allegretto, T. 1–6.

Denn die Parte prima zitiert eingangs unzweideutig die engräumige Kernzelle des Beginns aus Nr. 6, ein anschließendes Allegretto kommt ähnlich auf den Kopfsatz aus Nr. 1 zurück, zu Beginn der Parte seconda trifft eine Variante aus der Eröffnung von Nr. 6 auf das zweite Thema des Kopfsatzes aus Nr. 1 usw. So konnte Wallner aus dem Vergleich der Themen folgern, schon im Beginn des ersten Werks sei eine Zwölftonreihe impliziert, die mittels der Zitate eine Basis des letzten Quartetts ergebe.[1] Tatsächlich werden die früheren Themen in Nr. 12 rhythmisch so umgebildet, daß sie unter Auslassung weiterer Töne einen zwölftönigen Fundus noch deutlicher ausschöpfen. Eine teleologische Sicht, die Rosenberg ein gleichsam dodekaphones Konzept schon vor Schönbergs maßgeblichen Schritten zuwiese, müßte freilich in den früheren Model-

1 B. Wallner, *Vår tids musik*, S. 152f.

len nicht nur wiederholte, sondern auch weitere Töne vernachlässigen. Immerhin wird damit aber auf den außerordentlichen Stufenreichtum verwiesen, der Rosenbergs Musik schon früh auszeichnete und die Widerstände gegen ihre Durchsetzung begründete. Diese Schwierigkeiten verringern sich keineswegs in der zweiten Hälfte der Werkserie, in der die Verfahren so frei gehandhabt werden, daß sie sich dodekaphonen Prinzipien nähern. Sie werden durchaus undogmatisch genutzt, doch stehen diese Quartette damit in den Jahren nach 1950 nicht mehr allein. Desto eigenständiger bleiben aber die früheren Werke, die auch Vergleiche mit der Musik der Zeitgenossen nicht scheuen müssen. Denn die Verschränkung ihrer freien Atonalität mit einer variablen Fortspinnung, aus der sich die Stationen des Satzes durch wechselnde Koordinierung der Stimmen abheben, macht zusammen mit einer gänzlich unschematischen Formung die Probleme ihrer Rezeption verständlich. Sie sollten jedoch einen Anreiz für die Auseinandersetzung bilden, die eine derart komplexe und individuelle Kunst verdient hätte.

Dagegen hielten andere Komponisten noch lange an den Traditionen fest, in die sie hineingewachsen waren. Kurt Atterberg (1887–1974) schrieb 1909 als op. 2 ein Scherzo in fis-Moll mit einer Romanze in h-Moll, beide ergänzte er aber erst 1938–39 durch zwei als op. 39 bezeichnete Außensätze zu einem dann doch nicht veröffentlichten Werk, ohne die Satzart jedoch grundlegend zu ändern. Nicht nur die frühen Sätze folgen den tradierten Formen und Verfahren, sondern im ersten Satz verbindet sich ein sanft schwingendes Hauptthema, dessen melodische Linien die Überleitung beschleunigt, mit einem Seitenthema in a-Moll, und das Finalrondo wird fast ständig von skalaren oder punktierten Achteln durchzogen, wie sie die frühere Tradition einst bevorzugte.[1] Ein zweites Quartett op. 11 (Stockholm 1919), dem als op. 46 nur noch 1944 Variationen und Fuge über ein Thema von Bellman folgten, zeigt 1916 ein ähnliches Bild, sofern das eröffnende Allegro con fuoco in h-Moll rhythmisch stereotype Begleitfiguren akkordisch auffüllt, um von ihnen das gezackt punktierte Hauptthema abzusetzen. Zwar wechselt das Seitenthema nach es-Moll bzw. Ges-Dur, doch bleibt es bei choralhaft akkordischem Satz, und wenn die Durchführung von C-Dur nach gis-Moll moduliert, so erlaubt sich die Reprise nur die Lizenz, die Folge der Themen zu vertauschen. Bei analogem Grundriß beginnt das Finale ungeachtet der g-Moll-Vorzeichnung in e-Moll, in beiden Themen begegnet aber erneut ein akkordisch massierter Satz, und wiewohl die Entwicklung harmonisch weiter ausgreift, steht die tonale Basis hier so wenig wie im dreiteiligen Andante C-Dur in Frage. Nicht ganz anders verhielt sich selbst ein jüngerer Autor wie Lars-Erik Larsson (1908–1886), der nach *Intima Miniatyrer* op. 20 (1920, Stockholm 1962) 1944 ein erstes Quartett d-Moll op. 31 schrieb (Stockholm 1956).[2] Mit Sonatensatz zu Beginn und Sonatenrondo am Ende – überdies bei diastematisch

---

1 Das Autograph findet sich in der Statens musikbibliotek Stockholm (vormals Kungl. musikaliska akademiens bibliotek), der ebenso für den Zugang zu weiteren skandinavischen Quellen zu danken ist.

2 J. Carlstedt, *Lars-Erik Larsson*, in: *Tonsättare om tonsättare* [Komponisten über Komponisten], hg. v. S. Hanson und T. Jennefelt, Stockholm 1993, S. 63–71; G. Bergendal, *Lars-Erik Larsson*, in: *Musiken i Sverige* [Musik in Schweden], Bd. 4, hg. v. L. Jonsson und H. Åstrand, S. 385–393.

analogen Hauptthemen – setzt das Werk in sparsam erweiterter Harmonik auf lange bewährte Muster, die allenfalls der Mittelsatz ein wenig modifiziert, indem er ein Adagio in f-Moll mit einem Allegretto in F-Dur koppelt. Gelten diese Prämissen noch 1955 im dritten Quartett *alla serenata* op. 44 (Stockholm 1960), so ändern sie sich erst 1975 im dritten Quartett op. 56 (Stockholm 1976), dessen drei Sätze freilich kaum schon auf die inzwischen veränderten Umstände reagieren. Wiewohl die Eröffnung mit einer Sprungbewegung im Unisono funktionale Relationen umgeht, schimmert in modaler Tönung die leittönige Markierung durch, die erst recht in akkordischer Füllung zur Geltung kommt. Entsprechende Motivik prägt mit Varianten die Außensätze, tonal freier verfährt dabei das langsame Finale, wogegen der konventionellere Binnensatz in C-Dur der gängigen Form folgt.

Von acht Quartetten, die John Axel Fernström (1897–1961) zwischen 1923 und 1952 schrieb, wurden offenbar nur einige in vervielfältigten Kopien publiziert.[1] Mehrfach kommen zur klaren Tonartangabe der ersten Werke (Nr. 1–2 op. 6 F-Dur und op. 9 g-Moll, 1923–25) noch spätere Quartette zurück (Nr. 4 op. 54 Es-Dur, 1941, und Nr. 6 op. 81 b ›in der Zigeunertonart auf g‹, 1946), und selbst wo derlei fehlt, entfällt keineswegs die tonale Basis. So geht das Allegro moderato zu Beginn des fünften Quartetts op. 81 a (1946) von einem Hauptthema aus, das dem Violoncello zu akkordischer Begleitung überlassen wird und den Rahmen von e-Moll nur moderat erweitert. Der folgende Ostinatosatz in g-Moll verfügt über 13 Variationen eines sechstaktig schreitenden Themas im 3/2-Takt, und nachdem die anschließende Burleske auf chromatischen Skalensegmenten basiert, kehrt das Finale zur Stillage des Kopfsatzes zurück. Doch noch das knappe letzte Quartett op. 93 ›in dorischem Moll‹ (1952) bleibt der Tradition im einleitenden Andante und im Variationenfinale so eng verpflichtet wie im scherzosen Allegro non troppo und im c-dorischen Andante un poco sostenuto. Differenzierter verfuhr dagegen Erland von Koch (geb. 1910) in drei Quartetten (op. 2, 1934; op. 28, 1994, und o. op. 1961), neben denen er noch weitere Werke für dieselbe Besetzung schrieb. So erweist sich die 1950 komponierte *Musica intima* in der 1965 revidierten Fassung (Leipzig 1969) als dreisätziges Werk in d-Moll, das mit zusätzlichem Kontrabaß primär für Streichorchester bestimmt ist. Ein imitatorisches Andante erhält seine chromatische Färbung durch ein Thema, das den Quintrahmen mit Halbtönen umrahmt, ihm entspricht am Ende ein kurzes Adagio, und analog wird das mittlere Presto in a-Moll eingetönt. Gilt das ähnlich für das *Concerto lirico* (1965) und die *Serenata espressiva* (1963), so sind auch die Quartette in der Tonalität wie in der sorgsamen Arbeit der Tradition verpflichtet. Besonders konzis fiel 1944 das zweite Werk in a-Moll aus (op. 28, Stockholm 1946), das eine viertaktige langsame Introduktion im ersten Allegro moderato zum Hauptsatz

---

[1] Statens musikbibliotek Stockholm besitzt Partituren der Quartette Nr. 5 op. 81 und Nr. 8 op. 93 (beide Stockholm 1955). Ein Werkverzeichnis ohne Publikationsangaben bei B. Lindberg, *Mellan provins och parnass. John Fernström i svenskt musikliv* [Zwischen Provinz und Parnass. John Fernström im schwedischen Musikleben], Lund 1997 (Arkiv avhandlingar 47), S. 308–317. Ähnlich fand Edvin Kallstenius (1881–1967) nach tonalen Frühwerken (op. 1–2, 1904–05, op. 8, 1914, op. 14, 1925) über freie Tonalität in den letzten seiner gesamt acht Quartette zu einer mit tonalen Zügen gemischten Dodekaphonie.

umformt, der wirkungsvoll gesteigert und vom Seitensatz ergänzt wird, während die kombinatorische Durchführung zugleich die Funktion der Reprise abdeckt. Ähnlich gedrängt sind nicht nur Scherzo und Adagio in C- und F-Dur, sondern mit leichter Hand und knapper Form erfüllt das zügige Finale die Normen eines Sonatenrondos in A-Dur.

Doch waren derart verspätete Beiträge in Schweden nur die eine Seite einer Situation, in der die Werke der Musiker bestimmend wurden, die entschiedener an die Moderne anschlossen. So ging Gösta Nystroem (1890–1966) nach der Stockholmer Ausbildung 1920 für zwölf Jahre nach Paris, allerdings schrieb er nach einem ungedruckten Beitrag (1956) nur noch ein weiteres Quartett (1961).[1] Bedeutsamer war die Werkreihe von Dag Wirén (1905–1986), der 1931 das Studium in Stockholm abschloß, bevor hier Rosenberg ein gesuchter Lehrer wurde.[2] Noch in diese Jahr fiel ein erstes Quartett ohne Opuszahl, in Paris jedoch beeindruckten ihn neben Werken Prokofjews und Strawinskys die Musiker der Groupe des Six. Davon ist vorerst wenig im dreisätzigen Quartett op. 9 zu spüren, das 1935 schon nach der Rückkehr entstand und Variationen samt Scherzo und Rondofinale umfaßt (Stockholm 1939). Das Thema des ersten Satzes ist als Allabreve wie ein sechszeiliger Choral in C-Dur gebaut, dessen Schlußzeilen auf den Beginn zurückgreifen. Auf das Incipit mit Sekundschritt und Quartfall gehen aber nicht nur letzten Zeilen zurück, in fallender Sequenzierung erweitern es auch die mittleren, und der damit umschriebenen Ganztonfolge entspricht eine gleitende Akkordkette, die im Grundriß eines Themas mit sechs Variationen gewahrt und erst in der Coda erweitert wird. Mit der Beschleunigung steigert sich von der vierten Variation an die Folge tonal unverbundener Akkorde, die sich gelegentlich überlagern, ohne daß von Bitonalität zu reden wäre, doch treibt das Scherzo diese Technik voran, die im Finale wieder zurücktritt. Desto seltsamer ist durchweg die ›quadratische‹ Periodik, die vom Thema des ersten Satzes über das Scherzo bis in das Finale reicht und latent noch im fugierten Trio des Mittelsatzes nachwirkt. Gründlich gewandelt hat sich das 1970 im letzten Quartett op. 41 (Stockholm 1972), das in drei Sätzen von geradezu lakonischer Kürze knappste Motive zu einem variativen Netzwerk ausarbeitet. Über Orgelpunkt umrahmt der erste Satz zunächst Zentraltöne im Quintabstand mit den benachbarten Halbtönen, durch Quinttransposition erweitert sich der Radius planvoll, bis eine Variante das Material zu einer Kantilene ausspinnt, die einen abgeleiteten Seitensatz vertritt. Weitere Varianten bestreiten die kurze Durchführung, nach der sich die Themengruppierung erneut verschiebt, je weiter damit aber die Harmonik ausgreift, desto mehr wird die anfangs zweitaktige Gruppierung überspielt. Auf halbtönig umspielten Achsen basiert entsprechend der langsame Mittelsatz, in dem der motivische Kern vom Terzambitus aus planvoll ausgeweitet wird, während vor der kurzen Coda ein Allegro capric-

---

1 L. Reimers, *Gösta Nystroem. Life and Works*, Stockholm 1992.
2 J. O. Rudén, *Dag Wirén: Life and Works*, Stockholm 1982 (Publication of the Swedish Music Information Centre).

cioso mit raschem Akkordwechsel fast unmotiviert einbricht. Doch greift es zugleich dem Finale voraus, in dessen akkordischem Thema kleine und große Terzen von den engräumigen Achsen der ersten Sätze grundiert werden. Im Verhältnis der Schichten können sich Akkordfolgen eng und mitunter geradezu polytonal überkreuzen, so deutlich sich aber scherzose und eher kantable Phasen abheben, so vielfach werden die konträren Satzgruppen verwirbelt.

Weniger das tonale als das motivische Verfahren deutet sich schon 1945 im dritten Quartett op. 18 an (Stockholm 1946), in dem zwei Außensätze in d-Moll ein Andante und ein Presto in G-Dur und a-Moll flankieren. Im ersten Satz ist es hier eine Formel im Quartraum, die im Hauptsatz skalar formuliert und im Seitensatz zum Sprung verändert wird, um damit eine ähnlich wechselnde Variantenfolge zu eröffnen, während weitere Ableitungen im raschen Binnensatz wie im Finale begegnen. Ausgenommen scheint nur das Andante zu sein, dessen Melodik den Quartrahmen überschreitet, sobald sie aber zu repetierten Formeln zusammengezogen wird, geben diese das Muster einer Variante in g-Moll vor, die so wie das eingeschobene Vivace C-Dur erneut den Quartrahmen exponiert. Mit dem motivischen Vexierspiel paart sich 1953 im fünfsätzigen vierten Quartett op. 28 (Stockholm 1955) jene Dehnung der Tonalität, die dann vollends in op. 41 hervortritt.

D. Wirén, Nr. 4 op. 28, erster Satz, T. 1–15 (Carl Gehrmans Musikförlag, Stockholm).

Eine fallende Formel im Rahmen einer kleinen Terz wird zunächst im ›Calmo‹ des Kopfsatzes von der Viola eingeführt, sie tritt im Lento an vierter Stelle in Gegenrichtung hervor, bevor sie die fallende Grundgestalt übernimmt, und wird dann im Finale wechselnd verengt oder erweitert. Schon im ersten Satz ist sie aber in eine Begleitung über getrillertem Orgelpunkt eingelagert, in der sie durch vorangestellten Halbton ausgedehnt wird, und in weiteren Varianten kehrt sie in den zweiten wie in den dritten Satz ein, die beide als Intermezzo bezeichnet sind. Größere Extension als in op. 18 erfährt zugleich die Harmonik, sofern die tonale Basis zugleich simultane Kreuzungen einschließt. Über Orgelpunkt auf D kombiniert die eröffnende Motivschichtung fallende und steigende Terzsegmente, die nach G- und E-Dur weisen, das gemächliche erste Intermezzo paart diatonische Linien mit chromatisch gekreuzten Begleitbändern, das zweite beschleunigt differierende Zentren im Prestissimo, im Lento verschiebt sich über Quintbordun die tonale Richtung der Oberstimmen, und so bedenklich das Finale Arpeggien und Akkordketten reiht, so unübersehbar ist ihre tonale Überlagerung.[1] Durch die Klangschichtung und die motivische Permutation erhalten Wiréns Quartette ihren eigenen Klang, dessen transparente Verknappung auf frühe französische Impulse zurückweist und sich damit von der Musik der schwedischen Zeitgenossen unterscheidet.

Aus Schwedens ›Montagsgruppe‹

Privatschüler Rosenbergs bildeten den Kern der ›Montagsgruppe‹, die sich seit Herbst 1944 bei Karl-Birger Blomdahl traf und zunehmenden Einfluß gewann. Die kriegsbedingte Isolation suchte man in diesem Kreis, der neben Komponisten wie Sven-Eric Johanson (1919–1997), Ingvar Lidholm (geb. 1916) und Sven-Erik Bäck (1919–1994) die Musikforscher Ingmar Bengtsson und Bo Wallner umfaßte, durch die Auseinandersetzung mit Kompositionen und Schriften von Hindemith, Bartók und Schönberg. auszugleichen. Die Quartettproduktion dieser Autoren war indessen reicher, als es die wenigen gedruckten Werke erkennen lassen, die weitere Verbreitung erreichen konnten. Nächst einem *Jig for Jones* (1949) schrieb Johanson sogar acht Quartette, von denen wenigstens das vierte mit der Bezeichnung *Sequences variables* (1951) genannt sei, dessen Tonsatz weithin in kleinste Splitter gespalten ist, ohne die tonale Organisation erkennbar zu machen. Scheinbar einfacher gibt sich 1964 das nächste Werk, das aber in einem durchgehenden Satzkomplex chromatische Klangfolgen zu Clustern versammelt. Sinken sie zum Klanggrund voller Glissandi ab, so gehen aus ihrer Transformation solistische Melodiezüge hervor, die ihrerseits in improvisierender Gruppierung die Ableitungsmöglichkeiten einer dreitönigen Kernzelle durchspielen. Die undogmatische Adoption der Dodekaphonie, die sich in Johansons mittleren Werken vollzog, sollte immerhin für die Musikgeschichte des Landes von Interesse sein.[2]

---

1 Mit diesen Beobachtungen deckt sich eine eingehende motivische Analyse, die der Komponist selbst lieferte, vgl. D. Wirén, *Stråkkvartett nr 4*, in: *Modern nordisk musik. Fjorton tonsättare om egna verk* [Vierzehn Tonsetzer über eigene Werke], hg. v. I. Bengtsson, Stockholm 1957, S. 78–88.

2 In *MGG* wie in W. Gruhles *Streichquartett-Lexikon* wurde Johanson übergangen; zu nennen bleibt ein systematisches Werkverzeichnis von I.-L. Persson / C. Smedgård, *En systematisk förteckning över Sven-Eric Johansons kompositioner*, Diss. Göteborg 1968; weitere Angaben nach ›Minnesord‹ [Gedenkworte], ohne Verf., in: *Kungliga Musikaliska Akademiens Årsskrift 1997*, Uppsala 1998, S. 40f. Dagegen nennt R. Haglund, Art. *S.-E. Johanson*, in: *New Grove Dictionary*², Bd. 13, S. 148, nur fünf Quartette.

Das Haupt der Montagsgruppe war jedoch Blomdahl, der durch die Oper *Aniara* international bekannt wurde, aber nur zwei frühe Streichquartette schrieb, die bislang offenbar nicht publiziert wurden. Im Unterschied zum zweiten Werk (1948) ist das erste immerhin im Manuskript zugänglich, doch entstand es bereits 1939 und läßt kaum schon spätere Konsequenzen erahnen.[1] Vielmehr beweist es mit vier Sätzen, die in gängigen Formen den tonalen Rahmen nur chromatisch dehnen, solide Kenntnisse der Tradition und zeigt eine eigene Handschrift vorab im weitgespannten Adagio. Ein erstes Quartett von Lidholm entstand schon 1945, aufschlußreicher ist aber ein als Manuskript veröffentlichtes Werk (1952), dessen erster Satz parallele Konsonanzen zu dissonanten Bändern bündelt und statt motorischer Vitalität kühle Distanz bewahrt.[2] Die Eröffnung kombiniert steigende Quart- und Quintzüge – zentriert um Des – zu Sekund- und Septimrelationen, die sich auch bei Verschiebung des Zentrums nach fis erhalten. Zwischen sie werden rasche Drehfiguren eingefügt, deren Reduktion den Raum für ein gebundenes Gegenthema öffnen, und ihrer Verarbeitung folgt eine frei variierte Reprise, die gleichwohl die Konturen des Materials erkennen läßt. Gleichen Prinzipien folgt als zweiter Satz ein Molto Adagio, doch geht es in ein Andante über, nach dem eine rasche Coda, die einem dritten Satz gleichkommt, spiegelbildlich den Motivvorrat des ersten Satzes aufnimmt, bis der Abschluß auf die eröffnende Formation zurückkommt. In ähnlicher Satzweise bei deutlich tonalen Beziehungen schrieb Lidholm schon 1940 drei Elegien für Streichquartett, die er Rosenberg als Probestücke vorlegte. Interessanter ist aber der erst 1986 angefügte Epilog, der nun die Vogelstimmen einbezieht, die einst in Rosenbergs viertem Quartett anklangen.[3] Doppelgriffige Haltetöne werden abspringend zum Zwölftonfeld ergänzt, seine Bestandteile erscheinen in anderer Folge dann in der Themenexposition, und der Tonvorrat reduziert sich in dem Maß, wie sich Quintsprung und Sekundbewegung als Imitationsmotiv durchsetzen, um damit das Zitat der Vogelstimmen vorzubereiten.

Der Rückblick deutet ein gespaltenes Verhältnis zur Dodekaphonie an, das manche Mitglieder der Montagsgruppe mit weiteren Musikern verband. Größere Bedeutung als für andere Schüler Rosenbergs hatte die Gattung für den vielseitigen Sven-Erik Bäck, dessen erstes Quartett (op. 1, 1945) noch in der von Stenhammar und Nielsen geprägten Tradition beheimatet ist. Zwei Jahre später folgte das zweite Werk (Stockholm 1947), in dessen zwei Sätzen zwar noch C- und G-Dur als Zentren durchscheinen, um aber nur den Widerpart einer tonalen Erweiterung zu abzugeben, die vorerst freilich die Differenz zwischen Konsonanz und Dissonanz kaum aufhebt. Ganz anders verfährt dagegen 1962 das dritte Quartett (Stockholm 1965), das in einem zusammenhängenden Kom-

---

1 Statens musikbibliotek Stockholm, Signatur W 4/sv. Vgl. im weiteren F. Kirstein, *Karl-Birger Blomdahl und die Zwölftonmusik. Von »Facetten« bis »Trio«. Einige strukturelle Aspekte in Blomdahls Werken 1950–55 mit besonderer Berücksichtigung des Dodekaphonen sowie mit einer Bibliographie*, Diss. Kopenhagen 1989, sowie die Angaben von Chr. Tobeck, Art. *Blomdahl*, in: *MGG*², Personenteil Bd. 3, Kassel u. a. 2000, Sp. 111–114.

2 Edition Suecia, Stockholm 1952, hier bezeichnet als ›Stråkkvartett‹, als ›Musik für Streicher‹ dagegen bei H. Connor, *Svensk musik*, Bd. 2, S. 377, und bei H. Åstrand, Art. *Lidholm*, in: *New Grove Dictionary*², Bd. 14, S. 656f. Vgl. weiterhin J. Tillman, *Ingvar Lidholm och tolvtonsteknikern. Analytiska och historiska perspektiv på Ingvar Lidholms musik från 1950-talet* [Ingvar Lidholm und die Zwölftontechnik. Analytische und historische Perspektiven der Musik Ingvar Lidholms aus den 1950er Jahren], Stockholm 1993.

3 Stockholm 1986 mit Nachwort von G. Bergendal, wonach der Satz zudem an ein unvollendetes Werk Rosenbergs anschloß, das Lidholm, Bäck und Börtz 1982 zum 90. Geburtstag des gemeinsamen Lehrers ergänzten.

S.-E. Bäck, Nr. 3, erster Satz, T. 1–7 (Edition Wilhelm Hansen, Stockholm).

[1] Ein viertes Werk vom Jahre 1984 konnte nicht eingesehen werden; vgl. insgesamt H. Åstrand, Art. *Bäck*, in: *MGG²*, Personenteil Bd. 1, Kassel u. a. 1999, Sp. 1581ff. mit weiteren Literaturhinweisen.

plex mehrfach abgestuft ist.[1] Zwar beginnt es mit einem Adagio, von dem ein Comodo durch Pausen nachdrücklich abgetrennt ist, es schreitet jedoch zum Allegro voran und greift am Ende auf das Adagio zurück, das somit den geschlossenen Block verklammert. In Doppelgriffen wird eingangs ein achttöniges Feld exponiert, das eine Quintkette (c–g–d–a) mit benachbarten Halbtönen als weitgespannten Akkordblock kombiniert, doch wird es im nächsten Schritt durch die restlichen vier Töne zum Zwölftonkomplex ergänzt, und analog werden die nächsten Glieder angeschlossen. Einerseits wird mit der simultanen Schichtung so wenig wie in den Stimmzügen, die sich aus ihr ablösen, über die sukzessive Reihung des Materials entschieden. Andererseits deuten repetierte Töne in auftaktiger Funktion, die auf synkopisch gestaute Akkordketten stoßen, im Wechsel mit Haltetönen und arpeggierenden Figuren einen motivischen Fundus an, von dem der Verlauf zehrt. Erweitert er sich im zweiten Teil des Satzes um isolierte Gesten einzelner Stimmen, die erneut zu akkordischen Bündeln gerafft werden, so zeigt sich spätestens am ab-schließenden Rekurs, daß das Werk noch immer durch motivische Kategorien gesteuert wird, die freilich nicht mehr als konventionelle Motive präsent sind.

Der Montagsgruppe gehörte noch der 1926 geborene Jan Carlstedt an, der zunächst bei L.-E. Larsson studiert hatte und 1952 ein erstes Quartett op. 2 abschloß (Stockholm 1958). Sind die raschen Außensätze um d und a zentriert, so umschließt der langsame Mittelsatz in e einen scherzosen Abschnitt im 3/8-Takt. In der tonalen Ausweitung bedient sich die motivisch konzentrierte Arbeit dichter Kontrapunktik, doch dürfte der durchsichtige Quartettsatz weniger Schostakowitsch als Britten nahekommen.[1] Daß 1966 die tonale Extension im zweiten Quartett (Stockholm 1967) erheblich wächst, schließt ein prinzipiell diatonisches Material nicht aus, selbst wenn die tonalen Zentren rasch wechseln und sich partiell bitonal kreuzen können. Das Sostenuto, das dem ersten Satz vorangeht, exponiert den Rahmen einer kleinen Terz, zwischen deren Varianten rasche Interjektionen einrücken. Aus der Sequenzierung beider Motive entstehen die Themen des folgenden Allegretto, das als Allabreve dem schreitenden Hauptsatz rasch pendelnde Kontrastmotivik gegenüberstellt und in der Erweiterung zum Quintrahmen auf das Finale voranweist, während nach intensiver Verarbeitung die Reprise durch ein knappes Resümee ersetzt wird. Als Scherzo bietet ein Allegretto im 3/4-Takt weitere motivische Ableitungen, zu denen die chromatische Füllung des Terzrahmens zählt. Weitet er sich im Adagio zum Quartraum, so dehnt ihn das Rondofinale erneut zur Quint, um zum Schluß die Derivate aller Gestalten zu kombinieren. Für Carlstedts vorletztes Quartett (Nr. 5, 1977) läßt sich auf eine ausführliche – zudem deutschsprachige – Analyse verweisen, wie sie keinem anderen skandinavischen Streichquartett dieser Zeit zuteil geworden ist.[2] Aus ihr geht hervor, wie gleichermaßen alle Sätze mit ihren Themen aus einer viertönigen Gestalt abgeleitet sind, die hier das fallende Tetrachord mit einem Ganzton zwischen rahmenden Halbtönen umgreift (des–c–b–a). Indem es sowohl transponiert als auch verringert oder erweitert wird, erzeugt es eine Fülle intervallischer Varianten. In wechselnder Rhythmisierung und akkordischer Einfassung tragen sie nicht nur beide Themen des Kopfsatzes mitsamt einem eingefügten Fugato, sondern bilden die Substanz für die Kantilene im mittleren Largo wie für die vitale Rondomelodie im abschließenden Allegro. Unbekümmert um die Polarisierung der Avantgarde ging Carlstedt zielstrebig einen Weg, der tonale Zentren mit partiell freier Tonalität verband, um durch motivische Arbeit noch immer zyklische Prozesse zu errichten.

Dagegen blieb Werner Wolf Glaser (geb. 1910) in Schweden ein Außenseiter, nachdem er als Jude aus Deutschland vertrieben worden war. In Köln geboren, wurde er hier von Philipp Jarnach unterrichtet und wandte sich zum Studium bei Hindemith nach Berlin. Über Paris mußte er 1934 nach Dänemark und von dort 1943 nach Schweden fliehen, wo er vornehmlich als Musikerzieher in Västerås wirkte. Obwohl er aber zwischen 1934 und 1992 außer mehreren Einzelsätzen 13 Quartette schrieb, die von einer erweiterten Tonalität her den tradierten Formenkanon zunehmend eigenwillig abwandelten, ist seine Musik bislang kaum nur in Ansätzen erschlossen worden.[3] Desto befremdlicher

---

[1] Vgl. dazu H.-G. Peterson, Art. *Carlstedt*, in: *MGG²*, Personenteil Bd. 4, Kassel u. a. 2000, Sp. 227f.

[2] G. Schönfelder, *Jan Carlstedt: Streichquartett Nr. V*, in: *Prinzip Wahrheit – Prinzip Schönheit. Beiträge zur Ästhetik der neueren schwedischen Musik*, hg. v. H. Åstrand und G. Schönfelder, Stockholm 1984 (Publikationen der Kgl. Schwedischen Musikakademie 42), S. 173–194 mit Werkverzeichnis S. 347.

[3] Übergangen wurde er in *MGG²*, obwohl Svenska tonsättares internationella musikbyrå Stockholm (Internationales Musikbüro schwedischer Tonsetzer) reiches Material verwahrt. Vgl. G. Schönfelder, *Werner Wolf Glaser: Trilogia II per orchestra*, in: *Prinzip Wahrheit – Prinzip Schönheit*, S. 195–236 mit Werkverzeichnis S. 348f.; O. Richter, *Werner Wolf Glaser. Werkverzeichnis*, Offenbach 1999 (die Quartette blieben offenbar unveröffentlicht).

nimmt sich dagegen das einzige Quartett aus, das der aus Estland stammende, aber seit 1944 in Schweden lebende Eduard Tubin (1905–1982) erst 1979 schrieb.[1] Es hätte nicht des Hinweises *över estniska folkvisor* (über estnische Volksweisen) bedurft, um der Modelle aus der Volksmusik gewahr zu werden, die fast montagehaft die vier traditionell gebauten Sätze ausfüllen. Verbindet etwa der Kopfsatz ein hüpfendes G-Dur-Thema mit getragenem Seitensatz in g-Moll, so wird das fugierte Finale mit einer spielerischen Tanzweise bestritten, so daß das Werk zur Hommage an die – damals verloren scheinende – Heimat wird.

Nielsens Schatten in Dänemark

Ein schwedisches Volkslied benutzte 60 Jahre zuvor Rued Langgaard (1893–1952) in einem frühen Variationensatz (1918–19), dessen Thema den fallenden Sextrahmen im Abgesang der Vorlage umbildet, die erst die Coda in einfacher Harmonisierung zitiert.[2] Vorausgegangen waren recht schulmäßige Variationen über die Weise ›Herzlich tut mich verlangen‹ (1914), es folgte aber eine Reihe von Streichquartetten, die fast durchweg 1918–19 und 1924–25 entstanden. Zwar wurde nur das dritte aus dem Jahre 1924 gedruckt (Kopenhagen 1931), doch lassen sich die übrigen nicht mehr übergehen, seit sie 1993 in einer Aufnahme zugänglich geworden sind.[3] Den Charakter der Sätze umschreiben im zweiten Quartett (1918) Untertitel (›abziehende Sturmwolken‹, ›ferner Zug‹, ›dämmernde Landschaft‹ und ›Wanderung‹), demgemäß drastisch sind die Mittel, mit denen bewegte oder ruhende Zustände gekennzeichnet werden. Einem so kruden Programm mag man es zuschreiben, daß die meist konventionelle Harmonik plötzlich auf unvermutete Chromatik und harte Dissonanzen stößt, bis das Werk ebenso unerwartet im emphatisch wiederholten Tritonus endet. Gerade mit dem Tritonus greift das dritte Quartett 1924 das alte Symbol des ›diabolus‹ in musica auf, um damit ein ›Inferno‹ zu bewältigen, wie der ursprüngliche Untertitel lautete. Endet das Finale demgemäß im Idiom eines archaisierenden Chorals, so bieten ihm hier und vermehrt im Kopfsatz geradezu avantgardistische Töne Paroli. Denn einer weit abfallenden Quintkette (G–Ges) in harschen Akkorden folgen abrupte Einwürfe, heftige Ausbrüche und chromatisch jagende Skalen, gegen die ein diatonisch beruhigtes Thema wenig ausrichten kann, ehe sich seine Struktur – nach denkbar kurzem Scherzo – erst im Finale durchsetzen darf. Nach derart inhomogenen Zügen, die hier deutlich programmatisch motiviert sind, überraschen desto mehr zwei weitere Werke in F-Dur, und ließe sich dem früheren in drei Sätzen (1918) noch Epigonalität oder mangelnde Inspiration vorhalten, so bilden die vier Sätze des letzten (1925) eine geradezu frappante Leistung. Denn selbst ein Spezialist könnte meinen,

---

1 Manuskriptdruck in Statens musikbibliotek Stockholm, vgl. ferner A. Ashby, Art. *Tubin*, in: *New Grove Dictionary*[2], Bd. 25, S. 865f. mit weiteren Literaturhinweisen.

2 Die Vorlage »Och hör, du unga Dora« konnte Langgaard bei Sommeraufenthalten in Schweden hören, falls er sie nicht einem verbreiteten Gesangbuch entnahm (*Eggelings Sångbok*, Lund [6]1907, Nr. 331). – Eine knappe Übersicht über neuere Musik Dänemarks gab N. Schiørring, *Musikkens Historie i Danmark*, Bd. 3: *1870–1970'erne*, Kopenhagen 1978.

3 *Kontra-Quartett*, Kopenhagen 1993 (da capo) mit Einführung von B. Viinholt Nielsen; ders., *Rued Langgaards kompositioner. Annoteret værkfortegnelse* [Kommentiertes Werkverzeichnis], Odense 1991; ders., *Rued Langgaard. Biografi*, Kopenhagen 1993. Von insgesamt acht Quartetten, deren Zählung nicht ihrer Chronologie folgt, überging die Aufnahme das erste (das teilweise in Nr. 4–5 einging) sowie ein As-Dur-Quartett (1918).

hier etwa ein unbekanntes Werk von Gade vor sich zu haben, das sich aber keineswegs um ängstliche Nachahmung bemüht, sondern wie selbstverständlich an die Tradition des mittleren 19. Jahrhunderts anknüpft. Tut man den Fall nicht als Kuriosum ab, so bliebe immerhin zu fragen, welche Kriterien einem handwerklich sicher untadligen, vielleicht sogar meisterhaften Werk angemessen sind, das sich jedoch seiner Zeit derart vehement widersetzt.

Da Langgaard aus seiner Abneigung gegen Carl Nielsen und seine Dominanz kein Hehl machte, geriet er rasch ins Abseits und zog sich 1940 als Domorganist nach Ribe in die Provinz zurück. Die Widersprüche jedoch, die sein Œuvre durchziehen, kennzeichnen in anderer Weise den weiteren Werkbestand in Dänemark, wo die Tradition im Streichquartett besonders von Kirchenmusikern hochgehalten wurde. Die ältere Generation repräsentierte Gustav Helsted (1857–1924), der Organist und Orgellehrer in Kopenhagen war. Sein viersätziges f-Moll-Quartett op. 33 wurde gleichwohl noch 1922 publiziert[1], so wenig wie die traditionellen Formen steht aber die funktionale Harmonik in Zweifel, selbst wenn der erste Satz aus kleinsten Motiven ein harmonisch dichtes Gewebe entspinnt. Ein Eigenbrötler wie Langgaard war der als Organist in Vordingborg wirkende Jens Laursøn Emborg (1876–1957), dessen sechs Quartette spätromantische und neobarocke Züge zu mischen scheinen, doch sind sie noch nicht erschlossen, wiewohl sich das vierte (op. 42, 1922) – benannt *Oktober* – durch besonders reiche Harmonik auszeichnet.[2] Von vier Quartetten des Kopenhagener Domorganisten Niels Otto Raasted (1888–1966), der bei Straube und Reger in Leipzig studiert hatte, ist das zweite (Leipzig o. J.) mindestens ebenso traditionell, denn die funktionale Harmonik wird zwar von modalen Zügen gekreuzt, doch gestattet der durchweg akkordische Satz den Stimmen keine obligate und schon gar nicht kontrapunktische Funktion. Und der in Aarhus lehrende Otto Mortenson (1907–1986) publizierte 1938 ein Streichquartett, das zwar Tonart und Taktmaß häufig wechselt und demgemäß in G-Dur beginnt, aber in D-Dur schließt, deutlich bleiben aber noch die formalen Grundrisse und tonalen Grundlagen in Kraft.[3]

Eine maßgebliche Funktion wie später Rosenberg in Schweden hätte Nielsen für das dänische Streichquartett übernehmen können, nach frühen Beiträgen wandte er sich aber der Symphonik zu und neben seiner Autorität entfalteten sich nicht leicht weitere Impulse, die bei Knudåge Riisager, Jørgen Bentzon, Finn Høffding und Hermann Koppel zur Geltung kamen. Etwas früher schon schrieb der Geiger Fini Henriques (1867–1940), der noch bei Johan Svendsen und in Berlin bei Joseph Joachim gelernt hatte, nach einem ungedruckten Frühwerk in Es-Dur (1889) um 1910 ein zweites Quartett in a-Moll, das erst kurz vor seinem Tod veröffentlicht wurde (Kopenhagen 1936). In Form und

---

1 *Samfundet til udgivelse af dansk musik*, 3. Serie Nr. 7, Kopenhagen und Leipzig 1922.

2 Nach Cl. Røllum Larsen, Art. *Emborg*, in: *MGG*², Personenteil Bd. 6, Kassel u. a. 2001, Sp. 301ff.

3 *Samfundet til udgivelse af dansk musik*, 3. Serie Nr. 64, Kopenhagen 1938.

Charakter verraten die drei Sätze ihre spätromantische Herkunft, neben der außergewöhnlich vitalen Rhythmik läßt indes eine Harmonik aufhorchen, die rasch wechselnde Zentren, unerwartete Rückungen und unbekümmerte Dissonanzen kennt. Wenn etwa der Kopfsatz im 12/8-Takt aus dem beweglichen Hauptthema – nach beruhigtem Seitensatz – eine Imitationskette gewinnt, so kann sie in rascher Folge von e-Moll aus Es-Dur erreichen, um binnen eines Taktes über as- bzw. gis-Moll nach h-Moll zu gelangen. Ein ähnliches Spiel treibt die Durchführung mit dem Seitensatz, davon nicht unberührt bleibt das mittlere Adagio, und das wirbelnde Finalthema bricht nach fünf Takten mit einer Kette schwach verbundener Akkorde ab (D–a–g–E). Daß sich im tonalen Rahmen die funktionalen Relationen lockern, während unvorbereitete Dissonanzen ohne Auflösung verfügbar werden, mag auf Eindrücke von Nielsens Quartetten deuten, die Henriques aus eigener Praxis geläufig waren.[1]

Dagegen wandte sich Knudåge Riisager (1897–1974) schon 1920 für zwei Jahre nach Paris, wo er bei Roussel studierte und Kontakte zur Gruppe Les Six gewann. Er komponierte zwischen 1918 und 1943 sechs Quartette, die aber nur zum Teil gedruckt wurden. Bereits das dritte Werk macht 1922 Pariser Eindrücke spürbar, und entsprechend angetan zeigte sich die französische Presse, wie die dem Druck (Kopenhagen 1930) beigegebenen Auszüge erkennen lassen. Einem regulären Sonatensatz in G-Dur folgt ein kurzes dreiteiliges Lento in d-Moll und am Schluß ein Rondo in D-Dur, dessen Refrain zweifach fast notengetreu wiederkehrt und zwei wechselnde Couplets umschließt, doch entspricht den traditionellen Formen nicht durchweg eine ebenso konventionelle Harmonik. Zurückhaltend verfährt noch der Kopfsatz, als wäre er früheren Datums, wie er aber mehrfach unverbundene Akkordfolgen aufweist, so schiebt sich vor dem E-Dur-Schlußakkord über Quintbordun eine mehrfache Quintschichtung ein (d–a–e–h–fis). Solche Rückungen fallen in der langsameren Gangart des Mittelsatzes vermehrt auf, der Zusatz ›burlesco‹ gibt aber dem Finalrondo Anlaß, gleich im Refrain mit fallender Sequenz eine Ganztonfolge im Tritonusrahmen auszuspielen (D–C–B–As), die von chromatisch gegenläufigen Skalensegmenten ergänzt wird. Zu prüfen bliebe zwar, wie sich dazu spätere Quartette verhalten, doch macht schon ein relativ frühes Werk begreiflich, daß Riisager in Dänemark als Vertreter eines französisch inspirierten Neoklassizismus galt.

Bei Nielsen betrieb Jørgen Bentzon (1897–1951) seit 1915 Kontrapunktstudien, die er in Leipzig bei Karg-Ehlert fortsetzte. Obwohl er danach als Jurist tätig war, konzentrierte sich sein Frühwerk auf Streichquartette (op. 3, 1922; op. 6, 1924; op. 15, 1928), zu denen noch ein *Preludio patetico* trat (op. 11, 1925), während später nur noch ein letzter Beitrag folgte (op. 49 *Racconto*, 1949).[2] Das bei Löbmann in Leipzig erschienene erste Werk vereint noch Sonatensatz und Sonatenrondo mit

---

[1] Cl. Røllum-Larsen, Art. *Henriques*, in: *New Grove Dictionary*², Bd. 11, S. 378f.; S. Berg, *Fini Henriques*, Kopenhagen 1943; vgl. weiter N. M. Jensen / D. Grimley, Art. *Riisager*, in: *New Grove Dictionary*², Bd. 21, S. 393f., sowie S. Berg / S. Bruhns, *Knudåge Riisagers kompositioner*, Kopenhagen 1967; N. Krabbe (Hg.), *Symfonien er død – musiken leve, og andre essays af Knudåge Riisager*, Kopenhagen 1997.

[2] M. Topp, Art. *J. Bentzon*, in: *MGG*², Personenteil Bd. 2, Kassel u. a. 1999, Sp. 1150–1154; ders., *Jørgen Bentzons kammermusikalske stil*, Diss. Kopenhagen 1962; ders., *Jørgen Bentzon*, in: *Musik og forskning*, Kopenhagen 1978, S. 5–111.

Variationen in der Mitte, doch wird der in f-Moll stehende Kopfsatz, der gleichwohl in C endet, durch die chromatische Polyphonie geprägt, die sich bei Regers Nachfolger in Leipzig lernen ließ. In einen von Sekunden umspielten Quintrahmen fügt sich der Hauptsatz als fallende Kantilene ein, seine Erweiterung bricht aber mit scharfen Sekundreibungen ab, bevor eine imitatorisch erweiterte Wiederholung die heftige Entwicklung eröffnet, in der sich die klanglichen Härten steigern. Sie werden zwar im rhythmisch markierten Seitensatz (Meno mosso) zurückgenommen, nach der Schlußgruppe (tempo giusto) schichtet aber die Durchführung thematische Stimmzüge auf engstem Raum, wogegen ihre Schlußphase die Spannungen reduziert. Der Mittelsatz gewinnt einem diatonischen F-Dur-Thema neun Variationen ab, die weniger das Thema selbst, dessen Melodiezüge nur vereinzelt hervortreten, als seine motivischen Glieder verarbeiten und demgemäß die Harmonik erweitern, während sich das schlichtere Rondofinale als entspannte Alternative gibt. Erstaunlich ist die Entschiedenheit, mit der sich Bentzon wenige Jahre später in op. 15 einer tonalen Freiheit zuwandte, die faktisch ›freier Atonalität‹ gleichkommt.

J. Bentzon, Nr. 3 op. 15 (in einem Satz), T. 1–5 (Wilhelm Hansen, Kopenhagen).

In einem Satz angelegt, trennt das Werk gleichwohl den Mittelteil im 3/4 Takt von den Außenteilen im 6/8-Metrum, entscheidend ist jedoch eine Stimmführung, die keines harmonischen Regulativs bedarf. Im Gegenteil: Von Anfang an werden die Stimmen in ihrer rhythmischen Differenzierung – hervorgehoben durch individuelle Spielanweisung – so deutlich abgehoben, daß sich die Verschiebung ihrer Funktionen im Satzablauf wahrnehmen läßt. Über dem Grund der Unterstimmen stellt die zweite Violine den fließenden Figuren der Oberstimme hüpfende

Einwürfe entgegen, beide behalten ihren Duktus im ersten Teilsatz, und wo sie die rhythmischen Muster tauschen, bleibt noch die Differenz ihrer Spielweise erhalten, während erst dem Schlußteil ein Wechsel der Funktionen vorbehalten ist. Zwar treten immer wieder tonale Teilsegmente hervor, deren rascher Wechsel jedoch keine polytonalen Achsen konstituiert, und wenn die rhythmischen Impulse am Schluß der Teilsätze in homorhythmischen Blöcken aufgehen, setzen sich Sekunden und Septimen als Rahmenintervalle durch. Die ›Emanzipation der Dissonanz‹ resultiert aus der Negierung der harmonischen Koordinierung, ohne auf eine neue Vorordnung angewiesen zu sein. Statt dessen genügt in knapper Form ein ›dissonanter Kontrapunkt‹, der im rhythmischen Profil der Stimmen seinen Rückhalt findet.

Dagegen ging Finn Høffding (1899–1997) nach Privatunterricht bei Knud Jeppesen 1922 zu Joseph Marx nach Wien, wo er Kontakt zum Schönbergkreis gewann, ohne von ihm abhängig zu werden. Wie sehr ihn aber Nielsens Musik und dazu die Kopenhagener Aufführung von Strawinskys *Petruschka* 1925 beeindruckte, ist bereits im zweiten Quartett (op. 6, 1925) zu spüren, dem ein erstes Werk (op. 2, 1920) noch vor den Wiener Jahren vorangegangen war. In der dreisätzigen Anlage, die wie in der Frühzeit der Gattung nun weithin verbindlich war, flankieren wieder zwei rasche Außensätze einen dreiteiligen Mittelsatz. Aus sukzessiv eintretenden Haltetönen, die Sekunden und Tritonus verbinden, gewinnt die Introduzione des ersten Satzes in dreifachem Ansatz triolische Formeln, die auftaktig erneut den Tritonus umspannen und nach akkordischer Ballung wieder auseinander treten. Über entsprechendem Klanggrund geht das erste Thema im Allegro agitato von knappen Figuren aus, an deren Austausch aber bald die Unterstimmen teilhaben. Der motorische Impetus hält erst inne, wenn die Oberstimmen in konsonante Akkordfolgen, denen nur das Violoncello widerspricht, ein Gegenthema ankündigen. Rasch löst es sich jedoch in fließenden Achteltriolen auf, ohne in der weiteren Verarbeitung zurückzukehren, die in dissonant gehämmerten Tontrauben mündet. Dagegen kehrt das mittlere Largo maliconico zu Gerüstklängen in es- und as-Moll zurück, in die sich die übrigen Stimmen immerhin partiell einpassen, und als Mittelteil nimmt ein Allegro consolante die Klangverspannung noch weiter zurück. Darauf reagiert das Finale in Form eines ›Rondo di Metamorfose‹, das Refrains wie Couplets aus gleichem Tonvorrat ableitet. Aus einer Quintbasis gewinnt der obere Ton über Sekunde und Terz eine weitere Quinte, transponiert oder umgestellt bilden die Satzglieder rhythmisch charakterisierte Varianten, und wenn in den diatonischen Rahmen ein Zitat aus der langsamen Einleitung des Kopfsatzes tritt, so wird seine Tritonusspannung neutralisiert, bis das Werk in es-Moll endet.

Nachdem Hermann D. Koppel (1909–1999) seine Ausbildung im Ausland ergänzt hatte, wirkte er in Kopenhagen primär als Virtuose und

Lehrer am Konservatorium, doch trat er zunehmend als Komponist hervor und schrieb zwischen 1929 und 1979 sechs Streichquartette, die klarer als andere dänische Beiträge den Weg von tonalen Klangachsen zu atonalen Motivzellen spiegeln. Das 1939 beendete zweite Werk (op. 34, Kopenhagen 1949) bevorzugt in drei Sätzen eine klangdichte Faktur, in der sich akkordische Quart-Quintblöcke modulierend verschieben und den Fundus der thematischen Linien abgeben. Im 6/8-Takt bildet das Allegro fresco zu Beginn aus Achsen um Cis und Gis den Hauptsatz aus, dessen Linien durch Synkopen akzentuiert werden. Sie setzen im Seitensatz aus, zu dessen kreisender Melodik die Achsen nach a–d verlagert werden, beide Blöcke alternieren in der Verarbeitung, und nach Einschub eines stauenden Sostenuto verkehrt sich die Themenfolge in der kurzen Reprise, die in fis endet. Das Verfahren wird im Finale primär rhythmisch modifiziert, sofern aus sechs Achteln durch Triolierung der ersten Gruppe ein 5/8-Takt entsteht, während sich von tonalen Akkordblöcken wiederum dissonierende Einzelstimmen ablösen. Auf ähnliche Weise entspinnt der langsame Mittelsatz zu begleitenden Stimmpaaren den Dialog der übrigen Partner, an dem aber alle Stimmen im Austausch der Funktionen partizipieren. Gerade 25 Jahre liegen zwischen diesem Werk und dem 1964 datierten vierten Quartett op. 77 (Kopenhagen 1966), dessen sechs Sätze zu Miniaturen schrumpfen und gleichwohl auf

H. D. Koppel, Nr. 4 op. 77, erster Satz, T. 1–9 (Samfundet til udgivelse af Dansk musik).

zyklische Fäden bedacht sind, die von den atonalen Konstellationen des Beginns ausgehen. Viertönige Kurzmotive variieren im isolierten Eintritt der Stimmen den Tonvorrat, den die zuerst einsetzende erste Violine exponiert (c"–h'–des'–ges'). Entsprechende Gestalten werden zwar transponiert und auf drei Töne verkürzt, sobald aber alle Stimmen zusammentreten, verengt sich ein entsprechender Klang in synkopisch gestauter Wiederholung (h–des'–c + d'–es'). Der Wechsel solcher Formationen prägt nicht nur den ersten, sondern in Varianten noch den sechsten Satz, der abschließend eine reine Quinte mit benachbarten Halbtönen paart (c–g" + Des–ges). In den langsamen Sätzen an zweiter und vierter Stelle sind diese Zellen nicht leicht zu erkennen, da sie hier transponierend verschoben werden. Deutlicher bezieht sich der rasche dritte Satz auf den Beginn des ersten, und noch klarer wird der Sachverhalt in den Variationen, die dem Finale vorangehen. Das Thema läßt sich in drei Gruppen zu vier, fünf und wieder vier Takten gliedern, die durch Doppelstriche getrennt sind und ihrerseits analoge Zellen variieren. Zentral ist die Paarung der Tonfolgen c–h–des und cis–d–b in den Außenstimmen mit Tonrepetitionen (des–h) in den Mittelstimmen, mit der die Taktgruppen und ebenso die fünf Variationen beginnen. Damit wird zugleich die Konstellation erweitert, von der beide Außensätze ausgehen: Entsprechungen in Tonvorrat und Satzweise stützen sich wechselseitig, um den Ausfall der Tonalität zu kompensieren.

Obwohl Vagn Holmboe (1909–1996) gleich alt wie Koppel war, begann er – nach einer Reihe früherer Versuche – erst 1949 eine bis 1985 reichende Serie von insgesamt 20 Quartetten, auf die noch zurückzukommen ist, weil sie allesamt in eine spätere Phase fielen. Zusammen mit Bentzon hatte Høffding 1930 die Kopenhagener Volksmusikschule gegründet, die zum Muster solcher Schulen in Dänemark wurde. Während Høffding aber am Konservatorium als Kompositionslehrer wirkte, dem Holmboe ebenso viel zu verdanken hatte wie noch Per Nørgård, zog sich Bentzon später aus dem Musikleben zurück. Privat unterwies er jedoch seinen Neffen Niels Viggo Bentzon (geb. 1919), der sonst weitgehend Autodidakt war und bis zu seinem op. 519 (1988) nicht weniger als 14 Quartette schrieb, von denen wenigstens zwei hervorgehoben seien. Als Theorielehrer in Århus und Kopenhagen tätig, veröffentlichte N. V. Bentzon 1953 ein Lehrbuch der Zwölftontechnik, doch schließen selbst spätere Werke eher an die durch J. Bentzon und Høffding vertretene Linie an, sofern sie bei »bitonalen Anklängen« ebenfalls »freitonal und vorwiegend diatonisch angelegt« sind.[1] Exemplarisch ist das fünfsätzige dritte Quartett aus dem Jahre 1951 (Kopenhagen 1952), das in den Außensätzen weithin Quintachsen bevorzugt, die im langsamen Finale prononciert als Quintparallelen in breiten Notenwerten hervortreten und oft durch Terzen gefüllt sind. Der ebenfalls langsame Kopfsatz kennt ähnlich konsonante Akkordketten, die hier aber im Wechsel mit

---

1 So die treffende Charakteristik von B. Krarup, Art. *N. V. Bentzon*, in: *MGG*², Personenteil Bd. 2, Kassel u. a. 1999, Sp. 1154–1157: 1156; vgl. ferner Kl. Møllershøj, *Niels Viggo Bentzons kompositioner. En fortegnelse over værkene med opusnummer* [N. V. Bentzons Kompositionen. Ein Verzeichnis der Werke mit Opuszahlen], Kopenhagen 1980, passim; N. V. Bentzon, *Tolvtoneteknik* [Zwölftontechnik], Kopenhagen 1953.

dissonanten Stimmzügen deren Widerpart bilden. Etwas anders verteilen sich die Gewichte in den zwei schnellen Sätzen, in deren rhythmischer Charakteristik beide Pole rascher verfließen, während der dritte Satz als zyklisches Zentrum der Imitation einer diatonischen Quartkette intern konsonante Stimmpaare gegenüberstellt, die sich dissonant zueinander verhalten. Zehn Jahre später verändert sich in Nr. 6 (op. 124, Kopenhagen 1961) die Satztechnik nur graduell.

N. V. Bentzon, Nr. 6 op. 124, erster Satz, T. 1–6 (Wilhelm Hansen, Kopenhagen).

Unter drei Sätzen fällt das größte Gewicht dem eröffnenden Allegro zu, dessen erster Themenblock aus freier Imitation einer leittönig nach d zielenden Formel entsteht und damit ein eher polyphones Gewebe erreicht. Im zweiten Ansatz werden dagegen liegende Quintklänge durch trillerartige Figurenketten mit Halbtönen umspielt, bis chromatisch gegenläufige Skalen in dissonant verspannten Akkordfolgen auslaufen. So kann die Verarbeitung von beiden Polen zehren, die am Ende reprisenartig resümiert werden. Etwas einfacher sind die Außenglieder im mittleren Andante, das nur im Zentrum komplexer gerät, wogegen das vitale Finale wieder konsonante Stimmpaare in dissonanten Relationen koppelt.

Ein merkwürdiger Sonderfall blieb der Isländer Jón Leifs (1899–1968), der selbst im eigenen Land erst spät zum Repräsentanten einer nationalen Musik wurde. Obwohl die Insel bis 1944 mit Dänemark verbunden war, ging Leifs nicht nach Kopenhagen, sondern studierte seit 1916 in Leipzig, doch blieb er in Deutschland noch nach 1933, bis er seiner jüdischen Frau halber 1944 nach Schweden ging und erst zwei Jahre später nach Island zurückkehrte. Seine drei Quartette, die er nicht mehr veröffentlichte, sind in seltener Weise ihren Sujets und zudem privaten Konnotationen verpflichtet: *Mors et vita* op. 21 (1939 bei Kriegsausbruch), *Vita et mors* op. 36 (1948–51 als Requiem für die Tochter) und *El Greco* op. 64 (1965 dem Maler gewidmet). Im langen Zeitabstand ändert sich kaum die Satztechnik, in der prinzipiell konsonante Akkordfolgen modal oder mediantisch verbunden und nur sparsam durch chromatische oder gar dissonante Einschläge erweitert werden. Mitunter begegnen Quart- und Quintparallelen, wie sie einst das isländische Bauernorganum kannte, und nur kurz lösen sich Einzelstimmen vom kompakten Satzverband ab, der in zumeist langsamem Tempo geradezu archaische Wirkung hat. Selbst die wenigen bewegteren Teile beleben den statischen Satz nur durch rasche, meist skalare Figuren. Neben den Satztiteln zeigen die Abschnitte oft wechselnde Tempoangaben, doch folgen sie trotz gelegentlicher Dreiteilung keinen tradierten Formen. In den Schlußteilen der früheren Werke scheint das mittelalterliche ›Media vita in morte sumus‹ anzuklingen, je weniger die Musik aber motivisch gesteuert ist, desto mehr bleibt sie auf eine Klangregie angewiesen, die erst im letzten Werk durch Tremolo, Pizzicato und Glissando reicher nuanciert wird. Bei derart hochgreifenden Intentionen wird man doch sagen müssen, daß das archaisierende Verfahren seine Grenzen erreicht, wo es um höchst artifizielle Gemälde wie die von El Greco geht.

Valen und die Erben in Norwegen

Daß die Entwicklung in Norwegen anders als in Schweden und Dänemark verlief, erklärt sich nur teilweise aus eigenen Traditionen, die gemeinhin als nationalromantisch gelten. Einerseits besann man sich auf sie verständlicherweise erst recht, als das Land den deutschen Invasoren trotzte, weswegen auch frühere Verbindungen zur deutschen Musik vorerst abbrachen. Andererseits findet aber die Unabhängigkeit, mit der einst Grieg sein Quartett in Angriff nahm, eine merkwürdige Parallele in zwei relativ frühen Werken von Fartein Valen (1887–1952). Denn obwohl der Autor noch bei Bruch in Berlin studiert hatte, prägten seine Quartette von vornherein eine eigene Spielart dissonanter Polyphonie aus (op. 10, 1928–29, Kopenhagen 1936, und op. 13, 1930–31, Oslo 1932).[1] Mit Sonatensatz und Rondofinale samt Adagio und Scherzo zeigt das erste Werk zwar noch die tradierten Grundrisse, und der Kopfsatz, dessen Exposition sogar noch zu wiederholen ist, verbindet gedehnte Sprünge im Hauptthema mit gleitenden Stimmzügen im

---

[1] Bj. Kortsen, *Melodic Structure and Thematic Unity in Fartein Valen's Music*, Glasgow 1963; ders., *Fartein Valen – Life and Music*, Oslo 1965; A. O. Vollsnes, Art. *Valen*, in: *New Grove Dictionary*², Bd. 26, S. 203f. Vgl. insgesamt N. Grinde, *Norsk musikkhistorie. Hovedlinjer i norsk musikkliv gjennem 1000 år* [Norwegische Musikgeschichte. Hauptlinien im norwegischen Musikleben durch 1000 Jahre], Oslo u. a. ²1981, sowie A. O. Vollsnes (Hg.), *Norges musikkhistorie*, Bd. 4: *1914–50*, Oslo 2000. Eine informative Skizze in deutscher Sprache bot H. Herresthal, *Norwegische Musik von den Anfängen bis zur Gegenwart*, Oslo u. a. ²1987. Für den Zugang zur Norsk Musikksamling (Universitetsbiblioteket i Oslo) ist Kirsti Grinde zu danken, für weitere Hinweise und Informationen ebenso Nils Grinde und Arvid O. Vollsnes.

F. Valen, Nr. 1 op. 10, erster Satz, T. 1–8 (Wilhelm Hansen, Kopenhagen)

Seitenthema. Gemeinsam ist den Themen aber der Verzicht auf jede tonale Zentrierung, wie bereits das Incipit des Hauptsatzes mit auftaktigem Nonensprung und fallender Terz samt Septime anzeigt (a'–h"–gis"–a'). Sukzessiv durchläuft es die Stimmen, dem kontrapunktischen Gewebe sind aber hier wie im Seitensatz alle tonalen Relikte ausgetrieben, und die Durchführung, die am Ende sogar eine richtige Scheinreprise aufweist, verläßt sich ganz auf die Tragfähigkeit der thematischen Konturen, die weit stabiler als die kontrapunktierenden Linien der Gegenstimmen bleiben. Im Finale sind vier Refrains weniger am auftaktig fallendem Septsprung (f"–g') als an markant wiederholten Tönen kenntlich, die anschließend einen Quintraum bilden (fis'–cis"), ohne jedoch tonale Wirkung zu haben. Dieselbe Strategie bestimmt beide Binnensätze, wiewohl die verästelte Stimmführung im Adagio wie die rasante Motorik im Scherzo eine Orientierung an motivischen Zellen nicht leichter macht. Im atonalen Satz fällt also den Themen nach wie vor die Funktion zu, mit ihren melodischen und rhythmischen Konturen die Stationen der hergebrachten Formen zu verdeutlichen. Dagegen greift das zweite Quartett mit drei Sätzen auf kontrapunktische Verfahren älterer Observanz zurück, vertraut aber ebenso altmeisterlich auf die Möglichkeit, durch thematische Konzentration traditionsgesättigte Formen im atonalen Satz zu reformulieren. Das Fugenthema des ersten Satzes schließt elf Töne ein, während den zwölften die Fortspinnung nachreicht, zu der bereits die zweite Stimme einsetzt. Doch kennt das Thema nicht nur Tonwiederholungen, so genau es vielmehr seinen Umriß in vier Durchführungen bewahrt, so wenig lenkt es das Satzgefüge im Sinne einer Zwölftonreihe. Traditionsgemäß folgen sich die Einsätze der ersten Durchführung als Dux und Comes im Quintabstand (g–d–g–d), die zweite verschiebt dieselbe Relation zur Umkehrung des Themas (a–e–a–e), bis sich Transposition und Engführung mit beiden Themenversionen verbinden und der Satz in doppelter Quintschichtung ausläuft (d–a und e–h). Leitend bleibt dennoch eine atonale Polyphonie, deren dissonante Kontrapunktik keiner regulierenden Reihe bedarf, sondern auf thematische Gestalten gerichtet ist. Im Finale als Sonatensatz mit wiederholter Exposition kompliziert sich das Prinzip mit der aphoristischen Kürze der Motive, durch deren rhythmische Vielfalt die oft kanonische Stimmführung verdeckt werden kann. Dagegen ist der ebenso dichte Mittelsatz formal als Tempo di minuetto samt Trio charakterisiert, das tänzerische Metrum wird jedoch durch die komplexe ›Prosa‹ der Rhythmik bis zur Unkenntlichkeit überdeckt. Valen kannte Werke Schönbergs ab op. 24 und betrieb seit 1926 Zwölftonstudien, jenseits unterschiedlicher Folgerungen war aber beiden das Zutrauen in die Tragfähigkeit einer Formtradition gemeinsam, die keiner tonalen Stütze bedarf.[1]

Wie isoliert Valen vorerst in Norwegen war, kann ein Blick auf sein Umfeld zeigen, in dem er freilich mit dem Interesse am Streichquartett nicht ganz alleine stand.[2] Da die Werke oft vereinzelt blieben oder nicht veröffentlicht wurden, konnten sie auswärts desto weniger bekannt werden, weshalb nur wenige Beispiele hervorzuheben sind. Nicht viel älter als Valen war Alf Thorvald Hurum (1882–1972), der 1905–09 bei Bruch und Robert Kahn in Berlin lernte und nach weiteren Studien in Paris und St. Petersburg später vor allem in Honolulu wirkte, wo er auch verstarb. Nach den Berliner Jahren entstand schon 1916 sein a-Moll-Quartett op. 4, das formal und harmonisch noch ungeschmälert traditionell ist. Dem ausgedehnten Sonatensatz steht als Finale ein folkloristisch getöntes Sonatenrondo gegenüber, dessen Refrain zu Bordunquinten die ›lydische Quarte‹ markiert und damit als einzige Lizenz ein paar übermäßige Akkorde veranlaßt, und einer kleinen Canzonetta entspricht ein Scherzo, in dem noch immer Mendelssohn nachklingt. Noch nach Valens Beiträgen schrieb 1933 Klaus Egge (1906–1979) ein Streichquartett op. 5, das im einleitenden Largo funebre Quartparallelen durch Terzfüllung in eine erweiterte modale Harmonik zu integrieren

---

1 B. K. Tjøne, *Mot en dissonerande polyfonie. Fartein Valens stilistiske og komposisjonstekniske udvikling belyst ved opus 6 nr. 1 og 3* [Stufen dissonierender Polyphonie. Fartein Valens stilistische und kompositionstechnische Entwicklung am Beispiel von op. 6 Nr. 1 und 3], in: Studia Musicologica Norvegica 13 (1987), S. 131–153: 152, Anmerkung 20.

2 Mehr als 40 Streichquartette allein aus den Jahren bis 1970 nennt der Katalog *Contemporary Norwegian Orchestral and Chamber Music*, Oslo 1970, S. 336–340.

sucht. Freier verfährt ein tänzerisches Allegro mit knappen Fugati, und ein wiederum modal gefärbte Andantino fugato, das durch Anleihen bei Musik der Eskimo nicht gerade bündiger wird, leitet in das rasche Finale über, das eine freiere Stimmführung durch Liegetöne stützen will. In den Werken von Geirr Tveitt (1908–1981) können betonte Quint-Quart-Klänge – nicht selten in parallelen Akkordketten – folkloristische Tonfälle evozieren, die durch rustikale Rhythmik und massiven Klang zusätzliche akzentuiert werden. Desto bedauerlicher ist es, daß das Manuskript eines Frühwerks (1935) durch einen Brand vernichtet wurde, während ein zweites Quartett mit dem Zusatz *Aus einem Reisetagebuch* (*Frå et reisedagbok*) offenbar unveröffentlicht blieb. Schüler Valens war der als Organist wirkende Erling Kjellsby (1909–1967), der insgesamt vier Quartette schrieb, aber im letzten Werk noch 1966 einem späten Neoklassizismus huldigte. Im Sonatensatz zu Beginn wird das frische Hauptthema, dessen Rhythmik in der Begleitung des kantablen Seitenthemas anklingt, während der Durchführung fugiert verarbeitet, das Presto ist danach als Scherzo samt Trio angelegt, einem diatonischen Quint-Quart-Gerüst entspricht im Andante ein dezenter Hinweis auf das Hauptthema des ersten Satzes, und das Sonatenrondo am Schluß basiert auf einem Refrain, dessen fallende Bewegung einen Tritonus einschließt. Exemplarisch ist es, wie durch Umgehung oder Akzentuierung des Tritonus die prinzipiell diatonische Basis chromatisch gefärbt werden kann. Einen weiteren Schritt bedeutet 1966 das zweite Quartett op. 27 von Johan Kvandal (1919–1999), der nach dem Unterricht bei Tveitt zu Nadja Boulanger nach Paris ging.[1] Kompromißlos atonal, rahmt das hochexpressive Werk (op. 27, 1966) zwei rasche Binnensätze durch langsamen Prologue und entsprechenden Epilogue ein. Als Lento lugubre basieren beide Außensätze auf variiertem Ostinatobaß mit Pizzicato, darüber entfalten sich aus kargen Ansätzen dissonante Linien, die im Finale weitere Intensivierung erfahren, während dem Beginn ein kleines Allegro vorgeschaltet ist. Dissonierend gebündelte Tonrepetitionen bilden dagegen ein Gerüst der schnellen Binnensätze, sobald sich aber eine tonale Gravitation andeutet, wird sie durch dissonierende Gegenstimmen überdeckt, die zur strukturellen Geschlossenheit des Werkes beitragen.

Anders wiederum verhielt sich Bjarne Brustad (1895–1978), der von Haus aus Bratschist war, aber 1937 Kompositionslehrer am Konservatorium wurde und in seinem dritten Quartett 1959 wechselnde Klangmuster erprobte. Gemäß den Prinzipien, die sich in der Bezeichnung der drei Sätze andeuten, entfaltet der erste (Punkt – linje) aus isolierten Tönen zögernde und mit der Beschleunigung dissonant verdichtete Klangbänder, die chromatische Segmente umgreifen, ohne der Vorordnung durch Reihen zu gehorchen. In ähnlicher Weise werden danach klangliche Konstellationen angeordnet (Klangcapricer), während rhythmische Modelle (Bevegelser) den Abschluß machen. Dagegen gilt Harald Sæve-

---

1 N. Grinde, *Norsk musikkhistorie*, S. 363ff. Kvandal schrieb 1954 und 1983 zwei weitere Quartette op. 11 und op. 80, vgl. A. O. Vollsnes, Art. *Kvandal*, in: *New Grove Dictionary²*, Bd. 14, S. 60.

[1] N. Grinde, *Norsk musikkhistorie*, S. 309–313; L. Reitan, Art. *Sæverud*, in: *New Grove Dictionary*², Bd. 22, S. 86f.

rud (1897–1992) vorab als Symphoniker, der einer auf Grieg zurückgehenden Tradition neue Impulse zu geben wußte.[1] Für einen Musiker seiner Generation ist es jedoch erstaunlich, wie anders sich seine drei Quartette ausnehmen, die in dichter Folge seit 1970 entstanden (op. 49, 1970; op. 52, 1975, und op. 55, 1978). Beispielhaft sei das erste Werk genannt, dessen Untertitel *Serenades of the two Rivals* zunächst auf zwei Abschnitte zu beziehen ist, die nach einer gewichtigen Einleitung als Serenata I bzw. II bezeichnet sind und zuerst das Violoncello und dann die Viola hervortreten lassen.

H. Sæverud, Nr. 1 op. 49, *Serenades of the two Rivals*, Einleitung, T. 1–10 (Musikk-Huset A/S, Oslo).

Zugleich klingt darin aber die Rivalität der Prinzipien an, die für den Wechsel sowohl der tonalen Organisation wie auch der Stimmengruppen verantwortlich sind. Zwischen zwei eröffnende Akkorde in C- und A-Dur treten eingangs chromatisch gezackte Figuren. Sie wirken auf einen dritten, chromatisch getrübten Klang ein, von dem sich gegenläufig teilchromatische Skalen ablösen, und die erweiterte Wiederholung beider Gruppen mündet in Liegestimmen ein, über denen sich analoge Figuren wie zu Beginn schichten. Damit ist ein Material vorgegeben, das in überaus unterschiedlichen Varianten die Eröffnung bestreitet. Erst die Serenata I exponiert im Violoncello eine thematische Linie, die von Derivaten der anfänglichen Figuren oder von chromatischen Segmenten im Tremolo getragen wird. Doch läuft sie rasch in getrillerten Klangbändern aus, die nun als Substitut der vormaligen Liegetöne fungieren, bis sich die Motivgruppen in dissonanter Verdichtung immer enger verschrauben. Nach ähnlichen Prinzipien ist die Serenata II mit führender Viola angelegt, wieder weist aber die rasche Bündelung der Partner zu Paaren, zu Gruppen oder zum Tutti darauf hin, daß immer noch polare Achsen und Bänder den Hintergrund der motivischen Schichtung bilden. Nicht zuletzt mag der Untertitel also auf die Konkurrenz aphoristischer Gebilde anspielen, die wechselnd verdichtet und zersplittert werden. Das zweite Quartett verbindet die herkömmlichen vier Sätze durch Übergänge zu Satzpaaren, die nun weitaus klarer thematisch organisiert sind. Dem Sonatenschema im ersten Satz entsprechen zwei Themen, die eine fallende Sekunde einmal durch Septsprung und dann durch Terzschritt erweitern. Trotz analoger Rhythmik unterscheiden sie sich hinreichend, um in den Kombinationen der Durchführung wie in den Varianten der Reprise erkennbar zu bleiben, und mehr noch setzt das anschließende Andante misterioso auf melodische Ausspinnung, die sich in episodischen Einschüben lockert. Dem kurzen und eher konventionellen Scherzo dagegen folgt das komplexe Finale, dessen thematisches Resümee am Ende zugleich auf den Seitensatz aus dem ersten Allegro zurückgreift. Wird schon in diesem Werk eine prinzipiell diatonischer Thematik sukzessiv chromatisiert, so setzt sich das erst recht in den drei Sätzen des dritten Quartetts fort. Zwei sehr verschiedene Themen verteilt der erste Satz auf zwei merkwürdig ungleiche Teile, konsistenter ist das mittlere Andante con moto, das ein als Siciliano rhythmisiertes Thema ausspinnt, das Finale jedoch erweist sich als eine Passacaglia, die auf einem diatonischen Thema mit sequenzierten Quarten und klarer Kadenz in D basiert. Daß gerade das letzte Quartett im zweiten Thema des Mittelsatzes auf das Thema der Viola in den *Serenades* anspielt, macht den Abstand der Verfahren nur noch sinnfälliger.

Der geschichtliche Wandel, den die norwegische Produktion durchlief, ist an keiner anderen Werkreihe gleichermaßen zu verfolgen wie an den fünf Quartetten von Knud Nystedt (geb. 1915), der die Ausbildung durch Bjarne Brustad später bei Aaron Copland in den USA ergänzte. Suchte das erste Werk 1938 noch ›nationalromantische‹ Traditionen harmonisch zu modifizieren, so führte das zweite 1948 in flexibel chromatisierten Motivgruppen die maßvolle Erweiterung der Tonalität fort. Nach neoklassizistischen Zügen des dritten Quartetts (1956) gelangte jedoch das vierte 1966 zu freier Zwölftontechnik, deren Folgen noch 1988 im letzten Werk wirksam wurden.[1] Hervorhebung verdienen also zumal die Quartette Nr. 3 und 4 (Oslo 1957 und 1974), zwischen denen sich die Orientierung sichtlich veränderte. Das dritte Werk beginnt mit einem Allegro moderato, das sich formal noch immer als Sonatensatz mit kantabel ausgreifendem Haupt- und energisch punktiertem Seitensatz erweist. Beide Themen werden bei vielfachem wechselndem Takt-

---

[1] J. Fongaard, *Forkskjellige faser i Knud Nystedts udvikling som kvartettkomponist* [Verschiedene Phasen in Nystedts Entwicklung als Quartettkomponist], in: Studia Musicologica Norvegica 9 (1983), S. 135–150, zu Nr. 2–3 S. 136–140 und S. 141–144; dem Komponisten danke ich für Partiturausgaben seiner Quartette.

metrum in der Durchführung getrennt und gemeinsam verarbeitet und bleiben in der Reprise trotz ihrer Varianten kenntlich, bis die Coda das verdichtete Resümee zieht. Kennzeichnend ist von Anfang an die dissonante Kopplung von Stimmpaaren, die zwischen großen und übermäßigen Sekunden (bzw. kleinen Terzen) abwechseln, eine dritte Stimme kann im Tritonusabstand eingehängt werden, und in gleicher Relation lassen sich Stimmpaare steigernd zusammenziehen. Mit dieser letztlich auf Hindemith zurückweisenden Technik, in der changierende tonale Zentren noch immer wirksam bleiben, werden sowohl die Themen wie die Phasen der Verarbeitung bestritten, und demselben Prinzip gehorchen danach in einem Vivace, das Scherzo und Trio erst trennt und dann vermischt, chromatisch gleitende Klangbänder im Tremolo. Der langsame Satz beginnt mit einem Fugatothema, das unmißverständlich auf B–A–C–H anspielt, wie es zumal bei Eintritt der Oberstimme deutlich wird (b'–a'–h'–c'–h'); je weiter sich der Satz aber auffüllt, desto mehr tritt die Polyphonie hinter thematischen Zitaten zurück, die das Incipit auslassen und wieder von dissonant verschränkten Stimmgruppen begleitet werden. Dasselbe Verfahren begegnet zum Schluß in einem Sonatenrondo, das die rhythmisierten Tonrepetitionen seines Refrains entsprechend effektvoll zu steigern vermag.

Wenig genug bleibt von alldem im vierten Quartett, dem Jon Fongaard zufolge neben einer Zwölftonreihe eine weitere mit nur elf Tönen zugrunde läge.[1] So oft aber in den Hauptstimmen wechselnde Konstellationen mit elf oder nur zehn Stufen begegnen, so selten bleiben zwölftönige Komplexe, die auch kaum auf eine Reihenordnung schließen lassen; das gilt selbst dann, wenn für Teil- oder Auswahlreihen Lizenzen wie vorzeitige Tonwiederholungen konzediert werden, doch wäre die Frage

1 J. Fongaard, *Forkskjellige faser*, S. 145ff.

K. Nystedt, Nr. 4 op. 56, erster Satz, T. 1–12 (Norsk Musikforlag A/S, Oslo).

erst durch eine genauere Analyse zu klären. Ohnehin drängen sich alle chromatischen Stufen auf engstem Raum, wenn etwa eine dreitönige Drehfigur mit halbtönigen Abständen in vier Stimmen gekoppelt und repetiert wird. Denn diesem Muster folgen in Nystedts Quartett motorische Klangfelder in raschen Notenwerten, die sich wie ein variierter Refrain über das einsätzige Werk verteilen, ohne immer zwölf verschiedene Töne zu benötigen. Für analoge Resultate können verdoppelte oder wiederholte Töne in Kauf genommen werden, solange es nicht um orthodoxe Dodekaphonie zu tun ist. Zum ersten dieser Klangfelder führt eine Einleitung hin, die tremolierte Halbtöne in sukzessiver Staffelung chromatisch verschiebt, ohne schon den chromatischen Fundus auszuschöpfen. Das Verfahren bedarf nur gradueller Beschleunigung, Stauung oder Reduktion, um unterschiedliche Phasen eines chromatisch dissonierenden Klanggewebes zu erzeugen. Von ihnen hebt sich eine zweite Gruppe ab, in der entsprechende Klangbänder einzelne gebundene Stimmen in chromatischen Bögen grundieren, und wechseln dann Teilmomente beider Konstellationen in sukzessiver Folge oder in simultaner Schichtung, so ergeben sich daraus die Phasen der Verarbeitung. Von ihnen heben sich schließlich zwei Episoden ab, die unmißverständlich als verzerrte Walzermelodien rhythmisiert sind (Z. 6 und nach Z. 12), und sie allein bleiben unberührt von der zunehmenden Verdichtung, in der alle gängigen Spielweisen wie Glissando, Flageolett, col legno, sul ponticello oder hämmernde Finger auf dem Corpus zum Einsatz kommen. An der wechselnden Gruppierung der Stimmen wird gleichwohl sichtbar, daß noch immer ihre Verschränkung oder Bündelung zu Bändern und Blöcken eine Folie bleibt, von der sich wie früher im dritten Quartett die einzeln hervortretenden Stimmzüge ablösen.

So zeichnet die Werkreihe Nystedts eine Entwicklung nach, die in Norwegen wie andernorts von maßvoller Weitung der Traditionen an eine Atonalität heranführte, in der zwölftönige Konstellationen eher als Fundus denn als strenge Ordnung fungierten. Daß in Finnland dagegen die Neue Musik erst später im Streichquartett zur Geltung kam, wird weniger durch die einschüchternde Autorität von Sibelius begreiflich. War eher die späte Etablierung eines freien finnischen Staates maßgeblich, so zeigt sich daran noch einmal, wie sehr die Gattung eigener Voraussetzungen bedurfte, um reichere Möglichkeiten der gedeihlichen Entfaltung zu finden. Solange eine neuere Darstellung der Musikgeschichte des Landes nur in der Landessprache vorliegt, bleibt der des Finnischen nicht mächtigen Interessent auf eine knappe Zusammenfassung der kammermusikalischen Produktion angewiesen, die unlängst von Kimmo Korhonen veröffentlicht wurde.[1] Aus ihr geht hervor, daß zwischen Beginn und Mitte des Jahrhunderts nicht wenige Autoren Streichquartette komponierten, doch handelte es sich in der Regel nur um einzelne Werke, die dann auch nur ausnahmsweise gedruckt wurden.

1 K. Korhonen, *Finnish Chamber Music*, Helsinki 2001, hier bes. S. 14–35. Vgl. ferner E. Salmenhaara, *Uuden musiikin Kynnyksellä 1907–1958*, Porvoo u. a. 1996 (Suomen musiikin historia [Finnlands Musikgeschichte] 3); M. Heinö, *Aikamme musiikki 1945–1993*, ebenda 1995 (Suomen musiikin historia [Finnlands Musikgeschichte] 4).

Neben Sibelius schrieb zwar Erkki Melartin (1875–1937) zwischen 1896 und 1910 vier Quartette, die sich aber nicht im Druck verbreiten konnten, und sogar sechs Werke liegen von Lauri Saikkola (1906–1995) vor, dessen Name aber selbst umfassenden Nachschlagewerken unbekannt blieb.[1] Desto erstaunlicher bleibt es, wie rasch in der zweiten Jahrhunderthälfte das Musikleben Finnlands eine Entwicklung ausglich, zu der andere Länder die mehrfache Zeit benötigt hatten, und so entsprach der sprunghaften Mehrung der Ensembles und Ausbildungsstätten bald auch ein bemerkenswert reicher Bestand von Streichquartetten. Anders als in den Nachbarländern läßt sich aber vorerst für Finnland kaum fassen, wie aus früheren Traditionen die Alternativen der Moderne erwuchsen. Zwar entstanden die Beiträge von Joonas Kokkonen und Einojuhani Rautavaara – um nur zwei besonders namhafte Musiker zu nennen – nicht später als die von Bäck, N. V. Bentzon oder Sæverud, doch bilden sie mit den Quartetten jüngerer Autoren ein geschlossenes Repertoire, auf das daher in anderem Zusammenhang zurückzukommen ist.

Jenseits aller Differenzen tritt in den Streichquartetten aus skandinavischen Ländern eine Kontinuität hervor, die sich zunächst im verbindenden Respekt vor früheren Traditionen bekundet. Wo sie zunächst behutsam erweitert wurden, mußte man sich von ihnen nicht brüsk abwenden, um neue Schritte zu erproben. Und obwohl man neue Musik an sehr verschiedenen Orten erkundete, zog man die eigene Folgerungen mit Bedacht, statt sich extremer Polarisierung zu überlassen. Ohne bei eklektischer Rezeption zu bleiben, ließ sich in der Abwägung eine Wahl treffen, nichts aber war so kennzeichnend wie die Immunität gegenüber einseitigen Dogmen. Denn sie hatte zur Folge, daß jedenfalls im Streichquartett nur zögernd die Konsequenzen der Dodekaphonie oder gar der Serialität und Aleatorik aufgenommen wurden. All das zusammen konnte aber dazu beitragen, daß der Abstand zwischen Autoren und Rezipienten hier geringer blieb als andernorts, und so ist die ›Einsamkeit der Neuen Musik‹ eine Metapher, die für die Kammermusik in Skandinavien nur begrenzt gelten dürfte.

5. *Verschobener Aufbruch: Konflikte im deutschsprachigen Bereich*

Zu den Merkwürdigkeiten der Gattungsgeschichte gehört es, daß gerade im deutschen Sprachbereich, von dem nach Reger durch Hindemith und vor allem Schönberg maßgebliche Impulse ausgingen, die weitere Entwicklung in mehrfacher Hinsicht gespalten verlief. Einer nicht ganz kleinen Gruppe von Musikern, die in der Tradition verwurzelt waren und auf Neuerungen skeptisch reagierten, stand eine wachsende Zahl

---

[1] Vgl. neben den früheren Enzyklopädien nun auch *New Grove Dictionary*², ferner K. Korhonen, *Finnish Chamber Music*, S. 21f. und S. 35, sowie E. Salmenhaara, Art. *Melartin*, in: *New Grove Dictionary*², Bd. 16, S. 337.

von Komponisten gegenüber, die neue Anstöße immerhin selektiv rezipierten oder ihre eigenen Lösungen suchten. Gerade dort also, wo man über die dichteste Tradition zu verfügen meinte, konnte der Verpflichtung zu ihrer Wahrung auf der anderen Seite das Gefühl einer Erschöpfung entsprechen, die veränderte Maßnahmen unumgänglich machte. Dieser Zwiespalt der Positionen jedoch, der für andere Länder nach 1918 ebenso galt, verschärfte sich in Deutschland nach 1933 und noch einmal nach 1945. Die nationalsozialistische Herrschaft mußte zwar nicht sogleich in ideologisch motivierten Quartetten wirksam werden, denn für solche Zwecke waren Opern, Chorwerke und selbst Symphonien weit eher geeignet als introvertierte Kammermusik. Fatal genug waren aber die Konsequenzen, die aus der Vertreibung jüdischer Musiker und dem erzwungenen Exodus der Moderne resultierten. Zu ihnen gehörte zunächst die Einschränkung früherer Kontakte, die in den Kriegsjahren vollends zum Erliegen kamen und Isolation oder Ignoranz zur Folge haben konnten. Nichts desto weniger setzte sich die Produktion fort, und wenn nun Traditionalisten ihre Stunde gekommen sahen, ohne deshalb politisch willfährig zu sein, so hatten sie die zeitweise Begünstigung hernach mit desto gründlicherem Vergessen zu begleichen. Auf der anderen Seite mußte nach 1945 das Versäumte so gründlich kompensiert werden, daß in Köln und Darmstadt neue Zentren der Avantgarde entstanden, die rasch internationale Attraktivität erhielten. Während damit der Spalt der Positionen verschärft wurde, vollzog sich aber zugleich in der damaligen DDR eine eigene und durchaus andere Entwicklung, die erst später zum Ausgleich gekommen ist. Daher läßt sich die Gattungsgeschichte im deutschsprachigen Bereich nicht chronologisch ordnen, sondern nur nach unterschiedlichen Bereichen einkreisen, die sich dennoch vielfach berührten und sogar kreuzten.

Brüche der Tradition

Eine ganze Reihe von Musikern, deren Schaffen schon um die Jahrhundertwende einsetzte und dann bis in die Nachkriegsjahre reichte, wurde bereits früher genannt. Mit je einem Beitrag zählten dazu etwa Max Trapp (1887–1971) in Berlin (op. 22, 1935), Richard Trunk (1879–1968) in Köln und München (op. 80 a-Moll) und Joseph Haas (1879–1960) in Stuttgart und München (op. 50, Mainz 1919). Ein später Exponent dieser Tradition war Ermanno Wolf-Ferrari (1876–1948), der als ausgemachter Opernspezialist erst 1940 sein einziges Streichquartett komponierte (e-Moll, Leipzig 1943).[1] Zu einer weiteren Gruppe gehörten ehedem angesehene Kompositionslehrer, die nach wie vor Quartette schrieben und nur begrenzt für Änderungen offen waren. Zu nennen wären hier etwa Ernst-Lothar von Knorr (1896–1973) mit drei Werken

1 Vgl. dazu die Hinweise am Ende des IV. Teils dieser Darstellung, »Erbe und Last – Traditionen im deutschen Sprachbereich«, in Band 2.

(1929, 1930 und 1969), Josef Suder (1892–1980) mit ebenfalls drei Beiträgen (1919, 1932 und 1967) und Reinhard Schwarz-Schilling (1904–1985), der nur ein Quartett hinterließ (f-Moll, 1932). Dagegen mußte sich Walter Braunfels (1882–1954) nach 1933 zurückziehen, in der erzwungenen inneren Emigration entstanden 1944 zwei Quartette in a-Moll und F-Dur (op. 60-61), während ein 1946 begonnenes Werk in e-Moll (op. 67) erst 1953 – nach der Wiedereinsetzung als Kölner Hochschuldirektor – durch das Finale vervollständigt wurde.[1] Zu dieser Zeit waren die Werke mit der Bewahrung der formalen und tonalen Grundlage verspätet, dennoch zeichnet sich besonders das erste, das den Beinamen *Verkündigung* thematischem Material aus der Oper op. 50 verdankt, durch beträchtlich erweiterte Harmonik aus. Weit zurückhaltender sind darin die beiden folgenden Beiträge, doch zeigen sie in ihrer kompositorischen Gediegenheit beispielhaft, wie die Polarität der Positionen noch bis zur Jahrhundertmitte andauerte. Eine Serie von elf Quartetten und weitere Einzelstücke aus der Zeit von 1905 bis 1947 hinterließ Julius Weismann (1879–1950), nachdem er sich aber nach 1933 mehr als andere auf die ihm gebotenen Chancen eingelassen hatte, wurde es später desto stiller um ihn.[2]

Das Wohlwollen der neuen Machthaber fand zeitweise auch Karl Höller (1907–1987), der seit 1938 in Frankfurt und seit 1040 in München lehrte, doch entstanden seine Quartette zumeist erst nach 1945 (op. 24 E-Dur 1938; op. 36 fis-Moll, 1945; op. 42–43 D-Dur und C-Dur, 1947; op. 48 d-Moll und op. 51 e-Moll, 1948–49). Durchaus tonal ist das viersätzige E-Dur-Werk Nr. 1, doch verbinden die Ecksätze dichte Kontrapunktik mit jener reichen Chromatik, die Höller durch den Regerschüler Joseph Haas vermittelt worden war, wogegen die locker strukturierten Mittelsätze etwas entspannter ausfallen. Den tradierten Formenkanon bewahren auch die späteren Beiträge, in denen der Satz aber durchsichtiger anmutet. Die Beischrift *Nach dem Besuch einer Ausstellung »Moderne französische Malerei«* trägt das C-Dur-Quartette Nr. 4, das sich seiner Aufgabe freilich in vier knappen und recht locker gefügten Sätzen entledigt. Ein kapriziöses A-Dur-Scherzo mit Trio in fis-Moll nimmt als zweiter Satz am ehesten für sich ein, während dem rhythmisch differenzierten Sonatenschema des ersten Satzes eine reichere Harmonik im Finale entspricht. Gewichtiger ist das letzte Quartett in e-Moll, das Georg Kulenkampff zum Gedächtnis gewidmet wurde. Ohne die tonale Basis zu verlassen, erweitern sich die harmonischen Verhältnisse, indem beide Themen des Kopfsatzes über rhythmisiertem Orgelpunkt mit chromatischer Stimmführung unerwartete Rückungen paaren und parallele Quinten nicht scheuen, die in der Durchführung zusätzlich akzentuiert werden. Da das rhythmisch profiliertere Finale von entsprechender Thematik ausgeht, kann es zum Schluß auf den Kopfsatz zurückkommen, und nachdem der Mittelteil des raschen

---

1 Nähere Angaben bei U. Jung, *Walter Braunfels*, Regenburg 1980 (Studien zur Musikgeschichte des 19. Jahrhunderts 58), S. 345–354.
2 W. Falcke, *Verzeichnis sämtlicher Werke von Julius Weismann*, Duisburg 1955 (Julius Weismann Archiv, Jahresgabe), S. 40f.

zweiten Satzes analoge Baßquinten betont, integriert das Larghetto in C-Dur als Herzstück in cis-Moll den Choral ›Aus tiefer Not ruf ich zu dir‹, dessen Quintfall nun als Zelle der zyklischen Disposition erkennbar wird.

Wie verfänglich es sein kann, einen Autor nur deshalb zu übergehen, weil er mit bloß einem Beitrag hervorgetreten ist, zeigt als warnendes Beispiel das Quartett op. 16 (Mainz 1924) von Philipp Jarnach (1892–1982), der in Berlin Kurt Weill unterwies und später als Hochschullehrer in Köln und Hamburg wirkte. Das Werk weckte 1923 bei der Uraufführung durch Hindemiths Amar-Quartett und wenig später in Donaueschingen Aufsehen, wurde aber nicht zum Repertoirestück und fand erst neuerdings wieder Aufmerksamkeit.[1] Ihm ging 1916 ein c-Moll-Werk voran, dessen Eingangsthema in op. 16 umgeformt wurde, doch folgte 1951 nur mehr eine *Musik zum Gedächtnis der Einsamen* (Mainz 1953). Statt in einzelne Sätze ist op. 16 in zwei umfangreiche ›Teile‹ gegliedert, denen das Prinzip einer fortlaufenden Metamorphose zugrundeliegt. Nach Jarnachs erster Einführung (1923) wären im ersten Teil »drei geschlossene Abschnitte« zu unterscheiden, deren »Themen« in einem »Variationengebilde« durch »neue Elemente nach und nach erweitert werden«. Ein zweiter Text (1948) spricht dagegen von einer »Satzkette oder Folge von Sätzen, die, ohne Variationen zu sein, dennoch in weitgespanntem Bogen und nur durch freie Episoden miteinander verbunden, *einen* Grundgedanken durchführen«. Die terminologischen Varianten deuten auf sachliche Schwierigkeiten, denn wie von Themen ist von Variationen im traditionellen Sinn schwerlich zu sprechen, und so rief das Werk nach ersten Erfolgen Ratlosigkeit hervor.[2] Nach unisoner Eröffnung erscheint eine Akkordkette, doch erst ein marschartiges Ge-

[1] St. Weiss, *Die Musik Philipp Jarnachs*, Köln–Rheinkassel 1996, S. 221–235 sowie im Werkverzeichnis S. 419f.; M. Kube, »*Dem Formverlauf und den Zusammenhängen dieses Quartetts analytisch nachzugehen, erscheint aussichtslos*« – Versuch über den I. Teil des Streichquartetts op. 16 (1923) von Philipp Jarnach (dem Autor ist für Einsicht in den im Druck befindlichen Aufsatz zu danken).

[2] Zu Jarnachs Kommentaren vgl. St. Weiss, *Die Musik Philipp Jarnachs*, S. 230f., zur Ratlosigkeit Hans Mersmanns und sogar Ferruccio Busonis ebenda, S. 221f. Bei der ersten Aufführung wurde das Werk als »Fantasia sacra« bezeichnet, vgl. ebenda, S. 234.

Ph. Jarnach, op. 16, erster Teil, T. 1–8 (B. Schott's Söhne).

T. 15–21.

bilde und eine rasche Bewegung (nach Ziffer 2) hätten als ›Themen‹ zu gelten, die aber durch verdeckte Fäden verknüpft und demgemäß immer dichter verschwistert werden. Wo ein zweiter Abschnitt (vor Z. 10) die Durchführung erwarten ließe, fügen sich zwischen breite Auflösungsfelder thematische Relikte ein, die jedoch weit entfernte Gebilde sehr frei verändern, und da statt einer Reprise die progredierende Materialumbildung fortläuft, ergibt sich eine »Satzkette« aus »Grundgedanken«, deren Folge zudem verändert wird. Wenn sich im ständig wechselnden Satzgefüge rhythmische und intervallische Konturen unabhängig voneinander verwandeln, so sind sie nur noch als assoziativ verknüpfte Reihe und kaum als konziser Prozeß zu erfassen. Dagegen ist der zweite Teil nach Jarnach als freie »Rondosonate« zu begreifen, in deren Mitte ein langsamer Satz eingelagert ist. Wie aber das Verhältnis der Teilsätze kaum greifbar ist, so entnehmen die Refrains dem anfänglichen Bestand nur einzelne Takte, die dazu weitreichend verändert werden, und wie die Couplets nicht immer durch Refrainzitate getrennt werden, wechselt mit ihrer Gestalt in der Reprise zugleich ihre Reihenfolge. Da außerdem die Tonalität zwischen frei erweiterten Zentren und durchaus atonalen Zonen changiert, wachsen die Forderungen an den Rezipienten noch mehr als in Zemlinskys und Schönbergs Quartetten, deren thematische Konzeption klarer zu verfolgen ist.

Der langsame Einzelsatz aus späteren Jahren läßt als freie Kette zweier Gedanken und ihrer Varianten noch Jarnachs frühere Strategie durchscheinen, die nun aber durch klarere thematische Beziehungen, kontrapunktische Verdichtung und gemäßigt freie Tonalität deutlicher reguliert wird. Obwohl also das frühe Quartett ein Einzelfall blieb, bildet es doch einen so eigenartigen wie aufschlußreichen Beitrag zur komplexen Situation der 20er Jahre.

Im selben Jahr wie Jarnachs op. 16 erklang in Wien erstmals das A-Dur-Quartett op. 16 (Mainz 1924) von Erich Wolfgang Korngold (1897–1957), das vielleicht der bedeutendste seiner insgesamt drei Beiträge ist.[1] Im ersten Satz mutet der Seitensatz, der in der Exposition in As-Dur und in der Reprise in A-Dur erscheint, als tonale Oase in einer Diffusion an, die vom Hauptsatz mit seinem chromatisch zerklüfteten Vorspann ausgelöst wird.

[1] S. Rode-Breymann, *Erich Wolfgang Korngold: Between Two Worlds?* Oder über die Streicherkammermusik eines Opern- und Filmkomponisten, in: *Kammermusik zwischen den Weltkriegen*, hg. v. C. Ottner, Wien 1995 (Studien zu Franz Schmidt XI), S. 198–212, wo S. 200f. op. 16 skeptischer beurteilt wird, während S. 203ff. op. 34 Hervorhebung findet. Partituren der Quartette Korngolds verdanke ich dem Verlag Schott und Dr. Rainer Mohrs).

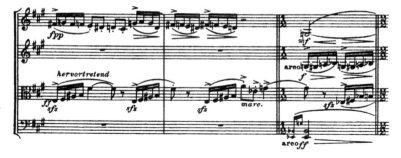

E. W. Korngold, Nr. 1 op. 16, erster Satz, T. 1–5 (B. Schott's Söhne).

Denn von den ersten Takten geht eine dichte Chromatisierung aus, die sich mit prosaartiger Diktion der Wiener Moderne nähert, und sie zeichnet vermehrt die verzweigten Motivvarianten der Durchführung aus, die den ersten Themenkomplex derart präferiert, daß er in der Reprise übergangen wird, aber dafür die gesamte Coda zu bestreiten hat. Die tonalen Kontraste treten also in den Dienst einer geradezu szenischen Dramaturgie, die ähnlich in den Folgesätzen wirksam ist. Gleiche Ambitionen wie der Kopfsatz verrät im Adagio nur der Beginn, doch setzt sich nach wenigen Takten – chromatisch leicht verschleiert – F-Dur durch, während erst im Schlußteil C-Dur zum Zentrum wird. Variantenreich wird aber das seufzerartig sinkende Kopfmotiv ausgesponnen und zu akkordisch synkopierten Blöcken gesteigert, zwischen denen wieder der Mittelteil als Ruhezone in D- und dann C-Dur fungiert. Im Intermezzo B-Dur erfährt umgekehrt ein diatonisches Thema, das freilich die Tür zum Salon zu öffnen scheint, durch unablässig quirlende Begleitung seine chromatische Färbung, und auf vorangestellte Worte aus Shakespeares *Wie es euch gefällt* (»Wenn Vögel singen«, 5. Akt, 3. Szene) reagiert das Finale mit Signalen, die vor Durchführung und Reprise an ferne Vogelrufe erinnern können. Im übrigen zeugt die variable Entfaltung des Materials in diesem klangdichten Satz von Korngolds geradezu äquilibristischem Vermögen, ein an Wagner geschultes Idiom zeitgemäß zu steigern und mit impressionistisch getönten Akkordketten und unüberhörbaren Anklängen an Tonfälle Mahlers zu verquicken. Wesentlich einfacher ist das Es-Dur-Quartett op. 26, das 1933 kurz vor der Emigration in die USA entstand, aber noch 1937 von Schott verlegt wurde. Diatonisch recht stabil setzt im Kopfsatz das Hauptthema an, dessen auftaktige Sechzehntel verdecken den Seitensatz in B-Dur unterwandern, um erst in der kurzen Durchführung ihre latente Chromatik auszuspielen. Ebenso klar ist das Intermezzo C-Dur mit kleinem Binnenkontrast in c-Moll angelegt, und das Finale entpuppt sich als ein ›Waltz‹, der nicht ohne ironische Untertöne nach Wien zurückblickt. Gewichtiger ist als dritter Satz ein Larghetto, dem seltsam irisierende Flageolettklänge vorangehen, bevor in cis-Moll eine thematische Entwicklung ansetzt, die auf das frühere A-Dur-Werk zurückweist. Erst nach der Karriere als erfolgreicher Filmkomponist kam Korngold 1945 auf die Gattung mit dem d-Moll-Quartett op. 34 (New York 1946) zurück, in das sich nun unverhohlene Anleihen bei eigenen Filmmusiken mischen (so aus *The Sea Wolf* und *Between two worlds* in den Binnensätzen und aus *Devotion* im Finale). Fast scheint es aber, als sei die chromatisch flirrende Thematik im Kopfsatz wie im Scherzo nur darauf angelegt, Seitenthemen und Triomelodie als ›schöne Stellen‹ abzuheben, und nach einem versöhnlichen Sostenuto erweist sich das Finale als robust auftrumpfendes Sonatenrondo in D-Dur. Ein Konzept, das vordem taufrisch wirken mochte, droht zu einer Manier zu werden, mit der sich Korngold den historischen Wandlungen entzog.

Wie Korngold gehörte Ernst Toch (1887–1964) zu den vertriebenen jüdischen Musikern, deren individuelles Schicksal zusammenfassend freilich weniger zur Geltung käme als im Vergleich mit den in Deutschland und Österreich verbliebenen Autoren. Obwohl Toch fast eine Generation älter als Höller war, vollzog er wie kein Zeitgenosse in seinen Quartetten einen Wandel, der im Zeitraum von fast 50 Jahren aus spätromantischer Tradition bis zur Dodekaphonie führte. So viel Aufsehen einst seine ›Sprechfuge‹ weckte, so wenig Beachtung fand das weitere Œuvre.[1] Nach fünf verschollenen Frühwerken entstanden noch vor dem Ersten Weltkrieg drei ganz im 19. Jahrhundert beheimatete Beiträge (op. 12 a-Moll, 1905; op. 16 G-Dur, 1908, und op. 18 Des-Dur, 1911), und nachdem drei weitere Quartette entschieden zur Moderne wechselten (op. 26, 1919; op. 28, 1921; und op. 34, 1924), folgten im ameri-

---

1 Vgl. die Literaturhinweise bei A. Oechsler, Art. *Toch*, in: *New Grove Dictionary*², Bd. 25, S. 537f., ferner C. Erwin, *Ernst Toch in Amerika*, in: *Verdrängte Musik. Berliner Komponisten im Exil*, hg. v. H. Traber und E. Weingarten, Berlin 1987, S. 109–121.

kanischen Exil noch zwei letzte Werke (op. 70, 1946, und op. 74, 1953–54). Obwohl nur autodidaktisch vorgebildet, machte Toch in Wien mit op. 12 früh auf sich aufmerksam. Erst die Verleihung des Mozartpreises führte ihn nach Frankfurt zum Studium bei Iwan Knorr, und nach Kriegszeit und musikwissenschaftlicher Promotion lebte er in Berlin, von wo er aber als Jude 1934 über England in die USA emigrieren mußte.

Im ersten erhaltenen Quartett enden beide Außensätze in A-Dur (weshalb op. 12 als Quartett in a-Moll oder A-Dur figuriert), sie beginnen aber in a-Moll, und demgemäß werden die Seitenthemen im einen Fall in C-Dur und im anderen in A-Dur exponiert. Man übertriebe indessen, wollte man das Werk zur Nachfolge von Brahms rechnen, denn an sein a-Moll-Quartett op. 51 Nr. 2 erinnert hier nur im ersten Satz ein Incipit, dessen abwärts gerichtete Sequenzierung synkopisch gebremst wird. Wie im Finale verläuft sich die Fortspinnung rasch in sanft fließendem Laufwerk, das in synkopischer Kulmination gestaut wird, und die eng umgrenzte Harmonik greift nur mit Sequenzgruppen der Durchführung etwas weiter aus. Ähnlich verhält es sich nicht nur im Finale, sondern ebenso in den Binnensätzen, sofern ein Andante in C-Dur das dreizeitige Metrum eines Tanzsatzes im Mittelteil über repetierte Akkorde zum leicht stilisierten Walzer steigert, während das Andante doloroso

E. Toch, Nr. 1 (6) op. 12, erster Satz, T. 1–12 (Druck nach Ms., o. O. 1905).

in h-Moll die chromatische Tönung des absinkenden Themas im Zentrum zu chromatischen Ketten ausbaut. Näher als Brahms steht Toch hier noch einer früheren Linie, von der in Wien einst Dessoff oder Fuchs hergekommen waren. Nur graduell ändert sich das Bild in Tochs nächsten Werken, denn dem beliebten Faust-Motto (»Vom Eise befreit«) entspricht in op. 15 als Kopfsatz ein transparentes ›Allegro piacevole‹, und das entspannte Finale verweist höchstens mit komplementärer Versetzung punktierter Akkorde auf Brahms, während die hübschen Binnensätze das Niveau von op. 12 kaum übersteigen. All das gilt prinzipiell noch für op. 18, denn wiewohl hier eingangs ein ›Prologus‹ in cis-Moll aus rezitativischem Ansatz ein Fugato gewinnt und das Finale als ›Allegro impetuoso ed appassionato‹ über eine pathetische Einleitung verfügt, genügen als Mittelsätze noch ein einfaches Scherzo sowie vier Variationen über ein langsames Thema.

Man muß diese durchaus gediegenen Werke eines nicht mehr ganz jungen Autors kennen, um zu begreifen, welch neuen Ansatz die folgenden Werke bedeuten, denn wer op. 12 gegen op. 34 und erst recht op. 74 hält, mag kaum glauben, Werke desselben Komponisten vor sich zu haben. Die Neuorientierung, die Toch nach dem Krieg vollzog, wird bereits 1919 in op. 26 sichtbar (Tischer und Jagenberg, Köln 1919). Zwar steht das Werk nominell in C-Dur und modifiziert die Formen nur wenig, die funktionale Harmonik jedoch, die bislang das fraglose Fundament abgab, erfährt eine Ausweitung, die durch die rhythmische Vehemenz der Außensätze verschärft wird. Dem aufschießenden Hauptthema des ersten Satzes tritt ein imitatorisch einsetzender Seitensatz entgegen, doch bleibt er episodisch, da bald wieder der Hauptsatz in der Tonika eintritt, wonach sich Durchführung und Reprise verschränken, ohne dem Seitensatz nochmals Raum zu lassen. Das Finale unterscheidet dagegen zwischen tonaler und thematischer Reprise des Hauptsatzes, während der ausgedehnte Seitensatz zwar gekürzt, aber dynamisch gesteigert wiederkehrt. Die Binnensätze variieren die herkömmliche Anlage durch mehrfach gestaffelte Erweiterung der Mittelteile. Ist aber im zweiten (›Graziös und duftig‹) das diatonische Material nur phasenweise harmonischer Dehnung ausgesetzt, so löst im Adagio der chromatische Fall des Themas eine durchgängige Chromatisierung aus, die wenigstens die Stufe Regers erreicht. Weiter noch gehen die Ecksätze, in denen tonale Kennmarken nur thematische Scharniere auszeichnen, wogegen die Verarbeitung chromatische Stimmzüge mit frei eintretenden Dissonanzen mischt und parallele Sekunden und Septimen keineswegs meidet. Nimmt man zu einer Harmonik, die Reger hinter sich läßt, die oft motorische Rhythmik hinzu, so wird die Distanz zu Tochs früheren Werken desto eindrucksvoller.

Die Wende zur Moderne tritt besonders beeindruckend in op. 34 als Schlußglied einer mittleren Gruppe hervor, die sich sichtlich um den

Anschluß an die Neue Musik der 20er Jahre bemüht. Mit Sonatensatz, Sonatenrondo und dreigliedrigen Binnensätzen werden zwar die normierten Formen bewahrt, leicht sind auch die Themen zu identifizieren, und wenn die Außensätze in a und c enden, so darf nach dem in e schließenden Tanzsatz das Adagio gar in D-Dur verklingen. So wenig die Sätze deshalb ›tonal‹ sind, so sehr klingen in einer erweiterten Tonalität, die an die Grenzen der ›Atonalität‹ führt, tonale Relikte in einzelnen Stimmzügen an. Mit dreifach versetztem Tritonus setzt im Unisono der erste Satz an (›Sehr wuchtig‹), indem aber sein zweites Glied die fallende Richtung zum Anstieg umkehrt, nimmt es auftaktige Punktierung auf und bereitet damit die gezackte Triolenbewegung vor, die den Themenkern prägt, während zugleich der fallende Tritonus in den Unterstimmen zur Sexte geweitet wird.

E. Toch, Nr. 6 (11) op. 34, erster Satz, T. 1–9 (B. Schott's Söhne).

Wo die Stimmen auseinander treten, bilden sich begleitende Ketten aus, die neben dem Tritonus selbst kleine Sekunden und Septimen nicht verschmähen, um den aggressiven Gestus hervorzukehren. Desto klarer hebt sich ›dolce‹ der Seitensatz mit engräumigem Initium ab, das aber sogleich die fallenden oder steigenden Sexten aus dem Hauptsatz aufnimmt (Z. 5). Und aus scheinbar freiem Beginn mit rhythmisch ostinaten Begleitketten findet die Durchführung (Z. 8) zur Steigerung des Hauptsatzes (Z. 12), wonach die Themenfolge in der Reprise (nach Z. 19) vertauscht wird, bis der dynamisierte Hauptsatz erst der Coda vorbehalten ist. So klar im zweiten Satz der knappe Tanz zum längerem Trio (Z. 4–8) kontrastiert, so deutlich ist der rondogemäße Bau im Finale, da der dreiteilige Refrain (bis Z. 5) gekürzt den Mittelteil (Z. 13–16) umrahmt und fast ostentativ zwei analoge Couplets (Z. 7 bzw. 19) aussondert. Wie im Kopfsatz stellt also erst die dissonante Struktur das Novum dar, und wo sich die Begleitung nicht zu dissonierenden Bändern verfestigt, wie in punktierten Ketten im Scherzo und in gekoppelten Triolen des Refrains im Schlußsatz, da werden die Stimmen oft steigernd zu rollenden Figuren zusammengezogen. All diese Klangmuster zielen jedoch auf wechselnde Dissonanzgrade, die durch entsprechend gewählte Intervallordnung geschärft oder zurückgenommen werden können. Sie dienen dazu, tonale Residuen der Stimmführung zu schwächen, die in dem um e und a gelagerten Scherzothema, in der anfangs nach g-Moll weisenden Triomelodie oder im fallenden Dreiklang zu Beginn des Finalrefrains zutage treten. Am freiesten entfaltet sich das Adagio, sofern sich nach amorpher Einleitung zwar zwei Themen unterscheiden, doch verbinden sie mit der tonalen Extension die äußerste rhythmische Differenzierung, die erst die Reprise mit figurativ überlagerter Augmentation des eröffnenden Biciniums zurücknimmt (Z. 10–12). Man mag es fragwürdig finden, wenn thematisches Denken in gängigen Formen nun mit Klangfolgen einhergeht, die Toch selbst wohl früher als falsch gegolten hätten, erstaunlich bleibt aber die Wandlungsfähigkeit, in der er offenbar die Konkurrenz mit dem jungen Hindemith suchte.

Dem in op. 34 gefundenen Konzept bleibt im Grundsatz noch das erste der beiden Spätwerke verpflichtet, wogegen Toch sich im letzten Werk noch einmal als wahrer Proteus erweist. Zwar erhält sich mit dem Formenkanon, von dem nur das Finale abweicht, der Eindruck einer ähnlich freien Tonalität, daß nun aber sogar noch die Reihentechnik adoptiert wurde, betonte Toch im Vorwort der Partitur. Dabei erstaunt der Hinweis, erst nachträglich sei klar geworden, daß das Thema der Einleitung vor dem Kopfsatz elf Tön benutze. Denn der Themenkopf entspricht dem Thema regium aus Bachs *Musikalischem Opfer*, in dem bekanntlich ebenfalls elf Töne vorkommen. Doch ging es Toch um eine zwölftönige Musik, die für Rezipienten seiner früheren Werke spontan faßlich sein sollte, wie denn auch die Reihenordnung in der Partitur eigens kenntlich gemacht wurde. So folgt der Einleitung als Allegro moderato ein Sonatensatz mit aufschwingendem Hauptthema, das akkordisch gestaut wird, wonach seine Motivik den imitatorisch gestaffelten Seitensatz begleitet. Aus den Zwölftonreihen der Themen speist sich das Material einer Doppelfuge, die eine Durchführung ersetzt, ohne die Themen selbst zu bemühen. Vor ihrem Ende tritt zu ihr ein Zitat des Seitenthemas, bis erst die Reprise beide Themen restituiert. Zu orthodoxer Dodekaphonie paßt es wenig, daß der Satz Toch zufolge zwölf weitere Reihen verwertet, sie greifen aber derart dicht ineinander, daß man ihrer nicht gewahr werden muß, um die thematische Strukturierung zu erfassen. Beide Binnensätze gleichen formal wie thematisch früheren

Pendants, während aber die Stimmen im Scherzo eine Kette von Zwölftonreihen durchlaufen, konzentriert sich allein der langsame Satz, der erst nachträglich eingefügt wurde, auf nur eine Reihe, die in Umkehrung, Krebs und Krebsumkehrung erscheint und damit Schönbergs Technik näher kommt. Wie kein anderer Quartettsatz Tochs modifiziert das Finale die Form mit einer umfänglichen Eröffnung, deren gezackte Stimmführung rhythmisch neutralisiert und akkordisch verdichtet wird; ohne jedoch derart wiederzukehren, wird sie von markant punktierter Thematik verdrängt, die den knappen Satz bis zum Schluß bestimmt. Ungeachtet der Reihentechnik treten deutlicher als in op. 34 tonale Restzonen hervor, die vom Dreiklangskopf der auf Bach bezogenen Einleitung ausgehen und in langsamen oder maßvoll bewegten Phasen klarer zur Geltung kommen als im raschen Verlauf von Scherzo und Finale. Sie tragen zur Faßlichkeit bei, um die es Toch ging, zwiespältig bleibt jedoch, wie er zugleich demonstrieren wollte, dieses Ziel sei selbst in seiner Lesart der Zwölftonmusik erreichbar. Erstaunlich ist die Rezeptionsfähigkeit, die er dabei bewies, wieweit ihr aber immer eine ebenso originäre Kreativität entsprach, könnte erst eine genauere Untersuchung entscheiden.

Neue Musik in Österreich und der Schweiz

Die dominierende Geltung, die der ›Zweiten Wiener Schule‹ zuwuchs, läßt leicht vergessen, daß die Konstellationen in Österreich nach 1918 nicht minder zwiespältig waren als in Deutschland.[1] Zu Schönbergs Umkreis, von dem bereits die Rede war, zählten nächst Berg und Webern Musiker wie Wellesz, Eisler oder Krenek, die später emigrieren mußten. Daneben standen aber Komponisten wie Reznicek oder Kienzl, die zu dieser Zeit weitere Quartette schrieben, und an frühere Tradition schlossen noch jüngere Autoren wie Franz Josef Moser, Karl Weigl, Joseph Marx, Hans Gál, Egon Kornauth, Kurt Roger, Otto Siegl und Theodor Berger an. Wie Toch und Korngold waren Weigl, Roger und Gál nach 1938 gezwungen, in die USA oder nach England zu emigrieren. Karl Weigl (1881–1949) hatte zu dieser Zeit schon vier Quartette vorgelegt, deren erstes (op. 1 c-Moll) bereits 1903 entstand, doch halten auch die folgenden ebenso am viersätzigen Zyklus wie an einer kaum erweiterten Tonalität fest (op. 4 A-Dur, 1909, Wien 1911; op. 30 d-Moll, 1930, ebenda 1932; op. 31 G-Dur, 1933, ebenda 1936). Es bliebe jedoch zu fragen, wieweit Weigl diese Grundlagen in drei späteren Werken aus der Zeit des amerikanischen Exils noch zu modifizieren vermochte (C-Dur, 1939; f-Moll, 1942; D-Dur, 1949).[2] Neben einem *Notturno* op. 9 (1931) und einem *Divertimento* op. 33 (1937) schrieb Kurt Roger (1895–1966) schon vor der Emigration in die USA zwei

---

1 Die folgende Skizze kann knapp ausfallen, da sich auf eine zusammenfassende Darstellung verweisen läßt: W. Oberkogler, *Das Streichquartettschaffen in Wien von 1920 bis 1950*, Tutzing 1982 (Wiener Veröffentlichungen zur Musikwissenschaft 22).

2 Vgl. Ch. Erwin / M. Meckna, Art. *K. Weigl*, in: *New Grove Dictionary*², Bd. 27, S. 27, wonach ein weiteres Werk Viola d'amore statt Bratsche vorsieht (E-Dur, 1906); ungenannt blieb hier ein c-Moll-Quartett op. 20, das 1920 bei Breitkopf & Härtel in Leipzig erschien.

Streichquartette (op. 11, 1932, und op. 16, 1934), wiewohl sich aber das letzte auf zwei Sätze beschränkt, bleibt der Tonsatz noch durchaus traditionell.[1] Dagegen begann Hans Gál (1890–1987), der noch bei Mandyczewski gelernt hatte und 1938 nach England floh, mit durchaus traditionellen *Intermezzi* op. 10, die fünf kurze Sätze zu einem losen Bündel vereinen (Berlin 1921, Simrock).[2] Gleiche Vorgaben gelten noch für das f-Moll-Quartett op. 16 (ebenda 1924), das zum viersätzigen Zyklus zurückkehrt. Die tonalen Prämissen erweitern sich indessen im a-Moll-Quartett op. 35 (Mainz 1930, Schott), das andererseits aber mit Preludio, Toccata, Canzone, Intermezzo und Rondo auf ältere Formen zurückgreift. Dagegen wechseln zwei spätere Werke (op. 95 und 98, 1969–71) zu einer atonalen Struktur, die partiell durch Reihentechnik geleitet sein dürfte. Sichtbar wird das zumal im letzten Werk (London 1982, Simrock), dessen vier Sätze wie vordem als Charakterstücke bezeichnet sind, nun aber im veränderten Tonsatz weit ausgedehntere Formverläufe entwerfen (Legend, Burlesque, Elegy und Capriccio fugato).

Andere Autoren mußten mit den neuen Machthabern nach 1938 nicht geradezu paktieren, um sich doch in den veränderten Verhältnissen einzurichten. Die Verdrängung der Konkurrenz konnte die eigenen Chancen mehren, ließen sich aber spätere Werke nach 1945 nicht mehr durchweg publizieren, so ging die Zeit dann desto mehr über sie hinweg. Franz Joseph Moser (1880–1939) veröffentlichte 1919 und 1924 zwei durchaus konservative Beiträge (op. 19 G-Dur und op. 32, F-Dur), denen später noch zwei weitere folgten (op. 39 und op. 45). Nur ein g-Moll-Quartett op. 26 (Wien 1924) schrieb 1920 dagegen Egon Kornauth (1891–1951), von dem daneben eine *Kleine Nachtmusik* (op. 14, 1919) und die *Kleine Hausmusik* (op. 41 a, 1942) zu erwähnen sind. Nur graduell änderten sich Christoph Khittl zufolge die tonalen Verhältnisse in den Quartetten von Joseph Marx (1882–1964), zu denen nach einem unveröffentlichten A-Dur-Werk dessen revidierte Fassung (*Quartetto chromatico*, Wien 1948) sowie zwei Quartette *in modo antico* und *in modo classico* gehören (1940–42, Wien 1944).[3] Einem unveröffentlichten op. 1 ließ Theodor Berger (1905–1992) nur ein weiteres Werk folgen (e-Moll op. 2, Berlin 1938), dessen Außensätze sich am Sonaten- und Rondoschema orientieren, während der Mittelsatz als Adagio mit raschem Kontrastteil die traditionellen Binnensätze kombiniert. Zu dieser Gruppe darf man noch Otto Siegl (1896–1978) mit seinen späteren Beiträgen rechnen (op. 77, 111 und 122, 1932–1956), immerhin versuchten aber zwei frühe Werke eine formale Bündelung in nur einem Satz (*Burleskes Quartett* op. 29 sowie *Zweites Quartett* op. 35, beide Wien 1924). Zumal das zweite Werk, das die langsame Einleitung in cis abschließend wieder aufnimmt, stuft die Themen im ausgedehnten Sonatensatz nach Maßgabe der tonalen Extension so ab, daß dadurch ihre Schichtung in der überlangen Durchführung verdeutlicht wird.

---

[1] Für den Hinweis auf Kopien im Archiv der Gesellschaft der Musikfreunde in Wien ist Prof. Dr. Otto Biba zu danken.

[2] W. Waldstein, *Hans Gál*, Wien 1965 (Österreichische Komponisten des 20. Jahrhunderts 5); E. Fox Gál / A. Fox, *Hans Gál. Ein Verzeichnis seiner Werke*, New York 1985.

[3] Chr. Khittl, *Die Streichquartette von Joseph Marx. Variationen über das Thema »Bewahren« oder Tradition als ästhetisches Programm*, in: *Kammermusik zwischen den Weltkriegen*, S. 166–180.

Älter als sie alle war Franz Schmidt (1874–1939), der indessen als Kompositionslehrer weitere Bedeutung hatte. Weshalb er zugleich größeres Interesse auslösen konnte, macht der Vergleich seiner beiden Quartette einsichtig, die in dichtem Abstand 1925 und 1929 entstanden und doch merklich verschieden ausfielen.[1] Sie folgen zwar allen formalen Regularien der Gattung, wenn aber das erste einen eher lyrisch gestimmten Charakter mit höchst subtiler Stimmführung verbindet, so bildet das zweite ein ungleich höher ambitioniertes Werk, das durch thematisch variable Konzentration und chromatisch erweiterte Tonalität beeindrucken kann. Dem Sonatenschema folgen beide Ecksätze, im ersten jedoch wirkt der Hauptsatz, der die Tonika gründlich verschleiert, motivisch noch im klarer zentrierten Seitensatz nach, und nachdem die Durchführung zunächst den tonal klarsten Satzteil bildet, treibt ein Fugato die rhythmische und tonale Diffusion desto weiter voran. Dagegen kehrt sich die Strategie im Finale um, sofern zwar der diatonische Hauptsatz wieder auf den Seitensatz einwirkt, aber in seiner kontrapunktischen Entfaltung auf die durchgreifende Chromatisierung in der Durchführung hinzielt. Beide Pole prägen ebenso das Adagio, von dessen chromatisch getönter Kantilene eine entsprechende Differenzierung ausgeht, wogegen im Scherzo zwei Episoden in Triofunktion als Widerlager zur rhythmischen und tonalen Komplexität erscheinen. In der offenkundigen Reaktion auf Reger und den frühen Schönberg ist das Werk also ein zwar nicht extremer, aber durchaus eigenständiger Beitrag zur Wiener Moderne.

Als Widerpart Schönbergs galt zunächst Joseph Matthias Hauer (1883–1959), da er schon seit 1919 eine eigene Theorie der zwölf Töne entwickelte, die er in der langen Serie seiner ›Zwölftonspiele‹ seit 1930 exemplifizierte.[2] Zuvor schon entstanden mehrere Folgen von *Stücken* für Streichquartett (op. 30, 34, 38 und 42, 1924–25), die 1926 durch die Quartettfassung (op. 47) einer Orchestersuite sowie noch 1953 durch ein *Chinesisches Quartett* op. IV ergänzt wurden. Zieht man freilich die ersten *Fünf Stücke* zu Rate (op. 30, Berlin 1924, Schlesinger), so bleibt die ästhetische Ausbeute einigermaßen bescheiden. Denn das Resultat der Technik sind hier kurze Sätze, die weniger durch prägnante Motivik als durch den von Tempo und Rhythmik bestimmten Charakter geprägt sind, und wiewohl sie Dissonanzen keineswegs scheuen, ergibt sich insgesamt doch der Eindruck einer nur sparsam erweiterten Tonalität. Höhere Ansprüche stellt dagegen das *Zwölftonspiel* für Streichquartett (Wien 1957), das zudem als ›Harmonie-Melodie-Rhythmus in kristallischer Bindung im vierfachen Kontrapunkt‹ bezeichnet ist. Die geringe Bedeutung, die ein solcher Satz für die Gattungsgeschichte hatte, rechtfertigt es nicht, auf das vertrackte Verhältnis der kontrapunktischen Anlage zu Hauers Theoremen einzugehen. Immerhin resultiert aus der Struktur hier ein hohes Maß an Homogenität, deren Preis aber in einer geradezu mechanischen Formung liegt. Denn achtmal folgen jeweils vier

[1] A. Mayeda, *Zu den Streichquartetten Franz Schmidts*, in: *Franz Schmidt und seine Zeit. Symposium 1968*, hg. v. W. Obermaier, Wien 1988 (Studien zu Franz Schmidt VI), S. 46–66; B. Marschner, *Das A-Dur-Streichquartett von Franz Schmidt – ein Werk im Zeichen der Tradition*, in: *Kammermusik zwischen den Weltkriegen*, S. 9–24; Fr. Krummacher, *Analytische Notizen zum 2. Streichquartett G-Dur von Franz Schmidt*, ebenda, S. 25–46.

[2] Vgl. zusammenfassend R. Stephan, Art. *Zwölftonmusik*, in: *MGG²*, Sachteil Bd. 9, Kassel u. a. 1998, Sp. 2505–2528: 2506ff.; die Differenzen zu Schönberg werden sichtbar im Vergleich der Tropentafeln Hauers und der Reihentabelle zu Schönbergs viertem Streichquartett op. 37, ebenda, Sp. 2507f. und Sp. 2515f.

Takten mit unisonen Außen- und eher begleitenden Mittelstimmen acht weitere Takte mit obligater Führung aller Partner, denen nur ein Schlußtakt mit doppelter Quintschichtung angehängt wird. So bleibt im ganzen festzuhalten, daß Hauers Beiträge symptomatisch für die Bemühungen sind, die Aufgabe der Tonalität durch die Suche nach anderen – hier besonders strikten – Ordnungen zu kompensieren.

Während sich Webern weiter zurückzog, blieb nach Schönbergs Fortgang die Reihentechnik in Wien vor allem durch Jelinek und etwas später auch H. E. Apostel vertreten. Zwar hatte Hanns Jelinek schon 1920 kurz bei Berg und Schönberg gelernt, nach dem Studium bei Franz Schmidt erschloß er sich aber selbst die Zwölftontechnik, für deren Kenntnis er sich mit einem Lehrwerk und als Dozent in Wien wie in Darmstadt einsetzte.[1] Seine viersätzigen Quartette op. 10 und op. 13 schrieb er bereits 1931 und 1934–35, wichtiger als das erste, das die vertrauten Formen mit freier Tonalität erfüllt, ist das zweite, das eine frühe, vielleicht sogar erste Frucht des Selbststudiums war. Denn alle Sätze gehen von derselben Reihe aus, deren Folge das Finale als Sonatenrondo besonders deutlich exponiert, wogegen sich ihre Töne im Hauptthema des einleitenden Sonatensatzes überlagern. Doch liegt sie ebenso den Gegenthemen zugrunde, wie sich im Couplet des Schlußsatzes erweist (T. 59–61), während im Seitenthema des Kopfsatzes die Reihe partiell im Krebs erscheint (T. 41f.), um aber in ursprünglicher Anordnung die Reprise zu eröffnen. Daß dieselbe Reihe ebenso im Scherzo und seinem Trio und schließlich auch im Variationenthema des langsamen Satzes wiederkehrt, unterstreicht ihre konstruktive Bedeutung. Stichproben lassen aber darauf schließen, daß die weitere Verarbeitung neben anderen Reihenformen auch vertauschte Teilgruppen benutzt, was freilich einer detaillierten Prüfung bedürfte. Maßgeblich ist indessen, daß Jelinek es im Vertrauen auf sein Verfahren unternahm, zugleich ganz orthodoxe Formen zu schreiben. Daß der Kopfsatz die Themen durch Tempowechsel kontrastiert, macht die formalen Zäsuren desto deutlicher, und wenn sie im Finale rhythmisch verschliffen werden, so wird das Couplet als Moderato desto klarer abgesetzt. Sind im Scherzo wie im Trio sogar jeweils zwei Teile zu wiederholen, so gleicht die Form ganz der des vormaligen Menuetts, und ebenso deutlich unterscheiden sich danach fünf Variationen vom Thema und der ausgedehnten Coda. Musterhaft prägen rhythmische und melodische Kennzeichen im ersten Satz den Verlauf, wenn etwa sequenziert steigende Terzen im ersten Zweitakter über Haltetönen von fallenden Seufzermotiven beantwortet werden, während auftaktige Achtelketten in geweiteten Seufzern die nächsten Takte bestreiten. In der Partitur fällt förmlich ins Auge, daß diese Partikel mit dem Hauptsatz so verbunden bleiben, wie zum Seitensatz die zu Ketten wachsenden Sechzehntel gehören. Der Faßlichkeit zuliebe können sich sogar außerhalb der Reihen motivische Bildun-

---

[1] Daß selbst Jelinek zum ›Anschluß‹ Österreichs eine Befreiungshymne schrieb, vermerkte Gr. S. Dubinsky, Art. *Jelinek*, in: *New Grove Dictionary*², Bd. 12, S. 941. Später erst erschien sein Lehrwerk *Zwölftonkomposition*, Wien 1952–58, ²1967, ergänzend dazu *Die krebsgleichen Allintervallreihen*, in: Archiv für Musikwissenschaft 18 (1961), S. 115–125.

H. Jelinek, Nr. 2 op. 13, erster Satz, T. 1–10 (Karl Heinrich Möseler Verlag).

gen auf engem Raum wiederholen, wie es im Kopfsatz der Beginn der Überleitung zeigt (Violinen T. 10–11). Offenbar hatte Jelinek Schönbergs drittes Quartett besonders gründlich studiert, um aber das Verhältnis zwischen avancierter Satztechnik und tradiertem Formenkanon ins Extrem zu treiben.

Ein Jahr nach Jelineks zweitem Beitrag schrieb Hans Erich Apostel (1901–1972) für »Alban Berg zum 50. Geburtstag« 1935 sein erstes Quartett op. 7, dem 1956 ein zweites op. 26 folgte. Nachhaltig wurde Apostel durch den Unterricht bei Schönberg und vor allem Berg geprägt, und so hielt er zu Webern noch während der Kriegsjahre, doch dürfen unter Hinweis auf Rainer Bischofs Studie hier wenige Bemerkungen genügen.[1]

Das erste Werk wird noch nicht durch Zwölftontechnik geleitet, doch exponiert der Sonatensatz zu Beginn eingangs alle zwölf Töne, die jedoch von wiederholten Akkorden abgelöst werden, und zieht sich dann eine absinkende Figur durch alle Stimmen, so werden die drei oberen wieder homorhythmisch zur steigenden Skala derart zusammengezogen, daß die mittleren von der höchsten mit Halbton bzw. Unterquart und untereinander im Tritonus abstehen. Auch wo diese Felder den Tonvorrat des Beginns ausnutzen, gehorchen sie keiner Reihenordnung, wie bereits die mehrfache Wiederholung einzelner Töne anzeigt, und dasselbe gilt für den folgenden Hauptsatz, von dem an zwar die Hauptstimmen jeweils mit Schönbergs Zeichen hervorgehoben wer-

[1] R. Bischof, *Die Stellung des Streichquartetts im Schaffen Hans Erich Apostels*, in: *Kammermusik zwischen den Weltkriegen*, S. 238–244; G. W. Gruber, Art. *Apostel*, in: *MGG²*, Personenteil Bd. 1, Kassel u. a. 1999, Sp. 819–822.

H. E. Apostel, Nr. 1 op. 7, erster Satz, T. 1–8 (Universal-Edition).

den. Da jedoch Seitensatz, Durchführung und entsprechend die Themen in der Reprise jeweils durch Tempoangaben ausgezeichnet werden, klärt sich die formale Gliederung selbst dann, wenn die diastematische Gestalt der Themen weit mehr wechselt als bei Jelinek. Ähnlich klar gliedern sich Thema und sechs Variationen, die paarig geordnet und zum Schluß ausgeweitet werden. Als Sonatensatz ist das atemlose Scherzo angelegt, das die Anagramme des Widmungsträgers und des Autors verschränkt (AB und HEA), während die Durchführung als Trio fungiert. Dem Sonatenschema folgt noch ein langsamer Satz, der nun als Abschluß dient, nachdem wegen Bergs Tod auf das geplante Finale verzichtet wurde. Obwohl das zweite Quartett »in einem Satz« angelegt ist, lassen sich in ihm fünf deutlich getrennte Komplexe unterscheiden. Denn zwischen einem Sonatensatz mit langsamer Einleitung und einem als Rondino bezeichneten Finale folgt zunächst eine Passacaglia, die unter Umkehrung ihres Themas nach dem dazwischen gelegten Scherzo erneut aufgenommen wird. Nach Ausweis der beigegebenen ›Themen-Tafel‹ liegen den Teilsätzen zwar wechselnde Reihen zugrunde, die jeweils in zwei oder drei Glieder aufgeteilt werden. Dennoch wird die Reihentechnik weit freier als bei Jelinek gehandhabt und zudem durch Zwölftonfelder ergänzt, die in einem oder mehreren Takten die zwölf Töne durchmessen und Tonwiederholungen so wenig auszuschließen sind wie in op. 7. Strenger gearbeitet sind dagegen sechs *Epigramme* op. 33, in denen 1962 die »kompositorische Methode quasi radikalisiert« wird, während den »Einfluß der Webernschen Verarbeitungsmethode« vor allem die äußerste Verknappung der Formen anzeigt.[1] Doch ändert sich kaum noch das Bild eines Komponisten, der die Repräsentanten der Zweiten Wiener Schule kannte, sich aber die Dodekaphonie erst spät und ohne Verhärtung erschloß und doch schon bald als überholt gelten mußte. Indessen sollte man nicht übersehen, daß er gemeinsam mit Jelinek in Wien die Erinnerung an eine Tradition wachhielt, an die jüngere Komponisten wie Erich Urbanner (geb. 1936) mit seinen ersten Werken (1956–57) und Gottfried von Einem (1918–1996) in op. 45 und 51 (1971–77) anschließen konnten. Wie Urbanner später in zwei weiteren Quartetten (1972 und 1992) die Verfahren erheblich erweiterte, so modifizierte sie auch von Einem zunehmend (op. 56 und 63, 1980–81), bis Friedrich Cerhas Werke auch für Wien eine neue Phase der Gattung eröffneten.

Daß sprachliche Verbindungen mehr bedeuten konnten als staatliche Grenzen, wird am Beispiel der Schweiz deutlich, die in die politischen Konflikte Deutschlands und Österreichs nicht verwickelt war. In Quartetten aus diesem Lande begegnen aber – wiewohl gemildert – ähnlich zwiespältige Tendenzen, zu denen die wechselnde Orientierung in der deutschen und französischen Schweiz trat. Eher aufgeschlossene Autoren, deren Werke aber deutlich später lagen, stünden nach Finscher einer konservativen Gruppe gegenüber, die noch lange die Traditionen weiterführte und in Othmar Schoeck ihren Repräsentanten fand.[2] Dazu zählten Volckmar Andreae (1879–1962) mit op. 9 B-Dur und op. 33 e-Moll (1905 und 1921), Otto Barblau (1860–1943) mit op. 19 D-Dur, (1922), oder Rudolf Moser (1892–1960) mit fünf Quartetten (1917– 1931). Stellvertretend wurde schon früher Hermann Suter genannt, dessen drei Quartette außerhalb der Landesgrenzen bekannt wurden.

Am fruchtbarsten war Richard Flury, der zwischen 1918 und 1964 acht Quartette schrieb[3], die bedeutendsten Werke legte jedoch Othmar Schoeck (1886–1957) vor, der 1907–08 bei Reger studiert hatte und primär als Liedkomponist hervortrat. Spuren Regers wird man freilich in einigen frühen Quartettsätzen vergeblich suchen, und noch das erste Quartett in D-Dur op. 23 (Zürich 1913) läßt in den Themen seiner drei Sätze und im ungewöhnlich flüssigen Satz eher die vormalige ›Leipziger Schule‹ anklingen.[4] Schon im ersten Satz, vermehrt im Intermezzo und im Finale, werden aber unvermittelt mediantische und trug-

1 R. Bischof, *Die Stellung*, S. 241; zu den Zwölftonfeldern in op. 26 vgl. auch G. W. Gruber, Art. *Apostel*, in: *MGG²*, Sp. 821.
2 L. Finscher, Art. *Streichquartett*, in: *MGG²*, Sachteil Bd. 8, Kassel u. a. 1998, Sp. 1924–1977: 1970.
3 A. Baldassarre, Art. *R. Flury*, in: *MGG²*, Personenteil Bd. 6, Kassel u. a. 2001, Sp. 1373f.
4 W. Vogel, *Thematisches Verzeichnis der Werke von Othmar Schoeck*, Zürich 1956, S. 23f., 119f. und 241; St. Kunze / H. G. Lüthi (Hg.), *Auseinandersetzung mit Othmar Schoeck*, Zürich 1987; Chr. Walton, Art. *Schoeck*, in: *New Grove Dictionary²*, Bd. 22, S. 573–576; ferner ders., *Othmar Schoeck*, Mainz 1994.

schlüssige Rückungen eingefügt, die am Ende des zweiten zunehmen und vollends das Finale bestimmen. Da sie kaum in der Substanz des Materials angelegt sind, wirken sie eher wie aufgesetzt, um gegen die Konvention wirksam zu werden. Weit konsequenter verfährt das reife C-Dur-Werk op. 37 (Leipzig 1924) in fünf Sätzen, die nicht so sehr formal als strukturell bemerkenswert sind. Das Grave zu Beginn, das gegenüber den Folgesätzen unverhältnismäßig ausgedehnt ist, beginnt mit einer diatonischen Thematik, in die sich im klangvoll kontrapunktischen Satz vorerst nur Vorhaltdissonanzen mischen.

O. Schoeck, Nr. 2 op. 37, erster Satz, T. 1–5 (Breitkopf & Härtel).

T. 147–152.

In g-Moll setzt ein Allegretto grazioso an, das den verhangenen Ton Brahmsscher Walzer anschlägt, und wendet es sich nach G-Dur, so wird es von chromatischen Zügen durchsetzt. Sobald Ges-Dur erreicht ist, wird im Rückgriff auf das Grave seine diatonische Substanz von Dissonanzen gefärbt, und das wiederkehrende Allegretto steigert sich im Kanon der Außenstimmen zum Walzer, dessen Relikte sich mit dem Grave verschränken und noch im Schlußklang mit doppelter Quintschichtung nachwirken. Mit der Verklammerung der Themen verbinden sich also ihre konträren Strukturen, um die Reihung der Teile zum Potpourri zu verhindern. Die Folgesätze führen diese Strategie fort, deren zunehmende Pointierung schon im Vergleich der Schlußklänge sichtbar wird. Im Allegretto tranquillo d-Moll legt sich über gebrochene Dreiklänge mit eingehakten Leittönen eine kantable Melodie der Oberstimme, ihre Raffung zu akkordischem Satz zerfällt aber am Ende in verlangsamte Segmente, bis der Satz im D-Dur-Klang mit Sekundvorhalt schließt. Ein richtiges Pizzicatostück ist das Scherzo, das gleichfalls in d-Moll beginnt, aber in B-Dur endet, die Quintschichtungen ziehen nun in seine Begleitung ein und setzen sich noch im kleinen Trio in D-Dur fort, während das folgende Lento ein diatonisches Gerüst in D-Dur vermehrt mit Dissonanzen anreichert und zum Schluß den Quintklang der Tonika mit Terz und Quinte ihrer Dominante verbindet. Das Prestofinale jedoch, das zweimal kurz ein Fugato versucht, macht mit chromatischen Einschlägen in der Oberstimme zugleich dissonierende Zusatztöne zu einem Prinzip, das in steter Überlagerung des 3/4-Takts durch triolisch wirkende Sechzehntel zusätzlich verschärft wird. So hat es fast den Anschein, als werde die Macht der Tradition dazu aufgerufen, sich gegen die Herausforderungen einer Moderne zu behaupten, die Schoeck zu gut kannte, um sie ignorieren zu können.

Wie in Deutschland schrieben weitere Autoren, die nicht Kirchenmusiker waren, aber vorrangig mit geistlicher Vokalmusik hervortraten, auch in der Schweiz einzelne Streichquartette. Zwei Werke legte Willy Burkhard (1900–1955) vor, der noch in Leipzig studiert hatte (op. 23, 1929, und op. 68, 1943), und ähnlich gemäßigt blieb ein Quartett (1961–62) des in Berlin ausgebildeten Adolf Brunner (1901–1992). Schönbergs Unterricht in Berlin suchte wohl nur Erich Schmid (geb. 1907), dessen einziges Streichquartett (op. 4, 1931, *in modo classico*) nach Finschers Urteil die Herkunft »aus der Schönbergschule« verrät. Ob dagegen Conrad Beck (1901–1989), der länger in Paris lebte und von Nadia Boulanger unterwiesen wurde, »nicht von den Strömungen der französischen Musik beeinflußt« war, wäre an seinen fünf Quartetten zu prüfen, die zwischen 1922 und 1962 entstanden, aber noch nicht näher untersucht worden sind.[1] Andererseits schrieb Wladimir Vogel (1896–1984) erst zwischen 1973 und 1983 drei Kompositionen für Streichquartett, die aber den Gattungsbegriff umgehen (*Analogien, Hörformen für Streichquartett*, 1974, *Colori et movimenti* sowie *Klangexpressionen nach ›Maître et Marguerite‹ von Bulgakow*, beide 1983).[2] Der in Moskau geborene Komponist war in Berlin einst Schüler von Busoni und unterrichtete später in der Schweiz Rolf Liebermann, Erik Bergman und Einojuhani Rautavaara. Offen für neue Verfahren, stieß er über die Zwölftontechnik zur Avantgarde vor, daher wäre es der näheren Untersuchung wert, wieweit die letzten Werke frühere Versuche fortsetzen oder nochmals Neuland gewinnen.

Als ein Beispiel für diese Autorengruppe sei das Streichquartett genannt, das Frank Martin (1890–1974) erst 1967 abschloß (Wien 1968, Universal-Edition).[3] In einer eingehenden Studie wollte Hans Elmar Seidel zeigen, daß das viersätzige Werk auf freier Zwölftontechnik basiere, die sich der Komponist seit langem angeeignet hatte.[4]

Wenige Bausteine, die ständig variiert und neu zusammengefügt werden, weisen darauf hin, daß das Prestissimo als dreiteiliges Scherzo fungiert. Den Beginn macht eine Viertongruppe (b–c–h–a), sie spielt aber weniger auf den Namen Bachs an (dessen Tonfolge umgangen

1 Zu E. Schmid vgl. L. Finscher, Art. *Streichquartett*, Sp. 1970, vgl. ferner den von der Schriftleitung gezeichneten Art. *C. Beck*, in: *MGG²*, Personenteil Bd. 2, Kassel u. a. 1999, Sp. 606; zu nennen ist daneben nur eine Monographie von W. Schuh / D. Larese, *Conrad Beck. Eine Lebensskizze. Der Komponist und sein Werk*, Amriswil 1972.

2 M. Geering / P. Ronner, *Wladimir Vogel (1896–1984), Verzeichnis seiner musikalischen Werke (VWV)*, Winterthur 1992, S. 20 (VWV 7, 48 und 14) und S. 80 (wo im Anhang ein weiteres Quartet genannt ist). H. Oesch, *Wladimir Vogel. Sein Weg zu einer neuen musikalischen Öffentlichkeit*, Bern und München 1967, konnte die Werke noch nicht berücksichtigen, doch fehlen sie ebenfalls bei W. Labhart (Hg.), *Wladimir Vogel. Schriften und Aufzeichnungen über Musik*, Zürich und Freiburg 1977.

3 Ein früheres Werk von 1936 nannte W. Gruhle, *Streichquartett-Lexikon*, Gelnhausen ²1999, S. 91, ungenannt blieb es aber bei E. Mohr, Art. *Fr. Martin*, in: *MGG*, Bd. 8, Kassel u. a. 1960, Sp. 1705–1709: 1706, sowie bei B. Billeter, Art. *Fr. Martin*, in: *New Grove Dictionary²*, Bd. 15, S. 908–912: 911.

4 H. E. Bach, *Einige Beobachtungen zur Kompositionstechnik Frank Martins im zweiten Satz seines Streichquartetts*, in: *Frank Martin. Das kompositorische Werk. 13 Studien*, hg. v. D. Kämper, Mainz 1993, S. 133–147.

F. Martin, *Quatuor à cordes*, zweiter Satz, T. 1–15 (Universal Edition, Zürich).

wird), sondern bildet ein erstes Segment, das ständig umgestellt und zu chromatischer Folge oder zu kleinen Terzen zusammengezogen wird, sich aber durch Transposition auch derart potenzieren kann, daß fast zwangsweise Gruppen von bis zu zwölf Tönen entstehen. Das zweite Segment verkettet mit Quinte (bzw. Quarte) und Tritonus diatonische und chromatische Glieder im Rahmen einer großen Septime und wird zudem durch Tonrepetitionen akzentuiert, die sich rhythmisch von den durch Pausen unterbrochenen Viertongruppen abheben und dabei fast ostinat verfestigen. Man muß freilich dazu bereit sein, mit H. E. Bach die Kriterien vielfach zu wechseln, um neben Krebs und Umkehrung in diesem Spiel noch symmetrische Akkordformationen und elf- bis zwölftönige Reihen zu finden. Denn wie die Varianten der Viertonfolge Krebs oder Umkehrung implizieren, so entstehen Reihen aus wechselnder Anordnung des transponierten Segments. Läßt sich aber keine Regel dafür angeben, wann oder wie so rationale Prinzipien eingesetzt werden, so wird man der Folgerung zustimmen, daß es »durchaus fragwürdig« sei, die »demonstrierten Zwölf- oder Elftonfelder als Reihen im üblichen Sinn zu bezeichnen«.[1] Im Mittelteil (Ziffer 4–10) treten die Grundelemente zu anderer Anordnung zusammen: Während die erste Violine eine Kantilene anstimmt, in der nur Reste des ersten Segments anklingen, wird es von der Viola in Achteln unausgesetzt präsent gehalten. Dazu ergänzen sich zweite Violine und Viola im Wechsel von Vierteln und Pausen zu einem variablen Ostinato, wo sich aber die drei Unter-

---

1 Ebenda, S. 138.

stimmen treffen, bilden sie konsonante Klänge in viertaktigen Perioden aus, deren Ende jedoch dissonant markiert wird. Und in dem Maße, wie die Stimmen aufeinander reagieren, lockert sich ihre Anordnung, um die veränderte Reprise vorzubereiten, in der Verfahren der beiden ersten Teile zu neuen Varianten verbunden werden. Daß vergleichbare Prinzipien für die anderen Sätze gelten, zeigt der erste mit quasi rezitativischer Einleitung, die in der solistischen ersten Violine nahezu rhapsodisch anmutet und dann doch als erstes Thema fungiert. Ihr begegnet sogleich – wieder über teilkonsonanten Akkorden in Baßlage – ein zweiter Gedanke, der repetierte Achtel mit ornamentaler Ausspinnung paart. Beide werden übereinander geschichtet und vielfach variiert, in der Mitte des Satzes bildet jedoch die Oberstimme ein weiträumiges Thema aus zwölf Tönen aus, dessen Transposition in Baßlage wiederkehrt (Z. 6–8), bis die Überlagerung des Materials in eine Kulmination führt, nach deren Liquidation die thematischen Elemente knapp resümiert werden und in gehaltenem cis-Moll-Akkord enden. Entsprechend kombiniert ein Larghetto als dritter Satz mit Ostinato und Halteton eine Kantilene, die sich jedoch zerfasert, sobald die funktional gesonderten Stimmen miteinander kommunizieren, und die Varianten des Mittelteils, der weiträumig umspielende Figuration einbringt (Z. 3–7), nimmt der Schlußteil erneut unter teilweisem Stimmtausch auf. Das zügige Finale endlich stellt ein kleines Rondo dar, das von den variierten Refrains zwei Couplets abhebt, die zwar ihrerseits ebenfalls verändert werden und sich doch im auffällig homorhythmischen Satz entsprechen. In einer Satztechnik, die zwanglos über Elemente der Tonalität wie der Dodekaphonie verfügt, werden die tradierten Formen in einem artistischen Kalkül erneuert, das dem souveränen Spiel französischer Autoren weit näherkommt als der Reihentechnik in Schönbergs Umfeld.

Deutsche Konflikte im Streichquartett

Gleichaltrig mit Toch war in Deutschland – um einen begonnenen Faden wieder aufzunehmen – zunächst Max Butting (1888–1976), der nach vier Frühwerken (op. 8 A-Dur, München 1914; op. 16 a-Moll und op. 18 f-Moll, Starnberg 1917–18; op. 20 cis-Moll, Hamburg 1919) mit den *Kleinen Stücken* op. 26 (Mainz 1924) zum Genre der Miniaturen beitrug. Früh hatte er sich der Berliner ›Novembergruppe‹ angeschlossen, und dieses Engagement für die Linke machte ihn nach 1933 so ›unerwünscht‹, daß er sich ins väterliche Geschäft zurückzog. In der DDR jedoch fand er nach 1945 seinen Platz in der Akademie der Künste und schrieb nochmals sechs Quartette, die durchweg bei Peters in Leipzig erschienen (op. 52, 1947; op. 90, 1953; op. 95–97, 1956–57; op. 118, 1970).[1] Nach den konventionellen ersten Werken, die an der

[1] Nähere Untersuchungen fehlen, zu nennen ist nur die Übersicht von D. Brennecke, *Das Lebenswerk Max Buttings*, Leipzig 1972. Vgl. ferner N. Grosch, *Kurt Weill, die »Novembergruppe« und die Probleme einer musikalischen Avantgarde in der Weimarer Republik*, in: *Kurt Weill. Die frühen Werke 1916–1928*, München 1998 (Musik-Konzepte 101/102), S. 65–83: 68f.

zyklischen Form mit ihren tonalen Grundlagen festhalten, rückten die *Kleinen Stücke* op. 26 in eine Reihe mit den 1923 vorangehenden *Fünf Stücken* (Leipzig 1925) von Herbert Eimert (1897–1972), der später allerdings nicht als Komponist, sondern als Theoretiker hervortrat. Ein Vergleich dieser Stücke zeigt, wie verschiedene Lösungen ihre unverbindliche Bezeichnungen abdecken konnten. Denn Eimert, der später primär als Theoretiker statt als Komponist hervortrat, schrieb sehr früh schon ›streng zwölftönig‹ angelegte Sätze, die eher kontrapunktisch als motivisch organisiert sind und einen zwölftönigen Kanon einschließen, der dem etwas früheren Buch *Atonale Musiklehre* entnommen wurde.[1] Buttings Stücke zeichnen sich dagegen durch einen frischen Zugriff aus, den man in der noch weiter gemäßigten Moderne der späteren Werkreihe vermissen kann.

Die zehn kurzen Sätze aus op. 26 können »in beliebiger Anzahl und Reihenfolge gespielt werden« und erklangen demgemäß bei den ersten Aufführungen 1924 in unterschiedlicher Auswahl. Doch hat das nicht das Geringste mit aleatorischen Verfahren weit späterer Zeit zu tun, sondern deutet auf einen suitenartigen Charakter, der eine Alternative zur ›Spielmusik‹ jener Jahre sucht. Jedes Stück sollte durch »Klarheit« zu einer »charakteristischen Skizze« werden, deren »persönliche Aussage« daher »eindeutig zu verstehen« sei.[2] So ist jeder Satz ein kleines Charakterstück, das durch Tempo, Satzart und Motivik zusammengehalten wird, und der tonale Rahmen, den zu Beginn und am Ende oft Dur- oder Moll-Dreiklänge betonen, wird durch freie Dissonanzen nicht sonderlich weit gedehnt, so daß eher von funktionaler als von aufmüpfiger oder gar betont avancierter Musik zu sprechen wäre. Sofern sich derartige Stücke aber vom zyklischen Schema der Gattung abwenden, schließen sie zugleich an eine Tradition an, die spätesten 1874 mit den Suiten op. 192 von Raff begonnen hatte. Darf dagegen Buttings sechstes Quartett op. 90 (1953) als repräsentativ für spätere Werke gelten, so erweist sich der Tonsatz hier als noch weiter gemäßigt. Wieder weisen Angaben wie ›Ballade‹, ›Szene‹, ›Brief‹ und ›Was ihr wollt‹ die vier Sätze als Genrestücke aus, die den tonalen Ambitus zwar erweitern, ohne aber mit Sonatensatz, Scherzo, Intermezzo und Rondofinale die Gattungsnormen zu überschreiten. In einem Repertoire, auf das noch zurückzukommen ist, blieb Butting mit solchen Werken in der DDR ein primär durch seine Herkunft ausgezeichneter Vertreter früherer Traditionen.

Zur Novembergruppe zählte ebenfalls Kurt Weill (1900–1950), zu dessen wenigen frühen Instrumentalwerken zwei Quartette gehören. Im Unterricht bei Engelbert Humperdinck und Paul Juon entstand schon 1919 ein erstes Werk in h-Moll, das aber zurückgehalten und erst unlängst bei Schott veröffentlicht wurde. Mit vier Sätzen – Sonatensatz (›Mäßig‹), Allegro ma non troppo (›in heimlich erzählendem Ton‹), Adagio (›Langsam und innig‹) sowie raschem Finale (›Durchaus lustig und

---

1 Vgl. H. Kirchmeyer, *Kleine Monographie über Herbert Eimert*, Stuttgart und Leipzig 1999 (Abhandlungen der Sächsischen Akademie der Wissenschaften zu Leipzig, philologisch-historische Klasse Bd. 75, Heft 6), S. 4 und S. 47; H. Eimert, *Atonale Musiklehre*, Leipzig 1924; als wegweisend galt einst sein *Lehrbuch der Zwölftontechnik*, Wiesbaden 1950 u. ö.
2 M. Butting, *Musikgeschichte, die ich miterlebte*, Berlin 1955, S. 144f.

wild‹) – folgt dieses Studienwerk formal den tradierten Regeln. Doch sah Weill selbst, »wie Regersch das noch gearbeitet ist«, und so konnte Kim H. Kowalke an zahlreichen Beispielen zeigen, daß zwar allenthalben die funktionale Harmonik prägend bleibt, die aber vielfach von chromatischen Strebungen, freien Leittoneinstellungen und unerwarteten Rückungen durchsetzt wird.[1] Die erstaunlichen Fortschritte des jungen Weill macht das zweite Quartett op. 8 sichtbar, dessen erste Fassung schon 1922 begonnen wurde. Unter Eliminierung der beiden ersten Sätze (Allegro deciso und Andantino) konnte das Werk mit neuem Kopfsatz erst 1923 abgeschlossen und im folgenden Jahr veröffentlicht werden (Wien 1924, Universal Edition).[2] In der nachträglich komponierten ›Introduktion‹, die das nunmehr dreisätzige Quartett eröffnet, wechselt zwar nur eine langsame akkordische Gruppe, die als kurzer Einschub und als Abschluß wiederkehrt, mit lebhaft figurierten Phasen, die kaum substantiell aufeinander verweisen. Während sich aber die begleitenden Akkorde des Anfangs aus Quintschichtungen heraus dissonant anreichern, durchmißt die führende Oberstimme einen zwölftönigen Vorrat, der zwar nichts mit Reihentechnik zu tun hat, wohl aber die volle Chromatisierung als einen Pol des Werks anzeigt. Die erste rasche Satzgruppe scheidet freilich ebenso zwischen Oberstimme und Begleitung, wogegen sich die zweite (Agitato) rasch in bloßem Skalenwerk festläuft. Als Mittelsatz fungiert ein Scherzo mit Trio ›Alla marcia‹, und der Norm gehorchen noch Tempo und Figuration. Unvermittelt stellen sich aber allenthalben Dissonanzen und Querstände ein, die zum kecken Charakter des Satzes beitragen. Am erstaunlichsten ist als Finale eine ›Choralphantasie‹, die Weill within seiner 1921 vorangegangenen Symphonie entlehnt hat.[3] In der Quartettfassung erscheint das Modell, das nur auf den Typus des Kirchenlieds zurückweist, erst als Abschluß im breiten ›Choralsatz‹, seine ersten Zeilen treten aber schon zuvor in der zweiten Violine bzw. im Violoncello ein. Obwohl die Gegenstimmen mehrfach zu traditionellen Vorimitationen ansetzen, beziehen sie sich nicht auf die Melodiezeilen, sondern begnügen sich mit freier Kontrapunktierung, die weit weniger auf lineare Strenge oder motivische Kohärenz als auf tonale Extension durch dissonante Chromatik bedacht ist. Ohne die Gattungsgeschichte sonderlich zu bereichern, ist das Werk keine bloße Talentprobe, sondern ein Symptom für die Versuche, zwischen Anspruch und Lockerung der Traditionen zu vermitteln.

In Berlin studierte übrigens der Grieche Nikos Skalkottas (1904–1949), der 1925–32 von Jarnach, Weill und vor allem Schönberg ausgebildet wurde. Nach drei ersten, teilweise verschollenen Quartetten (1924–35) komponierte er 1940 ein viertes (London 1968, Universal-Edition), auf das hier hingewiesen sei, da vorerst nicht zu sagen ist, wieweit er in seiner Heimat eine eigene Gattungstradition begründete.[4] Formal zwar folgt das Werk der Konvention mit raschem Sonatensatz und Andante mit

1 K. H. Kowalke, *Kurt Weill in Europa*, Ann Arbor 1979 (Studies in Musicology 14), S. 161–181, ferner D. Drew, *Kurt Weill. A Handbook*, London und Boston 1987, S. 112ff. Zu dem zitierten Brief vom 21. 2. 1919 vgl. G. Diehl, *Der junge Weill und seine Oper ›Der Protagonist‹. Exemplarische Untersuchungen zur Deutung des frühen kompositorischen Werkes*, Kassel 1994 (Kieler Schriften zur Musikwissenschaft 41), Bd. 1: *Textteil*, S. 79, sowie Bd. 2: *Notenbeispiele und Materialien*, S. 109. Zu Weills Verhältnis zur Novembergruppe vgl. N. Grosch, *Kurt Weill*, S. 63ff.

2 K. H. Kowalke, *Kurt Weill in Europa*, S. 230ff., D. Drew, *Kurt Weill*, S. 142–147, G. Diehl, *Der junge Weill*, Bd. 1, S. 110–114.

3 Vgl. dazu den eingehenden Vergleich bei G. Diehl, *Der junge Weill*, S. 113f.

4 Als verloren gelten Nr. 1–2, vgl. J. A. Thornley, Art. *Skalkottas*, in: *New Grove Dictionary²*, Bd. 23, S. 464–469, bes. S. 469 sowie näher zur Satztechnik S. 466f.; nicht mehr erreichbar war die dort »in preparation« genannte Dissertation von J. A. Thornley, *The Life and Works of Nikos Skalkottas*, Cambridge o. J., unzugänglich blieb auch die Gesamtausgabe *Nikos Skalkottas. Complete Works*, hg. v. G. Schuller, Newton Center Margun, 1991ff.

sechs Variationen, Scherzo mit Trio sowie Sonatenrondo als Finale. Der Beginn des Kopfsatzes deutet aber schon an, wie frei die Reihentechnik eingesetzt wird, denn obwohl die ersten Takte mehrfach zwölf Töne verbrauchen, zeichnen sich kaum konsistente Reihen ab. Das bestätigt Thornleys Beobachtung, Skalkottas verwende in einem Satz eine große Zahl von Reihen, die unabhängig voneinander und zudem oft unorthodox variiert seien. Demgemäß sind thematische Stationen eher durch Analogien der Satzstruktur und zumal der Rhythmik zu identifizieren. Wie frei dagegen die diastematischen Relationen verändert werden, lehrt das Andantethema im Verhältnis zu den Variationen, denen nur noch abstrakte Teilmomente des thematischen Komplexes zugrunde liegen. Damit gehört dieser Beitrag zur großen Gruppe der Werke, die traditionelle Formen mit variablen Regeln auf intervallischer Ebene zu erneuern suchen.

Eine weitere Gruppe bilden Autoren, die trotz zeitlichen und regionalen Abstands gleichermaßen mit Beiträgen zur Kirchenmusik hervortraten, während ihre Quartette weit geringere Resonanz fanden und deshalb nur knapp zu streifen sind. Den Anfang machte Heinrich Kaminski (1886–1946), der kaum ganz zu Recht als Vorbote einer ›neuen Kirchenmusik‹ galt. Zwar vertonte er später nicht selten geistliche Texte, recht traditionell ist jedoch sein frühes F-Dur-Quartett (1913), in dem zwei knappe langsame Sätze zu Vivace und Finale hinleiten, während die Harmonik durch Tritoni und freie Dissonanzen sparsam erweitert wird. Doch komponierte Kaminski später nur noch ein *Präludium* mit *Fuge über den Namen ABEGG* für Streichquartett (1927). Nach dem Studium in Berlin und bei Arnold Mendelssohn in Darmstadt lehrte Günter Raphael (1903–1960) am Kirchenmusikalischen Institut in Leipzig, als ›Halbjude‹ wurde er aber 1934 verdrängt und erst 1949 als Professor in Duisburg und Köln tätig. Neben geistlichen Werken schrieb er vielerlei Kammermusik, doch wurden offenbar nur zwei seiner vier Quartette gedruckt (op. 5 e-Moll, Berlin 1925, und op. 28 F-Dur, Heidelberg 1945, ferner op. 9 C-Dur, 1930, sowie op. 28 A-Dur, 1930).[1] Die Werke fanden bislang wenig Beachtung, denn zu später Zeit schließen sie nochmals an die durch Reger eingeleitete Moderne an, ohne aber schon zu jenen Ansätzen zu rechnen, die nach 1920 als Neue Musik begriffen wurden. Ungeachtet ihrer heiklen Zwischenstellung erfüllen sie tradierte Formen nicht nur mit chromatisch gesättigter Harmonik, sondern zugleich in dichter motivischer Arbeit, die sich mit zyklischen Rekursen im überaus klangvollen Satz verbindet. Ähnlich wie Kaminski begnügten sich weitere Autoren meist mit nur einem, zudem oft relativ frühen Beitrag, so Kurt Thomas (1904–1973; f-Moll 1926), Hugo Distler (1908–1942; a-Moll op. 20/1, 1939), Ernst Pepping (1901–1981; in As, 1943), später noch Johannes Driessler (1921–1998; op. 41/1, 1956) und Jens Rohwer (1914–1994; Quartett 1968). Wie aber der in Leipzig lehrende Johannes Weyrauch (1897–1977) vier Quartette

---

1 Th. Schinköth, *Musik – das Ende aller Illusionen? Günther Raphael im NS-Staat*, Hamburg 1996, S. 37ff.; N. Bethke, *Kurt Thomas. Studien zu Leben und Werk*, Berlin und Kassel 1989, S. 224f.

schrieb, von denen nur zwei gedruckt wurden (Nr.1, 1958, und Nr. 2, 1961, Leipzig 1962 und 1966), so hinterließ der Österreicher Johann Nepomuk David (1895–1977), der seit 1934 in Leipzig und nach dem Krieg in Stuttgart unterrichtete, vier Streichquartette teilweise im Manuskript.[1] Soweit all diese Werke nicht traditionelle Formen wahren, suchen sie eine rhythmische Kontinuität, die auf barocke Modelle hinweist, mit prinzipiell diatonischer Tonalität zu paaren, die weniger durch betonte Chromatisierung als durch sperrige Dissonanzen angereichert wurde. Mit größeren Werkreihen traten jedoch Hermann Schroeder und Kurt Hessenberg hervor, und neuere Studien konnten belegen, wie wirksam bei ihnen der Anspruch der Gattung blieb.

Als Hochschullehrer in Köln vertrat Hermann Schröder (1904–1984) eine Kirchenmusik aus katholischem Geist. Nur drei seiner fünf Quartette (op. 26 c-Moll, 1939, sowie op. 32 und 38, 1952 und 1959) wurden gedruckt (Mainz 1940, 1954 und 1963), doch entspricht das dritte mit obligater Oboe einer vor 1800 gängigen Besetzungsvariante, wogegen zwei spätere Werke unveröffentlicht blieben (op. 44 und 55, 1968 und 1978).[2] Mit nur je drei Sätzen unterschreiten die publizierten Quartette den gängigen Rahmen, ohne ihn in den Satzrelationen ganz zu leugnen. So modifiziert der Kopfsatz in op. 26 das Sonatenschema mit fugiertem Seitenthema, nach einleitendem Largo entwickelt das mittlere Adagio cantabile in a-Moll ein Fugato über quasi ostinatem Baß, und das Finale erweist sich als Doppelfuge mit zwei charakteristisch unterschiedenen Themen, deren erstes die Form fast wie ein Rondorefrain verklammert. Während sich die gediegene Schulung des Autors in den Fugati verrät, die den tonalen Rahmen nur zurückhaltend erweitern, greift op. 32 bei weitgehendem Verzicht auf Kontrapunktik weiter aus, obwohl Kopfsatz und Finale noch ähnlich klar als Sonatensatz und als Rondo mit drei Refrains angelegt sind. Am aufschlußreichsten ist der langsame Satz, in dem parallele Sekunden wie dissonante Klangbänder ein chromatisch ausgreifendes Thema umfangen und zu entsprechend herb dissonierender Steigerung führen. Gerade diese tonale Extension nimmt im folgenden Werk zu, das man mit obligatem Oboenpart aber nicht mehr als Streichquartett rechnen kann. Eine entsprechende Stellung nahm Kurt Hessenberg (1908–1994) auf protestantischer Seite in Frankfurt ein, der insgesamt acht Werke für Streichquartett schrieb.[3] Ungedruckt blieben aber wie im Falle Schroeders zwei letzte Quartette (op. 98, 1975–76, und op. 131, 1987), zwischen denen eine fünfsätzige *Partita* lag (op. 112, 1981), so daß außer einem einsätzigen Werk (op. 82, 1967) vier zyklische Werke bleiben, die mit Ausnahme von Nr. 3 nur jeweils drei Sätze umfassen. Soweit die Tonarten nicht eigens angegeben sind, zeichnet sich doch noch ein tonaler Rahmen ab, der aber zunehmend erweitert wird. Nach einem frühen f-Moll-Werk (op. 8, 1934), das auf ähnlicher Stufe wie Schroeders erster Beitrag liegt,

1 U. Herrmann, *Hugo Distler, Rufer und Mahner*, Berlin 1972, S. 140 und S. 207; H. Poos (Hg.), *Festschrift Ernst Pepping*, Berlin 1971, Werkverzeichnis S. 346; nicht eingesehen wurde W. Orf, *Johannes Weyrauch. Biographie und Untersuchungen über die Einflüsse traditioneller und zeitgenössischer Musik auf seinen Personalstil*, mschr. Diss. Leipzig 1969; vgl. ferner B. A. Kohl, Art. *J. N. David*, in: *MGG²*, Personenteil Bd. 5, Kassel u. a. 2001, Sp. 491–503: 496 (die ebenda angekündigte Monographie dieses Autors konnte nicht mehr konsultiert werden).

2 R. Mohrs, *Hermann Schroeder (1904–1984). Leben und Werk unter besonderer Berücksichtigung seiner Klavier- und Kammermusik*, Berlin und Kassel 1987 (Beiträge zur rheinischen Musikgeschichte 138), S. 287–312. Für die Überlassung seiner Arbeit und der Werkausgaben sei Herrn Dr. Rainer Mohrs in Mainz herzlich gedankt.

3 P. Cahn, *Kurt Hessenbergs Streichquartette*, in: *Kurt Hessenberg. Beiträge zu Leben und Werk*, hg. v. P. Cahn, Mainz 1990, S. 67–88.

zeigt das zweite (op. 16 in d, 1937, Mainz 1941) deutlicher Hessenbergs Verfahren. Die langsame Einleitung des ersten Satzes exponiert eine intervallische Zelle, die ein diatonisch steigendes Initium (d–e–g) umkehrt und dann chromatisch dehnt (d–c–g und es–ces–as), womit zwei tonal konträre Pole komplementär verkettet werden. Sie präfigurieren den Hauptsatz im Allegro molto, der sich in punktierten Achteln und Vierteln markant vom Seitensatz unterscheidet, gerade diese Rhythmik tritt aber in der Durchführung zurück, die von einer geglätteten Themenvariante ausgeht. Das weit kürzere Finale nimmt eingangs die langsame Einleitung des ersten Satzes auf, ›etwas belebter‹ trifft ein neues Thema auf das Hauptthema des ersten Satzes, das sich daher zur Coda hin durchsetzen kann. Eine Rondovariante begegnet im Mittelsatz, in dem das zweite Couplet zugleich als Trio im Scherzo gelten mag, und ähnlich gebaut ist noch das Gegenstück in Nr. 4 (op. 60 in e, 1954, Mainz 1958), dessen Mittelteil eher durchführende Züge annimmt. Andererseits wirkt dieses Werk, dem 1944 das weit durchsichtigere dritte Quartett op. 33 in A-Dur vorausging, in beiden Ecksätzen dadurch komplexer, daß im engen Ambitus der Motivik motorische Impulse durch häufige Taktwechsel geschwächt werden, während ein dichtes Netz intervallischer Bezüge die thematische Arbeit überlagert. Da rasche Figurenketten zugleich oft Tritonus- oder Sekundparallelen aufnehmen, treten tonale Momente desto mehr zurück.

Hessenberg und Schroeder gehörten zur Nachhut einer Gruppe von Autoren, die nach 1900 geboren waren und als Vertreter einer ›klassischen Phase‹ Neuer Musik gelten können, indem sie nicht mehr in spätromantischer Tradition beheimatet waren, sondern von einer eher gemäßigten Moderne her kamen. Doch konnten sie erst nach Kriegsende maßgebliche Positionen übernehmen, sofern sie sich nicht schon zuvor den herrschenden Bedingungen angepaßt hatten. Zu ihnen zählen nächst Wolfgang Fortner und Boris Blacher die Hindemithschüler Siegfried Borris und Harald Genzmer sowie Günter Bialas, Karl Amadeus Hartmann und noch Berthold Goldschmidt, dessen Rang freilich erst spät einsichtig wurde. Harald Genzmer (geb. 1909) studierte seit 1928 vornehmlich bei Hindemith in Berlin, nachdem er bis zum Kriegsdienst nicht an herausgehobener Stelle tätig war, wurde er 1946 nach München berufen und gilt seither als »bedeutendster Schüler Hindemiths«.[1] Dem entsprechen zahlreiche Sonaten für verschiedenste Instrumente, doch auch hinter der Fülle seiner Kammermusik verschwinden zwei 1949 und 1954 komponierte Streichquartette, von denen zudem nur das erste im Druck erschien (Mainz 1991, Schott). Dem Anspruch der Gattung entsprechen zunächst vier Sätze, die den tradierten Formen Genüge tun. Wie nach langsamer Einleitung im Kopfsatz das Hauptthema gleichmäßige Viertelnoten vom Unisono aus klanglich staffelt, so wird die melodische Kurve des Seitensatzes von wiegender Achtelbegleitung abge-

---

1 R. Mohrs, Art. *Genzmer*, in: *MGG*², Personenteil Bd. 7, Kassel u. a. 2002, Sp. 732–737: 736; während mehrere Arbeiten zu Chorwerken vorliegen, fehlen Studien zur Kammermusik und ebenso bei S. Mauser u. a. (Hg.), *Harald Genzmer*, Tutzing ²1999 (Komponisten in Bayern 1). Für Auskünfte und Hinweise ist Dr. R. Mohrs zu danken.

hoben. Diese Kennzeichen verdeutlichen die thematischen Schichten der Durchführung, und verkehrt sich die Themenfolge in der Reprise, so geht nun ein Rekurs auf die Einleitung dem abschließenden Hauptsatz voran. In den Binnensätzen wird ein Thema mit fünf Variationen so deutlich gegliedert wie das Scherzo und sein Trio, und das Rondofinale trennt ebenso klar den anfangs dreiteiligen und dann verkürzten Refrain von den Couplets. Wiewohl alle Sätze in a stehen, entfernen sie sich in dissonanter Schichtung zunehmend von diesem Zentrum, das sich gleichwohl an den Knotenpunkten in Erinnerung bringt.

Schon bald nach dem Leipziger Studium bei Hermann Grabner konnte Wolfgang Fortner (1907–1987) in Heidelberg lehren, während er als Parteimitglied entsprechende Beiträge lieferte. Dennoch sammelte er später als Professor in Detmold und Freiburg zahlreiche Schüler um sich, zu denen beispielsweise Hans Werner Henze, Rudolf Kelterborn, Friedhelm Döhl, Manfred Stahnke und Hans Zender zählten.[1] Zu zwei schon 1929 und 1938 geschriebenen Quartetten (Mainz 1930 und 1938) kamen 1948 und 1975 zwei weitere (ebenda 1950 und 1977), zusammengenommen zeigen sie aber eine Bandbreite, die von neoklassizistischer Orientierung bis zu frei dodekaphonen und aleatorischen Verfahren reicht. Die beiden frühen Werke gehen vom viersätzigen Zyklus mit Scherzo samt Trio und dreiteiligem langsamen Satz samt Sonatensatz und Finale aus, und eine formale Variante liegt nur darin, daß der Finalfuge eine langsame Einleitung vorangeht, die in Nr. 1 als Introduzione bezeichnet und in Nr. 2 gesondert als Intermezzo gezählt wird. Im ersten Quartett (in a) wird das synkopische Initium des Hauptthemas (Allegro vigoroso) durch eine Variante im Legato ergänzt und läuft dann rasch in motorischer Figuration aus, die der Seitensatz durch ostinate Begleitung ersetzt. Schon im Hauptsatz erweitert sich jedoch das diatonische Zentrum (in a) um seinen Widerpart (in Des ab T. 5), und entsprechend verschränkt sich der diatonische Rahmen noch in den breiten Akkorden der Schlußgruppe mit Septime und Tritonus. Das Fugenthema im Finale entspricht mit gedehntem Quintfall und rascher Fortspinnung einem traditionsreichen Typus, demgemäß verhalten sich die Einsätze weithin noch wie Dux und Comes, und da die Fortspinnung fast als fester Kontrapunkt fungiert, ergibt sich wieder eine Motorik, von der nur die Zwischenspiele ausgenommen sind. Ähnlich verfährt im zweiten Quartett (in g) die Finalfuge in Nr. 2 mit einem eher scherzosen Thema, ihm tritt allerdings ein Choralsatz gegenüber, woraus sich am Ende eine freie Doppelfuge ergibt. Formal entspricht auch der erste Satz dem aus Nr. 1, mehr Gewicht erhält nur der marschartige Seitensatz, und reduziert die Durchführung den Hauptsatz auf monotone Repetition des Themenkopfs, so reagiert die Reprise darauf durch Umstellung beider Themen. Konventionell gebaut wie die langsamen Sätze sind die Scherzi mit Teilwiederholungen selbst im Trio, und so

[1] Br. Weber, Art. *Fortner*, in: *MGG²*, Personenteil Bd. 6, Kassel u. a. 2001, Sp. 1509–1516, mit einem Einschub der Schriftleitung Sp. 1510; Hinweise zu den beiden frühen Quartetten bei H.-U. Engelmann, *Zur Kammer- und Klaviermusik*, in: *Wolfgang Fortner. Eine Monographie. Werkanalysen, Reden, Offene Briefe 1950–59*, hg. v. H. Lindlar, Rodenkirchen 1960 (Kontrapunkte 4), S. 62–67; G. Schuhmacher, *Fortners instrumentales Werk*, in: Melos 34 (1967), S. 329–338 (wo die Quartette nicht behandelt werden); weiterführend ders., *Zu Wolfgang Fortners kompositorischen Prinzipien*, in: Melos – Neue Zeitschrift für Musik 1982, S. 20–28.

differieren beide Werke nur nach Maßgabe ihrer dissonanten Klangverschränkung.

Die Voraussetzungen ändern sich erst in Nr. 3, wie es bereits der signifikante Beginn des Kopfsatzes anzeigt.

W. Fortner, Nr. 3, erster Satz, T. 1–10 (Schott & Co., London).

Zwei Halbtöne (c–cis und gis–a) werden so geschichtet, daß sie als kleine Terz und reine Quinte erscheinen (c–a und cis–gis), und die Ambivalenz der Anordnung wirkt sich nicht nur auf die Formulierung des thematischen Gedankens aus, der danach in Baßlage eingeführt wird, sondern bleibt mit Varianten im gesamten Satz wirksam. Formal ist er zwar noch als Sonatensatz mit mehrfach ansetzendem Hauptthema und synkopischem Seitensatz zu begreifen, dessen Durchführung Varianten beider Themen behandelt, wonach sich die Reprise um einen längeren Einschub erweitert. Indem aber die Halbtöne verschärft oder zugunsten von Terz-Quintrelationen reduziert werden, ergibt sich ein wechselndes Spektrum, das zur Abhebung der Satzphasen genutzt werden kann. Die Konstellationen ändern sich nur graduell im Scherzo, dessen rhythmische Impulse durch ständige Taktwechsel variiert werden, während das Trio dissonante Intervalle durch Glissandi akzentuiert. Und ähnlich kreuzt sich im Largo die dreiteilige Form mit dem Wechsel der Klangschärfen, die hier im Mittelteil zurückgenommen werden. Wieder bildet eine Fuge das Finale, ihr Thema jedoch beginnt in laufenden Sechzehnteln mit einer ersten Gruppierung, die viermal drei Werte als Zwölftonkette zusammenfaßt. Daß sie kaum als strenge Reihe zu verstehen ist, beweisen fehlende und verdoppelte Töne in den folgenden Gruppen, die das Grundmodell frei sequenzieren. Zwar folgt die erste Durchführung noch dem Schema von Dux und Comes, das sich danach durch wechselnde Anordnung unter Einschluß von Transpositionen und Engführung ändert, doch bilden die Zwischenspiele steigernde oder reduzierende Episoden, die wiederum durch kanonische Ballung des Themas markiert werden.

An die Stelle der tradierten Satzfolge treten erstmals im vierten Quartett ein Prélude samt Thème mit Variations sowie Burlesque und Madrigal, doch verbindet sich mit diesen Termini kein Anschluß an französische oder italienische Modelle. Vielmehr greift die Satztechnik aleatorische Züge auf, die sich exemplarisch im Kopfsatz ausbilden. Er beginnt mit einem dichten Knäuel wiederholter Gruppen in kleinen Sekunden (cis–d–es in den Violinen, cis–c–h in den Unterstimmen), die jedoch in wechselnder Folge – fünf versus vier Sechzehntel sowie Achteltriolen – gegeneinander versetzt werden. Einen zweiten Komplex bilden Tonrepetitionen, die ebenso querständig rhythmisiert werden, und nachdem Varianten beider Gruppen zunächst alternieren, bleiben »ziemlich langsame Tonfolgen« in analogen Konstellationen dem Spiel »senza misura« überlassen. Nur in weitem Abstand sind die Tonrepetitionen der zweiten Themengruppe notiert, zu deren Ausfüllung die Spieler »in beliebiger Aufeinanderfolge Quintolen improvisieren« sollen. Daß aber noch immer das Sonatenschema durchscheint, in dem diese Phase nach der fest notierten Exposition als Durchführung verstanden wird, beweist die knappe Rekapitulation beider Themen in einer kurzen Reprise, die zugleich die halb improvisierten Partien des Mittelteils aufnimmt. Ähnlich wechseln die Verfahren in den Binnensätzen, sofern nach dem nur angedeutet notierten Thème in Variation I ein fest notierter Teil eingefügt wird, wie er auch als Lento die Variation II beschließt, wogegen in der Burlesque wie im Kopfsatz dem Mittelteil improvisierte Techniken vorbehalten sind, die der Schlußteil mit fester Notation verquickt. Im letzten Satz mögen »fließende Viertel« der Satzmitte gegenüber Außenteilen »senza misura« dem Terminus Madrigal entsprechen, zu dem die Vorstellung pointierter Kontraste der Teilglieder gehört. Daß zugleich aber zwölftönige Konstruktionen mitspielen, wird nicht nur zu Beginn des ersten Satzes einsichtig, dessen Themengruppen mit ihren Varianten den Tonvorrat schrittweise erweitern. Noch deutlicher tritt das Prinzip zu Beginn und am Ende des Madrigals hervor, sofern beidemal die Tonschichtung in langsamer Folge ein Zwölftonfeld erreicht, das gelegentliche Verdoppelungen aber nicht ausschließt. Wie konsequent freilich zwölftönige Reihen im Verhältnis der Sätze und improvisatorischen Teile benutzt werden, müßte noch näher untersucht werden.

Neue Techniken mischte Fortner also mit früheren, um Satzteile in einer Formung abzuheben, hinter der die tradierten dreiteiligen Modelle noch immer nachwirken. Sah er 1941 in der Zwölftontechnik eine »Entwurzelung«, der ein »Künstler« seine »kultische Funktion« in der »Gemeinschaft« entgegenzusetzen habe, so hinderte ihn das 1952 nicht, als sein »Prinzip« das »sogenannte Ausschneiden eines Modus aus den 12 Tönen« zu bezeichnen.[1] Indem er flexibel auf politische wie kompositionsgeschichtliche Änderungen reagierte, blieb er in Deutschland eine mit Auszeichnungen geehrte Autorität. Im Rückblick ist aber zu fragen, wieweit nicht die Aufnahme jeweils neuester Techniken von vorn herein das Risiko des Epigonalen implizierte. Darin deutet sich eine der Aporien der Avantgarde an, die nach dem Zerfall eines verbindlichen Kanons auf stete Innovationen angewiesen blieb, wie sie nur einzelnen Köpfen vorbehalten waren, wogegen andere auf mehr oder minder eigene Varianten angewiesen blieben. Das Problem also, das die Avantgarde durch Innovation zu lösen hoffte, potenzierte sich in dem Maß, in dem jeder Autor in jedem Werk auf Innovationen bedacht sein mußte. Sofern die Absichten utopisch oder esoterisch blieben, je weniger die Ergebnisse Konsens stiften konnten, war in ihnen bereits jene Wende beschlossen, für die sich inzwischen der schillernde Begriff der ›Postmoderne‹ etabliert hat.

Wie Fortner im Süden zog Boris Blacher (1903–1975) in Berlin zahlreiche Schüler an, unter denen Gottfried von Einem, Klaus Huber, Giselher Klebe und Aribert Reimann zu nennen sind. Er wurde erst 1948 an die Musikhochschule berufen, da seine Musik zuvor als zu radikal galt, doch schrieb er schon 1930, 1940 und 1944 drei Streichquartette op. 11, 16 und 32 (Berlin 1973, 1953 und 1965), die später nur noch durch ein *Epitaph* op. 41 (*Franz Kafka zum Gedächtnis*,1951) und durch *Variationen über einen divergierenden Molldreiklang* (1957) ergänzt wurden (Berlin 1957 und 1968). Die drei Quartette entstanden also vor der Auseinandersetzung mit der Dodekaphonie und der Wende zu »variablen Metren«, mit denen sich Blachers Name nach 1950 verband.[2] Das erste Werk erschien in dreisätziger Fassung so spät, weil eine revidierte Version mit vier Sätzen nach der Uraufführung während des Kriegs verloren ging; gemessen an der Entstehungszeit ist aber bereits die Frühfassung ein ungemein selbständiger Wurf. Vom Sonatensatz bleibt nur ein dreiteiliges Gerüst, in dem aber statt getrennter Themen gleich anfangs ein Bündel aus drei Motiven präsentiert wird. Sie sind als triolischer Auftakt im Unisono, chromatisch gespannte Linie und synkopisch ansetzende Wechselnoten scharf unterschieden, selbst wenn bei wechselnder Intervallik nur ihre Umrisse kenntlich bleiben. Aus ihnen entspinnt sich ein motivisch dichter erster Teil, die reduzierte Stimmenzahl macht den Beginn des sich schrittweise auffüllenden Mittelteils hörbar, der das Material zu Abbreviaturen verkürzt (Ziffer 4–10), bis der Schluß die motivischen Konturen in erneuten Varianten konzentriert. Zugleich sprengen rücksichtslose Dissonanzen jeden tonalen Rahmen, wiewohl der Satz in dreifacher Quintschichtung über G endet. Im anschließen-

---

[1] Zitiert nach Br. Weber, Art. *Fortner*, in: *MGG*², Sp. 1510 und Sp. 1513.
[2] H. H. Stuckenschmidt, *Boris Blacher. Mit einer autobiographischen Skizze ›Damals in Chefoo‹ und einem vollständigen Werkverzeichnis*, hg. v. H. Kunz, Berlin und Wiesbaden ²1985, S. 58f. (wonach dem ersten Quartett 1935 noch eine Etude für Streichquartett folgte), S. 61ff., 67 und 72.

den Adagio wird ein erster Teil von Gruppen aus wechselnd drei, vier oder fünf Achteln getragen, die als variierter rhythmischer Ostinato die Unterstimmen durchlaufen und auf Blachers späteres Interesse an variablen Metren verweisen. Doch werden sie im Mittelteil, der die engmaschige Motivik der Oberstimmen nochmals diminuiert, durch Varianten im Legato vertreten, und sie verlieren ihre Prägung noch weiter, sobald die Stimmen im Schlußteil ihre Funktionen vertauschen. Das Finale verheißt anfangs zwar eine Fuge, in deren Thema bereits motivische Arbeit zu beginnen scheint. Wiederholt sich aber dreimal der chromatische Schritt des Initiums (g–gis–a), so weist er darauf voraus, daß sich nach einem zweiten Themeneinsatz die vermeintliche Fuge schon mit Eintritt der dritten Stimme in motivische Fragmente auflöst. Aus ihnen bildet sich ein ähnliches Mosaik wie im Kopfsatz, selbst wenn die Motivik in weiteren Durchführungen zweifach erneut gebündelt wird. Und obwohl in doppeltem Ansatz des Kopfmotivs (von d bzw. ais aus) die Stimmen sukzessiv mit Terzabstand (e bzw. c) auslaufen, werden die tonalen Relationen mindestens so frei wie in den anderen Sätzen gehandhabt. Sie mildern sich etwas im zweiten Quartett, das zwar nur zwei Sätze unterscheidet, im letzten jedoch eine langsame von einer raschen Abteilung trennt, womit sich latent wieder die dreiteilige Folge einstellt.

B. Blacher, Nr. 2 op. 16, erster Satz, T. 1–7 (Bote & Bock).

Ein geradtaktiger erster Abschnitt im ersten Satz wird von Quintschichtungen in Haltetönen umfangen (e–h–a), aus denen sich skalare

Stimmzüge im Legato herauslösen. Nach akkordischer Stauung künden Septimsprünge unter Taktwechsel eine zweite Ebene an, und bei ähnlichem Ablauf wie im ersten Werk bleibt die tonale Struktur klarer diatonisch. Das gilt ebenso im zweiten Satz, dessen Außenteile ostinate Rhythmik durch Tonrepetitionen verfestigen, von denen sich nur die Satzmitte löst, und so mündet auch das rondohaft lockere Finale erneut in doppelten Quinten (d–a–e). Dagegen entspricht das dritte Werk – nun in vier knappen Sätzen – mit gezackten Kurzmotiven und geschärften Dissonanzen dem rauheren Klang des Frühwerks. Durchweg im 5/4-Takt, beginnt der Kopfsatz mit energisch schreitender Linie in der Oberstimme, die zögerliche Auffüllung des Klangs schlägt sogleich in wiegend bewegte und wiederholte Klangketten um, die sich zu repetierten Akkorden festigen und damit eine konträre Instanz bilden, und Elemente beider Pole bestreiten einen Verlauf, in dem zwei weitere Teile in gleicher Weise ansetzen. Während im Andantino geschichtete Quarten die Motivik bestimmen, trennt ein Allegro molto die klanglichen Modelle wie in einem Scherzo. Das besonders kurze Finale jedoch, das diesmal ein Larghetto im 6/8-Takt darstellt, wird weithin von wiederholten, wellenförmig gebundenen Terzwechseln wie von einem variierten Ostinato getragen.

Die Konzepte der beiden ersten Werke ergänzt das dritte also mit sehr verschiedenen Klangmustern. Künden sich aber Blachers spätere Verfahren in diesen Werken nur vereinzelt an, so partizipieren an ihnen immerhin zwei kleinere Stücke aus späterer Zeit. In dem kurzen *Epitaph* op. 41 verändert sich weniger die intervallische Regulierung als die Anordnung der Zeitwerte, sofern zwischen drei Abschnitte im Tempo primo (Adagio) zwei weitere im Tempo secondo eingefügt und durch eine Coda vervollständigt werden. Am auffälligsten ist das ständig wechselnde Taktmaß, rechnet man aber die Takte nach der Zahl der in ihnen enthaltenen Achtelwerte, so ergeben sich für die langsamen Teile gleiche Verhältnisse (ausgenommen den überzähligen T. 4). Hingegen stimmt die Abfolge der raschen Phasen nur in den ersten 16 Takten überein und bleibt danach variabel, während die Coda zwischen sechs Achteln und drei Vierteln wechselt. Weniger Konstanz als die »variablen Metren« behält indessen die Motivik, deren einst primäre Funktion aber immer noch im Netzwerk kleiner Varianten nachwirkt. Die Bezeichnung der späten *Variationen über einen divergierenden c-Moll-Dreiklang* verweist bereits auf das Thema, in dem der Klang konstant bleibt, während die Metren im Verhältnis der Stimmen divergieren, was dann entsprechende Folgen für 14 Variationen hat, in denen das Maß der Komplexität zunimmt.

Eine andere Position hatten im Werk von Günter Bialas (1907–1995) fünf Streichquartette, deren erstes zudem unveröffentlicht blieb.[1] Ausgebildet noch bei Max Trapp, kam der Autor anfangs von der Ju-

---

[1] Vgl. S. Mauser / G. E. Meyer, Art. *Bialas*, in: *MGG*², Personenteil Bd. 2, Kassel u. a. 1999, Sp. 1449–1455, G. E. Meyer (Hg.), *Kein Ton zuviel – Günter Bialas in Selbstzeugnissen und im Spiegel seiner Zeit*, Kassel 1997; die Folge der Werke: Nr. 1, 1935, Ms.; Nr. 2, 1949, Wolfenbüttel 1952; Nr. 3, 1968, Kassel 1970; Nr. 4, 1986, ebenda 1987; Nr. 5, 1991, ebenda 1992.

gendbewegung her und wirkte seit 1957 als Kompositionslehrer in Detmold. Von den Bemühungen, an die raschen Wandlungen der Zeit anzuschließen, zeugt die Auseinandersetzung mit dodekaphonen und aleatorischen Techniken in den ersten gedruckten Quartetten, gewachsene Selbständigkeit bewies aber vor allem das vorletzte Werk, das 1987 bereits in die jüngste Phase der Gattungsgeschichte fiel. Der mehrdeutige Begriff *Assonanzen*, der als Untertitel beigefügt ist, meint eigentlich Reime von Vokalen (ohne Konsonanten) und läßt sich hier sowohl auf intervallische wie auch auf rhythmische Muster beziehen. Statt in Sätze gliedert sich das Werk in sieben Teile, deren Umfang zwischen 33 und 93 Takten variiert. Ihre Charakteristik beziehen sie aber weniger aus dem durch Metronomangaben bezeichneten Tempo als aus den Varianten eines strukturellen Grundmusters. Denn durchweg liegen im Kern bewegte Klangflächen vor, deren Anlage nur im Detail wechselt. Lange Haltetöne, die sich allmählich verlagern (so in Teil II und V), sind ein Gegenpol zu in sich heftig verschobenen Blöcken, in denen die Stimmen fast ostinate Rhythmisierung zeigen (so in Teil IV und VII, hier am Ende mit dem Vermerk »wie ein Geläut«). Die Extreme mischen sich in den übrigen Sätzen, gleichermaßen ist aber der Tonsatz auf geschärfte Dissonanzen berechnet, die zwar phasenweise alle zwölf Töne verbrauchen, ohne aber vorgegebenen Reihen zu gehorchen (wogegen oft ausfallende oder wiederholte Tönen sprechen). Ob dabei Reaktionen auf Konzepte der ›minimal music‹ im Spiele sind, wäre ebenso zu prüfen wie die interne Regulierung der Klänge. Daß aber immer noch ein Rest tonaler Disposition durchscheint, zeigt ein Vergleich zwischen Beginn und Eröffnung der Sätze, denen jeweils wenigstens zwei, meist aber drei und mehr Töne gemeinsam sind (worauf der Untertitel des Werks anspielen mag).

Mindestens so selbständig wie Blachers erstes Werk war das frühe Streichquartett von Karl Amadeus Hartmann (1905–1963), das schon 1933 entstand, aber erst nach einer Preisverleihung 1936 in Genf uraufgeführt wurde. Länger noch dauerte es bis zur Publikation (Heidelberg 1953), weil Hartmann sich während des Dritten Reichs aus der Öffentlichkeit zurückzog. Gegenüber den Symphonien fanden Hartmanns zwei Quartette nicht gleichermaßen Beachtung, da sie zwar sperrig genug wirken, aber kaum ebenso als Anklagen oder Bekenntnisse zu verstehen sind.[1] Vom Sonatensatz bleibt in den beiden Außensätzen des ersten Werks nicht viel mehr als ein formales Skelett, dem im Mittelsatz eine dreiteilige Anlage entspricht. Die langsame Einleitung des Kopfsatzes beginnt mit einem Fugato, dessen Thema recht klar nach f-Moll weist, solange es von der Bratsche allein intoniert wird. Daß jedoch der Mollterz des Initiums ein chromatisch verschliffener Quartfall folgt, deutet auf eine tonale Extension, die im Zutritt der weiteren Stimmen von b- und a-Moll aus zunimmt. Schon mit dem vierten Einsatz (T. 20) verfestigt sich die Struktur in zweiter Violine und Violoncello zu ostinaten

1 Zu Hartmanns Begriff einer »Bekenntnismusik« vgl. A. Jaschinski, *Karl Amadeus Hartmann – Symphonische Tradition und ihre Auflösung*, Tutzing 1982 (Musikwissenschaftliche Schriften 19), S. 18–31 und bes. 29f.; A. D. McCredie, *Karl Amadeus Hartmann. Thematic Catalogue of his Works*, Wilhelmshaven und New York 1982 (Catalogues of Musical Sources 18), zu beiden Quartetten S. 132–141; ders., *Das Instrumentalschaffen Karl Amadeus Hartmanns*, in: *Karl Amadeus Hartmann*, hg. v. A. L. Suder, Tutzing 1995 (Komponisten in Bayern 7), S. 104–174: 131f.

Klängen, in denen f und fis querständig zusammenstoßen. Auf solche Bildungen dürfte der Beiname ›Carillon‹ zielen, denn alle Sätze tendieren gleich beharrlich dazu, sich durchweg in ostinaten Bildungen festzulaufen. So widerborstig sie klanglich anmuten, so offenkundig fungieren sie als strukturelles Prinzip, das zugleich die konventionellen Formen unterminiert. Schon der Vorspann im raschen Hauptteil mündet bald in ostinatem Pizzicato, das ebenso das scheinbar diatonische erste Thema grundiert (T. 50). Weiter aber bilden sich aus seinen Spielfiguren ostinate Gruppen, in einem zweiten Ansatz – der kaum als Thema zu verstehen ist[1] – führen sie im 2/4-Takt zur Überlagerung repetierter Gruppen von je drei Achteln (T. 82), auf die noch eine Schlußgruppe rekurriert (T. 107). Entsprechend kann die Durchführung das Material nicht in gewohnter Weise verarbeiten oder entwickeln, sondern aus seinen Splittern nur weitere ostinate Muster bilden (so ab T. 136–175), die in den Rahmengliedern zu repetierten Akkorden neutralisiert werden. Ihre strukturbildende Macht kommt vollends in der Reprise zum Vorschein, wenn statt der Wiederkehr eines zweiten Themas (analog T. 82) die entsprechende metrische Überlagerung zu dissonanten Bändern aus sieben und neun Achteln in zwei Stimmpaaren gesteigert wird (T. 262–275). Das Verfahren variiert der Mittelsatz nur soweit, wie es die dreiteilige Form erlaubt, deren Phasen intern wiederum aus drei Gliedern bestehen. Fast durchgängig werden sie von wechselnden ostinaten Mustern beherrscht, die durch strukturelle statt diastematische Verhältnisse die drei Binnenglieder kennzeichnen. Und das Finale verändert die Methode primär zugunsten einzelner Stimmen, die sich im dreigliedrigen Hauptsatz von dissonierenden Haltetönen abheben, bevor die Partner akkordisch gerafft werden. Eine Ausnahme macht ein zweiter Ansatz (T. 21), den zunächst die diatonisch gepaarten Unterstimmen einführen, bis sich rasch die engmaschigen rhythmischen Ostinati wiederherstellen, während die Durchführung erneut eher Modelle als Themen verarbeitet, die entsprechend in der Reprise variiert werden. Mit den diastematischen und rhythmischen Konturen motivischer Gruppen, die wiederkehrend zugleich variiert werden, verbinden sich zwar vielfach entsprechende Klänge, doch bliebe zu fragen, wieweit sie einer strengeren Regulierung unterliegen.

Der vereinsamt in Wien lebende Webern unterwies Hartmann im Winter 1941–42 und führte ihn in Regers fis-Moll-Quartett, vor allem aber in die ›Zopfgeflechte‹ der Reihentechnik ein.[2] Im zweiten Quartett jedoch, das Hartmann 1945–46 schrieb und 1952 bei Schott veröffentlichte, hinterließ weniger die Reihentechnik ihre Folgen als die Ausschöpfung des zwölftönigen Fundus, der ohne Vorordnung für analoge Formen wie im ersten Werk verfügbar wird. Daß Hartmann sie als »Sonatensatz« mit durchführendem »Fugato« und als »Liedform« für die Folgesätze umschrieb[3], besagt freilich wenig für die satztechnischen Konsequenzen. Im Kopfsatz zeichnen sich mit zwei Themen in der Exposi-

---

1 A. D. McCredie, *Karl Amadeus Hartmann*, S. 133.
2 Vier Briefe an Elisabeth Hartmann, abgedruckt bei A. D. McCredie, *Karl Amadeus Hartmann. Leben und Werk*, Wilhelmshaven 1980 (Taschenbücher zur Musikwissenschaft 74), S. 140–148: 144f.
3 Ebenda, S. 81 (nach einem Brief vom 23. 6. 1957). Weiter heißt es hier, das Finale »besteht aus einem Motiv von 4 Noten, das den Namen Vegh aufweist«, doch wird der Dank an das Vegh-Quartett, das 1949 die Uraufführung in Mailand übernahm, zu Beginn des Satzes durch Transposition um einen Halbton aufwärts verhüllt (ges–f–as–c).

tion (ab T. 33 bzw. T. 70), kontrapunktischer Durchführung (ab T. 92) und sehr veränderter Reprise (ab T. 132) entsprechende Stationen der Form ab. An die Stelle der Ostinatotechnik, deren Wirksamkeit nicht gänzlich geschwunden, aber doch deutlich reduziert ist, tritt eine Fülle motivischer Varianten, die in Verbindung mit der dissonanten Chromatik die formalen Markierungen überspielen.

Die langsame Einleitung setzt mit auf- und abwärts gewundenen Linien an, die zweimal von rhythmisch markierten Akkordblöcken im Tutti abgefangen werden. Mit elf Stufen bei mehrfacher Tonwiederholung sind sie aber kaum als Reihe definiert, und in freiem Kanon ist der Hauptsatz (›Äußerst lebhaft‹) als dichtes Figurengeflecht angelegt, das noch den im Unisono der Unterstimmen eingeführten Seitensatz verdeckt. Variabel wie das Thema im ›Fugato‹ der Durchführung bleibt das Material selbst in der Reprise, deren rhythmische und intervallische Eingriffe nur mehr die Umrisse der Themen erkennen lassen. Die figurativen Blöcke jedoch, die den Satz beherrschen, ergeben sich weithin aus konsonanten Stimmgruppen, die mit dissonant querstehenden Bändern in Parallel- oder Gegenbewegung gekoppelt sind. Hinter freier Linearität, die sich zu engen Imitationen verdichten kann (ab T. 18), tritt in den Rahmenteilen des langsamen Satzes die figurative Klangballung zurück, um erneut bei zunehmender Beschleunigung im Mittelteil

K. A. Hartmann, Nr. 2, erster Satz, T. 1–13 (Willi Müller, Süddeutscher Musikverlag, Heidelberg).

wirksam zu werden. Doch prägt sie vor allem das Finale, das als Presto im 2/4-Takt die metrischen Komplikationen des ersten Quartetts aufgreift und dissonant gekoppelte Stimmpaare in intervallischer Spiegelung verbindet (T. 67–84), wogegen sich zwischen zwei langsamen Episoden im Mittelteil ein Zentrum (›grazioso‹ T. 198–215) als Rekurs auf den Seitensatz abhebt. Der Coda jedoch ist ein ›virtuoser Schluß‹ als Alternative angefügt, und so lautstark beide Versionen enden, so seltsam lassen sie dieses Finale in der Schwebe.

Zwar hatte Winfried Zillig (1905–1963) in Wien und Berlin zwischen 1925 und 1928 bei Schönberg studiert, doch blieb er nach 1933 durchaus erfolgreich tätig und wirkte nach Kriegsende als Abteilungsleiter im Rundfunk, um nun nachdrücklich für die Durchsetzung der Moderne einzutreten.[1] Jeweils drei Sätze umfassen seine beiden Quartette, die 1927 und 1941 geschrieben, aber erst weit später publiziert wurden (Kassel 1961). Das erste Werk, das aus dem Unterricht bei Schönberg hervorging, übernimmt vom Lehrer zwar die Kennzeichnung der Haupt- und Nebenstimmen, operiert aber recht locker mit einer Dodekaphonie, die keineswegs als strenge Vorordnung von Reihen verstanden wird. Ein viertaktiges Adagio präsentiert mit auftaktiger Punktierung einen fallenden Tritonus als zentrale Zelle, und während zwei Stimmen einen engen chromatischen Ausschnitt umkreisen, bietet die Viola mit Halteton (a) eine tonale Achse. Aus diesem Tonvorrat speist sich im Allegro ein Fugatothema als Hauptsatz, der in triolischen Achteln ausgesponnen wird. Rückgriffe auf die Einleitung signalisieren den Beginn der Durchführung wie der Coda, unter rhythmischer und akkordischer Massierung richtet sich die Verarbeitung auf die intervallische Ausfaltung des engräumigen Fugatothemas, dessen fragmentierte Varianten dann eine Reprise vertreten. Ähnlich schöpft das Adagietto einen zwölftönigen Vorrat aus, ohne die Wiederholung intervallischer Segmente zu scheuen, bildet es einen Variationensatz aus, dessen Abschnitte durch die rhythmische Fassung der Gegenstimmen so prägnant hervortreten, daß die thematischen Konturen verschwimmen. Und das letzte Allegro erweitert die dem Kopfsatz entsprechende Anlage vor der Coda um eine solistische ›Cadenza‹ der ersten Violine, doch bekräftigt der Abschluß im Unisono das tonale Zentrum des Beginns (a). Noch klarer prägt Zilligs zweites Quartett tonale Akkorde aus, die sich zudem mit formalen Rekursen auf historische Modelle paaren. Exemplarisch ist das abschließende Sonatenrondo mit vier Refrains und umfänglicher Durchführung, denn die Formteile werden durch vollgriffige diatonische Akkorde markiert, die trotz vielfacher Transposition wie Signale wirken. Zwischen ihnen kann der Tonvorrat chromatisch erweitert werden, zugleich werden die dem Rondo gemäßen Kontraste durch die allgegenwärtige Motivik des Refrains konterkariert, dessen motorische Figuren dem Satz mit seinen diatonischen Akkordmarken in die Nähe

[1] Zu Zilligs Tätigkeit zwischen 1933 und 1945 vgl. die Hinweise von Gr. S. Dubinsky, Art. *Zillig*, in: *New Grove Dictionary*², Bd. 27, S. 829f., sowie H.-G. Klein, *Atonalität in den Opern von Paul von Klenau und Winfried Zillig – zur Duldung einer im Nationalsozialismus verfemten Kompositionstechnik*, in: *Bericht über den Internationalen Kongreß Bayreuth 1981*, hg. v. Chr.-H. Mahling und S. Wiesmann, Kassel u. a. 1984, S. 490–494. Von souveräner Kenntnis der internationalen Moderne zeugt die Aufsatzsammlung von W. Zillig, *Die Neue Musik. Linien und Porträts*, mit einem Vorwort von K. H. Ruppel, München 1963.

neoklassizistischer Werke rücken. Nach diesem Schema ist zu Beginn eine Entrada gebaut, in der massive Akkorde – zunächst gar von C-Dur aus – das Hauptthema und wie im Finale die Formgrenzen betonen, so daß selbst der Kopfsatz zum Rondo tendiert. Als Mittelsatz kombiniert eine Siciliana variata den Modus des früheren Pendants mit wechselnder Transposition des Themas. Selbst wenn Zilligs Quartette das Repertoire der Moderne nicht erweitern, sind sie doch ein Beispiel dafür, daß sich auch ein Schüler Schönbergs für maßvolle Varianten einer freien Tonalität entscheiden konnte.

Obwohl das Werk von Berthold Goldschmidt (1903–1996) nach der erzwungenen Emigration aus Deutschland eine Zäsur erfuhr, überbrückte es in fast einzigartiger Weise weit entfernte Zeitphasen. Aus Hamburg kommend, ging der junge Musiker zu Schreker nach Berlin, nach erfolgreich begonnener Laufbahn mußte er 1935 nach London fliehen, seit sein Schaffen hier aber in den Schatten aktuellerer Konzepte geriet, brach es ab und wurde erst wieder aufgenommen, als es in England und Deutschland neues Interesse fand. Vier Quartette verbinden wie keine andere Gattung die frühe und die späte Phase, wobei zwei viersätzigen Werken aus den Jahren 1925–26 und 1936 zwei einsätzige erst 1988–89 und noch 1992 folgten.[1] Die beiden ersten Werke teilen eine sehr frei erweiterte Tonalität, variieren aber auf wechselnde Weise den normativen Formvorrat. Beginnt das erste mit einem streng gebauten Sonatensatz, der beide Themen durch Rhythmik und Artikulation unterscheidet und unter kontrapunktischer Verdichtung durchführt, so wird im späteren Pendant dasselbe Schema durch ungewöhnlich ausgiebige Exposition des Hauptthemas, verzögerten Eintritt eines Gegenthemas und stark geraffte Reprise eigenartig verschoben. Gleichsam hüpfende Achtel, unterbrochen von punktierten Vierteln im Legato, umkreisen im Hauptthema des ersten Quartetts einen Dreiklangsrahmen, der in der Einsatzfolge verschoben und bald augmentiert wird. Seine latente Tonalität ist aber nur die Folie der tonalen Spreizung, die hier und erst recht im episodischen Seitensatz durch die Gegenstimmen bewirkt wird.[2] Fast omnipräsent ist dagegen im zweiten Quartett das Initium, das in Sechzehnteln zweifach einen fallenden Quartraum durchläuft und damit ein tonales Zentrum in a markiert, dem sich ein Quintraum über cis entgegenstellt. So trügerisch jedoch der Schein der Bitonalität ist, so deutlich heben sich in der Exposition breite Skalengänge in Halben ab, mit denen in der Durchführung gar sequenziert fallende Quartparallelen korrespondieren. Indem also tonale Marken in die freie Tonalität hineinragen, ergibt sich eine fragile Balance, die ebenso die Folgesätze auszeichnet. Sie verleiht den Scherzi ihre eigene Note, obwohl beide den normierten Formtyp mit typischer Rhythmik und beruhigtem Trio bestätigen, und sie bestimmt gleichermaßen die sehr raschen Finali, die durch die allgegenwärtigen Kopfmotive ihrer Hauptsätze einen Zug zum

[1] Das erste Quartett konnte schon früh erscheinen (Wien 1927) und wurde zusammen mit den weiteren später erneut ediert (London 1990–94), vgl. M. Struck, Art. *B. Goldschmidt*, in: *MGG²*, Personenteil Bd. 7, Kassel u. a. 2002, Sp. 1253–1261; ders., *Berthold Goldschmidt*, in: *Komponisten der Gegenwart*, hg. v. H. W. Heister und W.-W. Sparrer, München 1992, 12. Nachlieferung 1997, S. 1–20 (mit Verzeichnissen S. C–L und S. I–XIV); ders., *Evidence from a fragmented musical history: Notes on Berthold Goldschmidt's Chamber Music*, in: Tempo Nr. 174 (1990), S. 2–10; W. Jacobs / R. Dusella, *Die Streichquartette Berthold Goldschmidts*, in: *Berthold Goldschmidt*, hg. v. S. Hilger und W. Jacobs, Bonn 1996, S. 52–61. Für Hinweise und weiteres Material danke ich Michael Struck.

[2] Zu den tonalen Relationen vgl. D. Matthews, *Berthold Goldschmidt: The Chamber and Instrumental Music*, in: Tempo Nr. 145 (1983), S. 20–25, ferner mit aufschlußreichen Vergleichen M. Struck, *Berthold Goldschmidt, Paul Hindemith und das Problem »mittlerer Musik«*, in: Hindemith-Jahrbuch 30 (2001), S. 148–202.

Rondo hin erhalten. Am apartesten sind beidemal die langsamen Sätze, denen zudem ostinate Verfahren gemeinsam sind. Eher latent wiederholt sich im früheren Adagio ein steigender Quartraum, der als Initium in den Unterstimmen eingeführt, dann von der zweiten und zuletzt sogar der ersten Violine aufgenommen wird, wogegen der Mittelteil von einer Fortspinnungsfigur des Anfangsthemas zehrt. Der spätere Satz dagegen ist als ›Folia‹ bezeichnet, folgt aber nicht dem entsprechenden Tanzmodell, sondern basiert auf einer mehr als 70mal wiederkehrenden Formel, die im Grunde nur eine Kadenz umschreibt (e–a–gis), aber gerade damit den Widerpart zur tonal freien Entfaltung der Gegenstimmen bildet. Besonders eindringlich zeigt der Satz damit jenen Schwebezustand, in dem der eigene Ton der Werke Goldschmidts gründet, doch trägt zu ihm ebenso der durchsichtige Tonsatz bei, der im Unterschied zu vielen Werken jener Zeit die kontrapunktischen und motivischen Relationen klar perzipierbar macht.

All diese Vorzüge erhalten sich in den beiden späten Werken, die wiederum unterschiedlich ostinate Techniken aufnehmen. Auf einen Auftrag des Landes Schleswig-Holstein und auf Herkunft und Namen des Autors spielen im dritten Quartett zwei tönende Anagramme an, die kleine Terz und Halbton (Es–C–H–H und H–B–G) umfassen und bei entsprechender Transposition oder in Umkehrung und Krebs verkettet werden können (G–B–H–H–C–Es). Ihre Varianten sind nahezu allgegenwärtig, doch bleibt es nicht bei unverbindlichem Spiel, sondern bald schon tritt als Zitat aus einer vorangegangener Vertonung von Heines *Belsazar* ein marschartiges Modell ein (ab T. 28), das in kontrastierenden Abschnitten heftige Unruhe auslöst und erst schwindet, wenn sich ihm die jüdische Melodie ›Chanukah‹ zum Lichterfest entgegenstellt (ab T. 139). Die diatonische und periodische Struktur hebt beide Zitate vom Kontext ab, wiewohl sie nur mittelbar in punktierter Rhythmik und diatonischer Intervallik nachklingen. Zu ihnen kommt später noch ein tänzerisches Selbstzitat (aus der frühen Suite op. 5, ab T. 269), und so entspricht der Werkbezeichnung *Rhapsody* zunächst eine lose Kette von wechselvoll charakterisierten Abschnitten, die formal nur durch eine Reprise in freier Spiegelform zusammengehalten werden. Einen Ausgleich bewirkt aber das dichte Netzwerk, das aus den Chiffren gewoben wird. Dagegen wiederholt das letzte Quartett anfangs ein weit längeres Modell, das zwar innerhalb der ersten zwei Takte die zwölf chromatischen Stufen ausschöpft, bei mehrfacher Tonrepetition und anschließender Verlängerung jedoch nicht als zwölftönige Reihe fungiert. Wiewohl es in strategisch exponierten Phasen deutlich erkennbar bleibt, lösen sich aus ihm in Zwischengliedern einzelne Teile heraus, die bei wechselnder Rhythmik zu weiteren motivischen Varianten ausgesponnen werden. Zehn kontrastreiche Phasen, die zu Beginn und Beschluß unter Tempowechsel aufgefächert sind, treten zu einem facettenreichen Geflecht zusammen, das in der unterschiedlichen Präsenz des Materials seinen Rückhalt findet. Und daß sich die freie Tonalität gegenüber den Frühwerken nur graduell erweitert, wird man nicht einem Komponisten vorwerfen, dessen Œuvre sich gerade durch seine innere Kontinuität auszeichnet.

Seitenwege in der vormaligen DDR

Daß mit der Gründung zweier Staaten Deutschland seit 1949 geteilt war, hat in der Musikgeschichte Spuren hinterlassen. Im Osten des Landes lebten schon seit Kriegsende Komponisten verschiedenster Herkunft, nicht immer stand es ihnen frei, in welchem Teil sie zu leben hatten, und nicht alle blieben in der Deutschen Demokratischen Republik aus Überzeugung. Nach manchen Experimenten mit neuer Musik, die zuvor in Berlin, aber auch in Leipzig oder Dresden noch möglich waren, verband sich die ›Formalismusdebatte‹, die in der Ära des Stalinismus weniger Formen als avancierte Satztechniken neuer Musik mit Mißtrauen bedachte, zugleich mit dem Programm einer sozialistischen Musik, die über ein eigenes Repertoire zu verfügen habe.[1] Wie schon vor 1945 erwies sich unter anderen Vorzeichen, daß für ein derartiges Vorhaben das Streichquartett weniger als andere – vor allem vokale – Gattungen geeignet war. Neben der Fülle von Kantaten oder Oratorien fehlten allerdings nicht solche Versuche, wie sie Frank Schneider am Beispiel eines Quartetts von Manfred Schubert umriß, das als Auftragswerk durch Zitate plattdeutscher Lieder noch 1969–70 den »Menschen bei der sozialistischen Umgestaltung der Landwirtschaft« gerecht werden wollte.[2] Zu den weiteren Konsequenzen gehörte es jedoch, daß die Dodekaphonie oder gar weitere Schritte zunächst mit einem Tabu belegt waren, gegen das gleichwohl nicht selten – mehr oder minder offen – verstoßen worden ist. Weniger bedenklich als andere Gattungen blieben Streichquartette, die in bemerkenswerter Vielzahl entstanden, aber doch seltener jenseits der Grenzen bekannt wurden. Solange nicht absehbar ist, was davon Bestand haben wird, sind nur wenige exemplarische Werke herauszuheben.

Zunächst führten Autoren einer älteren Generation die Ansätze einer gemäßigt neuen Musik fort, die sie bereits früher vertreten hatten. Zu ihnen zählte Max Butting, dessen nach 1945 entstandene Quartette schon anläßlich seiner frühen *Kleinen Stücke* erwähnt wurden. Zu den eher konservativen Vertreten rechnete ebenfalls Ottmar Gerster (1897– 1969), der zwar 1936 mit einer Oper sehr erfolgreich war und doch seit 1947 als Professor in Weimar und Leipzig wirken konnte. Sein erstes Quartett in D (Mainz 1939, Schott) kennt zwar rasche Akkordketten, die mit Tritonus bescheiden angereichert werden, reguläre Sonatensätze

1 Zu welchen Folgen und persönlichen Differenzen die Auseinandersetzungen damals, aber auch späterhin führen konnten, zeigte das Buch von D. Zur Weihen, *Komponieren in der DDR. Institutionen, Organisation und erste Komponistengeneration bis 1961. Analysen*, Köln – Weimar – Wien 1999 (Aus Deutschlands Mitte 29). Statt Werkanalysen zu bieten, macht die materialreiche Darstellung einsichtig, welche Konsequenzen die Kulturpolitik für die Musik hatte. Aufschlußreich ist sie auch für die sehr unterschiedlichen Positionen, die von den wenigen hier zu nennenden Quartettautoren eingenommen wurden.

2 Fr. Schneider, *Momentaufnahme. Notate zu Musik und Musikern in der DDR*, Leipzig 1979, S. 275f. Doch muß der Gerechtigkeit halber hinzugefügt werden, daß schon 1977 ein so avanciertes Werk wie Ruth Zechlins sechstes Quartett entstand. Vgl. weiter die kenntnisreiche Übersicht von Fr. Schneider, *Das Streichquartettschaffen in der DDR bis 1970*, Leipzig 1980 (Beiträge zur musikwissenschaftlichen Forschung in der DDR 12).

umgeben jedoch einen nicht grundlos ›langsam und eintönig‹ benannten Satz und ein kleines Scherzo A-Dur. Die Satztechnik ändert sich kaum grundlegend im zweiten Quartett (Leipzig 1955, Peters), das mit stereotyper Reihung akkordisch massierter Figurenketten in wiederum vier Sätzen die konventionellen Formen ausfüllt. Noch bei Grabner in Leipzig hatte Johannes Paul Thilman (1906–1973) studiert, der seit 1953 in Dresden lehrte, doch schrieb er erst zwischen 1948 und 1971 zehn Werke für Streichquartett, zu denen neben fünf kleineren Beiträgen ebenso viele Quartette gehören (Nr 1, 1950, op. 62, 1953, op. 81 und 84, 1956–57, und ein *Romantisches Quartett*, 1962). Das kleine *Streichquartett in D* (op. 81, Leipzig 1957, Hofmeister) läßt mit Variationen in D-Dur und Passacaglia in d-Moll erkennen, wie maßgeblich die wenig gedehnte Tonalität blieb, denn ähnlich beginnt der rasche Binnensatz mit einer Einleitung in d-Moll, um dann nach zwei wiederholten Teilen in B-Dur zu schließen. Etwas mutiger gibt sich das einsätzige Quartett op. 84 (ebenda 1958), sofern immer noch d-Moll in raschen Teilen den Rahmen bildet, den aber zwei langsame Einschübe spürbar erweitern. Bei Thilman lernte immerhin Friedrich Goldmann, der schon 1957–58 zwei Quartette schrieb und mit späteren Werken (1970 und 1995–97) zu einer neuen Phase der Gattung beitrug.[1] Wie Thilman hielt sich Fidelio F. Finke (1891–1968) zurück, der nach dem Studium bei Novák in Prag schon seit 1920 an der Deutschen Akademie für Musik und nach dem Krieg in Dresden lehrte, aber nach weit früheren Beiträgen (1914 und 1926) nur noch 1963–64 ein eher gemäßigtes Quartett vorlegte (Leipzig 1968).[2] Ähnlich schrieb Johann Cilenšek (1813–1998) erst 1998 *Szenen* für Streichquartett, und der in Leipzig lehrende Johannes Weyrauch publizierte zwar 1962 und 1966 zwei Quartette, konzentrierte sich aber sonst auf geistliche Vokalmusik.

Weit wichtiger war die Position von Hanns Eisler und Paul Dessau, deren Arbeit sich freilich vor allem auf das Musiktheater richtete. Hatte Eisler 1938 in seinem einzigen Quartett auf seine Weise umgesetzt, was einst bei Schönberg zu lernen war, so hatte Paul Dessau (1894–1979), der nach dem Studium in Berlin zunächst an mehreren Theatern wirkte, während der Emigration 1933 in Paris durch Leibowitz zwölftönige Verfahren kennengelernt, ehe er in die USA ging. Sein erstes Quartett, das er schon 1932 schrieb (Leipzig 1970, Peters), enthält als ersten von drei Sätzen eine Intrada mit Passacaglia, deren Thema rund 25 Perioden durchläuft und anfangs abgehoben, dann auf die Stimmen verteilt und in der Verarbeitung so verschliffen wird, daß seine Konturen sich schließlich auf den bloßen Tonvorrat reduzieren. Ähnliche Techniken zeigen ein Intermezzo capriccioso sowie das abschließende Präludium mit Fuge, sofern die alten Formen mit durchaus freier Tonalität verkettet werden. Nach einem zweiten Quartett aus den Jahren 1942–43 wurde das dritte Werk in einem Satz (1943–46) aus einer Zwölftonreihe ent-

---

[1] K. Stöck, Art. *Goldmann*, in: *MGG*², Personenteil Bd. 7, Kassel u. a. 2002, Sp. 1737–1739.

[2] Vgl. T. Fuchs, Art. *F. Fr. Finke*, in: *MGG*², Personenteil Bd. 6, Kassel u. a. 2001, Sp. 1193–1197: 1195 (die dort genannten Arbeiten von D. Härtwig liegen nur im Ms. vor).

wickelt, wie Dessau mit einiger Genugtuung 1974 berichtete.¹ Einen Satz mit *99 bars for Barbara* komponierte er 1948, bevor er im folgenden Jahr nach Berlin-Ost übersiedelte, doch schrieb er in der DDR – abgesehen von einem weiteren Quartettsatz (1957) – erst 1971–74 und 1975 seine beiden letzten Beiträge. Das sechste Quartett (Leipzig 1977, Peters) vereint sieben knappe Sätze, die aber nicht mehr an die *Kleinen Stücke* von einst anschließen, sondern sich zu später Zeit offenbar noch auf Weberns sensible Konzentrate besinnen. Darauf deutet die expressiv gedrängte Gestik mit überaus wechselnder Rhythmik in der äußerst kondensierten Struktur, die einer eigenen Studie wert wäre. Das gilt in gleichem Maß für das letzte Quartett, das 1975 ›dem Andenken an Boris Blacher‹ gewidmet und bezeichnenderweise in Berlin-West gedruckt wurde (o. J., Bote & Bock).

1 P. Dessau, *Notizen zu Noten*, hg. v. Fr. Hennenberg, Leipzig 1974, S. 90f. Wie streitbar sich Dessau mehrfach verhielt, belegte Zur Weihen, *Komponieren in der DDR*, S. 368f. und S. 428–433. Vgl. weiter Chr. Samtleben, Art. *Dessau*, in: *MGG*², Personenteil Bd. 5, Kassel u. a. 2001, Sp. 897–907: 902.

P. Dessau, Nr. 7, erster Satz »Trauer um Blacher«, T. 1–5 (Bote & Bock).

Der erste Satz (›Trauer um Blacher‹) setzt mit einem Zwölftonfeld an, dessen Tonfolge sich bald verschiebt, rasche Tonrepetitionen, die je isoliert die Stimmen durchlaufen, können an Blacher erinnern, ohne aber variable Metren zu bilden, und ein Rekurs auf den Beginn mündet in einer Steigerung, aus der ein verlöschender Schluß hervorgeht. Langsamer schreitet der zweite Satz (›Stille‹) den zwölftönigen Radius aus, wogegen zwei rasche Schlußsätze in entsprechender Satzart ihre rhythmischen Impulse austragen.

Besonders die letzten Quartette zeigen, was die Förderung durch einen so unabhängigen Mann wie Dessau für jüngere Musiker wie Reiner Bredemeyer, Friedrich Goldmann oder Friedrich Schenker bedeutete. Sein einziges Streichquartett schrieb Rudolf Wagner-Régeny (1903–1969) schon 1948, ehe er mit zwölftöniger Musik zu experimentieren begann. Daß auch er seine Schüler in Werke aus Schönbergs Kreis einwies, berichteten Paul-Heinz Dittrich und Siegfried Matthus, die ebenso wie Bredemeyer, Goldmann und Schenker später selbst mit Quartetten hervortraten.²

2 M. Becker (Hg.), *Rudolf Wagner-Régeny. An den Ufern der Zeit: Schriften, Briefe, Tagebücher*, Leipzig 1989, S. 329; zu Wagner-Régenys Unterricht vgl. D. Zur Weihen, *Komponieren in der DDR*, S. 415ff.

1 D. Zur Weihen, *Komponieren in der DDR*, S. 368f. und S. 430. E. H. Meyer, *Die mehrstimmige Spielmusik des 17. Jahrhunderts*, Kassel 1934; ders., *English Chamber Music*, London 1946, erweitert deutsch als *Die Kammermusik Alt-Englands*, Leipzig 1958. Zu den Streichquartetten vgl. G. Altmann, *Kammer- und Klaviermusik*, in: *Ernst Hermann Meyer, Das kompositorische und theoretische Werk*, hg. v. M. Hansen, Leipzig 1970 (Veröffentlichungen der Akademie der Künste der Deutschen Demokratischen Republik, Handbücher der Sektion Musik), S. 165–187. Obwohl es hier heißt: »Im Zentrum [...] stehen die Streichquartette«, werden nur einige Werke erwähnt, ebenda, S. 165, 168f., 171f. Vgl. aber G. Altmann, *Kammermusik mit hohem Anspruch. Bemerkungen zu Ernst Hermann Meyers fünf Streichquartetten*, in: Musik und Gesellschaft 30 (1980), S. 711–719.

2 R. Zechlin, *Situationen – Reflexionen. Gespräche, Erfahrungen, Gedanken*, hg. v. A. und J. Mainka, Berlin 1986, S. 137 und S. 150f.; M. Fürst, *Dieses Genre verdient es, weiterentwickelt zu werden*, in: *Ruth Zechlin*, hg. v. A. L. Suder, Tutzing 2001 (Komponisten in Bayern 41), S. 89–100, bes. S. 89ff., wo wohl unter Einbeziehung eines früheren von insgesamt sieben Werken die Rede ist; vgl. ferner Fr. Schneider, *Ruth Zechlin: 5. Streichquartett*, in ders., *Momentaufnahme*, S. 279f.

Wie aus manchen Sitzungsprotokollen hervorgeht, war Ernst Hermann Meyer (1905–1989) ein Antipode Dessaus. Von Haus aus Musikforscher, war er nach der Rückkehr aus englischem Exil in der DDR vorwiegend kompositorisch tätig und schrieb zwischen 1956 und 1978 fünf Streichquartette.[1] Im Verband Deutscher Komponisten und Musikwissenschaftler stand Meyer zwischen den Künstlern und den von ihnen als bevormundend empfundenen Vertretern der Wissenschaft. Einigermaßen weitschweifig ist sein drittes Quartett (Leipzig 1968) in fünf Sätzen, während im Sonaten- und Rondoschema der Rahmensätze wie im scherzosen Mittelsatz (›Burletta forte‹) reiches Figurenwerk oft mit Tritoni und Septimen dissonant gewürzt wird, fallen eher die beiden langsamen Sätze ins Gewicht. An zweiter Stelle findet sich im Adagio eine liedhaft schlichte Melodie, die zu chromatischen Partikeln zerfasert, worauf wohl die Bezeichnung ›La Nostalgia‹ gemünzt ist. Heikler ist im vierten Satz das Vorhaben, ein melodisch wenig konturiertes Thema, das übrigens mit seinem Anhang alle zwölf chromatischen Stufen erfaßt, ›alla Ciacona‹ so durch die Stimmen wandern zu lassen, daß es in der Verarbeitung motivisch aufgespalten wird. Nicht so redselig ist das letzte Quartett in vier Sätzen (ebenda 1984), denn obwohl sich die Verfahren der raschen Außensätze nicht sehr ändern, beginnt der zweite Satz rezitativisch offen, ehe im Allegro ein diatonisches Thema in 19 Perioden wiederholt wird, wogegen im ›Intermezzo quasi improvisato‹ solistische Einlagen mit den Einwürfen des Tutti wechseln. Doch bleibt die Frage, wie sich Meyers Satztechnik zu den alten Formen verhält, deren kontrapunktisch regulierte Basis ihm als Historiker tief vertraut war.

Wie anders Jüngere zu gleicher Zeit schon komponierten, bewies eindrucksvoll Ruth Zechlin (geb. 1926) in sieben Werken, die sie von 1959 bis 1978 vorlegte. Sie hatte ihr Studium in Leipzig 1943 noch bei Karl Straube und Johann Nepomuk David begonnen, lehrte seit 1950 in Berlin und wurde erst 1970 in die Akademie der Künste gewählt.[2] Ein Vergleich zwischen dem ersten und dem sechsten Quartett (Leipzig 1962 und 1977) kann eine Vorstellung davon vermitteln, welche Änderungen die Künstlerin in knapp 20 Jahren vollzogen hat. Im früheren Werk sind beide Ecksätze noch klar auf F bezogen, und wie der erste das Sonatenschema durch umgekehrte Themenfolge in der Reprise modifiziert, so variiert das Finale die Rondoform, indem der Refrain dreimal transponiert wiederkehrt. Nur zwischen den thematischen Feldern erweitern Dissonanzen den tonalen Rahmen, und bei einfacher Rhythmik treten die Stimmen trotz mancher Imitationen meist paarig zusammen. Dem entspricht bei dreiteiliger Anlage noch der rasche zweite Satz in G, das Adagio jedoch beginnt ›quasi recitativo‹ mit Schichtung von a- und e-Moll und endet entsprechend mit einem a-Moll-Klang, zu dem ein gehaltenes cis als Mittelachse quersteht. Sehr anders das sechste Quartett

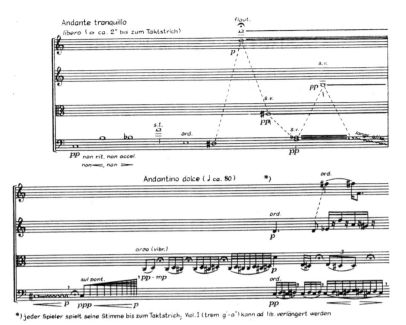

R. Zechlin, Nr. 6, T. 1–2
(Breitkopf & Härtel).

in einem Satz, der durch Tempo und Spielweise vielfach gestaffelt ist. Der Beginn gewinnt aus der Chiffre B–A–C–H eine Permutation (C–H–B–A), die sich in ganzen Noten sukzessiv und dann simultan auffüllt (E–Dis–D–Fis sowie F–As–G–Cis) und in der Spielweise ständig nuanciert wird. Damit ist vorgegeben, daß diese Zwölftonreihe für Permutation in anderer Abfolge und für Kontraktion zu Klangfeldern verfügbar ist, und so kehrt sie derart vollständig wie zu Beginn erst zur Andeutung einer Reprise im Schlußteil wieder. Die Analyse von Marion Fürst deutet indessen eine Genauigkeit an, die der Nachprüfung nicht immer standhält; anfangs schon lassen sich Entsprechungen zur ersten Viertongruppe bei ihrer Auffüllung nur unter Änderung der klingenden Reihenfolge finden (8–11, aber 5–7 + 12), und am Schluß erklingt die Reihe statt »in Krebsgestalt« in begrenzter Auswahl, selbst wenn man den eröffnenden Akkord voller Doppelgriffe einbezieht.[1] Im mäßig bewegten ersten Teil bildet der letzte Reihenton den Anschluß zu sich entsprechenden Klangfeldern, die paarig zu Einklangskanons in ganztönigem Abstand (›delicato‹) oder mit fragmentarischen Motiven (›libera‹) verdichtet werden und in solistischen Partien der Außenstimmen zu Haltetönen auslaufen. So wenig sie von strenger Reihentechnik geleitet sind, so frei bleibt die Zeitordnung, die nur mit Ziffern die ständig wechselnden Zählzeiten angibt. Im verlangsamten Mittelteil wechseln rhythmisch oder motivisch konturierte Phasen mit begrenzt aleatorischen Abschnitten, in denen die Stimmen rhythmisch frei über nicht näher fixierte Töne verfügen. Nur Ausschnitte aus der Reihe folgen nach dem deutlichen

1 Vgl. aber M. Fürst, *Dieses Genre verdient es*, S. 89 und S. 91.

Rekurs im beschleunigten Schlußteil, der aus dem gestrafften Zeitmaß gleichwohl seinen finalen Charakter bezieht.

Eher zögerlich verhielt sich ein etwas jüngerer Autor wie Günter Kochan (geb. 1930), bei dem einem Frühwerk (in G, 1955) nur 1961 *Fünf Sätze* und 1965 ein *Kleines Streichquartett in zwei Sätzen* folgten. Daß sich wie Ruth Zechlin auch weitere Komponisten der internationalen Avantgarde öffneten, ist nicht nur bei Paul-Heinz Dittrich (geb. 1930) am Verhältnis früherer Beiträge (1958 und 1961) zu späteren Experimenten zu beobachten (so im *Streichquartett 1971* oder in einer *Nachtmusik nach Novalis*, 1982). Auch Friedrich Goldmann (geb. 1941) schrieb nach zwei ersten Quartetten (1957 und 1959) entsprechende weitere Werke (1970 und 1975), Otto Treibmann (geb. 1936) sah 1970 in seinem Quartett (Leipzig 1974, Peters) aleatorische Phasen vor, wogegen Siegfried Matthus (geb. 1934) 1971 einen Beitrag vorlegte, dem sich erst 1995 ein weiterer anschloß. Beispielhaft sei Georg Katzer (geb. 1935) herausgegriffen, dessen erstes Quartett 1966 (Leipzig 1967, Deutscher Verlag für Musik) in drei Sätzen eine weithin noch motorische Rhythmik mit partieller Reihentechnik verbindet, wie es der erste Satz im Verhältnis zwischen eröffnendem Solo der Viola und anschließender Auffüllung zum Tutti demonstriert. Allein die Spielanweisungen werden 1986 im dritten Quartett (ebenda, 1989) derart komplex, daß ›Anmerkungen zur Notation‹ erforderlich werden, während Gliederung und Satztechnik unter Einschluß einer begrenzten Aleatorik dem Stande Ruth Zechlins entsprechen. Je weiter aber dieser Prozeß der Öffnung zunahm, desto mehr wurde schon vor dem Ende der deutschen Teilung der Anschluß an die internationale Avantgarde erreicht. Stellte man sich damit zugleich einer weiteren Konkurrenz, so verlor sich unweigerlich der ambivalente Sonderstatus, den bis dahin die Musik der DDR eingenommen hatte. So bleibt für die frühere, aber auch für die letzte Phase dieses Bestands abzuwarten, was davon im internationalen Repertoire weiter Geltung bewahren wird.

*

Wie sich erwies, verlief die Entwicklung in den beteiligten Ländern und Regionen zu unterschiedlich, als daß sie auf einen gemeinsamen Nenner zu bringen wäre. Wohl zeichnen sich verbindende Linien ab, doch nur bei einer Vereinfachung, die einer Verzerrung gliche, ließe sich die Geschichte des Streichquartetts nach dem Schema von Fortschritt und Reaktion begreifen. Derart begradigten Fronten widersetzt sich nicht nur die Vielfalt der Varianten, vielmehr bedingen sich die Positionen gegenseitig, denn ein Progressus wäre nicht zu registrieren, stünde ihm nicht das Beharrungsvermögen einer Tradition gegenüber, die eine Prämisse zur Definition des Neuen ist. Und die Konflikte verschärften sich in dem Maß, wie sich die Faktoren wechselseitig pointierten.

Zunächst wurde einsichtig, wie einseitig das Bild eines linearen Fortschritts im Material war, der von der Moderne über freie Tonalität zur Dodekaphonie und weiter zur Serialität führte, bis er mit der Postmoderne abbrach. Übereinstimmend zeigte sich dagegen, daß strenge Reihentechnik außerhalb des näheren Kreises um Schönberg erst relativ spät übernommen wurde. Wie Hábas Versuche mit Mikrotönen außerhalb seines Zirkels nur selten aufgegriffen wurden, so fanden die frühen Experimente von Ives und Cowell erst nachträglich weitere Resonanz. Wenn aber eine Spielart der Neuen Musik größte Akzeptanz erfuhr, dann war es die französische Musik aus dem Umfeld Milhauds, die in Skandinavien wie in Deutschland, in Italien wie Lateinamerika, im östlichen Mitteleuropa und mitunter sogar in Rußland und den USA aufgenommen worden ist. Dagegen beschränkt sich die italienische Variante des Neoklassizismus fast nur auf Respighi oder Casella und gilt schon kaum für Malipiero und weitere Autoren. Unberührt von alldem aber bleibt der außerordentliche Rang Bartóks, der allenthalben gleich rückhaltlos respektiert worden ist. Generelle Kategorien wie Neue Sachlichkeit oder Neoklassizismus, Dodekaphonie und Serialität erweisen sich dagegen als untauglich, wenn man den sachlichen Ertrag wahrnehmen will, der aus der Fülle der internationalen Diskurse entstand. Je mehr sich aber Positionen oder Reaktionen überlagern, desto weniger besagen genau fixierte Zeitgrenzen. Und erst recht sind sie nicht festzulegen, wenn es um die weiteren Konsequenzen geht, die aus den Aporien der Avantgarde in der Polyphonie der Postmoderne gezogen wurden.

Teil VIII: Aporien und Lösungen – Alternativen im späten 20. Jahrhundert

1. Serialität und Aleatorik: Probleme der Determination

Ende der Gattung oder Zäsur der Geschichte?

Der Vielzahl von Kompositionen, die in den letzten Jahrzehnten für Streichquartett geschrieben wurden, steht die These von Ludwig Finscher gegenüber, gerade in dieser Zeit habe sich die Gattung »weitgehend aufgelöst«, da sie »ihren besonderen Rang verloren« habe und nur »eine Besetzung unter vielen anderen« geworden sei.[1] Zu gleicher Zeit konstatierte Paul Griffiths: »the quartet in the late 20th century remained an elevated medium«, während Michael Tilmouth noch 1980 gemeint hatte, »the end of the string quartet is quite certain«.[2] Der Widerspruch zwischen so konträren Einsichten läßt sich nur auflösen, wenn man unterschiedliche Voraussetzungen einräumt. Denn wenn nicht zu leugnen ist, daß einschlägig besetzte Werke in bemerkenswerter Anzahl entstanden, so bleibt doch zu fragen, in welchem Maß sie dem tradierten Gattungsbegriff verpflichtet sind. Finscher sah eine »Überfülle der Produktion« und verwies zudem auf Autoren von Ligeti bis zu Schnittke, bei denen »die Spuren der Tradition nicht gänzlich getilgt« seien. Doch machte er nicht nur die geringe »Zahl der Komponisten« geltend, die »eine stärkere Affinität zur Gattung« besäßen, sondern hob den »extremen Stilpluralismus« der »bedeutenden Werke« hervor, aus denen sich »eine Gattungsgeschichte nicht ohne erheblichen Zwang konstruieren« lasse. Nicht grundlos ließe sich also bezweifeln, ob es einer sachlich angemessenen Terminologie dient, wenn unter dem traditionell beglaubigten Begriff des Streichquartetts auch Kompositionen subsumiert werden, die sich dieser Tradition entziehen wollen. Selbst wenn sie die Gattung noch im Widerspruch reflektieren mögen, könnte es der terminologischen Verständigung nützen, dann vom neuen Genus einer Musik ›für‹ Streichquartett zu sprechen, die vom Prestige des historischen Streichquartetts zehrt. Da aber im kritischen Diskurs die Ausweitung des Gattungsbegriffs weithin akzeptiert zu sein scheint, dürfte seine nachträgliche Eingrenzung kaum noch praktikabel sein.

Wer die Gattung mit Prozessen definiert, deren Zeitverlauf durch thematisch-motivische Arbeit gesteuert wird, müßte wohl tatsächlich dort ein geschichtliches Ende konstatieren, wo nicht mehr thematisch fundierte Formen mit ihren tonalen und rhythmischen Vorgaben maßgeblich sind. Allerdings galten in der Gattungsgeschichte selbst funda-

---

[1] L. Finscher, Art. *Streichquartett*, in: *MGG²*, Sachteil Bd. 8, Kassel u. a. 1998, Sp. 1924–1977: Sp. 1972f. (ebenda auch die weiteren Zitate); für die Fülle der Produktion genügt ein Blick in das Verzeichnis von W. Gruhle, *Streichquartett-Lexikon*, Gelnhausen ²1999. Vgl. ferner G. Borio / H. Danuser (Hg.), *Im Zenit der Moderne. Die Internationalen Ferienkurse für Neue Musik Darmstadt 1946–66. Geschichte und Dokumentation in vier Bänden*, Freiburg i. Br. 1997 (Rombach Wissenschaften, Reihe Musicae 2).

[2] M. Tilmouth, Art. *String quartet*, in: *New Grove Dictionary*, Bd. 18, S. 276–287: S. 287; P. Griffiths, Art. *String quartet*, in: *The New Grove Dictionary²*, Bd. 24, S. 585–595: S. 593.

mentale Kriterien der Thematisierung, der Besetzung oder der Satzformen im Zyklus nicht immer ohne Einschränkung. Zu erinnern wäre an Haydns frühe Divertimenti op. 1, die primär durch kadenzmetrische Impulse bestimmt waren, während sie nur Keime einer späteren Thematisierung enthielten, die den Werken der Zeitgenossen noch fremd war. Auf der anderen Seite zeigte sich, daß nicht alle Kompositionen in gleicher Besetzung als Streichquartette gelten können, falls nicht auch Sinfonien oder Concerti a quattro einbezogen werden sollen. Kaum zu bestreiten ist ferner, daß selbst Werke, denen niemand die Zugehörigkeit zum Gattungskanon abspricht, nicht immer alle tradierte Kriterien einlösen. Der herkömmliche Zyklus wurde schon in Beethovens Spätwerk modifiziert, für Schuberts Quartette war die harmonische Planung so konstitutiv wie die thematische, der zyklische Verbund lockerte sich spätestens mit den Suiten von Raff, während von Reger die thematische Steuerung relativiert wurde. Entfiel aber nach 1950 selbst die Kategorie des Thematischen, die noch bei Bartók wie bei Schönberg und Webern galt, dann scheinen nur abstrakte und recht vage Kriterien wie Anspruch oder Konzentration zu bleiben, um von fortdauernder Kontinuität der Gattung zu reden.

Während sich tradierte Kriterien schon früh relativierten, wurden nach 1900 zwar noch thematisch definierte Formen bewahrt, mit der Auflösung der funktionalen Harmonik wurden aber die Fundamente der Tonalität und schließlich die des rhythmischen Gefüges soweit aufgehoben, daß thematische Formprozesse, die einst in harmonischen Relationen gründeten, in Widerspruch zu nicht mehr harmonisch definiertem Material geraten konnten. Was sich trotzdem erhielt, war zunächst das Medium des Quartettsatzes, in dem der ›natürliche‹ Klang der Instrumente durch neue Spieltechniken modifiziert wurde und dennoch die Vorgabe einer Konzentration auf vier relativ homogene Partner blieb. Daran änderte sich wenig, wenn individuelle Titel oft den Begriff des Streichquartetts vertraten, der freilich ebensooft beibehalten wurde. Doch wurde die Gattung von der Phase elektronischer Musik nur in Einzelwerken mit zusätzlichem Tonband tangiert, und daß häufiger ein Vokalpart hinzutrat, konnte zwar ein eigenes Repertoire begründen, ohne jedoch das Quartett per se zu schmälern. Kaum ernsthaft ist daher die Kategorie des Werks in Zweifel gezogen worden, solange zumindest die Experimente des ›cross-over‹, die das unermüdliche Kronos-Quartett veranstaltet, ohne weitere Konsequenzen blieben (die auf längere Sicht freilich kaum schon abzusehen sind). Zum historischen Kontinuum der Gattung gehörte aber vor allem die Kategorie des Einzelwerks, die in Haydns Quartetten spätestens seit op. 20 wirksam war und 1786 ein sinnfälliges Zeugnis im separat publizierten d-Moll-Quartett op. 42 fand, zu dem Mozarts D-Dur-Werk KV 499 im gleichen Jahr eine Entsprechung bildete. Einzelwerke wurden seit Beethovens späten Quartetten derart zur Regel, daß nun umgekehrt gebündelte Werke wie bei Mendelssohn, Schumann, Brahms und noch Reger als Ausnahmen erschienen. Die Isolierung des Einzelwerks blieb jedoch kein äußeres Kriterium, sondern reichte so weit in interne Strukturen hinein, daß kein bedeutsamer Beitrag schlicht aus der Geschichte abzuleiten ist. Vielmehr erwies sich geschichtliche Bedeutung daran, daß das einzelne Werk eine gesonderte Lösung darstellte, die für weitere Werke zur Voraussetzung wurde. Was für die späten Quartette Beethovens wie Schuberts galt, behielt selbst für den scheinbar verbindlicheren Mendelssohn und zumal für Schumann und Brahms Geltung und setzte sich erst recht bei Bartók und Schönberg oder Berg und Webern fort.

Demnach läßt es sich als eine äußerste Konsequenz der Geschichte auffassen, wenn das Einzelwerk im späten 20. Jahrhundert als immer neue Problemstellung zu verstehen ist. Seit alle verbindlichen Regeln des Tonsatzes entfallen sind, hat sich folgerichtig ein Werk stets selbst seine Regel zu setzen. Und das führt dazu, daß jedes Werk erneut eine konstruktive Basis zu suchen hat, die von der Vorordnung der Tonhöhen und Tondauern über dynamische und klangliche Vorschriften bis in die Notation wirken kann. Oft bleiben diese Konstruktionen aber so verschlüsselt, daß sie nur mühsam aufzudecken sind, weshalb sich entsprechende Versuche nicht selten zu Monographien über einzelne Werke oder nur Sätze und Teile ausweiten. Eine erste Konsequenz ist es, daß sich Werke nur in engen Grenzen vergleichend bündeln oder gar typisieren lassen. Unvermeidlich ist es erst recht, daß sich eine kontinuierliche Gattungsgeschichte – um Finscher zu variieren – nur mit beträchtlichem Zwang konstruieren ließe. Höchstens in groben Zügen wären noch historische Linien zu skizzieren, die von strenger Determinierung nach Modellen Weberns ausgingen und zu aporetischer Hermetik führten, während sie in aleatorischen Verfahren ein Gegengewicht fänden, wonach eine vermeintlich ›neue‹ Einfachheit ebenso als Gegenreaktion erschiene wie die Vielfalt der sogenannten ›Postmoderne‹. Da sich aber die Aspekte vielfach überlagern, besagen schematische Gruppierungen für die Komplexität der Einzelwerke noch weniger als frühere Epochen- oder Stilbegriffe. Dem vorgeblichen »Ende« der Gattung hielt Klaus Stahmer ihr »Herunterkommen« in »der Romantik« entgegen, während die »Überwindung der Formtraditionen« und »leerlaufenden Formeln« an keinen »Nullpunkt«, sondern zu einem neuen »Höhepunkt« geführt habe.[1] Verkannt wurde damit aber nicht nur die hochgradige Differenzierung vieler Werke »der Romantik«, offen blieb vielmehr, was es bedeutet, wenn Werken zu attestieren ist, sie bewiesen absichtsvolle »Willkürlichkeit« und »kaum noch hör- und spielbare« Strukturen oder seien von »irrationalen Vorstellungen« und »undurchdringlichen Texturen« bestimmt. Stahmers Übersicht bündelte zahlreiche Belege nach Aspekten wie ›offene Form‹ und ›Asynchronie‹, ›Tonhöhenordnung‹ und

[1] Kl. Stahmer, *Anmerkungen zur Streichquartettkomposition nach 1945*, in: *Zur Musik des 20. Jahrhunderts*, hg. v. C. Floros, H. J. Marx und P. Petersen, Hamburg 1980 (Hamburger Jahrbuch für Musikwissenschaft 4), S. 7–32: S. 10; die weiteren Zitate ebenda, S. 14f. und 22ff.

›Geräuschbildung‹ oder ›irrationale‹ und ›außermusikalische‹ Leitbilder, doch wurde nicht die Grundfrage erörtert, welche Folgen der ständige Wechsel der Verfahren für die Kommunikation zwischen Autor und Rezipient hat. Nicht wenige der genannten Werke sind ohne andauernde Resonanz geblieben, auch wäre weder der Sache noch dem Leser mit einer Reihung und Zuordnung von Namen und Werken geholfen. Denn die Komplikationen der Lösungen haben sich so gesteigert, daß sich nur wenige Beispiele herausgreifen lassen.[1] So seien zunächst in zwanglos chronologischer Folge exemplarische Werke hervorgehoben, die weitere Geltung beanspruchen können und von der Forschung schon genauer erschlossen wurden. Ohne Anspruch auf Vollständigkeit wird ergänzend auf andere Beiträge hingewiesen, während erst nach einem Exkurs über skandinavische Sonderwege auf Positionen der letzten Jahrzehnte einzugehen ist.

Exemplarische Werke zwischen Boulez und Nono

Wäre es also voreilig, ein »Ende der Gattung« zu prognostizieren, so bedeutet doch der *Livre pour quatuor à cordes*, den Pierre Boulez (geb. 1925) 1948 begann und im folgenden Jahr abschloß, eine markante Zäsur in der Gattungsgeschichte. Zwar wurden die Sätze I a–b und II erstmals 1955 in Donaueschingen aufgeführt, und nach der Veröffentlichung der Sätze I–III und V–VI (Paris 1960) folgten 1961–62 in Darmstadt die Uraufführungen der Sätze V–VI und III a–c, doch erst 1985 kam es zur Aufführung aller publizierten Teile (mit Ausnahme des ungedruckten Satzes IV).[2] Schon diese Daten deuten auf exorbitante Schwierigkeiten hin, die das Werk Spielern und Hörern entgegensetzt, und wie es nur verzögert rezipiert werden konnte, so setzten Versuche der analytischen Entschlüsselung erst sehr spät ein. Nachdem Boulez durch Messiaen in Verfahren der rhythmischen Reihenbildung eingeführt worden war, machte ihn René Leibowitz mit der Musik Weberns vertraut, doch war die kritische Distanz zu Schönbergs Reihentechnik, die 1951 der berühmte Text *Schönberg ist tot* auswies, schon eine Voraussetzung des *Livre*.[3] Die Kritik galt der Dodekaphonie, die allein die Tonhöhen zu regulieren suchte, dabei aber an Konventionen der Rhythmik und Form so festhielt, daß sich ein Widerspruch zwischen heterogenen Prinzipien ergab. Weit später erst äußerte sich Boulez über Prinzipien, die ihn schon im *Livre* dazu veranlaßten, »voneinander völlig unabhängige Schemata zu verwenden«.[4] Indem er »die Tonhöhen, die Dauern, die Rhythmen zunächst zellenweise kombinierte«, machten sich »die rhythmischen Zellen« in der Arbeit »so selbständig, daß sie praktisch zu rhythmischen Reihen wurden«, und war es für deren Gewichtung erforderlich, »dynamische Reihen aufzustellen«, so stellte sich die Frage, wie sich

1 Vgl. dazu die Übersicht *Kammermusik zwischen Moderne und Postmoderne*, in: H. de la Motte-Haber (Hg.), *Geschichte der Musik im 20. Jahrhundert: 1975–2000*, Laaber 2000 (Handbuch der Musik im 20. Jahrhundert 4), S. 131–170.

2 Vgl. Th. Bösche, Art. *P. Boulez*, in: *MGG²*, Personenteil Bd. 3, Kassel u. a. 2000, Sp. 530–545: Sp. 534. Lange schon lag 1985 als *Livre pour cordes* eine orchestrale Fassung vor, die in Teilen seit 1968 aufgeführt wurde. Derzeit ist bezeichnenderweise nicht einmal eine Einspielung erhältlich.

3 P. Boulez, *Schönberg ist tot*, in: ders., *Anhaltspunkte. Essays*, übertragen von J. Häusler, Stuttgart und Zürich 1975, S. 297–304.

4 P. Boulez, *Gleichklang mit Mallarmé. Der Livre pour Quatuor à cordes*, in: ders., *Wille und Zufall. Gespräche mit Célestin Deliège und Hans Mayer*, übertragen von J. Häusler und H. Mayer, Stuttgart 1977, S. 54–60: S. 55.

»die eigentlichen Noten« im »Tonhöhenbereich« damit »in Einklang bringen« lassen.

Wie diese Intentionen eingelöst wurden, skizzierte ein Beitrag von Thomas Bösche, doch läßt der von ihm zusammengefaßte Forschungsstand weitere Fragen offen, solange zwei angekündigte Monographien noch nicht zugänglich sind.[1] Die Bezeichnung *Livre pour quatuor*, die erst 1955 für die Druckfassung gewählt wurde, scheint sich von tradierten Form- und Gattungsbegriffen zu distanzieren, meint jedoch »die Konzeption des offenen Buches bei Mallarmé«, dessen 1957 veröffentlichten *Livre* Boulez freilich erst später kennenlernte.[2] Geradezu enzyklopädischen Charakter erhält sein *Livre* aber nicht nur durch überreiche Spielanweisungen, die geräuschartige Effekte wie sul tasto, sul ponticello oder col legno battuto einschließen, sondern ebenso durch unablässig wechselnde Taktmaße, die auf die Aufhebung gleichmäßiger Akzentuierung zielen. Ohne die benutzte Reihe mitzuteilen, konnte Bösche aus den von der Paul Sacher-Stiftung in Basel verwahrten Skizzen schließen, daß die Sätze III und V auf einer »série dérivée« mit »Umgruppierung nicht variierter rhythmischer Zellen« beruhen, wogegen die Sätze I–II, IV und VI der »Grundreihe« mit »variierten Zellen rhythmisch streng« folgen. Seine weitere Analyse konzentrierte sich jedoch auf Satz III, dessen »Exposition« (III c) vom Autor nachträglich an das Ende gestellt wurde, während dreistufige »développements« (III a–b) an den Beginn rückten.[3]

Daß sich in der Partitur rhythmisch konstante Zellen abzeichnen, die auch in Krebsform erscheinen und zudem mit wechselnden Tonfolgen verbunden werden, verweist auf die intendierte Unabhängigkeit der Parameter. Nach welchen Prinzipien solche Zellen aber zu rhythmischen Reihen zusammengesetzt, variiert, erweitert oder verkettet werden, ist offenbar erst aus den Skizzen zu ermitteln. In ihnen deuten sich nicht nur Aspekte an, nach denen – wieder unabhängig voneinander – Dynamik und Spielweisen reguliert sind, sondern ebenso die Modi, nach denen das Material auf die Stimmen verteilt wird. So finden sich Tonfolgen, die Boulez auf einem Arbeitsblatt notierte, in der ersten ›Durchführung‹ wieder (III a, T. 34–61), da aber neben Abweichungen oder Tonvertauschungen wechselnde Oktavlagen begegnen, ist mit entsprechenden Lizenzen erst recht zu rechnen, wenn diese Tonfolgen in intervallischer Umkehrung auf den entsprechenden Abschnitt der ›Exposition‹ (III c, T, 22–45/47) zurückgeführt werden sollen. Das eine Beispiel mag genügen, um die extreme Komplexität eines Verfahrens anzudeuten, an dessen »Wahrnehmbarkeit […] im Ernst gar nicht gedacht werden« kann, weil es schon bei der Umstellung von ›Exposition‹ und ›Durchführungen‹ nicht um eine prozessuale Konzeption, sondern »um die Gestaltung eines maximal erfüllten Augenblicks« geht.[4] Nach Boulez wird ein struktureller »Reichtum«, der von einem »einfachen Tatbe-

---

[1] Th. Bösche, *A propos du ›Livre pour quatuor‹*, in: *Pierre Boulez*, hg. v. H.-Kl. Metzger und R. Riehn, München 1995 (Musik-Konzepte 89/90), S. 91–111; ders., Art. *P. Boulez*, Sp. 542ff., nannte 2000 eine in Vorbereitung befindliche und bei Abschluß des vorliegenden Texts nicht greifbare Arbeit von J.-L. Leleu, *L'Écriture polyphonique dans le Livre pour quatuor: aspects techniques et esthétiques*, in: *Pierre Boulez: Techniques d'écriture et enjeux esthétiques. Kongreßbericht Berlin*, hg. v. J.-L. Leleu, (im Druck); seine Dissertation hatte Th. Bösche schon 1995 angekündigt, vgl. ders., *A propos du ›Livre pour quatuor‹*, S. 92, Anm. 2.

[2] P. Boulez, *Gleichklang mit Mallarmé*, S. 56f., vgl. dazu auch Th. Bösche, *A propos du ›Livre pour quatuor‹*, S. 110f.

[3] Th. Bösche, *A propos du ›Livre pour quatuor‹*, S. 108f.; weitere Hinweise folgen der Analyse von Satz III, ebenda, S. 98–105, bes. S. 102f. zu rhythmischen Reihen und S. 104f. zum Tonhöhenvorrat (vgl. in der Partitur S. 79ff. und S. 106ff.).

[4] Ebenda, S. 106f., weitere Zitate nach P. Boulez, *Gleichklang mit Mallarmé*, S. 57.

P. Boulez, *Livre pour Quatuor à cordes*, Satz III a, T. 1–9 (Heugel & Cie / Editions Alphons Leduc & Cie).

stand« aus »zu einer chaotischen Situation führt«, durch »ein Material erzeugt«, das »um sich selbst kreist und zu solcher Komplexität anwächst, daß es alle individuellen Züge verliert und Teil eines ungeheuren Chaos wird«. Allerdings fragt sich, wieweit mit einem Hörer gerechnet wird, der kompositorische Maßnahmen nachvollziehen statt hinnehmen will. Obwohl der *Livre* nicht unmittelbar wirksam werden konnte, bleibt er also ein erratischer Block, dem ohne die Kenntnis der Skizzen kaum beizukommen ist.

Wenig später schrieb 1953–54 György Ligeti (geb. 1923) sein erstes Streichquartett, bevor er aus Ungarn über Wien nach Hamburg kam. Wie die Bezeichnung *Métamorphoses nocturnes* andeutet, wechseln unheimlich huschende Abschnitte und vehemente Ausbrüche, die sich als Kette von gleichsam nächtlichen Vexierbildern zusammenfügen. Der Komponist, der kurz danach die »ersten Schritte zur wirklichen Ligeti-Musik« vollzog, fand das Frühwerk zwar später »rhapsodisch«, doch sah er in ihm schon »einige Elemente des späteren Ligeti«, sofern »eine Art unheimlicher Maschinerie« zuletzt auf »statische, schillernde Klanggewebe« treffe.[1] Ohne »reales Hauptthema« sei die »Gesamtform« dennoch »variationen-ähnlich«, da als »motivischer Kern« anfangs zwei aufsteigende große Sekunden im Abstand »einer aufsteigenden kleinen Sekunde« exponiert seien. Gemeint waren die ersten vier Achtel der Oberstimme (T. 7f.), in deren Sekundpaarung der Zielton verlängert wird (g–a–

[1] G. Ligeti, *1. Streichquartett, Kommentar*, in: *Inventionen '89. Festival Neuer Musik Berlin. Programmbuch*, Berlin 1989, S. 97f.; vgl. weiter W. Jaedtke, *Tradition und Transparenz in György Ligetis Erstem Streichquartett*, in: *Musiktheorie* 14 (1998), S. 3–12; Fr. Krummacher, »ironisch nachahmend«. *Bemerkungen zum 1. Streichquartett von György Ligeti*, in: *Martin Geck. Festschrift zum 65. Geburtstag*, hg. v. A. Rolf und U. Tadday, Dortmund 2001, S. 9–18.

G. Ligeti, Nr. 1, »Métamorphoses nocturnes«, T. 1–12 (B. Schott's Söhne).

gis–ais). Je mehr diese Sekundkette mit dem gehaltenen Zielton erweitert wird, desto mehr dehnt sich der benutzte Tonvorrat aus, und in gleichmäßigen Vierteln begleiten die Unterstimmen mit chromatischen Skalen, die zudem im Sekundabstand verlaufen. Die allgegenwärtige Chromatik macht die Frage fast müßig, wieweit von einer Ausschöpfung des Zwölftonfelds und einer Annäherung an dodekaphone Prinzipien zu reden sei.[1] Dagegen läßt sich überlegen, welche Möglichkeiten der Formung bei so durchgängiger Chromatisierung verbleiben. Während Wolfgang Burde zwölf Abschnitte wahrnahm, die entweder nur wenige Takte umfassen oder in umfängliche Unterteile zu gliedern wären, unterschied Friedemann Sallis vom ersten Thema ein zweites, das in der zweiten Violine erscheint und durch synkopischen Ansatz charakterisiert wird (T. 85f.).[2]

Beide Themen differieren demnach durch ihre Rhythmik, auch wenn sie gleiche intervallische Relationen zeigen, und verteilen sie sich in Burdes Schema auf die beiden ersten Abschnitte, so lassen sie sich doch unter Einschluß ihrer Verarbeitungsphasen als gemeinsame Bestandteile eines ersten Satzkomplexes auffassen, der durch eine scharfe Zäsur beschlossen wird (T. 210). Wie ein langsamer Satz nimmt sich danach ein ›Adagio, mesto‹ aus, das jedoch nach 28 Takten vom Presto mit Steigerung zum Prestissimo abgelöst wird (T. 210–238, 239–367, 368–538). Wenn sich ihm ein ›Andante tranquillo‹ anschließt (T. 539–573), dann ließe sich notfalls von einem langsamen Satzkomplex sprechen, der von einem raschen Kontrastteil unterbrochen würde. Doch folgt erneut ein ›Subito Prestissimo‹, (T. 600–654), das ähnlich plötzlich vom fünf-

[1] Fr. Sallis, *An Introduction to the early works of György Ligeti*, Köln 1996 (Berliner Musik Studien 6), S. 122–167: S. 155f.

[2] W. Burde, *György Ligeti. Eine Monographie*, Zürich 1993, S. 106f.; Fr. Sallis, *An Introduction*, S. 128f.; U. Dibelius, *György Ligeti. Eine Monographie in Essays*, Mainz u. a. 1994, S. 130–134.

taktigen ›Molto sostenuto‹ abgefangen wird. Eine klare Zäsur verspricht zwar ein ›Allegretto, un poco giovale‹, in zunehmender Beschleunigung lösen sich aber immer kürzere Abschnitte ab, bis sie in ein Prestissimo mit der Angabe ›wie ein Präzisionsmechanismus‹ einmünden (T. 781–1057), dem am Ende noch eine ausgedehnte Coda folgt (›Ad libitum, senza misura‹, T. 1059–1215).

Die progredierende Variationstechnik, die all diese Metamorphosen zusammenhält, überflutet geradezu jene formale Zäsurierung, die anfangs noch Assoziationen an einen ersten Satz, ein Adagio und sogar einen Tanzsatz zuläßt (›Tempo di Valse, moderato con eleganza‹, T. 574ff.). Lassen sich zunächst noch – wie erwähnt – zwei rhythmisch geschiedene Themen unterscheiden, so teilen sie nicht nur miteinander, sondern auch mit allen weiteren Abschnitten eine intervallische Substanz, die sich jedoch desto weniger thematisch festigt, je weiter mit der Beschleunigung des Tempos und der Verknappung der Abschnitte zugleich die intervallischen Konturen verschliffen werden. Gerade dieses Verfahren ist indessen schon in der Ausweitung des ersten Themas angelegt, denn wenn es zuerst mit vier Tönen nur ein Drittel der chromatischen Skala beansprucht, dann greift es mit Ausspinnung und Transposition immer weiter aus, und da diese Strategie planvoll vorangetrieben wird, zielt sie zuletzt auf chromatische Felder, die eine thematische Profilierung desto weniger zulassen, je mehr sie sich mit mechanischer Angleichung der Rhythmik verbünden. Genau dieser Zustand ist in der letzten Phase vor der Coda erreicht, die sich mit fast ironischer Genauigkeit nach Art eines Rondos gliedern läßt. Denn wie Refrains verhalten sich ihre Abschnitte, die durch rasendes Tempo bestimmt sind, zu jäh kontrastierenden Einschüben, die sich dann wie kurze Couplets ausnehmen (T. 726, 742, 762 und T. 1031). Durchweg liegen intervallisch analoge Konstellationen zugrunde, die aber im ›Präzisionsmechanismus‹ ihre Konturen einbüßen. Und eine letzte Konsequenz der Chromatisierung ist es, wenn mehrfach weite Intervalle durch ein Glissando verbunden werden, das somit als äußerste Pointierung der Chromatik erscheint. In der Coda am Ende sind durchweg Flageolettklänge notiert, die eine konstante Quintschichtung umgreifen, daß aber in den ersten Takten noch zusätzlich die Töne der entsprechenden Durdreiklänge angegeben sind, entbehrt nicht der Ironie, weil die notierten Oktavabstände im Glissando zu durchmessen sind, das alle Zwischenstufen unkenntlich macht.[1] Aus diesem gleißenden Klangfeld treten in der Oberstimme mehrfach gedehnt die ersten vier Töne der motivischen Keimzelle hervor, die von der Bratsche und zuletzt vom Violoncello ›ironisch nachahmend‹ im Glissando verfremdet werden. Und nachdem sich nochmals kurze chromatische Steigerungswellen und entsprechende Glissandofelder gegenüber treten, beschließen Zitate der motivischen Keime ein Werk, das zwar noch – um mit Ligeti zu reden – von ›wohlgebildeten Themen‹ und ›motivischer

---

[1] Zur Coda und ihren kanonischen Partien vgl. W. Burde, *György Ligeti*, S. 104ff. und Fr. Sallis, *An Introduction*, S. 135ff.

Entwicklung‹ ausgeht, um jedoch in gleichem Ausmaß eine Struktur auszubilden, die kurz nach 1950 durchaus neu wirken konnte.

Obwohl Ligetis zweites Quartett, das 1968 komponiert und 1971 gedruckt wurde, gewiß die »wirkliche Ligeti-Musik« repräsentiert, fand es kaum gleiche Aufmerksamkeit wie das erste. Schon eine frühe Rezension von Harald Kaufmann verbarg in metaphernreicher Umschreibung eine Ratlosigkeit, die noch in neueren Monographien nachklingt.[1] Ligeti selbst schrieb 1968 – offenbar kurz nach Abschluß der Arbeit – an Ove Nordwall: »Die 5 Sätze sind unterirdisch miteinander verbunden, es gibt geheime Korrespondenzen, fast Reime, zwischen Details innerhalb der Sätze, alle 5 Sätze sind sozusagen gleichzeitig anwesend«.[2] Nur äußerlich erinnert die Anlage an Bartóks Bogenformen, denn zu thematischen Entsprechungen kann es schon deshalb nicht kommen, weil Ligetis Musik jede Erinnerung an Themen und Motive ausgetrieben ist. Zudem soll nach den Spielanweisungen der Edition, die durch zahlreiche Anmerkungen – besonders am Ende des Finalsatzes – ergänzt werden, »nirgends ein Eindruck von Taktmetrik entstehen«. Daraus resultieren die Schwierigkeiten einer Analyse, die ohne das gewohnte Instrumentarium auskommen muß. Denn der Hörer sieht sich wechselnd ruhenden oder flirrenden Klangbändern und jähen Interjektionen oder dichten Klangtrauben gegenüber, deren interne Strukturierung durch die dichte Überlagerung der Intervalle in Ligetis Mikropolyphonie verdeckt wird. Die Mitte nimmt ein Pizzicato-Stück ein, um das sich zwei Satzpaare lagern: Einem Allegro nervoso folgt einerseits ein Sostenuto, molto calmo, während anderseits dem abschließenden Allegro con delicatezza ein Presto furioso brutale, tumultuoso vorangestellt ist. Näherhin werden indessen Prinzipien sichtbar, aus denen die Sätze ihre konzise Formung beziehen, obwohl sie ohne thematisch-motivische Steuerung auskommen.

Am deutlichsten macht der Mittelsatz einsichtig, daß die zentrale Erfindung in einer ersten Satzgruppe liegt, die im Pizzicato mit konstanten Tonrepetitionen aus einer verdoppelten Sekundschichtung erwächst (a und h). Unter Erweiterung des Tonvorrats (um g, d und fis) wird sie zunehmend gespreizt, bis sie zum Fortissimo mit doppelten Halbtönen in tiefer Lage umschlägt (T. 12 fis–f und es–d), die ihrseits entsprechend differenziert und beschleunigt werden. Zugleich erfahren die Repetitionen nicht nur konstante Beschleunigung und dynamische Steigerung, sondern sie werden bloß anfangs koordiniert, um dann asynchron verschoben zu werden, indem sie etwa als fünf und sechs versus neun und zehn Achtel oder als neun, zehn, elf und zwölf Sechzehntel simultan zu spielen sind. Daraus resultiert ein Klangmuster, das aus klopfendem Geläute im Accelerando zu fast tonlosem Schwirren mutiert und am Ende unter Gegenbewegung in diffus verschobenen Figuren zerstiebt (T. 30). Sind sie erstmals arco zu spielen, so eröffnen sie ein zweites Modell aus sehr kurzen Tonrepetitionen, die ähnlich im Pianissimo von

---

[1] H. Kaufmann, *Ligetis Zweites Streichquartett*, in: Melos 37 (1970), S. 134–140; vgl. weiter U. Dibelius, *György Ligeti*, S. 134–140; nur gestreift wurde das Werk dagegen von W. Burde, *György Ligeti*, C. Floros, *György Ligeti. Jenseits von Avantgarde und Postmoderne*, Wien 1996 (Komponisten unserer Zeit 26), S. 82ff., und H. Sabbe, *György Ligeti. Studien zur kompositorischen Phänomenologie*, München 1987 (Musik-Konzepte 53), S 13f.

[2] O. Nordwall, *György Ligeti. Eine Monographie*, Mainz 1971, S. 93–96: S. 96 (Wien, 5.–6. 8. 1968).

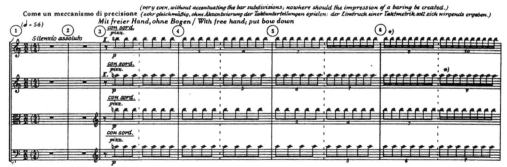

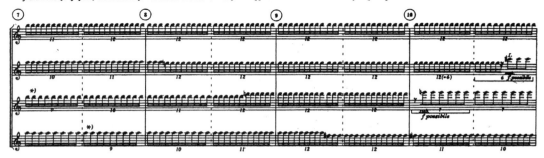

G. Ligeti, Nr. 2, dritter Satz,
T. 1–10 (B. Schott's Söhne).

gepaarten Halbtönen ausgehen, aber im Ambitus rasch umbrechen und sich metrisch ebenso schnell verschieben und wechselseitig überlagern, bevor sie sich wiederum zum Fortissimo steigern und dann in Einzeltöne zerfallen (T. 34–35), nach denen das anfängliche Muster als kurze Reminiszenz aufleuchtet und im Unisono den Satz beschließt.

Die Satztechnik zehrt also von elementaren Momenten wie Beschleunigung oder Verlangsamung, dynamischer Steigerung oder Reduktion bei zunehmender metrischer Verschiebung, ihre Basis ist die dissonante Schichtung und Spreizung der Tonhöhen, die mitunter selbst interne Konsonanzen einlassen, und so ergeben sich Klangketten, Gewebemuster und Tontrauben, die ihrerseits auf die minutiösen Vorschriften der Spielweise angewiesen sind. Entsprechend kombiniert der Kopfsatz einerseits in Flageolettklängen rasche Tongruppen mit längeren Haltetönen zu changierenden Bändern im Pianissimo (a); ihnen begegnen andererseits rasche und kurze Figuren (b), die im Fortissimo weiträumig gezackt und metrisch verschoben werden (T. 1–14, 15–19). Kann die erste Konfiguration unter Lagenwechsel zu längeren Haltetönen reduziert werden (T. 19–22), so wird die zweite in der Verarbeitung erweitert und mit der ersten zugleich durch Orgelpunkt verkettet (T. 23–35), bis sich beide in Stimmpaaren überlagern (T. 38–43) und in der Verarbeitung wechselseitig kreuzen (T. 49–60). Eine erste Klimax (T. 62–64) wird von der noch mächtigeren zweiten (T. 72–79) durch eine Reminiszenz an Gruppe a getrennt, der auch die knappe Coda am Satzende entspricht. Übernehmen also die Texturen des Satzes fast die Funktionen von Themen, so lassen sich in ihren Varianten entsprechende Phasen der Verarbeitung, Verdichtung und Reduktion bis hin zur Liquidierung ihrer Substanz verfolgen. Analog fungieren im Sostenuto an zweiter Stelle Tonachsen, die sich aus dem Unisono entfalten, eine Variante bilden Trillerketten in dissonierender Verschränkung, während knappe und desto heftigere Einwürfe im dreifachen Forte die Gegeninstanz abgeben. Im Presto furioso stoßen heftig synkopische Cluster wieder auf lang gehaltene Klangachsen, und im Finale steigern sich pulsierende Klangketten zu weiten Arpeggien, zwischen die sich erneut lange Haltetöne als Klangachsen einlagern.

Identifiziert man die »Reime«, die sich nach Ligetis Hinweis durch die Sätze ziehen, nicht nur mit solchen Konfigurationen, die als Klangbündel, skalare Fächer oder Haltetöne im Flageolett und Flautato vielfach wiederkehren, so könnten sie in einer Satztechnik gründen, die fast zwangsläufig zu analogen Resultaten tendiert. Den »Schwierigkeiten bei der Beschreibung Ligetischer Musik« setzte Sabbe eine Systematisierung der »möglichen Differenzie-rungsgrade« entgegen, die vom Einzelton über eine komplementäre »Teilsammlung« zur »panchromatischen Totalität« reichen, zu der Mikrotöne in färbender Funktion beitragen; nicht zufällig haben sich aber Umschreibungen eingebürgert, die mit der Rede von »verzwirnten« oder »zerfaserten Fäden«, »Geweben«, »Texturen« usf. an textile Muster erinnern.[1] Ligeti meinte schon 1960, »die formbildende Funktion« einstiger Motive und Akkorde falle »in der seriellen Musik komplexeren Kategorien wie Gruppen, Strukturen oder Texturen« zu, deren »Verwebung« zu »Aggregatzuständen« demnach »die Form artikulieren« müsse.[2] Eher als an den späten Beethoven mag man dabei an Schuberts Klangfelder denken, wieweit jedoch die Töne einer genauen Regulierung oder gar mathematischen Vorordnung folgen, ließe sich wohl nur an den Skizzen prüfen.[3] Da aber die Stimmen ständig verspannt bleiben, kann kaum ein kontrapunktisches Geflecht entstehen, und obwohl die wechselnden Wellen höchst eindrucksvoll sind, verringert sich in der Wiederholung ihr Reiz, dessen Preis im Ausfall prägnanter Substanz liegt.

Wie die Beiträge Ligetis zeigen die Quartette von Luciano Berio (1925–2003) eine Kontinuität, die über die individuellen Differenzen der einzelnen Werke hinausreicht. Vier Jahre vor dem ersten Quartett publizierte Berio eine *Study for string quartet*, die 1952 in Tanglewood entstanden war. Daß die intervallische Disposition in dem knappen Adagio von 81 Takten trotz aller rhapsodischen Züge noch immer von

---

[1] H. Sabbe, *György Ligeti*, S. 5f. und 16ff., U. Dibelius, *György Ligeti*, S. 135f., W. Burde, *György Ligeti*, S. 107f.

[2] G. Ligeti, *Wandlungen der musikalischen Form*, in: Die Reihe 7 (1960), S. 5–17: S. 13.

[3] So verwies H. Kaufmann, *Ligetis Zweites Streichquartett*, S. 182f., auf Beispiele aus Beethovens op. 130 und op. 132.

motivischen Impulsen getragen wird, macht der Vergleich der ersten und letzten Takte deutlich. Denn die weiträumigen Terz- und Quintschichtungen, die in der Viola eingangs mit Halbtönen verkettet und dann vom Violoncello aufgenommen werden, stehen einem begleitenden Kontinuum gegenüber, das aus analogen Konstellationen zusammengesetzt ist. Und Relikte dieser Gruppen begegnen noch in den Schlußtakten, bevor der Satz mit ähnlichen Akkordformationen aus Quinten und Terzen samt Leittönen zu Ende geht. Berios erstes Quartett antwortete 1956 mit der Widmung an Bruno Maderna (1920–1973) auf dessen *Quartetto in due tempi*, das ein Jahr früher geschrieben und Berio zugeeignet worden war. Indem Maderna das Material aus einer Grundreihe ableitete, die damit Tonhöhen und Tondauern vorgab, bildete sein Werk ein frühes Beispiel für die Übernahme serieller Techniken in die Gattung.[1] Schon zehn Jahre zuvor hatte er ein einsätziges erstes Quartett geschrieben, das jedoch erst lange nach seinem Tod publiziert wurde (Mainz 1996, Schott). Bei vielfachem Taktwechsel wird hier die Form durch Einschübe aufgefächert, immer noch bleibt aber eine motivische Regelung sichtbar, die vom Terzaufstieg des Kopfmotivs ausgeht. Zugleich erfährt jedoch die Tonalität, die anfangs nach d-Moll und zum Schluß nach c-Moll weist, im zunehmend dissonanten Satz eine so außerordentliche Erweiterung, daß sie den Bedarf nach jener Regulierung motivieren könnte, von der das spätere Werk geleitet ist. Einen ersten Zugang zum zweiten Quartett eröffnet seine Anlage in zwei Sätzen, die sich deutlich im Ausdruckscharakter unterscheiden. Dabei wird sodann einsichtig, daß der zweite Satz bei Ersetzung mancher Töne durch Pausen als variierter Krebs des ersten angelegt ist, womit die Partitur dem Leser vom Ende her einen Zusammenhang freigibt, der auf eine übergreifende Regulierung schließen läßt. Unter Heranziehung der Skizzen hat Horst Weber die Basis der seriellen Vorordnung aufgedeckt, die den Tonhöhen und Tondauern zugrunde liegt.[2]

Den Anfangstakten des ersten Satzes ist eine Zwölftonreihe zu entnehmen, deren Dreitongruppen zuerst Quarten und dann kleine Terzen bilden. Ihr ist die Reihe der Tondauern zugeordnet, die sich als Teilwerte von Zweiunddreißigsteln symmetrisch um einen Ton als Spiegelachse gruppieren und zugleich den Tonhöhen entsprechen. Da sie aber in weiteren Permutationen auf andere Zeitwerte überführt werden, sind sie weniger als feste Werte denn als Proportionsreihe zu verstehen. Ergänzend treten elf weitere Reihen von Tonhöhen hinzu, in denen mehrere Töne als Zweiklänge erscheinen. Ihnen werden wiederum Reihen von Tondauern zugewiesen, die aber nicht mehr aus den Tonhöhen abgeleitet sind. Da indes mehrfach Zweiklänge mit gemeinsamen rhythmischen Werten bedacht sind, müssen ausfallende Werte durch Pausen ersetzt werden. Überlagern sich im Satzverlauf zwei bis höchstens vier Reihen, so sah eine Skizze noch fünf Durchgänge vor; wenn dagegen die

---

1 Vgl. dazu G. Manzoni, *Bruno Maderna*, in: Die Reihe 4 (1958), S. 113–118; M. Mila, *Maderna musicista europeo*, Turin 1976, S. 13ff.

2 H. Weber, *Form und Satztechnik in Bruno Madernas Streichquartett*, in: *Miscellanea del Cinquantenario Edizioni Suvini Zerboni. Die Stellung der italienischen Avantgarde in der Entwicklung der neuen Musik, Symposion des Instituts für Wertungsforschung in Graz 1975*, Mailand 1978, S. 206–215.

Br. Maderna, *Quartetto per archi in due tempi*, erster Satz, Anfang (aus: Horst Weber, *Form und Satztechnik in Bruno Madernas Streichquartett*, Mailand 1978, S. 208). Der Partitur zufolge hat in Violine I, T. 3, die mittlere angebundene Note (gis''') den Wert einer Achtel (statt Sechzehntel) und ergibt damit die angegebene Dauernsumme (12/32).

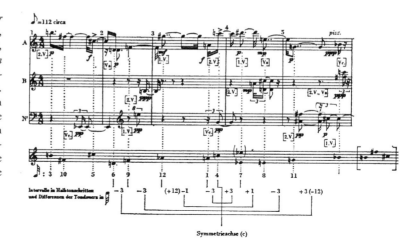

1 Ebenda, S. 214; R. Stephan, *Hörprobleme serieller Musik*, in: *Der Wandel des musikalischen Hörens*, hg. v. S. Borris, Berlin 1962, ²1965 (Veröffentlichungen des Instituts für neue Musik und Musikerziehung Darmstadt 5), S. 30–40.
2 Ch. Seither, *Dissoziation als Prozeß. ›Sincronie for String quartet‹ von Luciano Berio*, Kassel u. a. 2000, S. 12f.

Endfassung knapper ausfällt, so wird in sie der fehlende Anteil nachträglich als Krebs integriert, der auf das Ableitungsprinzip des zweiten Satzes vordeutet. Zudem konnte Weber zeigen, daß sich die serielle Ordnung der Dauern in dem Maß relativiert, wie sich ihre interne Differenzierung verringert, während zugleich die Dichte der Tonhöhen zunimmt. Sind ihnen anfangs zwölf verschiedene Dauern und zuletzt nur gleiche Werte zugeordnet, dann folgen sie zugleich immer dichter aufeinander. Obwohl sich also die serielle Vorordnung nach den Skizzen aufdecken läßt, lösen sich damit kaum die »Hörprobleme serieller Musik« auf, die Rudolf Stephan schon früh erkannt hat. Denn selbst wenn Madernas Primärreihe so abgehoben wäre, daß sie Weber zufolge wahrnehmbar sei, bliebe dennoch die Frage offen, ob die Ersetzung der Töne durch Pausen »als zeitweiliges Aussetzen des retrograden Verlaufs« im zweiten Satz die »Dimension der Erinnerung« zu bewahren vermag.[1]

Eine entsprechende Studie fehlt noch für Berios erstes Quartett, das bei einer Dauer von gerade sieben Minuten bereits auf die Auflösung motivischer Gestalten hinzielt.[2] Wie sich im einsätzigen Verlauf die ersten 14 Takte als Einleitung ausnehmen, so zeichnet sich im Schlußteil (ab T. 224) eine letzte Gruppe ab, die als Coda aufzufassen ist (T. 270–287). Dagegen lassen sich im Binnenablauf zwar Satzteile wahrnehmen, die nach Maßgabe der Länge der Tongruppen, der Klangdichte, der rhythmischen Kontinuität und auffälliger Tonrepetitionen differenziert werden. Die Frage allerdings, wieweit eine serielle Vorordnung zugrunde liegt, ist kaum zu entscheiden, solange noch entsprechende Informationen ausstehen. Wie die häufigen Taktwechsel keiner klar erkennbaren Regelung zu folgen scheinen, so dürfte auch die Anordnung der Tonhöhen nicht streng dodekaphonen Prinzipien folgen, was schon anfangs wiederholte Töne vor der Ausschöpfung des Zwölftonfelds andeuten. Sinnfällig wird indessen, daß die Einleitung von einer Vereinzelung der

Töne ausgeht, die rhythmisch getrennt und dann nur zu zweit oder dritt verbunden werden. Die Länge der Tongruppen wächst in den weiteren Abschnitten, in denen sich Bänder von Tonrepetitionen mit Doppelgriffen verbinden, um höhere Klangdichte bei wachsender Kontinuität der Rhythmik zu erreichen (ab T. 31 und T. 42). Je mehr sich diese Struktur durchsetzt, desto deutlicher hebt sich von ihr ein erneuter Zerfall in einzelne Töne ab, wie er ab T. 51 zu verfolgen ist. Auch im weiteren unterscheiden sich Grade der intervallischen und rhythmischen Kontinuität, die sich mit dem Wechsel enger Schritte und weiter Sprünge kreuzen, wogegen mit der Reduktion der Ereignisdichte nach der Satzmitte eine erneute Fragmentierung einhergeht (ab T. 145), von der sich wieder Bänder repetierter Noten abheben. Welchen Prinzipien der Tonsatz gehorcht, ist kaum zu entscheiden, sofern eine motivische Bindung entfällt, auffällig ist aber eine wiederkehrende Konstellation der Tonhöhen und Tondauern, die im Wechsel der Stimmen erscheint (c–fis–b–e–h in T. 57, 100f. und 105 in zweiter Violine, Violoncello und Viola). Denn sie entspricht dem Beginn, der dieselben Töne auf die Stimmen aufteilt und dann im Unisono zusammenfaßt, wie es später mehrfach begegnet. Sofern man Varianten und Transpositionen dieser Zelle konzediert, ließen sich ihre Relikte auch weiterhin aufdecken, ohne aber motivische Prägnanz zu gewinnen. Die Formel könnte an ein transponiertes B–A–C–H-Zitat gemahnen, wozu es passen mag, daß sich 287 Takte in der angegebenen Dauer von sieben Minuten auf Gruppen von 41 Takten verteilen, deren Umfang wiederum einem Namenszitat entspräche (41 = J. S. Bach). So wenig das zu entscheiden ist, weil sich diese Gruppen nicht mit der Gliederung durch Doppelstriche decken, so deutlich weisen sie auf eine verdeckte Vorordnung hin, die dem Hörer verborgen bleibt und nur den Skizzen zu entnehmen wäre.

Gleich zweifach wurde dieses Desiderat für Berios zweites Quartett behoben, das 1962 begonnen und 1964 in erster Fassung aufgeführt wurde, wogegen die zweite und definitive Fassung erst 1966 vollendet und 1967 publiziert wurde. Nachdem Thomas Gartmann 1995 die Entstehung des Werks anhand des reichen Skizzenmaterials geklärt hatte, erweiterte Charlotte Seither fünf Jahre später entsprechende Quellenstudien zur Analyse der kompositorischen Struktur.[1] Übereinstimmend erwies sich eine Prädisposition der Tonhöhen, die von einem Grund- und einem Komplementvorrat mit 39 bzw. 26 Tönen ausging, um aus beiden zunächst Teilvorräte zu gewinnen und sie dann zweifach in zwölf sechstönigen Gruppen anzuordnen, die zusätzlich der Spreizung unterzogen werden. Entsprechend sind sieben Tondauern vorgesehen, die sich von einer Achtel aus verkürzen, aber nicht festen Tonhöhen, sondern je zwei Intervallen zugeordnet werden und damit eine weitere Variable einbringen. Schließlich werden – wie Seither zeigte – nicht nur fünf klangliche Gesten vorgegeben, sondern die sechs Töne aller Gruppen

[1] Th. Gartmann, »*dass nichts an sich jemals vollendet ist.*« *Untersuchungen zum Instrumentalschaffen von Luciano Berio*, Bern u. a. 1995 (Publikationen der Schweizerischen Musikforschenden Gesellschaft 37), S. 13–39; Ch. Seither, *Dissoziation als Prozeß*, S. 25–84.

L. Berio, Nr. 2, *Sincronie* (1963–64) *for string quartet*, Anfang (Universal Edition).

Ziffer 3.

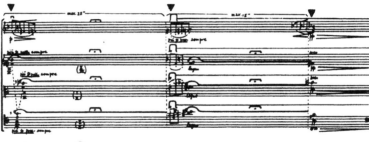

1 Th. Gartmann, *»dass nichts an sich jemals vollendet ist.«*, S. 17–23; Ch. Seither, *Dissoziation als Prozeß*, S. 26–38 und 38–40, zu Gesten und Instrumentation S. 40–47.

2 Vgl. Th. Gartmann, *»dass nichts an sich jemals vollendet ist.«*, S. 21; Ch. Seither, *Dissoziation als Prozeß*, S. 87; zu Texturtypen und Gruppenformen ebenda, S. 87–109 und 148–161.

3 Th. Gartmann, *»dass nichts an sich jemals vollendet ist.«*, S. 20, C. Seither, *Dissoziation als Prozeß*, S. 163f.; R. Stephan, *Zum Geleit*, in: Ch. Seither, *Dissoziation als Prozeß*, S. VII.

unterschiedlich auf die vier Stimmen verteilt, womit sich bereits die Vorordnung der eigentlichen Komposition annähert.¹ Der Werktitel *Sincronie* entspricht Berios Intention, das Quartett nicht »as a polyphonic ensemble«, sondern »as a single homophonic instrument« zu behandeln. So konnte Seither einen Wechsel von »Texturtypen« beobachten, die von variablen Graden der vertikalen Beziehungen über aleatorische Phasen bis hin zur Auflösung jeder Koinzidenz reichen.² Den einen Pol bildet dabei die additive Akkordreihung, die in der Partitur an den die Systeme übergreifenden Notenhälsen kenntlich wird. Ein Gegengewicht dazu geben Flächen und Liegetöne ab, während »geschlossenen Episoden«, in denen die zwölf Tongruppen vollständig erscheinen, die »Komposition mit Tongruppen« gegenübersteht, die wechselnden Arten der »Reihung« unterliegen, ohne jedoch traditionelle Entwicklungen auszubilden. Im außerordentlich dichten Klangbild, das von distinkten Tönen bis zu ihrer geräuschartigen Verfremdung reicht, wird der Hörer von den rationalen Regelungen allenfalls den durch Gartmann hervorgehobenen Wechsel von »materialgebundenen« Teilen und »freien Abschnitten« voller Glissandi und Ostinati wahrnehmen. Schwerer ist dagegen Seithers Gliederung in vier Teile mit »aufstellender«, »vagierender«, »zurückführender« und »abrundender« Funktion zu erfassen, wenn sich nach Stephans Formulierung das Material als »Geordnetes« allein »der Analyse des Notentextes, nicht etwa des Klanges« erschließt.³ Eine solche Analyse steht für Berios *Notturno – Quartetto III* noch aus, das als »Hommage an Paul Celan« zu verstehen ist, wie das beigefügte Motto aus dem Gedicht »Argumentum e silentio« andeutet.[1] Auf »die Nacht« und »das erschwiegene Wort« bezieht sich die Bezeichnung des wiederum einsätzigen Werks, in dessen Verlauf sich zwar vier Teile unterscheiden lassen, die aber intern durch mehrfachen Wechsel des Tempos und der Faktur aufgefächert sind. Dabei verheißen Tonrepetitionen, die quasi auftaktig eröffnet werden und eine Quintschichtung mit zusätzlichem Halbton bilden (g–d–a–es), anfangs fast motivische Qualität, zumal beide Elemente erweitert und umgeschichtet werden. Schon nach zehn Takten werden sie aber von einer Violinfigur abgelöst, deren Töne – wie Wilfried Gruhn beobachtete – in einer »Pendelfigur der Bratsche« mitsamt ihrer Begleitung im Schlußteil wiederkehren. Wieweit solche Konfigurationen konstitutiv sind, bliebe noch zu klären, denn wenn der Komponist – um nochmals Stephan zu zitieren – nicht nur jedes »Werk selbst schaffen« muß, sondern auch »die ›Sprache‹, in der er sprechen will«, dann fehlt der Schlüssel zum näheren Verständnis, solange diese Sprache noch nicht decodiert ist.[2]

Auch den Quartetten von Krzysztof Penderecki (geb. 1933) gingen frühere Studien voraus, die aber zurückgehalten wurden. Indessen verzichtete 1960 das erste Quartett darauf, Tonhöhen und Tondauern innerhalb der gewohnten Taktordnung zu notieren. Vielmehr werden sechs Minuten auf je einer Seite nach Sekunden aufgeteilt, denen die Klangfolgen zugeordnet sind. Sie basieren primär auf Geräuschen und erst sekundär auf der Fixierung von Tonhöhen; solange aber die »kompli-

[1] L. Berio, *Zu Notturno*, in: *Nähe und Distanz. Nachgedachte Musik der Gegenwart II*, hg. v. W. Gratzer, Hofheim 1997, S. 217f.; W. Gruhn, *»Argumentum e silentio«. Fünf Annäherungen an Luciano Berios Streichquartett ›Notturno‹*, in: *Nähe und Distanz. Nachgedachte Musik der Gegenwart II*, hg. v. W. Gratzer, Hofheim 1997, S. 220–230, wo S. 224f. Celans Gedicht abgedruckt ist; zu intervallischen Relationen ebenda, S. 228f.

[2] R. Stephan, *Zum Geleit*, S. VII.

Krz. Penderecki, Nr. 1, Sek. 1–30 (Deshon Music Inc. & PWM Editions).

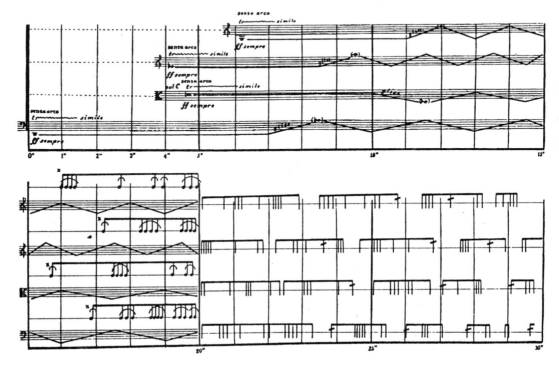

zierten arithmetischen Reihen« verborgen bleiben, die Wolfram Schwinger zufolge Tondauern und Tonhöhen bestimmen, sind die Konstellationen kaum zu entschlüsseln, die als hintergründige Regulierung wirken mögen.[1] Denn die Abfolge der Ereignisse meidet Wiederholungen so gut wie Entsprechungen und geht darauf aus, einen desto größeren Reichtum an Klängen zu erzeugen. Tendenziell treten die Linien der Stimmen zu einem vielschichtigen Gewebe zusammen, das eine Skala vom indifferenten Geräusch bis zum artikulierten Ton umschließt. Die Legende der Spielvorschriften umfaßt weit mehr als ein Dutzend gesonderter Anweisungen und verweist damit auf die Schwierigkeit der Darstellung, und so kam kaum eine Aufführung mit der vorgeschriebenen Dauer von nur sechs Minuten aus, während die ersten Takte entfallen mußten, weil die geforderte »kräftige Längenverkürzung« der Saiten nicht bei »gleichzeitigen Trillern« zu realisieren ist. Was sich jedoch in diesem Rahmen wahrnehmen läßt, ist der Wechsel von anfänglicher Artikulation diffuser Geräusche zur näheren Definition der Tonhöhen, die bei raschester Abfolge gleichwohl kaum zu erfassen sind, in Minute 2. Ihrer Auflösung am Ende von Minute 3 begegnen wieder tonarme Geräusche, von denen im weiteren nur mehr einzelne Klang- und Tongruppen bleiben, bis nach der letzten kontrastierenden Ballung der Schluß vollends zerrinnt.

Entsprechende Techniken verfeinerte Pendereckis zweites Quartett (1968) besonders in den langsamen Rahmenteilen (Lento molto), in denen lange Haltetöne durch genau dosiertes Vibrato differenziert oder durch Pfeiftöne ersetzt werden, sobald zu ihnen rasch repetierte Figuren im Flageolett treten. Die enge Halbtonschichtung des Anfangs wird schrittweise erweitert und durch Doppelgriffe gesteigert; weitere Modifikationen liegen in vierteltöniger Abstufung, raschem Glissando und in Geräuschen auf Resonanzkörpern oder Saitenhaltern. Desto effektvoller kontrastiert dazu das zentrale Vivace, in dem wieder engräumig repetierte Figuren von Stimmpaaren eingeführt und bis zum Tuttiklang gesteigert werden, während ihre intervallischen Formationen zunehmende Spreizung erfahren. Von ›seriell strukturierten‹ Folgen ist freilich weniger im Sinn strenger Vorordnung zu sprechen[2], denn eher liegen konstante Serien von Figuren vor, die in sich diastematisch variabel bleiben und zugleich in Dynamik, Klangfarbe und Spielart unter Einschluß von Mikrointervallen changieren können, bis sie erneut in Glissandi und geräuschhafte Arpeggien übergehen und momentan vom Lento durchbrochen werden, mit dessen Variante das Werk am Ende verlischt. Charakteristische Änderungen zeigt dagegen ein kurzer Satz, der unter der Bezeichnung *Der unterbrochene Gedanke* 1988 zum Gedenken an Arno Volk komponiert wurde. Denn die langsamen Rahmenteile (T. 1–8 und T. 30–36) basieren nicht nur auf Orgelpunkt (F), sondern gehen von wiederkehrenden Wendungen der Viola und ersten Violine aus, die ebenso motivische Qualität gewinnen wie die Tonrepetitionen, mit

---

1 W. Schwinger, *Krzysztof Penderecki. Begegnungen, Lebensdaten, Werkkommentare*, Mainz u. a. 1979, ²1994, S. 248–252: S. 250.
2 W. Schwinger, *Krzysztof Penderecki*, S. 252.

denen schon das Grave eine Konstante im mittleren Allegretto ankündigt. Statt nach ›Grundtönen‹ oder ›Stufengängen‹ der Teile zu suchen[1], läßt sich eher einsichtig machen, wie die Haltetöne des Beginns erst durch benachbarte Sekunden und dann durch chromatische Intervalle aufgefüllt werden. Als Tritoni, kleine Sekunden und große Septimen werden sie im Mittelteil zum Widerpart der raschen Tonrepetitionen, sie bilden den gemeinsamen Nenner seines imitatorischen Anfangs, dessen motivische Figuren gleichwohl variabel bleiben, und an seinem Ende kulminieren sie in den Repetitionen einer gespreizten Schichtung (T. 28–29). Durchweg aber bestätigen sie die Rückkehr zu einer motivischen Prägung, von der sich die Frühwerke gelöst hatten.

In den radikalen Verfahren der frühen Quartette Pendereckis läßt sich der Versuch sehen, aus tonlosen Fragmenten allmählich jene Bruchstücke von Tönen zu filtern, aus denen einst das ›Gespräch‹ im Streichquartett hervorging. Kann es kaum noch zum Dialog kommen, ohne daß er sogleich wieder dem Risiko des Zerfalls ausgesetzt wäre, so könnte sich in dieser Strategie ein Anschluß an die Tradition andeuten, der gleichzeitig immer neu vom Scheitern bedroht wäre. Darin zeichnet sich die von Finscher konstatierte »Auflösung« der Gattungstradition ab, denn aufgehoben wird nicht allein das ›Gespräch‹ der Partner, das solange keine leere Metapher war, wie ein ›verständiger‹ Diskurs intendiert war. Waren seine Regeln vielmehr als ›conventiones‹ im Wortsinn einer Übereinkunft definiert und zwischen den Partnern akzeptiert, so ließen sie gleichermaßen Ausnahmen zu, doch galten sie nicht allein unter den Spielern, sondern wurden durch sie an die Hörer vermittelt. Wo aber schon die Notation nicht mehr ›Konventionen‹ zuläßt, die einer das Einzelwerk übergreifenden Regel folgen, da reicht die Isolierung des einzelnen Werks so weit, daß die Verständigung zwischen Autor und Rezipient erschwert wird. Und dem Hörer bleibt kaum mehr übrig, als sich den angebotenen Klangfolgen auszuliefern, deren nähere Begründung ihm verborgen bleibt, solange er von der Kenntnis der Spielregeln ausgeschlossen ist. Gerade damit – und nicht im Abschied von formalen oder tonalen Regeln – werden fundierende Prämissen fraglich, von denen die Geschichte der Gattung ihren Ausgang genommen hatte.

Als Auftragswerk des Schwedischen Rundfunks schrieb Witold Lutosławski 1964 sein einziges Streichquartett (Krakau 1968), das durch die Paarung planvoller Disposition und beschränkter Aleatorik rasch wirksam geworden ist.[2] Nur zurückhaltend werden Spieltechniken genutzt, die bei Boulez und Penderecki noch neu waren, was gefordert wird, geht kaum über Bartók hinaus, und wie dynamische Grenzwerte sparsam eingesetzt werden, so haben gelegentliche Mikrotöne eher färbende als strukturelle Funktion.[3] Ein intervallisches Beziehungsnetz verbindet jedoch ›introductory movement‹ (Z. 1–13) und ›main movement‹ (Z. 14–47), die sich ihrerseits in gesondert gezählte und deutlich

---

1 M. Jammermann, *Zu Krzysztof Pendereckis Streichquartettstück ›Der unterbrochene Gedanke‹ (1988)*, in: Musiktheorie 14 (1999), S. 33–44: S. 40ff.; wenig überzeugt der Versuch, in den ubiquitären Halbtönen »Proportionen der Fibonaccischen Zahlenreihe« zu finden, ebenda, S. 41, Anm. 16 (ein Abdruck des Stücks S. 35ff.).

2 Hervorhebung verdient in der umfänglichen Literatur die Arbeit von St. Stucky, *Lutosławski and his music*, Cambridge u. a. 1981, S. 147–155; zuvor schon J. Hansberger, *Begrenzte Aleatorik. Das Streichquartett von Witold Lutosławski*, in: Musica 25 (1971), S. 248–257; Chr. M. Schmidt, *Witold Lutosławski: Streichquartett*, in: *Die Musik der sechziger Jahre. Zwölf Versuche*, hg. v. R. Stephan, Mainz 1972 (Veröffentlichungen des Instituts für neue Musik und Musikerziehung Darmstadt 12), S. 154–162.

3 Vgl. dazu zuletzt P. Petersen, *Microtones in the Music of Lutosławski*, in: *Lutosławski Studies*, hg. v. Z. Skowron, Oxford 2001, S. 324–355: S. 329ff.

W. Lutosławski, *String Quartet*, erster Satz, erste Violine, Beginn (Edition Wilhelm Hansen, London).

[1] W. Lutosławski, *Über Rhythmik und Tonhöhenorganisation in der Kompositionstechnik unter Anwendung begrenzter Zufallswirkung*, in: *Witold Lutosławski*, hg. v. H.-Kl. Metzger und R. Riehn, München 1991 (Musik-Konzepte 71–73), S. 3–32: S. 13–17; zum Streichquartett M. Homma, *Witold Lutosławski: Zwölfton-Harmonik, Formbildung, »aleatorischer Kontrapunkt«. Studien zum Gesamtwerk unter Einbeziehung der Skizzen*, Köln 1996 (Schriften zur Musikwissenschaft und Musiktheorie 2), S. 285–288 und 625–632.

markierte Sektionen gliedern. Der Bedarf ihrer Abgrenzung entsteht aus einer ›begrenzten Aleatorik‹, die sich weniger auf Tonhöhen und rhythmische sowie dynamische Werte, sondern primär auf die Koordinierung der Partner erstreckt. Sie sind auf gegenseitige Verständigung nicht nur angewiesen, wenn Abschnitte ad libitum zu wiederholen sind, sondern mehr noch in den Phasen, in denen sie über Dauer und Geschwindigkeit notierter Figuren, Haltetöne, Einwürfe, Glissandi oder Pizzicati entscheiden sollen. Da gelegentlich zugefügte Taktstriche der Orientierung statt der strikten Synchronisierung dienen, ergibt sich im ›Gespräch‹ der Interpreten ein faszinierendes Wechselspiel zwischen fixierten und doch zufälligen Interferenzen auf engstem Raum. Die Spieler sind zur Wahrung ihrer Entscheidungsfreiheit auf ihre Stimmen angewiesen, weshalb der Komponist keine Partitur erscheinen lassen wollte; daß gleichwohl die Edition in Stimmen an Grenzen stößt, zeigt neben ausgiebigen Stichnoten der gelegentliche Übergang zur Partiturnotation in den Einzelstimmen. Gestützt auf Lutosławskis Hinweise, hat unlängst Martina Homma dem Streichquartett, an dem der ›aleatorische Kontrapunkt‹ besonderen Anteil hat, überaus gründliche Untersuchungen gewidmet, die sich auf »arithmetische Ordnungen« und die »Kombination der Organisationsprinzipien« richteten.[1]

Während der einleitende Satz isolierte Elemente nur kurzfristig verdichtet, gehen die Entwicklungsphasen des Hauptsatzes (Z. 14–41) umgekehrt von einer Verdichtung aus, die mitunter wieder auf punktuelle Momente reduziert wird. Sie läuft jedoch auf die mehrfach gestaffelte Klimax hin, in der ein Appassionato vom Presto samt choralhaften Akkordfolgen und einem Funebre abgelöst wird (Z. 42–54), bis die Coda im Zerfall der Elemente endet (Z. 46–47).

Die erste Violine allein präsentiert als erste Zelle eingangs eine Folge von vier getrennten Halbtönen, von denen sich eine zweite mit

Quintfall, Halbtönen und Tritoni abhebt. Hier wie sonst ergeben sich dabei Umkehrungs- oder Krebsverhältnisse in engstem Rahmen, mit der Erweiterung der Zellen füllt sich jedoch der Vorrat der zwölf Tonstufen, die das eigentliche Material darstellen. Pointiert gesagt, entsteht das Werk aus ständigen Varianten des zwölftönigen Fundus, der dabei nicht als Reihe dient, sondern sich in wechselnden Konstellationen verdichtet oder reduziert. Das läßt sich partiell bereits an skalaren Konstellationen ablesen, wie sie die Einleitung eröffnen, dann in Gegenbewegung den Beginn des Hauptsatzes mit chromatischer Erweiterung bestreiten und im Funebre vermischt mit Glissandi wiederkehren. Ein Gegengewicht können dann Achsentöne bilden, so in der Einleitung nach der Zusammenführung der Stimmen (vor Z. 4), in halbtöniger Umspielung einer Quintschichtung (Violoncello Z. 9) oder im Funebre mit Zentralton g (Z. 45). Raffinierter sind weitere Varianten wie etwa weitgefächerte Figuren, die sich in jeder Stimme auf wenige Tönen begrenzen, aber insgesamt die zwölf Halbtöne ausschöpfen (Z. 7), oder vier Einsätze mit je zwei reinen Quarten (c–f–b), die im Kleinterzzirkel (von c, es, fis und a aus) über Halbtöne und Tritoni am Ende ein Zwölftonfeld ergeben (Z.14). Es muß nicht immer vollständig ausgeschöpft werden, wenn etwa ein aleatorisches Geläute im Pizzicato (Z. 5) den Ton C ausspart, der am Ende desto energischer nachgereicht wird, oder wenn erst am Schluß des Klangfelds im Funebre das zuvor fehlende as folgt (vor Z. 46). Noch größeres Gewicht erhält in der Einleitung ein mehrfach oktaviertes C, das die chromatisch gefächerten Sektionen nachdringlich abriegelt. Andererseits müssen solche Klangfelder nicht immer alle Halbtöne versammeln, so beispielsweise in einem Solo des Violoncello (Z. 9) oder in einem klangdichten Choralsatz vor dem Funebre (Z. 43). Mit den Kontrasten der Spielweise und der rhythmischen Organisation gibt der scheinbar zwanglose Wechsel der Konfigurationen dem Werk seine Spontaneität, hinter der gleichwohl die kontrollierte Konstruktion spürbar wird. Die mächtigen Wellen der Steigerung und Reduktion jedoch, die oft mit Accelerando und Decelerando gekoppelt sind, erreichen ein gespanntes Espressivo, das Lutos¢awskis Quartett besonderen Rang gibt.

Kaum ein anderes Quartett der letzten Jahrzehnte fand solche Aufmerksamkeit wie Luigi Nonos *Fragmente – Stille, An Diotima*.[1] Geschrieben für das Bonner Beethoven-Fest 1980, wurde das Werk, das die Bezeichnung ›Streichquartett‹ umgeht, schon 1979 abgeschlossen und »mit innigster Empfindung« dem LaSalle-Quartett zugeeignet (das die Uraufführung übernahm). Zeugten frühere Vokalwerke mit ihren Texten von Nonos politischem Engagement, so konnte nun eine so introvertierte Kammermusik voll historischer Implikationen – um mit Heinz-Klaus Metzger zu sprechen – als fragwürdiger »Wendepunkt« oder als Distanzierung von vormals leitenden Prinzipien erscheinen.[2] Für Nono selbst hatte freilich »das Private« zugleich »seine politische Seite«, und so ver-

[1] Ein Verzeichnis der bis 1997 erschienenen Literatur bei W. Frobenius, *Luigi Nonos Streichquartett ›Fragmente – Stille, An Diotima‹*, in: Archiv für Musikwissenschaft 54 (1997), S. 177–193: S. 191ff.

[2] H.-Kl. Metzger, *Wendepunkt Quartett?*, in: *Luigi Nono*, hg. v. H.-Kl. Metzger und R. Riehn, München 1981 (Musik-Konzepte 20), S. 93–112.

wahrte er sich gegen den Vorwurf einer »retrospektiven Linie« mit dem Hinweis, ihm sei es um eine »aufrührerische Aussage mit kleinsten Mitteln« gegangen.[1] Mit solchen Bedenken, wie sie von Metzger vorgebracht wurden, setzte sich Hermann Spree auseinander; wie Werner Linden verstand indes auch Siegfried Mauser das Werk als »Metapher für eine gesellschaftliche Utopie«.[2] Wie aber verhalten sich so weitreichende Interpretationen zur Struktur der Musik mit ihren Annotationen?

Der Partitur sind Textworte beigefügt, die aus 18 Gedichten Hölderlins und einmal aus seinem *Hyperion* stammen. In diesen Texten sind nach Lindens Zählung 54 Segmente zu unterscheiden, die Zitate verteilen sich aber auf Vorlagen, die zu verschiedener Zeit entstanden waren und bis in die Krankheitsjahre des Dichters reichen. Sie beschränken sich zumeist auf kurze Stichworte, die ohne erkennbare Regel aus dem poetischen Kontext gelöst sind und als ›Fragmente‹ weiten Raum für Assoziationen geben. Gemäß Nonos Vorbemerkungen sind die Texte nicht als »programmatische Hinweise« aufzufassen und keinesfalls »während der Aufführung« vorzutragen. Sie sind vielmehr als »schweigende ›Gesänge‹ aus anderen Räumen« zu verstehen, die von den Interpreten »ganz nach ihrem Selbstverständnis« wiederzugeben wären. Zudem verteilen sie sich höchst wechselvoll auf den Verlauf, der durch beigefügte Ziffern in 52 ›Fragmente‹ wechselnder Länge, Struktur und Charakteristik gegliedert wird. Im ersten Drittel (bis Ziffer 22) mehren sich Zitate aus dem Gedicht »Diotima« (mittlere Fassung) und einmal aus dem knappen Text »An Diotima«. Ähnlich verhält es sich gegen Schluß, dazwischen aber begegnen auffällige Wiederholungen einzelner Textpartikel (besonders »Das weißt aber Du nicht«), während sich andererseits mehrere Zitate auf engem Raum verschränken können (wie Z. 44–46). Richten sie sich primär an die Spieler, so können sie sich – etwa durch Abdruck im Programm – auch an die Rezipienten wenden. Daß Nono auf einem Textblatt die auf Diotima bezogenen Worte gesondert markierte, legt die Frage nach entsprechenden Relationen in der Musik nahe. Tatsächlich begegnen an solchen Stellen neben Zäsuren oder dissonanten Intervallen vielfach erregte Figuren und Flageolettklänge, wenn aber ähnliche Konfigurationen das Werk auch andernorts durchziehen, so stehen sie quer zu einer schlicht semantischen Deutung und lassen erneut nach einer strukturellen Regulierung fragen.

Nach Nonos kargen Hinweisen benutzte er jene Scala enigmatica, die Verdi 1889 im vierstimmigen »Ave Maria« aus den *Quattro pezzi sacri* verwendet hatte.[3] Von ihrer steigenden Version (c–des–e–fis–gis–ais–h–c') unterscheidet sich eine fallende (c'–h–ais–gis–f–e–des–c), ihnen ist neben der wechselnden Lage von Halb- und Ganztönen die Einschaltung kleiner Terzen gemeinsam (des bzw. cis–e und gis bzw. as–f), und beide zusammen bieten drei Tritoni (c–fis, e–ais, h–f). Ergäbe die Transposition um einen Tritonus die gleichen Tritoni, so lassen sich bei Trans-

---

[1] Vgl. H.-Kl. Metzger, *Wendepunkt Quartett?*, S. 112.

[2] H. Spree, ›*Fragmente – Stille, An Diotima*‹. *Ein analytischer Versuch zu Luigi Nonos Streichquartett*, Saarbrücken 1992, S. 13ff.; W. Linden, *Luigi Nonos Weg zum Streichquartett. Vergleichende Analysen zu seinen Kompositionen* ›*Liebeslied*‹, ›*... sofferte onde serene...*‹, ›*Fragmente – Stille, An Diotima*‹, Kassel u. a. 1989, S. 91; S. Mauser, *An Diotima...: Dichtung als Partitur*, in: O. Kolleritsch (Hg.), *Die Musik Luigi Nonos*, Wien und Graz 1991 (Studien zur Wertungsforschung 24), S. 162–179: S. 169.

[3] Vgl. W. Linden, *Luigi Nonos Weg zum Streichquartett*, S. 175f., sowie das *Gespräch mit Luigi Nono*, in: ebenda, S. 256–260: S. 258.

position um eine kleine Terz (von es oder a aus) drei weitere Tritoni gewinnen, so daß in zwei Transpositionen der Skala die sechs möglichen Tritoni verfügbar werden, die zugleich die zwölf Töne der chromatischen Skala einschließen. Doch benutzte Nono sie weniger als Zwölftonreihe denn als Vorrat für wechselnde Konfigurationen, in denen die Tritoni bevorzugt hervortreten. Klaus Kropfinger stellte die »Vernetzung der Transpositionsstufen« in einem Schema dar, das ihre Positionen oder Funktionen indessen nicht durchweg reguliert.[1] In der Tat fallen Tritoni schon zu Beginn auf, sie kehren weiterhin in wechselndem Zusammenhang wieder, und mitunter entsprechen sich darin ganze Fragmente. So beziehen beispielsweise Ober- und Unterstimmen paarweise Tritoni aus Skalen auf Es–A und C–Fis (Z. 19 und ebenso Z. 21). Linden hat weitere Konstellationen ausfindig gemacht und damit Spree zu Untersuchungen angeregt, die symmetrische Reihen und Permutationen für Tondauern, dynamische Werte, Spielanweisungen und sogar Fermaten belegen wollten.[2] Zwar gab Nono für Fermaten Zeichen der Relation an, doch zeigt die Partitur bei Fermaten wie bei Pausen Zusätze, die eine absolute Geltung mit Angaben wie ›so lang wie möglich‹ oder ›ca. 10" bis 15"‹ relativieren. So lassen sich für manche Phasen Indizien einer Regulierung erkennen, die freilich nicht immer gleich plausibel sind, sie scheinen aber keiner generellen Vorordnung zu gehorchen, die dem Charakter von ›Fragmenten‹ fremd wäre.

Deuten also die komponierten ›Fragmente‹ auf die ›Segmente‹ des Texts zurück, so bleibt das wechselseitige Verhältnis beider Ebenen doch rätselhaft. So sehr das Werk Versuche der Dechiffrierung herausfordert, so sehr widersetzt es sich seiner Determinierung. Gemäß der intendierten Hermetik ist der Hörer zunächst einzelnen Tönen und Klängen ausgesetzt, die gedehnt oder getrennt werden, bis sie durch erregte Figuren, geballte Tontrauben oder scharfe Attacken abgelöst werden. Im Schein eines Labyrinths jedoch, dessen interne Regelung nur hintergründig spürbar wird, heben sich wiederkehrende Textphrasen ab, die zu den Worten »Das weißt aber Du nicht« strukturell aufeinander verweisen (Z. 34, 36, 38, 43 und 45), immer wieder treffen geschärfte Klänge auf jene beredte Stille, die der Bezeichnung des Worts gemäß ist, und zugleich spielen Vermerke wie »mit innigster Empfindung« auf Beethovens Spätwerk und zumal den ›Heiligen Dankgesang‹ aus dem a-Moll-Quartett op. 132 an. Deutlicher werden solche Rekurse kurz vor dem Ende, wenn in der Viola wie ein Zitat aus der Ferne die alte Chanson »Malor me bat« eingeführt wird (Z. 48), die im Erstdruck 1501 Ockeghem zugeschrieben wurde und als Vorlage einer Messe Josquins diente, was dem historisch versierten Nono kaum unbekannt war.[3] Die ersten elf Mensuren der Vorlage erfahren rhythmische Auflösung in einer ›Versione libera‹, unberührt bleiben aber die diastematischen Konturen, und die Textmarke (deren Fortsetzung unbekannt ist) trifft auf die Worte

1 Kl. Kropfinger, »*Geheimere Welt«. Luigi Nonos Streichquartett ›Fragmente – Stille, An Diotima‹*, in: ders., *Über Musik im Bilde. Schriften zu Analyse, Ästhetik und Rezeption in Musik und Bildender Kunst*, 2 Bde., hg. v. B. Bischoff u. a., Köln-Rheinkassel 1995, Bd. 2, S. 569–575.

2 W. Linden, *Luigi Nonos Weg zum Streichquartett*, S. 194–199, H. Spree, ›*Fragmente – Stille, An Diotima*‹, S. 37ff., 42ff. und 137ff.

3 Zur Vorlage und ihren Bearbeitungen vgl. Fr. Krummacher, *Schema und Varietas. Zu Josquins Missa ›Malheur me bat‹*, in: *Festschrift für Martin Ruhnke zum 65. Geburtstag*, hg. v. den Mitarbeitern des Musikwissenschaftlichen Instituts der Universität Erlangen-Nürnberg, Neuhausen und Stuttgart 1986, S. 185–202.

L. Nono, *Fragmente – Stille, An Diotima*, bei Ziffer 48 (Ricordi).

[Anmerkung 2 zu S. 358:] D. Schmidt, *Emanzipation des musikalischen Diskurses. Die Skizzen zu Elliott Carters zweitem Streichquartett und seine theoretischen Arbeiten in den späten 50er Jahren*, in: Jahrbuch des Staatlichen Instituts für Musikforschung Preußischer Kulturbesitz 4 (1995), S. 209–248; dies., *Formbildende Tendenzen der musikalischen Zeit. Elliott Carters Konzept der Tempo-Modulation im zweiten Streichquartett als Folgerung aus dem Denken Schönbergs*, in: dass. 8 (1999), S. 118–136 (beide Aufsätze weiter zitiert als: D. Schmidt, Jahrbuch 1995 bzw. 1999); dies., »*The Practical Problems of the Composer*«. *Der schwierige Weg vom Auftrag zur Uraufführung von Elliott Carters zweitem Streichquartett*, in: Die Musikforschung 48 (1995), S. 400–403.

»Wenn ich trauernd versank« aus Hölderlins Ode »Die Genesung«. Doch ist die diatonische Faktur des Zitats hier geradezu ein Widerpart der Scala enigmatica mit ihren Konsequenzen, und nimmt man zu den Rekursen auf Beethoven und Ockeghem die Bezüge zu Hölderlin und Diotima, so tritt im Geflecht der Verweise eine historische Perspektive hervor, die den Fragmenten der Komposition gegenübersteht. So wenig die Musik in Textworten aufgeht, so sehr teilt sie mit ihnen eine Gebrochenheit, in der sich die Relikte einer geborstenen Welt spiegeln. So weist die Kette von Fragmenten, denen stimmige Totalität verwehrt bleibt, in enigmatischer Vieldeutigkeit auf geschichtliche Dimensionen zurück, die sie zugleich zu übergreifen trachtet.

Carters Quartette im internationalen Diskurs

Zur Neuformierung des Streichquartetts seit der Jahrhundertmitte lieferte Elliott Carter (geb. 1908) einen der bemerkenswertesten Beiträge. Obwohl er kaum viel jünger als die lange tonangebenden Schüler Blochs war, schrieb er nach zwei verworfenen Frühwerken (1935–37) und einer *Elegy* (1943) erst 1950–51 sein erstes gültiges Quartett, desto erstaunlicher ist jedoch die Kontinuität, mit der dann vier weitere Werke folgten (1958–59 Nr 2, 1971 Nr. 3, 1986 Nr. 4 und 1994–95 Nr. 5). Während die drei Sätze des letzten Quartetts (Esprit rude – Esprit doux – Figment) von der Forschungsliteratur kaum schon herangezogen wurden und darum hier außer Betracht bleiben, stand das zweite stets im Zentrum, weil es die Konsequenzen eines Ordnungssystems austrägt, das schon zuvor angebahnt und dann weiter modifiziert wurde.[1] Zwischen den Ecksätzen des ersten Quartetts (Fantasie und Variations) gliedert sich der Mittelsatz in zwei gesonderte Teile (Allegro scorrevole und Adagio), so daß die viersätzige Norm als Hintergrund gewahrt bleibt. Sie wirkt noch im vierten Quartett nach, dessen Sätze allerdings durch gehaltene Töne oder Akkorde ineinander verwoben sind (Appassionato – Scherzando – Lento – Presto, T. 1–118–214–312–464). Eine ähnliche Anbindung der Sätze findet sich in Nr. 2 und 3, steht aber einmal die Individualität der Stimmen im Zentrum, so paaren sie sich in Nr. 3 zu zwei Duos, zu denen zweite Violine und Viola als oben notiertes Duo II sowie erste Violine und Violoncello als darunter befindliches Duo I zusammentreten. Während dem Duo I vier Sätze zugeordnet sind (Furioso – Leggerissimo – Andante espressivo – Pizzicato giocoso), hat gleichzeitig das Duo II sechs Sätze zu spielen (Maestoso – Grazioso – Pizzicato giusto, meccanico – Scorrevole – Largo tranquillo – Appassionato). Doch wechseln die Satzgrenzen in beiden Paaren nicht gleichzeitig, und ihre Verschachtelung erhöht sich durch mehrfache Rückgriffe, bei denen freilich nur charakteristische Eigenarten der Rhythmik und Spielanweisungen wiederkehren, während die intervallische Ausformung durchaus wechseln kann. Wenn also keine thematisch-motivische Substanz herkömmlicher Art vorliegt, dann basiert die Disposition auf einer variablen Vorordnung von intervallischen und temporären Relationen, die für das zweite Quartett von Dörte Schmidt aus den Skizzen erschlossen wurden und hier nur verkürzt zusammenzufassen sind.[2]

Carters Denkweise setzte sich von einer seriellen Determinierung ab, wie sie namentlich durch Milton Babbitt vertreten wurde, der aus der Auseinandersetzung mit Schönbergs Reihenordnung unter Trennung der Tonhöhen und Tondauern sein System entwickelte, als Theoretiker aber wohl wirksamer wurde als mit eigenen Streichquartetten.[3] Im Unterschied dazu ging Carter von zwei sogenannten Allintervalltetrachorden aus, die sich in der durch Allen Forte eingeführten Schreibung nach der Zahl der Halbtöne vom als 0 bezeichneten Referenzton aus in den Ziffern 1–11 notieren lassen.[4] Seinem zweiten Quartett legte Carter zwei Viertongruppen zugrunde, aus denen sich durch die verschiedene Kombination der Töne alle Intervalle bilden lassen (dis–e–fis–ais = 0–1–3–7 sowie dis–e–g–a = 0–1–4–6). Mit solchen Kombinationen werden

---

1 J. E. Link, *Elliott Carter. A Guide to Research*, New York und London 2000, S. 14f., 35 und 300ff.; W. T. Doering, *Elliott Carter. A Bio-Bibliography*, Westport/Conn. und London 1993, S. 41, 43ff. und 47 (W 54, 64, 66, 69 und 80); J. D. Harris, *Compositional Process in the String Quartets of Elliott Carter*, Ann Arbor 1983; G. Gass, *Elliott Carter's Second String Quartet: Aspects of Time and Rhythm*, in: Indiana Theory Revue 4 (1981), Nr. 3, S. 12–23; A. Mead, *Pitch Structure in Elliott Carter's String Quartet No. 3*, in: Perspectives of New Music 22 (1984), S. 31–60.

2 Siehe Anmerkung S. 357.

3 Siehe Anmerkung S. 359.

4 A. Forte, *Context and Continuity in an Atonal Work*, in: Perspectives of New Music 1 (1963), Nr. 2, S. 72–82, abgedruckt bei R. Stephan (Hg.), *Die Wiener Schule*, S. 85–97; vgl. ferner D. Schmidt, Jahrbuch 1995, S. 222–227, und weiter S. 234–236 zu den Begriffen »speed« und »speed modulation«.

1 Vgl. D. Schmidt, Jahrbuch 1999, S. 121–127.

[Anmerkung 3 zu S. 358:] E. Carter, *A further step*, in: E. und K. Stone (Hg.), *The Writings of Elliott Carter. An American Composer looks at Modern Music*, Bloomington und London 1977, S. 185–191; M. Babbitt, *Le Système Dodécaphonique*, in: Journal of the American Musicological Society 3 (1950), S. 264–267, abgedruckt bei R. Stephan (Hg.), *Die Wiener Schule*, Darmstadt 1989, S. 79–84. Nach einem unveröffentlichten Werk schrieb Babbitt zwischen 1954 und 1993 fünf weitere Quartette, vgl. E. Barkin und M. Brody, Art. *M. Babbitt*, in: *New Grove Dictionary*[2], Bd. 2, S. 283–289: S. 284f. zur Projektion einer Reihe von Tondauern auf Tonhöhen im dritten Quartett; vgl. ferner W. Lake, *The Architecture of a Superarray Composition. Milton Babbitt's String Quartet no. 5*, in: Perspectives of New Music 24 (1986), Nr. 2, S. 88–111.

E. Carter, Nr. 2, erster Satz, T. 1–6, Introduction (Associated Music Publishers, New York).

die möglichen Intervalle aus sieben »symmetrischen Tetrachorden«, die ein »general harmonic scheme« umfassen, zum chromatischen Total ergänzt, um in einem weiteren Schritt wieder sieben Leitern zu bilden. Sie lassen sich zu sieben unterschiedlich charakterisierten Folgen von jeweils acht Tönen anordnen, bis die gewonnenen Intervalle den Einzelstimmen zugewiesen werden können (Violine I kleine Terz, Quinte, große None und Dezime; Violine II große Terz, große Sexte und große Septime; Viola Tritonus, kleine Septime und kleine None; Violoncello Quarte, kleine Sexte und kleine Dezime). In ähnlich komplizierter Systematik werden die Tondauern von einem Referenzwert aus proportioniert und dann auf Metronomzahlen sowie weiter auf Tonhöhen bezogen, bevor sie den einzelnen Stimmen zugeordnet werden.[1] Im Unterschied zum seriellen Denken waren für Carter aber die Möglichkeiten maßgeblich, die dem Komponisten für die Wahl seiner Entscheidungen blieben. Je strikter eine serielle Vorordnung für Tonhöhen, Tondauern und weitere Parameter gilt, um so weniger Spielraum bleibt dem Autor, der die Ergebnisse kaum noch vorhersehen oder beeinflussen kann. Werden dagegen in Carters Verfahren beispielsweise feste Tonhören taktweise auf Stimmen oder Stimmpaare verteilt, so ergibt sich das Problem, wie einerseits die den Stimmen zugedachten intervallischen Charaktere erhalten bleiben und andererseits möglichst viele Töne und Intervalle erreicht werden können, womit sich dem Autor die Aufgabe einer Abwägung stellt.

Im Anschluß an das zweite Quartett von Ives – und namentlich die ›Arguments‹ des zweiten Satzes – entwickelte Carter für sein Werk das

Konzept eines Diskurses, der von der Individualisierung der vier Partner durch »a special set of melodic and harmonic intervals« ausging. Ihre »interactions, combinations, and oppositions« sind es, deren Relationen durch »discipleship, companionship, and confrontations« die Form der Sätze bestimmen.[1] Dabei werden die vier Sätze durch unterschiedliche Konstellationen charakterisiert: Das Allegro fantastico (T. 35–135) führt die erste Violine an, das Presto scherzando (T. 171–242) analog die zweite, im Andante espressivo (T. 286–373) fällt eine entsprechende Rolle der Viola zu, während das Allegro-Finale (T. 427–588) dem Violoncello eine besondere Funktion zuweist. Werden darin »confrontations« wirksam, so wird das Werk durch eine Introduction (T. 1–34) und eine Conclusion (T. 599–633) umrahmt, die dem Modus der »companionship« der Stimmen folgen. Überdies findet sich aber zwischen den vier Sätzen jeweils eine Cadenza für Viola, Violoncello und erste Violine, wogegen der zweiten Violine »as a moderating influence« durchweg die Aufgabe zukommt, »to mark the regular time, its half or double – always at the same speed«. Von anfänglicher Koordinierung der Partner führt der Weg also zu ihrer wachsenden Individualisierung, bis sie im vierten Satz durch »interaction« gemeinsame »Motivgruppen« ausbilden, die sich mit ihren Tönen zwar auf die Stimmen verteilen, in der Partitur aber durch Klammern markiert und als Extrakte im Kleinstich zugefügt sind.[2] Wiewohl die höchst komplexe Vorordnung einen regulierenden Hintergrund bildet, der dem Hörer verborgen bleibt, werden manche Funktionen und Beziehungen immerhin in einzelnen Momenten sinnfällig. Unmittelbar einsichtig wird zunächst die Funktion der Partner in jenen Kadenzen, an deren Verlauf sich freilich auch die Gegenstimmen beteiligen. Und in der Introduction lassen sich anfangs die Intervalle, die den Stimmen zugewiesen sind, nach den Graden ihrer Bevorzugung erkennen. Wird schließlich das Verfahren der Imitation auf solche Bedingungen überführt, so wechseln zwar die konkreten Dauern und Tonhöhen gemäß dem Charakter der Stimmen, erhalten bleibt aber zwischen ihnen eine intervallische Richtung und temporale Relation, wie sich besonders am Anfang des langsamen dritten Satzes wahrnehmen läßt.

Wie die Beiträge von Boulez und Berio oder Maderna und Nono illustriert Carters zweites Quartett, wie ein Werk erst schrittweise anhand der Quellen zu entschlüsseln ist. Wenn eigene Codes für jedes Quartett gelten, dann sind für weitere Werke immer neue Codes zu lernen, da sie vorerst aber oft fehlen, läßt sich auf weitere Beispiele nur noch knapp verweisen. Einer gemäßigten Modernität, wie sie beispielsweise von Seymour Shifrin (1926–1979) 1949 im ersten Beitrag (Berlin 1961) oder von Francis Burt (geb. 1926) 1951–52 in op. 2 (Berlin 1954) vertreten wurde, standen bald Werke gegenüber, in denen die genaue Festlegung des Texts zu wachsender Hermetik tendierte, die sich 1958 bei Leon Kirchner (geb. 1919) im zweiten Werk (New York 1970) oder

1 E. Carter, *String Quartets Nos. 1, 1951, and 2, 1959*, in: *Elliott Carter. Collected Essays and Lectures, 1939–1995*, hg. v. J. W. Bernard, Rochester 1997, S. 224–228; vgl. dazu die Auszüge bei D. Schmidt, Jahrbuch 1999, S. 120, und Jahrbuch 1995, S. 227, ferner ebenda, S. 227ff.

2 In der Form solcher Extrakte (gemäß T. 58f. und T. 462f.) teilte Carter übrigens auf einer Postkarte erstmals die beiden fundierenden Allintervalltetrachorde mit, vgl. D. Schmidt, Jahrbuch 1995, S. 238.

1969 bei Karel Husa (geb. 1921) im dritten Quartett (New York 1970) anbahnte. Eine besondere Position kam Gunther Schuller (geb. 1925) in den USA zu, weil er sich als Vertreter eines ›Third Stream‹ um die Vermittlung zwischen komponierter Musik und einer dem Jazz gemäßen Improvisation bemühte. Weniger bekannt wurden seine zahlreichen weiteren Werke, zu denen auch drei Streichquartette gehören (1957, 1966 und 1986).[1] In den Außensätzen des ersten Quartetts (London 1958) formieren sich aus eingangs exponierten Zwölftonreihen rhythmisch und klanglich scharf umrissene Gestalten, von denen sich beidemal die konträr konturierten Partien in der Satzmitte desto genauer abheben. Entsprechend kombiniert der Mittelsatz fest notierte und quasi improvisierte Passagen derart, daß zwischen den Rahmenteilen, die sich trotz umgekehrter Abschnittsfolge klanglich entsprechen, im Zentrum (T. 27–335) lange Soli in kadenzartiger Manier eintreten. Auch das zweite Quartett weist den Partnern solistische Phasen zu, die nicht mehr zu improvisieren sind, sondern sich im Kopfsatz als verhaltene Episoden von klangdichten Abschnitten im Tutti absetzen, während sie im zweiten Satz als kadenzartige Einwürfe fungieren und sich im Finale zu kleinen Duo- und Triophasen ausweiten. Demgegenüber experimentierte John Cage (1912–1992), dessen Wirkung freilich erst später zur Geltung kam, im frühen *Quartet in four parts* schon 1949–50 mit einem Modell zu »kleinsten musikalischen Einheiten«, für deren Abfolge »nach automatisch ablaufenden Prozessen« das Ergebnis vom Autor nicht mehr vorherzusehen war.[2]

Ein Grenzfall blieb auch das Quartett *ST/4–1 080262* (London 1967) von Iannis Xenakis (geb. 1922), der ähnlich komplizierte Verlaufsstrukturen mathematisch zu bestimmen trachtete. Der kryptische Titel bezeichnet freilich laut Vorwort nur die »stochastische Musik« für das Quartett Nr. 1, das am 8. 2. 1962 »vom Elektronengehirn« nach »einem vom Komponisten erdachten besonderen stochastischen (Wahrscheinlichkeits-) ›Programm‹ errechnet wurde«. Der Autor konzipierte demnach ein Programm, das nach stochastischen Gesetzen »alle Töne einer vorher errechneten Sequenz, einen nach dem anderen zu definieren« hat, doch erweist sich das Werk als eine Neufassung der *Musique Stochastique ST/10, 080262* (1956–62) für zehn Instrumente, für die auf die Analyse von André Baltensperger hinzuweisen ist.[3] Aus dem Verhältnis zwischen fixierten und variablen Partikeln suchte Cristóbal Halffter (geb. 1930) in zwei kurzen Quartetten (1970 und 1978) einen jeweils einsätzigen Ablauf zu gewinnen, der von den Kontrasten zwischen liegenden Tönen oder wenig bewegten Flächen einerseits und figurativ verdichteten Knäueln oder Clustern anderseits zehrt.[4] Sie lassen im früheren Werk (London 1973) partiell freie Wiederholungen zu, in denen die Dichte des Satzes nach Tempo und Dynamik zunimmt, als Zitate treten ihnen jedoch mehrfach wenige Takte aus Beethovens letztem Quartett op. 135

---

1 N. Carnovale, *Gunther Schuller. A Bio-Bibliography*, Greenwood/Conn. 1987, S. 99f. zu den beiden ersten Quartetten (W 93–94); zum ›Third Stream‹ vgl. W. Knauer, *Zwischen Bebop und Free Jazz. Komposition und Improvisation des Modern Jazz Quartet, I–II*, Mainz 1990, Bd. I, S. 80ff.

2 M. Erdmann, Art. *J. Cage*, in: *MGG²*, Personenteil Bd. 3, Kassel u. a. 2000, Sp. 1557–1575: Sp. 1570; ders., *Untersuchungen zum Gesamtwerk von John Cage*, Diss. Bonn 1993, S. 18 und S. 97; zum Traditionsverständnis von Cage vgl. J. Bauer, *Cage und die Tradition*, in: Cl. St. Mahnkopf (Hg.), *Mythos Cage*, Hofheim 1999, S. 75–125.

3 A. Baltensperger, *Iannis Xenakis und die stochastische Musik. Komposition im Spannungsfeld von Architektur und Mathematik*, Bern 1996, S. 483–516.

4 Nähere Studien fehlen, obwohl Halffter 2002 bereits ein sechstes Quartett schrieb; sein Onkel Ernesto Halffter (1905–1989) komponierte 1923 ein Quartett op. 23 (Paris 1995), während dessen Bruder Rodolfo Halffter (1900–1987) erst 1959 ein Quartett op. 24 (Mexico City 1959) vorlegte, dem zweimal noch einzelne Quartettsätze folgten, vgl. Chr. Heine und G. G. Quesado, Art. *Halffter*, in: *MGG²*, Personenteil Bd. 8, Kassel u. a. 2002, Sp. 435–439.

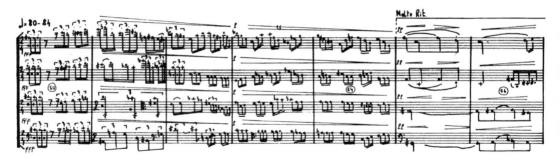

C. Halffter, Nr. 2 (Memoires 1970), Ausschnitt (mit Zitat aus Beethovens op. 135, erster Satz, T. 145ff.) (Universal Edition).

entgegen (und zwar bald nach Beginn das Lentothema, weiter die Schlußgruppe des Kopfsatzes und vor dem Schluß ein Abschnitt aus dem Finale). Indem sie im tonalen und metrischen Kontext zitiert werden, treten sie mehr als bei Nono hervor und erinnern an jene ferne Phase, auf die der Untertitel »Memoires« hinweist.

Dagegen verfolgte Roman Haubenstock-Ramati (1919–1994) in den sieben kurzen Sätzen sei-nes ersten Quartetts (1973) das Prinzip, aus drei Modulen (A, B, C) nach einem Mittelsatz (D) in umgekehrter Folge die übrigen Sätze abzuleiten (C', B', A'). Varianten etwa für B resultieren aus 54 Feldern, die mit proportional notierten Tonhöhen und Tondauern von links oder rechts und von oben oder unten her gelesen werden. Indem sie aber von den vier Partnern nach acht Möglichkeiten in jeweils anderer Folge durchlaufen werden, ergeben sich insgesamt 32 unterschiedliche Versionen. Der Bezeichnung *Motion* entspricht bei Milko Kelemen (geb. 1924), der insgesamt vier Quartette schrieb, 1968 im ersten Werk (Frankfurt 1970) der Versuch, festgelegte Tönhöhen, die anfangs als lange Liegetöne in engster Klanglage erscheinen, durch kurze, quasi motivische Impulse in rotierende Bewegung zu bringen, für die dann mehrfach nur noch Tonhöhen mit Zeitdauern ohne nähere rhythmische Bestimmung angegeben sind (wie auf S. 18 der Partitur). Solche Möglichkeiten des Zufalls ließen sich – noch vor Lutosławski – durch eine unbestimmte Notation erweitern, die den Spielern nur punktuell vorschrieb, auf-einander Rücksicht zu nehmen, wie es Christian Wolff (geb. 1934) erprobte (*Summer*, 1961). Earle Brown (1926–2002) umriß im Vorwort der Partitur seines einzigen Quartetts (1965) das Ziel einer von Rhythmus und Metrik »unabhängigen Darbietung«, die dem »Zeitempfinden« der Spieler statt einem »metrischen System« folgen und unumgängliche Differenzen »als Wesenselemente« in Kauf nehmen sollte.[1] In seiner *Ode pour quatuor à cordes* (1960–61), der 1988 eine zweite Ode mit Sopran *Mnémosyne obstinée* folgte, notierte 1961 Henri Pousseur (geb. 1929) über Zeiteinheiten, die sich optisch wie Takte ausnehmen, mit Ziffern ihre Proportionen, die weniger quantitativ als qualitativ gelten sollten und damit zu unbestimmten Faktoren relativiert wurden. Franco Evangelisti (1926–1980) sah in einem *Quartetto aleatorio*

[1] Vgl. Kl. Stahmer, *Anmerkungen zur Streichquartettkomposition nach 1945*, S. 15f.

(1959) drei mobile Abschnitte vor, in denen jeweils eine kleine Anzahl von Takten nach Belieben wiederholt werden konnte. Und sein Landsmann Franco Donatoni (1927–2000) ließ sein Quartett *Zrcadlo* (1963), für das er nur Umrisse mit näheren Anweisungen festlegte, von den Musikern zur Lektüre von Zeitungsseiten ausführen, deren Wortsilben die Tondauern bestimmen sollten. Da aber tagesfrische Journale in der jeweiligen Landessprache gewählt werden sollten, mußten die Aufführungen selbst in Phasen, in denen noch Tonhöhen statt der sonst dominierenden Geräusche vorkommen, von Ort zu Ort ganz verschieden ausfallen.

Das Prinzip jedoch, mit unterschiedlichen Maßnahmen eine ›offene Form‹ zu erreichen, ließ sich in mehrfacher Hinsicht ausdehnen. Eine Möglichkeit bestand in einer erweiterten Besetzung, indem etwa Schlagwerk oder elektronische Verstärkung hinzugezogen wurde. Einen solchen Versuch machte 1970 George Crumb (geb. 1929) in Stücken, die unter der Bezeichnung *Black Angels* eine Reaktion auf den Vietnam-Krieg darstellten. Wenn sich aber mit diesen *13 Images* zudem noch vage metaphysische Vorstellungen vom Engelsturz verbanden, so sollten damit die Grenzen der Gattung offenbar auf doppelte Weise überschritten werden. Und Mauricio Kagel (geb. 1931) ließ in seinem ersten Quartett (1965–67) die Spieler mit zusätzlichen Mitteln wie Papierstreifen, Stricknadeln, Streichhölzern usf. ein Arsenal an Geräuschen produzieren, bis am Ende eine angesägte Violine zu Bruch zu gehen hatte, um auf ihren Trümmern noch perkussive Effekte zu erzeugen. Ob man in derartigen Veranstaltungen eine Erweiterung oder die Beerdigung der Gattung sehen will[1], hängt von durchaus konträren Voraussetzungen ab, unstrittig dürfte es aber sein, daß solche Effekte, wie sie später etwa Stockhausens *Helikopter-Quartett* (1995) suchte, kaum zu wiederholen sind, ohne ihre spontane Wirkung zu verlieren.

Tradition und Avantgarde in Deutschland

Während vielfach Komponisten aus anderen Ländern Kontakte zu den Darmstädter Ferienkursen oder dem Kölner Studio gewannen, konnten sich Autoren des deutschen Sprachbereichs jenseits der Grenzen nicht immer gleichermaßen durchsetzen oder dauerhaft behaupten. Ein Grund lag in der polyzentralen Musikkultur, die in Deutschland schon im 19. Jahrhundert die Verbreitung mancher Werke eingegrenzt hatte. Wer sich in Hamburg oder Berlin einen Namen gemacht hatte, mußte nicht in Köln oder München ebenso bekannt sein. Weitere Umstände kamen hinzu, die erst im Rückblick hervortreten. Mit einzelnen Quartetten, die durch avancierte Konstruktion oder durch strikte Verweigerung jeder Konvention für einiges Aufsehen sorgten, traten in den kritischen Jahren nach 1950 nicht wenige Komponisten hervor, um sich aber später

---

1 Aufschlußreich ist dafür ein 1964 verfaßter Beitrag von M. Kagel, *Analyse des Analysierens*, in: *Mauricio Kagel, Tamtam. Monologe und Dialoge zur Musik*, hg. v. F. Schmidt, München und Zürich 1975, S. 41–57.

von der Gattung abzuwenden. Zu nennen wären etwa Heimo Erbse (geb. 1942) mit einem noch motivisch strukturierten Quartett op. 5 (1951), ferner Dieter Einfeld (geb. 1935) und Friedhelm Döhl (geb. 1936) mit Einzelwerken aus den Jahren 1966 und 1971–72 sowie Michael von Biel (geb. 1937) mit seinem zweiten Quartett (1963–64) oder Walter Steffens (geb. 1934) mit *Ekstase* (1963). Auch Willhelm Killmayer (geb. 1929) beließ es 1969 bei einem kurzen Quartettsatz (Mainz 1978), in dessen Material kleine Sekunden oder große Septimen auf konsonante Intervalle stoßen, um sich aus stillen Liegetönen zu triolischen Repetitionen zu entfalten und erneut zu verstummen.[1] Während der Schweizer Heinz Holliger (geb. 1939) in seinem einzigen Quartett (1973) den Atem der Spieler bis zur Erschöpfung am Ende einkalkulierte, erprobte der ebenfalls aus der Schweiz stammende Jürg Wyttenbach (geb. 1935) in *Exécution ajournée II* (1970) ähnliche Grenzbereiche wie zuvor schon Kagel. Doch selbst Dieter Schnebel (geb. 1930) schrieb unter seinen frühen »Schaustücken« nur fünf sehr kurze *Stücke* für Streichquartett (1954–55), ohne nochmals auf die Gattung zurückzukommen. Die Partner sind voneinander entfernt zu plazieren, um damit den fragmentarischen Charakter jedes Stücks und zugleich die Trennung der Klänge zu akzentuieren, deren Beziehungen daher ungreifbar bleiben.

Andere Musiker kamen nach einem frühen Beitrag erst sehr viel später – und dann fast unerwartet – zum Streichquartett zurück, ohne eine kontinuierliche Produktion zu entfalten. Zu ihnen rechnen beispielsweise Günther Becker (geb. 1924), der nach zwei früheren Quartetten (1963–67) erst 1988 eine *Hommage à Haydn* schrieb, oder Klaus Huber (geb. 1924), dessen *Moteti-Cantiones* (1962–63) ein spätes Werk folgte (*Von Zeit zu Zeit*, 1984). Beide Teile seines ersten Quartetts (Mainz 1964) verbinden zwei ›Motetus‹ genannte Sätze mit jeweils einer ›Cantio‹, dazwischen steht eine ›Interventio Nigra (Deploratio)‹, den historischen Termini entspricht jedoch ein rhythmisch wie intervallisch kompliziertes Verfahren, das noch näherer Klärung bedarf. Nach einem ersten Werk (1957) schloß sich 1969 auch Frank Michael Beyer (geb. 1928) im zweiten Quartett (Berlin 1970) aktuellen Impulsen an, die ein weiterer Beitrag 1985 fortführte. Und in *Informationen über die Töne e–f* (1965–66, Kassel 1967), die später durch ein ›Double mit einem beweglichen Ton‹ (1987) ergänzt wurden, suchte Nicolaus A. Huber (geb. 1939) zu ergründen, wieweit die Stabilität von Kerntönen im Halbtonabstand reicht, die sich überlagern und zu unbestimmter Qualität verschmelzen, bis völlige Diffusion erreicht ist. Exemplarisch sind endlich zwei Werke von Giselher Klebe (geb. 1925), der 1950 in op. 9 (Berlin 1951) mit sechs knappen Sätzen von einer variablen Reihentechnik ausging. Dagegen suchte er 1963 in op. 42 (Berlin 1965) »aufgrund der sogenannten ›Komposition mit den zwölf Tönen‹« eine »neue Strukturierung der Harmonik«, die sich im ersten Satz mit Teilkontrasten in ›due tempi‹

1 G. Gruber, *Streichtrio, Streichquartett, Klavierquartett*, in: *Der Komponist Wilhelm Killmayer*, hg. v. S. Mauser, Mainz 1992, S. 126–131.

paart und nach dem langsamen Mittelsatz zu einem dichten Variationensatz über ein Thema von Verdi führt.[1] Bei allen Unterschieden einte diese Autoren das Bemühen, einer als verbraucht empfundenen Tradition mit singulären Lösungen zu begegnen, je individueller sie aber ausfielen, desto weniger konnten sie ein kontinuierliches Repertoire stiften, das zugleich internationale Resonanz zu finden vermochte.

Eine weitere Gruppe bildeten Komponisten, die Quartette in größerer Zahl hervorbrachten, aber kaum gleichermaßen der Avantgarde zuzurechnen sind. Wie wechselvoll man auf zeitgemäße Strömungen reagieren konnte, zeigte musterhaft Jürg Baur (geb. 1918).[2] Nach einem unveröffentlichten Frühwerk (1934) schrieb er 1938 zehn *Variationen nach der Melodie ›Im tiefen Keller sitz ich hier‹*, die den C-Dur-Rahmen nur sparsam erweitern und doch noch 1986 gedruckt wurden. Andererseits operierte er 1952 im einsätzigen dritten Quartett (Wiesbaden 1955) mit Varianten einer in der Partitur abgedruckten Zwölftonreihe, deren Umformung auch dem fugierten Schlußteil zugrunde liegt. Bei erweiterter Reihentechnik nahm er schließlich 1970 in seine *Cinque Impressioni* (Wiesbaden 1972) aleatorische Satzgruppen auf, die der rhythmischen Deutung der notierten Tonhöhen größeren Spielraum lassen. Ebenso groß ist die Spanne der fünf Quartette von Dieter Acker (geb. 1940), von denen zwei ungedruckt blieben (Nr. 2, 1965–66, und Nr. 5, 1990). Nach einem traditionelleren ersten Werk (Bukarest 1967) löste sich 1966–68 das dritte (*Cantus lugubris*, Wiesbaden 1970) von primär motivischen Strukturen, bis 1971–75 das vierte Quartett (Berlin 1977) zur Konstruktion von Klang- und Zeitzuständen gelangte. Ein ähnliches Spektrum läßt sich bei Rudolf Kelterborn (geb. 1931) beobachten, der in vier Quartetten zwischen 1954 und 1970 durchaus selbständige Lösungen entwarf.[3] Mit sechs Werken (1951–1973) suchte dagegen Fritz Büchtger (1903–1978) zwischen den Extremen zu vermitteln, während der Österreicher Helmut Eder (geb. 1916) nach maßvollen früheren Beiträgen erst in zwei letzten Quartetten (op. 84 und op. 92, 1985–1991) weiterging. So steht in op. 84 drei Teilen in wechselndem Zeitmaß (Wien 1986) eine Einleitung voran, die von Einklängen und leeren Saiten her den Intervallvorrat mit Doppelgriffen mit Glissandi ausdehnt und damit das weitere Material vorbereitet. Nachdem Erich Urbanner (geb. 1936) noch 1957 ein historisch getöntes Quartett mit Praeludium, Passacaglia, Menuett usf. präsentiert hatte, schaltete er im nächsten Werk 1980 zu gitterartiger Notierung um, nach der distinkte Tönhöhen »annähernd stufenweise improvisiert« zu spielen sind. Gleichfalls in Österreich schrieb dagegen Gottfried von Einem (1918–96) erst 1977 ein erstes Quartett (op. 45, London 1977), an das sich jedoch bis 1991 vier weitere Werke anschlossen. Noch im letzten Quartett (op. 87, Wien 1993) zeigt sich, daß ein Komponist, dem die Avantgarde sehr fremd war, in maßvoll erweiterter Tonalität weiterhin zyklische Formen

---

1 M. Rentzsch, *Giselher Klebe. Werkverzeichnis 1947–1995*, Kassel u. a. 1997, S. 27ff. und 101f. zu op. 9 und op. 42, ferner ebenda, S. 69f. und 189f. zu zwei weiteren Quartetten op. 28 (*Dithyrambe*, 1957) und op. 87 (1981). Das Variationenthema in op. 42 stammt aus Verdis *Falstaff* (III. Akt, 2. Teil, »*Una, due, tre...*«), (frdl. Hinweis von Dr. Fr. Wedell, Kiel).

2 J. Scholl (Hg.), *Der Komponist Jürg Baur. Eine Dokumentation*, Düsseldorf 1993; H. Winking, *Notizen bei der Lektüre einiger Partituren – Notizen zur Kammermusik für Streicher*, in: *Jürg Baur, Aspekte seines Schaffens*, hg. v. L.-W. Hesse, A. Klaes und A. Richter, Wiesbaden und Leipzig 1993, S. 75–82; V. Blumenthaler, *Im Rauschen der Zeit. Gedanken zu den ›Cinque Impressioni‹*, ebenda, S. 83ff.

3 Vgl. dazu M. S. Weber, *Die Orchesterwerke Rudolf Kelterborns*, Regensburg 1981, wogegen eine Analyse der Quartette noch aussteht.

konstruierte und damit zu später Zeit durchaus noch der Tradition verpflichtet blieb.[1]

Unter den Komponisten, die sich der Gattung über längere Zeit zuwandten, fiel Isang Yun (1917–1995) größere Bedeutung zu, der 1967 aus Korea nach Berlin kam. Nach dem Studium bei Rufer und Blacher schrieb er hier zwischen 1959 und 1961 sein erstes gültiges Quartett (Berlin 1962), das nach zwei zurückgehaltenen früheren Werken als drittes gezählt und erst weit später von drei weiteren Werken gefolgt wurde (Nr. IV–VI, 1988–92). Der Kopfsatz in Nr. 3 geht von einer Reihe aus, die mit manchen Lizenzen die ersten Takte speist. Schon in diesem ersten der fünf Abschnitte treten aber kurzen Einwürfen Haltetöne in Septimen oder Sekunden entgegen, die sich im weiteren zu oszillierenden Klängen bündeln, und diese Technik intensiviert sich im zentralen Adagio, auf das der burleske Schlußsatz zurückkommt.[2] Zwei Frühwerken (1951–52) von Erhard Karkoschka (geb. 1923) schlossen sich 1966 die *quattrologe* für Streichquartett an (Darmstadt 1967), in denen drei zusammengehörige ›metamorphosen‹ von einem ›streitgespräch‹ und einer ›pathetischen serenade‹ unterbochen werden, während einer einleitenden ›evolution‹ die ›destruktion‹ am Ende gegenübersteht.[3] Kehrt die ›metamorphose I‹ nach gedehntem Zerfall zum Block ihres Beginns zurück, so nimmt umgekehrt in ›metamorphose III‹ die Dichte des Verlaufs in der Mitte zu. Statt motivischer Variationen liegen also Veränderungen von Klangzuständen in Zeitverläufen vor, zu deren Differenzierung gleichsam kanonische Techniken auf der Ebene der Klangfarben beitragen. Ganz anders gibt sich dagegen ein Quartett mit der Bezeichnung *Tempora mutantur* (Köln 1971), denn fünf Teilsätze sollen Geschichtsphasen charakterisieren, die von den Kennmarken ›klassisch‹ und ›romantisch‹ über ›atonal‹ und ›seriell‹ zu ›aleatorisch‹ voranschreiten. Sofern aber die ›aleatorische‹ Phase in gleicher Weise persifliert würde wie anfangs die ›klassische‹, läge kaum mehr als ein ironischer Abgesang von mäßigem Witz vor.

Als Ausnahmewerk sei schließlich das einzige Quartett genannt, das der schon 1916 geborene Henri Dutilleux nach langer Arbeit erst 1976 abschloß und nochmals vier Jahre später veröffentlichte (Paris 1980, Heugel). Obwohl sich die Musik durchaus zeitgemäß gibt, scheint auf ihr noch immer ein letzter Schimmer der Kunst von Debussy und Ravel zu liegen. Bei aller Suggestion, die das Werk auslöst, hat der Titel *Ainsi la nuit* so wenig programmatische Bedeutung wie die Überschriften der sieben Sätze (Nocturne, Miroir d'espace, Litanies 1–2, Constellations, Nocturne 2 und Temps suspendu). Den Sätzen 2–6 ist eine kurze ›Parenthèse‹ vorgeschaltet, die weniger überleitendende als intermittierende Funktion hat. Doch intendierte Dutilleux »une série d'études traitant chacune des diverses possibilités d'émission du son«[4], und so wird jeder Satz durch eine klangliche Konstellation geleitet, die durch intervallische

---

1 Zu früheren Werken vgl. R. Klein, *Gottfried von Einem in seinen Streichquartetten*, in: Österreichische Musikzeitschrift 38 (1983), S. 28–31; zu den ersten vier Quartetten eingehend W. Konold, *Die Streichquartette Gottfried von Einems – Bemerkungen zu Werkgestalt und Gattungstradition*, in: *Gottfried von Einem: Ein Komponist unseres Jahrhunderts*, hg. v. H. Hopf und Br. Sonntag, Münster 1989, S. 99–111. Noch nicht erreichbar war I. Fuchs (Hg.), *Bericht über den Gottfried von Einem-Kongreß Wien 1998*, Tutzing 2003.

2 W.-W. Sparrer, *Identität und Wandel. Zu den Streichquartetten III–VI*, in: *Isang Yun. Festschrift zum 75. Geburtstag 1992*, hg. v. H. Bergmeier, Berlin 1992, S. 28–57: S. 29–37.

3 Eine statistische Analyse versuchte H. Kolter, *Erster Satz aus ›quattrologe‹ von Erhard Karkoschka*, in: *Neue Musik, Analyse*, hg. v. E. Karkoschka u. a., Herrenberg 1976, Textband, S. 62–70, hilfreicher ist die *Einführung* von Chr. M. Schmidt, in: *Deutscher Musikrat, Zeitgenössische Musik in der Bundesrepublik Deutschland, Folge 7. 1960–1970*, Bonn 1983, Textbeilage, S. 18f.

4 H. Dutilleux, *Mystère et mémoire des sons*, Paris 1993, S. 146, zitiert nach P. Michel, Art. *Dutilleux*, in: *MGG²*, Personenteil Bd. 5, Kassel u. a. 2001, Sp. 1722–1725: Sp. 1724.

H. Dutilleux, »*Ainsi la nuit*«, *quatuor à cordes*, Einleitung (Heugel et Cie, Paris).

oder geradezu melodische Bildungen (Sätze 1, 2 und 6) und durch eruptiv kontrastierende Akkordbündel oder chromatische Linien (Sätze 3–5 und 7) charakterisiert sind. Obwohl sehr unterschiedliche Gegenkräfte dazwischen treten, bleiben charakteristische Gestalten bei allen Varianten erkennbar. Daß zu dieser Zeit noch Musik zu erfinden war, die dem aufgeschlossenen Hörer spontan zugänglich ist, ist eine ermutigende Antwort auf die Aporien, in die das Streichquartett geraten war.

Die meisten Werke, die hier aus einem weit größeren Bestand herausgegriffen wurden, sind zu unterschiedlich, um sich zu einer summierenden Zusammenfassung zu fügen. Zudem ist vorerst nicht abzusehen, was davon längere Geltung behalten wird. Zwar mag man verbindende Tendenzen feststellen, sofern eine erweiterte Reihentechnik auf die serielle Vorordnung anderer Parameter übergriff, während im Gegenzug aleatorische Verfahren hinzutraten, bis vorab Klangaggregate und Zeitkonstellationen erprobt wurden, mit denen sich die Grenzen immer weiter ausdehnten. Je mehr aber ein Resümee generalisieren müßte, desto weniger könnte es für die wechselnden Probleme und Lösungen besagen. Verschiedene Ansätze kreuzten sich schon vor 1950 bei Boulez und Cage, andere Wege gingen Berio oder Nono, und von ihren Werken heben sich gleichermaßen die von Ligeti und Carter wie die von Penderecki und Lutosławski ab. Die Schwierigkeiten der Historiographie erscheinen daher als Konsequenzen der Singularisierung der Werke, zu der die individuellen Positionen der Autoren gleichermaßen beitrugen. Gerade die Komponisten, deren Werke als exemplarisch gelten können, schrieben meist nur ein maßgebliches Quartett, während Autoren größerer Werkreihen in der Regel kaum die Spitze der Avantgarde repräsentierten. Auch traten nicht wenige Werke schon bald zurück, nachdem sie nicht selten befristete oder lokal begrenzte Resonanz gefunden hatten. Andererseits reichte die Hermetik der Verfahren so weit, daß selbst aufgeschlossene Hörer, die Werke verstehen statt hinnehmen wollen, auf nähere Untersuchungen angewiesen sind, die von den Quellen her einen Zugang öffnen können. Auffällig bleibt indessen, daß die Quartette, die sich unabhängig von Landesgrenzen durchgesetzt haben, oft von

Komponisten geschrieben wurden, aus deren Ländern zuvor nicht viele herausragende Beiträge zum Quartettrepertoire gekommen waren. Noch einmal erweiterte sich damit der internationale Diskurs in einer Phase, die eher eine Krise als ein Ende der Gattung bedeutete. Denn wenn nicht alles täuscht, dann dürften zumindest Werke wie die von Nono und Berio oder Ligeti und Lutosławski zu einem Bestand zählen, der für das Streichquartett paradigmatische Geltung bewahren wird.

2. Neue Musik und Avantgarde: Konsequenzen in Skandinavien

Der unerwartete Zuwachs, den das Streichquartett in Finnland erhielt, mag schon Grund genug sein, um der skandinavischen Produktion im späteren 20. Jahrhundert gesonderten Raum zu geben. Daß gegenüber früheren Phasen der Ertrag in Dänemark und mehr noch in Norwegen und Schweden nicht ganz so reich war, sollte allerdings nicht vorschnell als Zeichen der Ermüdung oder Abwendung aufgefaßt werden. Zieht man aber andere Gattungen heran, so zeichnet sich immerhin eine partielle Verlagerung der Interessen ab, und größer als der Kreis der zu nennenden Autoren dürfte die Zahl derer sein, von denen das Streichquartett nur gelegentlich oder gar nicht bedacht wurde.[1] Während zeitweise symphonische Werke einerseits und elektronische Experimente andererseits im Zentrum standen, konnte ein eigenes Quartettrepertoire in Finnland nicht schon im Anschluß an Sibelius, sondern erst seit der Festigung der staatlichen Selbständigkeit entstehen. In den anderen Ländern schrieben dagegen nicht wenige Komponisten nur in einer frühen Phase Quartette, denen weitere dann nur ausnahmsweise folgten. Konnte man die Ausbildung nun im eigenen Land beginnen, so wandte man sich zu weiteren Studien nach Frankreich oder in die USA und nur ausnahmsweise nach Deutschland. Auffällig ist aber die gelassene Distanz, mit der die rasch wechselnden Phasen der Avantgarde oft aufgenommen wurden, ohne freilich recht eigenwillige Ansätze auszuschließen. Der Kreis der Werke jedoch, die sich exemplarisch hervorheben lassen, engt sich noch weiter ein, sofern primär Autoren zu nennen sind, deren Beiträge gedruckt und weiter bekannt wurden, während andere nur erwähnt werden können.

1 Eine neuere Übersicht findet sich bei Gr. Andersson u. a. (Hg.), *Musik i Norden*, Stockholm 1997 (Kungl. Musikaliska Akademiens skriftserie 85), S. 308–326; (neuerdings auf deutsch: *Musikgeschichte Nordeuropas. Dänemark – Finnland – Island – Schweden*, Stuttgart und Weimar 2001).

Nordheim und Werle in Norwegen und Schweden

Als wichtigster Repräsentant der norwegischen Avantgarde darf Arne Nordheim (geb. 1932) gelten, der nach Studien in Oslo und Paris 1957 mit dem vokalen Zyklus *Aftonland* (*Abendland*, nach P. Lagerkvist) hervortrat. Unmittelbar davor entstanden zwei Einzelsätze und ein Streichquartett, nach dem Nordheim nicht mehr auf die Gattung zurückkam. Wie der kurze *Essay* vom Jahre 1954 schloß 1955 ein *Epigram* (!) mit motivischer Prägung in freier Tonalität an die zuvor durch Fartein Valen vertretene Moderne an, über die indes 1956 das dreisätzige, erst 1972 publizierte Streichquartett phasenweise hinauswies.

A. Nordheim, *Strykekvartett 1956*, T. 1–8 (Wilhelm Hansen, Kopenhagen).

Denn im einleitenden Lento laufen ›lombardisch‹ punktierte Werte in Haltetönen aus, die sich in Baßlage zu Quintbordunen festigen, kontrastierend treten mitunter Tonrepetitionen ein, aus denen vor der Coda ein Feld von raschen Trillerfiguren erwächst, sparsam ansetzende Linienzüge werden jedoch von liegenden Klängen abgefangen, deren konsonanter Rahmen dissonante Schärfung erhält. Fließende Achtelbewegung im Wechsel mit Tonrepetitionen prägt im 9/8-Takt das mittlere Intermezzo, wie sein Abschluß kehrt aber auch das als ›Epitaffio‹ bezeichnete Finale zur eigentümlichen Klangregie des ersten Satzes zurück, die von serieller und aleatorischer Technik gleich weit entfernt ist. Nur ein Quartett schrieb Tore Brevik (geb. 1932), von Oddvar S. Kvam (geb. 1927) und Ketil Hvoslef (geb. 1939) wären immerhin je zwei Werke zu nennen, die aber keine nennenswerte Wirkung finden konnten, wogegen sich Autoren wie Antonio Bibalo nur einmal (1972) oder Olav Anton Thommessen überhaupt nicht beteiligten.[1] Desto bedeutsamer nehmen sich die andernorts erwähnten Quartette aus, die weit ältere Musiker wie Knut Nystedt und Harald Sæverud noch nach 1970 schrieben.

Größeren Umfang erreichte der Bestand in Schweden, wo Gunnar Bucht (geb. 1927), der noch Schüler von Rosenberg war, im Anschluß an die Studienzeit zwei Werke beisteuerte (op. 7, 1951, und op. 24, 1959), während er erst 1997 ein drittes Quartett vorlegte. Zu prüfen

1 Nur wenige Quartette nannte auch der materialreiche Überblick von H. Herresthal, *Norwegische Musik von den Anfängen bis zur Gegenwart*, Oslo u. a. ²1987, Kap. IX *Die pluralistische Musikkultur 1945–1985*, S. 70–108.

bliebe noch, wieweit dieses späte Werk die Wandlungen reflektiert, die sich seit der maßvollen Modernität der beiden früheren Beiträge vollzogen. In dieselbe Phase wie Buchts Frühwerke fielen vier Quartette (1950–65) des bei Larsson und Pepping ausgebildeten Hans Eklund (1927–1999), während sich wenig später weitere Konsequenzen bei Karl-Erik Welin (1934–1992) und Lars Johan Werle (1926–2001) ankündigten.¹ Unter neun Quartetten Welins, die zwischen 1967 und 1990 entstanden, überwiegen einsätzige Werke, die anfangs verschlüsselte Angaben tragen. Aufschlußreich ist zumal der erste Beitrag mit der deutschen Bezeichnung *Eigentlich nicht*, denn im Umfang von rund 240 Takten stoßen freitonale Partien, die das zwölftönige Reservoir ohne Reihenbildung nur schrittweise ausschöpfen, auf tonale Segmente, die dem Titel gemäß fast wie Zitate wirken. So lösen sich anfangs aus einer Halbtonschichtung in enger Lage nur kleine rhythmische Impulse, doch endet diese Einleitung mit einem F-Dur-Akkord (T. 52), ihm schließt sich eine diatonische Wendung in e-Moll an, die von den Gegenstimmen zugleich chromatisch gefärbt wird (T. 53–58), und solche Kontraste begegnen auch im weiteren Verlauf, der nur in der Mitte motivische Konsistenz mit dynamischer Kulmination paart. Die Verfahren werden später zwar differenziert und erweitert, doch belegt schon dieses erste Werk einen Pluralismus, für den sich erst später die Rede von einer ›Postmoderne‹ einführte (und in Skandinavien dazu mit dem schillernden Begriff ›Neoromantik‹ mischte).

Dagegen begann Werle 1960 mit einem *Pentagram* (!) aus fünf Sätzen, die mit jeweils 20 bis 30 Takten an die Aphorismen Weberns erin-

1 Vgl. R. Haglund, Art. *K.-E. Welin* und Art. *L. J. Werle*, beide in: *New Grove Dictionary²*, Bd. 27, S. 266f. und 290f.; nähere Analysen der Quartette fehlen hier wie für die meisten zu nennenden Werke. Eine generelle Übersicht, die allerdings Streichquartette nur vereinzelt streift, in: L. Jonsson / H. Åstrand (Hg.), *Musiken i Sverige. Konstmusik, folkmusik, populärmusik 1920–1990*, Stockholm 1994, Kap. 12 *Konstmusik för vår egen tid* (*Kunstmusik für unsere eigene Zeit*), S. 477–525.

L. J. Werle, *Pentagram*, erster Satz, T. 1–7 (Nordiska Musikförlaget, Stockholm).

nern mögen. Sie ersetzen motivische Strukturen durch vielschichtige Relationen zwischen kleinsten intervallischen und rhythmischen Zellen, dürften aber kaum gleich strengen Regeln folgen wie Weberns Modelle, die in skandinavischen Quartetten sonst kaum Nachfolge fanden. Desto mehr kontrastierte dazu 1970 *Varieté* als Folge von acht Sätzen, die insgesamt weit einfacher anmuten und nach dem Hinweis des Autors vollständig oder in Auswahl gespielt werden können. Einerseits können sich motivische Muster mit diatonischen Bildungen paaren, ohne selbst Konsonanzen zu scheuen, andererseits läßt sich ein Satz mit vage umschriebenen Clustern in mehreren Varianten ausführen (III Gioco delle coppie), während ein anderer mit wenigen Noten und desto ausführlicheren Glissandi auskommt (VI Dramma in musica). Die Kennzeichnung der Rahmensätze als ›Introduzione con reverenza‹ und ›Finale delizioso‹ deutet zwar auf den zyklischen Anspruch, daß aber die Spieler mitunter zu sprechen oder zu singen haben, paßt nicht nur zum disparaten Programm eines ›Varieté‹, sondern läßt sich wieder als Indiz einer pluralistischen Haltung auffassen.

Während zu gleicher Zeit die Schüler Rosenbergs ihre letzten Beiträge schrieben, traten bereits jüngere Musiker wie Sven-David Sandström (geb. 1942), Daniel Börtz (geb. 1943) oder Anders Eliasson (geb. 1947) mit einzelnen Streichquartetten hervor. Sie hatten noch bei Lidholm oder Blomdahl studiert und weitere Anregungen bei Ligeti oder Nørgård gefunden, während der Ausbildung oder kurz danach entstanden jedoch ihre ersten Quartette, wogegen sie später nur mehr Einzelwerke vorlegten (so Sandström *Behind* 1981; Börtz Nr. 3, 1987, und Eliasson Nr. 3 erst 1991).[1] Beispielhaft sei Eliassons zweiter Beitrag von 1975 herausgegriffen, der als *Disegno* in eine Reihe von ebenso bezeichneten Werken in wechselnder Besetzung gehört. Lange Haltetöne, die sich in kleinen Sekunden überlagern, werden zunächst nur von knappsten Interjektionen unterbrochen, aus denen kleinste Figurationsmuster erwachsen. Sobald sie sich aber zu figurativen Feldern erweitern, in denen unterschiedliche metrische Modelle geschichtet und repetiert werden, entsprechen die konträren Umrisse jenem zeichnerischen Entwurf, den der Untertitel des Satzes benennt. In seinem *Quartetto per archi* kehrte Eliasson 1990–91 zur traditionellen Folge von vier Sätzen zurück, in denen nun allerdings akkordische oder lineare Formationen nachgerade motivische Prägnanz erreichen, so daß ihre Varianten im Satzverlauf faßlich werden. Wo man andererseits bei Börtz und Sandström zunächst die Indizien ›neuer Einfachheit‹ wahrnehmen mag, da zieht sich die sparsame Linienführung, in der Börtz selbst Konsonanzen nicht umgeht, rasch zu schrillen und bei Sandström zu fast zwitschernden Klangbändern in höchster Lage zusammen. Zwar wurden Opern oder weitere Vokalwerke dieser Autoren schon außerhalb ihres Landes beachtet, wieweit sich aber auch ihre Quartette behaupten werden, ist vorerst kaum abzusehen.

1 Zu Börtz und Eliasson vgl. die Artikel von H. Åstrand und R. Haglund in: *MGG²*, Personenteil Bd. 3, Kassel u. a. 2000, Sp. 461, und Bd. 6, Kassel u. a. 2001, Sp. 249ff., zu Sandström R. Haglund, in: Art. *S.-D. Sandström*, in: *New Grove Dictionary²*, Bd. 22, S. 237f.

Holmboe und Nørgård in Dänemark

Eine einzigartige Stellung – und nicht nur in Dänemark – hatte dagegen Vagn Holmboe (1909–1996), der zwischen 1949 und 1985 nicht weniger als 20 Quartette vorlegte, die recht bald nach ihrer Entstehung in den Kopenhagener Verlagen Viking bzw. Hansen erschienen. Waren ihnen seit der Studienzeit bei Finn Høffding noch zehn ungezählte Werke vorausgegangen, so folgte neben einzelnen Stücken noch 1996 ein letzter Beitrag op. 197, der von Holmboes Schüler Per Nørgård ergänzt wurde. Man muß wohl bis zu Pleyel oder Krommer zurückgehen, um auf Serien vergleichbaren Umfangs zu treffen, doch schrieb Holmboe seine Quartette in recht gleichmäßiger Folge, ohne wie Milhaud mit Beethoven zu wetteifern, aber auch nicht als Zuflucht wie Schostakowitsch oder in Schüben wie Rosenberg. Erstaunlich ist vor allem die Kontinuität, in der jene Prinzipien ausgebaut wurden, die bereits 1949 in den drei Sätzen des ersten Quartetts op. 46 greifbar sind.[1]

[1] Ein Überblick findet sich bei P. Rapoport, *The Compositions of Vagn Holmboe*, Kopenhagen 1996, ferner zusammenfassend ders., Art. *V. Holmboe*, in: *New Grove Dictionary*², Bd. 11, S. 637–641; nicht zugänglich war die dort genannte Dissertation von I. Finney, *The String Quartets of Vagn Holmboe*, London 1988.

V. Holmboe, Nr. 1 op. 46, erster Satz, T. 1–3 (Viking Musikforlag, Kopenhagen).

T. 26–29

Als Affettuoso beginnt die langsame Einleitung des ersten Satzes mit einem rhapsodischen Solo der Viola, das trotz aller chromatischen Erweiterung den Grundton C umkreist, bis zum Tritonus (fis) in analoger Gestik das Violoncello hinzutritt. Erst mit dem Einsatz beider Violinen festigen sich motivische Umrisse, die zu fließenden Achteln im Animato führen. Doch klingt die Eröffnung noch in punktierten Ketten der begleitenden Stimmpaare nach, in der frei erweiterten Tonalität treten aber mehrfach tonale Zentren mit D-Dur-Klängen in den Unterstimmen hervor, über denen die oktavierten Violinen eine auf- und abschwingende Kurve in d-Moll intonieren, ohne jedoch durchgängige Bitonalität zu veranlassen. Am Ende will sich zwar D-Dur durchsetzen, wozu jedoch der halbtönig versetzte Grundton in hoher Lage quersteht, der unter Umdeutung (dis / es) die Brücke zum Adagio schlägt. Auch dieser Satz wird von ähnlich fließender Bewegung geprägt, so wenig er aber einer formalen Norm gehorcht, so unübersehbar sind motivische Rekurse und tonale Relikte, und sie begegnen ebenso in einem scherzosen Presto, das als Einschub der Rückkehr zum Adagio vorangeht. Breite Akkorde im Lento präludieren einem Molto vivace als Finale, dessen Hauptthema den 5/4-Takt in motorischen Achteln überspielt, um ihn in metrisch verschobenen Vierteln des Seitensatzes auszuspielen. Durchweg wird aber in allen Sätzen eine Technik der Metamorphose wirksam, die von kleinsten rhythmischen und intervallischen Zellen her mit verzweigten Varianten ein flexibles und nur hintergründig wirkendes Netzwerk stiftet.

Bei aller Differenzierung zeigen die ebenfalls 1949 geschriebenen Quartette Nr. 2–3 (op. 47–48) einen prinzipiell ähnlichen Befund, und die Verfahren ändern sich 1953–55 kaum grundsätzlich in Nr. 4–5 (op. 63 und 66), selbst wenn in Nr. 2–4 fünfsätzige Folgen mit paarigen Außensätzen und langsamem oder raschem Zentrum bevorzugt werden, während nur Nr. 5 zur dreisätzigen Anlage von Nr. 1 zurückkehrt. Wo später gelegentlich zwölftönige Muster erprobt werden wie 1961 im Beginn des Finalsatzes aus Nr. 6 (op. 78), da folgen sie doch keiner Reihentechnik, sondern bilden nur das Reservoir eines thematischen Feldes. Es wird vom Tutti in massiven Akkorden angeführt, die nicht nur wie ein gliedernder Refrain hervortreten, sondern mit ihrem eröffnenden Terzfall in die verzweigten Episoden eingreifen, um damit die zerklüftete Form zu binden. Sein Modell findet der Terzfall schon im Lento, das im Kopfsatz ein Allegro con fuoco mit kleingliedrigem Hauptsatz und weiträumigem Seitensatz umrahmt und sogar in die Satzmitte hineinragt. Beide Binnensätze wandeln erneut die Charaktere von Scherzo und Adagio ab, doch erweitert sich mit dem tonalen Radius zugleich die virtuose Vielfalt latenter Varianten, mit der sich Holmboe dem Vorwurf einer neoklassizistischen Manier entzieht. Nach den Quartetten Nr. 7–10 (op. 86–87, 92 und 102), die bis 1969 hinzukamen, begann 1972 mit Nr. 11 (op. 111) eine weitere Reihe, die bis 1977 zu Nr. 15 reichte (op. 116, 124–125 und 135), wonach ein letzter Block mit Nr. 16–20 (op. 146, 152–153, 156 und 160) zwischen 1981 und 1985 entstand. Während sich in der internationalen Avantgarde die Grundlagen der Gattung verschoben, hielt Holmboe unbeirrt an seinem Konzept fest, wie es etwa in Nr. 11 sichtbar wird. Die viersätzige Anlage erweitert sich hier insofern, als der zweite Satz in zwei Teile mit unterschiedlichem Zeitmaß zerfällt, womit das ihn beschließende Allegro robusto in die Mitte des

V. Holmboe, Nr. 6 op. 78, Finale, T. 1–11 (Wilhelm Hansen, Kopenhagen).

Werks rückt. Mit den raschen Rahmensätzen teilt es die Basis einer anfangs diatonischen Figuration, die aus der Erweiterung kleiner Wechselnoten oder Drehfiguren entsteht, zunehmende Chromatisierung erfährt und zum begleitenden Untergrund absinkt, wenn energische Akkorde oder kantable Linienzüge als kontrastive Momente fungieren. Demgemäß ist dem Werk die Bezeichnung ›rustico‹ beigegeben; vergleichbare Konstellationen trifft man aber auch in den weiteren Werken an, in denen die Affinität klanglicher Charaktere oder Gesten die motivischen Metamorphosen ergänzen oder sogar ersetzen kann. Daher bedurfte Holmboe keiner ›neuen Einfachheit‹, um inmitten der frei erweiterten Tonalität Dreiklänge so zu beleuchten oder einzutrüben, daß sie als Orientierungsmarken im komplexen Satzgefüge dienen können. Dennoch wäre es unangebracht, ihn als ›Neoklassizisten‹ zu etikettieren, da die Quartette keineswegs nur tonale Normen oder tradierte Formen restituieren. Selbst wo einmal ein Andante den Zusatz ›quasi giacona‹ (!) trägt wie der Mittelsatz aus Nr. 3, da vollzieht sich im gemessenen 3/2-Takt ein Variationsprozeß, der sich nur graduell von den sonst geltenden Verfahren unterscheidet. All das gibt dieser Werkreihe ihren eigenen Ton, selbst wenn sie in Dänemark nach 1970 von den Beiträgen jüngerer Schüler und Zeitgenossen überlagert wurde.

Neben Holmboe schrieben weitere Komponisten Quartette, so Jørgen Jersild (geb. 1913), der nach neun recht einfachen Sätzen (*Quartetti piccoli*, 1950) ein *Quartetto per archi* (1981) vorlegte, oder Pelle Gudmundsen-Holmgren (geb. 1932), von dem sich außer vier Quartetten (1959–1967) zwei weitere Sätze (1983–86) in einer Technik der ›modalen Gitter‹ nennen lassen.[1] Nächst Nørgård fand indessen Ib Nørholm (geb. 1931) weitere Aufmerksamkeit, der ebenfalls Schüler Holmboes war und zuvor noch bei Høffding und N. V. Bentzon studiert hatte. Nicht grundlos haben seine acht zum Teil nur einsätzigen Quartette die Forschung weniger beschäftigt als die Reihe seiner neun Symphonien, in denen sich noch klarer der Weg von seriellen und aleatorischen Verfahren zu einem recht eigenartigen Pluralismus verfolgen läßt.[2] Wie diese Werke tragen die Quartette Bezeichnungen, die der Gattung gemäß aber weniger auf Programme als auf poetische Metaphern zielen dürften. Nur das erste, *In vere* (op. 4, 1955), fällt noch in die frühe Phase, Beispiele einer neuen Orientierung sind nach den *Impromptus* op. 31 (1965) vor allem die Quartette Nr. 3 und 4 mit den Beinamen *From my Green Herbarium* (op. 35, 1966) und *September, Oktober, November* (op. 38, 1966), während vier weitere Werke (op. 65, 73, 94 und 107) zwischen 1966 und 1988 folgten. Alternativen zu den Aporien der Avantgarde lagen für Nørholm aber nicht in ›neuer Einfachheit‹, sondern in der wechselnden Anordnung von Tönen oder Intervallen zu teilweise symmetrischen Serien, die mit charakteristischen Akkordformationen zugleich motivische Konfigurationen vorgeben können.[3] Als exemplarisch darf das vierte Quartett gelten, das zwischen drei nach Monaten benannten Sätzen zwei als ›Transparent‹ bezeichnete Einschübe enthält. So wird im ›Transparent I‹ ein steigender h-Moll-Klang von einem verminderten Klang über cis im gleichsam kanonischen Geflecht überlagert; analoge Klangketten ergeben dann ein schillerndes Mosaik, das am Ende zum anfänglichen Muster zurückfindet. Durch rhythmische Impulse kann ein solches Gewebe noch komplexer werden wie etwa in ›September‹, wo entsprechend variierte Akkordtrauben von punktierter und synkopischer Rhythmik in vielfach gezackter Bewegung überlagert werden. Während der Mittelsatz (›Oktober‹) diese Komplexität graduell reduziert, pointiert sie das Finale (›November‹) erneut, indem isolierte Gesten der einzelnen Stimmen von gehaltenen Akkordflächen umrahmt werden, die sich aus halbtöniger Schichtung großer Terzen in fallender Folge (über c, h, as und a) herleiten, wogegen die Satzmitte solche Klangfelder in arpeggierten Figurationen entfaltet.

Kein anderer dänischer Komponist gilt aber derart als Repräsentant seines Landes wie Per Nørgård (geb. 1932), der nach einem ungezählten Frühwerk in vier Sätzen (1951) zwischen 1952 und 1997 acht weitere Quartette und Quartettsätze vorlegte. Von den ersten fünf Werken wurde bis 1983 nur das zweite, op. 21 publiziert, das 1952 entstanden und 1958 revidiert worden war, ehe es 1965 im Druck vorlag.[4] Ihm folgten 1959 drei *Miniaturen* und 1969 zwei weitere Werke, sie wurden

---

1 Vgl. M. Andersen, Art. *Gudmundsen-Holmgren*, in: *MGG²*, Personenteil Bd. 8, Kassel u. a. 2002, Sp. 173ff.

2 M. Andersen, *Tonaliteter. Om struktur og betydning i Ib Nørholms symfonier og om tonalitet som fænomen og begreb* [*Tonalitäten. Über Struktur und Bedeutung in Ib Nørholms Symphonien und über Tonalität als Phänomen und Begriff*], in: Dansk Årbog for musikforskning 23 (1995), S. 39–62; ders., Art. *I. Nørholm*, in: *New Grove Dictionary²*, Bd. 18, S. 43f.; P. Choppard, *Ib Nørholm. Tradition in his music and thinking. An analysis of the 9th symphony*, Diss. Hamburg 1996, Kopenhagen 1999.

3 Vgl. M. Andersen, *Tonaliteter*, S. 42–47 zu entsprechenden Reihen und S. 47–52 zu modalen Mustern.

4 B. Bjørnum, *Per Nørgårds kompositioner. En kronologisk-tematisk fortegnelse over værkerne 1949–1982*, Kopenhagen 1983, Nr. 15, 21, 53, 61, 120 und 122, S. 39, 68f., 77f. und 130f. Eine Übersicht unter Einschluß der früheren Werke gab S. Møller Sørensen, *Dialektik von Innovation und Tradition. Zum Streichquartett-Schaffen Per Nørgårds*, in: *Streichquartett*, 1988 (Positionen 34), S. 44f.

aber erst später in revidierten Fassungen zugänglich und somit erst wirksam, als der Autor bereits sehr andere Verfahren erprobte, die jedoch innerhalb der Streichquartette erst seit 1986 zur Geltung kamen. Nach einem nur zweisätzigen *Quartetto breve* spiegelt das durch die Publikation ausgezeichnete *Quartetto brioso* op. 21 mit drei Sätzen noch Eindrücke der Musik von Holmboe und Sibelius (und vielleicht auch Bartók) wider.[1] Anfangs gruppiert zu fünf bis neun Achteln, verketten sich im Allegro con brio steigende und fallende Gänge, die zwischen Sekunden auch Terzen einlassen, zu einem klangdicht dissonierenden Gewebe, vom ersten Themenblock unterscheidet sich ein zweiter durch klangliche und rhythmische Auflockerung, und nach dem Antrieb, den die diastematische und zugleich dynamische Expansion aus asymmetrischer Rhythmik erfährt, resümiert eine angedeutete Reprise das Material. Aus anfänglicher Ruhelage gelangt das zentrale Adagio über synkopische Stauung zu Clustern im Tremolo, denen ihr schrittweiser Abbau folgt, und im Finale vermittelt ein Sostenuto zum abschließenden ›Fluente e leggiero‹, auf dessen Material aus fallenden a-Moll-Klängen sich der Zusatz ›Metamorfose‹ beziehen mag. Ohne die satztechnische Basis schon grundlegend zu ändern, erproben die nächsten Werke systematisch weitere Kombinationen, beginnend mit *Drei Miniaturen* op. 26 (1959), in denen die Stimmen melodische Partikel unterschiedlicher Länge derart wiederholen und variieren, daß aus ihrer Kreuzung ständig wechselnde Konstellationen entstehen. Zehn Jahre später erklingt im einsätzigen *Quartet in three spheres* (›Dreamscape‹) der notierte Tonsatz, den die Spieler ausführen, simultan zu zwei elektronisch bearbeiteten Einspielungen, die unter konträren Bedingungen hergestellt wurden, sodaß sich zwischen ›Nah- und Fernquartett‹ ein mehrdimensionaler Hörraum ergibt. Im eröffnenden Presto aus *Inscape* (1969) wird der Rahmen einer kleinen Terz (d'–h) durch Halb- und Vierteltöne zunehmend dichter gefüllt, bis ihre Überlagerung in pulsierenden Klangflächen zu Interferenzen führt. Während sich diese Töne im Mittelsatz (Lento) klarer sukzessiv oder kombiniert ablösen, wird der Tonraum im Finale so erweitert, daß sich eingangs ein überraschender G-Dur-Dreiklang einstellt. Daß aber zum thematischen Material der Violinen in den Unterstimmen die Obertonreihe als rasche Figurenkette hinzutritt, deutet auf weitere Maßnahmen voraus.[2]

Nach eigenem Bekunden löste sich Nørgård, der sich vielfach zu seiner Arbeit geäußert hat, von der durch Nielsen, Sibelius und Holmboe vertretenen Tradition durch die Erkundung der sogenannten ›Unendlichkeitsreihen‹. Äußerst vereinfacht ist das Verfahren als Projektion von ein oder zwei vorgegebenen Intervallen zu umschreiben, die bei Umkehrung derart auf die folgenden Tonstufen überführt werden, daß sich immer weitere Töne in ›unendlichen Reihen‹ ableiten lassen.[3] Erst nach 1980 führte ein weiterer Schritt zu den sogenannten ›Tonseen‹, deren

1 Zu näheren Einzelheiten vgl. J. L. Jensen, *Per Nørgårds Musik. Et verdensbillede i forandring* [*Ein Weltbild in Veränderung*], Kopenhagen 1986, S. 44f.
2 Ebenda, S. 95ff.
3 Dazu ausführlich ebenda, S. 25–30, 62–66 und 156–161; eine englische Zusammenfassung bei E. Kullberg, *Beyond Infinity. On the infinity series – the DNA of hierarchical music*, in: *The Music of Per Nørgård. Fourteen Interpretative Essays*, hg. v. A. Beyer, Aldershot 1996, S. 71–93. Vgl. neuerdings L. Thomsen, *Unendlicher Empfang. Per Nørgård und seine Musik*, Kopenhagen 2000, S. 17–21. Äußerungen des Komponisten finden sich gesammelt bei I. Hansen, *Per Nørgård. Artikler 1962–1982*, Kopenhagen 1982.

1 J. Mortensen, *Per Nørgårds Tonesøer. Med efterord ved Per Nørgård* [*Mit Nachwort von Per Nørgård*], Esbjerg 1992, S. 22–29; L. Thomsen, *Unendlicher Empfang*, S. 100–109, zu *Tintinnabulary* hier S. 112–114, und S. Møller Sørensen, *Dialektik von Innovation und Tradition*, S. 46.

Voraussetzung neben den Obertönen die lange bezweifelten, inzwischen aber elektronisch nachgewiesenen Untertöne waren. Sind in beiden Reihen diatonische Skalen vorgegeben, so lassen sich ihre Bestandteile zu Quintstapeln ordnen und zu Dreiklängen ergänzen. Und wenn entsprechend zwei Quintreihen im Abstand eines Tritonus verschränkt werden, dann erweitert sich der Vorrat derart, daß sich durch wechselnde Auswahl, Anordnung und Kombination sehr unterschiedliche Tonkomplexe ergeben. Eine Auswahl bilden ›die 12‹ als noch begrenzter ›Tonsee‹, der erstmals 1986 im Quartett Nr. 6 mit dem Beinamen *Tintinnabulary* verwendet wurde.[1] Vor der Coda des einsätzigen Werks kommt das Material zum Vorschein, wenn sich rhythmisch gegeneinander verschobene Quinten bei wechselndem Abstand in einem gleichsam wiegenden Klangraum überlagern (T. 186–211 ›wie ein Walzer‹: f–c–g versus h–fis–cis usw.).

P. Nørgård, Nr. 6, *Tintinnabulary*, T. 185–189 (Wilhelm Hansen, Kopenhagen).

In der anschließenden Kadenz wie schon bald nach Beginn (ab T. 6) können die Quinten skalar gefüllt werden, womit das Material nur anders ausgeschöpft wird, und auf rhythmischer Ebene läßt sich zudem die Koordinierung der Stimmen in asynchroner Schichtung soweit verändern, daß sie an Grenzpunkten gänzlich aufgehoben ist (wie ab T. 212). Die Klangfelder, die zwischen diesen Polen in wechselnd diatonischer und chromatischer Färbung changieren, lassen mitunter die vom Titel verheißenen Glockenklänge assoziieren. Und so kann man ihnen einigen Reiz abgewinnen, ohne die kosmologischen Vorstellungen von Planeten, Wochentagen und Tierzeichen zu teilen, die Nørgård mit den ›Tonseen‹ verband und die dem Außenstehenden recht ›nordisch‹ vorkommen mögen. Satztechnisch und partiell sogar melodisch griff das nächste Quartett auf ein kleines Werk für Gitarre und Violoncello zurück, das 1991 mit der Bezeichnung *Quaerendo invenietis* vorausging. Das Verhältnis zu den ebenso überschriebenen Kanons aus Bachs *Musikalischem Opfer* BWV 1079 ist zwar vorerst offen, deutlich tritt aber im ersten Satz des Quartetts Nr. 7 (1993–94) ein B–A–C–H–Zitat hervor (T. 46), aus dessen drei ersten Tönen die allen Sätzen zugrunde gelegte Unendlichkeitsreihe abgeleitet wird. Erst recht bleibt jedoch noch zu klären, wie sich die fünf Sätze des letzten Quartetts, das 1997 mit dem Titel *Night descending* abgeschlossen wurde, strukturell zu den metaphysischen Begriffen verhalten, die der Autor im Vorwort umriß.[1] Nicht zuletzt solchen Konnotationen dürfte sich aber die Faszination verdanken, die Nørgårds Musik – zumindest auf ihre Interpreten – offenbar auszuüben vermag.

Während seiner Lehrtätigkeit in Århus bildete Nørgård einige Schüler aus, deren Quartette partiell zu ›neuer Einfachheit‹ und auffälliger Verknappung tendieren. Zu ihnen zählen etwa Ole Buck (geb. 1945) mit *Hyperion* und *Mikrokosmos* (1969 und 1991), Bent Sørensen (geb. 1958) mit *Adieu* und *Angel's Music* (1986–88) sowie Poul Ruders (geb. 1949). Exemplarisch sind zehn *Preludes* (1973–76) von Hans Abrahamsen (geb. 1952), die bei einer Dauer von je rund zwei Minuten die Pluralität zum Extrem treiben. Im ersten Satz etwa bilden rasche Figuren über Liegetönen oder synkopischen Linien im Abstand eines Halbtons oder Tritonus schrille Dissonanzen, die in der Mitte zu diatonischen Segmenten reduziert werden. Ähnlich kontrastieren im zweiten Satz diatonische Einwürfe oder dissonante Akkordblöcke im Unisono zu ständigen Tonrepetitionen, während der fünfte Satz entsprechend aufgefächerte Akkorde in steigender Folge mit gleichmäßig tickenden Wiederholungen paart. Den Gegenpol bilden weit einfachere Muster wie in Nr. 4 oder 8, denen sich mit Nr. 9 ein einstimmiger Satz in e-Moll und G-Dur anschließt, bis den Schluß ein C-Dur-Satz macht, der nur drei Grundfunktionen kennt, als wolle er Tänze des 18. Jahrhunderts noch weiter simplifizieren. Ein zweites Quartett mäßigte 1981 die Extreme mit raschen Ecksätzen voller dissonanter Klangfelder, zwischen denen ein Scherzo in gleichmäßig gezackten Akkorden und ein Tranquillo mit fast konsonanter Diatonik vermitteln. Nicht ganz so weit ging Ruders in seinem zweiten Quartett (1979), das eingangs ›Senza problema‹ Dreiklangsfiguren mit Skalen in G- und D-Dur mischt, um sie dissonant zu verfremden, wonach der Schlußsatz entsprechend den traditionellen Rhythmus eines ›Siciliano‹ umfärbt. Als *Motet* benannte der Autor ein gleichzeitiges Werk, das an hochmittelalterliche Musik mit diatonischem oder sogar modalem Material und zudem in der rhythmischen Schichtung der Stimmen gemahnt.

1 Zu Nr. 7–8 vgl. L. Thomsen, *Unendlicher Empfang*, S. 135f. und 146f., sowie S. Møller Sørensen, *Dialektik von Innovation und Tradition*, S. 46.

Zum finnischen Repertoire seit Kokkonen

Noch immer wirkt also in Quartetten jüngerer Musiker aus Skandinavien die konstruktive Distanz nach, die der Produktion seit Nielsen, Valen oder Rosenberg zu eigen war, wovon sich Nørgårds Systematik in ihrem metaphysischen Anspruch desto auffälliger abhebt. Besondere Eigenart gewann aber die finnische Tradition, die sich erst im Abstand zu Sibelius formieren konnte. In einer Übersicht, wie sie für andere Länder fehlt, nannte Kimmo Korhonen aus der Zeit seit etwa 1950 mehr als 120 neuere Streichquartette von fast 50 Autoren, die ohne analytische Hinweise mit Worten wie ›Modernismus‹, ›Avantgarde‹ oder ›Neoromantik‹ gekennzeichnet wurden.[1] Immerhin geht daraus hervor, welch reicher Ertrag in einem Land entstand, aus dem man zuvor nur das Hauptwerk von Sibelius kannte. Entscheidend war zunächst, daß in befestigter Unabhängigkeit die Förderung der Künste als nationale Aufgabe begriffen wurde. Neue Konzertsäle und Opernhäuser mit entsprechenden Ensembles entstanden ebenso wie Musikhochschulen und Universitäten mit musikwissenschaftlichen Instituten, und fast einzigartig dürfte das dichte Musikleben im Verhältnis zur Einwohnerzahl sein. Daß namhafte Komponisten wie Rautavaara oder Heininen anfangs Musikwissenschaft studierten, während Forscher wie Erkki Salmenhaara und Mikko Heiniö auch als Komponisten hervortraten, spricht für eine enge Verzahnung beider Disziplinen, die andernorts früher verlorenging. Bestand zuvor keine eigene Tradition des Streichquartetts, so gab die Gattung nun Gelegenheit, konzentriert die Stadien der Moderne aufzuarbeiten, um zugleich ein nationales Repertoire zu schaffen. Aus diesem Bestand lassen sich freilich nur Hauptwerke der Komponisten von internationaler Reputation hervorheben, während für die Fülle weiterer, meist jüngerer Autoren auf Korhonens Übersicht zu verweisen ist.

Ein Nestor der finnischen Moderne war Erik Bergman (geb. 1911), der sich recht früh mit dodekaphonen Techniken auseinandersetzte, aber erst 1982 sein einziges Streichquartett op. 98 schrieb. Zu dieser Zeit lagen schon zahlreiche Beiträge jüngerer Autoren vor, die darum die Gattung in Finnland weit eher repräsentierten. Zum maßgeblichen Lehrer wurde Joonas Kokkonen (1921–1996), der nach neoklassizistischen Anfängen von freier Tonalität zu variabler Dodekaphonie fand, wie sie dem dreisätzigen ersten Streichquartett (1958–59) zugrundeliegt. In freier Imitation gedehnter Halbton- und Kleinterzschritte exponiert zu Beginn das Allegro die Reihe so deutlich, daß ihre Wiederkehr in rhythmischer Verkürzung samt triolischer Umwandlung unschwer zu erkennen ist (T. 1–17). Aus diesen Figuren erwächst eine rhythmisch gesteigerte Überleitung, nach deren Reduktion wie ein Seitensatz eine beruhigte Phase hervortritt, die ihrerseits wieder auf die Reihe zurückgreift (ab T. 82). Wird also an Schaltstellen einerseits die Reihe komplett

---

[1] K. Korhonen, *Finnish Chamber Music*, Helsinki 2001, S. 36–120, sowie das Verzeichnis ebenda, S. 121–180. Bislang nur auf Finnisch liegt der letzte Band einer Musikgeschichte des Landes vor: M. Heiniö, *Aikamme musiikki 1945–1993*, Porvoo u. a. 1995 (Suomen musiikin historia 4 [Finnlands Musikgeschichte 4]); Auszüge daraus: *The Music of Our Time*, in: Finnish Music Quarterly 12 (1996), Nr. 4, S. 31–63. Für weitere, fast durchweg auf Finnisch vorliegende Literatur kann nur generell auf die Angaben in den einschlägigen Enzyklopädien verwiesen werden.

J. Kokkonen, Nr. 1, erster Satz, T. 1–14 (Fazer Music, Helsinki).

durchlaufen, so sind andererseits Wiederholungen von Tönen oder Gruppen so wenig ausgeschlossen wie Derivate oder Umstellungen. Solche Lizenzen treten in den Dienst einer motivischen Konzeption, die sich mit einer fast klassizistischen Artikulation der Formgliederung verbindet. Während im Zentrum des Mittelteils thematische Linien von wiegenden Figuren begleitet werden, deren Beschleunigung akkordisch gestaut wird, kündet ein Reihendurchlauf (T. 210–214) den Schlußteil an, der wie eine Reprise die rhythmischen Charaktere zusammenfaßt, ohne die thematischen Linien zu restituieren. Noch in den raschen Sechzehntelfiguren der Coda und ebenso in den repetierten Schlußakkorden kehrt aber die Reihe in ihrer ursprünglichen Abfolge wieder. Auf der Basis einer weiteren Reihe bildet ähnlich ein Andante als Mittelsatz zwei thematische Bereiche aus, auf die nach einem Mittelteil der Satzschluß rekurriert, und der rasche Finalsatz bestreitet mit entsprechendem Material gleich mehrfach Imitationsketten, aus denen sogar ein kleines Fugato entsteht (T. 196–241). So paart sich in Kokkonens erstem Quartett, das als erster Beitrag von Rang ein Schlüsselwerk im finnischen Repertoire der Moderne bildet, eine relativ freie Zwölftontechnik noch einmal mit einer Formung, deren Klarheit an neoklassizistische Positionen erinnern mag. Diese Prinzipien wurden 1964–66 und 1976 im zweiten und dritten Quartett modifiziert, ohne sich grundlegend zu ändern. Denn wie mit Reihen nun noch freier verfahren wird, so werden formale Zäsuren und thematische Segmente kaum noch ostentativ präsentiert. Das zweite Quartett eröffnet eine Passacaglia, in der trotz hörbarer Analogien das Variationsprinzip nicht so deutlich hervortritt wie die Bildung von Abschnitten wechselnden Umfangs. Ein Intermezzo fungiert hier als entspannte Alternative vor einem Allegro mit vorgeschalteter Introduzione, besonders eindrucksvoll ist aber ein Molto adagio als knapper Epilogo. Denn erneut beweist sich Kokkonens Fähigkeit zur Modellierung thematischer Segmente über begleitenden Stimmbändern, und sie bewährt sich ebenso im langsamen Finale des dritten Werks, wogegen zwei vorangehende rasche Sätze hier etwas leichter wiegen. Als »more romantic« kann aber auch dieser Beitrag nur gelten, sofern man geschlossene thematische Bögen meint, die wie schon im ersten Werk kantable Linien nicht ausschließen.[1] In ihrer Kontinuität sind Kokkonens Quartette mehr als ein später Nachklang der klassischen Moderne, da sie in gelassener Souveränität scheinbar heterogene Züge verbinden, ohne eklektischem Pluralismus zu verfallen.

Ebenfalls an der Sibelius-Akademie lehrte seit 1957 Einojuhani Rautavaara (geb. 1928), der zuvor seine Ausbildung bei A. Copland und R. Sessions in den USA und bei W. Vogel in der Schweiz ergänzt hatte. Von seinen vier Quartetten zeigen namentlich die beiden ersten einen Wandel, der zwischen 1952 und 1958 von fast tonalen Anfängen zu freier Dodekaphonie führte. Als erster Beitrag entspricht das dreisätzige op. 2 noch einer neoklassizistischen Position, die zu dieser Zeit verspätet sein mochte, in Skandinavien aber während der ersten Nachkriegsjahre keine Ausnahme war. Der Rahmen von h-Moll wird in den raschen Außensätzen ähnlich erweitert wie der von g-Moll im mittleren Andante, dessen Material pentatonisch gefärbt ist, auffällig ist jedoch, daß fast durchgehend zwei oder mehr Stimmen homorhythmisch zusammengefaßt werden, was zwar die klare Thematisierung begünstigt, ohne aber die Möglichkeiten des Quartettsatzes ganz auszunutzen. Gründlich verändert haben sich die Voraussetzungen im zweiten und dritten Quartett (op. 12, 1958 und op. 18, 1965), unter denen besonders das frühere mit dodekaphonen Verfahren eine überzeugende Anlage der vier tradierten Sätze erreicht. Daß Haupt- und Nebenstimmen nach Schönbergs Weise markiert sind, läßt eine streng regulierte Reihentechnik erwarten, wie sie faktisch aber kaum gegeben ist. Auf die sich ablösenden Außenstimmen verteilt der erste Satz eine Reihe, die von den Mittelstimmen ergänzt wird. In ihr werden vier kleine Terzen mit Halbtönen gepaart, die dem Rahmen ein- oder zugefügt werden, zudem können die Intervalle umgekehrt oder durch Oktaven erweitert werden, und daß zwischen ihnen und in Nebenstimmen weitere Konstellationen möglich sind, ohne wiederholte Töne oder Gruppen auszuschließen, macht das Material nur desto geschmeidiger. Statt auf geschlossenen Themen wie bei Kokkonen gründet die Satztechnik auf kleinen motivischen Zellen, die ebenso variabel wie die intervallischen Partikel sind. Entsprechend erlauben vielfache Taktwechsel und modifizierte Tempoangaben einen fließenden Verlauf, der sich vom anfänglichen Moderato in mehreren

---

1 K. Korhonen, *Finnish Chamber Music*, S. 38–41: S. 41. Als »romanticising classicist« erschien Kokkonen auch P. H. Nordgren, *Joonas Kokkonen – Symphonist*, in: Finnish Music Quarterly 7 (1991), Nr. 3, S. 3–9: S. 5f.

E. Rautavaara, Nr. 2 op. 12, erster Satz, T. 1–12 (Breitkopf & Härtel).

Stufen entfaltet und wieder zum Tempo primo zurückführt. Das beredte Espressivo, das die Musik damit gewinnt, zeichnet besonders das weiträumige Adagio an dritter Stelle aus, das sich nur zögernd beschleunigt (T. 29–58). Ein Allegro als zweiter Satz verhält sich dazu wie ein Scherzo, von dessen motivischen Figuren sich ein etwas langsamerer Mittelteil (T. 62) als Trio mit synkopierter Rhythmik abhebt, während das Finale einmal (T. 29) zum Fugato ansetzen will und doch rasch von wirbelnder Rhythmik der Gegenstimmen überspült wird. Wo immer jedoch motivisches Material wiederzukehren scheint, da wird es in der Regel intervallisch oder rhythmisch verändert, indem es aber dennoch nicht seine Charakteristik einbüßt, trägt es zur Orientierung ebenso bei wie zum wechselvollen Ablauf der Sätze. Dazu gehören nicht zuletzt sukzessive oder simultane Terzen und Sexten, die in der dodekaphonen Substanz angelegt sind und mitunter tonale Konnotationen erlauben, zugleich aber im Kontext neutralisiert werden. Das dritte Quartett op. 19 *in one movement* überträgt diese Verfahren auf einen weiträumigen Komplex, dessen Kern die langsamen Rahmenteile bilden. Vom Largo führen sie über ein Andante sostenuto und Appassionato zu einem Agitato, um sich dann wieder zu verlangsamen, mehr als die Reihentechnik treten motivische Zellen hervor, die aber so variabel sind, daß sich in analogen Phasen weniger ihre diastematischen als rhythmischen Konturen abzeichnen. Damit ergibt sich ein ähnlicher Verlauf wie in dem früheren Werk, doch erhält das Material kaum eine ebenso orientierende Funktion in der weiträumig verzweigten Anlage. Dagegen entspricht dem Hinweis, das vierte Werk (op. 87, 1975) falle in eine »neoromantische« Phase des Komponisten[1], keine Rückkehr zu historisierenden Positionen, denn es kennt zwar wieder motivische Segmente, die vom gemäßigten ersten Satz her in den langsamen Mittelsatz und das raschere Finale übergehen. Indem aber tonale und selbst konsonante Einschläge durch dissonante Spannungen überblendet werden, entstehen Phasen der Steigerung und Rücknahme, die zur Geschlossenheit des Verlaufs beitragen. So trifft die Feststellung, daß Rautavaaras Sinfonien sich »nicht dem Maßstab der Einheitlichkeit« fügen wollen, auch für die Quartette zu[2]; in ihrer Vielfalt liegt aber eine Eigenart, die sie von Kokkonens kontinuierlicher Produktion unterscheidet.

Der letzte in dieser Trias finnischer ›Klassiker der Moderne‹ ist Aulis Sallinen (geb. 1928), der Schüler von Kokkonen war und seit 1965 selbst an der Sibelius-Akademie unterrichtete. Während des Studiums entstand 1958 ein erstes Quartett op. 14 in drei Sätzen, die sich vom polyphonen Fluß eines Lento über ein spielerisches Interludium zum raschen Finale beschleunigen, dessen fugierter Beginn den Zwölftonfundus ausnutzt, ohne sich orthodoxer Dodekaphonie zu verschreiben. Entschiedener noch löst sich davon schon zwei Jahre später das zweite Werk mit dem Untertitel *Canzona*, dem die motivischen Beziehungen zwischen den Abschnitten entsprechen. Maßgeblich ist ein Incipit mit Quintsprung und halbtöniger Erweiterung, die tonalen Implikationen jedoch, die vorerst nur latent wirksam werden, erreichen dann weitere Geltung in späteren Werken.[3] Am bekanntesten wurde in Finnland nicht zufällig das dritte Quartett op. 19 aus dem Jahre 1969, das mit der Bezeichnung *Some Aspects of Peltoniemi Hintrik's Funeral March* eine geläufige Weise aus der älteren finnischen Spielmannsmusik benennt. Sie liegt einem Satzkomplex mit fünf Variationen zugrunde, deren mittlere von sehr kurzen Intermezzi flankiert wird, und wiewohl die Teilgrenzen überspielt werden, bleibt der Wechsel zwischen Abschnitten kenntlich, die sich vom melodischen Modell und seiner tonalen Basis entfernen, um sich ihm immer wieder zu nähern. Das variative Prinzip präsentiert die Eröffnung, die im Unisono die Weise mit ihren repetierten Formeln einführt und dann sparsam mit tonalen Akkorden im Pizzicato auffüllt. Je länger aber solche Akkordtöne gehalten werden, desto mehr stehen sie quer zur thematischen Melodie, die sich in Fragmente auflöst und fast zurückzieht. Flüchtig hellt sich der Satz zu G-Dur auf, doch wendet sich die Weise wieder nach g-Moll, bevor sie nachdrücklich von Dissonanzen überlagert wird. Selbst Spielmannsfiguren und Bordunklänge werden einbezogen, kursorisch bleibt aber auch ein Fugato mit tonalem Soggetto, und nachdem sich Querstände zu repetierten Akkordtrauben steigern, behaupten sich erneut die thematischen Linien und künden damit die Coda an, in der analoge Dissonanzen nur mehr Vorhalte vor letzten Kadenzen bilden. Eine solche Mischung könnte fast zur Colla-

---

[1] Ebenda, S. 41–44, bes. S. 42; M. Heiniö, *The Music of Our Time*, S. 38; ders., Art. *E. Rautavaara*, in: *New Grove Dictionary*², Bd. 20, S. 857ff., wo schon das zweite Quartett zu »some romantic works« zählt, während das dritte Rautavaaras »new romantic period« zugerechnet wird.

[2] Vgl. die mehrsprachige Studie von K. Aho, *Einojuhani Rautavaara als Sinfoniker*, Helsinki 1988, deutsch S. 39–73: S. 71.

[3] Vgl. K. Korhonen, *Finnish Chamber Music*, S. 59ff., sowie M. Heiniö, Art. *A. Sallinen*, in: *New Grove Dictionary*², Bd. 22, S. 164ff.; ders., *Seeking the Truth in Performance*, in: Finnish Music Quarterly 7 (1991), Nr. 1, bes. S. 3ff.

ge tendieren, die nostalgische Reminiszenzen durch zeitgemäße Töne verdecken will. Doch charakterisiert sie auch andere Werke von Sallinen und greift einem Pluralismus voraus, der später vermehrt hervortrat. Das vierte Quartett *Quiet songs* (1972) besteht wiederum aus einem langsamen Satz, der sich nur in der Mitte beschleunigt. Im Unisono umkreist der Beginn mit synkopisch gedehnten Tönen ein Zentrum, das um benachbarte Halbtöne und große oder kleine Oberterz erweitert wird.

A. Sallinen, Nr. 4, erster Satz, T. 1–14 (Edition Fazer, Helsinki).

Daraus geht ein Orgelpunkt hervor, der sich wie die Haltetöne der Gegenstimmen in repetierte Achtel auflöst, um Quintschichtungen mit zusätzlichen Dissonanzen anzureichern. Aus dem ersten Modell jedoch entsteht ein fast folkloristisch getöntes Motiv aus steigenden Terzen mit Halbtonschritt, von dessen Varianten die knappe Beschleunigung ausgeht, durchweg bleiben aber Orgelpunkte und Tonrepetitionen die Achsen, vor deren Hintergrund sich der Satz dissonierend auflädt und wieder entspannt. In 16 kurzen *Pieces of Mosaic* variiert 1983 das fünfte Quartett solche Prinzipien mit kleinen – später auch großen – Terzen, die im Unisono mit energischen Tonrepetitionen eingeführt und dann durch Sekunden gefüllt, zu Sexten umgekehrt und mit vor- oder nachgestellten Tönen erweitert werden. Selbst wo sie sich zu simultanen Ketten verlängern, werden tonale Anklänge durch dissonierende Abstände und Zusätze überdeckt, so daß sich Fragmente mit gleichem Material ergeben, die sich aber zu keinem geschlossenen Bild fügen.

Der scheinbaren Verzögerung, mit der finnische Musiker die Stadien der neuen Musik rezipierten, entsprach jedoch eine Unabhängigkeit, die ihnen außerhalb ihres Landes zur Anerkennung verhalf, seit sich die Aporien der Avantgarde zu lösen begannen. Wer nicht vor geläufigen Stereotypen zurückscheut, mag in der maßvollen Gangart dieser Quartette, die nur selten rasche Tempi oder exaltierte Ausbrüche aufweisen, ein Stück heimischer Prägung sehen. Indessen fällt auf, daß ähnlich introvertiert schon das reife Quartett von Sibelius auf dichtem Klang in gemäßigter Bewegung beharrte. Von solchen Traditionen distanziert sich desto entschiedener Leif Segerstam (geb. 1944), der kompositorische Anregungen in den USA erhielt und neben zahlreichen Sinfonien bis zum Jahre 2001 bereits 29 Quartette schrieb. Allerdings wurde er vor allem als Dirigent bekannt, wogegen seine Werke selbst in der kargen finnischen Literatur auffällig am Rande stehen.[1] Ein Grund mag darin liegen, daß die früheren Quartette – und nur solche sind hier zu nennen – meist als Kopien wohl autographer Vorlagen erst 1973 im international wenig bekannten Verlag Busch in Lidingö bei Stockholm erschienen. Im zweiten Werk (1964), dessen drei Sätze von Zwölftonfeldern ausgehen, entfaltet der Kopfsatz mit Imitationen, Haltetönen oder isolierten Akkorden das Material in fünf durch Tempowechsel getrennten Phasen, die zunehmende Rekurse aufnehmen. Gegenüber den Varianten des Verfahrens im Adagio verengt das rasche Finale einen entsprechenden Tonvorrat, der aber kaum als Reihe fungiert, vielfach zum Unisono. Bei analoger Satzweise kehrt Nr. 4 (1966) zwar zur traditionellen Viersätzigkeit zurück, schon im Kopfsatz wird aber das Klanggewebe in Zonen verdichtet, die sich wie Knoten in einem Geflecht ausnehmen. Was hier aber noch auf einzelne Phasen begrenzt bleibt, wird in Nr. 6 (1974) zu einem allgegenwärtigen Verfahren, das daher zunehmendem Verschleiß ausgesetzt ist. Etwas widersprüchlich wirkt es, wenn der Autor in Vorwort und Fußnoten die Spieler bittet, die übergenauen Anweisungen nicht zu ernst zu nehmen und durch freies Spielen zu ersetzen. Und so haben sie am Ende die Instrumente zu schütteln, um dem Publikum den Verbrauch der Klänge zu demonstrieren, und gar einen Flügel samt Tamtam zu Hilfe zu nehmen. Hier deutet sich die Tendenz an, die Gattung für Aktionen auszunutzen, deren Protokolle die Partituren bilden. Einigen Anspruch verkündet in Nr. 5 (1970) schon der Titel *360 degrees* mit dem Zusatz ›Lemminge‹, auffälliger als die notierten Tonreihen, Glissandi oder Cluster ist jedoch die Fülle verbaler Kommentare, und rekordverdächtig dürfte bereits das wortreiche Vorwort sein, das volle drei Seiten in Anspruch nimmt. Soweit diese Bemerkungen auf frei pulsierendes Spiel bis zur ›utopic situation‹ einer kollektiven Improvisation hinzielen, nähern sie sich also aleatorischen Praktiken.

Daß dagegen Paavo Heininen (geb. 1938) wie viele jüngere Autoren Schüler Kokkonens und Rautavaaras war, zeigt sein erstes Quartett (op. 32c, 1974), dem später zwei weitere folgten.[2] Bei freier Zwölftontechnik

---

[1] K. Korhonen, *Finnish Chamber Music*, S. 73 charakterisierte knapp nur Nr. 5, entsprechend kursorisch blieb M. Heiniö, Art. *L. Segerstam*, in: *New Grove Dictionary*², Bd. 23, S. 38f.
[2] Korhonen, *Finnish Chamber Music*, S. 50ff.

zerfällt der durchgehende Verlauf in einen weiträumigen ersten Teil, der motivisch geprägte Phasen durch Klangflächen mit Liegetönen, Glissandi oder Flageolettklänge gliedert, während heftigere Ausbrüche dem kurzen raschen Schlußteil vorbehalten sind. Zentrale Bedeutung hatte die Gattung wohl nur für Pehr Henrik Nordgren (geb. 1944), der Privatschüler Kokkonens war und sich in Japan fortbildete. Acht Beiträge, die er bis 1999 vorlegte, lassen sehr verschiedene Verfahren erkennen, denn nach dodekaphonen Anfängen, die in zwei einsätzigen Werken (1967–68) nachwirkten, wird im dritten Quartett (1976) die Auseinandersetzung mit dem Spätwerk von Schostakowitsch spürbar, wogegen die Kenntnis minimalistischer Musik, die in Nr. 4 (1983) hervortritt, ihn im nächsten Werk offenbar in die Nähe von Arvo Pärt führte.[1] Wie verschiedene Folgerungen sich aber innerhalb dieser Tradition ziehen ließen, belegen die Beiträge von Kalevi Aho (geb. 1949), der sich nach einem frühen Studienwerk in zwei weiteren Quartetten (1970–71) einer geradezu neoklassizistischen Haltung näherte. Zumal Nr. 3 überrascht durch ein so durchsichtiges Partiturbild, wie es zu dieser Zeit kaum noch einmal zu finden sein dürfte. Auf die ersten vier Abschnitte, die zumeist sehr gedrängt ausfallen, beziehen sich gleichsam rückläufig vier weitere, die zugleich aber ebenso prägnant wie konzis anmuten. Wird die Tonalität erweitert, ohne ganz unkenntlich zu werden, so fallen besonders die rascheren Sätze durch eine homorhythmische Faktur auf, von der sich der vierte Satz mit stetem Taktwechsel und rhythmischer Vielfalt trennt, um damit den Rücklauf auszulösen. Juoni Kaipainen (geb. 1956) wiederum legte mit seinem dritten Quartett op. 25 (1984) ein viersätziges Werk vor, in dem ein zweites Satzpaar auf das erste derart rekurriert, daß die Bezüge zunehmend hörbar sind. Werden markante Akkordrepetitionen der raschen Sätze, die jeweils an erster Stelle stehen, von langen Glissandi und flüsternden Einwürfen durchbrochen, so kennen die langsamen Sätze, die fast zwei Drittel des Verlaufs bestreiten, durchaus motivisch geprägte Phasen. Daß Kimmo Hakola (geb. 1958) ein erstes Quartet (1986) als »eine Art Chaconne« mit variiertem »Harmoniegefüge« verstand[2], dürfte dem Hörer weniger deutlich werden als eine Mischung aus diffusen Geräuschen und fast tonalen Fragmenten, die von Skalen über Liegetöne bis zu Akkorden mit einzelnen Konsonanzen reichen. Äußerste Diffusion intendierte aber 1987 Jukka Koskinen (geb. 1965), indem er in kaum vier Minuten eine Skala von unartikulierten Geräuschen bis zu wenigen jaulend verfremdeten Tönen durchmaß.[3]

In der Vielfalt neuer Beiträge, neben denen die Werke weiterer Autoren zu nennen wären, scheint sich also eine geschlossene Tradition aufzulösen, die einst von Kokkonen ausgegangen war. Wenn sie zuvor aber mehr als drei Jahrzehnte überdauerte, so bewies sie eine Kontinuität, die in der Gattungsgeschichte mehr als eine Episode bleiben dürfte.

---

1 So nach ebenda, S. 74ff. (Nordgrens spätere Quartette konnten nicht mehr eingesehen werden). Zu den nachstehend genannten Autoren ebenda, S. 76ff., 95ff., 102f. und 107f.

2 Laut R. Nieminen, *Kommentar zur Aufnahme mit dem Avanti!-Quartett*, Helsinki 1990, S. 10f., vgl. auch L. Otonkoski, *Up front: Kimmo Hakola's String Quartet*, in: Finnish Music Quarterly 7 (1991), Nr. 3, S. 36ff.

3 Dazu mit Notenbeispielen K. Korhonen, *The String Quartet during Finland's Period of Independence*, in: Finnish Music Quarterly 8 (1992), Nr. 2, S. 3–10, hier S. 7ff.

Zu ihr zählt zwar nicht mehr Arvo Pärt (geb. 1935), der im damals zur Sowjetunion gehörigen Tallinn studiert hatte, nachdem sich aber seit der Unabhängigkeit die alten Verbindungen mit Finnland bewiesen haben, sei er hier immerhin am Rande erwähnt.[1] Im Grunde fällt keines seiner Werke in die Rubrik Streichquartett, denn nur zwei mit *Summa* und *Fratres* benannte Stücke liegen in Versionen für vier Streicher aus den Jahren 1990–91 vor, die aber – neben manchen weiteren Varianten – auf vokale oder instrumentale Erstfassungen zurückgehen. Beide gehorchen der von Pärt entwickelten Technik, in der sich statisch kreisende Klangräume mit variablen Mustern zu wiederholen scheinen. Daß ihr primär diatonisches und oft modales Gerüst nur maßvoll mit Chromatik und Dissonanzen versetzt wird, hat gewiß zu ihrer weiten Akzeptanz beigetragen. In einer Fassung für Streichorchester mit Schlagzeug wurde *Fratres* besonders bekannt, wogegen die Quartettfassung mehrfache Scordatura fordert. Für *Summa* jedoch, das Pärt als »das strengstgebaute und verschlüsseltste Werk« bezeichnete, konnte Helga de la Motte-Haber am Beispiel der Fassung für Violine, zwei Violen und Violoncello zeigen, welch ausgeklügeltes System permutativer Varianten sich hinter einer scheinbar schlichten Fassade verbirgt, deren Popularität zumindest teilweise auf Mißverständnissen beruhen dürfte.[2]

Indessen steht dahin, wieweit sich jüngere finnische Autoren mit Experimenten, die allerdings schon wieder fast verspätet anmuten, im eigenen Lande oder gar auswärts durchsetzen werden. Der Historiker aber, der die Musik seiner Zeit zu erfassen sucht, kann sich an eine Maxime des Malers Carl Gustav Carus halten, der zugleich ein bedeutender Gelehrter war: »[...] man muß sich als Individuum hinstellen, wie man's denkt, wie man's meint, und die Folgenden mögen sich heraussuchen, was ihnen gemäß ist und was im allgemeinen gültig sein mag.«[3]

3. Am Ende des Jahrhunderts: Tendenzen der Entwicklung seit 1975

Von Joachim Brügge

Postmoderne und ›Boom‹ im Streichquartett[4]

»Nun neigen sich die 1990er Jahre und damit das 20. Jahrhundert ihrem Ende zu, doch das Streichquartett boomt weiter. Die klassischste aller Gattungen hat sich nicht nur quer durch alle stilistisch postmodernen, konventionellen, dialektisch-kritischen, fragmentarischen und experimentellen Stile behauptet, sondern ist erneut zur Herausforderung und zum Medium für Experimente geworden.«[5] Das derart beschriebene, schon seit Mitte der siebziger Jahre verstärkte Aufkommen der

---

1 »Musical Bridges from Finland to Estonia« hieß demgemäß die Devise in Finnish Musical Quarterly 14 (1998), H. 4.
2 H. de la Motte-Haber, *Struktur als Programm. Analytische Bemerkungen zur Komposition ›Summa‹ von Arvo Pärt*, in: *Nähe und Distanz. Nachgedachte Musik der Gegenwart I*, hg. v. W. Gratzer, Hofheim 1996, S. 14–25; A. Pärt, *Zu ›Summa‹*, ebenda, S. 13.
3 Kl. Günzel, *Romantik in Dresden. Gestalten und Begegnungen*, Frankfurt a. M. und Leipzig 1997, S. 138.

4 Vgl. hierzu auch die vorigen Ausführungen in diesem Teil.
5 G. Nauck (Hg.), *Streichquartett*: Positionen 34 (1998), S. 2.

Gattung wurde in vielfacher Weise mit jener umfassenden ästhetisch-ideengeschichtlichen Zäsur unter dem Schlagwort ›Postmoderne‹ bzw. ›Posthistorie‹ Anfang der siebziger Jahre in Verbindung gebracht, die in ihren Nachwirkungen bis heute unterschiedlich akzentuiert spürbar ist. So interpretierte Wolfgang Welsch während des Bremer Symposiums *...mit innigster Empfindung ... JETZT das Streichquartett* (1991), daß die »Konjunktur einer Gattung [zwar nicht] mit der Postmoderne in Verbindung [stehe]«, dagegen aber nun gerade im Streichquartett die Idee »nicht nur eines Zusammenspiels, sondern auch eines Widerspiels aller Beteiligten«, als »streitbare Pluralität«, dennoch ein »zentrales Motiv einer postmodernen Ästhetik darstelle«.[1] Und gerade an dieser Formel einer »streitbaren Pluralität« zeigt sich die Nähe der Gattung zu einer postmodernen Ästhetik gleichsam idealtypisch: Denn die Pluralität der Gattung ›Streichquartett‹ wurde von Seiten einer am Moderne-Begriff (im Sinne Adornos) sich orientierenden Kritik beargwöhnt als eine unvermittelte Polystilistik, die, mittels Zitat- und Collagetechnik, alles und jedes bezugs- bzw. diskursivlos nebeneinanderstelle – und der es dabei genau an jenem diskursfähigen Attribut eines sich entwickelnden »Streitbaren« ermangele. Ein Konflikt, der als innere Problemlage im modernen Streichquartett auch nachhaltig das eigene Gattungsverständnis berührt – nämlich als Widerspruch einer »weitreichenden Pluralismusfähigkeit« an Ausdrucksformen, die sich stets an dem »Ideal einer auch im Widerspruch diskursiven Gemeinsamkeit«[2] zu messen hat. Besonders zu Beginn der siebziger Jahre zeigt sich diese Nähe der Gattung zu zentralen Motiven einer postmodernen Ästhetik auch vor dem Hintergrund jener ideologischen Zuspitzungen, denen sich die musikalische Postmoderne als Krise der Neuen Musik ausgesetzt sah. Von hier aus wurde das Komponieren eines Streichquartetts generell als restaurativ verdächtig aufgefaßt, wie die folgenden zwei Aussagen von Nicolaus A. Huber und Wolfgang Rihm deutlich machen:

»1967 oder 1968 erzählte mir Nono, daß er ein Treffen mit dem LaSalle-Quartett gehabt hätte. Es ging um einen Auftrag und er war voll zweifelnden Hin- und Herüberlegens, ob so etwas statthaft sei. Ich sagte damals: ›Was! Ein Streichquartett! So etwas Bürgerliches!‹ Nono lächelte sphinxisch und double bound: ›ich habe zugesagt‹ – Mehr als zehn Jahre später entstand dann daraus sein berühmtes Streichquartett *Fragmente – Stille, An Diotima*. Das LaSalle-Quartett spielte 1980 in Bonn die UA.«[3]

»Zu einer Zeit, als es noch lebensgefährlich war, Streichquartette zu schreiben, also 1970, besuchte mich ein Komponisten-Kollege und fand mich, seinen zwölf Jahre jüngeren Mitstreiter, am elterlichen Wohnzimmertisch über einer soeben entstehenden ZWÖLFTÖNIGEN[4] Streichquartettpartitur vor. Ich tat beschämt, er: überrascht. Dann aber auch ernst und besorgt; er teilte mir mit, so gehe das nicht, das könnte man jetzt nimmer machen. Ich sei ja vielleicht begabt für derlei, aber wahrscheinlich deshalb um so gefährdeter für die Anfeindung respektive Verführung solch reaktionären Tuns. Nein, das sei nicht erlaubt, und das dürfe ich nimmer machen. Sprach's und ließ mich – nicht ohne noch hinzuzufügen, daß nunmehr so-

1 Unterstreichungen im Original. Hierzu ist kein Tagungsbericht erschienen. Ich danke an dieser Stelle Herrn Prof. Dr. Wolfgang Welsch für die freundliche Überlassung seines unveröffentlichten Vortragsmanuskripts *Zwischen Moderne und Postmoderne*.
2 G, Nauck, *Streichquartett*, S. 2.
3 N. A. Huber, *Offener Brief*, in: Positionen 34 (1998), S. 9–10: S. 9.
4 Großschreibung im Original.

wieso alles graphisch notiert werde und überhaupt postserielles Denken sich anbahne, das hauptsächlich im improvisatorischen Freiraum Raum greife und dort erst von wirklich zeitgenossenschaftlicher Verfügung künde – verstört zurück zu meinem schönen ZWÖLFTON-Werk, das mir unter der Hand zerfiel. Nicht faul, wollte ich es aber dabei nicht bewenden lassen, sondern versuchte (ein Wesenszug, der nicht verborgen bleiben kann) aus dem Scheitern durch *Nennung* des Scheiterns eine andere Art des Gelingens zu zaubern. So schrieb ich in die Partitur (– denn so war mir zumute, es war keineswegs imperiale Gewißheit, wie meine leutselige Abschilderung hier den Trugschluß nahelegen könnte, es sei welche gewesen –) ›Wie plötzlich verstört verlöschen‹ ... und komponierte, wohl nur noch ungläubig ZWÖLFTÖNIG, den abgefetzten, ausgefransten, zerbissen löcherigen Schluß. Es war ›plötzlich‹ etwas ›zerstört‹ und ›verlosch‹ soeben ... Der Besuch blieb naturgemäß ahnungslos.«[1]

Im vielfältigen Postmodernediskurs, mit einer oft rigide ausgetragenen Polarisierung, standen sich die Positionen einer ›guten‹ und ›schlechten‹ Postmoderne unversöhnlich gegenüber[2] – eine kontroverse Debatte, die, neben einer eher unscharf gebliebenen Abgrenzung einer ›Neo-Moderne‹ zur Postmoderne, zu heftigen Polemiken führte.[3] Dabei firmierte das Streichquartett, als traditionsbelastete Gattung, zumeist in der vorurteilsbeladenen Ecke der ›schlechten‹, weil restaurativen Postmoderne, die (vordergründig) nur noch ans apolitisch-ästhetisierende Individuum appellierte. Hierzu paßt es auch, daß im Kontext von vermeintlich ›reaktionären‹ Einzelwerken die Gattung auch vor ideologischen Zuspitzungen der politisch bewegten Zeiten der siebziger Jahre (Stichwort: 68er Demonstrationen) nicht verschont blieb.[4] So war anläßlich der Uraufführung von Rihms drittem Streichquartett *Im Innersten* 1977 in Royan gar vom Vorwurf »faschistischer Musik«[5] (!) die Rede, was als ästhetisches ›Kunsturteil‹ im Nachhinein nur noch als Produkt einer einseitigen ideologischen Überzeichnung anmutet.

»Vielleicht meinten sie ähnliches zu mir, was zur gleichen Zeit auch Malern wie Georg Baselitz oder Markus Lüpertz vorgeworfen wurde. Auch wenn solche Erlebnisse verblassen und vergilbt wiedergegeben werden, weiß ich doch, daß mich das sehr getroffen hat. So ungerecht, so unwidersprechlich, da so ungeheuerlich, so selbstgerecht und böse, daß ich nicht heranreiche an meinen Zorn, der mich in den Boden rammt, ein rückwärts wachsender Stamm. Es war bodenlos; wie von der Musik schon vorgeahnt.«[6]

Als weitere Pointe ist hierbei zu ergänzen, daß in diesem Festival auch die dritte Sinfonie, die *Sinfonie der Klagelieder*, von Henryk Mikolay Górecki zur Uraufführung gelangte: ein durch und durch tonales Werk (gerade auch im Vergleich zu *Im Innersten*), welches das Publikum noch weit stärker irritierte. 1992/93 avancierte die Einspielung mit Dawn Upshaw und der London Sinfonietta unter der Leitung von David Zinman zu einer der am besten verkauften Klassik-CDs und galt im Postmodernediskurs – auch wegen des ökonomischen Erfolgs – lange Zeit als Paradigma einer ›schlechten‹, offenkundig traditionalistischen Postmoderne. In der

---

1 W. Rihm, *Erstes Streichquartett op. 2 (1970)*. Geschrieben für das Programmheft zur Uraufführung des Werks am 15. Juni 1987 in Hamburg in der Hochschule für Musik und darstellende Kunst. Zitiert wird nach dem Nachdruck in: W. Rihm, *ausgesprochen. Schriften und Gespräche*, hg. v. U. Mosch, Winterthur 1997, Bd. 2, S. 278.
2 ›Schlechte‹ Postmoderne aufgefaßt als Aufgabe eines Anspruchs auf gesellschaftliche Utopien einer mündigen Bürgergesellschaft (Jürgen Habermas), als Abkehr vom Projekt der Moderne des 20. Jahrhunderts bzw. der Idee der Aufklärung des 18. Jahrhunderts (Komponisten zugeschrieben wie Krzysztof Penderecki); ›gute‹ Postmoderne dagegen verstanden als Fortschreibung der Moderne, die beispielsweise Techniken wie die Polystilistik als innovatives Stilmittel und nicht als konservativ-restaurativen Rückgriff begreift (Komponisten zugeschrieben wie Alfred Schnittke).
3 Vgl. dazu in Übersicht W. Klüppelholz, *Über den gegenwärtigen Stand von Dummheit in der Neuen Musik*, in: MusikTexte 5 (1987), Nr. 21, S. 3–7.
4 Vgl. hierzu auch die folgenden Ausführungen zu »Traditionsbezüge und Neue Innerlichkeit«.
5 W. Rihm, »*Im Innersten*«, *Drittes Streichquartett (1976)*, in: Programmheft zu einer Aufführung des Werks am 16. September 1985 in Frankfurt a. M. im Rahmen von Frankfurt Feste '85. Zitiert wird nach dem Nachdruck in: Rihm, *ausgesprochen*, Bd. 2, S. 304.
6 Ebenda, S. 304f.

gleichen Diktion sind auch die beiden Streichquartette Góreckis (*Already it is Dusk* op. 62, 1988, und *Quasi una fantasia* op. 64, 1991), gehalten.

Der Streichquartett-›Boom‹ ab Mitte der siebziger Jahre ist auch im Kontext eines Zusammenbruchs des CD-Markts zu sehen, wobei das ausschließlich traditionell ausgerichtete Repertoire klassischer Musik einschneidende Veränderungen erfahren hat. So wird das ›Standard-Repertoire‹ (wie Bach, Beethoven, Mozart u. a.) zunehmend gemieden zugunsten einer Entdeckung etwa von »Komponisten wie Gluck«.[1] Ein Trend, der das Streichquartett insofern mit einschließt, als auch hier bisher eher randständiges Repertoire von Komponisten wie Theodor W. Adorno (!)[2], Richard Strauss[3] oder Georges Onslow[4] (einer der populären Vertreter der größtenteils noch immer unbekannten ›Kleinmeister‹-Garde des 19. Jahrhunderts) mittlerweile problemlos im Handel erhältlich ist. Vor diesem Hintergrund sind zwei Streichquartettformationen als Ahnherren dieser Entwicklung hervorzuheben, die schon frühzeitig eine entsprechende Spezialisierung betrieben haben – zum einen das Arditti-Quartett[5] (gegründet 1974), dessen Verdienste für die Neue Musik 1999 mit dem Siemens Musikpreis gewürdigt wurden; zum anderen das Kronos-Quartett[6] (gegründet 1973), das sowohl im ›cross-over‹ als auch im Bereich Neuer Musik tätig ist. Vor allem das Arditti-Quartett hat dabei durch einige hundert Uraufführungen auf das Quartettschaffen der Neuen Musik wesentlichen Einfluß genommen, mit einem breiten Spektrum prominenter Komponisten wie Harrison Birtwistle, John Cage, Elliott Carter, James Dillon, Brian Ferneyhough, Sofia Gubaidulina, Mauricio Kagel, György Kurtág, György Ligeti, Wolfgang Rihm, Karlheinz Stockhausen, Conlon Nancarrow, Iannis Xenakis u. a. Diese Arbeit war stets durch die enge Kooperation mit den Komponisten geprägt; ebenso hat das Arditti-Quartett in zahlreichen Meisterklassen und Workshops für Nachwuchsmusiker und Komponisten pädagogisch gewirkt (etwa in den Darmstädter Sommerkursen für Neue Musik von 1982 bis 1996).

Die umfangreiche Diskographie des Arditti-Quartetts umfaßt mehr als 100 CDs (!), wovon 36 Aufnahmen bei dem französischen Label Montaigne Auvidis erschienen sind. Ein bezeichnendes Beispiel für diese große Pluralität im Streichquartettschaffen der letzten 30 Jahre stellt dabei auch die Einspielung des Arditti-Quartetts zu den Feierlichkeiten zum gemeinsamen (!) neunzigjährigen Jubiläum (1991) sowohl der Universal Edition Wien als auch dessen langjährigen Leiters, Alfred Schlee, dar.[7] Zu dieser Sammlung haben 30 Komponisten Stücke mit einer Spieldauer von höchstens zwei Minuten beigesteuert. Die stilistische Vielfalt der Gattung zeigt sich dabei in speziellen Dedikationen in Form von Tonbuchstaben-Anspielungen auf den Namen von Alfred Schlee[8], im Zitieren deutlich humoristischer Repliken auf Idiome tradierter Genres (Ländler)[9] bzw. auf traditionelle Satzbilder der Moderne[10], ebenso wie

1 G. Willmes, *Ein- und Umbrüche*, in: Fono Forum 2002, Nr. 1, S. 24–25: 25. Dieses betrifft auch den weiten Bereich der sogenannten ›Weltmusik‹, wobei zumeist in ›cross-over‹-Manier unterschiedlichste Musikstile aus aller Welt miteinander kombiniert werden.
2 Streichquartett 1921; *2 Stükke* op. 2; *6 Studien* (1920): Einspielung durch das Leipziger Streichquartett 1997.
3 Streichquartett op. 2: Einspielung durch das Leipziger Streichquartett 1997.
4 Streichquartette op. 46, 1 und op. 56: Einspielung durch das Coull String Quartet 1993.
5 Zu Biographie und Repertoire vgl.: http://www.ardittiquartet.com (Stand 5. Mai 2003).
6 Zu Biographie und Repertoire vgl.: http://www.kronosquartet.org (Stand 5. Mai 2003).
7 Vgl. die *arditti quartet edition 21*.
8 Etwa in *Movement* von Harrison Birtwistle oder *Für Alfred Schlee* von Francis Burt.
9 Vgl. *Initale* von Ladislav Kupkovič.
10 Vgl. Streichquartett Nr. 3: Satz III von Friedrich Cerha.

1 Vgl. *Fünf Haiku* von Hans Zender.
2 Vgl. *Ausgedehnter Dominantseptakkord* von Peter Kolman.
3 H.-H. Löhlein, *Traumatische Einheit. Wolfgang Rihms sechstes und siebentes Streichquartett bei den Darmstädter Ferienkursen*, in: Neue Zeitschrift für Musik 147 (1986), Nr. 10, S. 38–39: 39.
4 W. Rihm, *Ohne Titel (Fünftes Streichquartett) (1981–1983)*. Brief an Dieter Rexroth vom 10. September 1985. Veröffentlicht anläßlich einer Aufführung des Werks am 16. September 1985 in Frankfurt a. M. im Rahmen von Frankfurt Feste '85. Zitiert wird nach dem Nachdruck in: Rihm, *ausgesprochen*, Bd. 2, S. 330.
5 So H. Danuser, Art. *Gattung*, in: *MGG²* Sachteil Bd. 3, Kassel u. a. 1995, Sp. 1042–1069: 1057, Blume paraphrasierend, vgl. Fr. Blume, Art. *Form*, in: *MGG*, Bd. 4, Kassel und Basel 1955, Sp. 523–543: 525 und 538ff.
6 L. Finscher, Art. *Streichquartett-Ensemble*, in: *MGG²*, Sachteil Bd. 8, Kassel u. a. 1998, Sp. 1978–1989: 1972.
7 Kl. Stahmer, *Anmerkungen zur Streichquartettkomposition nach 1945*, in: *Zur Musik des 20. Jahrhunderts*, hg. v. C. Floros, H. J. Marx und P. Petersen, Hamburg 1980, S. 7–32: S. 7.
8 Vgl. hierzu zahlreiche Statements im Themenheft *Streichquartett* der Zeitschrift Positionen 34 (1998), vgl. Anm. 2, S. 486.
9 M. Kagel, *»Es ist ein Absolutissimo«. Mauricio Kagel im Gespräch über sein Drittes Streichquartett (mit Geir Johnson)*, in: MusikTexte 7 (1989), Nr. 30, S. 50.

im Verweis auf außermusikalische Sujets[1] oder im Spiel mit vereinzelten Tönen und Klängen.[2] Neben der Leistung des Arditti-Quartetts sei auch eine kritische Stimme angeführt, die den ›Streichquartett-Boom‹ der achtziger Jahre, ausgelöst durch eben jenes Ensemble, betont:

»Es fällt schwer, aus der hochgehenden Darmstädter Quartett-Flut [...] auch nur ein weiteres Werk gleichen Ranges zu nennen. Während in Rihms sechstem Streichquartett die schon totgesagte Gattung wieder auflebt, flüchteten sich die übrigen Komponisten großenteils in Webmuster der Beliebigkeit und des Dekorativ-Schematischen, statt klanglich und strukturell die besetzungsspezifische Norm zu erfüllen. In den Händen der teilweise noch jungen Komponisten und Komponistinnen erlebte das Quartett eine Scheinblüte.«[3]

Probleme im Gattungsdiskurs

Die zu Beginn des 20. Jahrhunderts zunehmende Auflösung einer klassisch-tradierten Gattungsidentität des Streichquartetts hat eigentümlicherweise auch für die Zeit eines verstärkten Aufkommens der Gattung ab den siebziger Jahren erneut an Aktualität gewonnen und einen vielfältigen Gattungsdiskurs beschworen, zu dem sich auch die Komponisten selber vermehrt zu Wort gemeldet haben. So verweist Wolfgang Rihms Bonmot »Eine Satzverpflichtung besteht nicht, aber sie dringt trotzdem durch«[4] auf Friedrich Blumes (metaphorisch angedachte) polare Denkfigur zur Gattung insgesamt, nämlich auf den Widerspruch ihrer »empirischen Erscheinungsformen« zu den »konstanten Faktoren«.[5] Vor diesem Hintergrund ist die Gattung ›Streichquartett‹ in der Neuen Musik nach 1975 »dialektisch anwesend, auch dort, wo an ihrer Auflösung komponiert wird«[6] – eingedenk jener zunehmenden Abkehr vom klassischen Gattungsverständnis, etwa in Bezug auf eine verbindliche formale Disposition (Aufgabe der »viersätzig-zyklischen Anlage, [der] Bindung an die Sonatenhauptsatzform und deren großformalfinalorientierten Implikationen, [der] Geschlossenheit und Transparenz im Klang sowie gewissen strukturell-satztechnischen Momenten«[7]). Die ›Anwesenheit‹ der Gattung manifestiert sich dagegen vor allem in dem Anspruch einer hier vorherrschenden höchsten Kunstfertigkeit, wie sie in zahlreichen Komponistenaussagen pathetisch beschworen worden ist[8] – so etwa in der folgenden Apotheose von Mauricio Kagel: »Das Genre ›Streichquartett‹ ist ein Prüfstein. [...] Eigentlich kenne ich keine schlechten Streichquartette, auch nicht von Komponisten, die ich weniger schätze. Es gibt einen Maßstab. Unter diesen Maßstab können Sie nicht gehen. [...] Was in uns allen tief steckt, ist ein Riesenrespekt vor dem Genre, ein Respekt, der zum Beispiel für Klaviermusik gar nicht vorhanden ist.«[9] Und als eine hierzu noch gesteigerte, beinahe schon quasireligiöse Definition der Gattung erweist sich Wolfgang Rihms verklärender Abgesang: »›Streichquartett‹ ist für mich ein magisches Wort. Aller Geheimnischarakter von Kunst schwingt darin, klingt an. Intimes und Öffentliches tragen sich aus als Streichquartett, gleichzeitig.«[1]

Ein weiterer spezifischer Aspekt des Gattungsdiskurses zum modernen Streichquartett im Sinne einer durch die Gattung besonders evozierten Intellektualität zeigt sich auch in diversen Quartettanalysen, wobei als charakteristisches Beispiel die beträchtliche Anzahl von umfangreichen Studien zu Luigi Nonos *Diotima* (1980) hervorzuheben sind.[2] Eine dabei besonders stilisiert anmutende Analyse stellt das Nono-Buch von Werner Linden[3] dar: Hier wird durch zahlreiche Tabellen und eine graphisch eher unübersichtliche Textgestaltung (häufige Änderung der Schriftart im Text wie Fettdruck oder Kursiv) »schon rein optisch der Anspruch einer hohen Intellektualität und Artifizialität des hier behandelten Gegenstandes vermittelt«.[4] Aber gerade durch eine überladen anmutende Darstellung ist die inhaltliche Nachvollziehbarkeit erschwert. Ferner zeigt sich für die Quartettanalysen zur zeitgenössischen Musik ab den siebziger Jahren generell, daß in diversen Studien sowohl gattungsspezifische als auch neutrale Aspekte betont werden: etwa als Auseinandersetzung mit Vorläuferwerken, im Sinne einer Tradition der Gattung (als Nachweis eines gattungsspezifischen Komponierens).[5] Im Gegensatz hierzu wären solche Analysen anzuführen, in denen beispielsweise eine naturwissenschaftliche Legitimation als Anregung zur Komposition gedient hat, wie man dieses zuhauf in Untersuchungen zur Neuen Musik findet, ohne daß dabei ein gattungsspezifisches Moment für die Werkkonzeption insgesamt aufscheint.[6]

Minimal music und Neue Komplexität

Die nahezu unlösbare Schwierigkeit einer Generalisierung der Sachverhalte, »verbindende Tendenzen«[7] der Gattungsgeschichte für die zweite Hälfte des 20. Jahrhunderts nachzuzeichnen, spitzt sich für die Neue Musik ab 1970 weiter zu und stellt erneut das Einzelwerk in den Vordergrund der Betrachtung. Wie schon in den sechziger Jahren lassen sich zwar auch hier generelle kompositorische Tendenzen beschreiben, die aber wiederum nicht spezifisch nur für das Streichquartett an sich, sondern natürlich auch für andere Gattungen bzw. Einzelwerke gelten. Angesichts des an dieser Stelle nur sehr begrenzt möglichen Ausblicks werden von daher im folgenden besonders hervorzuhebende Einzelwerke angeführt, die zugleich auch als exemplarisch für charakteristische Trends der Neuen Musik seit 1970 anzusehen sind.[8]

Verborgene Ordnungen – New Complexity (Brian Ferneyhough) und Stochastik (Iannis Xenakis): Ganz im Zeichen des Selbstverständnisses

---

1 Rihm 1985. Zitiert wird nach Rihm, *ausgesprochen*, Bd. 2, S. 330.

2 Vgl. hierzu die übersichtliche wie kritisch-zusammenfassende Synopse des aktuellen Forschungsstands von W. Frobenius, *Luigi Nonos Streichquartett »Fragmente – Stille, An Diotima«*, in: Archiv für Musikwissenschaft 54 (1997), S. 177–193.

3 W. Linden, *Luigi Nonos Weg zum Streichquartett*, Kassel u. a. 1989.

4 So der Verfasser in seiner Habilitationsschrift *Studien zur Musik und Ästhetik Wolfgang Rihms. Am Beispiel der Streichquartette. Ausgewählte Aspekte zur Analyse, Ästhetik und Gattungstheorie des modernen Streichquartetts*, Salzburg 2001, S. 46 (im Druck).

5 Vgl. etwa Jörn Peter Hiekel, *Momente der Irritation. Adriana Hölszky und Helmut Lachenmanns Umgang mit musikalischen Darstellungsformen des Anästhetischen*, in: »*Lass singen, Gesell, lass rauschen …«. Zur Ästhetik und Anästhetik in der Musik*, hg. v. O. Kolleritsch, Wien u. a. 1997, S. 111–140. Der Autor bespricht A. Hölzskys *Hängebrücken. Streichquartett an Schubert* (1989/90), welches in direkter Auseinandersetzung zum »Der Tod und das Mädchen«-Variationssatz von Franz Schuberts *Streichquartett d-Moll* (D 810) steht.

6 Als pars pro toto sei hier die Analyse eines eigenen Werks von Hans-Jürgen v. Bose angeführt: ders., *Zu meinem 3. Streichquartett*, in: *Nähe und Distanz. Nachgedachte Musik der Gegenwart 1*, hg. v. W. Gratzer, Hofheim 1996, S. 124–132. Bose beschreibt dabei die zentrale Idee dieses Quartetts als Verknüpfung von

der Neuen Musik der fünfziger und sechziger Jahre, das sich wesentlich über deterministische Verfahren wie das der Serialität definierte, stehen die Streichquartette von Brian Ferneyhough (Nr. 1 *Sonatas*, 1967; Nr. 2, 1979/80, zuzüglich einem nachträglichen *Adagissimo*, 1984; Nr. 3, 1987, und Nr. 4, 1989/90) und Iannis Xenakis (Nr. 1 *ST 4*, 1956–62; Nr. 2 *Tetras*, 1983; Nr. 3 *Tetora*, 1990; Nr. 4 *Ergma* 1994). In beiden Fällen verborgener Ordnungen bestimmt eine aufwendige rationale Planung die Arbeit vor der eigentlichen Komposition, von Ferneyhough im Kontext seines zweisätzigen dritten Streichquartetts zutreffend als »mühsamen vorkompositorischen Arbeitsgang«[1] beschrieben.

Bei aller Strukturiertheit und logistischen Konzeption seiner Musik hat Ferneyhough dennoch stets die aktive Rolle des Rezipienten betont, der durch das dichte Materialangebot in einen »Wahrnehmungsüberschuß«[2] gerät und hieraus eigenständig bei der »Aufnahme von musikalischer Information«[3] eine Auswahl zu treffen hat. Des weiteren geht es ihm in seinen Werken häufig auch um außermusikalische Bezüge, die, wie etwa im dritten Streichquartett, nicht als direkte Programmatik vorhanden sein müssen, sondern als »Modelle der kulturellen Erkenntnis« die Herausforderung (sprich: zu leistende Arbeit) einer »wahrnehmungsmäßigen Einschätzung« durch den Rezipienten verkörpern. In diesem Punkt scheint sich Ferneyhough durchaus auch mit Xenakis zu treffen, der die formale Ausrichtung seiner Musik an stochastischen Modellen in Verbindung zu mythologischen bzw. symbolischen Themen setzte.

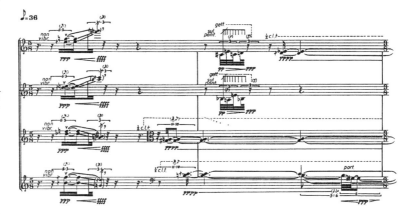

B. Ferneyhough, *Third String Quartet*, T. 1–2 (Edition Peters).

Minimal music (Terry Riley, Steve Reich, Philipp Glass): Neben dem Werk von John Cage verkörpert die Minimal music den wohl wichtigsten Gegenentwurf zu all jenen Formen eines deterministischen Komponierens (Zwölftonmusik, Serialität, New Complexity, Stochastik) in der Neuen Musik nach 1950. In enger ästhetischer Nähe zur ›Minimal Art‹ der Generation amerikanischer Bildhauer der sechziger Jahre wie Carl

---

zwei unterschiedlichen Zeitebenen: »Pulse, die das Stück prägen, sozusagen das ›Fließband Zeit‹ versinnlichen und hier für die chronometrische Zeit stehen, sollten mit einer zeitlichen Gegenwelt konfrontiert werden. Und zwar einer Gegenwelt, die aus festen, vorstrukturierten Strukturen besteht, vergleichbar etwa einer Kristallwelt, ›Zeitkristallen‹ also«, ebenda, S. 127.

7 S. 367 im vorliegenden Band.
8 Dabei versteht es sich von selbst, daß einzelne Komponisten auch mehrere musikalische Entwicklungen durchlaufen haben und die hier getroffene Zuordnung sich nur auf die Streichquartette bezieht. Zur großen Bandbreite an Komponisten vgl. auch die Übersicht des Repertoires des Arditti-Quartetts (http://www.ardittiquartet.com/repert.htm, Stand 5. Mai 2003), die neben ihren zahlreichen Quartetteinspielungen auch Streichtrios von bisher 36 Komponisten eingespielt haben.

1 Brian Ferneyhough, *Zum Dritten Streichquartett*, in: *Nähe und Distanz. Nachgedachte Musik der Gegenwart 1*, hg. v. W. Gratzer, Hofheim 1996, S. 139–159: S. 159.
2 Ebenda, S. 153.
3 Ebenda, S. 149.

Andre u. a., arbeitet die Minimal music mit dem (in der Neuen Musik nach 1945 generell verpönten) Stilmittel der Repetition, wobei mittels geringfügiger Veränderungen des musikalischen Materials eine zumeist meditativ-verhaltene Klangmusik entsteht, die schon in ihren äußeren Satzbildern sicherlich nicht als für das Streichquartett typisch bezeichnet werden kann. Dabei haben die hier genannten Komponisten recht unterschiedliche Entwicklungen vollzogen und das Konzept der Minimal music jeweils stark individuell verändert. Von den bisher rund 20 Streichquartetten dieser Komponistengruppe sind folgende hervorzuheben: Reichs *Different Trains, for stringquartet and tape* (1988), das autobiographische Erlebnisse des Komponisten während des Zweiten Weltkriegs schildert, während welchem er von 1938–1941 häufig zwischen New York und Los Angeles mit dem Zug reiste, um seine getrennt lebenden Eltern zu besuchen. Die dort verwendeten Motive sind Sprachmelodien, entnommen aus 45 Interviews mit Personen ganz unterschiedlicher Lebenskreise und Biographien (seiner Gouvernante, eines Zugschaffners sowie aus Archiv-Aufnahmen von Holocaust-Überlebenden).[1] Riley, als der eigentliche Begründer der Minimal music (mit seinem berühmten Werk *In C* von 1964), hat in enger Zusammenarbeit mit dem Kronos-Quartett seit 1970 mittlerweile zwölf Streichquartette veröffentlicht. Hierbei finden sich, neben der generellen Orientierung Rileys an indischer Musik und Kultur, auch polystilistische Einflüße, wie in seinem Streichquartett *Salome Dances For Peace* (1986), wobei neben indischen Ragas auch Elemente aus Blues und Jazz sowie weitere Stilzitate europäischer Musik anklingen. Philip Glass' fünf Streichquartette (1966; *Company*, 1983; *Mishima*, 1985; *Buczak*, 1989, und 1991) schließlich sind vor dem Hintergrund seiner Erfolge als Opern-, Musiktheater- und Filmkomponist zu sehen (mit seiner wohl populärsten Oper *Einstein on the Beach*, 1976). So sind *Company* und *Mishima* für Theaterstücke geschrieben worden, für Samuel Becketts Prosagedicht *Company* bzw. *Mishima* auch als Umarbeitung für den gleichnamigen Film Paul Schraders. *Buczak* entstand als eine Auftragskomposition von Geoffrey Hendricks, zum Gedenken an den 1988 an Aids verstorbenen Maler Brian Buczak. Gerade angesichts des großen Erfolgs des sich gut vermarktenden Glass monierte die Kritik verstärkt eine künstlerische Stagnation, wobei dieser gar als »Popstar« eines anspruchslosen ›cross-over‹-Publikums gescholten wurde (ein Vorwurf, der, bezogen auf seine Streichquartette, aber wohl nur dessen fünftem Streichquartett zu machen wäre, das in der Tat den Eindruck eines bloßen Rückgriffs auf frühe Werke vermittelt).

1 Ein auch ökonomisch sehr erfolgreiches Werk mit über 100.000 verkauften CDs der Einspielung des Kronos-Quartetts. Ferner erhielt das Werk den Grammy als ›Beste neue Komposition 1989‹ in den USA.

Musik an der Wahrnehmungsgrenze

Spektrale Musik und Mikrotonalität (Georg Friedrich Haas, Hans Zender): Die Erweiterung klanglicher Möglichkeiten in der Neuen Musik nach 1975 hat zunehmend auch den Bereich musikalischer Wahrnehmungsgrenzen berührt. So wendet sich die spektrale Musik, ausgehend von der Gruppe französischer Komponisten um Gérard Grisey in den siebziger Jahren, den klanglichen Eigenschaften des Teiltonspektrums zu. Besonders eindringlich zeigt sich dieses an einem der Streichquartette der jüngsten Zeit, nämlich am ersten Streichquartett (1997) von Georg Haas, bei dem alle 16 Saiten in Teilabschnitte aus vier verschiedenen Partialtonreihen umgestimmt werden. Durch präzise ausgeführte Flageolettöne ergeben sich so Spielmöglichkeiten mit bis zu sechs Teiltönen pro Halbton, wobei fortwährende Glissandi die Verbindung zwischen diesen Teiltönen herstellen und weitere Klangfarbwerte in das Werk einbringen (was auch in vielfältiger Weise für die weiteren Werke dieser Kategorie zutrifft).

Die spektrale Klangsuche berührt das in der Neuen Musik nach 1945 weite Feld einer Mikrotonalität, wobei auch, wie schon zuvor erwähnt, Überblendungen zu anderen Themen und ästhetischen Aspekten der Neuen Musik eine Rolle spielen können. Exemplarisch seien hierzu die literarischen Bezüge in Zenders Zyklus für Streichquartett und Sprechstimme *Hölderlin lesen I* (1979), *Hölderlin lesen II* »denn wiederkommen« (1991) sowie *Hölderlin lesen IV* »Mnemosyne« *für Frauenstimme, Streichquartett, Textprojektion und Zuspielbänder* (2000) erwähnt.[1] In deren mikrotonale Klang-aufspaltungen ist auch der Text eingebunden, indem dieser in phonetische Bestandteile zerlegt wird, was zu neuen Wort- und Sinnbedeutungen führt.

Spiel mit der Klangfarbe (Helmut Lachenmann): In dem Sinne einer Klangsuche mit neuen Ausdrucksmitteln gestaltet sich auch das von Helmut Lachenmann Ende der sechziger Jahre entwickelte Konzept seiner ›Musique concrète instrumentale‹. Dieses hat vor allem in seinen ersten beiden Streichquartetten, Nr. 1 *Gran Torso* (1971/72[2]) und Nr. 2 *Reigen seliger Geister* (1989), eine der hier programmatisch geforderten »Klangrealistik« entsprechende Umsetzung erfahren: Als Erkundung der Klangmöglichkeiten eines jeden Instruments bringt *Gran Torso* etwa eine große Fülle an neuen Spieltechniken, für die Lachenmann jeweils neue Notationsformen entwickelte.

So markiert der gezeichnete Stegschlüssel in den drei Unterstimmen den konkreten Punkt, wo der Bogenstrich gesetzt werden soll. Während so in *Gran Torso* dynamische An- und Abschwellungen in Verbindung zu jeweils spezieller Bogentechnik im Vordergrund stehen, findet dagegen im *Reigen seliger Geister* eine intensive Klanguntersuchung zum

---

1 Die Vertonungen von Hölderlin-Texten in der Neuen Musik nach 1970 sind zahlreich, vgl. für das Streichquartett auch die schon besprochenen *Fragmente – Stille, An Diotima* Nonos.
2 Später noch mehrfach überarbeitet, 1978 bzw. 1988.

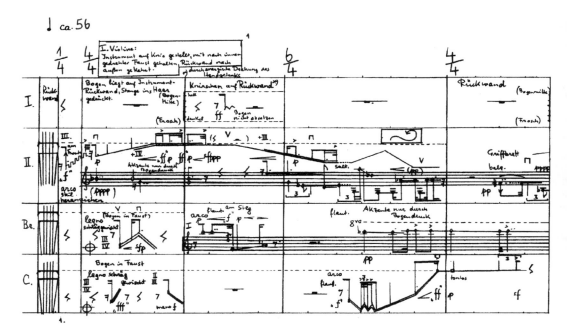

H. Lachenmann, *Gran Torso*, T. 1–6 (Breitkopf & Härtel).

»Gestus des Flautando-Spiels« statt. Dabei werden »dessen akustische Komponenten ausgeleuchtet [...], während sich der abgesteckte Klangraum allmählich in eine diametral entgegengesetzte Landschaft von unterschiedlichst strukturierten Pizzikato-Feldern verwandelt«.[1] Und auch in seinem dritten Streichquartett *Grido* (2001) – abgeleitet aus den Anfangsbuchstaben der Vornamen der Musiker des Arditti-Quartetts – zeigt sich eine Fortführung dieser Klangforschung mittels neuer Spieltechniken; dort allerdings überraschen gelegentlich aufblitzende melodische Floskeln, die in unterschwelliger Reminiszenz auf die Oper *Das Mädchen mit den Schwefelhölzern* zu verweisen scheinen.

Komponierte Stille (Giacinto Maria Scelsi, György Kurtág, Luigi Nono): Das ästhetische Motiv einer gleichsam lautlosen ›Nicht-Musik‹ stellt ein weiteres zentrales Dauerthema in der Neuen Musik nach 1945 dar, von der sich zahllose Komponisten wie Luigi Nono, John Cage und Morton Feldman haben inspirieren lassen.[2] Hierbei ist besonders die Rolle von Giacinto Maria Scelsi hervorzuheben, der eine Art räumlicher Klangforschung dadurch erreichte, daß er sich im musikalischen Material auf klangliche Modifikation eines Tons beschränkte. Seine fünf Streichquartette (1944, 1961, 1963, 1964 – ein Satz – und 1984 *Alla memoria di Henri Michaux*) haben dieses in unterschiedlicher Weise umgesetzt. So beginnt etwa das vierte Streichquartett mit dem Ton C, der aber dadurch jedesmal eine andere Klangfarbe erhält, daß die vier Instrumente jeweils eigene Stimmungen aufweisen.

1 H. Lachenmann, *Über mein 2. Streichquartett (»Reigen seliger Geister«)*, in: *Nähe und Distanz. Nachgedachte Musik der Gegenwart II*, hg. v. W. Gratzer, Hofheim 1997, S. 12–32: 14.

2 Vgl. hierzu auch die nachfolgende Gruppe. Zu Nonos *Fragmente – Stille, An Diotima* s. o.

Den zurückgenommenen Tonfall einer Suche im Leisen unterstreichen auch György Kurtágs Werke schon durch eine zumeist aphoristische Kürze, wobei zumeist ein programmatischer Inhalt als ›Hommage‹ oder ›In Memoriam‹ gegeben ist. So finden sich entsprechende Widmungen zu seinem ersten Streichquartett op. 1 »für Marianne Stein« (1959), zu der *Hommage à Mihaly András: Twelve Microludes* op. 13 (1977), seinem Budapester Kollegen zum 60. Geburtstag gewidmet, dem Dirigenten und Komponisten András Mihály, oder zum *Officium Breve in memoriam Andreae Szervánszky* op. 28 (1988/89), zugeeignet seinem Komponistenfreund Endre Szervánszky (1911–1977).[1] Die jeweils miniaturhafte Anlage, etwa in den zwölf Mikroludien mit einer Dauer von zwölf Sekunden bis knapp zwei Minuten, verweist dabei deutlich auf das Vorbild Anton von Weberns, dessen Kanon seiner *2. Kantate* op. 31 Kurtág direkt in seinem op. 28 zitiert (in Nr. 5, 7 und 10).

Offene Form, Polystilistik und Neue Innerlichkeit

Offene Form (John Cage, Morton Feldman): Schon zu Beginn der fünfziger Jahre war das Bedürfnis in der Neuen Musik spürbar, dem Anspruch eines primär deterministischen Komponierens ein Experimentieren bar jeder formalen Regelhaftigkeit entgegenzustellen. Als wichtigster Vertreter ist hierbei John Cage zu nennen, der den (zumeist auch ästhetisch-ideologisch oft verbohrten) Spielarten eines seriellen Komponierens ein Konzept offener Formen im Sinne einer ›Indeterminacy‹ entgegensetzte. Exemplarisch zeigt dieses die *Music for Four* (1987/88), die Cage als Teil einer Serie *Music for ...* für verschiedenartige Besetzungen komponierte. Das Werk besteht aus vier Teilen, die unabhängig voneinander aufzuführen sind, wobei die Spieler selber bestimmen, wie lange ein solcher Teil dauern soll (10, 20 oder 30 Minuten), wie oft Tonwiederholungen gebracht werden und wann Pausen einzulegen sind (dieses betrifft auch die frei zu wählende räumliche Anordnung der Spieler). Dagegen sind kurze Zwischenspiele zwischen den Abschnitten von fünf, zehn oder 15 Sekunden zeitlich genau fixiert (mit Hilfe von Stopuhren). Als weitere Werke von Cage wären hier das frühe *String Quartet in Four Parts* (1949–50) und die ebenso die Interpreten stark einbeziehenden *Thirty Pieces for String Quartet* (1984) und *Four* (1989) anzuführen.

Nach den zwei Frühwerken *Structures* (1951) und *Three Pieces* (1956) entstanden im Umbruch der achtziger Jahre Feldmans zwei voluminöse, mehrere Stunden dauernde Streichquartette (*String Quartet*, 1979, und *String Quartet II*, 1983).[2] Allein das zweite dauert an die fünf Stunden und ist die längste Komposition Feldmans überhaupt – eine meditative Musik, die sicherlich nicht mehr im Rahmen eines konventionelles Konzerts (mit einem auf Stühlen ausharrenden Publikum) adäquat

---

[1] Neuere Werke für Streichquartett sind *Aus der Ferne III* (1991), *Aus der Ferne V* (1999), *Zwiegespräch* (2000–2002).

[2] Daneben gibt es eine Anzahl von Werken mit erweiterter Besetzung wie *String Quartet and Orchestra* (1973), *Clarinet and String Quartet* (1983).

zu hören ist. Das dabei für Feldman charakteristische Kompositionsverfahren, mittels einer fortwährenden Wiederholung leicht veränderter Kurzmotive (Permutationsgruppen) eine beständig fließende, die Zeit dehnende Musik zu gestalten, leitet sich als formales Prinzip aus »antiken orientalischen Teppichen«[1] ab, die er im Sommer 1976 erworben hatte. In diesem Bezug auf außereuropäisches Kulturgut manifestiert sich genauso ein postmodernes Moment wie in der Ästhetik einer hier fortwährend kreisenden »Beginnlosigkeit« für den formalen Verlauf im Ganzen, indem der Satzbeginn (wie das Satzende) keinen »wirklichen« Beginn gestaltet bzw. sich semantisch vom übrigen Satzbild unterscheidet.[2]

Polystilistik (Alfred Schnittke): Der wohl bekannteste Vertreter eines polystilistischen Komponierens – wiederum im Sinne einer postmodernen Pluralität – ist Alfred Schnittke, der, neben dem *Canon in Memoriam Stravinsky* (1971), vier Streichquartette komponiert hat (Nr. 1, 1966; Nr. 2, 1980; Nr. 3, 1983; Nr. 4, 1989).[3] Ein besonders charakteristisches Beispiel seiner Polystilistik zeigt sich zu Beginn des ersten Satzes seines dritten Streichquartetts: Dort werden mittels Zitat drei unterschiedliche Stilebenen vorgestellt, die in der Partitur auch direkt namentlich kenntlich gemacht sind (*Stabat mater* von Orlando di Lasso, *Große Fuge* op. 133 von Ludwig van Beethoven und das d'–es'–c"–h"–Monogramm in Anspielung auf Dimitri Schostakowitsch). Neben einem weiteren eigenständigen Motiv in T. 15/16 werden diese drei Stilzitate (für Schnittke bezeichnend) im weiteren Verlauf zumeist gegen die ›Tradition‹

1 S. Claren, *Neither. Die Musik Morton Feldmans*, [Hofheim] 2000, S. 197.

2 Vgl. dazu auch den gleichnamigen Buchtitel von B. Strauß, *Beginnlosigkeit*, München u. a. 1992, wobei ein »Kosmos« beschworen wird, der »ohne Anfang und Ende auskommt«, ebenda, S. 2.

3 Als kompositorisches Mittel ist die Polystilistik von zahlreichen Komponisten verwendet worden, mit einer großen Bandbreite von Bernd Alois Zimmermann bis hin zu Olga Neuwirth. Ferner zeigen sich hierbei auch Verbindungen zu den anderen hier aufgeführten Kategorien wie etwa der Kategorie »Traditionsbezüge«, wenn etwa direkte Zitate traditioneller Vorläufer bzw. in Form von Allusionen diese simuliert anklingen.

A. Schnittke, *3. Streichquartett*, T. 1–10 (Universal Edition).

sprich: gegen eine konventionelle Erwartungshaltung komponiert – etwa als ›falsche‹ Kanons in der ›Durchführung‹ bei Ziffer 3. Der unterschwellig manifesten ›Sonatenform‹ als einheitsstiftendem Moment steht so die Unversöhnlichkeit der stilistischen Ebenen der Zitate gegenüber. In diesem Sinne verkörpert Schnittke exemplarisch auch die ›gute‹ Postmoderne (s. o.), indem sein Komponieren nicht rein affirmativ traditionalistische Formen bedient.

Traditionsbezüge und Neue Innerlichkeit (Wolfgang Rihm, Peter Ruzicka, Hans-Jürgen von Bose): »Protest gegen das Diktat des Materials« und »Subjektivität des Komponisten«[1] – mit diesen zwei Bonmots beschrieb Carl Dahlhaus zutreffend den ästhetischen Umbruch in der Neuen Musik zu Beginn der siebziger Jahre.

Dabei geriet Wolfgang Rihm frühzeitig zur Identifikationsfigur einer Gruppe ganz unterschiedlicher Komponisten wie Peter Ruzicka, Jens-Peter Ostendorf, Helmut Cromm, Manfred Trojahn, Hans-Jürgen von Bose, Detlev Müller-Siemens, Wolfgang von Schweinitz, Peter Michael Hamel und Hans-Christian von Dadelsen, die alle mit dem falschen Schlagwort ›Neue Einfachheit‹ und dem Vorwurf einer vermeintlich apolitischen Theorie- und Reflexionsmüdigkeit zu kämpfen hatten.[2] Ein dagegen ihnen allen stimmig gemeinsames Attribut ist in einem grundlegenden ästhetischen Ausdruckswillen zu sehen, als Wiederherstellung einer artifiziellen »Unmittelbarkeit [...], die man verloren glaubte«.[3] Im Sinne dieses ästhetischen Selbstverständnisses und auch angesichts seines umfangreichen Œuvres hat sich die Ausnahmeposition Wolfgang Rihms auch in Hinblick auf sein Streichquartettschaffen mit zwölf vollendeten Werken[4] sowie einigen Einzelsätzen behauptet. Neben diversen kompositorischen Frühwerken markieren die beiden ersten Streichquartette (beide 1970) dabei ein erstes Herantasten an die Gattung, wobei das zweite zu den wenigen Werken Rihms in teilweise graphischer Notation gehört. Mit dem dritten Streichquartett *Im Innersten* (1976) erfolgte darauf der Durchbruch zum Hauptwerk, in zeitlicher Nähe auch zu der fulminanten *Musik für drei Streicher* (1977) zu sehen – einem der wohl bedeutendsten Streichtrios überhaupt. Im dritten Streichquartett hat Rihm geradezu idealtypisch die ästhetischen Tendenzen der damaligen Zeit eingefangen: emphatischer Ausdruckswille, Rückgriff auf vermeintliche Stilzitate bzw. Allusionen als »Imitation von Originalen, die nie existierten«[5] (etwa in der tonalitätsheischenden ›Kantilene‹ im zweiten Satz, T. 38ff., aber auch in dem sich Abarbeiten an Beethovenschen Idiomen wie der angedeuteten ›Replik‹ auf dessen op. 133 im zweiten Satz, T. 10ff.) – bei gleichzeitig hoher formaler Dichte im Einzelsatz und zahlreichen Verknüpfungen in den Einzelsätzen untereinander.[6]

---

1 C. Dahlhaus, *Abkehr vom Materialdenken?*, in: Fr. Hommel (Hg.), *Algorithmus, Klang, Natur: Abkehr vom Materialdenken?*, Mainz 1984 (Darmstädter Beiträge zur Neuen Musik 19), Mainz 1984, S. 45–55: 45.

2 Vgl. auch die obigen Ausführungen zur Postmoderne.

3 A. Heidenreich, *Am Beginn von Erfindung: Wolfgang Rihm und die siebziger Jahre*, in: *Festschrift Christoph-Hellmut Mahling zum 65. Geburtstag*, 2 Bände, hg. v. Axel Beer u. a., Tutzing 1997 (Mainzer Studien zur Musikwissenschaft 37), Bd. 1, S. 517–526: 519.

4 Während das zwölfte Streichquartett vorliegt, ist das elfte momentan (Stand Januar 2003) noch in Arbeit.

5 H. de la Motte-Haber, *Einleitung*, in: *Geschichte der Musik im 20. Jahrhundert: 1975–2000*, Laaber 2000, S. 11–14: 14.

6 Vgl. dazu im Überblick J. Brügge, *Zur Form und Ästhetik in Wolfgang Rihms 3. Streichquartett, »Im Innersten« (1976)*, in: *Die Musikforschung* 52 (1999), S. 178–189, bes. S. 184 und S. 189.

W. Rihm, *3. Streichquartett, »Im Innersten«*, T. 1–3 (Universal Edition).

Das weitere Quartettschaffen Rihms steht im Zeichen seiner kompositorischen Neuorientierung zu Beginn der achtziger Jahre – eine Krise, die sich auch plastisch in den zahlreichen Skizzen zum ersten Satz seines vierten Streichquartetts widerspiegelt.[1] Die insgesamt eher streichquartettgemäße Ausrichtung dieses Werks in Form traditioneller Satzbilder läßt sich dabei auch in dem Nachweis realer Zitate aus Leoš Janáčeks zweitem Streichquartett, *Intime Briefe* (1928), belegen. Hierauf folgt in dem sehr viel energischeren, radikalen Tonfall der Trias des fünften bis siebten Streichquartetts, *Ohne Titel* (1981/83), *Blaubuch* (1984) und *Veränderungen* (1985), die von Rihm auch in anderen Gattungen bzw. Werkkontexten propagierte »Komposition als Suche« nach einem Werk – hier, vor allem für das fünfte und sechste Streichquartett, reklamiert als »Suche nach einem Quartett« bzw. einem »Streichquartett-Ton, nach einem Streichquartett-Verlauf«.[2] Insbesondere das fünfte Streichquartett stellt dabei eines der wohl radikalsten Werke Rihms überhaupt dar, das seinerzeit auch viele Rihm-Kritiker zu überzeugen vermochte. Eine Suche, die bis in die Gegenwart anhält und auch in den weiteren Werken zu jeweils ganz individuellen Lösungen geführt hat – bei einer Rücknahme der Radikalität im Vergleich zur Trias insgesamt. Hervorzuheben sind dabei das neunte Streichquartett, *Quartettsatz* (1993), das erneut mit zahlreichen Allusionen arbeitet und sich als ein Werk jenseits aller kompositorischen Routine präsentiert, sowie das zehnte Streichquartett, welches im zweiten programmatisch orientierten Satz ›Battaglia/Follia‹ eine ekstatische Kriegsmusik vollzieht, der im ersten Satz eine Art monodischer »Klagegesang« (*Vorform*) vorangestellt ist.

Von den weiteren Streichquartetten dieser Komponistengruppe seien hier stellvertretend nur noch die von Hans Jürgen von Bose (1973, 1976 und 1986/87[3]), Manfred Trojahn (1973, 1976 und 1983) und Peter Ruzicka (*Introspezione* 1970, *... fragment ...* 1970, *... über ein Verschwinden* 1992 und *... sich verlierend, mit Klangschatten* [Sprechstimme] 1996)

1 Vom Verfasser ausführlich in *Studien zur Musik und Ästhetik Wolfgang Rihms* aufgearbeitet.
2 So Rihm in einem Gespräch mit Rudolf Frisius, *Mittendrin. Gespräch mit Wolfgang Rihm (Karlsruhe am 12. Dezember 1984)*, in: Zeitschrift für Musikpädagogik, 1986, Nr. 34, S. 3–11. Zitiert wird nach dem Nachdruck in: Rihm, *ausgesprochen*, Bd. 2, S. 85–96: 86.
3 Vgl. Anmerkung 6 auf S. 392.

1 Karlheinz Stockhausens auf den Event berechnendes wie spektakulär inszeniertes *Hubschrauberquartett* (1995) wird hier ausdrücklich nicht als ein »Fortleben« der Gattung – als »absurd-zirzensische Veranstaltung« – aufgefaßt (entgegen L. Finscher, Art. *Streichquartett-Ensemble*, Sp. 1972).

2 St. Drees, *Die Komponistin Olga Neuwirth*, in: St. Drees (Hg.), *Olga Neuwirth*, Saarbrücken 1999, S. 4–11, hier S. 7. Ein Verfahren, auf das sich auch andere Komponisten berufen haben, vgl. etwa Rihm zu seinen Orchesterskizzen *cuts and dissolves* (1976/77), vgl. Rihm, *ausgesprochen*, Bd. 2, S. 307.

3 Vgl. hierzu auch die Anmerkung 5 auf S. 392. Weitere Streichquartette Hölszkys entstanden 1975 und 1981/82.

erwähnt, die wiederum eine große Pluralität an unterschiedlichsten Ausdrucksformen vermitteln.

Neben der Verbindung von Einzelwerken zu charakteristischen kompositorischen Entwicklungen der Neuen Musik ab 1975 seien hier abschließend noch einige weitere Komponisten angeführt, deren Werke sich in einzelnen ästhetischen Aspekten zwar auch als zeitgeistbehaftete ›Strömung‹ interpretieren lassen, dabei aber doch einen individuellen Zugang zur Gattung betonen (Auswahl): Hans Werner Henzes fünf Streichquartette (1947, 1952, 1975/76, 1976 und 1977) vor dem Hintergrund seiner individuellen Entwicklung, die ihn frühzeitig von der Darmstädter ›Schule‹ entfernte; Isang Yun (die beiden ersten Streichquartette zurückgezogen, dann vier weitere von 1959, 1988, 1990 und 1992) mit seiner mehrfachen Synthese aus Ost und West sowie nationaler Tradition und internationaler Moderne; Mauricio Kagels auf szenische Aktion und Polystilistik setzendes Komponieren (1965/67, 1965/67, 1986/87 und 1993)[1]; Olga Neuwirths Versuch, in ihrem Streichquartett *Akroate Hadal* (1995) »auf originelle Art Techniken wie Überblendung, Montage und Wechsel der Kameraperspektive auf musikalische Verfahrensweisen [anzuwenden]«[2]; Sofia Gubaidulinas introvertierter, auch notationstechnisch sehr individueller Ansatz, wie er sich auch in ihren fünf Streichquartetten spiegelt (1956, 1971, 1987, 1987, 1993); Adriana Hölszkys eigenwillige Schubertrezeption in ihrem Doppelquartett *Hängebrücken* (1989/90)[3]; Friedrich Cerhas Flächenkompositionen wie *Maqam* (1989). Auch in diesen wieder sehr unterschiedlichen Beispielen scheint sich der Anspruch einer Gattungsidentität zu bestätigen, im modernen Streichquartett höchste kammermusikalische Artifizialität sprich: kompositorische Meisterschaft gewahrt zu finden.

Literaturhinweise

DTB	*Denkmäler der Tonkunst in Bayern*, Leipzig, Augsburg bzw. Wiesbaden 1900ff.
DTÖ	*Denkmäler der Tonkunst in Österreich*, Wien bzw. Graz 1894ff.
MGG	*Die Musik in Geschichte und Gegenwart*, hg. v. Fr. Blume, 17 Bände, Kassel u. a. 1949–1986.
MGG²	*Die Musik in Geschichte und Gegenwart*. Zweite, neubearbeitete Ausgabe, hg v. L. Finscher, Sachteil, 9 Bände und Reg., Kassel u. a. 1994–1999; Personenteil, bisher 11 Bände, ebenda 1999ff.
New Grove Dictionary	*The New Grove Dictionary of Music and Musicians*, hg. v. St. Sadie, 20 Bände, London 1980.
New Grove Dictionary²	*The New Grove Dictionary of Music and Musicians*. Second edition, hg. v. St. Sadie und J. Tyrell, 29 Bände, London 2001.

Abraham, G.: *The Bartók of the Quartets*, in: Music and Letters 26 (1945), S. 185–194.

Adams, K. G.: *William Schuman. A Bio-Bibliography*, Westport/Conn. 1998.

Aderhold, W.: *Das Streichquartett-Fragment c-Moll D 703*, in: *Franz Schubert. Jahre der Krise 1818–1823*, Bericht über das Symposion Kassel 1982 (Arnold Feil zum 60. Geburtstag 1985), hg. v. W. Aderhold, W. Dürr und W. Litschauer, Kassel u. a. 1985, S. 57–71.

Adorno, Th. W.: *Ad vocem Hindemith*, in: ders., *Impromptus. Zweite Folge neu gedruckter musikalischer Aufsätze*, Frankfurt a. M. ³1970, S. 51–87, ebenso in: *Theodor W. Adorno. Gesammelte Schriften*, Bd. 17, Frankfurt a. M. 1982, S. 210–246.

Adorno, Th. W.: *Arnold Schönberg 1874–1951*, in: ders., *Prismen. Kulturkritik und Gesellschaft*, (Frankfurt a. M. 1955) ebenda 1976, S. 180–214.

Adorno, Th. W.: *Berg. Der Meister des kleinsten Übergangs*, Wien 1968 (Österreichische Komponisten des XX. Jahrhunderts 15).

Adorno, Th. W.: *Philosophie der neuen Musik*, Frankfurt a. M. 1958.

Aho, K.: *Einojuhani Rautavaara als Sinfoniker*, Helsinki 1988.

Ahrens, Chr.: *Franz Schuberts Kammermusik in der Musikkritik des 19. Jahrhunderts*, in: *Festschrift Rudolf Elvers zum 60. Geburtstag*, hg. v. E. Herttrich und H. Schneider, Tutzing 1985, S. 9–27.

Alexander, P. M.: *The Chamber Music of Franz Danzi. Sources, Chronology, and Style*, Diss. Indiana University 1986.

Altmann, G.: *Kammer- und Klaviermusik*, in: *Ernst Hermann Meyer, Das kompositorische und theoretische Werk*, hg. v. M. Hansen, Leipzig 1970 (Veröffentlichungen der Akademie der Künste der Deutschen Demokratischen Republik, Handbücher der Sektion Musik), S. 165–187.

Altmann, G.: *Kammermusik mit hohem Anspruch. Bemerkungen zu Ernst Hermann Meyers fünf Streichquartetten*, in: Musik und Gesellschaft 30 (1980), S. 711–719.

Altmann, W.: *Handbuch für Streichquartettspieler. Ein Führer durch die Literatur des Streichquartetts*, Bd. 1–4, Berlin 1928–31 (Hesses Musik-Handbücher 86–87, 92 und 94) (Reprint Wilhelmshaven 1972).

Altmann, W.: *Kammermusik-Literatur. Verzeichnis von seit 1841 erschienenen Kammermusikwerken*, Leipzig 1910, ebenda ³1923 (Reprint Hofheim 1967).

Andersen, M.: *Tonaliteter. Om struktur og betydning i Ib Nørholms symfonier og om tonalitet som fænomen og begreb*, in: Dansk Årbog for musikforskning 23 (1995), S. 39–62.

Andersson, Gr. u. a. (Hg.): *Musik i Norden*, Stockholm 1997 (Kungliga Musikaliska Akademiens skriftserie 85).

Antokoletz, E.: *The Music of Béla Bartók. A Study of Tonality and Progression in Twentieth Century Music*, Berkeley, Los Angeles und London 1984.

Anwyl, A.: *The String Quartets of Frank Bridge*, Diss. University of Sheffield 1992.

Appleby, D. P.: *Heitor Villa Lobos. A Bio-Bibliography*, New York u. a. 1988 (Bio-Bibliographies in Music 9).

Babbitt, M.: *Le Système Dodécaphonique*, in: Journal of the American Musicological Society 3 (1950), S. 264–267, ebenso in R. Stephan (Hg.), *Die Wiener Schule*, Darmstadt 1989 (Wege der Forschung 643), S. 79–84.

Babbitt, M.: *The String Quartets of Bartók*, in: The Musical Quarterly 35 (1949), S. 377–385.

Bach, H. E.: *Einige Beobachtungen zur Kompositionstechnik Frank Martins im zweiten Satz seines Streichquartetts*, in: *Frank Martin. Das kompositorische Werk. 13 Studien*, hg. v. D. Kämper, Mainz 1993 (Kölner Schriften zur Neuen Musik 3), S. 133–147.

Badrutt, Th.: *Paul Juon. Leben und Werk. Thematisches Verzeichnis seiner Kompositionen*, Chur 1998.

Baker, N. K. / Christensen, Th. (Hg.): *Aesthetics and the Art of Musical Composition in the German Enlightenment. Selected Writings of Johann Georg Sulzer and Heinrich Christoph Koch*, Cambridge 1995.

Ballstaedt, A.: *›Humor‹ und ›Witz‹ in Joseph Haydns Musik*, in: Archiv für Musikwissenschaft 55 (1998), S. 195–219.

Baltensperger, A.: *Iannis Xenakis und die stochastische Musik. Komposition im Spannungsfeld von Architektur und Mathematik*, Bern 1996 (Publikationen der Schweizerischen Musikforschenden Gesellschaft, Ser. 2,36).

Bandur, M.: Art. *Neoklassizismus*, in: *Handbuch der Musikalischen Terminologie*, 22. Lieferung, Stuttgart 1994, S. 1–21.

Bandur, M.: *Form und Gehalt in den Streichquartetten Joseph Haydns*, Pfaffenweiler 1988 (Musikwissenschaftliche Studien 7).

Banks, P.: *Benjamin Britten. A Catalogue of the Published Works*, Aldeburgh 1999.

Baron, J. H.: *Chamber Music. A Research and Information Guide*, New York und London 1987 (Music Research and Information Guides 8).

Baron, J. H.: *Intimate Music. A History of the Idea of Chamber Music*, Stuyvesant/N.Y. 1998.

Barrett-Ayres, R.: *Joseph Haydn and the String Quartet*, London 1974.

Barricelli, J.-P. / Weinstein, L.: *Ernest Chausson: The Composer's Life and Works*, o. O. 1955.

Bartha, D. (Hg.): *Joseph Haydn. Gesammelte Briefe und Aufzeichnungen*, Kassel u. a. 1965.

Bauer, J.: *Cage und die Tradition*, in: Cl. St. Mahnkopf (Hg.), *Mythos Cage*, Hofheim 1999, S. 75–125.

Bauer, W. A. / Deutsch, O. E. (Hg.): *Mozart. Briefe und Aufzeichnungen. Gesamtausgabe*, Bd. I–IV, Kassel u. a. 1962–63, Bd. V–VII, Kommentar und Register v. J. H. Eibl, ebenda 1971–75.

Baur, J.: *Über Anton Weberns ›Bagatellen für Streichquartett‹*, in: *Neue Wege der musikalischen Analyse*, Berlin 1967 (Veröffentlichungen des Instituts für Neue Musik und Musikerziehung Darmstadt 6), S. 62–68.

Bayliss, C.: *The Music of Sir Peter Maxwell Davies. An annoted catalogue*, Beverley 1991.

Becker, M. (Hg.): *Rudolf Wagner-Régeny. An den Ufern der Zeit: Schriften, Briefe, Tagebücher*, Leipzig 1989.

Bellotto, Fr.: *I quartetti per archi di Gaetano Donizetti*, Diss. Pavia 1989.

Benestad, F. / Schjelderup-Ebbe, D.: *Edvard Grieg, Chamber Music. Nationalism – Universality – Individuality*, Oslo 1993.

Benestad, F. / Schjelderup-Ebbe, D.: *Johan Svendsen. The Man, the Maestro, the Music*, Columbia/Ohio 1995.

Benestad, F.: *Mozarts strykekvartett i D-dur, K. V. 575*, in: Norsk Musikgranskning. Årbok 1959–61, Oslo 1961, S. 74–89.

Benton, R.: *Ignace Pleyel. A Thematic Catalogue of his Compositions*, New York 1977.

Berg, A.: *Warum ist Schönbergs Musik so schwer verständlich?*, in: *Arnold Schönberg zum 50. Geburtstag*, Wien 1924, S. 329–341, ebenso in: *Die Streichquartette der Wiener Schule. Eine Dokumentation*, hg. v. U. v. Rauchhaupt, Hamburg o. J., S. 20–31.

Berg, S. / Bruhns, S.: *Knudåge Riisagers kompositioner*, Kopenhagen 1967.

Bethke, N.: *Kurt Thomas. Studien zu Leben und Werk*, Berlin und Kassel 1989.

Benyovszky, K.: *J.N. Hummel. Der Mensch und Künstler*, Berlin 1934.

Biba, O. (Hg.): *»Eben komme ich von Haydn«. Georg August Griesingers Korrespondenz mit Joseph Haydns Verleger Breitkopf & Härtel*, Zürich 1987.

Biba, O.: *Die Kammermusik im Wien der Brahmszeit*, in: *Die Kammermusik von Johannes Brahms. Tradition und Innovation. Bericht über die Tagung Wien 1997*, hg. v. G. Gruber (Schriften zur musikalischen Hermeneutik 8), Laaber 2001, S. 47–62.

Biba, O.: *P. Silverius Müller. Ein niederösterreichischer Komponist aus dem Piaristenorden*, in: *200 Jahre Piaristen in Krems*, hg. v. Fr. Schober, Krems (1976), S. 34–44.

Birnbach, H.: *Über die verschiedene Form grösserer Instrumentaltonstücke aller Art und deren Bearbeitung*, in: Berliner Allgemeine musikalische Zeitung 4 (1827), S. 269–272, 277–281, 285–287, 293–295, 361–363 und 369–373.

Bischof, R.: *Die Stellung des Streichquartetts im Schaffen Hans Erich Apostels*, in: *Kammermusik zwischen den Weltkriegen*, S. 238–244.

Bjørnum, B.: *Per Nørgårds kompositioner. En kronologisk-tematisk fortegnelse over værkerne 1949–1982*, Kopenhagen 1983.

Blume, Fr.: Art. *Form*, in: *MGG*, Bd. 4, Sp. 523–543.

Blume, Fr.: *Joseph Haydns künstlerische Persönlichkeit in seinen Streichquartetten*, in: Jahrbuch Peters 38

(1931), S. 24–48, auch in ders., *Syntagma Musicologicum. Gesammelte Reden und Schriften*, hg. v. M. Ruhnke, Kassel u. a. 1963, S. 526–551.

Blumenthaler, V.: *Im Rauschen der Zeit. Gedanken zu den ›Cinque Impressioni‹*, in: *Jürg Baur, Aspekte seines Schaffens*, hg. v. L.-W. Hesse, A. Klaes und A. Richter, Wiesbaden und Leipzig 1993, S. 83ff.

Boestfleisch, R.: *Arnold Schönbergs frühe Kammermusik. Studien unter besonderer Berücksichtigung der ersten beiden Streichquartette*, Frankfurt a. M. u. a. 1990 (Europäische Hochschulschriften, Reihe XXXVI, Bd. 54).

Bonds, M. E.: *The Sincerest Form of Flattery? Mozart's ›Haydn‹ Quartets and the Question of Influence*, in: Studi Musicali 22 (1993), S. 365–409.

Bonds, M. E.: *Wordless Rhetoric. Musical Form and the Metaphor of the Oration*, Cambridge/Mass. und London 1991.

Bónis, F.: *Erstes Violinkonzert – Erstes Streichquartett. Ein Wendepunkt in Béla Bartóks kompositorischer Laufbahn*, in: Musica 39 (1985), S. 265–273.

Borio, G. / Danuser, H. (Hg.): *Im Zenit der Moderne. Die Internationalen Ferienkurse für Neue Musik Darmstadt 1946–66. Geschichte und Dokumentation in vier Bänden*, Freiburg i. Br. 1997 (Rombach Wissenschaften, Reihe Musicae 2).

Bösche, Th.: *A propos du ›Livre pour quatuor‹*, in: *Pierre Boulez*, hg. v. H.-Kl. Metzger und R. Riehn, München 1995 (Musik-Konzepte 89/90), S. 91–111.

Boulez, P.: *Flugbahnen*, in: ders., *Anhaltspunkte. Essays*, Kassel 1979, S. 232–265.

Boulez, P.: *Gleichklang mit Mallarmé. Der Livre pour Quatuor à cordes*, in: ders., *Wille und Zufall. Gespräche mit Célestin Deliège und Hans Mayer*, übertragen von J. Häusler und H. Mayer, Stuttgart 1977, S. 54–60.

Boulez, P.: *Schönberg ist tot*, in: ders., *Anhaltspunkte. Essays*, Kassel 1979, S. 289–296.

Boynton, N.: *A Webern Bibliography*, in: *Webern Studies*, hg. v. K. Bailey, Cambridge 1996, S. 298–362.

Bracht, H.-J.: *Überlegungen zum Quartett-»Gespräch«*, in: Archiv für Musikwissenschaft 51 (1994), S. 169–189.

Brandenburg, S. (Hg.): *Ludwig van Beethoven. Briefwechsel. Gesamtausgabe*, München 1996.

Brandenburg, S.: *Beethovens Streichquartette op. 18*, in: *Beethoven und Böhmen*, hg. v. dems. und M. Gutiérrez-Denhoff, Bonn 1988, S. 259–310.

Brandenburg, S.: *The Autograph of Beethoven's Quartet in A Minor, Opus 132: The Structure of the Manuscript and its Relevance for the Study of the Genesis of the Work*, in: *The String Quartets of Haydn, Mozart, and Beethoven. Studies of the Autograph Manuscripts. A Conference at Isham Memorial Library 1979*, hg. v. Chr. Wolff, Cambridge/Mass. 1980 (Isham Library Papers III), S. 278–300.

Breig, W.: *Schönberg und Wagner – Die Krise um 1910*, in: *Bericht über den 2. Kongreß der Internationalen Schönberg-Gesellschaft 1984*, hg. v. R. Stephan und S. Wiesmann, Wien 1986, S. 42–48.

Breig, W.: *Schönbergs ›Litanei‹*, in: *Analysen. Beiträge zu einer Problemgeschichte des Komponierens. Festschrift für Hans Heinrich Eggebrecht*, hg. v. R. Brinkmann u. a., Stuttgart und Wiesbaden 1994 (Beihefte zum Archiv für Musikwissenschaft 23), S. 361–376.

Breitfeld, Cl.: *Form und Struktur in der Kammermusik von Gabriel Fauré*, Bd. 1–2, Kassel u. a. 1992.

Breitweg, J.: *Vokale Ausdrucksformen im instrumentalen Spätwerk Ludwig van Beethovens*, Frankfurt a. M. u. a. 1997 (Europäische Hochschulschriften, Reihe XXXVI: Musikwissenschaft, Bd. 166).

Brennecke, D.: *Das Lebenswerk Max Buttings*, Leipzig 1972.

Brinkmann, R.: *Anhand von Reprisen*, in: *Brahms-Analysen. Referate der Kieler Tagung 1983*, hg. v. Fr. Krummacher und W. Steinbeck, Kassel u. a. 1984 (Kieler Schriften zur Musikwissenschaft XXVIII), S. 107–120.

Brinkmann, R.: *Wirkungen Beethovens in der Kammermusik*, in: *Beiträge zu Beethovens Kammermusik. Symposium Bonn 1984*, hg. v. S. Brandenburg und H. Loos, München 1987 (Veröffentlichungen des Beethovenhauses in Bonn, N. F., Vierte Reihe: Schriften zur Beethovenforschung 10), S. 79–110.

Bristiger, M.: *Die Wende in Karol Swzymanowskis Schaffen*, in: *Karol Szymanowski in seiner Zeit*, hg. v. M. Bristiger, R. Scruton und P. Weber-Bockholdt, München 1984, S. 113–126.

Brockt, J.: *Ernst Wilhelm Wolf. Leben und Werke*, Diss. Breslau 1927.

Broman, P. O.: *Kakofont storhetsvansinne eller uttryck för det djupaste liv? Om ny musik och musikåskådning i svenskt 1920-tal, med särskild tonvikt på Hilding Rosenberg*, Uppsala 2000 (Studia Musicologica Upsaliensia, Nova Series 6).

Brown, A. P.: *Carlo d'Ordonez (1734–1786). A Thematic Catalogue*, Detroit 1979 (Detroit Studies in Music Bibliography 39).

Brown, A. P.: *Haydn and Mozart's 1773 Stay in Vienna: Weeding a Musicological Garden*, in: The Journal of Musicology 10 (1962), S. 192–230.

Brown, A. P.: *Structure and Style in the String Quartets of Carlo d'Ordonez (1734–1786)*, in: Report of the

Eleventh Congress Copenhagen 1972, hg. v. H. Glahn u. a., Kopenhagen 1974, Bd. 1, S. 314–324.

Brown, A. P.: *The Chamber Music with Strings of Carlo d'Ordonez: A Bibliographical and Stylistic Study*, in: Acta musicologica 46 (1974), S. 222–272.

Brown, Cl.: *Louis Spohr. A critical biography*, Cambridge 1984.

Bruce, J. M.: *Notes from an Analysis of Mozart's Quartet in G Major, KV 387*, in: The Music Review 10 (1949), S. 97–110.

Brügge, J.: *Joseph Haydn, op. 20, Nr. 2, Capriccio – eine Vorlagekomposition für W. A. Mozart, KV 171,1*, in: Neues Musikwissenschaftliches Jahrbuch, hg. v. Fr. Krautwurst, Bd. 1 (1992), Augsburg 1993, S. 69–86.

Brügge, J.: *Studien zur Musik und Ästhetik Wolfgang Rihms. Am Beispiel der Streichquartette. Ausgewählte Aspekte zur Analyse, Ästhetik und Gattungstheorie des modernen Streichquartetts*, Salzburg 2001, Habilitationsschrift (im Druck).

Budday, W.: *Alban Bergs Lyrische Suite. Satztechnische Analysen ihrer zwölftönigen Partien*, Neuhausen–Stuttgart 1979 (Tübinger Beiträge zur Musikwissenschaft 8).

Budde, E.: *Anton Webern: Op. 5/IV – Versuch einer Analyse*, in: Festschrift für Erich Doflein, Mainz 1972, S. 59–66.

Burde, W.: *György Ligeti. Eine Monographie*, Zürich 1993.

Busk, G.: *Friedrich Kuhlau. Hans liv og verk*, Kopenhagen 1986.

Butterworth, N.: *Ralph Vaughan Williams. A Guide to Research*, New York 1990.

Butting, M.: *Musikgeschichte, die ich miterlebte*, Berlin 1955.

Cadenbach, R.: *›Die weichliche Schreibart‹, ›Beethovens letzte Zeit‹ und ›ein gewisses Lebensprinzip‹. Perspektiven auf Fanny Hensels spätes Streichquartett (1834)*, in: Fanny Hensel geb. Mendelssohn Bartholdy. Komponieren zwischen Gesellschaftsideal und romantischer Musikästhetik, hg. v. B. Borchard und M. Schwarz-Danuser, Stuttgart und Weimar 1999, S. 141–164.

Cadenbach, R.: *Cherubinis »symphonistisches« Quartett zwischen »neuem Pariser Ton« und »Roccoco u.s.w.«*, in: Neue Musik und Tradition. Festschrift für Rudolf Stephan, Laaber 1990, S. 209–231.

Cadenbach, R.: *Max Reger und seine Zeit*, Laaber 1991.

Cadenbach, R.: *Zum gattungsgeschichtlichen Ort von Mendelssohns letztem Streichquartett*, in: Felix Mendelssohn Bartholdy. Kongreß-Bericht Berlin 1994, hg. v. Chr. M. Schmidt, Wiesbaden u. a. 1997, S. 209–231.

Cahn, P.: *Kurt Hessenbergs Streichquartette*, in: Kurt Hessenberg. Beiträge zu Leben und Werk, hg. v. P. Cahn, Mainz 1990, S. 67–88.

Cahn, P.: *Zyklische Prinzipien in Schostakowitschs Streichquartetten*, in: Schostakowitschs Streichquartette. Ein internationales Symposion. Schostakowitsch-Studien, 5, hg. v. A. Wehrmeyer, Berlin 2002 (studia slavica musicologica 22), S. 177–190.

Carboni, D.: *Riscoprire Sgambati*, in: Ottocento e oltre. Scritti in onore di Raoul Meloncelli, hg. v. F. Izzo und J. Streicher, Rom 1993, S. 411–422.

Carley, L.: *Delius: a Life in Letters*, Vol. 1–2, London 1983–88.

Carlstedt, J.: *Lars-Erik Larsson*, in: Tonsättare om tonsättare, hg. v. S. Hanson und T. Jennefelt, Stockholm 1993, S. 63–71.

Carnovale, N.: *Gunther Schuller. A Bio-Bibliography*, Greenwood/Conn. 1987 (Bio-Bibliographies in Music 6).

Carpani, G.: *Le Haydine ovvero Lettere su la vita e le opere del celebre maestro Giuseppe Haydn*, Milano 1812.

Carter, E.: *A further step*, in: E. und K. Stone (Hg.), The Writings of Elliott Carter. An American Composer looks at Modern Music, Bloomington und London 1977, S. 185–191.

Carter, E.: *String Quartets Nos. 1, 1951, and 2, 1959*, in: Elliott Carter. Collected Essays and Lectures, 1939–1995, hg. v. J. W. Bernard, Rochester 1997, S. 224–228.

Castil-Blaze, M.: *Dictionnaire de Musique Moderne*, Paris 1821.

Cervin, E. R. de: *A proposito dei Quartetti di Gian Francesco Malipiero*, in: Omaggio a Malipiero, hg. v. M. Messinis, Florenz 1977.

Cherbuliez, A.-E.: *Bemerkungen zu den ›Haydn‹-Streichquartetten Mozarts und Haydns ›Russischen‹ Quartetten*, in: Mozart-Jahrbuch 1959, Salzburg 1960, S. 28–45.

Cholopow, J.: *Modalität in den Streichquartetten von Dmitri Schostakowitsch*, in: Schostakowitschs Streichquartette. Ein internationales Symposion. Schostakowitsch-Studien, 5, hg. v. A. Wehrmeyer, Berlin 2002 (studia slavica musicologica 22), S. 121–161.

Choppard, P.: *Ib Nørholm. Tradition in his music and thinking. An analysis of the 9th symphony*, Diss. Hamburg 1996, Kopenhagen 1999.

Chrisman, R.: *Anton Webern's Six Bagatelles for String Quartet Op. 9. The Unfolding of Intervallic Successions*, in: Journal of Music Theory 23 (1979), S. 81–122.

Churgin, B. / Jenkins, N.: *Thematic Catalogue of the Works of Giovanni Battista Sammartini: Orchestral and Vocal Music*, Cambridge/Mass. 1976.

Churgin, B.: *Did Sammartini Influence Mozart's Earliest String Quartets?*, in: Mozart-Jahrbuch 1991, Kassel

1992 (Bericht über den Internationalen Mozart-Kongreß Salzburg 1991), S. 529–539.

Churgin, B.: *Francesco Galeazzi's Description (1796) of Sonata Form*, in: Journal of the American Musicological Society 21 (1968), S. 181–199.

Cobbett, W. W.: *Cobbett's Cyclopedic Survey of Chamber Music. Compiled and Edited by W. W. Cobbett. With supplementary Material ed. by Colin Mason*, Bd. 1–3, London – New York – Toronto ²1963.

Connor, H.: *Svensk musik, Bd. 2: Från midsommarvaka till Aniara*, Stockholm 1977.

Cooke, M. (Hg.): *The Cambridge Companion to Benjamin Britten*, Cambridge 1999.

Cooper, P.: *The Music of Ross Lee Finney*, in: The Musical Quarterly 53 (1967), S. 1–21.

Copley, I.: *The Music of Charles Wood. A Critical Study*, London 1978.

Cowell, H. und S.: *Charles Ives and His Music*, London u. a. 1955.

Cowell, H.: *New Musical Resources*, New York 1930.

Craggs, S. R.: *Arthur Bliss. A Source Book*, Aldershot 1996.

Craggs, S. R.: *William Walton. A Catalogue*, Oxford und New York 1990.

Craggs, S. R.: *William Walton. A Source Book*, Brookfield und Vermont 1993.

Craw, H. A.: *A Biography and Thematic Catalog of the Works of Jan Ladislav Dussek (1760–1812)*, Diss. University of Southern California 1964.

Czesla, W.: *Studien zum Finale in der Kammermusik von Johannes Brahms*, Diss. Bonn 1966.

d'Indy, V.: *Cours de composition musicale*, Bd. II, Paris 1909.

Dahlhaus, C.: *Abkehr vom Materialdenken?*, in: Fr. Hommel (Hg.), *Klang, Natur: Abkehr vom Materialdenken?* (Darmstädter Beiträge zur Neuen Musik 19), Mainz 1984, S. 45–55.

Dahlhaus, C.: *Arnold Schönberg: Drittes Streichquartett, op. 30*, in: Melos 50 (1982), S. 32–53.

Dahlhaus, C.: *Beethovens »Neuer Weg«*, in: Jahrbuch des Staatlichen Instituts für Musikforschung Preußischer Kulturbesitz 1974, Berlin 1975, S. 46–62.

Dahlhaus, C.: *Brahms und die Idee der Kammermusik*, in: Brahms-Studien, Bd. 1, hg. v. C. Floros, Hamburg 1974, S. 45–57.

Dahlhaus, C.: *Cantabile und thematischer Prozeß. Der Übergang zum Spätwerk in Beethovens Klaviersonaten*, in: Archiv für Musikwissenschaft 37 (1980), S. 81–98.

Dahlhaus, C.: *Der rhetorische Formbegriff H. Chr. Kochs und die Theorie der Sonatenform*, in: Archiv für Musikwissenschaft 35 (1978), S. 155–177.

Dahlhaus, C.: *Die Idee der absoluten Musik*, Kassel u. a. 1978.

Dahlhaus, C.: *Die Idee des Nationalismus in der Musik*, in: ders., *Zwischen Romantik und Moderne. Vier Studien zur Musikgeschichte des späteren 19. Jahrhunderts*, München 1974 (Berliner musikwissenschaftliche Arbeiten 7), S. 74–92.

Dahlhaus, C.: *Die Musik des 19. Jahrhunderts*, Wiesbaden und Laaber 1980 (Neues Handbuch der Musikwissenschaft 6).

Dahlhaus, C.: *Die Musiktheorie im 18. und 19. Jahrhundert. Zweiter Teil: Deutschland*, hg. v. R. E. Müller, Darmstadt 1989 (Geschichte der Musiktheorie 11).

Dahlhaus, C.: *Die Sonatenform bei Schubert. Der erste Satz des G-Dur-Quartetts D 889*, in: Musica 32 (1978), S. 125–130.

Dahlhaus, C.: *Formprobleme in Schuberts frühen Streichquartetten*, in: Schubert-Kongreß Wien 1978. Bericht, hg. v. O. Brusatti, Graz 1979, S. 191–197.

Dahlhaus, C.: *La Malinconia*, in: Ludwig van Beethoven, hg. v. L. Finscher, Darmstadt 1983 (Wege der Forschung 428), S. 200–211.

Dahlhaus, C.: *Ludwig van Beethoven und seine Zeit*, Laaber 1987.

Dahlhaus, C.: *Romantik und Biedermeier. Zur musikalischen Charakteristik der Restaurationszeit*, in: Archiv für Musikwissenschaft 31 (1974), S. 22–41.

Dahlhaus, C.: *Warum ist Regers Musik so schwer verständlich?*, in: Neue Zeitschrift für Musik 134 (1973), S. 134.

Dahlhaus, C.: *Zum Begriff des Thematischen bei Beethoven. Kommentare zu opus 95 und opus 102, 1*, in: Beethoven '77. Beiträge der Beethoven-Woche 1977, hg. v. Fr. Döhl, Zürich 1979, S. 45–64.

Dammann, S.: *Gattung und Einzelwerk im symphonischen Frühwerk Čajkovskijs*, Stuttgart 1996.

Danckwardt, M.: *Funktionen von Harmonik und tonaler Anlage in Franz Schuberts Quartettsatz c-Moll D 703*, in: Archiv für Musikwissenschaft 40 (1983), S. 50–60.

Danckwardt, M.: *Mozarts »gantz neu besondere Art« zu schreiben: der Kopfsatz aus dem Streichquartett KV 458 (1784)*, in: Mozart-Jahrbuch 1984, Salzburg 1986, S. 24–31.

Danuser, H. / Meyer, F. / Mosch, U. (Hg.): *Igor Strawinsky, Trois pièces pour quatuor à cordes. Skizzen, Fassungen, Dokumente, Essays. Festgabe für Albi Rosenthal zum 80. Geburtstag*, Basel und Winterthur 1994.

Danuser, H.: *Biographik und musikalische Hermeneutik. Zum Verhältnis zweier Disziplinen der Musikwissenschaft*, in: Neue Musik und Tradition. Festschrift Rudolf Stephan zum 65. Geburtstag, hg. v. J. Kuckertz u. a., Laaber 1990, S. 571–601.

Danuser, H.: *Streichquartett f-Moll Quartetto serioso op. 95*, in: *Beethoven. Interpretationen seiner Werke*, hg. v. A. Riethmüller, C. Dalhaus (†) und A. L. Ringer, Bd. II, Laaber 1994 S. 78–85.

Danuser, H.: *Vers- oder Prosaprinzip? Mozarts Streichquartett in d-Moll (KV 421) in der Deutung J.-J. de Momignys und A. Schönbergs*, in: Musiktheorie 7 (1992), S. 245–263.

De Voto, M.: *Harmony in the Chamber Music*, in: *The Cambridge Companion to Ravel*, hg. v. D. Mawer, Cambridge 2000, S. 97–117.

Dean Sutcliffe, W.: *Haydn: String Quartets, Op. 50*, Cambridge 1992.

Deane, B.: *Albert Roussel*, Westport/Conn. 1961.

Debussy, Cl.: *Einsame Gespräche mit Monsieur Croche*, in: ›*Monsieur Croche, Antidilettant*‹ *und andere Aufsätze*, hg. v. E. Klemm, Leipzig 1975, S. 98–101.

Dessau, P.: *Notizen zu Noten*, hg. v. Fr. Hennenberg, Leipzig 1974.

Deutsch, O. E.: *Mozart. Die Dokumente seines Lebens*, Kassel u. a. 1961 (Neue Mozart-Ausgabe X/34).

Deutsch, O. E.: *Schubert. Die Dokumente seines Lebens*, Kassel u. a. 1964 (Franz Schubert. Neue Ausgabe sämtlicher Werke Serie VIII, Bd. 5).

Dibble, J.: *Structure and Tonality in Parry's Chamber Music*, in: British Music Society Journal 3 (1981), S. 13–23.

Dibble, J.: *The Music of Hubert Parry. A Critical and Analytical Study*, Diss. Univ. of Southampton 1986.

Dibelius, U.: *György Ligeti. Eine Monographie in Essays*, Mainz u. a. 1994.

Diehl, G.: *Der junge Weill und seine Oper ›Der Protagonist‹. Exemplarische Untersuchungen zur Deutung des frühen kompositorischen Werkes*, Kassel 1994 (Kieler Schriften zur Musikwissenschaft 41), Bd. 1: *Textteil*, Bd. 2: *Notenbeispiele und Materialien*.

Dies, A. Chr.: *Biographische Nachrichten von Joseph Haydn* (Wien 1810), neu hg. v. H. Seeger, Berlin o. J.

Dietrich, N.: *Arnold Schönbergs Drittes Streichquartett op. 30. Seine Form und sein Verhältnis zur Geschichte der Gattung*, München und Salzburg 1983 (Beiträge zur Musikforschung 12).

Doering, W. T.: *Elliott Carter. A Bio-Bibliography*, Westport/Conn. und London (Bio-Bibliographies in Music 51) 1993.

Doflein, E.: *Die sechs Streichquartette von Paul Hindemith*, in: Schweizerische Musikzeitung 95 (1995), S. 413–421.

Döhl, Fr.: *Weberns Beitrag zur Stilwende der Neuen Musik. Studien über Voraussetzungen, Technik und Ästhetik der ›Komposition mit 12 nur aufeinander bezogenen Tönen‹*, München und Salzburg 1976 (Berliner musikwissenschaftliche Arbeiten 12).

Döhring, S.: *Strawinskys* ›*Trois pièces pour quatuor à cordes*‹, in: *Das musikalische Kunstwerk. Geschichte – Ästhetik – Theorie. Festschrift Carl Dahlhaus zum 60. Geburtstag*, hg. v. H. Danuser u. a., Laaber 1988, S. 713–724.

Dommer, A. von: *Musikalisches Lexikon*, Heidelberg 1865.

Dorfman, J.: *Hindemith's Fourth Quartett*, in: Hindemith-Jahrbuch 7 (1978), S. 54–71.

Drew, D.: *Kurt Weill. A Handbook*, London und Boston 1987.

Dunhill, Th. F.: *Mozart's String Quartets*, Westport 1927.

Dunning, A.: *Joseph Schmitt. Leben und Kompositionen des Ebersbacher Zisterziensers und Amsterdamer Musikverlegers (1734–1791)*, Amsterdam 1962.

Dürr, A.: *Johann Wenzel Kalliwodas Streichquartette*, in: »... *Liebhaber und Beschützer der Musik«: Die neu erworbene Musikaliensammlung der Fürsten zu Fürstenberg in der Badischen Landesbibliothek*, hg. v. M. Miller und M. Rebmann, Karlsruhe 2000 (Patrimonia 188), S. 47–59.

Dutilleux, H.: *Mystère et mémoire des sons*, Paris 1993.

Eckhoff, Øiv.: *The Enigma of* ›*Haydn's Opus 3*‹, in: Studia Musicologica Norvegica 4 (1978), S. 8–45.

Ehrlich, A. [= A. Payne]: *Das Streich-Quartett in Wort und Bild*, Leipzig 1898.

Eich, K.: *Die Kammermusik von César Franck*, Kassel u. a. 2002 (Kieler Schriften zur Musikwissenschaft 48).

Einstein, A.: *Schubert. Ein musikalisches Porträt*, Zürich 1952.

Eisen, Cl. / Baldassarre, A. / Griffiths, P.: Art. *String quartet*, in: New Grove Dictionary², Bd. 24, S. 585–595.

Emerson, I.: *Of Microcosms and Macrocosms. The String Quartet as Crucible for Mozart's Late Style*, in: Mozart-Jahrbuch 1991, Salzburg 1992, S. 664–669.

Engel, H.: *Haydn, Mozart und die Klassik*, in: Mozart-Jahrbuch 1959, Salzburg 1960, S. 46–79.

Engel, H.: *Nochmals: thematische Satzverbindungen und Mozart*, in: Mozart-Jahrbuch 1962–63, Salzburg 1964, S. 14–23.

Engelmann, H.-U.: *Zur Kammer- und Klaviermusik*, in: *Wolfgang Fortner. Eine Monographie. Werkanalysen, Reden, Offene Briefe 1950–59*, hg. v. H. Lindlar, Rodenkirchen 1960 (Kontrapunkte 4).

Eösze, L.: *Zoltán Kodály: Sein Leben und sein Werk*, Budapest und Berlin 1964.

Epstein, H.: *Om Wikmansons stråkkvartetter*, in: Svensk tidskrift för musikforskning 53 (1971), S. 5–19.

Erdmann, M.: *Untersuchungen zum Gesamtwerk von John Cage*, Diss. Bonn 1993.

Erwin, C.: *Ernst Toch in Amerika*, in: *Verdrängte Musik. Berliner Komponisten im Exil*, hg. v. H. Traber und E. Weingarten, Berlin 1987, S. 109–121.

Falcke, W.: *Verzeichnis sämtlicher Werke von Julius Weismann*, Duisburg 1955 (Julius Weismann Archiv, Jahresgabe).

Fauquet, J.-M.: *Le quatuor à cordes en France avant 1870: de la partition à la pratique*, in: *Le quatuor à cordes en France de 1750 à nos jours*, hg. v. der Association française pour le Patrimoine Musical, Paris 1995, S. 97–117.

Fauquet, J.-M.: *Les quatuors à cordes d'Ernest Bloch*, in: Revue musicale de Suisse Romande 38 (1985), S. 22–30.

Fauquet, J.-M.: *Les sociétés de musique de chambre à Paris de la Restauration à 1870*, Paris 1986 (Domaine musicologique 1).

Favre, M.: *Gabriel Faurés Kammermusik*, Zürich 1947.

Feder, G.: *Die Überlieferung und Verbreitung der handschriftlichen Quellen zu Haydns Werken (Erste Folge)*, in: Haydn-Studien, Bd. I, München und Duisburg 1965, S. 3–42.

Feder, G.: *Haydn's Corrections in the Autographs of the Quartets Opus 64 and Opus 71/74*, in: *The String Quartets of Haydn, Mozart, and Beethoven. Studies on the Autograph Manuscripts. A Conference at Isham Memorial Library 1979*, hg. v. Chr. Wolff, Cambridge/Mass. 1980 (Isham Library papers III), S. 99–110.

Feder, G.: *Haydns Streichquartette. Ein musikalischer Werkführer*, München 1998.

Feil, A.: *Satztechnische Fragen in den Kompositionslehren von F. E. Niedt, J. Riepel und H. Chr. Koch*, mschr. Diss. Heidelberg 1955.

Ferguson, D. N.: *Image and Structure in Chamber Music*, Minneapolis 1964.

Finney, I.: *The String Quartets of Vagn Holmboe*, London 1988.

Finscher, L.: *Altes im Neuen*, in: *Canto d'Amore. Klassizistische Moderne in Musik und bildender Kunst 1914–1935*, hg. v. G. Boehm, U. Mosch und K. Schmidt, Basel 1996, S. 63–73.

Finscher, L.: Art. *Streichquartett*, in: *MGG*, Bd. 12 (1965), Sp. 1559–1601.

Finscher, L.: Art. *Streichquartett*, in: *MGG2*, Sachteil Bd. 8 (1998), Sp. 1924–1977.

Finscher, L.: Art. *Streichquartett-Ensemble*, in: *MGG2*, Sachteil Bd. 8 (1998), Sp. 1977–1989.

Finscher, L.: *Aspects of Mozart's Compositional Process in the Quartet Autographs: I. The Early Quartets. II. The Genesis of K. 387*, in: *The String Quartets of Haydn, Mozart, and Beethoven. Studies of the Autograph Manuscripts. A Conference at Isham Memorial Library 1979*, hg. v. Chr. Wolff, Cambridge/Mass. 1980 (Isham Library Papers III), S. 121–153.

Finscher, L.: *Bach – Mozart*, in: *Sommerakademie Johann Sebastian Bach. Almanach*, Stuttgart 1982, S. V/18–29.

Finscher, L.: *Beethovens Streichquartett opus 59, 3. Versuch einer Interpretation*, in: *Zur musikalischen Analyse*, hg. v. G. Schuhmacher, Darmstadt 1974 (Wege der Forschung 257), S. 122–160.

Finscher, L.: *Die Entstehung des klassischen Streichquartetts. Von den Vorformen zur Grundlegung durch Joseph Haydn*, Kassel u. a. 1974 (Studien zur Geschichte des Streichquartetts I; zugleich Saarbrücker Studien zur Musikwissenschaft 3).

Finscher, L.: *Gattungen und Besetzungen der Kammermusik*, in: *Reclams Kammermusikführer*, hg. v. A. Werner-Jensen, Stuttgart ¹²1997, S. 11–132.

Finscher, L.: *Joseph Haydn und das italienische Streichquartett*, in: Analecta Musicologica 4 (1967), S. 13–37.

Finscher, L.: *Joseph Haydn und seine Zeit*, Laaber 2000.

Finscher, L.: *Luigi Boccherini*, in: *Reclams Kammermusikführer*, hg. v. A. Werner-Jensen, Stuttgart ¹²1997, S. 369–394.

Finscher, L.: *Mozart und die Idee eines musikalischen Universalstils*, in: *Die Musik des 18. Jahrhunderts*, hg. v. C. Dahlhaus, Laaber 1985 (Neues Handbuch der Musikwissenschaft 5), S. 267–278.

Finscher, L.: *Mozart's Indebtedness to Haydn. Some Remarks on KV 168–173*, in: *Haydn Studies. Proceedings of the International Haydn Conference, Washington D.C. 1975*, hg. v. J. P. Larsen, H. Serwer und J. Webster, New York 1981, S. 407–410.

Finscher, L.: *Mozarts ›Mailänder Streichquartette‹*, in: Die Musikforschung 19 (1966), S. 270–283.

Finscher, L.: *Mozarts erstes Streichquartett: Lodi, 15. März 1770*, in: Analecta Musicologica 18 (1978), S. 246–270.

Finscher, L.: *Zum Begriff der Klassik in der Musik*, in: Deutsches Jahrbuch der Musikwissenschaft 11 (1966), S. 9–34, ebenso in: *Bericht über den Internationalen Musikwissenschaftlichen Kongreß Leipzig 1966*, hg. v. C. Dahlhaus u. a., Kassel und Leipzig 1970, S. 103–127.

Finscher, L.: *Zur Bedeutung der Kammermusik in Hindemiths Frühwerk*, in: Hindemith-Jahrbuch 17 (1988), S. 9–25.

Finscher, L.: *Zur Sozialgeschichte des klassischen Streichquartetts*, in: *Bericht über den Internationalen Musik-*

wissenschaftlichen Kongreß Kassel 1962, hg. v. G. Reichert und M. Just, Kassel u. a. 1963, S. 37–39.

Fischer, K. von: »Never to be performed in public«. Zu Beethovens Streichquartett op. 95, in: Beethoven-Jahrbuch 9 (1977), S. 87–96.

Fischer, K. von: Die Beziehung von Form und Motiv in Beethovens Instrumentalwerken, Baden-Baden ²1972 (Sammlung musikwissenschaftlicher Abhandlungen 30).

Fischer, Kl.: Die Streichquartette Gaetano Brunettis (1744–1798) in der Bibliothèque Nationale in Paris im Zusammenhang mit dem Streichquartett des 18. Jahrhunderts, in: Bericht über den Internationalen Musikwissenschaftlichen Kongress Bayreuth 1981, hg. v. Chr.-H. Mahling und S. Wiesmann, Kassel u. a. 1984, S. 350–359.

Fischer, Kl.: Einflüsse Haydns in Streichquartetten Boccherinis, in: Bericht über den Internationalen Musikwissenschaftlichen Kongress Berlin 1974, hg. v. H. Kühn und P. Nitsche, Kassel u. a. 1980, S. 328–332.

Fischer, Kl.: G. B. Viotti und das Streichquartett des späten 18. Jahrhunderts, in: Trasmissione e recezione delle forme di cultura musicale. Atti del XIV Congresso della Società Internazionale di Musicologia, Bologna 1987, hg. v. A. Pompilio u. a., Bd. 3, Torino 1990, S. 753–767.

Fischer, W.: Instrumentalmusik von 1750–1828, in: Handbuch der Musikgeschichte, hg. v. G. Adler, Berlin-Wilmersdorf ²1930, S. 795–833.

Fladt, H.: Zur Problematik traditioneller Formtypen in der Musik des frühen 20. Jahrhunderts. Dargestellt an Sonatensätzen in den Streichquartetten Béla Bartóks, München 1974 (Berliner musikwissenschaftliche Arbeiten 6).

Fleury, M.: Koechlin, Schmitt, Honegger: musique pour les générations futures, in: Le quatuor à cordes en France de 1750 à nos jours, hg. v. der Association française pour le Patrimoine Musical, Paris 1995, S. 135–169.

Floros, C. / Perle, G.: Kontroverse über das Programm der ›Lyrischen Suite‹, in: Alban Berg. Kammermusik II, München 1979 (Musik-Konzepte 9), S. 3–7.

Floros, C.: Das esoterische Programm der Lyrischen Suite von Alban Berg, in: Hamburger Jahrbuch für Musikwissenschaft 1 (1974), S. 101–145.

Floros, C.: György Ligeti. Jenseits von Avantgarde und Postmoderne, Wien 1996 (Komponisten unserer Zeit 26).

Floros, C.: Struktur und Semantik in Alban Bergs ›Lyrischer Suite‹, in: Kammermusik zwischen den Weltkriegen, hg. v. C. Ottner, Wien 1995 (Studien zu Franz Schmidt XI), S. 136–147.

Flothuis, M.: A Close Reading of the Autographs of Mozart's Ten Late Quartets, in: The String Quartets of Haydn, Mozart, and Beethoven. Studies of the Autograph Manuscripts. A Conference at Isham Memorial Library 1979, hg. v. Chr. Wolff, Cambridge/Mass. 1980 (Isham Library Papers III), S. 154–173.

Flothuis, M.: Mozarts Streichquartette. Ein musikalischer Werkführer, München 1998 (Beck'sche Reihe 2004).

Follet, R.: Albert Roussel. A Bio-Bibliography (Bio-Bibliographies in Music 19), Westport/Conn. und London 1988.

Fongaard, J.: Forkskjellige faser i Knud Nystedts udvikling som kvartettkomponist, in: Studia Musicologica Norvegica 9 (1983), S. 135–150.

Forchert, A.: Die Darstellung der Melancholie in Beethovens op. 18, in: Ludwig van Beethoven, hg. v. L. Finscher, Darmstadt 1983 (Wege der Forschung 428), S. 212–239.

Forchert, A.: Rhythmische Probleme in Beethovens späten Streichquartetten, in: Bericht über den Internationalen Musikwissenschaftlichen Kongreß Bonn 1970, hg. v. C. Dahlhaus u. a., Kassel u. a. 1971, S. 394–396.

Forkel, J. N.: Allgemeine Geschichte der Musik, Bd. 1, Leipzig 1788.

Forkel, J. N.: Ueber die Theorie der Musik [...]. Eine Einladungsschrift zu musikalischen Vorlesungen, Göttingen 1777.

Forschner, H.: Instrumentalmusik Joseph Haydns aus der Sicht Heinrich Christoph Kochs, München und Salzburg 1984 (Beiträge zur Musikforschung 13).

Forte, A.: An Octatonic Essay by Webern: No. 1 of the Six Bagatelles for String Quartet, Op. 9, in: Music Theory Spectrum 16 (1994), S. 171–195.

Forte, A.: Bartók's ›Serial‹ Composition, in: The Musical Quarterly 46 (1960), S. 233–245.

Forte, A.: Context and Continuity in an Atonal Work, in: Perspectives of New Music 1 (1963), Nr. 2, S. 72–82, ebenso in R. Stephan (Hg.), Die Wiener Schule, S. 85–97.

Forte, A.: Motivic design and structural levels in the first movement of Brahms's String Quartet in C minor, in: Brahms 2. Biographical, documentary and analytical studies, hg. v. M. Musgrave, Cambridge u. a. 1987, S. 165–196.

Fournier, B.: L'Histoire du Quatuor à cordes, (I) de Haydn à Brahms, Paris 2000.

Fox Gál, E. / Fox, A.: Hans Gál. Ein Verzeichnis seiner Werke, New York 1985.

Frei-Hauenschild, M.: Friedrich Ernst Fesca (1789–1826). Studien zu Biographie und Streichquartettschaffen, Göttingen 1998 (Abhandlungen zur Musikgeschichte 3).

Frisch, W.: *Brahms and the Principle of Developing Variation*, Berkeley, Los Angeles und London 1984 (California Studies in 19th Century Music 2).

Frisch, W.: *Brahms, developing variation, and the Schoenberg critical tradition*, in: 19th Century Music 5 (1981/82), S. 215–232.

Frisch, W.: *Thematic Form and the Genesis of Schoenberg's D Minor Quartet, Opus 7*, in: Journal of the American Musicological Society 41 (1988), S. 289–314.

Frobenius, W.: *Luigi Nonos Streichquartett »Fragmente – Stille, An Diotima«*, in: Archiv für Musikwissenschaft 54 (1997), S. 177–193.

Fürst, M.: *Dieses Genre verdient es, weiterentwickelt zu werden*, in: *Ruth Zechlin*, hg. v. A. L. Suder, Tutzing 2001 (Komponisten in Bayern. Dokumente musikalischen Schaffens im 20. Jahrhundert 41), S. 89–100.

Fürst-Heidtmann, M.: *Experimentator – Inspirator: Henry Cowell*, in: Neue Zeitschrift für Musik 160 (1999), Heft 3, S. 10–14.

Galeazzi, Fr.: *Elementi teorico-pratici di musica*, Bd. 1–2, Rom 1791–96.

Gallois, J.: *Les quatuors à cordes de l'école de Franck*, in: *Le quatuor à cordes en France de 1750 à nos jours*, hg. v. der Association française pour le Patrimoine Musical, Paris 1995, S. 119–128.

Garnier-Butel, M.: *La naissance du quatuor à cordes français au siècle des lumières*, in: *Le quatuor à cordes en France de 1750 à nos jours*, hg. v. der Association française pour le Patrimoine Musical, Paris 1995, S. 25–62.

Garnier-Butel, M.: *Les avatars d'un genre artistique. Le quatuor à cordes*, in: *Le tambour et la harpe. Œuvres, pratiques et manifestations musicales sous la Révolution 1788–1800*, hg. v. J.-R. Julien und J. Mongrédien, Paris 1991, S. 221–240.

Gartmann, Th.: *«dass nichts an sich jemals vollendet ist.» Untersuchungen zum Instrumentalschaffen von Luciano Berio*, Bern u. a. 1995 (Publikationen der Schweizerischen Musikforschenden Gesellschaft 37).

Gass, G.: *Elliott Carter's Second String Quartet: Aspects of Time and Rhythm*, in: Indiana Theory Revue 4 (1981), Nr. 3, S. 12–23.

Geering, M. / Ronner, P.: *Wladimir Vogel (1896–1984), Verzeichnis seiner musikalischen Werke (VWV)*, Winterthur 1992.

Georgiades, Thr.: *Aus der Musiksprache des Mozart-Theaters*, in: Mozart-Jahrbuch 1950, Salzburg 1951, S. 76–98.

Georgiades, Thr.: *Zur Musiksprache der Wiener Klassiker*, in: Mozart-Jahrbuch 1951, Salzburg 1953, S. 51–59.

Gérard, Y.: *Thematic, Bibliographical and Critical Catalogue of the Works of Luigi Boccherini*, London – New York – Toronto 1969.

Gerlach, R.: *Les quatuors à cordes de Leoš Janáček (Leur rapports avec la tradition européenne et la musique nouvelle de leur époque)*, in: *Colloquium Leoš Janáček et Musica Europaea Brno 1968*, hg. v. R. Pečman, Brno 1970, S. 181–197.

Gerlach, R.: *War Schönberg von Dvořák beeinflußt?*, in: Neue Zeitschrift für Musik 133 (1972), S. 122–127.

Gillet, J.: *The Problem of Schubert's G-Major String Quartet*, in: The Music Review 35 (1974), S. 281–292.

Glenewinkel, H.: *Spohrs Kammermusik für Streichinstrumente. Ein Beitrag zur Geschichte des Streichquartetts im XIX. Jahrhundert*, Diss. München 1912.

Göllner, Th.: *›Die Sieben Worte am Kreuz‹ bei Schütz und Haydn*, München 1986 (Bayerische Akademie der Wissenschaften, phil.-hist. Klasse, Abhandlungen N. F. 93).

Göthel, F. (Hg.): *Louis Spohr: Lebenserinnerungen*, Bd. I–II, Tutzing 1968.

Göthel, F.: *Thematisch-bibliographisches Verzeichnis der Werke von Louis Spohr*, Tutzing 1981.

Gradenwitz, P.: *Arnold Schönberg, Streichquartett Nr. 4 op. 37*, München 1986 (Meisterwerke der Musik 43), S. 37f.

Graf, N.: *Quartett in Mi minore*, in: *Verdi Handbuch*, hg. v. A. Gerhard und U. Schweikert, Kassel und Stuttgart 2001, S. 520ff.

Gratzer, W. (Hg.): *Nähe und Distanz. Nachgedachte Musik der Gegenwart I, II*, Hofheim 1996/97.

Green, D. M.: *The Allegro misterioso of Berg's Lyric Suite: Iso- and Retrorhythms*, in: Journal of the American Musicological Society 30 (1977), S. 507–516.

Greene, C.: *The String Quartets of Alexander Alexandrovich Aliabev*, in: The Music Review 33 (1972), S. 323–329.

Griesinger, G. Aug.: *Biographische Notizen über Joseph Haydn*, Leipzig 1810 (Reprint, hg. v. P. Krause, Leipzig 1979).

Griffiths, P.: *The String Quartet*, London 1983, ²1985.

Grinde, N.: *Norsk Musikkhistorie. Hovedlinjer i norsk musikkliv gjennom 1000 år*, Oslo u. a. 1971, ³1981.

Grönke, K.: *Komponieren in Geschichte und Gegenwart. Analytische Aspekte der ersten acht Streichquartette von Dmitri Schostakowitsch*, in: *Schostakowitschs Streichquartette. Ein internationales Symposion. Schostakowitsch-Studien, 5*, hg. v. A. Wehrmeyer, Berlin 2002 (studia slavica musicologica 22), S. 41–80.

Grönke, K.: *Studien zu den Streichquartetten 1 bis 8 von Dmitrij Šostakovič*, Diss. Kiel 1993.

Grosch, N.: *Kurt Weill, die »Novembergruppe« und die Probleme einer musikalischen Avantgarde in der Weimarer Republik*, in: *Kurt Weill. Die frühen Werke 1916–1928*, München 1998 (Musik-Konzepte 101/102), S. 65–83.

Grote, A.: *Robert Fuchs. Studien zu Person und Werk des Wiener Komponisten und Theorielehrers*, München und Salzburg 1994 (Berliner musikwissenschaftliche Arbeiten 39).

Grover, R. Sc.: *Ernest Chausson. The Man and His Music*, London 1917, Reprint 1980.

Gruber, G. (Hg.): *Arnold Schönberg. Interpretationen seiner Werke*, Bd. I–II, Laaber 2002.

Gruber, G.: *Streichtrio, Streichquartett, Klavierquartett*, in: *Der Komponist Wilhelm Killmayer*, hg. v. S. Mauser, Mainz 1992, S. 126–131.

Gruhle, W.: *Streichquartett-Lexikon. Komponisten, Werke, Interpreten*, Gelnhausen 1996.

Gruhn, W.: *»Argumentum e silentio«. Fünf Annäherungen an Luciano Berios Streichquartett ›Notturno‹*, in: *Nähe und Distanz. Nachgedachte Musik der Gegenwart II*, hg. v. W. Gratzer, Hofheim 1997, S. 220–230.

Gülke, P.: *»immer das Ganze vor Augen«. Studien zu Beethoven*, Kassel – Stuttgart – Weimar 2000.

Gülke, P.: *Franz Schubert und seine Zeit*, Laaber 1991.

Gülke, P.: *Introduktion als Widerspruch im System. Zur Dialektik von Thema und Prozessualität bei Beethoven*, in: Deutsches Jahrbuch der Musikwissenschaft für 1969, Leipzig 1970, S. 5–40, ebenso in: *Ludwig van Beethoven*, hg. v. L. Finscher, Darmstadt 1983 (Wege der Forschung 428), S. 338–387.

Gülke, P.: *Kantabilität und thematische Abhandlung. Ein Beethovensches Problem und seine Lösungen in den Jahren 1806/1808*, in: Beiträge zur Musikwissenschaft 12 (1970), S. 252–273, ebenso in: ders., *»... immer das Ganze vor Augen«. Studien zu Beethoven*, Kassel – Stuttgart – Weimar 2000, S. 105–130.

Gülke, P.: *Versuch zur Ästhetik der Musik Leoš Janáčeks*, in: Musik-Konzepte 7, München 1979, S. 4–40.

Gülke, P.: *Zur musikalischen Konzeption der Rasumowsky-Quartette von Beethoven*, in: *Sozialistische Musikkultur. Traditionen, Probleme, Perspektiven*, hg. v. J. Elsner u. a., Berlin 1977, S. 397–430.

Gut, S. / Pistone, D.: *La musique de chambre en France de 1870 à 1918*, Paris 1978 (Musique–Musicologie 5).

Hagemeister, Chr.: *Das Formschema der Sonate in der russischen Instrumentalmusik um 1800*, Regensburg 1983 (Kölner Beiträge zur Musikforschung 128).

Halbreich, H.: *L'œuvre d'Arthur Honegger. Chronologie – Catalogue raisonné – Analyses – Discographie*, Paris 1994.

Hamburger, P.: *Orkester- og kammermusiken*, in: *Carl Nielsen i Hundred-året for hans fødsel*, hg. v. J. Balzer, Kopenhagen 1965, S. 19–45.

Hamburger, P.: *The Chamber Music*, in: *Benjamin Britten: A Commentary on his Works from a Group of Specialists*, hg. v. D. Mitchell und H. Keller, London 1952, S. 211–236.

Hammar, B. / Epstein, H.: *Johan Wikmansons återfunna stråkkvartett i A-dur*, in: Svensk tidskrift för musikforskning 60:2 (1978), S. 51–56.

Hand, F.: *Aesthetik der Tonkunst. Zweiter Theil*, Jena 1841.

Hansberger, J.: *Begrenzte Aleatorik. Das Streichquartett von Witold Lutosławski*, in: Musica 25 (1971), S. 248–257.

Hansen, I.: *Per Nørgård. Artikler 1962–1982*, Kopenhagen 1982.

Hanslick, E.: *Geschichte des Concertwesens in Wien*, Bd. 1–2, Wien 1869–70.

Harpster, R.: *The String Quartets of J. G. Albrechtsberger*, Diss. University of Southern California 1975.

Harries, S.: *A Pilgrim Soul. The Life and Work of Elisabeth Lutyens*, London 1989.

Harris, J. D.: *Compositional Process in the String Quartets of Elliott Carter*, Ann Arbor 1983.

Harwell Celenza, A.: *The Early Works of Niels W. Gade: In Search of the Poetic*, Aldershot 2001.

Haselböck, L.: *Analytische Untersuchungen zur motivischen Logik bei Max Reger*, Wiesbaden 2000 (Schriftenreihe des Max Reger-Instituts XIV).

Hattesen, H. H.: *Emanzipation durch Aneignung. Untersuchungen zu den frühen Streichquartetten Arnold Schönbergs*, Kassel u. a. 1990 (Kieler Schriften zur Musikwissenschaft 33).

Häuser, J. E.: *Musikalisches Lexikon*, Meissen 1828.

Häusler, J.: *Spiegel der Neuen Musik: Donaueschingen. Chronik – Tendenzen – Werkbesprechungen*, Kassel, Stuttgart und Weimar 1996.

Hayes, R.: *Onslow and Beethoven's Late Quartets*, in: Journal of Musicological Research 5 (1985), S. 273–296.

Hecker, J. von: *Untersuchungen an den Skizzen zum Streichquartett cis-moll op. 131 von Beethoven*, mschr. Diss. Freiburg 1956.

Hedin, E.: *Mazerska kvartettsällskapet 1849–1949. Minnesskrift*, Stockholm 1949.

Heine, Chr.: *Salvador Bacarisse (1898–1963). Die Kriterien seines Stils während der Schaffenszeit in Spanien (bis 1939)*, Diss. Erlangen–Nürnberg 1992, Frankfurt a. M. u. a. 1993.

Heiniö, M.: *Aikamme musiikki 1945–1993*, Porvoo u. a. 1995 (Suomen musiikin historia 4).

Heiniö, M.: *Seeking the Truth in Performance*, in: Finnish Music Quarterly 7 (1991), Nr. 1., S. 2–13.

Heiniö, M.: *The Music of Our Time*, in: Finnish Music Quarterly 12 (1996), Nr. 4, S. 31–63.

Helm, Th.: *Beethoven's Streichquartette. Versuch einer technischen Analyse dieser Werke im Zusammenhange mit ihrem geistigen Gehalt*, Leipzig 1885.

Helman, Z.: *Szymanowski und der Neoklassizismus*, in: *Karol Szymanowski in seiner Zeit*, hg. v. M. Bristiger / R. Scruton / P. Weber-Bockholdt, München 1984, S. 137–147.

Herlin, D.: *Les Esquisses du Quatuor*, in: Cahiers Debussy 14 (1990), S. 23–54.

Hermand, J.: ›*Listy důvěrné*‹ *(Intime Briefe). Janáčeks 2. Streichquartett*, in: ders., *Beredte Töne. Musik im historischen Prozeß*, Frankfurt a. M. 1991 (Europäische Hochschulschriften, Reihe XXXVI, Bd. 51), S. 137–155.

Herresthal, H.: *Carl Arnold. Ein europäischer Musiker des 19. Jahrhunderts. Eine Dokumentarbiographie mit thematischem Werkverzeichnis (AWV)*, Wilhelmshaven 1993 (Quellenkataloge zur Musikgeschichte 23).

Herresthal, H.: *Norwegische Musik von den Anfängen bis zur Gegenwart*, Oslo u. a. ²1987.

Heussner, H.: *Das Biedermeier in der Musik*, in: Die Musikforschung 12 (1959), S. 422–431.

Hickman, R.: *Haydn and the ›Symphony in Miniature‹*, in: The Music Review 43 (1982), S. 15–23.

Hickman, R.: *The flowering of the Viennese string quartet in the late eighteenth century*, in: The Music Review 50 (1989), S. 157–180.

Hickman, R.: *The Nascent Viennese String Quartet*, in: The Musical Quarterly 57 (1981), S. 193–212.

Hicks, N.: *Cowell's Clusters*, in: The Musical Quarterly 77 (1993), S. 428–458.

Hicks, N.: *The Imprisonment of Henry Cowell*, in: Journal of the American Musicological Society 44 (1991), S. 92–119.

Hill, C.: *Ferdinand Ries. A Thematic Catalogue*, Armidale 1977 (University of New England, Monographs I).

Hill, C.: *Ferdinand Ries. Briefe und Dokumente*, Bonn 1982.

Hill, G. R.: *A Thematic Catalogue of the Instrumental Music of Florian Leopold Gassmann*, Hackensack/N.J. 1976 (Music Indexes and Bibliographies 12).

Hilmar, R.: *Alban Berg. Leben und Wirken in Wien bis zu seinen ersten Erfolgen als Komponist*, Wien u. a. 1978 (Wiener musikwissenschaftliche Beiträge 10).

Hilmar-Voit, R.: *Die Episode im Finale des Streichquartetts G-Dur D 887 von 1826*, in: *Franz Schubert – Der Fortschrittliche? Analysen – Perspektiven – Fakten*, hg. v. E. W. Partsch, Tutzing 1989 (Veröffentlichungen des Internationalen Franz Schubert Instituts 6), S. 159–170.

Hinrichsen, H.-J.: *»Bergendes Gehäuse« und »Hang ins Unbegrenzte«. Die Kammermusik*, in: *Schubert-Handbuch*, hg. v. W. Dürr und A. Krause, Kassel und Stuttgart 1997, S. 451–511.

Hinrichsen, H.-J.: *Die Sonatenform im Spätwerk Franz Schuberts*, in: Archiv für Musikwissenschaft 45 (1988), S. 16–49.

Hinrichsen, H.-J.: *Untersuchungen zur Entwicklung der Sonatenform in der Instrumentalmusik Franz Schuberts*, Tutzing 1994 (Veröffentlichungen des Internationalen Franz Schubert Instituts 11).

Hirsbrunner, Th.: *Maurice Ravel. Sein Leben, sein Werk*, Laaber 1989.

Hoboken, A. van: *Joseph Haydn. Thematisch-bibliographisches Werkverzeichnis*, Bd. I, Mainz 1957.

Hohenemser, R.: *Luigi Cherubini. Sein Leben und seine Werke*, Leipzig 1913.

Holland, D.: *Dialektik der musikalischen Freiheit. Alban Bergs freie ›Atonalität‹ in seinem Streichquartett op. 3*, in: *Alban Bergs Kammermusik II*, München 1979 (Musik-Konzepte 9), S. 29–37.

Holland, D.: *Kompositionsbegriff und Motivtechnik in Janáčeks Streichquartetten*, in: Musik-Konzepte 7, München 1979, S. 67–74.

Homma, M.: *Kompositionstechnik und Gattungstradition, Konstanten und Entwicklungslinien. Über die Streichquartette Krzysztof Meyers*, in: *Krzysztof Meyer. Ein Komponistenportrait*, hg. v. M. Jabłoński und M. Homma, Poznań und Köln 1998, S. 143–154.

Homma, M.: *Witold Lutosławski: Zwölfton-Harmonik, Formbildung, »aleatorischer Kontrapunkt«. Studien zum Gesamtwerk unter Einbeziehung der Skizzen*, Köln 1996 (Schriften zur Musikwissenschaft und Musiktheorie 2).

Honegger, A.: *Beruf und Handwerk des Komponisten. Illusionslose Gespräche, Kritiken und Aufsätze*, hg. v. E. Klemm, Leipzig 1980.

Honegger, M.: *Catalogue des œuvres musicales de George Migot*, Strasbourg 1977.

Hörner, St.: *August Reuss. Ein vergessener Komponist*, in: Neues musikwissenschaftliches Jahrbuch 7, Augsburg 1998, S. 197–218.

Howard, R.: *The Works of Alan Hovhaness. A Catalogue: Opus 1 – Opus 360*, New York 1983.

Howell, T.: *Eisler's Serialism: Concepts and Methods*, in: *Hanns Eisler. A Miscellany*, hg. v. D. Blake, Luxembourg 1995 (Contemporary Music Studies 9), S. 10–132.

Howes, Fr.: *The Music of William Walton*, London u. a. ²1994.

Hübsch, L.: *Ludwig van Beethoven. Die Rasumowsky-Quartette op. 59*, München 1983 (Meisterwerke der Musik 40).

Hudson, Fr.: *A Catalogue of the Works of Ch. Villiers Stanford (1852–1924)*, in: Musical Review 25 (1964), S. 44–57; 37 (1976), S. 106–129.

Irving, J.: *Mozart: The ›Haydn‹ Quartets*, Cambridge 1998 (Cambridge Music Handbooks).

Ives, Ch.: *Essays before a Sonata and Other Writings*, hg. v. H. Boatwright, London 1969.

Jacobs, W. / Dusella, R.: *Die Streichquartette Berthold Goldschmidts*, in: *Berthold Goldschmidt*, hg. v. S. Hilger und W. Jacobs, Bonn 1996, S. 52–61.

Jaedtke, W.: *Tradition und Transparenz in György Ligetis Erstem Streichquartett*, in: Musiktheorie 14 (1998), S. 3–12.

Jammermann, M.: *Zu Krzysztof Pendereckis Streichquartettstück ›Der unterbrochene Gedanke‹ (1988)*, in: Musiktheorie 14 (1999), S. 33–44.

Jarman, D.: *The Music of Alban Berg*, London und Boston 1979.

Jaschinski, A.: *Karl Amadeus Hartmann – Symphonische Tradition und ihre Auflösung*, Tutzing 1982 (Musikwissenschaftliche Schriften 19).

Jeitteles, I.: *Aesthetisches Lexikon*, Wien 1839.

Jelinek, H.: *Die krebsgleichen Allintervallreihen*, in: Archiv für Musikwissenschaft 18 (1961), S. 115–125.

Jelinek, H.: *Zwölftonkomposition*, Wien 1952–58, ²1967.

Jensen, J. L.: *Per Nørgårds Musik. Et verdensbillede i forandring*, Kopenhagen 1986.

Jestremski, M.: *Hugo Wolf – Skizzen und Fragmente. Untersuchungen zur Arbeitsweise*, Hildesheim 2002 (Studien und Materialien zur Musikwissenschaft 25).

Johnson, D. / Tyson, A. / Winter, R. (Hg.): *The Beethoven Sketch Books. History, Reconstruction, Inventory*, Oxford 1995.

Jonsson, L. / Åstrand, H. (Hg.): *Musiken i Sverige*, Bd. 4: *Konstmusik, Folkmusik, Populärmusik 1920–1990*, Stockholm 1994.

Josephson, N. S.: *Cyclical Structures in the Late Music of Leoš Janáček*, in: Musical Quarterly 79 (1995), S. 402–420.

Josephson, N. S.: *Westeuropäische Stilmerkmale in der Musik Borodins (1833–1887)*, in: Jahrbuch des Staatlichen Instituts für Musikforschung Preußischer Kulturbesitz 1994, Berlin 1994, S. 278–303.

Jost, P. (Hg.): *Gabriel Fauré. Werk und Rezeption*, Kassel u. a. 1996.

Jung, U.: *Walter Braunfels (1882–1954)*, Regensburg 1980 (Studien zur Musikgeschichte des 19. Jahrhunderts 58).

Kabisch, Th.: *Oktatonik, Tonalität und Form in der Musik Maurice Ravels*, in: Musiktheorie 5 (1990), S. 117–136.

Kagel, M.: *Analyse des Analysierens*, in: *Mauricio Kagel, Tamtam. Monologe und Dialoge zur Musik*, hg. v. F. Schmidt, München und Zürich 1975, S. 41–57.

Kaiser, G. (Hg.): *Sämtliche Schriften von Carl Maria von Weber*, Berlin und Leipzig 1908.

Kalischer, A. Chr. (Hg.): *Beethovens Sämtliche Briefe. Kritische Ausgabe mit Erläuterungen von Alfred Christlieb Kalischer*, Bd. 1, Berlin und Leipzig 1906.

Kaufmann, H.: *Figur in Weberns erster Bagatelle*, in: *Neue Wege der musikalischen Analyse*, Berlin 1967 (Veröffentlichungen des Instituts für Neue Musik und Musikerziehung Darmstadt 6), S. 69–72.

Kaufmann, H.: *Ligetis Zweites Streichquartett*, in: Melos 37 (1970), S. 134–140.

Keil, U. Br.: *Louise Adolpha Le Beau und ihre Zeit. Untersuchungen zu ihrem Kammermusikstil zwischen Traditionalismus und ›Neudeutscher Schule‹*, Frankfurt a. M. u. a. 1996 (Europäische Hochschulschriften 36/150).

Keller, H.: *The Chamber Music*, in: *The Mozart Companion*, hg. v. H. C. Robbins Landon und D. Mitchell, London 1956, S. 90–137.

Keller, H.: *The Great Haydn Quartets. Their Interpretation*, New York 1986.

Kemp, I.: *Tippett, the Composer and his Music*, London und New York 1984.

Kerman, J.: *The Beethoven Quartets*, New York und London 1967.

Keym, St.: *Der Rahmen als Zentrum. Zur Bedeutung von langsamer Einleitung und Coda in Vincent d'Indys Instrumentalmusik*, in: *Pluralismus wider Willen? – Stilistische Tendenzen in der Musik Vincent d'Indys*, hg. v. M. Schwartz und St. Keym, Hildesheim 2002 (Musikwissenschaftliche Publikationen 19), S. 114–159.

Khittl, Chr.: *Die Streichquartette von Joseph Marx. Variationen über das Thema ›Bewahren‹ oder Tradition als ästhetisches Programm*, in: *Kammermusik zwischen den Weltkriegen. Symposion 1994*, hg. v. C. Ottner, Wien 1995 (Studien zu Franz Schmidt XI), S. 166–180.

Kilian, G.: *Studien zu Louis Spohr*, Karlsruhe 1986 (Wissenschaftliche Beiträge Karlsruhe 16).

Kim, J.: *Ignaz Pleyel and His Early String Quartets in Vienna*, Diss. Chapel Hill/N.C. 1996.

Kinderman, W. (Hg.): *Beethoven's Compositional Process*,

Lincoln und London 1991 (North American Beethoven Studies 1).

Kinderman, W.: *Tonality and Form in the Variation Movements of Beethoven's Late Quartets*, in: *Beiträge zu Beethovens Kammermusik. Symposion Bonn 1984*, hg. v. S. Brandenburg und H. Loos, München 1987 (Veröffentlichungen des Beethovenhauses in Bonn, N. F., Vierte Reihe: Schriften zur Beethovenforschung 10), S. 135–151.

King, A. H.: *Mozart's Chamber Music*, London 1968.

King, A. H.: *Mozart's Prussian Quartets in Relation to His Style*, in: Music and Letters 21 (1940), S. 328–346.

Kirchmeyer, H.: *Kleine Monographie über Herbert Eimert*, Stuttgart und Leipzig 1999 (Abhandlungen der Sächsischen Akademie der Wissenschaften zu Leipzig, philologisch-historische Klasse Bd. 75, Heft 6).

Kirkendale, W.: *Fuge und Fugato in der Kammermusik des Rokoko und der Klassik*, Tutzing 1966.

Kirkendale, W.: *The ›Great Fugue‹ Op. 133. Beethoven's ›Art of Fugue‹*, in: Acta musicologica 35 (1963), S. 14–24.

Kirkpatrick, J. (Hg.): *Charles E. Ives, Memos*, London 1973.

Kirkpatrick, J.: *A Temporary Mimeographed Catalogue of the Music Manuscripts of Charles Ives*, Yale University 1960, ²1973.

Kirstein, F.: *Karl-Birger Blomdahl und die Zwölftonmusik. Von »Facetten« bis »Trio«. Einige strukturelle Aspekte in Blomdahls Werken 1950–55 mit besonderer Berücksichtigung des Dodekaphonen sowie mit einer Bibliographie*, Diss. Kopenhagen 1989.

Klein, H.-G. (Hg.): *V. Ullmann. Materialien* (Verdrängte Musik. NS-verfolgte Komponisten und ihre Werke 2), Hamburg ²1995.

Klein, H.-G.: *Korrekturen im Autograph von Mendelssohns Streichquartett op. 80. Überlegungen zur Kompositionstechnik und zum Kompositionsvorgang*, in: Mendelssohn-Studien 5, Berlin 1982, S. 113–122.

Klein, R.: *Gottfried von Einem in seinen Streichquartetten*, in: Österreichische Musikzeitschrift 38 (1983), S. 28–31.

Klemm, E. (Hg.): *Anton Schindler: Biographie von Ludwig van Beethoven* (Münster 1860), Neuausgabe Leipzig 1973.

Klemm, E.: *Zur Theorie der Reihenstruktur und Reihendisposition in Schönbergs 4. Streichquartett*, in: Beiträge zur Musikwissenschaft 8 (1966), S. 27–49, auch in: *Arnold Schönberg*, München 1980 (Musik-Konzepte, Sonderband), S. 58–82.

Klingenbeck, J.: *Ignaz Pleyel. Sein Streichquartett im Rahmen der Wiener Klassik*, in: Studien zur Musikwissenschaft 25 (1962): Festschrift für Erich Schenk, S. 276–297.

Knauer, W.: *Zwischen Bebop und Free Jazz. Komposition und Improvisation des Modern Jazz Quartet, I–II*, Mainz 1990, Bd. I–II.

Knepler, G.: *Musikgeschichte des 19. Jahrhunderts*, Bd. II: *Österreich, Deutschland*, Berlin 1961.

Koch, H. Chr.: *Musikalisches Lexikon*, Leipzig 1802 (Reprint Hildesheim 1964).

Koch, H. Chr.: *Versuch einer Anleitung zur Composition*, Bd. 1–3, Rudolstadt bzw. Leipzig 1782–93.

Köhler, L.: *Die Gebrüder Müller und das Streich-Quartett*, Leipzig 1858.

Kohler, R. A. / Böggemann, N.: *I. Streichquartett Op. 7*, in: *Arnold Schönberg. Interpretationen seiner Werke*, hg. v. G. Gruber, Laaber 2002, Bd. I, S. 73–94.

Kohlhase, H.: *Die Kammermusik Robert Schumanns. Stilistische Untersuchungen*, Bd. I–II, Hamburg 1979 (Hamburger Beiträge zur Musikwissenschaft 19).

Kohlhase, H.: *Studien zur Form in den Streichquartetten von Felix Mendelssohn Bartholdy*, in: *Zur Musikgeschichte des 19. Jahrhunderts*, Hamburg 1977 (Hamburger Jahrbuch der Musikwissenschaft 2), S. 75–102.

Kolisch, R.: *Webern – opus 5 and opus 7* (1959), in: *Die Streichquartette der Wiener Schule. Eine Dokumentation*, hg. v. U. v. Rauchhaupt, Hamburg o. J., S. 122f.

Kollmann, Aug. Fr. Chr.: *An Essay on Musical Harmony, according to the Nature of that Science and the Principles of the greatest Musical Authors*, London 1796.

Kolneder, W.: *Hindemiths ›Streichquartett V in Es‹*, in: Schweizerische Musikzeitung 90 (1950), S. 92–96.

Kolter, H.: *Erster Satz aus ›quattrologe‹ von Erhard Karkoschka*, in: *Neue Musik, Analyse*, hg. v. E. Karkoschka u. a., Herrenberg 1976, Textband, S. 62–70.

Konold, W.: *Das Streichquartett. Von den Anfängen bis Franz Schubert*, Wilhelmshaven 1980 (Taschenbücher zur Musikwissenschaft 71).

Konold, W.: *Die Streichquartette Gottfried von Einems – Bemerkungen zu Werkgestalt und Gattungstradition*, in: *Gottfried von Einem: Ein Komponist unseres Jahrhunderts*, hg. v. H. Hopf und Br. Sonntag, Münster 1989 (Musik, Kunst & Konsum 1), S. 99–111.

Konrad, U.: *Mozarts Schaffensweise. Studien zu den Werkautographen, Skizzen und Entwürfen*, Göttingen 1992 (Abhandlungen der Akademie der Wissenschaften in Göttingen, phil.-hist. Klasse III Nr. 301).

Kopitz, Kl. M.: *Der Düsseldorfer Komponist Norbert Burgmüller. Ein Leben zwischen Beethoven – Spohr – Mendelssohn*, Kleve 1998.

Korcark, Fr.: *Luigi Tomasini (1741–1808), Konzertmeister der fürstlich Esterházyschen Kapelle in Eisenstadt unter Joseph Haydn*, mschr. Diss. Wien 1952.

Korhonen, K.: *Finnish Chamber Music*, Helsinki 2001.
Korhonen, K.: *The String Quartet during Finland's Period of Independence*, in: Finnish Music Quarterly 8 (1992), Nr. 2, S. 3–10.
Kortsen, Bj.: *Fartein Valen – Life and Music*, Oslo 1965.
Kortsen, Bj.: *Melodic Structure and Thematic Unity in Fartein Valen's Music*; Glasgow 1963.
Kowalke, K. H.: *Kurt Weill in Europe*, Ann Arbor 1979 (Studies in Musicology 14).
Kramer, R. A.: *Between Cavatina and Ouverture: Opus 130 and the Voice of Narrative*, in: Beethoven Forum, Bd. 1, hg. v. Chr. Reynolds u. a., Lincoln und London 1992, S. 165–189.
Kreisig, M. (Hg.): *Robert Schumann. Gesammelte Schriften über Musik und Musiker*, Leipzig 51914.
Křenek, E.: *Über neue Musik. Sechs Vorlesungen zur Einführung in die theoretischen Grundlagen*, Wien 1937, Reprint Darmstadt 1977.
Křenek, E.: *Zu meinen Kammermusikwerken 1936–1950*, in: Schweizerische Musikzeitung 93 (1953), S. 102–104.
Kreyszig, W. K.: *Das Menuett Wolfgang Amadeus Mozarts unter dem Einfluß von Franz Joseph Haydns »gantz neue (!) besondere art«. Zur Phrasenstruktur in den Menuetten der ›Haydn-Quartette‹*, in: Mozart-Jahrbuch 1991, Salzburg 1992, S. 655–663.
Krischke, Cl.: *Untersuchungen zu den Streichquartetten von Robert Volkmann (1815–1883). Ein Komponist zwischen Schumann und Brahms*, Frankfurt a. M. u. a. 1996 (Europäische Hochschulschriften 36/154).
Kroher, E.: *Die Polyphonie in den Streichquartetten Wolfgang Amadeus Mozarts und Joseph Haydns*, in: Wissenschaftliche Zeitschrift der Karl-Marx-Universität Leipzig. Gesellschafts- und Sprachwissenschaftliche Reihe 5 (1955–56), S. 369–402.
Krones, H.: *Beobachtungen zur Sonatenhauptsatzform im Streichquartettschaffen einiger Zeitgenossen Joseph Haydns*, in: Haydn-Studien VII, Heft 3/4, München 1998, S. 328–343.
Krones, H.: *Streichquartett Es-Dur ›Harfenquartett‹ op. 74*, in: Beethoven. Interpretationen seiner Werke, hg. v. A. Riethmüller, C. Dahlhaus (†) und A. L. Ringer, Bd. I, Laaber 1994, S. 585–592.
Kropfinger, Kl.: *»Geheimere Welt«. Luigi Nonos Streichquartett ›Fragmente – Stille, An Diotima‹*, in: ders., Über Musik im Bilde. Schriften zu Analyse, Ästhetik und Rezeption in Musik und Bildender Kunst, 2 Bde., hg. v. B. Bischoff u. a., Köln-Rheinkassel 1995, Bd. 2, S. 569–575.
Kropfinger, Kl.: *Das gespaltene Werk. Beethovens Streichquartett Op. 130/133*, in: Beiträge zu Beethovens Kammermusik. Symposion Bonn 1984, hg. v. S. Brandenburg und H. Loos, München 1987 (Veröffentlichungen des Beethovenhauses in Bonn, N. F., Vierte Reihe: Schriften zur Beethovenforschung 10), S. 296–335.
Kropfinger, Kl.: *Fuge B-Dur für Streichquartett ›Große Fuge‹ op. 133*, in: Beethoven. Interpretationen seiner Werke, hg. v. A. Riethmüller, C. Dahlhaus (†) und A. L. Ringer, Bd. II, Laaber 1994, S. 338–347.
Kropfinger, Kl.: *Klassik-Rezeption in Berlin (1800–1830)*, in: Studien zur Musikgeschichte Berlins im frühen 19. Jahrhundert, hg. v. C. Dahlhaus, Regensburg 1980 (Studien zur Musikgeschichte des 19. Jahrhunderts 56), S. 301–379, ebenso in: Über Musik im Bilde. Schriften zur Analyse, Ästhetik und Rezeption in Musik und Bildender Kunst, hg. v. B. Bischoff u. a., Köln-Rheinkassel 1995, Bd. 1, S. 53–142.
Kropfinger, Kl.: *Streichquartett B-Dur op. 130*, in: Beethoven. Interpretationen seiner Werke, hg. v. A. Riethmüller, C. Dahlhaus (†) und A. L. Ringer, Bd. II, Laaber 1994, S. 299–316.
Krummacher, Fr.: *»ironisch nachahmend«. Bemerkungen zum 1. Streichquartett von György Ligeti*, in: Martin Geck. Festschrift zum 65. Geburtstag, hg. v. A. Rolf und U. Tadday, Dortmund 2001, S. 9–18.
Krummacher, Fr.: *»Unentwegt nach links?« Regers Quartette in der Gattungsgeschichte*, in: Musikalische Moderne und Tradition. Internationaler Reger-Kongress Karlsruhe 1998, hg. v. A. Becker, G. Gefäller und S. Popp, Wiesbaden 2000 (Schriftenreihe des Max Reger-Instituts XIII), S. 63–92.
Krummacher, Fr.: *Ambivalenz als Kalkül. Zum Kopfsatz aus Regers Streichquartett op. 109*, in: Reger-Studien 3, hg. v. S. Popp und S. Shigihara, Wiesbaden 1988, S. 53–70.
Krummacher, Fr.: *Analytische Notizen zum 2. Streichquartett G-Dur von Franz Schmidt*, in: Kammermusik zwischen den Weltkriegen. Symposion 1994, hg. v. C. Ottner, Wien 1995 (Studien zu Franz Schmidt XI), S. 25–46.
Krummacher, Fr.: *Concordantia dissonans. Zum Quartettsatz Paul Hindemiths*, in: Jahrbuch des Staatlichen Instituts für Musikforschung Preußischer Kulturbesitz 1998, S. 163–194.
Krummacher, Fr.: *Gattung und Werk. Zu Streichquartetten von Gade und Berwald*, in: ders., Musik im Norden. Abhandlungen zur skandinavischen und norddeutschen Musikgeschichte, hg. v. S. Oechsle u. a., Kassel u. a. 1996, S. 117–143.
Krummacher, Fr.: *Intimität und Expansion. Das Streichquartett op. 56 von Sibelius im Verhältnis zur Gattungstradition*, in: ders., Musik im Norden. Abhand-

lungen zur skandinavischen und norddeutschen Musikgeschichte, hg. v. S. Oechsle u. a., Kassel u. a. 1996, S. 206–226.

Krummacher, Fr.: *Kantabilität als Konstruktion. Zum langsamen Satz aus Mozarts Streichquartett KV 465*, in: *Analysen. Beiträge zu einer Problemgeschichte des Komponierens. Festschrift für Hans Heinrich Eggebrecht*, hg. v. W. Breig, R. Brinkmann und E. Budde, Stuttgart 1984 (Beihefte zum Archiv für Musikwissenschaft 23), S. 217–233.

Krummacher, Fr.: *Mendelssohn – der Komponist. Studien zur Kammermusik für Streicher*, München 1978.

Krummacher, Fr.: *Mendelssohn's Late Chamber Music: Some Autograph Sources Recovered*, in: *Mendelssohn and Schumann. Essays on Their Music and Its Context*, hg. v. J. W. Finson und R. Larry Todd, Durham/N.C. 1984, S. 71–84.

Krummacher, Fr.: *Musterstücke ihrer Gattung? Zu den Quartetten op. 51 von Brahms*, in: *Die Kammermusik von Johannes Brahms. Tradition und Innovation*, hg. v. G. Gruber, Laaber 2001 (Schriften zur musikalischen Hermeneutik 7), S. 213–232.

Krummacher, Fr.: *Nationaler Ton und Gattungstradition. Über Streichquartette von Nielsen und Stenhammar*, in: ders., *Musik im Norden. Abhandlungen zur skandinavischen und norddeutschen Musikgeschichte*, hg. v. S. Oechsle u. a., Kassel u. a. 1996, S. 160–187.

Krummacher, Fr.: *Nationalmusik als ästhetisches Problem. Über Berwalds Streichquartette*, in: ders., *Musik im Norden. Abhandlungen zur skandinavischen und norddeutschen Musikgeschichte*, hg. v. S. Oechsle u. a., Kassel u. a. 1996, S. 85–98.

Krummacher, Fr.: *Reception and Analysis: On the Brahms Quartets, op. 51, Nos. 1 and 2*, in: 19th Century Music 18 (1994), S. 24–45.

Krummacher, Fr.: *Schubert als Konstrukteur. Finale und Zyklus im G-Dur-Quartett D 887*, in: Archiv für Musikwissenschaft 51 (1994), S. 26–60.

Krummacher, Fr.: *Schumann in Opposition. Die Streichquartette op. 41 im gattungsgeschichtlichen Kontext*, in: ›Neue Bahnen‹. Robert Schumann und seine musikalischen Zeitgenossen. Bericht über das 6. Internationale Schumann-Symposion Düsseldorf 1997, hg. v. B. R. Appel, Mainz u. a. 2002 (Schumann-Forschungen 7), S. 11–28.

Krummacher, Fr.: *Streichquartett als ›Ehrensache‹. Linie und Klang in Griegs Quartett op. 27*, in: Studia musicologica norvegica 25 (2000), S. 90–107.

Krummacher, Fr.: *Streichquartett F-Dur op. 135*, in: *Beethoven. Interpretationen seiner Werke*, hg. v. A. Riethmüller, C. Dahlhaus (†) und A. L. Ringer, Bd. II, Laaber 1994, S. 347–364.

Krummacher, Fr.: *Synthesis des Disparaten. Zu Beethovens späten Quartetten und ihrer frühen Rezeption*, in: Archiv für Musikwissenschaft 37 (1980), S. 99–134.

Krummacher, Fr.: *Volks- und Kunstmusik um die Jahrhundertwende. Zu Streichquartetten von Wilhelm Stenhammar*, in: ders., *Musik im Norden. Abhandlungen zur skandinavischen und norddeutschen Musikgeschichte*, hg. v. S. Oechsle u. a., Kassel u. a. 1996, S. 144–159.

Krummacher, Fr.: *Von » allerlei Delikatessen«. Überlegungen zum Streichquartett op. 67 von Brahms*, in: *Johannes Brahms. Quellen – Text – Rezeption – Interpretation. Internationaler Brahms-Kongreß Hamburg 1997*, hg. v. Fr. Krummacher und M. Struck, München 1999, S. 127–141.

Kube, M.: *»… lieber in Grätz der Erste, als in Wien der zweyte.« Zu den Streichquartetten von Anselm Hüttenbrenner*, in: *Schubert und das Biedermeier. Beiträge zur Musik des frühen 19. Jahrhunderts. Festschrift für Walther Dürr zum 70. Geburtstag*, hg. v. M. Kube, W. Aderholt und W. Litschauer, Kassel u. a. 2002, S. 147–159.

Kube, M.: *»Dem Formverlauf und den Zusammenhängen dieses Quartetts analytisch nachzugehen, erscheint aussichtslos« – Versuch über den I. Teil des Streichquartetts op. 16 (1923) von Philipp Jarnach* (im Druck).

Kube, M.: *Carl Loewes Streichquartette*, in: *Carl Loewe 1796–1869. Bericht über die musikwissenschaftliche Konferenz 1996*, Halle 1997 (Schriften des Händel-Hauses in Halle 13), S. 226–257.

Kube, M.: *Ein Mosaikstein zur Wiener Bach-Tradition. Über ein Bach-Zitat bei Johann Nepomuk Hummel*, in: *Bach, G. Schumann, Dvorák, Hummel. Beiträge zur Musikforschung* (Jahrbuch der 25. Bachwoche Dill 2000), S. 31–39.

Kube, M.: *Hindemiths frühe Streichquartette. Studien zu Form, Faktur und Harmonik*, Kassel u. a. 1997 (Kieler Schriften zur Musikwissenschaft 45).

Kube, M.: *Zum Stilwandel in Paul Hindemiths frühen Streichquartetten (1915–23)*, in: Hindemith-Jahrbuch 25 (1996), S. 56–83.

Kube, M.: *Zwischen Tradition und Foxtrott. Erwin Schulhoffs Werke für Streichquartett*, in: *Zum Einschlafen gibt's genug Musiken*, hg. v. T. Widmaier, Hamburg 1996 (Verdrängte Musik. NS-verfolgte Komponisten und ihre Werke 11), S. 61–78.

Kuhn, E. (Hg.): *Nikolai Rimsky-Korsakow. Zugänge zu Leben und Werk*, Berlin 2000 (Musik konkret 12).

Kull, H.: *Dvořáks Kammermusik*, Bern 1948 (Berner Veröffentlichungen zur Musikforschung 15).

Kullberg, E.: *Beyond Infinity. On the infinity series – the DNA of hierarchical music*, in: *The Music of Per Nørgård. Fourteen Interpretative Essays*, hg. v. A. Beyer, Aldershot 1996, S. 71–93.

Kuna, M.: *Musik an der Grenze des Lebens. Musikerinnen und Musiker aus böhmischen Ländern in nationalsozialistischen Konzentrationslagern und Gefängnissen*, übersetzt von E. Nováková, Frankfurt a. M. 1995.

Kunze, St. (Hg.): *Ludwig van Beethoven. Die Werke im Spiegel seiner Zeit. Gesammelte Konzertberichte und Rezensionen bis 1830*, Laaber 1987.

Kunze, St. / Lüthi, H. G. (Hg.): *Auseinandersetzung mit Othmar Schoeck*, Zürich 1987.

Kunze, St.: *Cherubini und der musikalische Klassizismus*, in: Analecta musicologica 14 (1974), S. 301–323.

Kunze, St.: *Die »wirklich ganz neue Manier« in Beethovens Eroica-Variationen op. 35*, in: Archiv für Musikwissenschaft 29 (1972), S. 124–140.

Kunze, St.: *Die Sinfonie im 18. Jahrhundert. Von der Opernsinfonie zur Konzertsinfonie*, Laaber 1993 (Handbuch der musikalischen Gattungen 1).

Kunze, St.: *Figuration in Beethovens Spätwerk. Zur Krise der instrumentalen Spielformel in der Musik um 1800*, in: *Festschrift Arno Forchert*, hg. v. G. Allroggen und D. Altenburg, Kassel u. a. 1986, S. 153–168.

Kunze, St.: *Fragen zu Beethovens Spätwerk*, in: Beethoven-Jahrbuch 9 (1973–77), Bonn 1977, S. 293–317.

Kunze, St.: *Mozarts Opern*, Stuttgart 1984.

Kurth, U.: *Aus der Neuen Welt. Untersuchungen zur Rezeption afroamerikanischer Musik in europäischer Kunstmusik des 19. und frühen 20. Jahrhunderts*, Göppingen 1982 (Göppinger akademische Beiträge 116).

Labelle, N.: *Catalogue raisonné de l'Œuvre d'Albert Roussel*, Louvain-la-Neuve 1992 (Musicologica Neolovaniensia, Studia 9).

Labhart, W. (Hg.): *Wladimir Vogel. Schriften und Aufzeichnungen über Musik*, Zürich und Freiburg 1977.

Laederich, A.: *Catalogue de l'œuvre de Jacques Ibert*, Hildesheim 1999.

Lake, W.: *The Architecture of a Superarray Composition. Milton Babbitt's String Quartet no. 5*, in: Perspectives of New Music 24 (1986), Nr. 2, S. 88–111.

Langlois, F.: *Les quatuors à cordes de Darius Milhaud*, in: *Le quatuor à cordes en France de 1750 à nos jours*, hg. v. der Association française pour le Patrimoine Musical, Paris 1995, S. 171–187.

Larsen, J. P. (Hg.): *Drei Haydn-Kataloge im Faksimile*, Kopenhagen 1941.

LaRue, J.: *The Haydn-Dedication Quartets. Allusion or Influence?*, in: Mozart-Jahrbuch 1991, Kassel 1992, S. 518–521.

Lauth, W.: *Max Bruchs Instrumentalmusik*, Köln 1967 (Beiträge zur rheinischen Musikgeschichte 68).

Leclair, C. F.: *The Solo and Chamber Music of Silvestre Revueltas*, Diss. University of Oregon 1995.

Lehmann, U.: *Deutsches und italienisches Wesen in der Vorgeschichte des klassischen Streichquartetts*, Diss. Berlin 1938, Würzburg 1939.

Lendvai, E.: *Béla Bartók. An analysis of his music*, London 1971, ²1979.

Leopold, S.: *Darius Milhauds Streichquartette oder: Von der Ernsthaftigkeit des Spielerischen*, in: *Studien zur Musikgeschichte. Eine Festschrift für Ludwig Finscher*, hg. v. A. Laubenthal, Kassel u. a. 1995, S. 727–736.

Lesure, Fr. (Hg.): *Claude Debussy. Monsieur Croche. Sämtliche Schriften und Interviews*, Stuttgart 1974.

Levy, J. M.: *The Quatuor concertant in Paris in the Later Half of the Eighteenth Century*, Diss. Stanford University 1971.

Lichtenwanger, W.: *The Music of Henry Cowell, a Descriptive Catalog*, Brooklyn N.Y. 1986 (Institute for Studies in American Music, monograph).

Ligeti, G.: *1. Streichquartett, Kommentar*, in: *Inventionen '89. Festival Neuer Musik Berlin. Programmbuch*, Berlin 1989, S. 97f.

Ligeti, G.: *Wandlungen der musikalischen Form*, in: Die Reihe 7 (1960), S. 5–17.

Lindberg, B.: *Mellan provins och parnass. John Fernström i svenskt musikliv*, Lund 1997 (Arkiv avhandlingar 47).

Linden, W.: *Luigi Nonos Weg zum Streichquartett. Vergleichende Analysen zu seinen Kompositionen »Liebeslied«, »...sofferte onde serene...«, »Fragmente – Stille, An Diotima«*, Kassel u. a. 1989.

Link, J. E.: *Elliott Carter. A Guide to Research*, New York und London 2000 (Composer Resource Manuale 52).

Little, F.: *The String Quartet at the Oettingen Wallerstein Court. Ignaz van Beecke and His Contemporaries*, 2 Bände, New York und London 1989.

Little, K. R.: *Frank Bridge. A Bio-Bibliography*, New York u. a. 1991 (Bio-Bibliographies in Music 36).

Lobe, J. Chr.: *Compositions-Lehre*, Weimar 1844.

Lobe, J. Chr.: *Katechismus der Kompositionslehre*, Leipzig 1863.

Lobe, J. Chr.: *Lehrbuch der musikalischen Komposition*, Bd. 1–2, Leipzig 1850–67, bes. Bd. 1: *Von den ersten Elementen der Harmonielehre an bis zur vollständigen Komposition des Streichquartetts und aller Arten von Klavierwerken*, Leipzig 1850, ²1858.

Locke, O.: *Numerical Aspects of Bartók's String Quartets*, in: The Musical Times 128 (1987), S. 322–355.

Lockwood, L.: *Beethoven. Studies in the Creative Process*, Cambridge/Mass. u. a. 1992.

Lockwood, L.: *On the ›Cavatina‹ of Beethoven's String Quartet in B Flat Major, Opus 130*, in: *Liedstudien. Wolfgang Osthoff zum 60. Geburtstag*, hg. v. M. Just und R. Wiesend, Tutzing 1989, S. 293–305.

Loll, W.: *Zwischen Tradition und Avantgarde. Die Kammermusik Alexander Zemlinskys*, Kassel u. a. 1990 (Kieler Schriften zur Musikwissenschaft 34).

London, J.: *Riepel and Absatz: Poetic and Prosaic Aspects of Phrase Structure in 18th-Century Theory*, in: Journal of Musicology 8 (1990), S. 505–519.

Lutosławski, W.: *Über Rhythmik und Tonhöhenorganisation in der Kompositionstechnik unter Anwendung begrenzter Zufallswirkung*, in: *Witold Lutosławski*, hg. v. H.-Kl. Metzger und R. Riehn, München 1991 (Musik-Konzepte 71–73), S. 3–32.

MacArdle, D. W.: *Beethoven and Schuppanzigh*, in: The Music Review 26 (1965), S. 3–14.

Mægaard, J.: *Studien zur Entwicklung des dodekaphonen Satzes bei Arnold Schönberg*, Oslo und Kopenhagen 1972.

Mahaim, I.: *Beethoven. Naissance et Renaissance des Derniers Quatuors*, Bd. 1–2, Paris 1964.

Mahling, Chr.-H.: *Zur Entwicklung des Streichquartetts zum professionellen Ensemble, insbesondere in der Zeit Felix Mendelssohns*, in: *Aspekte der Kammermusik vom 18. Jahrhundert bis zur Gegenwart*, hg. v. Chr.-H. Mahling, Kr. Pfarr und K. Böhmer, Mainz 1998 (Schloß Engers – Colloquia zur Kammermusik 1), S. 31–48.

Mann, C.-H.: *Formale Probleme in den späten Werken Beethovens. Untersuchungen zum Stil der Kammermusik und des Klavierwerks*, mschr. Diss. Hamburg 1955.

Mansfield, O. A.: *Cherubini's String Quartets*, in: The Musical Quarterly 15 (1929), S. 590–605.

Manzoni, G.: *Bruno Maderna*, in: Die Reihe 4 (1958), S. 113–118.

Mark, C.: *Early Benjamin Britten. A Study of Stylistic and Technical Evolution*, New York und London 1995 (Outstanding Dissertations from British Universities, o. Nr.).

Marliave, J. de: *Les Quatuors de Beethoven*, Paris 1925, englisch: *Beethoven's Quartets*, Oxford 1928 (Reprint New York 1961).

Marschner, B.: *Das A-Dur-Quartett von Franz Schmidt – ein Werk im Zeichen der Tradition*, in: *Kammermusik zwischen den Weltkriegen. Symposion 1994*, hg. v. C. Ottner, Wien 1995 (Studien zu Franz Schmidt XI), S. 9–24.

Martin, R. / Winter, R.: *The Beethoven Quartet Compendium*, Berkeley 1994.

Marx, A. B.: *Die Lehre von der musikalischen Komposition praktisch theoretisch*, Bd. 1–4, Leipzig 1837–47, bes. *Zweiter Theil*, Leipzig 1838, ⁴1856, *Dritter Theil*, Leipzig 1845, ²1848.

Maske, U.: *Charles Ives in seiner Kammermusik für drei bis sechs Instrumente*, Regensburg 1971 (Kölner Beiträge zur Musikforschung 64).

Mason, C.: *An Essay in Analysis. Tonality, Symmetry and latent Serialism in Bartók's fourth Quartet*, in: The Music Review 18 (1957), S. 189–201, deutsch: *Versuch einer Analyse. Tonalität, Symmetrie und latentes Reihendenken in Bartóks viertem Streichquartett*, in: *Zur musikalischen Analyse*, hg. v. G. Schuhmacher, Darmstadt 1974 (Wege Forschung 257), S. 241–260.

Mason, C.: *The Chamber Music of Milhaud*, in: Musical Quarterly 53 (1957), S. 326–341.

Mattheson, J.: *Der vollkommene Capellmeister*, Hamburg 1739 (Reprint Kassel 1954 [Documenta musicologica I/5]).

Matthews, D.: *Berthold Goldschmidt: The Chamber and Instrumental Music*, in: Tempo Nr. 145 (1983), S. 20–25.

Matthew-Walker, R.: *The Early Quartets of Elizabeth Maconchy*, in: The Musical Quarterly 112 (1989), S. 370–374.

Mattner, L.: *Substanz und Akzidens. Analytische Studien an Streichquartettsätzen Max Regers*, Wiesbaden 1985 (Schriftenreihe des Max Reger-Instituts IV).

Maurer Zenck, Cl.: *Ernst Kreneks Streichquartette Nr. 1–6*, in: *Kammermusik zwischen den Weltkriegen. Symposion 1994*, hg. v. C. Ottner, Wien 1995 (Studien zu Franz Schmidt XI), S. 214–235.

Mauser, S. u. a. (Hg.): *Harald Genzmer*, Tutzing ²1999 (Komponisten in Bayern 1).

Mauser, S.: *An Diotima…: Dichtung als Partitur*, in: O. Kolleritsch (Hg.), *Die Musik Luigi Nonos*, Wien und Graz 1991 (Studien zur Wertungsforschung 24), S. 162–179.

Mayeda, B. A.: *Zu den Streichquartetten Franz Schmidts*, in: *Franz Schmidt und seine Zeit. Symposium 1968*, hg. v. W. Obermaier, Wien 1988 (Studien zu Franz Schmidt VI), S. 46–66.

Mayer, L. K.: *Franz Lachner als Instrumentalkomponist*, Diss. München 1927.

McCabe, J.: *Alan Rawsthorne. Portrait of a Composer*, Oxford 1999.

McCredie, A. D.: *Das Instrumentalschaffen Karl Amadeus Hartmanns*, in: *Karl Amadeus Hartmann*, hg. v. A. L. Suder, Tutzing 1995 (Komponisten in Bayern 7), S. 104–174.

McCredie, A. D.: *Karl Amadeus Hartmann. Leben und Werk*, Wilhelmshaven 1980 (Taschenbücher zur Musikwissenschaft 74).

McCredie, A. D.: *Karl Amadeus Hartmann. Thematic Catalogue of his Works*, Wilhelmshaven und New York 1982 (Catalogues of Musical Sources 18).

Mead, A.: *Pitch Structure in Elliott Carter's String Quartet No. 3*, in: Perspectives of New Music 22 (1984), S. 31–60.

Meier, A.: *Die Kammermusik Friedrich Gernsheims*, in: *Symbolae historiae musicae. Hellmut Federhofer zum 60. Geburtstag*, hg. v. Fr. W. Riedel und H. Unverricht, Mainz 1971, S. 263–271.

Mersmann, H.: *Die Kammermusik*, Leipzig 1930–34 (Führer durch den Konzertsaal, Abt. III, Bd. I–IV): Bd. I: *Die Kammermusik des XVII. und XVIII. Jahrhunderts bis zu Haydn und Mozart*, Leipzig 1933; Bd. II: *Beethoven*, ebenda 1930; Bd. III: *Deutsche Romantik*, ebenda 1930.

Metz, G.: *Melodische Polyphonie in der Zwölftonordnung. Studien zum Kontrapunkt Paul Hindemiths*, Baden-Baden 1976 (Sammlung musikwissenschaftlicher Abhandlungen 57).

Metzger, H.-Kl.: *Über Anton Weberns Streichquartett 1905*, in: *Anton Webern*, hg. v. H.-Kl. Metzger und R. Riehn, München 1983 (Musik-Konzepte, Sonderband 6), S. 76–111.

Metzger, H.-Kl.: *Wendepunkt Quartett?*, in: *Luigi Nono*, hg. v. H.-Kl. Metzger und R. Riehn, München 1981 (Musik-Konzepte 20), S. 93–112.

Meyer, G. E. (Hg.): *Kein Ton zuviel – Günter Bialas in Selbstzeugnissen und im Spiegel seiner Zeit*, Kassel 1997.

Michaelis, Chr. Fr.: *Ueber den Geist der Tonkunst mit Rücksicht auf Kants Kritik der ästhetischen Urtheilskraft*, Leipzig 1795 (Reprint Bruxelles 1970), Neuausgabe, hg. v. L. Schmidt, Chemnitz 1997 (Musikästhetische Schriften nach Kant 2).

Michels, E.: *Heinrich Anton Hoffmann. Leben und Werk*, Diss. Mainz 1972.

Milhaud, D.: *Notes sans Musique*, deutsch: *Noten ohne Musik. Eine Autobiographie*, München 1962.

Miller, N. (Hg.): *Carl Ditters von Dittersdorf, Lebensbeschreibung. Seinem Sohne in die Feder diktiert*, München 1967.

Mishkin, H. G.: *Five Autograph String Quartets by Giovanni Battista Sammartini*, in: Journal of the American Musicological Society 6 (1953), S. 136–147.

Mitschka, A.: *Der Sonatensatz in den Werken von Johannes Brahms*, Diss. Mainz 1959, Gütersloh 1961.

Mohrs, R.: *Hermann Schroeder (1904–1984). Leben und Werk unter besonderer Berücksichtigung seiner Klavier- und Kammermusik*, Berlin und Kassel 1987 (Beiträge zur rheinischen Musikgeschichte 138).

Møller Sørensen, S.: *Dialektik von Innovation und Tradition. Zum Streichquartett-Schaffen Per Nørgårds*, in: Streichquartett, 1988 (Positionen 34), S. 44f.

Möller, M.: *Untersuchungen zur Satztechnik Max Regers. Studien an den Kopfsätzen der Kammermusikwerke*, Wiesbaden 1984 (Schriftenreihe des Max Reger-Instituts III).

Möllers, Chr.: *Die Inkongruenz von Reihentechnik und musikalischer Gestalt bei Arnold Schönberg*, in: *Bericht über den 1. Kongreß der Internationalen Schönberg-Gesellschaft*, hg. v. R. Stephan, Wien 1976, S. 134–139.

Möllers, Chr.: *Reihentechnik und musikalische Gestalt bei Arnold Schönberg. Eine Untersuchung zum III. Streichquartett op. 30*, Wiesbaden 1977 (Beihefte zum Archiv für Musikwissenschaft 17).

Møllershøj, Kl.: *Niels Viggo Bentzons kompositioner. En fortegnelse over værkene med opusnummer*, Kopenhagen 1980.

Momigny, J.-J. de: Art. *Quatuor*, in: *Encyclopédie Methodique Musique*, hg. v. N. E. Framery, P. L. Ganguené und J.-J. de Momigny, Bd. 2, Paris 1818 (Reprint New York 1971), S. 299.

Momigny, J.-J. de: *Cours complet d'Harmonie et de Composition*, Paris 1806.

Momigny, J.-J. de: *La seule vraie Théorie de la Musique*, Paris 1821.

Mongrédien, J.: *La Musique en France des Lumières au Romantisme (1789–1830)*, [Flammarion] 1986.

Morrow, M. S.: *Concert Life in Haydn's Vienna: Aspects of a Developing Musical and Social Institution*, Stuyvesant/N.Y. 1996, ²1999.

Mortensen, J.: *Per Nørgårds Tonesøer. Med efterord ved Per Nørgård*, Esbjerg 1992.

Motte-Haber, H. de la (Hg.): *Geschichte der Musik im 20. Jahrhundert: 1975–2000*, Laaber 2000 (Handbuch der Musik im 20. Jahrhundert 4).

Motte-Haber, H. de la: *Struktur als Programm. Analytische Bemerkungen zur Komposition ›Summa‹ von Arvo Pärt*, in: *Nähe und Distanz. Nachgedachte Musik der Gegenwart I*, hg. v. W. Gratzer, Hofheim 1996, S. 14–25.

Munter, Fr.: *Ignaz von Beecke (1733–1803) und seine Instrumentalkompositionen*, Diss. München 1921.

Munter, Fr.: *Ignaz von Beecke und seine Instrumentalkompositionen*, in: Zeitschrift für Musikwissenschaft 4 (1922), S. 586–603.

Müry, A.: *Die Instrumentalmusik Gaetano Pugnanis*, Basel 1941.

Musgrave, M. / Pascall, R.: *The String Quartets op. 51*

No. 1 in C minor and No. 2 in A minor: a preface, in: *Brahms 2. Biographical, documentary and analytical studies*, hg. v. M. Musgrave, Cambridge u. a. 1987, S. 137–143.
Musgrave, M.: *Schoenberg's Brahms*, in: *Brahms Studies. Analytical and Historical Perspectives*, hg. v. G. S. Bozarth, Oxford 1990, S. 123–137.
Nauck, G. (Hg.): *Streichquartett*: Positionen 34 (1998).
Nectoux, J.-M.: *Fauré*, Paris 1972.
Neef, S.: *Die Russischen Fünf: Balakirew – Borodin – Cui – Mussorgski – Rimski-Korsakow. Monographien – Dokumente – Briefe – Programme – Werke*, Berlin 1992 (Musik konkret 3).
Neef, S.: *Die Streichquartette als Tagebuch innerer Entwicklung. Überblick und Stationen*, in: *Schostakowitschs Streichquartette. Ein internationales Symposion. Schostakowitsch-Studien, 5*, hg. v. A. Wehrmeyer, Berlin 2002 (studia slavica musicologica 22), S. 1–3.
Neubacher, J.: *Finis coronat opus. Untersuchungen zur Technik der Schlußgestaltung in der Instrumentalmusik Joseph Haydns, dargestellt am Beispiel der Streichquartette. Mit einem Exkurs: Haydn und die rhetorische Tradition*, Tutzing 1986 (Mainzer Studien zur Musikwissenschaft 22).
Niaux, V.: *Les quatuors à cordes de George Onslow (1784–1853)*, in: *Le quatuor à cordes en France de 1750 à nos jours*, hg. v. der Association française pour le Patrimoine Musical, Paris 1995, S. 63–72.
Nichols, D.: *Henry Cowell's »United Quartet«*, in: American Music 13 (1995), S. 195–217.
Nichols, D.: *The whole World of Music. A Henry Cowell Symposium*, Amsterdam 1997.
Nobach, Chr.: *Untersuchungen zu George Onslows Kammermusik*, Kassel u. a. 1985.
Noller, J.: *III. Streichquartett Op. 30*, in: *Arnold Schönberg. Interpretationen seiner Werke*, hg. v. G. Gruber, Laaber 2002, Bd. I, S. 447–459.
Nordgren, P. H.: *Joonas Kokkonen – Symphonist*, in: Finnish Music Quarterly 7 (1991), Nr. 3, S. 3–9.
Nordwall, O.: *György Ligeti. Eine Monographie*, Mainz 1971.
Nowak, A.: *Hegels Musikästhetik*, Regensburg 1971 (Studien zur Musikgeschichte des 19. Jahrhunderts 25).
Oberkogler, W. *Das Streichquartettschaffen in Wien von 1920 bis 1950*, Tutzing 1982 (Wiener Veröffentlichungen zur Musikwissenschaft 22).
Oboussier, Ph.: *The French string quartet, 1770–1800*, in: *Music and the French Revolution*, hg. v. M. Boyd, Cambridge 1992, S. 74–92.
Oboussier, Ph.: *Une rélevation musicale: Les Quatuors de Hyacinthe Jadin*, in: *Le tambour et la harpe. Œuvres, pratiques et manifestations musicales sous la Révolution 1788–1800*, hg. v. J.-R. Julien und J. Mongrédien, Paris 1991, S. 221–240.
Oechsle, S.: *Symphonik nach Beethoven. Studien zu Schubert, Schumann, Mendelssohn und Gade*, Kassel 1992 (Kieler Schriften zur Musikwissenschaft 40).
Oelmann, Kl. H.: *Griegs drei Streichquartette. Bemerkungen zur Entstehungs- und Wirkungsgeschichte*, in: Studia musicologica norvegica 19 (1993), S. 203–212.
Oesch, H.: *Weberns erste Bagatelle*, in: *Das musikalische Kunstwerk. Geschichte – Ästhetik – Theorie. Festschrift Carl Dahlhaus zum 60. Geburtstag*, hg. v. H. Danuser u. a., Laaber 1988, S. 695–712.
Oesch, H.: *Wladimir Vogel. Sein Weg zu einer neuen musikalischen Öffentlichkeit*, Bern und München 1967.
Olleson, E.: *Georg August Griesinger's Correspondance with Breitkopf & Härtel*, in: Haydn-Jahrbuch 3 (1965), S. 5–53.
Oramo, I.: *Marcia und Burletta. Zur Tradition der Rhapsodie in zwei Quartettsätzen Bartóks*, in: Die Musikforschung 30 (1977), S. 14–25.
Orf, W.: *Johannes Weyrauch. Biographie und Untersuchungen über die Einflüsse traditioneller und zeitgenössischer Musik auf seinen Personalstil*, mschr. Diss. Leipzig 1969.
Otonkoski, L.: *Up front: Kimmo Hakola's String Quartet*, in: Finnish Music Quarterly 7 (1991), Nr. 3, S. 36ff.
Ottner, C. (Hg.): *Kammermusik zwischen den Weltkriegen. Symposion 1994*, Wien 1995 (Studien zu Franz Schmidt XI).
Oulmont, Ch.: *Musique de l'amour. Ernest Chausson et la ›Bande à Franck‹*, Paris 1935.
Palm, A.: *Mozarts Streichquartett d-Moll (KV 421) in der Interpretation Momignys*, in: Mozart-Jahrbuch 1962–63, Salzburg 1964, S. 256–279.
Parker, M.: *Friedrich Wilhelm II and the Classical String Quartet*, in: The Music Review 44 (1993), S. 161–182.
Pascall, R.: *Brahms und die Kleinmeister*, in: *Brahms und seine Zeit. Symposion Hamburg 1983*, Laaber 1984 (Hamburger Jahrbuch der Musikwissenschaft 7), S. 199–209.
Pechstaedt, V. von: *Thematisches Verzeichnis der Kompositionen von Franz Danzi (1763–1826)*, Tutzing 1996.
Pedarra, P.: *Catalogo delle composizione*, in: *Ottorino Respighi*, hg. v. E. Battaglia u. a., Turin 1985, S. 325–404.
Peduzzi, L.: *Pavel Haas. Leben und Werk des Komponisten* (Verdrängte Musik. NS-verfolgte Komponisten und ihre Werke 9), Hamburg 1996.
Perle, G. / Floros, C.: *Kontroverse über das Programm der*

›Lyrischen Suite‹, in: *Alban Berg. Kammermusik II*, München 1979 (Musik-Konzepte 9), S. 3–7.

Perle, G.: *Berg's Master Array of the Interval Cycles*, in: The Musical Quarterly 63 (1977), S. 1–30, auch in: *Die Wiener Schule*, hg. v. R. Stephan, Darmstadt 1989 (Wege der Forschung 643), S. 279–310.

Perle, G.: *Das geheime Programm der Lyrischen Suite*, in: Österreichische Musikzeitschrift 33 (1978), S. 64–79, 113–119.

Perle, G.: *Serial Composition and Atonality. An Introduction to the Music of Schoenberg, Berg, and Webern*, Berkeley und Los Angeles ²1968.

Perle, G.: *Style and Idea in the Lyric Suite of Alban Berg*, Stuyvesant/N.Y. 1995.

Perle, G.: *Symmetrical Formations in the String Quartets of Béla Bartók*, in: The Music Review 16 (1955), S. 300–312.

Perle, G.: *The String Quartets of Béla Bartók*, in: *A Musical Offering. Essays in Honour of Martin Bernstein*, New York 1977, S. 193–210.

Perry, R. S.: *Charles Ives and the American Mind*, Kent 1974.

Persson, I.-L. / Smedgård, C.: *En systematisk förteckning över Sven-Eric Johansons kompositioner*, Diss. Göteborg 1968.

Pessenlehner, R.: *Hermann Hirschbach. Der Kritiker und Künstler. Ein Beitrag zur Geschichte des Schumannkreises und der musikalischen Kritik in der ersten Hälfte des XIX. Jahrhunderts*, Diss. Frankfurt a. M. 1931, Regensburg 1932.

Peters, E.: *Georg Anton Kreusser. Ein Mainzer Instrumentalkomponist der Klassik*, München und Salzburg 1975 (Musikwissenschaftliche Schriften 5).

Petersen, P.: *Die Tonalität im Instrumentalschaffen von Béla Bartók*, Hamburg 1971 (Hamburger Beiträge zur Musikwissenschaft 6).

Petersen, P.: *Microtones in the Music of Lutosławski*, in: *Lutosławski Studies*, hg. v. Z. Skowron, Oxford 2001, S. 324–355.

Pfannkuch, W.: *Sonatenform und Sonatenzyklus in den Streichquartetten von Joseph Martin Kraus*, in: *Bericht über den Internationalen Musikwissenschaftlichen Kongreß Kassel 1962*, hg. v. G. Reichert und M. Just, Kassel u. a. 1963, S. 190–192.

Pfisterer, M.: *Studien zur Kompositionstechnik in den frühen atonalen Werken von Arnold Schönberg*, Neuhausen–Stuttgart 1978 (Tübinger Beiträge zur Musikwissenschaft 5).

Philipps, E.: *Gabriel Fauré. A Guide to Research*, New York 2000.

Piovano, A.: *Citazione gregoriane ed uso dal moralismo nella musica strumentale*, in: *Ottorino Respighi*, hg. v. E. Battaglia u. a., Turin 1985, S. 203–260.

Pistone, D.: *La musique en France de la Révolution à 1900*, Paris 1979 (Musique–Musicologie 8).

Podhradszky, I.: *The Works of Ernő Dohnányi. A Catalogue of Compositions*, in: Studia Musicologica 6 (1964), S. 357–373.

Polth, M.: *Zur kompositorischen Relevanz der Zwölftontechnik. Studie zu Arnold Schönbergs Drittem Streichquartett*, Berlin 1999 (musicologica berolinensia 6).

Porter, Ch. E.: *Interval Cycles and symmetrical formations as generators of melody, harmony, and form in Alban Berg's string quartet Opus 3*, Ann Arbor 1989.

Preußner, E.: *Die bürgerliche Musikkultur. Ein Beitrag zur deutschen Musikgeschichte des 18. Jahrhunderts*, Hamburg 1935, Kassel und Basel ²1954.

Pütz, W.: *Studien zum Streichquartettschaffen bei Hindemith, Bartók, Schönberg und Webern*, Regensburg 1968 (Kölner Beiträge zur Musikforschung 36).

Quantz, J. J.: *Versuch einer Anweisung die Flöte traversiere zu spielen*, Berlin 1752 (Reprint Kassel und München 1983 [Documenta musicologica I/2]).

Raab, A.: *Funktionen des Unisono. Dargestellt an den Streichquartetten und Messen von Joseph Haydn*, Frankfurt a. M. 1990.

Radcliffe, Ph.: *Beethoven's String Quartets*, London 1969.

Raiss, H.-P.: *Analyse der Bagatelle Op. 9,5 von Anton Webern*, in: *Versuche musikalischer Analysen*, hg. v. R. Stephan, Berlin 1967, S. 50–60.

Rapoport, P.: *The Compositions of Vagn Holmboe*, Kopenhagen 1996.

Rathert, W.: *Form und Zeit im Streichquartett César Francks*, in: *Neue Musik und Tradition. Festschrift Rudolf Stephan zum 65. Geburtstag*, hg. v. J. Kuckertz u. a., Laaber 1990, S. 311–332.

Rathert, W.: *The Seen and Unseen. Studien zum Werk von Charles Ives*, München und Salzburg 1991 (Berliner Musikwissenschaftliche Arbeiten 38).

Ratner, L.: *Classic Music: Expression, Form, and Style*, New York 1980.

Ratner, L.: *Eighteenth-Century Theories of Musical Period Structure*, in: The Musical Quarterly 42 (1956), S. 439–454.

Ratner, S. T.: *A Thematic Catalogue of the Complete Works of Camille Saint-Saëns, I. The Instrumental Works*, Oxford 2000.

Ratz, E.: *Einführung in die musikalische Formenlehre. Über Formprinzipien in den Inventionen J. S. Bachs und ihre Bedeutung für die Kompositionstechnik Beethovens*, Wien 1951, ³1973.

Rauchhaupt, U. von (Hg.): *Die Streichquartette der Wiener Schule. Eine Dokumentation*, Hamburg o. J.

Redepenning, D.: *Geschichte der russischen und der sowjetischen Musik*, Bd. 1: *Das 19. Jahrhundert*, Laaber 1994.

Reed Knouse, N.: *Joseph Riepel and the Emerging Theory of Form in the Eighteenth Century*, in: Current Musicology 41 (1986), S. 46–62.

Reger, M.: *Degeneration und Regeneration* (1907), in: ›Die Konfusion in der Musik‹. Felix Draesekes Kampfschrift und ihre Folgen, hg. v. S. Shigihara, Bonn 1990 (Veröffentlichungen der Internationalen Draeseke-Gesellschaft 4), S. 250–258.

Reicha, A.: *Traité de haute composition musicale*, Bd. 1–2, Paris 1824–26.

Reichardt, J. Fr.: *Vertraute Briefe geschrieben auf einer Reise nach Wien und den Österreichischen Staaten zu Ende des Jahres 1808 und zu Anfang 1809*, hg. v. G. Gugitz, München 1915.

Reimers, L.: *Gösta Nystroem. Life and Works*, Stockholm 1992.

Reinecke, E.: *Friedrich Kiel. Sein Leben und sein Werk. Ein Beitrag zur Musikgeschichte des 19. Jahrhunderts*, Diss. Köln 1936.

Reiser, S.: *Franz Schuberts frühe Streichquartette. Eine klassische Gattung am Beginn einer nachklassischen Zeit*, Kassel u. a. 1999.

Rentzsch, M.: *Giselher Klebe. Werkverzeichnis 1947–1995*, Kassel u. a. 1997.

Réti, R.: *The Thematic Process in Music*, London 1961.

Revers, P.: *Zum Streichquartettschaffen von Egon Wellesz*, in: Kammermusik zwischen den Weltkriegen. Symposion 1994, hg. v. C. Ottner, Wien 1995 (Studien zu Franz Schmidt XI), S. 183–195.

Rexroth, D.: *Tradition und Reflexion beim frühen Hindemith. Analytische und interpretatorische Anmerkungen zu op. 16*, in: Hindemith-Jahrbuch 2 (1972), S. 91–113.

Riehl, W. H.: *Die göttlichen Philister*, in: ders., *Musikalische Charakterköpfe. Ein kunstgeschichtliches Skizzenbuch*, 2 Bände, Stuttgart und Augsburg 1853–60, Stuttgart [8]1899, Bd. 1, S. 159–198.

Riehl, W. H.: *Franz Krommer. Ein Beitrag zur Geschichte der Quartettmusik*, in: ders., *Musikalische Charakterköpfe. Ein kunstgeschichtliches Skizzenbuch*, 2 Bände, Stuttgart und Augsburg 1853–60, Stuttgart [8]1899, Bd. 2, S. 211–254.

Riehl, W. H.: *George Onslow (1852)*, in: ders., *Musikalische Charakterköpfe. Ein kunstgeschichtliches Skizzenbuch*, Bd. 1, Stuttgart [8]1899, S. 223–234.

Riemann, H.: *Beethoven's Streichquartette*, Berlin 1903 (Meisterführer Nr. 12).

Riemann, H.: *Geschichte der Musik seit Beethoven (1800–1900)*, Berlin und Stuttgart 1901.

Riemann, H.: *Verzeichnis der Druckausgaben und Thematischer Katalog der Mannheimer Kammermusik des XVIII. Jahrhunderts*, in: DTB, Bd. 28, Leipzig 1915, S. XXff. und LIff.

Riepel, J.: *Anfangsgründe zur musicalischen Setzkunst: Nicht zwar nach alt-mathematischer Einbildungsart der Zirkel-Harmonisten, sondern durchgehends mit sichtbaren Exempeln abgefasset*, Bd. 1: *De Rhythmopoeia Oder von der Tactordnung*, Frankfurt und Leipzig 1752.

Riethmüller, A. / Dahlhaus, C. (†) / Ringer, A. L. (Hg.): *Beethoven. Interpretationen seiner Werke*, Bd. I–II, Laaber 1994.

Riethmüller, A.: *Im Bann der Urfassung. Am Beispiel von Beethovens Streichquartett B-Dur op. 130*, in: Die Musikforschung 43 (1990), S. 201–211.

Riezler, W.: *Beethoven*, Zürich 1951.

Rigler, G.: *Die Kammermusik Dittersdorfs*, in: Studien zur Musikwissenschaft 14 (1927), S. 179–212.

Rihm, W.: *ausgesprochen. Schriften und Gespräche*, 2 Bde., hg. v. U. Mosch, Winterthur/Schweiz 1997 (Veröffentlichungen der Paul Sacher Stiftung 6).

Ringer, A. L.: *The Chasse as a Musical Topic of the 18th Century*, in: Journal of the American Musicological Society 6 (1953), S. 136–147.

Riotte, A. / Mesnage, M.: *Analyse musicale et systèmes formels: un modèle informatique de la 1re pièce pour quatuor à cordes de Stravinsky*, in: Analyse Musicale 10 (1988), S. 51–66.

Ritzel, Fr.: *Die Entwicklung der ›Sonatenform‹ im musiktheoretischen Schrifttum des 18. und 19. Jahrhunderts*, Wiesbaden 1968 (Neue musikgeschichtliche Forschungen 1).

Robbins Landon, H. C. / Tyson, A.: *Who composed Haydn's Op. 3?*, in: The Musical Times 105 (1964), S. 506f.

Robbins Landon, H. C.: *Haydn at Esterháza 1766–1790*, London 1978.

Robbins Landon, H. C.: *Haydn in England 1791–1795*, London 1976.

Robbins Landon, H. C.: *Haydn. The Years of ›The Creation‹ 1796–1800*, London 1977.

Robbins Landon, H. C.: *Haydn. The Late Years 1801–1809*, London 1977.

Robert, Fr.: *Sur le quatuor en France entre les deux guerres*, in: Le quatuor à cordes en France de 1750 à nos jours, hg. v. der Association française pour le Patrimoine Musical, Paris 1995, S. 159–169.

Rochlitz, Fr.: *Andreas Romberg*, in: ders., *Für Freunde der Tonkunst*, Bd. 1, Leipzig 1824, S. 118–138.

Rochlitz, Fr.: *Friedrich Ernst Fesca*, in: ders., *Für Freunde der Tonkunst*, Bd. 3, Leipzig 1830, S. 117–139.

Rode-Breymann, S.: *Erich Wolfgang Korngold: Between Two Worlds? Oder über die Streicherkammermusik eines Opern- und Filmkomponisten*, in: *Kammermusik zwischen den Weltkriegen*, hg. v. C. Ottner, Wien 1995 (Studien zu Franz Schmidt XI), S. 198–212.

Rolland, R.: *Camille Saint-Saëns* (1901), in: *Charles-Camille Saint-Saëns. Musikalische Reminiszenzen*, hg. v. R. Zimmermann, Leipzig 1977, S. 33–42.

Rosen, Ch.: *The Classical Style: Haydn, Mozart, Beethoven*, London 1971.

Rotter, S.: *Studien zu den Streichquartetten von Wilhelm Stenhammar*, Kassel u. a. 2001 (Kieler Schriften zur Musikwissenschaft 47).

Rousseau, J. J.: *Dictionnaire de Musique*, Paris 1768.

Rudén, J. O.: *Dag Wirén: Life and Works*, Stockholm 1982 (Publication of the Swedish Music Information Centre).

Rugstad, G.: *Christian Sinding 1856–1941. En biografisk och stilistisk studie*, Oslo 1979.

Saak, S.: *Studien zur Instrumentalmusik von Luigi Cherubini*, Diss. Göttingen 1979.

Sabbe, H.: *György Ligeti. Studien zur kompositorischen Phänomenologie*, München 1987 (Musik-Konzepte 53).

Sachse, H.-M.: *Franz Schuberts Streichquartette*, Diss. Münster 1958.

Šafránek, M.: *Martinů. Leben und Werk*, deutsch von Chr. F. Kirschner und E. Sigmund, Prag 1964.

Saint-Saëns, C.: *Musikalische Reminiszenzen*, hg. v. R. Zimmermann, Leipzig 1977.

Sallis, Fr.: *An Introduction to the early works of György Ligeti*, Köln 1996 (Berliner Musik Studien 6).

Salmen, W.: *3 Streichquartette F-Dur, e-Moll und C-Dur. ›Rasumowsky-Quartette‹ op. 59*, in: *Beethoven. Interpretationen seiner Werke*, hg. v. A. Riethmüller, C. Dahlhaus (†) und A. L. Ringer, Bd. I, Laaber 1994, S. 430–438.

Salmen, W.: *Zur Gestaltung der ›Thèmes russes‹ in Beethovens op. 59*, in: *Festschrift für Walter Wiora zum 30. Dezember 1966*, hg. v. L. Finscher und Chr.-H. Mahling, Kassel u. a. 1967, S. 397–404.

Salmenhaara, E.: *Uuden musiikin Kynnyksellä 1907–1958*, Porvoo u. a. 1996 (Suomen musiikin historia 3).

Salvetti, G. (Hg.): *Musica strumentale dell' Ottocento italiano*, Lucca 1977.

Sandberger, A.: *Zur Entstehungsgeschichte von Haydns ›Sieben Worte des Erlösers am Kreuze‹*, in: ders., *Ausgewählte Aufsätze zur Musikgeschichte*, München 1921, S. 266–281.

Sandberger, A.: *Zur Geschichte des Haydnschen Streichquartetts*, in: ders., *Ausgewählte Aufsätze zur Musikgeschichte*, München 1921, S. 224–265.

Sanner, L.-E.: *Ludvig Norman. Studier kring en svensk 1800-talsmusiker*, fil. lic. avhandling Uppsala 1959.

Schäfer, A.: *Chronologisch-systematisches Verzeichnis der Werke Joachim Raff's*, Wiesbaden 1888, Reprint 1974.

Schäfer, H.: *Bernhard Romberg. Sein Leben und Wirken. Ein Beitrag zur Geschichte des Violoncello*, Diss. Bonn 1931.

Schafhäutl, K. E. von: *Abt Georg Joseph Vogler. Sein Leben, Charakter und musikalisches System*, Augsburg 1888.

Scheibe, J. A.: *Critischer Musikus*, Leipzig ²1745 (Reprint Hildesheim und Wiesbaden 1970).

Schemann, L.: *Cherubini*, Stuttgart – Berlin – Leipzig 1925.

Scherliess, V.: *Klassizismus in der Wiener Schule*, in: *Die klassizistische Moderne in der Musik des 20. Jahrhunderts. Internationales Symposion der Paul Sacher Stiftung Basel 1996*, hg. v. H. Danuser, Winterthur 1997 (Veröffentlichungen der Paul Sacher Stiftung 3), S. 167–185.

Schewe, G.: *Untersuchungen zu den Streichquartetten von Ferdinand Ries*, Kassel 1993 (Beiträge zur rheinischen Musikgeschichte 147).

Schick, H.: *Studien zu Dvořáks Streichquartetten*, Laaber 1990 (Neue Heidelberger Studien zur Musikwissenschaft 17).

Schilling G. (Red.): *Encyklopädie der gesammten musikalischen Wissenschaften, oder Universal=Lexicon der Tonkunst*, Bd. 5, Stuttgart 1841.

Schilling, G.: *Versuch einer Philosophie des Schönen in der Musik*, Mainz 1838.

Schiørring, N.: *Musikkens Historie i Danmark*, Bd. 2: *Fra 1750 til 1870*, Kopenhagen 1978.

Schiørring, N.: *Musikkens Historie i Danmark*, Bd. 3: *1870–1970'erne*, Kopenhagen 1978.

Schiørring, N.: *Rued Langgaards kompositioner. Annoteret værkfortegnelse*, Odense 1991.

Schletterer, H. M.: *Joh. Friedrich Reichardt. Sein Leben und seine musikalische Thätigkeit*, Augsburg 1865.

Schletterer, H. M.: *Luigi Boccherini*, Leipzig 1882 (Sammlung musikalischer Vorträge, hg. von P. Graf Waldersee, Reihe IV, Nr. 39).

Schlötterer, R.: *Ein Beispiel zu Mozarts ›Compositionswissenschaft‹ im Streichquartett G-Dur KV 387*, in: Mozart-Jahrbuch 1991, Kassel 1992, S. 650–654.

Schmid, M. H.: ›Il orrendo sol bemolle‹. Zum Streichquartett von Giuseppe Verdi, in: Archiv für Musikwissenschaft 59 (2002), S. 222–243.

Schmid, M. H.: Streichquartett a-Moll op. 132, in: Beethoven. Interpretationen seiner Werke, hg. v. A. Riethmüller, C. Dahlhaus (†) und A. L. Ringer, Bd. II, Laaber 1994, S. 326–337.

Schmid, M. H.: Streichquartett cis-Moll op. 131, in: Beethoven. Interpretationen seiner Werke, hg. v. A. Riethmüller, C. Dahlhaus (†) und A. L. Ringer, Bd. II, Laaber 1994, S. 317–326.

Schmidt, Chr. M.: Erhard Karkoschka, quattrologe (Einführung), in: Deutscher Musikrat, Zeitgenössische Musik in der Bundesrepublik Deutschland, Folge 7. 1960–1970, Bonn 1983, Textbeilage, S. 17ff.

Schmidt, Chr. M.: II. Streichquartett Op. 10, in: Arnold Schönberg. Interpretationen seiner Werke, hg. v. G. Gruber, Laaber 2002, Bd. I, S. 124–143.

Schmidt, Chr. M.: Mendelssohns zwiespältiger Klassizismus. Zum Hauptteil des 3. Satzes im Streichquartett op. 13, in: Musik befragt, Musik vermittelt. Peter Rummenhöller zum 60. Geburtstag, hg. v. Th. Ott und H. von Loesch, Augsburg 1996, S. 421–426.

Schmidt, Chr. M.: Schönbergs »very definite – but private« Programm zum Streichquartett op. 7, in: Bericht über den 2. Kongreß der Internationalen Schönberg-Gesellschaft 1984, S. 230–234.

Schmidt, Chr. M.: Witold Lutosławski: Streichquartett, in: Die Musik der sechziger Jahre. Zwölf Versuche, hg. v. R. Stephan, Mainz 1972 (Veröffentlichungen des Instituts für neue Musik und Musikerziehung Darmstadt 12), S. 154–162.

Schmidt, D. »The Practical Problems of the Composer«. Der schwierige Weg vom Auftrag zur Uraufführung von Elliott Carters zweitem Streichquartett, in: Die Musikforschung 48 (1995), S. 400–403.

Schmidt, D.: Emanzipation des musikalischen Diskurses. Die Skizzen zu Elliott Carters zweitem Streichquartett und seine theoretischen Arbeiten in den späten 50er Jahren, in: Jahrbuch des Staatlichen Instituts für Musikforschung Preußischer Kulturbesitz 4 (1995), S. 209–248.

Schmidt, D.: Formbildende Tendenzen der musikalischen Zeit. Elliott Carter Konzept der Tempo-Modulation im zweiten Streichquartett als Folgerung aus dem Denken Schönbergs, in: Jahrbuch des Staatlichen Instituts für Musikforschung Preußischer Kulturbesitz 8 (1999), S. 118–136.

Schmidt, M.: IV. Streichquartett Op. 37, in: Arnold Schönberg. Interpretationen seiner Werke, hg. v. G. Gruber, Laaber 2002, Bd. II, S. 22–39.

Schmitz, A.: Beethovens ›Zwei Prinzipe‹. Ihre Bedeutung für Themen- und Satzbau, Berlin und Bonn 1923.

Schneider, Fr.: Das Streichquartettschaffen in der DDR bis 1970, Leipzig 1980 (Beiträge zur musikwissenschaftlichen Forschung in der DDR 12).

Schneider, Fr.: Momentaufnahme. Notate zu Musik und Musikern in der DDR, Leipzig 1979.

Schneider, Fr.: Ruth Zechlin: 5. Streichquartett, in ders., Momentaufnahme. Notate zu Musik und Musikern in der DDR, Leipzig 1979, S. 279f.

Schneider, G.: Egon Wellesz. Studien zur Theorie und Praxis seiner Musik, Diss. Innsbruck 1980.

Schneider, H.: 6 Streichquartette F-Dur, G-Dur, D-Dur, c-Moll, A-Dur und B-Dur op. 18, in: Beethoven. Interpretationen seiner Werke, hg. v. A. Riethmüller, C. Dahlhaus (†) und A. L. Ringer, Bd. I, Laaber 1994, S. 133–150.

Schneider, H.: Das Streichquartett op. 45 von Vincent d'Indy als Exemplum der zyklischen Sonate, in: Studien zur Musikgeschichte. Eine Festschrift für Ludwig Finscher, hg. v. A. Laubenthal, Kassel u. a. 1995, S. 655–667.

Schneider, H.: Zur musikhistorischen Stellung der frühen Kammermusikwerke Ernst von Dohnányis, in: Zwischen Volks- und Kunstmusik. Aspekte der ungarischen Musik, hg. v. St. Fricke u. a., Saarbrücken 1999, S. 110–126.

Schnierer, S. M. / Peřinová, L.: Vítězslav Novák. The Thematic and Biobibliographical Catalogue, Prag 1999.

Scholl, J. (Hg.): Der Komponist Jürg Baur. Eine Dokumentation, Düsseldorf 1993.

Schönberg, A.: Bemerkungen zu den vier Streichquartetten, in: Arnold Schönberg. Stil und Gedanke. Aufsätze zur Musik, hg. v. I. Vojtěch, Frankfurt a. M. 1976 (Gesammelte Schriften 1), S. 409–436.

Schönberg, A.: Brahms, der Fortschrittliche, in: Stil und Gedanke. Aufsätze zur Musik, hg. v. I. Vojtěch, Frankfurt a. M. 1976, S. 35–51.

Schönberg, A.: Die formbildenden Tendenzen der Harmonie, aus dem Englischen übertragen v. E. Stein, Mainz 1957.

Schönfelder, G.: Jan Carlstedt: Streichquartett Nr. V, in: Prinzip Wahrheit – Prinzip Schönheit. Beiträge zur Ästhetik der neueren schwedischen Musik, hg. v. H. Åstrand und G. Schönfelder, Stockholm 1984 (Publikationen der Kgl. Schwedischen Musikakademie 42), S. 173–194.

Schreiber, K. Fr.: Biographie über den Odenwälder Komponisten Joseph Martin Kraus, Buchen 1928.

Schreiber, K. Fr.: Verzeichnis der musikalischen Werke von

J. M. Kraus, in: Archiv für Musikwissenschaft 7 (1925), S. 477–494.

Schröder, C.: *Chronologisches Verzeichnis der Werke Luigi Cherubinis*, in: Beiträge zur Musikwissenschaft 3:2 (1961), S. 24–60.

Schröder, Fr.: *Bernhard Molique und seine Instrumentalkompositionen*, Stuttgart 1923.

Schubart, Chr. Fr. D.: *Ideen zu einer Ästhetik der Tonkunst*, Neudruck Hildesheim 1969.

Schuhmacher, G.: *Fortners instrumentales Werk*, in: Melos 34 (1967), S. 329–338.

Schuhmacher, G.: *Zu Wolfgang Fortners kompositorischen Prinzipien*, in: Melos – Neue Zeitschrift für Musik 1982, S. 20–28.

Schulz, R.: *Über das Verhältnis von Konstruktion und Ausdruck in den Werken Anton Weberns*, München 1982 (Studien zur Musik 1).

Schwab, H. W.: *Kammer – Salon – Konzertsaal. Zu den Aufführungsorten der Kammermusik, insbesondere im 19. Jahrhundert*, in: Aspekte der Kammermusik vom 18. Jahrhundert bis zur Gegenwart, hg. v. Chr.-H. Mahling, Kr. Pfarr und K. Böhmer, Mainz 1998 (Schloß Engers – Colloquia zur Kammermusik 1), S. 9–23.

Schweizer, Kl.: *Die Sonatenform im Schaffen Alban Bergs*, Stuttgart 1970 (Freiburger Schriften zur Musikwissenschaft 1).

Schwindt-Gross, N.: *Drama und Diskurs. Zur Beziehung zwischen Satztechnik und motivischem Prozeß am Beispiel der durchbrochenen Arbeit in den Streichquartetten Mozarts und Haydns*, Laaber 1989 (Neue Heidelberger Studien zur Musikwissenschaft 15).

Schwinger, W.: *Béla Bartóks Streichquartette*, in: Musica 27 (1973), auch in: *Die Befreiung der Musik. Eine Einführung in die Musik des 20. Jahrhunderts*, hg. v. Fr. X. Ohnsorg, Köln und Bergisch Gladbach 1994, S. 140–187.

Schwinger, W.: *Krzysztof Penderecki. Begegnungen, Lebensdaten, Werkkommentare*, Mainz u. a. 1979, ²1994.

Seaman, G.: *The First Russian Chamber Music*, in: The Music Review 26 (1965), S. 326–337.

Seiber, M.: *Die Streichquartette von Béla Bartók*, London 1946.

Seiffert, W.-D.: *Mozarts frühe Streichquartette*, München 1992 (Studien zur Musik 11).

Seither, Ch.: *Dissoziation als Prozeß. ›Sincronie for String quartet‹ von Luciano Berio*, Kassel u. a. 2000.

Self, G.: *The Music of E. J. Moeran*, London 1986.

Seraphin, H.: *Debussys Kammermusikwerke der mittleren Schaffenszeit. Analytische und historische Untersuchung im Rahmen des Gesamtschaffens unter besonderer Berücksichtigung des Ganztongeschlechts*, Diss. Erlangen 1962.

Siegele, U.: *Beethoven. Formale Strategien der späten Quartette*, München 1990 (Musik-Konzepte 67/68).

Sievers, R.: *Igor Strawinsky. Trois pièces pour quatuor à cordes. Analyse und Deutung*, Wiesbaden 1994.

Sinclair, J. B.: *A Descriptive Catalogue of the Music of Charles Ives*, New Haven 1999.

Sisman, E. R.: *Haydn and the Classical Variation*, Cambridge/Mass. und London 1993.

Sisman, E. R.: *Small and Expanded Forms: Koch's Model and Haydn's Music*, in: The Musical Quarterly 68 (1982), S. 444–475.

Sjoersma, R. D.: *The Instrumental Works of Franz Christoph Neubauer (1760–95)*, Diss. Ohio State University 1970.

Smith, C. J.: *William Walton. A Bio-Bibliography*, New York u. a. 1988 (Bio-Bibliographies in Music 18).

Sómfai, L.: *A Bold Enharmonic Modulatory Model in Joseph Haydn's String Quartets*, in: Studies in Eighteenth-Century Music. A Tribute to Karl Geiringer, hg. v. H. C. Robbins Landon und R. E. Chapman, Oxford und New York 1970, S. 370–381.

Sómfai, L.: *Zur Echtheitsfrage des Haydn'schen ›Opus 3‹*, in: Haydn-Jahrbuch 3 (1965), S. 153–163.

Šourek, O.: *Antonín Dvořák. Werkanalysen II: Kammermusik*, deutsch v. P. Eisner, Prag ²1955.

Sparrer, W.-W.: *Identität und Wandel. Zu den Streichquartetten III-VI*, in: Isang Yun. Festschrift zum 75. Geburtstag 1992, hg. v. H. Bergmeier, Berlin 1992, S. 28–57.

Speck, Chr.: *Boccherinis Streichquartette. Studien zur Kompositionsweise und zur gattungsgeschichtlichen Stellung*, München 1987 (Studien zur Musik 7).

Spree, H.: *›Fragmente – Stille, An Diotima‹. Ein analytischer Versuch zu Luigi Nonos Streichquartett*, Saarbrücken 1992.

Stahmer, Kl.: *Anmerkungen zur Streichquartettkomposition nach 1945*, in: Zur Musik des 20. Jahrhunderts, hg. v. C. Floros, H. J. Marx und P. Petersen, Hamburg 1980 (Hamburger Jahrbuch für Musikwissenschaft 4), S. 7–32.

Stehman, D.: *Roy Harris. A Bio-Bibliography*, New York 1991 (Bio-Bibliographies in Music 40).

Steinbeck, W.: *»Ein wahres Spiel mit musikalischen Formen«. Zum Scherzo Ludwig van Beethovens*, in: Archiv für Musikwissenschaft 38 (1981), S. 194–226.

Steinbeck, W.: *Das Menuett in der Instrumentalmusik Joseph Haydns*, München 1973 (Freiburger Schriften zur Musikwissenschaft 4).

Steinbeck, W.: *Mozarts ›Scherzi‹. Zur Beziehung zwischen*

Haydns Streichquartetten op. 33 und Mozarts Haydn-Quartetten, in: Archiv für Musikwissenschaft 41 (1984), S. 208–231.

Stellan Mörner, C.-G.: *Johan Wikmanson und die Brüder Silverstolpe. Einige Stockholmer Persönlichkeiten im Musikleben des Gustavianischen Zeitalters*, Stockholm 1952.

Stephan, R. (Hg.): *Die Wiener Schule*, Darmstadt 1989 (Wege der Forschung 643).

Stephan, R.: *Hába und Schönberg. Zum Thema: Die Wiener Schule und die tschechische Musik des 20. Jahrhunderts*, in: Festschrift für Arno Volk, Köln 1974, S. 125–138.

Stephan, R.: *Igor Strawinsky. Trois pièces pour quatuor à cordes*, in: Inventionen '89. Festival Neuer Musik Berlin, Programmbuch, Berlin 1989, S. 190–192.

Stephan, R.: *Paul Hindemiths Streichquartett op. 32*, in: Hindemith-Jahrbuch 24 (1995), S. 25–41; ebenso in: *Kammermusik zwischen den Weltkriegen. Symposion 1994*, hg. v. C. Ottner, Wien 1995 (Studien zu Franz Schmidt XI), S. 117–127.

Stephan, R.: *Schönberg und der Klassizismus*, in: Bericht über den internationalen musikwissenschaftlichen Kongreß Berlin 1974, hg. v. H. Kühn und P. Nitsche, Kassel u. a. 1980, S. 3–11.

Stephan, R.: *Über Paul Hindemith*, in: Hindemith-Jahrbuch 4 (1974), S. 45–62.

Stephan, R.: *Zu Beethovens letzten Quartetten*, in: Die Musikforschung 23 (1970), S. 245–256.

Stephenson, K.: *Andreas Romberg. Bibliographie seiner Werke*, Hamburg 1938 (Veröffentlichungen des Vereins für Hamburgische Geschichte XII).

Stephenson, K.: *Andreas Romberg. Ein Beitrag zur hamburgischen Musikgeschichte*, Hamburg 1938 (Veröffentlichungen des Vereins für Hamburgische Geschichte XI).

Stöckl, E.: *Anton Titz (1742–1810), ein vergessener deutscher Violinist und Komponist am Hofe der russischen Zarin Katharina II.*, in: Musikgeschichte in Mittel- und Osteuropa. Mitteilungen der Internationalen Arbeitsgemeinschaft an der Universität Leipzig 8, Chemnitz 2002, S. 42–82.

Strehk, Chr.: *Auf dem Weg zum Quintett. Studien zu Franz Schuberts reifer Streicherkammermusik*, Diss. Kiel 2001, Mikrofiche.

Struck, M.: *Berthold Goldschmidt*, in: Komponisten der Gegenwart, hg. v. H. W. Heister und W.-W. Sparrer, München 1992, 12. Nachlieferung 1997, S. 1–20.

Struck, M.: *Berthold Goldschmidt, Paul Hindemith und das Problem »mittlerer Musik«*, in: Hindemith-Jahrbuch 30 (2001), S. 148–202.

Stuckenschmidt, H. H.: *Boris Blacher. Mit einer autobiographischen Skizze ›Damals in Chefoo‹ und einem vollständigen Werkverzeichnis*, hg. v. H. Kunz, Berlin und Wiesbaden ²1985.

Stuckenschmidt, H. H.: *Maurice Ravel. Variationen über Person und Werk*, Frankfurt a. M. 1966.

Stucky, St.: *Lutosławski and his music*, Cambridge u. a. 1981.

Suchoff, B. (Hg.): *Béla Bartók. Essays*, London 1976.

Suchoff, B.: *Structure and Concept in Bartók's Sixth Quartet*, in: Tempo 83 (1967), S. 2–11.

Sulzer, J. G.: *Allgemeine Theorie der Schönen Künste*, Bd. 1–4, Leipzig 1771–74: Bd. 3, Leipzig ²1793 (Reprint Hildesheim 1967).

Summer, L.: *Un esponente della rinascita strumentale italiana di fine Ottocento: Antonio Scontrino*, in: Ottocento e oltre. Scritti in onore di Raoul Meloncelli, hg. v. F. Izzo und J. Streicher, Rom 1993, S. 437–450.

Szabolcsi, B. (Hg.): *Béla Bartók. Musiksprachen. Aufsätze und Vorträge* (Vorwort und Anmerkungen von Christian Kaden), Leipzig 1972.

Szymanowski, K.: *Gedanken zur ›zeitgenössischen Musik‹ (1926)*, in: Begegnung mit Karol Szymanowski, hg. v. I. Reinhold, Leipzig 1982, S. 245–254.

Tarasti, E.: *Heitor Villa-Lobos. The Life and Works 1887–1959*, Helsinki 1987.

Taruskin, R.: *Back to Whom? Neoclassicism as Ideology*, in: Nineteenth Century Music 16 (1991), S. 481–497.

Tegen, M. / Jonsson, L. (Hg.): *Musiken i Sverige*, Bd. 3: Den nationella identiteten 1810–1920, Stockholm 1992 (Kungliga Musikaliska Akademiens skriftserie 74/III).

Temperley, N. (Hg.): *The History of Music in Britain: The Romantic Age 1800–1914*, London 1981.

Temperley, N.: *Instrumental Music in England 1800–1850*, Diss. Cambridge 1959.

Temperley, N.: *Mendelssohn's Influence on English Music*, in: Music & Letters 43 (1962), S. 224–233.

Theil, G.: *Michel Tippett. A Bio-Bibliography*, New York u. a. 1989 (Music Reference Collection 21).

Thieme, U.: *Studien zum Jugendwerk Arnold Schönbergs. Einflüsse und Wandlungen*, Regensburg 1979 (Kölner Beiträge zur Musikforschung 107).

Thomsen, L.: *Unendlicher Empfang. Per Nørgård und seine Musik*, Kopenhagen 2000.

Thomson, A.: *Vincent d'Indy and his world*, Oxford 1996.

Thomson, J. M.: *A Distant Music. The Life and Times of Alfred Hill, 1870–1960*, Auckland 1980.

Tick, J.: *J. Crawford Seeger. A Composer's Search for American Music*, New York u. a. 1997.

Tillman, J.: *Ingvar Lidholm och tolvtonstekniken. Analytiska och historiska perspektiv på Ingvar Lidholms musik från 1950-talet*, Stockholm 1993.

Tilmouth, M.: Art. *String quartet*, in: *New Grove Dictionary*, Bd. 18, S. 276–287.

Tjøne, B. K.: *Mot en dissonerande polyfonie. Fartein Valens stilistiske og komposisjonsteknike udvikling belyst ved opus 6 nr. 1 og 3*, in: Studia Musicologica Norvegica 13 (1987), S. 131–153.

Topp, M.: *Jørgen Bentzon*, in: *Musik og forskning*, Kopenhagen 1978, S. 5–111.

Topp, M.: *Jørgen Bentzons kammermusikalske stil*, Diss. Kopenhagen 1962.

Torrefranca, F.: *Mozart e il quartetto italiano*, in: *Bericht über die musikwissenschaftliche Tagung der Internationalen Stiftung Mozarteum in Salzburg vom 2. bis 5. August 1931*, hg. v. E. Schenk, Leipzig 1932, S. 79–102.

Traimer, R.: *Béla Bartóks Kompositionstechnik, dargestellt an seinen sechs Streichquartetten*, Regensburg 1956 (Forschungsbeiträge zur Musikwissenschaft 3).

Treitler, L.: *Harmonic Procedure in the Fourth Quartet of Béla Bartók*, in: Journal of Music Theory 3 (1959), S. 292–298.

Trimpert, D. L.: *Die Quatuors concertants von Giuseppe Cambini*, Tutzing 1967 (Mainzer Studien zur Musikwissenschaft 1).

Truscott, H.: *Beethoven's Late String Quartets*, London 1968.

Truscott, H.: *Schubert's D minor String Quartet*, in: The Music Review 19 (1958), S. 27–36.

Truscott, H.: *Schubert's Quartet in G-Major*, in: The Music Review 20 (1959), S. 119–145.

Tyson, A.: *Mozart: Studies of the Autograph Scores*, Cambridge/Mass. 1987.

Tyson, A.: *Mozart's ›Haydn‹ Quartets: The Contribution of Paper Studies*, in: *The String Quartets of Haydn, Mozart, and Beethoven. Studies of the Autograph Manuscripts. A Conference at Isham Memorial Library 1979*, hg. v. Chr. Wolff, Cambridge/Mass. 1980 (Isham Library Papers III), S. 179–190.

Tyson, A.: *New Light on Mozart's ›Prussian‹ Quartets*, in: The Musical Times 116 (1975), S. 126–130.

Tyson, A.: *The Origins of Mozart's ›Hunt‹ Quartet, K 458*, in: *Music and Bibliography. Essays in Honour of Alec Hyatt King*, hg. v. O. Neighbour, London 1980, S. 132–148.

Ulrich, H.: *Chamber Music*, New York und London ²1966.

Ulrich, H.: *Chamber Music. The Growth and Practice of an Intimate Art*, New York 1948, ²1953.

Unverricht, H.: *Carl Ditters von Dittersdorf als Quartettkomponist. Ein Konkurrent Haydns, Mozarts und Pleyels?*, in: Haydn-Studien VII, Heft 3/4, München 1998, S. 315–327.

Unverricht, H.: *Die beiden Hoffstetter. Zwei Komponistenportraits mit Werkverzeichnissen*, unter Mitarbeit von A. Gottron und A. Tyson, Mainz 1968 (Beiträge zur mittelrheinischen Musikgeschichte 10).

Unverricht, H.: *Peter Hänsel als Kammermusikkomponist*, in: *Studien zur Instrumentalmusik. Lothar Hoffmann-Erbrecht zum 60. Geburtstag*, hg. von A. Bingmann, Kl. Hortschansky und W. Kirsch, Tutzing 1988 (Frankfurter Beiträge zur Musikwissenschaft 20), S. 325–342.

Unverricht, H.: *Polnische und französische Stileinflüsse in den Kammermusikwerken von Peter Hänsel*, in: *Deutsche Musik im Wegekreuz zwischen Polen und Frankreich*, hg. v. Chr.-H. Mahling, Tutzing 1996, S. 259–265.

Vallas, L.: *Vincent d'Indy*, Bd. 2: *La maturité, la viellesse (1886–1931)*, Paris 1950.

van Boer Jr., B. H.: *Die Werke von Joseph Martin Kraus. Systematisch-thematisches Werkverzeichnis*, Stockholm 1988 (Publikationen der Kgl. Schwedischen Musikakademie 56).

Vinton, J.: *New Light on Bartók's Sixth Quartet*, in: The Music Review 25 (1964), S. 224–236.

Vischer, Fr. Th.: *Aesthetik oder Wissenschaft des Schönen. Dritter Theil. Die Kunstlehre, Zweiter Abschnitt. Die Künste, Viertes Heft. Die Musik (§§ 767–832 von Karl Reinhold von Köstlin)*, Stuttgart 1857.

Vitercik, Gr.: *The Early Works of Felix Mendelssohn. A Study in the Romantic Sonata Style*, Diss. State University of New York, Philadelphia u. a. 1992 (Musicology. A Book Series, Vol. 1).

Vogel, J. P.: *Hans Pfitzner. Streichquartett cis-Moll op. 36*, München 1991 (Meisterwerke der Musik 54).

Vogel, J.: *Leoš Janáček. Leben und Werk*, Kassel 1958.

Vogel, W.: *Thematisches Verzeichnis der Werke von Othmar Schoeck*, Zürich 1956.

Vojtěch, I. (Hg.): *Arnold Schönberg. Stil und Gedanke*, Frankfurt a. M. 1976 (Gesammelte Schriften 1).

Vollsnes, A. O. (Hg.): *Norges musikkhistorie*, Bd. 4: *1914–50*, Oslo 2000.

Vysloužil, J.: *Alois Hába, Arnold Schönberg und die Tschechische Musik*, in: *Aspekte der Neuen Musik*, hg. v. W. Burde, Kassel u. a. 1968, S. 58–67.

Waeltner, E. L.: *O du lieber Augustin. Der Scherzo-Satz im II. Streichquartett von Arnold Schönberg*, in: *Bericht über den 1. Kongreß der Internationalen Schönberg-Gesellschaft 1974*, hg. v. R. Stephan, Wien 1976, S. 246–262.

Waldstein, W.: *Hans Gál*, Wien 1965 (Österreichische Komponisten des 20. Jahrhunderts 5).

Walker, F.: *The History of Wolf's Italian Serenade*, in: The Music Review 8 (1947), S. 161–174.

Wallner, B.: *Den svenska stråkkvartetten, Del I: Klassicism och romantik*, Stockholm 1979 (Kungliga Musikaliska Akademiens skriftserie 24).

Wallner, B.: *Vår tids musik i Norden. Från 20-tal till 60-tal*, Stockholm 1968 (Publikationer utgivna av Kungl. Musikaliska Akademien 5).

Wallner, B.: *Wilhelm Stenhammar och hans tid*, Bd. 1–3, Stockholm 1991.

Wallner, B.: *Wilhelm Stenhammar och kammarmusiken, I–III*, in: Svensk tidskrift för musikforskning 34 (1952), S. 28–59; 35 (1953), S. 5–73.

Walter, H.: *Franz Krommer (1759–1831). Sein Leben und Werk mit besonderer Berücksichtigung der Streichquartette*, Diss. Wien 1931.

Walter, H.: *Zum Wiener Streichquartett der Jahre 1780 bis 1800*, in: Haydn-Studien VII, Heft 3/4, München 1998, S. 289–314.

Walther, J. G.: *Musicalisches Lexicon Oder Musicalische Bibliothec*, Leipzig 1732 (Reprint Kassel und Basel 1953 [Documenta musicologica I/3]).

Wanger, H.: *Joseph Gabriel Rheinberger und die Kammermusik*, St. Gallen 1978.

Waterhouse, J. G. C.: *Gian Francesco Malipiero (1882–1973). The Life, Times and Music of a Wayward Genius*, London 1999.

Weber, C. M. von: *Die Tondichtweise des Herrn Konzertmeisters Fesca in Karlsruhe*, in: Allgemeine musikalische Zeitung 20 (1818), Sp. 585ff., ebenso in: *Carl Maria von Weber: Sämtliche Schriften*, hg. v. G. Kaiser, Berlin und Leipzig 1908, S. 332–339.

Weber, H.: *Form und Satztechnik in Bruno Madernas Streichquartett*, in: Miscellanea del Cinquantenario Edizioni Suvini Zerboni. Die Stellung der italienischen Avantgarde in der Entwicklung der neuen Musik, Symposion des Instituts für Wertungsforschung in Graz 1975, Mailand 1978, S. 206–215.

Webster, J.: *Freedom of Form in Haydn's Early String Quartets*, in: Haydn Studies. Proceedings of the International Haydn Conference Washington D.C. 1975, hg. v. J. P. Larsen, H. Serwer und J. Webster, New York und London 1981, S. 522–530.

Webster, J.: *The Chronology of Haydn's String Quartets*, in: Musical Quarterly 61 (1975), S. 17–46.

Wegener, B.: *César Francks Harmonik, dargestellt am Streichquartett D-Dur*, in: Revue belge de musicologie 45 (1991), S. 124–144.

Weigl, K.: *Emanuel Aloys Förster*, in: Sammelbände der Internationalen Musikgesellschaft 6 (1904/05), S. 274–314.

Weiss, G.: *Die frühe Schaffensentwicklung Béla Bartóks im Lichte westlicher und östlicher Traditionen*, Diss. Erlangen 1970.

Weiss, St.: *Die Musik Philipp Jarnachs*, Köln–Rheinkassel 1996.

Weiß-Aigner, G.: *Der Variationssatz in Regers Streichquartett A-Dur (Op. 54, Nr. 2). Variative Gestaltung im melodischen Entwicklungsspektrum*, in: Augsburger Jahrbuch für Musikwissenschaft 5 (1988), S. 103–123.

Wendt, A.: *Ueber den gegenwärtigen Zustand der Musik besonders in Deutschland und wie er geworden ist. Eine beurtheilende Schilderung*, Göttingen 1836.

Wendt, A.: *Ueber die Hauptperioden der schönen Kunst, oder die Kunst im Laufe der Weltgeschichte dargestellt*, Leipzig 1831.

Werner, E.: *Mendelssohn. A New Image of the Composer and his Age*, London 1963, deutsch: *Mendelssohn in neuer Sicht*, Zürich und Freiburg i. Br. 1980.

Werner, Kl.-G.: *Spiele der Kunst. Kompositorische Verfahren in der Oper Falstaff von Giuseppe Verdi*, Frankfurt a. M. u. a. 1986 (Europäische Hochschulschriften, Reihe XXXVI, Bd. 25).

Werner-Jensen, A. (Hg.): *Reclams Kammermusikführer* (unter Mitarbeit von L. Finscher, W. Ludewig und Kl. H. Stahmer), Stuttgart [12]1997.

Whitesitt, L.: *The Life and Music of George Antheil 1900–1959*, Ann Arbor/Mich. 1983 (Studies in Musicology 70).

Whittall, A.: *Bartók's Second String Quartet*, in: The Music Review 32 (1971), S. 263–270.

Whittall, A.: *Peter Maxwell Davies and the Problem of Classicizing Modernism*, in: Die Musik des 20. Jahrhunderts, hg. v. H. Danuser, Basel 1997, S. 143–151.

Whittall, A.: *Two of a kind? Brahms' Op. 51 finales*, in: Brahms 2. Biographical, documentary and analytical studies, hg. v. M. Musgrave, Cambridge u. a. 1987, S. 145–164.

Wiechert, B.: *Heinrich von Herzogenberg (1843–1900). Studien zu Leben und Werk*, Göttingen 1997 (Abhandlungen zur Musikgeschichte 1).

Wiesend, R.: *Bemerkungen zum Streichquartett op. 95*, in: Beiträge zu Beethovens Kammermusik. Symposion Bonn 1984, hg. v. S. Brandenburg und H. Loos, München 1987 (Veröffentlichungen des Beethovenhauses in Bonn, N. F., Vierte Reihe: Schriften zur Beethovenforschung 10), S. 125–134.

Wilke, R.: *Brahms, Reger, Schönberg. Streichquartette. Motivisch-thematische Prozesse und formale Gestalt*, Hamburg 1980 (Schriftenreihe zur Musik 18).

Winking, H.: *Notizen bei der Lektüre einiger Partituren*

– *Notizen zur Kammermusik für Streicher*, in: *Jürg Baur, Aspekte seines Schaffens*, hg. v. L.-W. Hesse, A. Klaes und A. Richter, Wiesbaden und Leipzig 1993, S. 75–82.

Winter, R.: *Plans for the Structure of the String Quartet in C Sharp Minor, Op. 131*, in: *Beethoven Studies 2*, hg. v. A. Tyson, London 1977, S. 106–137.

Wirén, D.: *Stråkkvartett nr 4*, in: *Modern nordisk musik. Fjorton tonsättare om egna verk*, hg. v. I. Bengtsson, Stockholm 1957, S. 78–88.

Wittig, St.: *Die Kompositionstechnik der letzten Schaffensperiode von Grazyna Bacewicz (1960–1969)*, in: *»Jeder nach seiner Fasson«. Musikalische Neuansätze heute*, hg. v. U. Liedtke, Saarbrücken 1997, S. 65–104.

Wolff, Chr. (Hg.): *The String Quartets of Haydn, Mozart, and Beethoven. Studies of the Autograph Manuscripts. A Conference at Isham Memorial Library 1979*, Cambridge/Mass. 1980 (Isham Library Papers III).

Wolff, Chr.: *Creative Exuberance vs. Critical Choice. Thoughts on Mozart's Quartet Fragments*, in: *The String Quartets of Haydn, Mozart, and Beethoven. Studies of the Autograph Manuscripts. A Conference at Isham Memorial Library 1979*, hg. v. dems., Cambridge/Mass. 1980 (Isham Library Papers III), S. 191–210.

Wolff, Chr.: *Schubert's ›Der Tod und das Mädchen‹: analytical and explanatory notes on the song D 531 and the quartet D 810*, in: *Schubert Studies*, hg. v. E. Badura-Skoda und P. Branscombe, Cambridge 1982, S. 143–171.

Wulfhorst, M.: *Spohr's Early Chamber Music (1796–1812). A Contribution to the History of Nineteenth-Century Genres*, Diss. City University of New York 1995.

Wünsch, Chr.: *Technik und Form in den Variationsreihen von Max Reger*, Stuttgart 2002 (Schriftenreihe des Max Reger-Instituts XVI).

Würtz, R.: *Ignaz Fränzl. Ein Beitrag zur Musikgeschichte der Stadt Mannheim*, Mainz 1970.

Yeon, S.-Ch.: *Carl Ditters von Dittersdorf. Die Kammermusik für Streichinstrumente. Quellenkundliche und stilistische Untersuchungen mit einem thematischen Verzeichnis*, Hildesheim u. a. 1999 (Studien und Materialien zur Musikwissenschaft 19).

Yudkin, J.: *Beethoven's ›Mozart‹-Quartet*, in: Journal of the American Musicological Society 45 (1992), S. 30–74.

Zechlin, R.: *Situationen – Reflexionen. Gespräche, Erfahrungen, Gedanken*, hg. v. A. und J. Mainka, Berlin 1986.

Zenck, M.: *Die Ungleichzeitigkeit des Neuen. Zu den acht Streichquartetten Ernst Kreneks*, in: *Ernst Krenek*, München 1984 (Musik-Konzepte 39–40), S. 92–113.

Zenck-Maurer, Cl.: *Versuch über die wahre Art, Debussy zu analysieren*, München 1974 (Berliner musikwissenschaftliche Arbeiten 8).

Zillig, W.: *Die Neue Musik. Linien und Porträts*, mit einem Vorwort von K. H. Ruppel, München 1963.

Zimmerschied, D.: *Die Kammermusik Johann Nepomuk Hummels*, Diss. Mainz 1966.

Zimmerschied, D.: *Thematisches Verzeichnis der Werke von Johann Nepomuk Hummel*, Hofheim 1971.

Zuber, B.: *Gesetz und Gestalt. Studien zum Spätwerk Anton Weberns*, München 1995 (Musikprint II).

Zuntz, G.: *Die Streichquartette op. 3 von Joseph Haydn*, in: Die Musikforschung 39 (1986), S. 217–239.

Zur Weihen, D.: *Komponieren in der DDR. Institutionen, Organisation und erste Komponistengeneration bis 1961. Analysen*, Köln, Weimar und Wien 1999 (Aus Deutschlands Mitte 29).

Namenregister

Dieses Register erfaßt die Namen, die in den durch römische Ziffern unterschiedenen Bänden erwähnt werden.

Abbiati, Franco II: 394
Abel, Karl Fr. I: 3, 145
Abell, Arthur II: 179
Abert, Anna A. II: 207
Abert, Hermann I: 185–187, 216; II: 207
Abert, Johann J. II: 207
Abraham, Gerold II: 290; III: 84
Abrahams, Max II: 248
Abrahamsen, Hans II: 378
Abrahamson, H. Fr. II: 224
Acker, Dieter III: 365
Ackere, J. van II: 379
Adams, K. G. III: 257
Aderhold, W. II: 43, 54, 136
Adler, Guido I: 7
Adorno, Theodor W. II: 262; III: 37, 47f., 50, 58, 64, 122f., 136–138, 142, 148f., 197, 390
Afanassieff, Nikolai J. II: 271
Afzelius, Arvid A. II: 224f.
Åhlström, Olof I: 139
Aho, Kalevi III: 383, 386
Ahrens, Christian II: 43f., 124
Aibl, Joseph III: 1
Alard, Jean-Delphin II: 25
Alba, Herzog von I: 298
Albéniz, Enrique II: 400
Albéniz, Isaac II: 400
Albert, Eugen d' II: 208f., 338
Alberti, Rafael III: 223
Albrechtsberger, Johann Georg I: 98–101, 138, 205, 299, 371, 409
Aldrich, Richard II: 408
Alexander, P. M. I: 407
Alexander, Zar I. II: 220
Alfano, Franco III: 214
Alfvén, Hugo III: 260
Aliabev, Alexander A. II: 265
Allan, J. M. II: 407
Allroggen, G. I: 358
Almquist, Carl J. L. II: 82, 224
Altenburg, Detlef I: 358
Altmann, G. III: 331

Altmann, Wilhelm II: 106, 109, 141, 163, 179, 185, 190, 194–196, 200, 203–205, 207, 211–213, 290, 295, 399f., 404; III: 10, 20, 331
Amar, Licco III: 136
Amenda, Carl I: 224, 228, 235
Andersen, M. III: 375
Andersson, Gr. III: 368
Andersson, I. II: 226
Andersson, Otto II: 218
András, Mihaly III: 397
André II: 195, 251
Andre, Carl III: 394
André, J. (Verleger) I: 346
Andrée, Elfrida II: 245
Andreozzi, Gaetano I: 292
Annegern, A. II: 403
Ansorge, Conrad II: 204f.,
Antheil, George III: 151, 254
Antokoletz, Elliott III: 93f., 106, 114
Antonicek, S. II: 192
Anwyl, A. III: 225
Apajalahti, H. II: 218
Apostel, Hans E. III: 303–305
Appleby, D. P. III: 220
Appony, Graf Anton von I: 164
Archibald, Br. III: 48
Arenski, Anton S. II: 204, 298
Arnold, Carl I: 418 II: 218, 220f.
Arntz, Michael II: 401
Arriaga, Juan Crisóstomo I: 68, 298, 431; II: 400
Ashby, A. III: 273
Asplmayr, Franz I: 92– 95
Åstrand, H. III: 260, 265, 270, 272, 370f.
Atterberg, Kurt II: 261; III: 265
Atterbom II: 82
Auber, Daniel F. E. II: 343
Auric, George III: 198
Avison, Charles I: 71
Axman, Emil III: 174

Babbitt, Milton III: 84, 359
Bacewicz, Graoyna III: 190f.
Bach, Carl Ph. E. II: 77f.,221
Bach, H. E. III: 308f.
Bach, Johann Christian I: 3
Bach, Johann Sebastian I: 1, 37, 71, 82f., 86, 176, 203–205, 312, 357, 366, 371f., 390, 408; II: 77f., 81, 106, 128, 144, 211, 232, 344; III: 56, 80, 166f., 213, 258, 299f., 308, 348, 377, 390
Bache, P. II: 240
Bäck, Sven-Erik III: 260, 269–271
Badings, Henk III: 182
Badrutt, Th. II: 205
Badura-Skoda, Eva I: 108, 243; II: 66
Badura-Skoda, Paul I: 243
Bagge, Baron Charles-Ernest de I: 270
Bagge, J. II: 241
Bagge, Selmar II: 215
Bagier, Guido III: 3
Bailey, K. III: 52
Baillot, Pierre I: 288, 315; II: 25f., 127, 220, 344
Baird, Tadeusz III: 192
Baker, N. K. I: 81
Baldassarre, A. III: 306
Ballstaedt, A. I: 24
Baltensperger, André III: 361
Balzer, Jürgen II: 252
Bandur, M. I: 24; III: 196
Banks, P. III: 230
Barber, Samuel III: 250, 258f.
Barblau, Otto III: 306
Barcaba, P. I: 204
Bargiel, Woldemar II: 77, 125f., 128, 156, 215, 260
Barkin, E. III: 359
Barrett-Ayres, R. II: 24, 152
Barricelli, J.-P. II: 372
Barrière, Etienne-Bernard I: 270, 274
Barth, Heinrich II: 256

Bartha, Denis I: 147
Barthélémy, M. I: 277
Bartók, Béla I: 350; II: 122, 251, 338, 341, 356, 392, 413; III: 10, 50–52, 79, 83–88, 90–97, 99–104, 106–119, 121f., 125, 127, 130, 134, 136, 140, 146f., 150f., 155, 188f., 204, 217, 222, 239, 259, 269, 334, 343, 352, 376
– *Werke* III: 83–122. *Nr. 1 op. 7:* 83f., 86–92, *Nr. 2 op. 17:* 93–99; *Nr. 3:* 100–106; *Nr. 4:* 106–112; *Nr. 5:* 112–116; *Nr. 6:* 117–121
Bartoš, František II: 298; III: 174
Bartoš, Jan Z. III: 174
Baselitz, Georg III: 389
Bassano, Roffredo Caetani Fürst von II: 399
Bassenge, Fr. II: 33
Battaglia, E. III: 211
Bauck, Wilhelm II: 245
Baudron, Antoine-Laurent I: 269f., 275, 283
Bauer, Johann III: 361
Bauer, W. A. I: 180
Baur, Jürg III: 55, 365
Baußnern, Waldemar von II: 154
Bax, Arnold E. III: 235
Bayliss, C. III: 237
Bazzini, Antonio II: 397f.; III: 214
Becher, Alfred J. II: 135
Beck, Conrad III: 308
Beck, Franz I: 9
Becker, A. III: 2
Becker, C. F. II: 145
Becker, Günther III: 364
Becker, Heinz II: 207
Becker, John J. III: 250
Becker, M. III: 330
Beckett, Samuel III: 394
Beecke, Ignaz von I: 131, 134–137; II: 25
Beer, Axel III: 399
Beethoven, Ludwig van I: 67–70, 77, 86f., 102, 111–113, 129, 146, 178, 196, 213, 222–224, 226–229, 231–235, 237–241, 243–250, 252–255, 259– 263, 267, 271f., 288, 298–300, 304f., 307, 309–311, 314–317, 319, 323, 326, 328–333, 335– 337, 340, 342–344, 346–349, 350f., 353, 355, 357f., 366f., 371f., 377f., 381–384, 386f., 390–395, 398, 404–406, 408f., 411–414, 417–419, 421, 429–431, 434, 438f., 441, 445–447, 450–452; II: 2–6, 10f., 17, 20–26, 28–32, 34, 38f., 41–43, 45, 67, 74–82, 84–87, 89f., 93, 101, 106–109, 112, 115, 124, 127–132, 138–142, 155, 159, 162–164, 176, 183, 188, 208–211, 217f., 221–224, 227–230, 239, 242–246, 252, 257f., 261–263, 266, 272–274, 276f., 279f., 289, 297, 299, 303, 306, 308, 313, 344, 353, 363f., 366, 371–373, 384–388, 394, 398, 408; III: 5f., 41, 52, 55, 68, 80, 83f., 86, 88, 90, 145, 157, 162–164, 166f., 218, 241, 245, 336, 345, 354, 356f., 372, 390, 398f.
– *Werke* I: 223–267, 329–393. *Op. 18 Nr. 1–6:* 224–247, *Kopfsätze:* 226–234, *langsame Sätze:* 234–238, *Tanzsätze:* 238–242, *Finali:* 242–247; *Klaviersonate E–Dur op. 14 Nr. 1, Arrangement:* 247f.; *op. 59 Nr. 1–3:* 248–267; *op. 59 Nr. 1:* 252–259; *op. 59 Nr. 2:* 259–262; *op. 59 Nr. 3:* 262–266; *op. 74:* 330–335, 337–339; *op. 95:* 330ff., 335f., 337ff.; *op. 127:* 350ff., 356, 358f., 362f, 364ff.; *op. 130:* 354ff., 358, 361ff., 368f.; *op. 131:* 376–382; *op. 132:* 352ff., 358ff., 362f., 366ff.; *op. 133* »*Große Fuge*«: 371–376; *op. 135:* 382–389
Béhague, G. III: 218, 220
Behncke, G. I: 343
Bekker, P. I: 350
Bellasis, Edward I: 314
Belgray, A. B. I: 297
Beljajew II: 285, 287f., 290; III: 153
Bella, Levoslav III: 174
Bellermann II: 154, 285
Bellman, Carl M. I: 143; III: 265
Bellotto, Fr. I: 433
Belský, Vr. I: 103

Bendl, Karel II: 329
Benestad, F. I: 214 II: 239, 247–249, 251, 403
Bengtsson, Ingmar III: 269
Benincori, Angelo M. I: 290–296, 297f.
Bennett, William S. II: 125, 150, 217, 404f.,
Bentoiu, P. III: 194
Benton, Rita I: 122, 129
Bentzon, Jørgen III: 260, 274–276, 279, 289, 375
Bentzon, Niels V. III: 279f., 289, 375
Benyovszky, K. I: 408
Berens, Hermann II: 245
Berg, Alban II: 213, 219, 337 III: 27, 47f., 50–55, 68–72, 79, 82, 100, 150, 248, 300, 303–305, 337
– *Werke* III: 47–52, 68–72. *Op. 3:* 47–52; *Lyrische Suite:* 68–72
Berg, S. II: 213, 337; III: 248, 275, 300, 303, 337
Bergendal, G. III: 265, 270
Berger, Theodor III: 300f.
Berggreen, A. P. II: 224
Bergman, Erik III: 308, 379
Bergmeier, H. III: 366
Bergström, R. II: 224
Berio, Luciano II: 399; III: 217, 345–350, 360, 367f.
Berlioz, Hector I: 407; II: 4, 28, 78
Bernard, J. W. III: 360
Bernsdorf, Eduard II: 248
Bertoni, Ferdinando I: 292f.
Berwald, Christian August II: 220
Berwald, Franz II: 218f., 220, 225–228, 230f., 241f., 245f., 249, 257, 263f., 279
Berwald, Johan Fredrik II: 220
Betz, M. II: 408
Beveridge, D. R. II: 308
Beyer, A. III: 376
Beyer, Frank M. III: 364
Beyer, Frants II: 251
Bialas, Günter III: 315
Biba, Otto I: 130, 175, 393; II: 192, 215; III: 301
Bibalo, Antonio III: 369
Biel, Michael von III: 364

Namenregister

Billeter, B. II: 192; III: 308
Billroth, Theodor II: 172
Billroth, O. G. II: 164
Bingmann, A. I: 308
Birck, Wenzel I: 98
Birnbach, Heinrich I: 76, 85, 392; II: 28–30, 46, 138, 211
Birtwistle, Harrison III: 390
Bischof, Rainer III: 304, 306
Bischoff, B. II: 25; III: 356
Bitterhof, H.–R. II: 130
Bjørnum, B. II: 252; III: 375
Blacher, Boris III: 224, 315, 319–322, 330, 366
Blake, D. III: 76
Blanc, Adolphe II: 344
Bliss, Arthur III: 235
Bloch, Ernest III: 1, 250–254, 259, 357
Blom, Christian II: 246
Blomdahl, Karl-Birger III: 260, 269f., 371
Blondeau, Pierre-Auguste-Louis II: 344
Blume, Friedrich I: 43, 203; II: 107; III: 391
Blumenthaler, V. III: 365
Boatwright, H. III: 243
Boccherini, Luigi I: 3f., 6, 52–54, 58–62, 64–69, 75, 86–88, 137, 179f, 291, 296–298, 315, 320, 438; II: 25, 39, 400
 – Werke I: 52–69. Op. 2 Nr. 1–6: 56–61; op. 8 Nr. 1–6: 61ff.; op. 9 Nr. 1–6: 6f.; op. 24 Nr. 1: 6: 64f.; op. 32 Nr. 6: 65f.; op. 33 Nr. 1–6: 64f.; op. 58 Nr. 16: 66ff.
Bodsch, I. I: 393
Boehm, G. III: 197
Boëly, Alexandre P. F. II: 344, 348
Boer, Bertil H. van I: 138
Boestfleisch, Rainer III: 21, 26, 65
Böggemann, M. III: 26
Böhmer, K. II: 26
Bohrer (Gebrüder) II: 266
Bohrer, Anton I: 417
Bokum, Jan T. II: 400
Bonaccorsi, Alfredo I: 290
Bonaparte, Jérôme I: 420
Bonaparte, Napoleon: siehe Napoleon

Bonaventura, Arnaldo I: 52
Bond, Mark E. I: 81, 195
Bonelli, E. I: 292
Bónis, Ferenc III: 83f., 90
Borchard, Beatrix II: 131
Boretz, R. III: 257
Borio, Gianmario III: 335
Borkovec, Pavel III: 174
Borodin, Alexander P. II: 247, 265, 270, 272–277, 284f., 288; III: 153
Borris, Siegfried III: 315, 347
Börtz, Daniel III: 261, 270, 371
Bösche, Thomas III: 338f.
Bose, Hans-Jürgen von III: 392, 399f.
Boulanger, Nadja III: 253, 284, 308
Boulez, Pierre III: 21, 338–340, 352, 360, 367
Bousquet, Georges II: 344
Boyd, M. I: 283
Boynton, N. III: 52
Bozarth, G. S. II: 161
Bracht, H.–J. I: 71
Brahms, Johannes I: 69, 200, 223, 316, 329, 391f., 449–451; II: 3, 22, 93, 124–126, 137, 145f., 149–151, 155, 160–169, 171–179, 183f., 189–195, 200–204, 206–210, 214f., 235, 242f., 254, 267, 270f., 310–312, 338, 342, 348, 366, 385, 389, 391, 394, 403; III: 2–4, 14, 23, 65, 83, 88, 124f., 233, 245, 296f., 307, 337
 – Werke II: 161–179. Op. 51 Nr. 1–2: 162f., 178f.; op. 51 Nr. 1: 163ff., 168–172; op. 51 Nr. 2: 163f., 165–168, 172; op. 67: 172–178
Brand, Michael III: 83
Brandenburg, Sieghard I: 228, 330, 340, 344, 366; II: 82, 221
Brandts Buys, Jan W. II: 403
Branscombe, P. II: 66
Brasard, A. O. III: 258
Braun, G. II: 138
Braunfels, Walter II: 213; III: 291
Bray, T. III: 225
Bredemeyer, Reiner III: 330
Bree, Johannes B. von II: 400
Breidenstein, Heinrich II: 140
Breig, Werner I: 208; III: 25, 37

Breitfeld, Cl. II: 356
Breitweg, J. I: 350
Bremer, Fredrika II: 82
Brendel, Franz II: 125, 154
Brennecke, D. III: 310
Brennecke, Wilfried I: 82
Breval, Jean B. I: 270
Brevik, Tore III: 369
Bridge, Frank III: 151, 225, 227, 229–231, 235
Briner, Andres III: 146
Brinkmann, Reinhold I: 208, 389; II: 82, 160, 163, 221; III: 37
Brioschi, Antonio I: 4
Bristiger, M. II: 340f.
Bristow, George F. II: 407
Britten, Benjamin III: 151, 225f., 229–235, 238, 253
Brock, H. II: 248
Brockhaus, Max II: 389
Brockt, J. I: 131
Brodszky, F. I: 100
Brody, M. III: 258, 359
Brogi, Renato II: 197
Broman, Per Olov III: 261
Brook, Barry S. I: 268, 277
Brosche, Günter II: 197
Brotbeck, R. III: 2
Brown, A. P. I: 96f.,
Brown, Clive II: 1, 4
Brown, D. II: 290
Brown, Earle III: 362
Brown, J. I: 280
Bruce, J. M. I: 197
Bruch, Max II: 125f., 138–141, 149, 156; III: 283
Bruckner, Anton II: 41, 124, 160
Brügge, Joachim I: 41; III: 387, 399
Brüll, Ignaz II: 215
Brunetti, Gaetano I: 68, 291f., 296, 298; II: 400
Bruni, Antonio B. I: 291
Brunner, Adolf III: 308
Brusetti, O. II: 46
Brustad, Bjarne III: 284, 286
Bucht, Gunnar III: 369f.
Büchtger, Fritz III: 365
Buck, Ole III: 378
Bücken, Ernst II: 126, 154
Buczak, Brian III: 394
Budday, W. III: 72

Budde, Elmar I: 208; III: 54
Bull, Ole II: 3, 217
Bülow, Hans von II: 155, 281
Buonamici, Giuseppe II: 399
Burde, Wolfgang III: 156, 341–345
Bürger, G. A. II: 345
Burghauser, Jarmil II: 307
Burgmüller, Norbert II: 128–131
Burkhard, Willy III: 308
Burkholder, J. P. III: 242
Burmeister, E. II: 134
Burney, Charles I: 67
Burt, Francis III: 360
Busch, Adolf III: 385
Busch, Hermann III: 385
Bush, G. II: 404
Busk, G. II: 221
Busoni, Ferruccio II: 210f.; III: 292, 308
Bütow, Siegwald I: 393, 397f.
Butterworth, N. III: 235
Butting, Max III: 151, 310f., 328
Byström, Oscar II: 245f.

Cadenbach, Rainer I: 315, 322; II: 104, 131; III: 1, 13, 19
Cage, John III: 361, 367, 390, 393, 396f.
Cahn, Peter III: 166, 314
Calam, T. III: 238
Caldara, Antonio I: 6
Cambini, Giuseppe M. I: 53f., 79, 145, 269–275, 278–280, 285, 291, 315; II: 24f., 343
Camerloher, Placidus von I: 8
Canales, Manuel B. I: 298, 304, 312
Cannabich, Christian I: 9, 88f., 91f.
Capuzzi, Giuseppe A. I: 292f.
Carboni, D. II: 397
Carillo, A. III: 182, 218
Carley, L. II: 411
Carlstedt, Jan III: 265, 271f.
Carmirelli, Pina I: 53–55, 64–66
Carnovale, N. III: 361
Carpani, Giuseppe I: 80, 86–88
Carrillo, Julián A. III: 218
Carter, Elliott III: 259, 357–360, 367, 390
Carus, Carl G. III: 387
Casella, Alfredo II: 399; III: 65, 151, 197, 210, 212f., 334

Castegren, N. II: 226
Castil-Blaze, François I: 80
Castillon, Marie–Alexis II: 343
Celan, Paul III: 350
Celoniati, Ignazio I: 292
Cerha, Friedrich III: 306, 390, 401
Chadwick, George W. II: 408; III: 241, 250
Chamisso, Adelbert von II: 107, 138
Chapman, R. E. I: 176
Charlton, D. I: 308
Chartrain, Nicolas-Joseph I: 270
Chatschaturian, Aram I. III: 172
Chausson, Ernest II: 348, 359, 371–373
Cherbuliez, Antoine-E. I: 298, 314–319, 321–323, 325f., 328, 451
Cherubini, Luigi II: 3, 14, 43, 108, 246, 265, 285, 344, 354, 359; III: 136
– Werke I: 314–328. Nr. 1: 316–322; Nr. 2: 322ff.; Nr. 3–6: 324–328
Chinoria, Salvador B. III: 217
Chlubna, Osvald III: 174
Cholopow, J. III: 168
Chop, M. II: 159, 211
Chopin, Frédéric II: 78, 217
Choppard, P. III: 375
Chrisman, R. III: 55
Christensen, Th. I: 81
Churgin, Bathia I: 5, 179, 290
Chusid, Martin II: 43
Chvála, Emanuel II: 329
Chylińska, T. II: 340
Cilensek, Johann III: 329
Cirri, Giovanni B. I: 291
Claren, S. III: 398
Clarke, D. III: 238
Claudius, Matthias II: 66
Clementi, Muzio II: 209
Cobbett, Walter W. II: 106, 141
Cole, Hugo III: 238
Collet, Henri III: 198
Collins, H. C. II: 407
Cone, Edward T. III: 257
Connor, H. III: 260, 270
Cooke, Deryck I: 348, 350
Cooke, M. III: 230
Coolidge, Elizabeth S. III: 57, 66, 150, 188, 215, 225, 227, 254

Cooper, J. M. II: 125
Cooper, Paul III: 257
Copland, Aaron III: 254, 286, 381
Corelli, Arcangelo I: 4
Corneilson, P. I: 407
Cornelius, Peter II: 408
Cowell, Henry III: 242, 246–248, 250, 256, 258, 334
Cowell, S. III: 258, 334
Craggs, S. R. III: 235f.
Cramer, Johann B. I: 438
Cranz, Alwin II: 163
Craw, H. A. I: 300
Crawford Seeger, Ruth III: 258
Cromm, Helmut III: 399
Crumb, George III: 363
Cudworth, Charles I: 272
Cui, César II: 272f., 284–286
Czerny, Carl I: 243, 250f., 260
Czesla, W. II: 162

Dadelsen, Hans-Christian von III: 399
Dahlgren, L. II: 82
Dahlhaus, Carl I: 82, 195, 202, 204, 233, 245f., 250, 259, 262, 329, 332, 336, 340, 349; II: 5, 25, 33, 39, 46–48, 54, 73, 107, 126, 161f., 218, 361; III: 5, 55, 58, 64, 153, 399
Dahlström, Fabian II: 261
Dalayrac, Nicolas-Marie I: 270, 274
Dallapiccola, Luigi III: 222
Damm, R. III: 197
Dammann, S. II: 278
Danckwardt, M. I: 197; II: 54
Dancla, Charles I: 407; II: 25, 344–348
Danuser, Hermann I: 197, 336, 342; II: 299f., 302; III: 55, 65, 101, 153, 197f., 200, 335, 391
Danzi, Franz I: 407
Davaux, Jean B. I: 79, 268f., 272, 276, 283; II: 343
David, Félicien II: 344
David, Ferdinand II: 25, 108, 140
David, Johann N. III: 314, 331
Davies, Peter Maxwell III: 225, 237
Davis, F. II: 106
Day, John III: 235
Deane, B. III: 207

Debussy, Claude II: 214, 259, 294, 341, 347, 373–379, 381, 381, 385, 413; III: 3, 5, 21, 24, 78, 86f., 89, 172, 217f., 366
Dehn, Siegfried W. II: 150, 154, 265f.
Deiters, Hermann I: 335 164, 173
Deliège, Célestin III: 338
Delius, Frederick II: 393, 403, 408, 410–412; III: 225
Demény, J. III: 83
Dent, Edward J. I: 4; II: 406
Dessau, Paul III: 329–331
Dessoff, Felix O. II: 128, 199; III: 297
Deutsch, Otto E. I: 180, 182, 187; II: 43f., 58, 159
Devriès-Lesure, A. II: 348
Diabelli, Anton II: 135
Dibble, J. II: 405f.
Dibelius, Ulrich III: 341, 343
Diehl, G. III: 312
Dies, Albert Chr. I: 10f.
Dietrich, Albert II: 125, 189
Dietrich, Norbert III: 59, 63
Dietze, W. II: 138
Dillon, James III: 390
Dimitrescu, Constantin II: 340; III: 192
Distler, Hugo III: 313f.
Ditters von Dittersdorf, Carl I: 106–109, 130, 390; II: 2, 24, 32
Dittrich, Paul-Heinz III: 330, 333
Doblinger II: 338
Dobrokotow, B. II: 290
Dobronic, Antun II: 340
Dobrzyński, Ignacy F. II: 265, 340
Doctor, J. III: 238
Doering, W. T. III: 358
Doflein, Erich III: 54, 122, 146f.
Döhl, Friedhelm I: 336; III: 52, 55, 316, 364
Dohnányi, Ernst (Ernő) von II: 338f.; III: 83, 188
Dohr, Chr. II: 154
Döhring, Sieghard III: 153
Dohrn II: 82
Domanovecz, N. Z. Von I: 332
Dommer, Arrey von I: 78
Donatoni, Franco III: 363
Donizetti, Gaetano I: 299, 431–435; II: 40

Dörffel, Alfred II: 215
Dorfman, Josef III: 137, 143, 147
Draeseke, Felix II: 128, 197f., 200; III: 2, 24
Draheim, J. II: 189
Drechsler, Joseph I: 397
Drees, Stefan III: 401
Dreibrodt, A. II: 207
Dreilinden II: 205
Drew, D. III: 312
Driessler, Johannes III: 313
Drühner, U. II: 204
Dubinsky, Gr. S. III: 303, 325
Dufy, Raoul III: 156
Dukas, Paul II: 365; III: 192
Dunhill, Th. F. I: 194
Dunning, Albert I: 130
Durante, Francesco I: 2, 4, 290
Durey, Louis III: 198, 203
Dürr, Alfred II: 135
Dürr, Walther II: 5, 54, 63
Dusella, Reinhold III: 326
Dussek, Franz Xaver I: 9, 92, 300
Dussek, Jan Ladislav I: 129, 438
Dutilleux, Henri III: 366f.
Dvořák, Antonín II: 1, 125, 247, 307–314, 316–319, 322–327, 329, 385, 408; III: 3, 21, 85
– Werke II: 307–323. Nr. 1–6: 307ff.; Nr. 7 op. 16: 309f.; Nr. 8 op. 80: 310ff.; Nr. 9 op. 34: 311ff.; Nr. 10 op. 51: 313–316; Nr. 11 op. 61: 313–316; Nr. 12 op. 96: 316ff.; Nr. 13 op. 106: 318–322; Nr. 14 op. 105: 318–322

Eben, B. II: 308
Eberl, K. II: 408
Eck, Franz II: 1
Eckert, H. II: 129f.
Eckhardt, M. II: 338
Eckhoff, O. I: 30
Eder, Helmut III: 365
Edler, Arnfried II: 108, 115
Edling, A. II: 261
Egge, Klaus III: 283
Eggebrecht, Hans H. I: 208; III: 37, 196
Eggebrecht-Kupsa, R. II: 131
Eggert, Joachim G. II: 219
Ehlert, Louis II: 76

Ehrlich, A. II: 26
Eibl, J. H. I: 180
Eich, K. II: 359f.
Eichendorff, Joseph von II: 107, 388
Eimert, Herbert III: 151, 310
Einem, Gottfried von III: 306, 319, 365
Einfeld, Dieter III: 364
Einstein, Alfred I: 300; II: 38, 41, 62, 66, 124
Eisler, Hanns III: 76f., 82, 300, 329
– Werke III: 76f. Op. 75: 76f.
Eismann, G. II: 109
Eisner, P. II: 308
Eklund, Hans III: 370
El Greco III: 281
Elgar, Edward II: 393, 403, 408f.; III: 225
Eliasson, Anders III: 371
Ellerton, John Lodge II: 403f.
Elling, Catharinus II: 251
Elsner, Jürgen I: 249
Elsner, Joseph I: 249; II: 340
Elssler, J. I: 30
Elvers, Rudolf II: 43, 124
Emerson, I. I: 217
Emmanuel, Maurice II: 365; III: 199
Enescu, George III: 193f., 196
Engel, Hans I: 221
Engelmann, Hans–Ulrich III: 316
Engelmann, Theodor W. II: 172
Eősze, László III: 84
Epstein, H. I: 139, 142f.
Erbse, Heimo III: 364
Erdmann, M. III: 361
Erdödy, Graf Ladislaus I: 122
Erkel, Ferenc III: 83
Erpf, Hermann III: 123
Erwin, Ch. III: 295, 300
Esser, Michael I: 292
Esterházy, Fürst Nikolaus I: 10, 138, 147, 299; II: 25
Euripides I: 235
Evangelisti, Franco III: 362
Ewert, Hansjörg III: 194
Eybler, Joseph Leopold von I: 51, 110, 129, 299

Fahlbusch, L. II: 279
Falcke, W. III: 291

Falla, Manuel de II: 400
Fauquet, Joel-Marie II: 26, 343–345, 347, 349, 359 ; III: 250
Fauré, Gabriel II: 290, 356f., 359; III: 193
Favre, M. II: 356
Feder, Georg I: 10, 24, 36, 43, 51, 147, 156, 175
Federhofer, Hellmut II: 136
Fehr, E. II: 207
Feil, Arnold. II: 54
Feldbæk, O. II: 232
Feldman, Morton III: 396–398
Fellerer, Karl G. I: 397; II: 127f., 156, 204, 347
Fellinger, Familie II: 201
Fenby, Eric II: 410, 412
Fend, M. I: 291
Ferguson, Donald N. III: 1
Ferneyhough, Brian III: 390, 392f.
Fernström, John A. III: 266
Ferrari, Giacinto I: 137
Ferrata, Giuseppe II: 399
Fesca, Friedrich Ernst I: 77f., 307, 393, 419–432, 438, 441, 452; II: 11f., 22f., 36f., 224, 266
Fétis, François-Joseph I: 417, 431
Feuchte, A. II: 143
Feuchte, P. II: 143
Feudel, W. II: 138
Fiala, Joseph I: 135
Fibich, Zdének II: 323f.
Fibonacci, L. III: 57, 104
Fifield, Christopher II: 140f., 179
Filippi, Filippo II: 394
Fils, Anton I: 9
Fine, Irving III: 256
Fink, Gottfried W. I: 439; II:
Finke, Fidelio Fr. III: 224, 329
Finney, I. III: 372
Finscher, Ludwig I: 2, 4, 6, 9–11, 24, 30, 36, 43, 51f., 60, 69f., 86f., 89, 117, 137, 147, 156, 164, 168, 175, 178, 180–182, 187, 195f., 202–204, 235, 245, 248f., 251, 259, 262, 268, 290–292, 294f., 314–316, 318, 320, 326, 332, 397, 420; II: 26, 39–41, 76, 79, 82, 106f., 124–126, 137, 160–162, 208, 248, 256, 264, 343, 349; III: 2, 10, 122, 125, 128, 130, 132, 134, 145, 151, 194, 197, 207, 212, 218, 306, 308, 335, 337, 352, 391, 401
Finson, J. W. II: 104
Fiorillo, Federigo I: 269f., 274, 280, 291
Firca, C. L. III: 194
Fischer, Klaus I: 68, 280, 297
Fischer, Kurt von I: 336, 339
Fischer, Wilhelm I: 52
Fischhof, J. II: 108
Fladt, H. III: 90, 93, 101, 104, 106, 113, 117
Flamm, Chr. II: 290
Fleischer, H. II: 249
Fleischer, T. II: 249
Fleury, M. III: 209
Floros, Constantin II: 161; III: 69, 337, 343, 391
Flothuis, Marius I: 194, 198
Flotow, Friedrich von II: 135
Flury, Richard III: 306
Fodor, Josephus A. I: 270
Foerster, Josef B. II: 324f., 329
Fog, Dan II: 252
Follet, R. III: 206
Fongaard, Jon III: 286f.
Forberg, R. II: 198, 204
Forchert, Arno I: 245f., 358; II: 41, 107; III: 3
Foreman, R. L. III: 235
Forkel, Johann N. I: 81–83
Forner, J. II: 140
Forschner, H. I: 24, 81
Förster, Emmanuel A. I: 86, 106, 115, 226; II: 324f., 329
Forster, Wiliam I: 149
Forte, Allan II: 168; III: 57, 94, 106, 358
Fortner, Wolfgang III: 315–319
Foss, Lukas III: 259
Fox, A. III: 301
Fox Gál, E. III: 301
Fox, L. I: 291
Framery, Nicolas E. I: 285
Françaix, Jean II: 351; III: 197, 206, 208
Franck, César II: 260, 294, 348, 356, 359–361, 364–366, 371, 373, 383, 400; III: 3, 21, 24, 196, 203f.
Franck, Eduard II: 138, 143f.
Franck, Richard II: 143
François-Sappey, Br. II: 344
Frank, Maurits III: 208
Frankel, Benjamin III: 238
Franklin, P. II: 389
Franz, J. H. II: 195
Franz, Robert II: 125
Fränzl, Ferdinand I: 79, 131, 294
Fränzl, Ignaz I: 9, 79, 89
Freeman, Robert E. I: 100
Frei-Hauenschild, Markus I: 393, 417, 419f., 422f., 425, 418f.; II: 12
Frenzel, I. II: 124
Fricke, St. II: 338
Friedländer, Julius II: 138
Friedrich Wilhelm II. I: 54, 118, 128, 151, 217; II: 25
Frisch, W. II: 161; III: 26
Frisius, Rudolf III: 400
Fritzsch II: 145, 211, 248
Fritzsche II: 189
Frobenius, W. III: 354
Frølich, Johannes Fr. II: 220
Fryden, L. II: 226
Fuchs, I. I: 393; III: 366
Fuchs, Robert II: 192–194, 261, 385; III: 193, 297
Fuchs, T. III: 297, 329
Fuchs-Robertin, Hanna III: 69f.
Fürnberg, Carl Joseph Weber von I: 10; II: 24
Fürst, Marion III: 331f.
Fürst-Heidtmann, M. III: 246
Fürstner II: 390, 393
Füssl, K. H. I: 178

Gade, Dagmar II: 232
Gade, Niels W. II: 77, 125, 150, 217–219, 232–241, 248f., 253, 260, 264, 279; III: 274
Gál, E. Fox III : 301
Gál, Hans III: 151, 300f.
Galeazzi, Francesco I: 80
Galitzin, Fürst N. von I: 344f., 350; II: 265
Gallois, Jean II: 365; III: 199
Gallus siehe Mederitsch
Galuppi, Baldassare I: 4, 53, 290
Ganguené, P. I. I: 285

NAMENREGISTER

Garnier-Butel, M. I: 271
Gartmann, Thomas III: 348f.
Gass, G. III: 358
Gassmann, Florian Leopold I: 9, 92, 95f., 98, 102, 142, 205
Gast, Peter II: 204
Gaub, A. II: 287
Gaukstad, O. II: 248
Gawroński, Woijciech II: 265, 340
Geck, Martin III: 340
Geering, M. III: 308
Gefäller, G. III: 2
Gehrmans, Carl III: 268
Geijer, Erik Gustaf II: 82, 224
Geiringer, Karl I: 147; II: 162
Geiser, S. II: 192
Genzmer, Harald III: 315
Georges, Stefan III: 35f., 38
Georgiades, Thrasybulos I: 12, 14, 45, 85
Gérard, Yves I: 53
Gerber, Ernst Ludwig I: 11, 51, 67
Gerhard, A. I: 312; II: 40, 393
Gerlach, Reinhart II: 330; III: 21
Gerlach, S. I: 31
Gernsheim, Friedrich II: 126, 154, 200–202, 215; III: 24
Gerster, Ottmar III: 328
Geyer, Stefi III: 83
Giardini, Felice I: 291
Giazotto, Remo I: 280
Gille, Jacob E. II: 245
Gillet, J. II: 71
Ginastera, Alberto III: 222–224
Ginguené, P. L. I: 79
Giordani, Tomaso I: 53, 291f.
Giorgetti, Ferdinando II: 394
Glahn, Henrik I: 96
Glaser, Werner Wolf III: 272
Glass, Louis II: 260
Glass, Philipp III: 393f.
Glasunow II: 285, 288f., 294–296, 298, 381; III: 3, 152f., 160, 171
Gleich, Clemens von II: 403
Gleichenstein, Ignaz von I: 330
Glenewinkel, Hans II: 2, 4, 8, 12, 16–18
Glière, Reinhold II: 289f., 294, 297; III: 160, 171
Glikman, I. D. III: 160

Glinka, Michael I. II: 150, 265–267, 272
Gluck, Christoph Willibald I: 138; III: 390
Glücksmann, H. II: 211
Godard, Benjamin II: 349
Goedicke, Alexander III: 172
Goethe, Johann Wolfgang von I: 70f., 131; II: 25, 108, 211, 233
Goetz, Hermann II: 125, 192
Golachowski, St. II: 340
Goldmann, Friedrich III: 329f., 333
Goldmark, Karl II: 196, 215
Goldschmidt, Berthold III: 315, 326f.
Goldschmidt, Hugo I: 366
Goléminov, Marin III: 192, 196
Göllner, Theodor I: 150f.
Gómez Rodríguez, J. A. I: 431
Gómez, C. II: 400
Górecki, Henryk Mikolay III: 390
Gossec, François-Joseph I: 75, 270–272, 277f., 283, 433; II: 344
Göthel, F. I: 52 II: 1
Gottron, A. I: 30
Gounod, Charles II: 150, 348f., 350f., 356, 359
Gouvy, Louis-Théodore II: 143, 344, 347
Grabner, Hermann III: 316
Grädener, Carl G. P. II: 137
Grädener, Hermann II: 137
Gradenwitz, Peter III: 68
Graener, Paul II: 213
Graf, Friedrich Hartmann I: 130
Graf, N. II: 393
Grande, Miguel Simarro I: 298
Grandinson, M. II: 222
Gräner, Paul III: 149
Grasberger, Franz II: 196
Gratzer, Wolfgang III: 350, 387, 392f., 396
Graupner, Christoph I: 390
Grebe, K. I: 197
Green, D. M. III: 72
Greene, C. II: 265
Greiner, G. I: 10
Grell, Eduard II: 203
Grétry, André-Ernest-Modest I: 270, 277, 433

Gretschaninow, Alexander II: 294–296; III: 152
Grieg, Edvard II: 105, 125, 150, 217, 219, 238f., 241, 246–254, 262, 264, 385, 403, 411, 413; III: 285
Griesinger, Georg August I: 10f., 30; II: 24
Griffith, Paul III: 335
Grimley, D. III: 275
Grimm, Julius Otto II: 189
Grinde, Kirsti II: 247
Grinde, Nils III: 281, 284f.
Grisey, Gérard III: 395
Grönke, K. III: 160, 166
Grosch, N. III: 310, 312
Gross, E. I: 92
Grosse, Samuel Dietrich I: 217
Grosz, George III: 182
Grote, A. II: 192
Grover, R. S. II: 372f.
Gruber, Gernot II: 160, 215
Gruber, Gerold III: 25, 59, 364
Gruber, Gerold W. II: 215; III: 304, 306, 364
Gruhle, W. III: 206, 258, 269, 308, 335
Gruhn, Wilfried III: 350
Grümmer, P. II: 213
Gubaidulina, Sofia III: 390, 401
Gudmundsen-Holmgren, Pelle III: 375
Gugitz, G. II: 38
Guillemain, Louis-Gabriel I: 6
Gülke, Peter I: 249, 262, 332; II: 54, 63, 66, 68, 330, 334
Günzel, Kl. III: 387
Gustav I. I: 138
Gut, S. II: 344
Gutiérrez-Denhoff, M. I: 228; II: 197
Gyrowetz, Adalbert I: 51, 110f., 129, 226, 299–304, 307, 422

Haapanen, Toivo I: 137
Haas, Georg Friedrich III: 395
Haas, Joseph II: 213; III: 290f.
Haas, Pavel III: 184f.
Hába, Alois III: 174, 177–182, 185, 193, 196, 248, 334
Hába, Karel III: 174, 248

Habermas, Jürgen III: 389
Haeffner, Johann Christian Friedrich II: 224f.
Hagemeister, Chr. II: 265
Hägg, Jacob Adolf II: 245
Haglund, R. III: 269, 370f.
Haieff, Alexej III: 259
Hainauer, J. II: 256, 340
Hakola, Kimmo III: 386
Halbreich, Harry III: 175f., 204f.
Halffter, Cristóbal III: 361f.
Halffter, Ernesto III: 361
Halffter, Rodolfo III: 361
Halm, August II: 212
Halm, H. I: 224, 389
Hamann, Gerhard II: 154
Hamburger, Povl II: 252; III: 232
Hamel, Peter Michael III: 399
Hamelle, J. II: 348
Hamerik, Asger II: 240
Hammar, B. I: 139
Hammerich, A. II: 239
Hand, Ferdinand II: 35–37, 44
Händel, Georg Friedrich I: 1, 203
Hanning, B. R. I: 272
Hansberger, J. III: 352
Hänsel, Peter I: 51, 86, 106, 110f., 129, 213, 294, 299f., 304, 306–312, 395, 404, 406, 426, 436, 451; II: 39
Hansen, F. E. II: 232
Hansen, I. III: 376
Hansen, M. III: 197, 331
Hanslick, Eduard II: 25, 35, 164, 173, 215
Hanson, S. III: 265
Haquinius, Algot II: 261
Harpster, R. I: 100
Harries, M. III: 238
Harries, S. III: 238
Harris, J. D. III: 358
Harris, Roy III: 254
Harten, U. II: 197
Härtenstein, Matthias I: 126
Hartmann, Elisabeth III: 323
Hartmann, Johann Peter Emilius II: 239
Hartmann, Karl Amadeus III: 20, 315, 321, 324
Härtwig, D. III: 329
Harwell Celenza, A. II: 233

Haselböck, L. III: 2, 17f.
Haslinger II: 136, 215
Hattesen, Heinrich Helge III: 21, 24, 26f., 30, 32, 41
Hatting, C. E. II: 221
Haubenstock-Ramati, Roman III: 362
Hauer, Joseph Matthias III: 151, 302
Hauptmann, Moritz II: 128, 140, 200, 241, 403
Hauser, Franz II: 110
Häuser, Johann Ernst I: 77
Häusler, J. III: 149, 338
Haydn, Joseph I: 1, 3f., 6, 8–13, 15., 18–21, 23, 25, 27, 30f., 35f., 39f., 42–44, 46, 49, 51–59, 61–63, 65–67, 68–70, 74–86, 88–93, 95, 98, 101–104, 106–109, 111f., 115f., 121–125, 127–132, 136–147, 149–153, 156, 160–165, 167–169, 173, 176–180, 182, 185, 187, 192–199, 202, 205f, 210, 212–215, 217, 219–224, 226, 234–236, 241f., 244–247, 249, 257, 259f., 268f., 271–274, 280, 282f., 285, 291f., 294–296, 298–300, 303–305, 307–313, 315, 319, 324, 330, 344, 346, 349, 357, 371, 390–393, 398, 400f., 403, 405f., 408–411, 418, 424, 429–431, 434, 438f., 445–447; II: 1, 4, 9, 14, 17, 20–26, 29–34, 37–42, 46, 54, 76, 108f., 122, 124, 144, 148, 159f., 164, 172–174, 176, 179, 215, 218–220, 223f., 265f., 292, 323, 344, 348, 351, 384, 394, 396; III: 6, 136, 250, 336
– *Werke* I: 10–24, 24–31, 147–177. *Op. 1 Nr. 1–4: 6; op. »0«* (Hob III: 1–4, 6, II:6): 10–20; *op. 1 Nr. 1* (Hob III:1): 12ff.; *op. 2 Nr. 1, 2, 4, 6* (Hob III: 7, 8, 10, 12): 20–24; *»opus 3«* (Hob III:13–18): 30f.; *op. 9 Nr. 1–6* (Hob III: 19–24): 24–30; *op. 17 Nr. 1–6* (Hob III: 25–30): 31–36; *op. 20 Nr. 1–6* (Hob III: 31–36): 36–42; *op. 33 Nr. 1–6* (Hob III:37–42): 42–51; *op. 33 Nr. 3*: (Hob III:39), *Satz 3*: 48ff.; *op. 42* (Hob III:43): 147f.; *»Sieben Worte«* (Hob III: 50–56): 148–151; *op. 50 Nr.1–6* (Hob III:44–49): 151–156; *op. 54 Nr. 1–3, op. 55 Nr. 1–3* (Hob III:57–62): 156–161; *op. 64 Nr. 1–6* (Hob III: 63–68): 161–164; *op. 71 Nr. 1–3, op. 74 Nr. 1–3* (Hob III:69–74): 164–168; *op. 76 Nr. 1–6* (Hob III: 75–80): 168–174; *op. 77 Nr. 1–2* (Hob III:81–82): 174–176; *op. 103* (Hob III:83): 176
Haydn, Michael I: 9, 106f., 179
Hayes, R. I: 446
Hecht, Edward II: 201
Hecker, J. von I: 344
Hecker, M. I: 71
Hedberg, Fr. II: 242
Hedin, E. II: 25, 216, 219
Hegel, Georg Wilhelm Friedrich I: 331; II: 30, 33, 35f.
Heidenreich, A. III: 399
Heine, Chr. II: 107; III: 217, 327, 361
Heine, Heinrich II: 107; III: 327
Heininen, Paavo III: 379, 385
Heiniö, Mikko III: 288, 379, 383, 385
Heinse, W. I: 78
Heise, Peter II: 241
Heister, Hanns-Werner III: 326
Heldt, Guido II: 409, 411
Hell, Helmut II: 179
Hellmesberger, Joseph II: 25, 196; III: 193
Hellwig-Unruh, R. II: 131
Helm, Theodor I: 223, 245, 330, 343 II: 76
Helman, Z. II: 341
Helmer, A. II: 261
Helsted, Gustav III: 274
Hendrick, Geoffrey III: 394
Hennenberg, Fr. III: 330
Hennings, H. II: 256
Henriques, Finni II: 260; III: 274
Hensel, geb. Mendelssohn, Fanny II: 79, 102, 131f., 150, 349
Hensel, Wilhelm II: 131
Henze, Hans Werner III: 316, 401
Herder, Johann Gottfried II: 218

Namenregister

Herlin, D. II: 374
Hermand, J. II: 334
Hérold, Louis F. I: 433; II: 343
Herresthal, Harald I: 418; II: 220, 247; III: 281, 369
Herrmann, H. I: 299
Herrmann, U. III: 314
Herttrich, E. II: 43, 124
Herzogenberg, Elisabet von II: 190
Herzogenberg, Heinrich von II: 126, 189–191, 194f., 215
Hesse, L.-W. III: 365
Hessenberg, Kurt III: 314f.
Hettrick, W. F. I: 300
Heussner, H. II: 5, 195
Heymann, B. B. III: 258
Heyse, K. W. L. II: 35
Hickman, R. I: 88, 95, 111f., 226, 303–305
Hicks, N. III: 246
Hiekel, Jörn Peter III: 392
Hiles, John II: 135
Hill, Alfred III: 235
Hill, C. I: 409
Hill, G. R. I: 95
Hiller, Ferdinand I: 328; II: 110, 125–127, 130, 140, 143, 157, 184, 200
Hills, George R. I: 95
Hilmar, R. III: 47
Hilmar-Voit, R. II: 69
Hilsdorf, Elisabeth II: 215
Himmelheber, G. II: 5
Hindemith, Paul II: 206, 213, 356, 390, 392; III: 80, 84, 122–125, 127–130, 132, 134, 136–150, 164, 198, 259, 261, 269, 272, 287, 289, 292, 299, 315, 326
– Werke III: 122–148. Nr. 1 op. 2: 122–125; Nr. 2 op. 10: 123, 125–129; Nr. 3 op. 16: 29–133, 136, 141; Nr. 4 op. 22: 123f., 133–137, 141f.; Nr. 5 op. 32: 137–142; Nr. 6: 143–146; Nr. 7: 146ff.
Hindmarsh, P. III: 225
Hinrichsen, Hans-Joachim II: 54, 58, 63, 73
Hirsbrunner, Theo II: 374, 379
Hirsch, A. II: 256
Hirsch, L. I: 397
Hirschbach, Hermann I: 346; II: 22, 107–109, 138–140, 385; III: 36
Hoboken, Anthony van I: 156
Hochberg, Bolko Graf von II: 195
Hochradner, Thomas II: 400
Hochstein, W. I: 314
Höckner, W. I: 102, 431
Hodel, Eva–Maria II: 151
Höfer, Karlheinz I: 397
Høffding, Finn III: 274, 277, 279, 375
Hoffmann, A. I: 138
Hoffmann, Ernst Theodor Amadeus II: 261
Hoffmann, Heinrich Anton I: 131
Hoffmann-Erbrecht, Lothar I: 99, 308
Hoffmeister, Franz A. I: 70, 75f., 103, 110f., 116–118, 147, 213, 217, 226, 304, 440; II: 219
Hoffstetter, Roman I: 30, 130
Hofmann, K. II: 127
Hofmann, Leopold I: 92, 102
Hofmeister, Friedrich I: 440
Hohenemser, Richard I: 314, 317
Höijer, L. II: 224
Holbroke, John III: 225
Holbrooke, Joseph II: 407
Hölderlin, Friedrich III: 355, 357, 395
Holl, K. II: 200
Holland, Dietmar II: 330; III: 48
Höller, Karl III: 291, 295
Holliger, Heinz III: 364
Holman, P. I: 145
Holmboe, Vagn III: 279, 372–374, 376
Hölszky, Adriana III: 392, 401
Holst, Gustav II: 408 III: 225
Holter, Iver II: 251
Holzbauer, Ignaz I: 9
Homburg, Herfried II: 4
Homma, Martina III: 192, 353
Hommel, Fr. III: 399
Honegger, Arthur III: 197f., 203–206, 208
Hopf, H. III: 366
Hornborstel, E. M. von III: 110
Horneman, Christian Fr. E. II: 240
Hörner, St. II: 204
Horstmann, A. II: 164

Hortschansky, Klaus I: 308
Horusitzky, Zoltán III: 190
Hove, R. II: 241
Hovhaness, Alan Ch. III: 254
Howard, R. III: 255
Howell, Tim III: 76
Howes, Fr. III: 236
Huber, Klaus III: 319, 364
Huber, Nikolaus A. III: 364, 388
Hübsch, Lini I: 248, 257, 264
Huch, Chr. II: 298
Hudson, Fr. II: 405
Huebner, St. II: 350
Hugon, G. III: 209
Hull, A. E. I: 4
Hummel, Johann Nepomuk I: 406–409; II: 30, 348
Humperdinck, Engelbert II: 180, 184, 208; III: 311
Hurum, Alf Th. III: 283
Husa, Karel III: 259, 361
Hüttenbrenner, Anselm II: 196
Hvoslef, Keitel III: 369
Hylén, Oscar II: 245

Ibert, Jacques III: 197, 207f.
Iliev, Constantin III: 193
Imbrie, Andrew III: 258
Imeson, S. I: 350
Indy, Vincent d' II: 290, 296, 347f., 359, 361, 365–367, 369–373, 379, 384; III: 188, 192f., 196, 203
Irmen, Hans-Joseph I: 314; II: 180
Irving, John I: 82, 194
Ives, Charles E. II: 408; III: 242–244, 246, 334
Izzo, F. II : 397

Jablonski, M. III: 192
Jacobi, Frederick III: 253
Jacobs, W. III: 326
Jadassohn, Salomon II: 189; III: 218
Jadin, Hyacinthe I: 270f., 273, 280, 282–284, 298, 304, 312; II: 40
Jadin, Louis-Emmanuel I: 270
Jaedtke, W. III: 340
Jahn, Otto I: 178
Jahrmärker, M. II: 350
Jakowlew, W. II: 272

Jammermann, M. III: 352
Janáček, Leoš II: 329–331, 334–337, 343; III: 174, 179, 185, 400
Jancik, H. II: 194, 385
Janeček, K. II: 299
Jansa, Leopold I: 397; II: 25, 135
Jansen, Gustav F. II: 108
Járdányi, Pál III: 190
Jarman, D. III: 48, 72
Jarnach, Philipp II: 205, 213; III: 272, 292–294, 312
Jaschinski, Andreas III: 322
Jeitteles, Ignaz I: 77
Jelinek, Hanns III: 303–305
Jenkins, N. I: 6, 297
Jennefelt, T. III: 265
Jenner, Gustav II: 163, 194f.
Jensen, Adolf II: 125
Jensen, J. L. III: 376
Jensen, N. M. II: 232, 239; III: 275
Jeppesen, Knud III: 277
Jérôme von Westphalen, König I: 330
Jersild, Jørgen III: 374
Jestremski, M. II: 385
Jiménez, Juan Ramón III: 223
Jirák, Karel Boleslav III: 174
Joachim, Johannes II: 44, 124, 189
Joachim, Joseph II: 44, 124–126, 132, 163, 168, 177, 189, 194, 209, 254, 260, 338; III: 274
Johanson, Sven-Eric III: 269
Johansson, Cari I: 268
Johnsen, Henrik Philip I: 138
Johnson, D. I: 344
Jones, D. W. I: 103–105, 122
Jones, Dianne I: 117
Jongen, Joseph II: 400
Jonsson, L. II: 222; III: 260, 265, 370
Jost, Chr. II: 99
Josephson, N. S. II: 273, 334
Josquin Desprez III: 356
Jost, P. II: 356
Julien, J.-R. I: 270
Jung, U. II: 213
Junker, Carl Ludwig I: 67
Juon, Paul II: 204f., 278; III: 311
Jürgenson, Peter II: 287
Just, Martin I: 139, 268, 368

Kaa, Franz Ignaz I: 131
Kabalewski, Dmitri III: 171
Kabisch, Thomas II: 380f.
Kaden, Christian III: 83, 110
Kadosa, Pál III: 190
Kagel, Mauricio III: 363f., 390f., 401
Kahl, W. I: 82; II: 202
Kahlert, August II: 36
Kahn, Robert III: 283
Kahnt, C. F. II: 185
Kaipanen, Juoni III: 386
Kaiser, G. I: 324, 429
Kaiser, I. H. II: 265
Kalbeck, Max II: 161, 163–166, 168, 172, 190
Kalischer, Alfred Christlieb I: 330
Kalliwoda, Johann Wenzel II: 135, 184
Kallmeyer, G. II: 212
Kallstenius, Edvin III: 266
Kalnein, W. von II: 126
Kaminski, Heinrich III: 313
Kammel, Anton I: 79, 130, 145, 285
Kämper, Dietrich II: 184; III: 212, 308
Kant, Immanuel I: 14, 70, 74, 83f., 394; II: 32–35, 37
Kapp, O. I: 99
Karg-Elert, Sigfrid III: 275
Karkoschka, Erhard III: 366
Kárpáti, J. III: 84, 90, 93, 101, 104, 106, 113, 117
Katharina, Zarin II: 265
Katzer, Georg III: 333
Kaufmann, H. III: 55, 343, 345
Kaul, O. I: 135
Kaun, Hugo II: 154, 204f.; III: 149
Keil, U. Br. II: 184
Kelemen, Milko III: 362
Keller, H. 194 III: 232
Kelley, Edgar Stillman II: 408; III: 254
Kelterborn, Rudolf III: 316, 365
Kemp, Ian III: 238f.
Kerman, Joseph I: 223f., 231f., 234f., 237, 240, 248, 262, 329, 373
Kerpen, Hugo Fr. A. von I: 131
Keym, St. II: 366
Khittl, Christoph II: 213; III: 301
Kiel, Friedrich II: 126, 155f., 189, 195, 203, 215

Kienzl, Wilhelm II: 197, 211f.; III: 300
Kiesewetter, Raphael Georg II: 39
Kilian, G. II: 3f.
Killmayer, Willhelm III: 364
Kim, J. I: 122
Kinderman, William I: 344, 386
Kindermann, J. II: 210
King, A. Hyatt I: 217
Kinsky, Fürst I: 330
Kinsky, Georg I: 224
Kircher, Athanasius I: 71
Kirchmeyer, H. III: 310
Kirchner, Leon III: 360
Kirchner, Theodor II: 125f.
Kirkendale, Warren I: 37, 95f., 98, 100, 257, 371
Kirkor, G. II: 290
Kirkpatrick, J. III: 242f.
Kirsch, W. I: 308
Kirschner, Chr. III: 175
Kirschner, F. III: 175
Kirstein, F. III: 270
Kistner I: 314; II: 134, 241, 340
Kjellsby, Erling III: 284
Kjellström, S. II: 219
Kjerulf, Ch. II: 232
Kjerulf, Halfdan II: 220
Klaes, A. III: 365
Klebe, Giselher III: 319, 364f.
Klein, D. I: 270
Klein, Gideon III: 185–187
Klein, Grigori III: 173
Klein, Hans-Günter II: 102, 132; III: 185
Klein, Heinrich G. II: 132; III: 70, 325
Klein, R. III: 366
Kleinknecht, Fr. II: 350
Klemm, Eberhardt I: 329; II: 349; III: 66, 204
Klimowitzkij, A. I: 366
Klingemann, K. II: 78, 222
Klingenbeck, Joseph I: 129
Klint, Fredrik W. II: 245
Klose, Friedrich II: 206
Klughardt, August II: 203, 215
Klüppelholz, W. III: 389
Klusen, E. A. II: 400
Knauer, W. III: 361
Knepler, Georg II: 102

Knorr, Ernst–Lothar von III: 290
Knorr, Iwan III: 296
Knouse, N. Reed I: 83
Koch, Erland von III: 266
Koch, Heinrich Christoph I: 3, 70, 75–80, 82–86., 101, 123, 222, 274; II: 26–28, 33
Kochan, Günter III: 333
Kodály, Emma III: 86
Kodály, Zoltán II: 338, 413; III: 83–86, 99f., 121, 188f.
– Werke III: 83–86, 99–122. Op. 2: 84ff.; *op. 10*: 99f.
Koechlin, Charles II: 383; III: 193, 209
Koeßler, Hans II: 338; III: 83
Kohl, B. A. III: 314
Kohler, Chr. M. III: 26
Köhler, L. II: 26
Kohlhase, H. II: 76, 108, 110
Kohs, Ellis III: 258
Kokkonen, Joonas III: 289, 379–381, 383, 385f.
Kolb Neuhaus, R. III: 218
Kolisch, Rudolf III: 52, 54, 57, 68f., 100, 117
Kolleritsch, O. III: 355, 392
Kollmann, August Frederic I: 88, 274
Kolman, Peter III: 391
Kolneder, Walter III: 143
Konold, Wulf II: 77, 82 III: 366
Konrad, Ulrich I: 195, 197, 214; II: 135; III: 194
Kopfermann, M. I: 350
Kopitz, Kl. M. II: 129
Koppel, Hermann D. III: 260, 274, 277f.
Kopylow, Alexander II: 288
Korabljowa, X. II: 265
Korhonen, Kimmo III: 288f., 379–381, 385f.
Kornauth, Egon III: 300f.
Korngold, Erich W. III: 259, 294f., 300
Kortsen, B. II: 251; III: 281
Kósa, György III: 189
Koskinen, Jukka III: 386
Kospoth, Otto C. E. von I: 131, 217
Kostakeva, M. III: 193

Köstlin, Karl R. von II: 37
Koudal, J. H. I: 51 II: 219
Kowalke, Kim H. III: 312
Kozeluch, Leopold I: 75, 78, 110, 112f., 115, 213, 226, 406; II: 41, 298
Krabbe, Niels II: 241; III: 275
Kramer, R. A. I: 368
Krarup, B. III: 279
Krása, Hans III: 183
Kraus, Joseph M. I: 138–143; II: 219
Krause, Andreas II: 63
Krause, P. II: 24
Kräuter, Philipp David I: 2
Krautwurst, Franz I: 41
Krauze, Zygmunt III: 192
Kreft, E. I: 350; II: 249
Kreisig, M. I: 314, 420; II: 18, 20, 108, 124, 217, 298, 401
Kreisler, Fritz II: 214
Krejčí, František Isa III: 174
Krenek, Ernst III: 79–82, 300
– Werke III: 79–82. Op. 6: 79; *op. 8*: 79; *op. 20*: 79; *op. 24*: 79f.; *op. 65*: 78f.; *op. 78*: 79, 81; *op. 96*: 79, 81f.; *op. 233*: 79, 82
Kretzschmar, Hermann I: 76
Kreusser, Georg Anton I: 131
Kreutzer, Léon II: 344
Kreutzer, Rodolphe I: 79, 270, 272, 282, 285–287, 315, 434; II: 3, 25, 222, 330, 343
Kreysing, H. II: 197
Kreyszig, W. K. I: 206
Krings, A. II: 204
Krischke, Claudia II: 145f.
Kroher, E. I: 194
Krommer, Franz I: 79, 86, 110f., 129, 179, 213, 226, 285, 299f., 304–308, 395, 404, 406, 422, 426, 436; II: 219, 348; III: 372
Krompholz, Wenzel I: 250
Krones, Hartmut I: 116f., 130, 332, 339
Kropfinger, Klaus I: 371; II: 25; III: 356
Kross, Siegfried I: 315
Kroyer, Theodor II: 180
Krug, Arnold II: 204
Krummacher, Friedhelm I: 204, 208, 349, 385; II: 68f., 71, 76, 78, 81f., 84, 87, 90, 95, 104, 107, 124, 160, 173, 213, 218, 225, 227, 232, 249, 252, 256, 262; III: 17, 302, 340, 356
Kube, Michael I: 408, 418; II: 136; III: 122–124, 127–132, 134, 136f., 182f., 292
Kuckertz, J. II: 162, 299
Kudláček, Fr. II: 334
Küffner, Joseph I: 417
Kuhlau, F. II: 218, 221, 244f., 257f., 261, 264
Kuhn, E. II: 272, 279, 285
Kühn, H. I: 68; III: 197
Kühnel, Ambrosius II: 5f.
Kulenkampff, Georg III: 291
Kull, H. II: 308
Kullberg, E. III: 376
Kuna, M. III: 182f., 186
Kunz, Harald III: 319
Kunze, Stefan I: 6, 9, 13, 72, 85, 249f., 328, 331, 346–348, 358; II: 82; III: 306
Kunzen, Friedrich L. Ae. II: 219
Kupelwieser, Josef II: 44
Kupkovič, Ladislav III: 390
Kurtág, György III: 390, 396f.
Kurth, Ulrich II: 316
Kushner, D. Z. III: 250
Kuss, M. III: 222
Kvam, Oddar S. III: 369
Kvandal, Johan III: 284

Labelle, N. III: 207
Labhart, W. III: 308
Lachenmann, Helmut III: 392, 395f.
Lachner, Franz II: 157–160, 180f., 184, 240
Lachner, Ignaz II: 136, 157, 159f., 240
Lachner, Vinzenz II: 157
Laederich, A. III: 208
Lagerkvist, P. III: 369
Lajtha, László III: 188, 196
Lake, W. III: 359
Lalo, Edouard-Victoire-Antoine II: 200, 348f., 351, 356, 359
Landon, H. Ch. Robbins I: 30, 147, 175f., 393
Lange, Samuel de II: 403

Langgaard, Rued II: 260 III: 260, 273f.
Langlois, F. III: 198
Larese, D. III: 308
Large, Brian II: 298
Larsen, Jens Peter I: 12, 187
Larsson, Lars-Erik III: 265, 271
LaRue, Jan I: 194
LaSalle-Quartett III: 354
Lassen, H. C. F. I: 77
Latil, Leo III: 203
Laub, Ferdinand II: 281
Laube, H. I: 78
Laubenthal, A. II: 366; III: 198, 207
Lauth, Wilhelm II: 141
Lavater, Johann Caspar I: 36, 43
Layton, Robert II: 242, 262
Lazzari, Sylvio II: 365
Le Beau, Louise Adolpha II: 184
Le Sueur II: 349
Leclair, C. F. III: 218
Lehmann, Ursula I: 53, 72
Leibowitz, René III: 204, 329, 338
Leifs, Jón III: 280f.
Leinert, Fr. O. II: 4, 11
Leleu, J.-L. III: 339
Lenau, Nikolaus von II: 138, 140; III: 36
Lendvai, Ernő III: 83, 104, 117
Leopold, Silke III: 198f.
Lesure, François II: 374
Leuckart, Franz E. Ch. II: 181, 207
Leux-Henschen, I. I: 138
Levi, Hermann II: 128, 200
Levy, Janet Muriel I: 268f., 272f., 278–280
Lichnowsky, Fürst Karl von II: 25
Lichtenwanger, William III: 246
Lidholm, Ingvar III: 260f., 269f., 371
Lie, Sigurd II: 261
Liebermann, Rolf III: 308
Liedtke, U. III: 190
Ligeti, György III: 113, 335, 340–345, 367f., 371, 390
Lindberg, B. III: 266
Lindblad, Adolf Fredrik I: 378; II: 82, 218, 222–225, 245
Lindeman, Ludvig M. II: 224f.
Linden, Albert van der II: 400
Linden, Werner III: 355f., 392

Linder, K. II: 222
Lindlar, Heinrich III: 179, 181, 316
Lindner, Adalbert III: 1, 3
Lindpaintner, Peter Joseph von I: 417
Link, J. E. III: 358
Lippmann, Friedrich I: 290, 433
Liszt, Franz I: 407; II: 4, 35, 145, 158, 187–189, 197, 200, 209, 233, 248, 274, 338, 351, 354, 366, 388; III: 25–27, 101
Litschauer, W. II: 54, 136
Little, Fiona I: 130–132, 135, 269
Little, K. R. III: 225
Litzmann, B. II: 163, 175
Ljadow, Anatolij K. II: 285, 287–289
Lloyd, St. II: 411
Lobanova, M. II: 271
Lobe, Johann Christian I: 75; II: 31
Lobkowitz Fürst/Familie I: 118, 174, 224, 330, 332
Loccatelli, Pietro I: 4
Locke, O. III: 94
Lockwood, Lewis I: 344, 368
Loesch, Heinz von II: 86
Loewe, Carl I: 348, 418f.
Löhlein, H.-H. III: 391
Loll, W. III: 21, 24, 42, 46
Lomnäs, E. I: 139; II: 225f.
London, J. I: 83
Loos, Helmut I: 342; II: 82, 221
Lorca, Federico García III: 223
Lorenziti, Antonio I: 270
Louis Ferdinand, Prinz I: 300
Lubomirsky, Prinzessin I: 308
Ludewig, Wolfgang II: 137
Lüpertz, Markus III: 389
Lüthi, H. G. III: 306
Lutosławski, Witold III: 192, 352f., 362, 367f.
Lutyens, Elisabeth III: 238
Lux, Friedrich II: 137
Lwow, Nikolaj II: 265

MacArdle, Donald W. II: 25f.
MacFarren, George Alexander II: 405
Maconchy, Elizabeth III: 238
Maderna, Bruno II: 399; III: 222, 346f., 360
Maegaard, Jan III: 39–41

Magnani, Luigi II: 394
Magnard, Albéric II: 365; III: 199
Mahler, Gustav II: 192f., 197, 324; III: 19, 47, 295
Mahling, Christoph–Hellmut I: 68, 297, 308, 410; II: 26; III: 325, 399
Mahnkopf, Claus-Steffen III: 361
Mainka, A. und J. III: 331
Malcolm, N. III: 194
Malipiero, Gian Francesco II: 399; III: 151, 210, 214, 216, 334
Mallarmé, Stéphane III: 338f.
Malling, Otto II: 240
Mandyczewski, Eusebius III: 301
Manén, Juan II: 400
Manfredi, Filippo I: 54, 291; II: 25
Manfredini, Vincenzo I: 291
Mann, C.-H. I: 350
Mansfield, O. A. I: 315
Manzoni, Giacomo III: 346
Mark, C. III: 230
Marliave, J. de I: 223
Marschner, B. II: 213; III: 302
Marsh, John I: 145, 272
Martin, Frank III: 208, 308f.
Martin, R. I: 267, 350
Martinů, Bohuslav II: 329; III: 174–177, 179
Marx, Adolf Bernhard I: 76, 85, 343, 348, 392; II: 28–33, 46, 137, 154; III: 160
Marx, Hans Joachim III: 337, 391
Marx, Joseph II: 213; III: 277, 300f.
Maske, U. III: 243
Mason, Colin III: 106, 122, 200f.
Mason, Daniel Gregory III: 250
Massenet, Jules III: 193, 208
Matisse, Henri II: 335
Matthai, Heinrich August II: 25
Mattheson, Johann I: 3, 72f., 81f.,
Matthews, D. III: 326
Matthew-Walker, R. III: 238
Matthisson-Hansen, Hans II: 240
Matthus, Siegfried III: 330, 333
Mattner, L. III: 2, 11, 16–18
Maurer-Zenck, Claudia III: 58, 79–81
Mauser, Siegfried III: 315, 355, 364
Mawer, D. II: 380
May, Florence II: 162

Mayeda, A. III: 302
Mayer, Hans III: 338
Mayer, L. K. II: 159
Mayr, Johann Simon I: 433f.
Mayseder, Joseph I: 397, 419; II: 348
Mazer, Johann II: 25, 215
McCabe, John III: 238
McCredie, Andrew D. III: 20, 322f.
McEven, John B. II: 407
McVeigh, S. I: 291
Mead, A. III: 358
Meckna, M. III: 300
Mederitsch, Johann Georg (gen. Gallus) I: 110, 115f., 226
Meer, John H. van der II: 403
Meier, A. II: 200
Melartin, Erkki II: 261; III: 289
Melcher, Wilhelm I: 317
Meloncelli, Raoul II: 397
Mendelssohn Bartholdy, Felix I: 212, 225, 244, 304, 316f., 321, 326f., 335–337, 344, 378, 382, 390–392, 395f., 417f., 420, 430, 438, 451f.; II: 1, 14, 17, 21–23, 26, 31, 33, 38, 42f., 68, 75–79, 81–87, 89f., 92–95, 97, 99, 101–108, 110, 112, 115, 119, 122–135, 138, 140–143, 145–151, 155, 158–161, 168, 171–173, 204, 215, 217, 222–227, 230, 232–235, 237, 239, 242f., 246, 265, 267f., 270–273, 276, 279, 299, 308, 344, 346, 349f., 363, 385, 391, 394f., 401, 403, 408; III: 3, 14, 52, 136, 283, 337
– Werke II: 76–106. *Es–Dur o. op.*: 79f.; *op. 12*: 77, 86–90; *op. 13*: 77, 82–86; *op. 44 Nr. 1–3*: 78–101; *op. 44 Nr.1*: 94f., 96, 99f.; *op. 44 Nr. 2*: 91ff., 95f., 97f., 99f.; *op. 44 Nr. 3*: 93f., 96, 98f., 100f.; *op. 80*: 79, 102–106; *op. 81 I Andante sostenuto*: 102; *op. 81 II Scherzo*: 102; *op. 81 III Capriccio*: 101; *op. 81 IV Fuga*: 80f.
Mendelssohn Bartholdy, Paul II: 124, 127f.
Mendelssohn, Arnold II: 203; III: 313

Mendelssohn, C. II: 127
Mendelssohn Hensel, Fanny siehe Hensel, geb. Mendelssohn, Fanny
Mendes II: 344
Merian, Wilhelm II: 213
Merino, L. III: 218
Meritis, Felix II: 400
Mersmann, Hans III: 292
Mesnage, M. III: 153
Messiaen, Olivier III: 222
Messing, Sc. III: 196
Messinis, M. III: 214
Metz, G. III: 142f.
Metzger, Heinz-Klaus III: 52, 339, 353–355
Meyer, E. R. I: 95
Meyer, Ernst Hermann III: 331
Meyer, F. III: 153
Meyer, G. E. III: 321
Meyer, Krzysztof III: 192
Meyer, T. II: 252
Meyer-Hanno, A. II: 39
Michaelis, Christian Friedrich II: 32
Michaux, Henri III: 396
Michels, E. I: 131
Mies, Paul I: 228
Migot, George III: 151, 206
Mihalovici, Marcel III: 193, 196
Mihály, András III: 189
Mila, Massimo III: 346
Milhaud, Darius II: 351, 384; III: 65, 122f., 196–200, 202–204, 206, 209, 223, 260, 372
Miller, M. II: 135
Miller, Norbert I: 108, 193; II: 24, 109
Mishkin, Henry G. I: 6
Mitchell, Donald I: 194; III: 232
Mitrofan, P. II: 287
Mitschka, Arno II: 162, 235
Mjaskowski, Nikolaus II: 294, 297; III: 160, 171
Moeran, Ernest John III: 235
Mohr, E. III: 308
Mohrs, Rainer II: 159; III: 314f.
Moldenhauer, H. III: 20
Moldenhauer, R. III: 20
Molique, Bernhard II: 124, 127, 132f., 136
Møller, I. E. II: 252; III: 2
Möller, M. III: 2
Møller, T. I: 77

Møllerhøj, Kl. II: 252; III: 279
Möllers, Christian III: 58f.
Møller Sørensen, S. III: 377f.
Mörner, C.-G. Stellan I: 138, 142f., 145, 168
Momigny, Jérôme-Joseph de I: 79f., 122, 129, 197, 270, 274, 285; II: 26
Moniuszko, Stanislaw II: 150, 265f., 340
Monk, D. I: 92
Monn, Georg Matthias I: 6–8, 96, 98
Monteverdi, Claudio III: 80, 237
Mongrédien, J. I: 272
Morgan, J. II: 208
Morrow, M. S. II: 25
Mortensen, J. III: 377
Mortenson, Otto III: 274
Morzin, Karl Joseph Franz Graf I: 92
Mosby, Olav II: 219
Mosch, Ulrich III: 153, 197, 389
Moscheles, Charlotte II: 78, 104, 110
Moscheles, F. II: 78, 104, 110
Moscheles, Ignaz II: 78, 104, 110, 140, 200
Moser, Andreas II: 44, 124, 163, 189
Moser, Franz Josef III: 300f.
Moser, Rudolf III: 306
Mosonyi, Mihály III: 83
Mossolow, Alexander W. III: 173f.
Motte-Haber, Helga de la III: 338, 387, 399
Moulton-Gerlig, Suzanne L. II: 211
Mozart, Constanze I: 204
Mozart, Leopold I: 182, 212
Mozart, Wolfgang Amadeus I: 12, 14, 53f., 57, 65–67, 75–77, 82, 85f., 97, 102f., 108, 111, 115, 121–123, 129, 142, 145f., 162, 177–183, 185, 187, 190, 192–199, 202–204, 206, 208, 210, 212–217, 219–224, 231, 233–237, 240, 243f., 246f., 249, 271, 274, 282, 284f., 298–300, 314f., 317, 319, 346, 349, 357, 371, 390–392, 395, 398, 403, 405f., 411, 420, 429–431, 433f., 439, 447; II: 1, 3, 6, 8, 14,

20–22, 25f., 28–31, 34, 37–39, 42, 46, 54, 77–79, 81, 108f., 160–162, 172f., 183, 219, 224, 272, 298, 351, 384, 394; III: 3, 80, 296, 336, 390
– Werke I: 178–223. *KV 80 (73ⁱ)*: 180ff.; *Quartett–Divertimenti KV 136–138*: 182; *KV 155–160*: 182–187; *KV 168–173*: 187–194; *KV 387, 421 (417ᵇ), 428 (421ᵇ), 458, 464, 465*: 194–213; *Kopfsätze*: 197–202, *Finali*: 202–205, *Tanzsätze*: 206f., *langsame Sätze*: 207–211; *KV 499*: 213–217; *KV 557, 589, 590*: 214, 217–220; *Kopfsätze*: 217f., *Finali*: 218f., *langsame Sätze*: 220, *Tanzsätze*: 220
Müller, August Eberhard I: 420
Müller (Gebrüder) II: 25f.
Müller, P. Silverius I: 130
Müller, Ruth E. I: 80
Müller, Wilhelm Chr. II: 39
Müller, Willi III: 324
Müller-Siemens, Detlev III: 399
Munter, Friedrich I: 132; II: 184
Müry, A. I: 291
Musgrave, M. II: 161, 163
Mussorgsky, Modest II: 272f.
Mysliveček, Johann I: 9, 92, 102

Nägeli, Hans G. I: 122, 304
Nancarrow, Conlon III: 390
Napoleon Bonaparte I: 420
Nápravník, Eduard Fr. II: 272, 323
Nardini, Pietro I: 54; II: 25
Nauck, G. III: 387
Nauhaus, G. II: 108
Naumann, Johann Gottlieb II: 219
Navratil, Karel II: 323
Nectoux, J.–M. II: 356
Neef, S. II: 273, 285; III: 160
Neighbour, Oliver III: 21
Nemec, A. I: 305
Neubacher, J. I: 24
Neubauer, Franz Chr. I: 130f.
Neumann, Werner I: 71
Neuwirth, Olga III: 398, 401
Neven, B. I: 270
Niaux, Viviane I: 440, 446, 449–451
Nichols, D. III: 246, 249

Nicolai, Otto II: 135
Niedt, Friedrich E. I: 3
Nielsen, Carl II: 217, 219, 224, 252–256, 260f., 264, 294, 343; III: 3, 10, 270, 273–275, 277, 376, 379
Nieminen, R. III: 386
Niemöller, Klaus W. III: 157
Nietzsche, Friedrich II: 124, 204
Nitsche, Peter I: 68; III: 197
Nobach, Christiana I: 346, 440, 443, 446
Noiray, M. I: 291
Noller, J. III: 59
Nono, Luigi II: 399; III: 354–357, 360, 367f., 388, 395f.
Nordgren, Pehr Henrik III: 386
Nordheim, Arne III: 368f.
Nordwall, Ove III: 343
Nørgård, Per III: 279, 371f., 375–379
Nørholm, Ib III: 375
Norman, Ludvig II: 128, 150, 222, 225, 230, 241f., 244f., 257f.
Nottebohm, Gustav I: 344
Nováček, Ottokar II: 329
Novák, Vítězslav II: 324–326, 329, 340; III: 174, 177f., 329
Nováková, E. III: 182
Nowak, A. II: 33
Nowak, Leopold II: 160, 197, 211
Nowak-Romanowicz, Alina II: 340
Nyerup, Rasmus II: 224
Nystedt, Knut III: 260, 286–288, 369
Nystroem, Gösta III: 267

Oberkogler, W. III: 300
Obermaier, W. III: 302
Oboussier, Philippe I: 273, 280–282, 284
Oboussier, Robert III: 224
Ochs, Siegfried II: 154
Ockeghem, Johannes III: 357
Odebrecht, R. II: 36
Oechsle, Siegfried II: 217f., 225
Oechsler, A. III: 295
Oelmann, Kl. H. II: 249
Oertel, Johannes II: 393
Oesch, Hans III: 55, 57, 308
Oettingen-Wallerstein, Fürst Kraft Ernst zu I: 36, 43, 131

Ohnsorg, Fr. X. III: 84
Öhrström, E. II: 245
Olleson, Edward I: 176
Olsson, Richard II: 261
Onderdonk, H. III: 257
Ondráček, St. I: 118
Onslow, George I: 77, 304, 346f., 394, 407, 431, 438–442, 444f., 447, 449–452; II: 21–23, 28, 31, 37, 40, 43, 246, 265, 344; III: 390
Oramo, I. II: 218; III: 94, 117
d'Ordonez, Carlo I: 92, 96–98, 102
Orel, A. II: 163, 172
Orf, W. III: 314
Orrego–Salas, J. A. III: 218
Ostendorf, Jens–Peter III: 399
Osthoff, Wolfgang I: 235
Otonkoski, K. III: 386
Ott, A. II: 184, 213
Ott, Th. II: 86
Ottich, M. II: 208
Ottner, C. II: 213; III: 69, 78f., 137
Otto, W. II: 394
Oulmont, Ch. II: 371, 373

Paderewski, Ignacy II: 154
Paganini, Nicolò II: 3
Paine, John Knowles II: 408
Paisiello, Giovanni I: 292
Palester, Roman III: 190
Palestrina, Giovanni Pierluigi da I: 366
Palm, A. I: 79, 197
Palmer, C. III: 235
Paradeiser, Pater Marianus I: 9
Parker, Horatio W. II: 408; III: 242f.
Parker, M. I: 217; III: 243
Parker, R. II: 393; III: 218, 243
Parry, Hubert Charles II: 405
Pärt, Arvo III: 386f.
Partsch, W. II: 69
Pascall, Robert II: 163, 190, 192, 202
Pauer, Jiří, III: 180f.
Paul, G. II: 134
Paul, Jean II: 14, 109
Päuler, Bernhard I: 100, 433; II: 135, 204
Pauly, Reiner G. I: 106

Payne, Anthony II: 26, 145
Pecháček, Fr. X. I: 397
Pechstaedt, V. Von I: 407
Pecman, R. II: 330
Pedarra, P. III: 211
Peduzzi, L. III: 184
Penderecki, Krzysztof III: 192, 350, 352, 367, 389
Pepping, Ernst III: 313
Perger, L. H. I: 106
Perger, Richard von II: 194
Perinelli, Carlo II: 399; III: 214
Perinová, L. II: 325
Perle, George III: 47f., 69, 94, 106
Perry, R. S. III: 242
Persson, I.-L. III: 269
Pessenlehner, Robert II: 108, 138f.
Peters, E. I: 314, 344; II: 16, 134, 203, 206, 211, 225, 248, 251; III: 310, 329f.
Petersen, Peter III: 83, 104, 106, 337, 352, 391
Peterson, H.-G. III: 272
Peterson-Berger, Wilhelm II: 242
Petrassi, Goffredo II: 399; III: 210, 217
Petzold, R. II: 279
Pfannkuch, Wilhelm I: 139
Pfarr, K. II: 26
Pfisterer, Manfred III: 39, 40f.
Pfitzner, Hans II: 214, 389–391; III: 2, 151
Pfohl, F. II: 207
Philidor, Anne Danican I: 2
Philipps, E. II: 356
Pichl, Wenzel I: 92, 102, 110
Picquot, Louis I: 52
Piovano, A. III: 211
Pipkov, Ljubomir III: 192
Piston, Walter III: 250, 255
Pistone, D. II: 344
Pizzetti, Ildebrando II: 399; III: 213
Platen, Emil I: 348, 350
Pleyel, Ignaz I: 10, 30–32, 51, 75, 78f., 86, 108, 122f., 125–129, 164, 179, 369, 285, 304, 346, 390; II: 23, 219, 224; III: 372
Podhradszky, I. II: 338; III: 83
Poessinger, Franz Alexander I: 110, 403, 406

Pohl, C. F. I: 149
Polo, Enrico I: 53
Polth, M. III: 59, 65
Poltronieri, A. I: 291
Pompilio, A. I: 280
Poos, H. III: 314
Popp, S. III: 2f., 17
Porter, Ch. E. III: 48
Porter, Quincy III: 254
Postolka, M. II: 136
Potemkin, Fürst Grigorij Alexandrowitsch I: 308
Potocki, Jan Graf I: 137
Poulenc, Francis III: 198
Poulton, A. III: 238
Pousseur, Henri III: 362
Prandi, J. D. II: 124
Pratsch, Ivan I: 251
Preußner, Eberhard I: 3
Prokofjew, Sergej II: 298; III: 152f., 157–160, 267
Proksch, Joseph II: 299
Puccini, Giacomo II: 398
Pugnani, Gaetano I: 291
Purcell, Henry III: 233
Pütz, W. III: 84, 122f., 125–127, 130, 134, 140, 146f.

Quandt, R. II: 207
Quantz, Johann Joachim I: 73–75
Quesado, G. G. III: 361
Quamme, B. II: 219

Raab, A. I: 24
Raasted, Niels Otto III: 274
Racek, J. I: 103
Rachmaninow, Sergej II: 289, 294f.
Radcliffe, Ph. I: 350
Radecke, R. II: 128
Radicati, Felice I: 290f., 294f., 297f.
Rae, C. III: 209
Raff, Joachim II: 77, 185f., 188f., 299; III: 311
Rahbek, Knud Lyne II: 224
Raiss, H.-P. III: 55
Rameau, Jean-Philippe II: 351
Ramirez, Carlos Chávez III: 218
Randell, Anders II: 220
Rangström, Ture II: 261
Raphael, Günther II: 307; III: 313
Rapoport, P. III: 372

Rasumovsky, Graf Andreas (Andrej) K. I: 248, 251, 267, 295, 329; II: 11, 25, 162
Rathaus, Karol III: 259
Rathert, Wolfgang II: 361, 364; III: 243, 245
Ratner, L. I: 81
Ratner, S. T. II: 351
Ratz, Erwin I: 348
Rauchenecker, Georg Wilhelm II: 204
Rauchhaupt, U. von III: 25, 27, 32, 52, 57, 68–70, 74
Raupp, W. II: 209
Rautavaara, Einojuhani III: 289, 308, 379, 381–383, 385
Rauzzini, Venanzio I: 291f.
Ravel, Maurice II: 214, 261, 341, 379–383, 385, 413; III: 10, 78, 188, 193, 366
Rawsthorne, Alan III: 238
Reber, N.-H. II: 344f.
Rebmann, M. II: 135
Rebner-Quartett III: 136
Redepenning, Dorothea I: 440; II: 264, 289; III: 157
Redlich, Hans Ferdinand III: 122
Reger, Max II: 122, 125, 161, 197, 200, 202, 206, 253f., 260, 294, 327, 341, 403; III: 1–8, 10–17, 19f., 24f., 33, 68, 89, 123, 125–127, 141, 178, 182, 274, 289, 291, 297, 302, 306, 313, 323, 336f.
– *Werke* III: 1–20. D–Moll o. op.: 3f.; op. 54 Nr. 1: 4–7; op. 54 Nr. 2: 7–10; op. 74: 11–14; op. 109: 14–19; op. 121: 15–20
Rehberg, P. II: 106
Rehberg, W. II: 106
Reich, Steve III: 393
Reicha, Anton I: 129, 393, 407, 438f., 441, 444; II: 26–28, 46, 345, 349, 359
Reichardt, Johann Fr. I: 139, 268; II: 8, 24, 38, 40
Reichert, Georg I: 139
Reimann, Aribert III: 319
Reimers, L. III: 267
Reindl, J. I: 291
Reinecke, Carl II: 125f., 140, 143, 145, 151–153, 185, 202, 247, 403

Reinecke, Franz II: 145, 185, 202, 247, 403
Reinhold, I. II: 340
Reinthaler, Karl II: 194
Reiser, Salome I: 117, 299, 309, 395, 399, 407, 419; II: 26, 45f., 48f.
Reißiger (Reissiger), Friedrich August II: 246f.
Reißiger, Karl Gottlieb II: 108, 134
Reitan, L. III: 285
Rellstab, Ludwig I: 347
Rentzsch, M. III: 365
Respighi, Ottorino II: 399; III: 65, 210–212, 214, 334
Réti, Rudolph I: 348, 350
Reuss, August II: 204f.
Reuss, Heinrich VI. Prinz von II: 195, 215
Revers, Peter III: 78
Revueltas, Silvestre III: 218f.
Rexroth, Dieter III: 129–132, 391
Reynolds, Chr. I: 368
Rezler, A. II: 340
Reznicek, Emil Nikolaus II: 185, 197, 211; III: 300
Rheinberger, Joseph Gabriel I: 314; II: 180, 183f., 338
Richault II: 344, 347f.
Richter, A. III: 365
Richter, E. Fr. II: 197, 403
Richter, Franz Xaver I: 6, 88–92, 122
Richter, O. II: 197, 403
Ricordi, Tito II: 394, 397, 407; III: 216
Ridenour, R. II: 267
Riedel, Fr. W. II: 200
Riedel, H.-W. II: 135
Rieder, Ambros I: 406f.
Riehl, Wilhelm Heinrich I: 304f., 450f.; II: 24
Riehn, R. III: 52, 339, 353f.
Riem, W. F. II: 39
Riemann, Hugo I: 7, 52, 89, 138, 224, 229–232, 245, 331, 335, 338f., 343, 385f.; II: 30, 76, 126, 165
Riepel, Joseph I: 3, 24, 74, 83f., 222
Ries, Ferdinand I: 77, 393f., 409, 413–417, 452; II: 211f.

Ries, Franz I: 77; II: 211f.
Ries, Hubert I: 77, 410f.; II: 211f.
Riesemann, O. von II: 285
Rieter-Biedermann, Hermann II: 137, 190, 194, 200, 204
Riethmüller, Albrecht I: 332, 371
Rietz, Eduard II: 78, 140, 197, 241
Rietz, Julius II: 125, 127, 140, 197, 241
Riezler, Walter I: 331, 335
Rigler, W. I: 108
Rihm, Wolfgang III: 388f., 390–392, 399–401
Riisager, Knudage III: 274f.
Riley, Terry III: 393f.
Rilke, Rainer Maria III: 258
Rimski-Korsakow, N. II: 273, 284–288, 290, 295
Ringbom, M. II: 218
Ringer, Alexander L. I: 16, 332; II: 200
Riotte, A. III: 153
Ritter, Alexander II: 145
Ritzel, Fred II: 27
Robert, Fr. III: 199, 203
Roberts, K. C. II: 408
Robinson, M. F. I: 292
Robitschek, A. II: 192, 194
Rochberg, G. III: 224
Rochlitz, Friedrich I: 347, 405; II: 23
Rode, Pierre I: 282, 285–288, 306, 310, 404, 420, 429; II: 3, 220, 224, 394
Rode-Breymann, Susanne III: 294
Rodrigo, Joaquín II: 400
Roger, Kurt III: 300
Roger-Ducasse, Jean-Jules III: 209
Rogers, Bernard III: 253
Rohwer, Jens III: 313
Rolf, A. III: 340
Rolla, Alessandro I: 292
Rolland, Romain II: 351
Røllum-Larsen, Claus II: 241, 260; III: 274f.
Romberg, Andreas I: 51, 77, 304, 393–398., 400f., 403–406, 417, 420, 422, 429, 441, 451f.; II: 11f., 22f., 36f., 39f., 160, 222, 224, 348
Romberg, Bernhard I: 77, 269, 393, 395f., 420; II: 2, 39f.

Ron, Martin de II: 219
Ronner, P. III: 308
Röntgen, Julius II: 172, 252, 403
Ropartz, Joseph Guy II: 365; III: 208
Rosas, John I: 137
Rosegger, Peter II: 21
Rosen, Charles I: 81
Rosenberg, Hilding II: 261; III: 196, 219, 260–262, 265–267, 270, 274, 369, 271f., 379
Rosenberg, Marjan I: 348, 350
Rosenthal, Albi III: 153
Rosetti, Franz Anton I: 117, 131, 135–137, 304; II: 25
Roslavez, Nikolai A. III: 172
Rosner, A. III: 255
Rossini, Gioacchino I: 299, 433; II: 39
Rostagno, A. II: 397
Rosteck, Jens III: 206
Rott, Hans II: 197
Rotter, Signe II: 224, 256, 259
Rouse, C. III: 257
Rousseau, Jean-Jacques I: 79
Roussel, Albert II: 383; III: 176, 198, 207, 275
Rousselot, Scipion II: 344
Rubenson, Albert II: 245
Rubinstein, Anton II: 150, 264–270, 277, 286, 290
Rudén, J. O. III: 267
Ruders, Poul III: 378
Rudolph, Erzherzog I: 330
Ruf, Wolfgang II: 408
Rufer, Josef III: 366
Rugstad, G. II: 251
Ruhnke, Martin I: 43; III: 356
Ruis, J. II: 334
Rummenhöller, Peter II: 86
Rungenhagen, Karl Friedrich II: 150, 154, 265, 347
Ruppel, K. H. III: 325
Ruzicka, Peter III: 399f.

Saak, S. I: 314f., 317f., 326f.
Sabbe, H. III: 343
Sacchini, Antonio I: 291
Sacher, Paul III: 65, 101, 117
Sachs, J. III: 246
Sachse, H.-M. II: 46, 52, 58, 60–63, 68, 71–73

Sadie, St. I: 52
Sæverud, Harald III: 284, 289, 369
Safránek, M. III: 175
Saikkola, Lauri III: 289
Saint Lubin, Napoléon-Antoine-Eugène-Leon de II: 135
Saint-Foix, G. de I: 178
Saint-Georges, Joseph-Boulogne de I: 268–270, 272, 274, 277
Saint-Saëns, Camille II: 200, 290, 296, 344, 348, 351–354, 356, 359, 384
Salieri, Antonio II: 134
Sallinen, Aulis III: 383f.
Sallis, Friedmann III: 341f.
Salmen, Walter I: 251, 264
Salmenhaara, Erkki III: 288f., 379
Salomon, Johann P. I: 3 II: 25
Salvetti, G. II: 397
Samazeuilh, Gustave II: 365; III: 199
Sammartini, Giovanni B. I: 2, 4–6, 179
Sams, Eric II: 388
Samtleben, Chr. III: 330
Sandberger, Adolf I: 43, 149; II: 180
Sandström, Sven–David III: 371
Sanner, L.–E. II: 242
Santa Cruz, Domingo III: 218
Sárai, Tibor III: 190
Sarti, Giuseppe I: 314
Sartori, Cl. I: 290
Saslav, I. I: 156
Sauguet, Henri III: 208
Savoja Duca d'Aosta, Amadeo di II: 398
Scarlatti, Alessandro I: 4
Scelsi, Giacinto Maria II: 399
Schaal, S. III: 123
Schader, L. III: 123
Schäfer, A. II: 185
Schafhäutl, K. E. von I: 138
Schall, Claus II: 219
Schapler, Julius II: 21f., 24
Scharwenka, Philipp II: 203
Schebalin, V. Y. II: 266
Schebalin, Wissarion II: 294, 297; III: 171
Schebek, A. II: 298
Scheibe, Johann Adolph I: 8, 73; II: 219

Schelling, Friedrich Wilhelm I: 84, 331; II: 35, 108
Schemann, Ludwig I: 317, 328
Schenk, Erich I: 53, 107f.
Schenker, Friedrich III: 330
Schering, Arnold I: 235
Scherliess, Volker III: 65, 153, 157
Scherzer, Otto II: 132
Schewe, Gisela I: 409–411, 413–415
Schick, Hartmut II: 308–312, 316, 318
Schiller, Friedrich I: 404; II: 62; III: 211
Schilling, Gustav I: 77
Schillings, Max von II: 208
Schilling-Wang, B. II: 344
Schindler, Anton I: 329, 343, 348, 387
Schinköth, Th. II: 151; III: 313
Schiørring, N. II: 219, 239; III: 273
Schipperges, Thomas I: 440; II: 338; III: 37, 68, 83, 224
Schirinski, Wassilij P. III: 172
Schjelderup, Gerhard II: 261
Schjelderup-Ebbe, D. II: 247–249, 251
Schläder, Jürgen II: 207
Schlecht von Salmannsweiler (Salem), Abt Robert I:36
Schlechta, K. II: 124
Schlee, Alfred III: 390
Schlegel, Leander II: 403
Schleiermacher, Friedrich II: 35f.
Schlesinger, M. I: 344 II: 134, 143; III: 302
Schletterer, Hans M. I: 52, 71; II: 24
Schlick, Johann Konrad II: 265
Schlötterer, R. I: 197
Schmalzriedt, Siegfried II: 212
Schmid, Erich III: 308
Schmid, Manfred Hermann I: 366, 376; II: 120, 393
Schmidt, Christian Martin II: 86, 104; III: 21, 26, 32, 66, 352, 366
Schmidt, Dörte III: 357–360
Schmidt, Franz II: 197, 213; III: 69, 137, 302f., 363
Schmidt, K. III: 197
Schmidt, L. II: 32, 201

Schmidt, M. III: 66
Schmitt, Florent II: 383; III: 193, 209
Schmitt, Joseph I: 130
Schmitt Scheubel, M.–R. I: 300
Schmitz, Arnold I: 339
Schmitz, E. II: 2
Schnebel, Dieter III: 364
Schneider, Frank III: 231, 328
Schneider, Friedrich III: 331
Schneider, G. III: 78
Schneider, Georg Abraham II: 39
Schneider, Herbert I: 223f., 233, 245, 433; II: 43, 124, 338, 366, 369f.
Schnierer, S. M. II: 325
Schnittke, Alfred III: 335, 389f.
Schober, Fr. I: 130
Schoeck, Othmar II: 213; III: 306f.
Scholl, J. III: 365
Scholz, Bernhard II: 194, 215
Scholz, Luise II: 194, 215
Schönberg, Arnold I: 197, 223, 350; II: 140, 153, 160–162, 165f., 168, 172, 197, 206, 210, 213f., 253f., 260, 288, 298, 306, 327, 337, 356, 366, 392, 413; III: 1f., 10, 20–26, 28f., 31–42, 46–48, 50, 52, 54f., 57–68, 70, 73, 76, 78f., 81f., 84, 86, 100f., 103, 117, 122, 125–127, 130, 132, 134, 136, 140–142, 146, 148, 150f., 177–179, 185, 196f., 200, 202, 222, 224, 228, 248, 259–261, 269, 283, 293, 300, 302–304, 308, 310, 312, 325f., 329f., 334, 336–338, 381
– Werke III: 20–42, 57–68. *D–Dur o. op.*: 21ff..; *op. 7*: 25–31; *op. 10*: 32–42; *op. 30*: 57–65; *op. 37*: 66–68; *Quartettsatz C–Dur (Fragment)*: 65f.
Schöne, A. II: 110
Schönfelder, G. III: 272
Schostakowitsch, Dmitri II: 297f., 413; III: 122, 150, 152f., 159f., 162, 164, 166–169, 171, 174, 196, 198, 219, 260, 272, 372, 386, 398
Schrader, Paul III: 394
Schreiber, I. III: 1

Schreiber, K. Fr. I: 138
Schreiber, O. III: 1
Schreker, Franz II: 192; III: 79, 177, 326
Schröder, C. I: 315
Schröder, Fr. II: 124, 132
Schroeder, Hermann III: 314f.
Schubart, Christian Fr. D. I: 71
Schubert, Franz I: 106, 129, 300, 304, 309, 312, 314–316, 395, 399, 417, 430, 439, 451f.; II: 5, 14, 17, 22, 26, 38, 41–52, 54–56, 58, 60–64, 66–76, 86, 90, 93, 99, 101, 105–108, 115, 123f., 128, 136, 151, 157–159, 162–164, 168, 172, 181, 185, 215, 217, 226, 247, 272, 299f., 311, 314, 348, 385, 391; III: 6, 136, 142, 336f., 345, 392
– *Werke* II: 42–76. *D 18*: 45f., 48f., 52f.; *D 94*: 47f., 53; *D 32*: 49; *D 36*: 49, 52f.; *D 46*: 49, 52f.; *D 68*: 49f., 52; *D 74*: 50, 52f.; *D 87*: 50, 52f.; *D 112*: 50, 52f.; *D 173*: 51, 53; *D 353*: 51f., 53; *D 703*: 54–58; *D 804*: 58–63; *D 810*: 63–69; *D 887*: 68–74
Schubert, G. III: 124, 207
Schubert, Manfred III: 328
Schubring, Adolf II: 163, 177
Schuh, W. II: 208; III: 308
Schuhmacher, G. III: 106, 316
Schulhoff, Erwin III: 151, 182f.
Schuller, Gunther III: 312, 361
Schulz, A. I: 288
Schulz, Johann A. P. II: 219
Schulz, R. III: 55, 74
Schulze, H.-J. I: 71
Schuman, William H. III: 250, 257
Schumann, Clara II: 115, 163, 175, 189 (siehe auch Wieck, Clara)
Schumann, Robert I: 212, 225, 304, 314, 316, 322f., 391f., 417f., 420, 439, 451; II: 14, 18, 20–24, 31, 36, 43, 93, 99, 101, 106–110, 112–119, 121–128, 132, 134–136, 138f., 140, 143, 145f., 149–151, 156–158, 168, 172, 184, 214f., 217, 222, 230, 234, 239–241, 244–246, 267, 272, 290, 344, 348, 385, 394, 401, 403; III: 6, 52, 337
– *Werke* II: 106–123. *Op. 41 Nr. 1–3*: 106–110, 121ff.; *op. 41 Nr. 1*: 110–114; *op. 41 Nr. 2*: 114–117; *op. 41 Nr. 3*: 117–121
Schunke, Hugo II: 132
Schuppanzigh, Ignaz I: 421; II: 25f., 44
Schuster, Joseph I: 178
Schütz, Heinrich I: 150
Schwab, H. W. II: 26, 225
Schwarz, Boris I: 287
Schwarz, M. II: 366
Schwarz-Danuser, M. II: 131
Schwarz-Schilling, Reinhard III: 291
Schweikert, Uwe II: 393
Schweinitz, Wolfgang von III: 399
Schweizer, Kl. III: 47
Schwencke, Johann Gottlieb II: 221
Schwermer, J. II: 213
Schwindt-Gross, Nicole I: 24, 81, 194
Schwinger, Wolfram III: 84, 351
Scontrino, Antonio II: 398f.; III: 214
Scott, Cyrill M. III: 235
Scotto, Luigi I: 308
Scruton, R. II: 340
Seaman, G. II: 265
Seedorf, Th. III: 233
Seeger, Charles III: 247, 256
Segerstam, Leif III: 385
Seiber, Mátyás III: 84, 189, 196
Seidel, Hans Elmar III: 308
Seidl, K. II: 151
Seiffert, W.-D. I: 178f., 182, 185, 187, 192f.,
Seither, Charlotte III: 347–349
Sekles, Bernhard II: 206; III: 124
Self, G. III: 235
Senff, Bartholf II: 164, 267, 271
Seraphin, Hellmut II: 376, 378
Sérieyx, Auguste II: 366
Serwer, H. I: 12, 187
Sessions, Roger III: 253, 381
Seyfried, Ignaz Ritter von I: 347, 371
Sgambati, Giovanni II: 394, 397
Shakespeare, William III: 295
Sherman, Charles H. I: 106
Shield, William I: 145
Shifrin, Seymour III: 360
Shigihara, S. II: 197 III: 2, 17
Sibelius, Jean II: 192, 217, 219, 253, 261–263; III: 3, 10, 260, 288f., 368, 376, 379, 381, 383, 385
Sieber, Joseph I: 196
Siegel, C. F. W. II: 138–140
Siegele, U. I: 350
Siegl, Otto III: 300f.
Sietz, R. II: 127f., 156, 347
Sievers, R. III: 153
Sigmund, E. III: 175
Sikorski, Hans III: 169
Silverstolpe, Fredrik Samuel I: 138f., 142f., 145, 168
Silverstolpe, Gustav Abraham I: 138f., 142f., 145
Simrock, Fritz II: 163f., 173
Simrock, Peter Joseph II: 163f.
Sinclair, J. B. III: 242
Sinding, Christian II: 150, 246f., 251–253
Sinigaglia, Leone II: 399
Sisman, E. R. I: 24
Sitsky, L. II: 267
Sittner, Hans II: 211
Sjoersma, R. D. I: 131
Sjögren, Emil II: 154, 256
Skalkottas, Nikos III: 312f.
Skampa, Milan II: 330
Skowron, Z. III: 352
Skrjabin, Alexander II: 288f.; III: 172
Smart, Georg I: 335
Smedgard, C. III: 269
Smetana, Bedřich II: 105, 125, 247, 298–300, 303f., 306
Smith, C. J. III: 236
Smith, David Stanley III: 250
Sokolow, Nikolai II: 288
Solger, Karl Wilhelm Ferdinand II: 35
Solotarow, Wassilij III: 172
Sómfai, László I: 30, 175; III: 83, 101
Sonnleithner, Christoph I: 98
Sonntag, Br. III: 366
Sørensen, Bent II: 232; III: 375, 378
Šourek, O. II: 308
Sparrer, W.-W. III: 326, 366
Spech, Johann I: 98
Specht, R. II: 208

Speck, Christian I: 52f., 55f., 58–61, 65, 69
Sperger, Johannes Matthias I: 131
Speyer, Wilhelm I: 417
Spitta, Philipp II: 110, 232
Spohr, Louis I: 52, 77, 129, 145f., 162, 304, 306, 393f., 404, 420, 426, 429; II: 1–5, 8–12, 14–21, 25f., 31, 37, 40, 43, 76f., 81, 108, 110, 125, 128–132, 220, 224, 230, 239, 246, 266
– *Werke* II: 1–20. *Op. 4 Nr. 1–2*: 5ff.; *op. 11*: 9f.; *op. 15 Nr. 1–2*: 7ff.; *op. 27*: 11; *op. 29 Nr. 1–3*: 11–14; *op. 43*: 10f.; *op. 45 Nr. 1–3*: 14f.; *op. 58 Nr. 1–3*: 15f.; *op. 74 Nr. 1–3*: 16f.; *op. 82 Nr. 1–3*: 17ff.; *op. 84 Nr. 1–3*: 18f.
Spontini, Gaspare I: 395
Sprague Coolidge, Elizabeth III: 57, 66, 150
Spree, H. III: 355f.
Srb-Debrnov, Josef II: 299, 303
St. Kelley, Edgar III: 242
Staehelin, Martin I: 248
Staehle, Hugo II: 130
Stahmer, Klaus III: 337, 362, 391
Stahnke, Manfred III: 316
Stahr, S. II: 156
Stalin III: 164
Stamitz, Anton I: 9
Stamitz, Carl I: 89
Stamitz, Johann I: 1, 9, 89
Stanford, Charles V. II: 405f.; III: 225
Starzer, Joseph I: 9
Stedron, B. II: 330
Steffens, Walter III: 364
Steglich, R. I: 82
Stehman, D. III: 254
Stein, Erwin III: 1, 74
Stein, Fr. III: 1
Stein, Marianne III: 397
Stein, R. H. III: 37
Steinbeck, Wolfram I: 43, 205, 240, 362; II: 160
Steinberg, Maximilian O. II: 294, 297
Steiner, H. von I: 407
Stenhammar, Wilhelm II: 219, 224, 253, 256–261, 264, 294, 343; III: 3, 10, 260, 270

Stephan, Paul III: 122
Stephan, Rudolf I: 315, 348f.; II: 162; III: 25, 35, 48, 55, 58, 122f., 132, 137, 140, 142, 153, 178f., 196f., 302, 347, 349f., 352, 358f.
Stephenson, Kurt I: 397, 405; II: 137, 164
Stetter, F. II: 159
Stevenson, R. III: 218
Stewart, L. III: 79
Stöck, K. III: 329
Stockhausen, Karlheinz III: 363, 390, 401
Stöckl, E. II: 265
Stockmann, Erich III: 110
Stockmann, J. Chr. I: 36
Stojanov, Vessellin III: 192
Stone, E und K. III: 359
Stone, P. E. I: 407
Storck, Karl II: 125
Stösslová, Kamila II: 334
Sträßer, Ewald II: 213
Straube, Karl III: 1, 274, 331
Strauß, B. III: 398
Strauss, Richard II: 184, 197, 207f.; III: 1, 390
Strauß-Németh, László II: 135
Strawinsky, Igor II: 341, 366, 380; III: 65, 151–154, 156f., 159f., 196f., 204, 267, 277, 398
Strebinger, M. I: 397
Strehk, Chr. II: 63, 66, 68, 71–73
Streicher, J. III: 211
Strobel, Heinrich III: 122
Struck, Michael II: 173; III: 326
Stuckenschmidt, H. H. II: 210, 379; III: 319
Stucky, St. III: 352
Stutterheim, Joseph von I: 345
Suchoff, B. III: 83, 106, 112, 114, 117
Suder, A. L. III: 322, 331
Suder, Josef III: 291
Suk, Josef II: 324, 327–329; III: 174
Sullivan, Arthur II: 404
Sulzer, Johann Georg I: 71, 74f.
Summer, L. II: 398
Sutcliffe, W. Dean I: 152
Suter, Hermann II: 213 III: 306

Svendsen, Johan S. II: 77, 150, 219–212, 224, 246–248; III: 274
Svobodová, M. II: 327
Szabolcsi, B. III: 83, 93, 101
Székely, Endre III: 190
Szervánszky, Andrae III: 397
Szymanowski, Karol II: 265, 338, 340f., 343; III: 190

Tadday, Ulrich III: 340
Taeglichsbeck, Thomas II: 134
Tailleferre, Germaine III: 198
Tanejev, Alexander S. II: 290
Tanejev, Sergej II: 265
Tanejev, Sergej I. II: 204, 289–293, 343; III: 3
Tansman, Alexander III: 190, 196, 209
Tarasti, Eero III: 220
Tardos, Béla III: 190
Tartini, Guiseppe I: 2, 290; II: 219
Taruskin, R. III: 196
Täuber, Anton I: 110, 115
Taubert, Wilhelm I: 410; II: 134
Taverner, John III: 237
Tawastjerna, E. II: 262
Tegen, Martin II: 219, 245
Telemann, Georg Philipp I: 2, 74, 122, 390
Temperley, N. II: 403–405
Thayer, A. Wh. I: 335
Theil, G. III: 238
Thilman, Johannes Paul III: 329
Thomas, Ambroise I: 433; II: 343
Thomas, Günther I: 107
Thomas, Kurt III: 313
Thommessen, Olav Anton III: 369
Thomsen, L. III: 376–378
Thomson, A. II: 366
Thomson, J. M. III: 235
Thomson, Virgil III: 254
Thöner, M. II: 4, 16
Thornley, III: 312f.
Threlfall, Robert II: 410
Thuille, Ludwig II: 180, 184, 206
Tick, J. III: 256
Tilmant II: 344
Tilmouth, M. III: 335
Tippett, Sir Michael III: 225, 229, 298, 241

Titz, Anton Ferdinand II: 264
Tjøne, B. K. III: 283
Tobeck, Chr. III: 270
Toch, Ernst III: 259, 295–300
Todd, Larry R. II: 104
Tolstoi L. N. II: 330
Tomasini, Luigi I: 51, 92, 102, 106–109, 299, 312
Tomesu, V. II: 340
Tommasini, Vincenzo II: 25; III: 214
Toni, A. I: 293
Topp, M. III: 275
Topusov, N. II: 151
Torelli, Giuseppe I: 4
Torrefranca, Fausto I: 52f., 290, 292
Torricella, Christoph I: 182
Toscanini, Arturo III: 258
Tost, Johann I: 156
Traber, H. III: 295
Traeg II: 340
Traimer, R. III: 84
Trapp, Max II: 205; III: 290, 321
Traub, A. III: 197
Treibmann, Otto III: 333
Treitler, Leo III: 94
Trenkner, Evelinde II: 203
Trenner, Fr. II: 208
Trento, Vittorio I: 291f.
Trimpert, Dieter Lutz I: 269, 271, 273f., 278f., 315
Trojahn, Manfred III: 399f.
Trunk, Richard II: 213; III: 290
Truscott, H. II: 63, 71
Tschaikowsky, Boris III: 174
Tschaikowski, Pjotr I. II: 125, 247, 265, 270–273, 277–279, 281–284, 289f.
Tscherepnin, Alexander T. II: 296
Tscherepnin, Nikolai N. II: 294–296
Tual, Fr.-G. III: 203
Tubin, Eduard III: 273
Tulindberg, Erik I: 137; II: 218
Tuma, Franz I: 6
Turchi, Guido III: 210, 216f.
Turina, Joaquín II: 400
Tveitt, Geirr III: 284
Tyrell, J. III: 327, 330
Tyson, Alan I: 30, 198, 217, 344, 366

Udbye, Andreas II: 246f.
Uhland, Ludwig II: 238
Ujfalussy, J. III: 83, 189
Ullmann, Viktor III: 185
Ullrich, Hermann II: 135
Ulrich, Homer III: 1
Unverricht, Hubert I: 30
Urbanner, Erich III: 306, 365

Vachon, Pierre I: 270, 272–274, 280f., 283; II: 40
Vainberg, Miezyslaw III: 172
Valen, Fartein II: 261; III: 260, 281–284, 369, 379
Vallas, L. II: 366
Vanhal, Johann B. I: 9, 75, 78, 92, 103–105, 122; II: 41, 298
Varèse, Edgar III: 254
Vaughan Williams, Ralph III: 235
Veichtner, Franz A. II: 265
Veit, Wenzel H. II: 108, 136f., 298
Veracini, Francesco M. I: 2
Verdi, Giuseppe II: 125, 393–395, 397; III: 365
Verhulst, Johannes J. H. II: 108f., 125, 150, 217, 400–403
Vetter, E. und F. II: 163
Vierling, Georg II: 137
Vierne, Louis II: 365
Vieuxtemps, Henri II: 345
Villa-Lobos, Heitor III: 219–222
Vinton, J. III: 117
Viotti, Giovanni B. I: 269f., 280, 287, 291, 315, 434; II: 222
Vischer, Friedrich Th. II: 35f., 44
Vitercik, Gr. II: 81f., 87, 93, 102
Vivaldi, Antonio I: 4; III: 213
Vogel, J. P. II: 330, 389–392
Vogel, Wladimir III: 306, 308, 381
Vogler, Abbé Georg Joseph I: 138
Vojtěch, Ivan II: 162, 413; III: 1, 25, 57
Volk, Arno III: 178, 351
Volkmann, H. II: 145f., 148
Volkmann, Robert II: 125, 145–149, 179; III: 83
Volkow, Ivan A. II: 265
Vollsnes, Arvid O. II: 247, 251; III: 281, 284
Volly, L. III: 188
Vorobjev, Ivan II: 265

Voss, E. II: 207
Voto, M. de II: 380
Vranický, Pavel s. Wranitzky, Paul I: 118
Vries, H. de II: 403
Vysloužil, J. III: 178

Waeltner, Ernst Ludwig III: 35
Wagenaar, Bernard III: 259
Wagner, Cosima II: 207
Wagner, Richard I: 343, 378; II: 119, 124–126, 157, 197, 207, 247, 308, 313, 366, 388, 394; III: 1, 25, 90, 295
Wagner-Régeny, Rudolf III: 330
Waldersee, P. Graf I: 52; II: 110
Waldmann, G. II: 287
Waldstein, W. III: 301
Walker, F. II: 385
Wallner, Bo II: 220, 222f., 225f., 240, 242, 245f., 256, 261; III: 260, 264, 269
Walter, H. I: 110, 305
Walter, August II: 136
Walther, Johann Gottfried I: 72
Walton, Chr. III: 237, 306
Walton, William III: 236
Wanger, H. II: 180
Warner, Harry W. III: 235
Wasielewski, W. J. von II: 115, 151
Waterhouse, J. G. C. III: 214
Webbe, Samuel I: 145
Weber, Br. III: 316, 319
Weber, Carl Maria von I: 78f., 323f., 429; II: 41
Weber, Gottfried I: 347
Weber, Horst III: 346f.
Weber, Josef Miroslav II: 329
Weber, M. S. III: 365
Weber-Bockholdt, Petra II: 340
Webern, Anton von III: 20, 32, 48, 52–57, 69, 73–77, 79, 81f., 84, 116, 122, 125, 127, 130, 134, 136, 140, 146f., 149–151, 181, 238, 248, 300, 303f., 330, 337f., 371, 397
– *Werke* III: 52–57, 73–76. *O. op.* *(1905)*: 52; *op. 5*: 52–55; *op. 9*: 55–57; *op. 28*: 73–76
Webster, J. I: 12, 24, 187; II: 39
Wedell, Fr. III: 365

Wegelius, Martin II: 261
Wegener, B. II: 361
Wehnert, M. II: 330
Wehrmeyer, A. II: 290; III: 160, 166, 168
Weigl, Karl I: 115 III: 300
Weihen, D. zur III: 330f.
Weill, Kurt III: 101, 259, 292, 310–312
Weinberger III: 179
Weiner, Leo III: 188
Weingarten, E. III: 295
Weingartner, Felix von II: 212
Weinmann, Alexander I: 116
Weinstein, L. II: 372
Weismann, Julius III: 291
Weiss, Franz I: 406f.
Weiss, G. III: 83
Weiss, St. III: 292
Weiß-Aigner, G. III: 7
Weisse, Christian Hermann II: 35
Weissman, J. S. III: 188
Weissweiler, E. II: 108
Welin, Karl-Erik III: 370
Wellesz, Egon III: 20, 77–79, 82, 300
 – *Werke* III: 77–79. *Op. 14*: 77; *op. 20*: 77; *op. 25*: 77; *op. 28*: 77; *op. 60*: 77ff.; *op. 79*: 77; *op. 97*: 77; *op. 103*: 77
Welsch, Wolfgang III: 388
Wendt, Amadeus II: 39f.
Werckmeister, R. II: 220
Werle, Lars Johan III: 370
Werner, Eric II: 77, 79
Werner, Gregor Joseph I: 98
Werner, Klaus-G. I: 397; II: 394, 396
Werner-Jensen, Arnold I: 53, 314; II: 137, 273, 306
Wesley, Samuel I: 145
Wessely, Johann Paul I: 131
Wessely, O. I: 305
Wesström, Anders II: 219
Westendorf, R. III: 160
Wetz, Richard II: 213; III: 149
Weyrauch, Johannes III: 313f., 329
Weyse, Christoph Friedrich II: 219
Whistling, Carl Friedrich I: 440
White, Ch. I: 280
Whitesitt, L. III: 254
Whittall, Arnold II: 161; III: 93, 237

Widmaier, T. III: 183
Widmann, Josef Viktor II: 163, 192
Widor, Charles Marie II: 365
Wieck, Clara II: 108, 156 (siehe auch Schumann, Clara)
Wiegandt, M. II: 185
Wiesend, Reinhard I: 342, 368
Wiesmann, Sigrid I: 68; II: 162; III: 25, 325
Wikmanson, Johann I: 138f., 142–145, 168; II: 219
Wilke, R. II: 168, 177; III: 7
Williamson, D. III: 194
Williamson, R. II: 404
Willmes, G. III: 390
Wilms, Johann Wilhelm II: 400
Wilson, P. III: 101, 104, 114
Winding, August II: 241
Wineberger, Paul I: 135
Winkel, J. II: 239
Winking, H. III: 365
Winkler, Alexander II: 288
Winter, R. I: 267, 344, 350
Winter-Hjelm, Otto II: 220f., 247
Wiora, Walter I: 251
Wirén, Dag III: 260, 267–269
Wirth, H. II: 207
Wittig, St. III: 190, 192
Woelfl, Joseph I: 110
Wolf, Ernst Wilhelm I: 131
Wolf, Georg Friedrich I: 77
Wolf, Hugo II: 105, 125, 192, 213, 299, 385–389, 393; III: 2
Wolff, Christian III: 362
Wolff, Christoph I: 164, 195–198, 344
Wolff, H. Chr. III: 122
Wolf-Ferrari, Ermanno II: 180, 185; III: 290
Wolfmayer, Johann I: 345
Wolpe, Stefan II: 205; III: 259
Wood, Charles II: 406
Woyrsch, Felix II: 207; III: 149
Wranitzky, Anton I: 51, 110, 118, 304, 419; II: 298
Wranitzky, Paul I: 110, 118–121, 304; II: 298
Wulf, E. I: 397
Wulfhorst, M. II: 5
Wüllner, Franz II: 184, 338

Wünsch, Chr. III: 7, 11
Würtz, R. I: 131
Wüster, U. II: 78
Wyschnogradsky, Ivan A. III: 172
Wyttenbach, Jürg III: 364
Wyzewa, Th. De I: 178

Xenakis, Iannis III: 361, 390, 392f.

Yellin, V. F. II: 408
Yeon, S.-Ch. I: 108
Young, P. M. II: 106; III: 84
Ysaye, Eugène II: 366
Yudkin, Jeremy I: 223f.
Yun, Isang III: 366, 401

Zach, Johann I: 8
Zanella, Teone II: 399
Zannetti, Francesco I: 292
Zappala, P. II: 78
Zarlino, Gioseffo I: 70
Zechlin, Ruth III: 328, 331–333
Zehetmair, H. I: 106
Zeleński, Vladyslaw II: 265, 340
Zelter, Carl Friedrich I: 71; II: 25, 76, 154
Zemlinsky, Alexander von II: 192f., 213; III: 20f., 23f., 42f., 45–47, 68, 151, 185, 293
 – *Werke* III: 21–25, 42–47. *Op. 4*: 21, 23ff.; *op. 15*: 42–46; *op. 19*: 46f.; *op. 25*: 46f.
Zenck, Martin III: 79
Zenck-Maurer siehe unter Maurer Zenck
Zender, Hans III: 316, 391, 395
Zeuner, Carl I: 417
Ziezula, Gr. II: 340
Zillig, Winfried III: 325f.
Zimmer, H. II: 128
Zimmermann, Bernd Alois III: 398
Zimmermann, H. II: 154
Zimmermann, Hagen II: 10f.
Zimmermann, R. II: 351
Zimmerschied, Dieter I: 408
Zschinsky-Troxler, E. M. von I: 291
Zuber, Barbara III: 74, 76
Zuntz, Günther I: 30
Zwart, Frits II: 401
Zwissler, J. II: 212

Die Geschichte der Oper in vier Bänden

Jetzt komplett zum vergünstigten Subskriptionspreis von € 368,-.
Sparen Sie ca. 15 % gegenüber dem Einzelpreis der Bände!

Die Geschichte der Oper von ihren Anfängen bis zum 20. Jahrhundert:
In vier, chronologisch geordneten Bänden wird das kulturelle Gesamtphänomen Oper in seiner gesamten Breite anschaulich dargestellt. Die Reihe bietet systematisch Informationen zu Entstehung, Vollendung und Wandel der Gattung Oper, aber auch zu Strukturmerkmalen, gesellschaftlichen Bedingungen und zur Geschichte ihrer Institutionen. Terminologische und gattungstheoretische Reflexionen sowie Analysen exemplarischer Werke runden das Gesamtbild ab.

Die Oper im 17. Jahrhundert
Von Silke Leopold
344 Seiten mit 46 Abb. und 82 Notenbeispielen.
Leinen mit Schutzumschlag.
Einzelpreis ca. € 108,-
ISBN 3-89007-134-1 (LV 2762)

Die Oper im 18. Jahrhundert
Von Herbert Schneider und Reinhard Wiesend
350 Seiten mit 67 Abb. und 31 Notenbeispielen.
Leinen mit Schutzumschlag.
Einzelpreis € 108,-
ISBN 3-89007-135-X (LV 2763)

Oper und Musikdrama im 19. Jahrhundert
Von Sieghart Döhring / Sabine Henze-Döhring
360 Seiten mit 60 Abb. und 57 Notenbeispielen.
Leinen mit Schutzumschlag.
Einzelpreis € 108,-
ISBN 3-89007-136-8 (LV 2764)

Musiktheater im 20. Jahrhundert
Herausgegeben von Siegfried Mauser
439 Seiten mit 56 Abb. und 52 Notenbeispielen.
Leinen mit Schutzumschlag.
Einzelpreis € 112,-
ISBN 3-89007-285-2 (LV 2765)

Laaber-Verlag

Das ideale Weihnachtsgeschenk
für alle Geigenfans!

Lexikon der Violine

Herausgegeben von Stefan Drees
Mit einem Geleitwort von Gidon Kremer

- Alles Wissenswerte über die Violine auf mehr als 800 Seiten
- Hochwertige Ausstattung mit zahlreichen, zum Teil farbigen Abbildungen
- Mehr als 700 Stichworte zu allen wichtigen Komponisten, Interpreten, Geigenbauern und Pädagogen, zu Begriffen des Geigenbaus und der Spielpraxis
- **Lexikon der Violine**
  805 Seiten mit 95, z.T. farbigen Abbildungen. Leinen mit Schutzumschlag. € 98,– (Subskriptionspreis bis 30.6.2005, danach ca. € 118,–)

Laaber-Verlag GmbH ◆ Regensburger Straße 19 ◆ 93164 Laaber
Tel.: 09498-2307 ◆ Fax: 09498-2543 ◆ E-Mail: info@laaber-verlag.de ◆ www.laaber-verlag.de

Geigenbaumeister
CHRISTOPH SCHACHNER

Violino ~ Viola
Violoncello ~ Contrabasso
Viola da Gamba
Baryton
Viola d`Amore

SALA di MUSICA
Feiner Musikraum
vis a`vis der Werkstatt
Wien 1

MUSIKRAUM und WERKSTATT
1010 Wien, Innere Stadt
im Heiligenkreuzerhof
Schönlaterngasse 5/3

Telefax & TELEPHON
0043 ~ 1 ~ 51 36 214
christoph.schachner@vienna.at
www.Violino.at

AUSTELLUNGEN:

2001 HONGKONG
2002 MASKAT (OMAN)
2003 TOKYO

Laaber-Verlag GmbH ♦ Regensburger Straße 19 ♦ 93164 Laaber

Johann Sebastian Bach
Orgelbüchlein

Johann Sebastian Bach
Orgelbüchlein BWV 599-644
Faksimile nach dem Autograph der Staatsbibliothek zu Berlin
Preußischer Kulturbesitz (Signatur *Mus. ms. autogr. Bach P 283*)
Herausgegeben und eingeleitet (dt. / engl.) von Sven Hiemke,
XXIX / 188 Seiten im Mehrfarbdruck. Gebunden.
ISBN 3–89007–570–3 (LV 01437)
Subskriptionspreis bis 31. Dezember 2004 148,–

Tel.: 09498/2307 ♦ Fax: 09498/2543 ♦ E-Mail: info@laaber-verlag.de ♦ **www.laaber-verlag.de**